JN433410

國譯

下學指南

하 학 지 남

安鼎福 著 · 李栥求 譯

장서원
도서출판

著者序文(저자서문)

學問(학문)이라는 것은 아는 것과 行(행)하는 것을 총괄하여 일컫는 것인데, 그 배우는 것은 聖人(성인)을 배우는 것이다. 聖人(성인)은 生知(생지)[1]해서 便安(편안)하게 實行(실행)하여 人倫(인륜)의 지극함이 되는 것이니, 聖人(성인)의 道(도)를 배운다는 것은 聖人(성인)의 아는 것과 더불어 實行(실행)하는 것을 求(구)해서 날마다 쓰는 彛倫(이륜)[2]의 밖으로 벗어나지 않도록 하는 것에 불과한 것이다.

孟子(맹자)가 舜(순)임금을 기리어 말하기를, "庶物(서물)[3]에 밝고 人倫(인륜)에 살폈다." 하였으니, 그것은 萬物(만물)의 이치를 밝게 알고, 또 人倫(인륜)이라는 것은 사람으로서 반드시 行(행)해야 한다는 것을 밝힌 것이다. 「文學」(문학)은 格致(격치)[4]의 뜻을 논의한 것이다. 또 말하기를, "먼저 해야 할 일과 뒤에 해야 할 일을 알면, 道(도)에 가까운 것"이라고 하였으니, 아는 것이 비록 많다 할지라도 마땅히 먼저 해야 할 일은, 사실은 날마다 쓰는 彛倫(이륜)의 밖으로 벗어나지 않는 것이다.

孟子(맹자)가 또 말하기를, "堯(요)임금과 舜(순)임금의 知識(지식)이라도 事物(사물)의 理致(이치)를 두루 알아야 하는 것이 急先務(급선무)"라고 하였는데,

1) 生而知之(생이지지)의 略語(약어). 배우지 않고서도 事物(사물)의 道理(도리)를 날 때부터 알음.
2) 사람으로서 항상 지켜야 할 道理(도리).
3) 온갖 物件(물건). 萬物(만물).
4) 格物致知(격물치지)의 略語(약어). 事物(사물)의 理致(이치)를 研究 (연구)하여 知識(지식)을 명확히 함.

그 先務(선무)라고 하는 것은 무엇을 가리키는 것인가? 孔子(공자)가 말하기를, "下學而上達(하학이상달)"[5]이라 하였는데, 下(하)라는 것은 낮고 가까운 것을 일컫는 것이니, 낮고 가까워서 알기 쉽다는 것은 날마다 쓰는 彝倫(이륜)이 아니고 무엇이리오? 工夫(공부)를 여기에 써서 쌓고 또 쌓기를 말지 아니하여, 많고 적은 고생의 地境(지경)을 갖추기를 다 해야 한다. 그렇게 한 뒤에라야 마음과 몸이 하나가 되어 어렵고 막히는 근심이 없어서 거의 쾌활하고 灑然(쇄연)[6] 한 지경까지 볼 수가 있으니, 上達(상달)이 곧 여기에 있는 것이다.

聖人(성인)의 言行(언행)이 「論語」(논어)에 갖춰져 있는데, 그 말은 다 下學(하학)이며 낮고 가까운 데 있는 것이지 심히 높아서 行(행)하기 어려운 일은 없다. 후세에 學問(학문)을 論議(논의)함에 반드시 말하기를, 心學(심학)이나 理學(이학)이라고 하는데, 心(심)과 理(이)라는 두 글자는 형상도 그림자도 없는 것이며 더듬어 찾을 수도 없는 것이니, 도무지 이것은 허공에다 매달아 놓은 것과 같은 것이다.

孔子(공자)가 말하기를, "거처를 공손하게 하고, 일 처리하는 것을 공경스럽게 하며, 사람을 상대함에는 정성껏 하라"고 하였다. 또 말하기를, "말은 忠信(충신)하게 하며, 行實(행실)은 篤敬(독경)하게 하라"고 하였다. 그러니 과연 능히 여기에 공부하기를 쌓아서 익히기를 오래하면, 맑고 밝은 것이 몸에 배고 志氣(지기)가 神(신)과 같아질 것이다. 그리하여 마음은 잡기를 기다리지 아니 하여도 저절로 執心(집심)이 되고, 理致(이치)를 연구하는 것을 기다리지 아니 하여도 저절로 밝아져서 또한 능히 上達(상달)의 地境(지경)에까지 이를 수 있게 되는 것이다.

후세에 배우는 사람들이 도리어 下學(하학)을 비천하게 여겨 좋아하지 아니

---

5) 아래로 人事(인사)를 배운 후에, 위로 天理(천리)에 도달한다는 뜻.
즉, 卑近(비근)한 事物(사물)을 배운 후에, 점차로 깊은 學理(학리) 에 나아감을 이름. 《論語, 憲問》
6) 시원한 모양.

하고, 항상 天(천)·人(인)·人性(인성)·天命(천명)·理(이)·氣(기)·四七(사칠)[7]과 같은 수준 높은 학설에만 區區(구구)하여서, 그 行(행)함을 거기에만 전념한다면 가히 칭찬할 만한 일이 많지 않을 것이다. 오직 上達(상달)을 알지 못하는 것만을 부끄럽게 생각한다면, 平生(평생)을 마치도록 학문을 하여도 德性(덕성)이 마침내 서지를 못할 것이며, 才氣(재기)도 마침내 이루지 못할 것이다. 이것은 일찍이 學問(학문)을 하지 아니한 사람과 같은 모양이니, 이는 下學(하학)의 공부를 제대로 알지 못해서 그렇게 된 것이다.

나는 어려서는 배우지를 못하고 장성하여서는 스승과 벗의 도움을 받지 못하여, 타고난 천품이 날마다 진취성이 없이 거꾸러지는 데로 나가는데도, 그것을 검토해서 알지를 못했다. 이렇듯 悠悠汎汎(유유범범)하게 醉生夢死(취생몽사)한다면, 禽獸(금수)와 무엇이 다르겠는가? 이렇게 되는 것을 두렵게 생각하여 古今(고금)의 아름다운 말과 착한 행실을 모아서 대략 제목을 나누되, 「小學」(소학)의 例(예)와 같이 하여 이 책을 만들어서 自警(자경)[8]하는 一端(일단)의 글로 삼고자 한다.

庚申年(경신년) 여름이니 지금 거의 50年(년)이 되었으나, 面目(면목)은 한갓 그대로 있는데, 사람은 오히려 예전과 다를 것이 없다. 어루만지기를 진실로 오래도록 하였으나 구슬픔을 깨달을 수가 없어서, 이 책을 쓰고 또 스스로 言行(언행)을 경계하여 주의하고자 한다. 죽기 전에 혹 조금이라도 유익함이 있기를 바란다.

전날에 이것으로써 自警(자경)한 것이 말만 잘하는 사람으로 돌아가게 됨을 면치 못하게 된다면, 이제 이 自警文(자경문)을 쓰는 것이, 마치 나귀가 끄는 물레방아의 자취밖에 되지 않겠는가? 〈諸葛(제갈)〉 武侯(무후)가 窮廬(궁려)[9]를

---

7) 四端七情(사단칠정)의 略語(약어). 仁(인)·義(의)·禮(예)·智(지)의 本性 (본성)에서 나타내는 네 가지의 실마리와, 喜(희)·怒(노)·哀(애)·樂(락)·愛(애)·惡(오)·欲(욕)의 일곱 가지 감정.
8) 스스로 마음이나 행동을 경계하며 주의함.
9) 허술하게 지은 집.

悲歎(비탄)한 말[10]을 여러 번 되풀이하며 한갓 한숨만 쉴 따름이다.

甲辰年(갑진년) 10月(월) 18日(일), 73세의 늙은이가 橡軒南牖(상헌남유)에서 쓰다.

庚申年(경신년) 여름에, 廣州(광주) 靈長山(영장산) 德谷里(덕곡리)의 精舍(정사)에서 編輯(편집)하다.

---

10) 오두막집의 신세를 슬프게 탄식하여도 다시 돌이킬 수 없으리라고 타이른 諸葛亮(제갈양)의 말.

譯者序文(역자서문)

「下學指南」(하학지남)은 順菴(순암) 安鼎福 先生(안정복 선생)이 29歲(세) 되던 해인 英祖(영조) 16年(년)(1740)에 撰(찬)한 것으로서 그의 代表的(대표적)인 敎育書(교육서)이다.

그 編次(편차)의 構成(구성)을 보면 首卷(수권)에 日用篇(일용편)을 두고 12支(지)에 따라 하루를 12時間(시간)으로 나누어 매 時間(시간)마다 해야 할 日課(일과)를 자세하게 서술하고 있다. 그리고 上卷(상권)에는 讀書(독서)·爲學(위학)·心術(심술) 등 三篇(삼편)을, 下卷(하권)에는 威儀(위의)·正家(정가)·處己(처기)·接人(접인)·出處(출처) 등 五篇(오편)을 두고 있다. 이를 다시 총 70개의 章(장)으로 분류하여 선비가 일생 동안 알아야 하고 실행해야 할 모든 분야에 대한 道理(도리)를 포괄적으로 集大成(집대성)하여 놓았다.

본래 "下學(하학)"이란 「論語」(논어)의 "下學而上達(하학이상달)" 즉, "아래로 人間 事理(인간 사리)를 배운 뒤에 위로 天理(천리)에 도달함", 또는 "卑近(비근)한 事物(사물)을 배운 뒤에 점차로 깊은 學理(학리)에 나아감"의 뜻에서 온 말이다. 그러므로 "下學"(하학)은 "卑近(비근)한 데서부터 배움", "人間(인간)의 事理(사리)를 배움", 또는 "程度(정도)가 낮은 學問(학문)"이라는 뜻을 갖는 말이다.

그리고 "指南(지남)"은 方向(방향)을 가리켜 주는 器具(기구)로서의 "指針(지침)", "指南針(지남침)", "指南石(지남석)", "指南鐵(지남철)", "羅針(나침)", "羅針盤(나침반)" 등과 같은 뜻을 갖는 말이다. 指南針(지남침)은 正南向(정남향)을 가리켜 줌으로써 모든 방향을 미루어 알 수 있게 해 주는 것이다. 또한 "指南(지남)"은 "指導(지도)", "敎授(교수)", "案內(안내)함", "가르쳐 指示(지시)함", "가리켜 引導(인도)함"과 같은 뜻을 갖는 말이기도 하다. 그 뿐만 아니라, 漢文(한문)에서 "우리 고향 선생님"을 "五鄕指南"(오향지남)이라고 표현하고 있음을 볼 때, "指南(지남)"은 "선생님"과 같은 뜻으로도 쓰이고 있음을 알 수 있다. 이러한 내용들을 종합해 보면 결국, "指南(지남)"은 "가리키다", "가르치다", 또는 "가리켜 주는 것", "가르쳐 주는 사람", "가르쳐 주는 것" 등의 뜻을 갖는 말임을 알 수 있다.

그러기 때문에 "下學指南"이란 初學者(초학자)가 반드시 알고 넘어가야 할 관문이 되는 指針書(지침서)라는 의미를 갖는다. 事實(사실)은 初學者(초학자) 뿐만 아니라 成人(성인)이 된 후에도 알아야 하고 행해야 할 道理(도리)가 역시 그 속에 다 갖춰져 있다고 보아야 할 것이다. 우리나라의 敎育分野 古典(교육분야 고전)에 이 「下學指南」보다 그 규모와 짜임새가 더 체계적이고, 더 방대한 내용의 敎育書(교육서)는 없었던 것으로 알고 있다. 일찍이 故(고) 丁淳睦 敎授(정순목 교수) 등 학계의 일각에서 이 「下學指南」을 李栗谷(이율곡)의 「擊蒙要訣」(격몽요결), 朴世茂(박세무)의 「童蒙先習」(동몽선습), 李德懋(이덕무)의 「士小節」(사소절), 丁茶山(정다산)의 「弟論」(제론)·「兒學編」(아학편)·「童穉說(동치설)과 함께 朝鮮時代(조선시대)에 있어서 五大 敎育書(오대 교육서) 중의 하나라고 指摘(지적)한 것은 너무나 당연한 일이 아닐 수 없다. 이와 관련하여 譯者(역자)는 安順菴(안순암)을 朝鮮時代(조선시대)의 五大 敎育思想家(오대 교육사상가) 중의 한 사람으로 보고 있으며, 「下學指南」을 五大 敎育書(오대 교육서) 중에서도 가장 으뜸가는 것이라고 믿어 의심치 않는다.

물론 「下學指南」이 순수하게 安順菴(안순암)의 敎育思想(교육사상)으로 볼 수 있는 것이냐에 대해서는 지극히 일부에서 의문을 제기하고 있는 것으로 알고 있다. 왜냐하면 「下學指南」은 그 序文(서문)과 모든 필요한 곳에 註(주)를 붙인 것 이외에는 자신의 말이 아니라, 全部(전부)가 五書五經(오서오경)을 비롯한 중국과 우리나라 先學(선학)들의 文籍(문적)에서 拔萃(발췌)하여 羅列(나열)한 것이기 때문이다.

그러나 여기서 우리는 당시의 學問硏究(학문연구) 풍토를 이해하지 않으면 안 된다. 당시의 학문연구 풍토란, 어진 先王(선왕)들의 禮樂(예악)이나 文物(문물) 등을 傳(전)하여 記述(기술)하기만 하고 자신이 새로이 짓지는 않는다는, 所謂(소위) "述而不作"(술이부작)의 思想(사상)이 팽배해 있었던 時代(시대)였다는 사실이다. 創作(창작)은 聖人(성인)만이 할 수 있는 것이라고 믿고 있었기 때문이다. 그래서 그 당시의 著書(저서)들을 보면 安順菴(안순암) 뿐만 아니라, 다른 사람들의 경우에도 되도록 많은 聖賢(성현)들의 말을 인용하고 있음은 周知(주지)의 사실이다. 그러기 때문에 그 당시로서는 되도록 聖賢(성현)들의 말을 많이 인용하는 것이 오히려 權威(권위) 있는 저술이었음을 알 수 있다.

이러한 당시의 학문연구 풍토를 볼 때, 安順菴(안순암) 역시 「下學指南」에서 나타내고자 하는 자신의 思想(사상)들을 기왕이면 보다 더 권위 있게 하기 위하여, 聖賢(성현)들이나 先學(선학)들의 말을 인용하여 표현했을 것으로 보는 것이 옳을 것이다. 더욱이 그토록 방대한 內容(내용)의 篇(편)과 章(장)의 體系的(체계적)이고도 周到綿密(주도면밀)한 구성과 배열을 볼 때, 이것은 順菴(순암) 자신의 確固(확고)한 敎育的(교육적) 思想體系(사상체계)가 確立(확립)되어 있지 않고서는 도저히 不可能(불가능)한 일이라고 생각된다.

또한 順菴(순암)은 비록 73세에 書面(서면)에 써 넣은 것이지만 그 序文(서문)을 통해서 「下學指南」의 저술 動機(동기)와 目的(목적)을 분명히 천명하고 있을 뿐만 아니라, 처음부터 끝까지 필요한 곳마다 註(주)를 붙여서 자신의 見解(견해)를 피력하고 있다는 사실도 注目(주목)하지 않으면 안 될 것이다. 譯者(역자)는 오히려 그토록 방대한 내용의 글을 전부 인용문만 가지고, 표현하고 싶은 자신의 사상을 구애 없이 자유자재로 묘사할 수 있었던 安順菴(안순암)의 그 엄청난 독서량과 해박한 지식에 감탄하여 아연해질 뿐이다.

그러기 때문에 그토록 박학다식했던 順菴(순암)이 자신의 말로써 表現(표현)할 수가 없어서 인용문만으로 「下學指南」을 썼다고는 볼 수가 없는 것이며, 또한 인용문만으로 쓰여 졌다고 해서 「下學指南」을 順菴(순암)의 教育思想(교육사상)으로 볼 수 없다는 論理(논리)는 맞지 않는다는 것이 譯者(역자)의 一貫(일관)된 見解(견해)이다.

順菴(순암)은 「下學指南」을 통해서, 결코 知識(지식)만을 강조하고 있는 것이 아니라 知識(지식) 못지않게 實行(실행)할 것을 강조하고 있다. 그는 분명히 序文(서문)의 서두에서 "학문이라는 것은 아는 것과 행하는 것을 총칭하는 것"이라고 규정짓고 있다. 또한 序文(서문)의 뒤에 가서는 이 책을 쓰는 목적이 自警(자경)하는 일단의 글로 삼기 위해서 쓰기는 했으나, 스스로가 말만 해 놓고 實行(실행)을 하지 못하는 愚(우)를 범하게 되지나 않을까 염려를 하고 있다. 이것은 바로 그가 지식과 동시에 실행하는 것을 얼마나 重要視(중요시)하고 있는가를 절실히 엿볼 수 있는 것이라고 할 수 있겠다.

그러기 때문에 「下學指南」(하학지남)을 보면 그 內容(내용)이 다른 일반 性理學者(성리학자)들의 경우와는 매우 다른 實學思想家(실학사상가)로서의 단면을 感知(감지)할 수가 있게 된다. 특히, 序文(서문)에서도 강조하였거니와 順菴(순암)은 孔子(공자)가 말한 "下學而上達(하학이상달)"에서의 "下學(하학)"을 매우 重要視(중요시) 하였다. 이러한 입장은 당시의 학문을 하는 풍토가 이른바 "心學(심학)"이나 "理學(이학)"에 치중하고 있는 데 대하여, "心(심)과 理(이)라는 두 글자는 형상도 그림자도 없는 것이며, 더듬어 찾을 수도 없는 것이니, 도무지 이것은 虛空(허공)에 매달아 놓은 것과 같은 것"이라고 반박함으로써 實學的 立場(실학적 입장)을 堅持(견지)하는 태도를 보인 것이라고 할 수 있겠다.

바로 이러한 관점에서 우리는 安順菴(안순암)의 實學者(실학자)로서의 獨創性(독창성)을 간과해서는 안 된다. 順菴(순암)은 흔히 星湖(성호)의 門下生(문하생)인 것으로 알려지고 있다. 그러나 順菴(순암)이 星湖(성호)의 門下(문하)에서 師事(사사)한 것은 35歲(세) 때의 일이며, 「下學指南」을 쓴 것은 29歲(세) 때의 일이다. 그러므로 順菴(순암)이 「下學指南」을 쓴 때는 아직 星湖(성호)와는 깊은 접촉을 하지 않았을 때였기 때문에 그의 실학사상과 교육사상은 성호의 영향이라기보다 독창적이라고 볼 수밖에 없는 것이다.

바라건대, 이 책이 앞으로 安順菴(안순암)의 敎育思想(교육사상)을 硏究(연구)하는 분들에게 다소나마 도움이 되어 줄 수 있고, 아울러 傳統的(전통적)인 價値觀(가치관)과 倫理觀(윤리관)이 송두리째 무너져 가고 있는 요즈음, 인생을 보다 의미 있고 지혜롭게 살고자 하는 젊은이들에게 古典的(고전적) 敎養(교양) 및 處世(처세) 指針書(지침서)로 읽혀 질 수 있게 된다면 譯者(역자)로서 더 없는 보람이겠다.

끝으로, 이 책의 출판을 맡아 수고해 주신 장서원출판사에 깊은 감사의 뜻을 전한다. 그리고 이 「下學指南」의 번역이 이루어지기까지 오랜 세월을 헌신하며 내조해 준 아내(金明子)에게 무한한 감사의 마음을 표하고 싶다.

2005年 12月 日

李 采 求 識

일러두기

이 책은 다음과 같은 요령으로 번역되었다.

1. 이 책의 번역은 「下學指南」(順庵全集 二, 影印本, 驪江出版社發行, 1984)을 대본으로 삼았다.
2. 번역은 직역을 원칙으로 하였으나, 부득이한 경우에는 의역 또는 보충어를 넣어서 번역하였다.
3. 한글 전용을 원칙으로 하였으나 人名(인명), 地名(지명), 書名(서명) 및 이해하기 어려운 哲學的(철학적)인 용어 등은 漢字(한자)로 썼다. 또 한글로 번역함으로써 오히려 내용이 산만하여질 우려가 있는 것도 그대로 漢字(한자)로 表記(표기)하였다. 그리고 가급적 漢字語(한자어)에는 바로 옆에 괄호를 하고 한글로 表記(표기)하였다.
4. 本文(본문) 속에 있는 著者(저자)의 小字註(소자주)는 역시 本文(본문)속에 【註:】로 표시하고 그 속에 間註(간주)로 처리하였다. 단, 著者(저자)의 小字註(소자주) 가운데 人名(인명), 地名(지명), 書名(서명) 및 譯者(역자)의 註(주)는 하단에 별도의 脚註(각주)로 처리하였다. 그리고 人名(인명) 이나 地名(지명) 등에 대한 著者(저자)의 小字註(소자주)는 첨삭 없이 原文(원문)에 있는 대로 하였다.
5. 人名(인명)이나 地名(지명)등이 두 가지 이상의 음으로 발음되는 것은 통설에 따랐으며, 원음을 알 수 없는 것은 漢字(한자)로만 表記(표기)하였다.
6. 脚註(각주) 번호는 편의상 首卷(수권)만 별도로 하고 上卷(상권)과 下卷(하

권)은 篇第(편제)별로 따로 表記(표기)하였다.

7. 독자가 잘 이해되지 않는 부분이 있으면 직접 대조하면서 볼 수 있도록 「下學指南」(하학지남)의 原文(원문)을 그대로 축소하여 뒤에 첨부하여 놓았다.

8. 글의 내용 중에는 君臣(군신)·父子(부자)·師弟(사제)·長幼(장유)·朋友之間(붕우지간) 등의 縱的(종적) 또는 橫的 人間關係(횡적 인간관계)의 대화나 書信(서신)의 내용이 많다. 그러나 그 모든 文章(문장)을 일일이 출처와 상황을 밝히면서, 그에 해당되는 존댓말과 하댓말 등으로 표현 할 수가 없다. 그래서 부득이 "~해야 한다" 또는 "~한 것이다" 등의 말투로 객관화 시켜서 표기하였다.

9. 人名(인명)에서 姓(성)과 이름은 붙여서 쓰는 것을 원칙으로 하였다.

10. 이 책에 表記(표기)된 각종 부호는 다음과 같다.

① " "... 引用文(인용문)을 묶을 때.

② ' '... 引用文(인용문) 속에서 再引用文(재인용문)을 묶을 때.

③ 【註:】...本文(본문) 속에 있는 著者(저자)의 小字註(소자주)를 묶을 때.

④ 「 」... 書名(서명)이나 篇名(편명)을 묶을 때.

⑤ ( )... 漢字語(한자어)를 한글로 表記(표기)해 줄 때.

⑥ < >... 이해를 돕기 위해 역자가 임의로 보충어를 表記(표기)할 때.

⑦ 《 》... 脚註(각주)에서 引用出典(인용출전)을 밝힐 때.

下學指南 目次

著者序文(저자서문)
譯者序文(역자서문)
일러두기

首卷

日用篇(일용편) 날마다 해야 할 일 23

夙興章(숙흥장) 아침에 일찍 일어나서 해야 할 일 23
日間章(일간장) 낮 동안에 해야 할 일 35
夜寐章(야매장) 저녁부터 밤에 자기 전까지 해야 할 일 49

上卷

第一 讀書(제일 독서) 독서에 관하여 64
讀書之義章(독서지의장) 독서의 참뜻 64
讀書之序章(독서지서장) 독서를 하는 순서 65
讀書之法章(독서지법장) 독서를 하는 방법 69
讀小學四書章(독소학사서장) 소학과 사서를 읽는 요령 81
讀諸經章(독제경장) 모든 경서를 읽는 요령 87
讀性理諸書章(독성리제서장) 성리학에 관한 글을 읽는 요령 91
讀史章(독사장) 역사책을 읽는 요령 95
尙論章(상론장) 옛 사람의 언행이나 인격을 논하는 태도 98

附 寫字章(부 사자장) 문자 즉 글씨를 쓰는 요령 100
附 作文(부 작문) 글을 짓는 요령과 태도 106

第二 爲學(제이 위학) 학문을 하는 일에 관하여 114

總論章(총론장) 독서에 관한 총론 114
立志章(입지장) 뜻을 세우는 일의 중요성 118
變化氣質章(변화기질장) 기력과 체질을 변화시키는 일 122
窮理章(궁리장) 사리를 깊이 연구하는 일 126
力行章(역행장) 힘써 행함 즉 노력하는 일 137
存養章(존양장) 착한 성품을 기르는 일 139
省察章(성찰장) 반성하여 살피는 일 146
克治章(극치장) 사리사욕을 이기고 잡념을 물리치는 일 153
敦篤章(돈독장) 인정을 두텁게 하는 일 158
論敬章(논경장) 공경에 관하여 162
論誠章(논성장) 정성에 관하여 172
異端章(이단장) 정통이 아닌 즉 옳지 않은 학문에 관하여 174

第三 心術(제3 심술) 마음씨를 쓰는 법 182

誠意章(성의장) 마음을 참되게 하는 방법 182
正心章(정심장) 마음을 바르게 하는 방법 191
養氣章(양기장) 호연지기를 기르는 방법 194
操存章(조존장) 공경심으로 착한 성품을 기르는 방법 199

喜怒章(희로장) 기쁨 노여움을 조절하는 방법 207
逸慾章(일욕장) 욕심을 억제하는 방법 210
器量章(기량장) 재능과 덕을 기르는 방법 220
誠實章(성실장) 정성스럽고 진실한 마음을 기르는 방법 226

下卷

第四 威儀(제4 위의) 예의에 관한 자세한 규칙 230
總論章(총론장) 예의를 지키는 일에 관한 총론 230
敬身章(경신장) 몸가짐을 공경스럽게 하는 일 234
正容章(정용장) 용모를 단정하게 하는 일 241
謹言章(근언장) 말을 삼가 하는 일 255
衣服章(의복장) 옷을 단정하고 검소하게 입는 일 266
飮食章(음식장) 음식을 먹을 때 지켜야 할 도리 269

第五 正家(제오 정가) 가정을 바르게 다스리는 법 274
總論章(총론장) 가정을 바르게 하는 일에 관한 총론 274
孝敬章(효경장) 부모를 잘 섬기고 공경하는 일 277
居喪章(거상장) 부모의 상을 치르는 일 288
祭祀章(제사장) 부모와 조상의 제사를 지내는 일 291
友愛章(우애장) 형제간의 애정에 관하여 297
夫婦章(부부장) 부부간에 지켜야 할 도리 299

敎養章(교양장) 자녀들을 바르게 가르쳐 기르는 일 302
冠禮章(관례장) 남자 20세가 되어 갓을 쓰고 성인이 되는 의식 305
婚禮章(혼례장) 혼인의 예절에 관하여 306
敦睦章(돈목장) 서로 사이가 두텁고 화목하게 되는 일 310
禦下章(어하장) 아랫사람을 거느려서 바른길로 나아가게 하는 일 314
治産章(치산장) 재산을 관리하고 처분하는 일 318
儉約章(검약장) 검소하게 절약하는 일 324

第六 處己(**제육 처기**) 자기 몸을 처신하는 도리 329
持身章(지신장) 몸가짐에 관하여 329
處事章(처사장) 일을 처리하는 방법 336
操守章(조수장) 지조를 지키는 일 344
義命章(의명장) 천명을 의롭게 지키는 일 352
改過章(개과장) 잘못을 고치는 일 361
辭受取與章(사수취여장) 사양하고 받고 취득하고 주는 일 367
出入往來章(출입왕래장) 나가고 들어오고 가고 오는 일 373

第七 接人(**제칠 접인**) 사람을 접할 때 지켜야 할 도리 381
長幼章(장유장) 손위 어른과 손아래 어린사람을 대하는 도리 381
師友章(사우장) 스승과 벗을 대하는 도리 390
接賓章(접빈장) 손님을 대접하는 도리 407
待人章 (대인장) 다른 사람을 대접하는 도리 411

篤義章 (독의장) 의로움을 두텁게 하는 도리 422
處世章 (처세장) 세상을 살아가면서 지켜야 할 도리 426
居鄉章 (거향장) 고향에 살면서 고향 사람에게 지켜야 할 도리 430

第八 出處**(제팔 출처)** 관직에 나갔을 때와 물러나 집에 있을 때 지켜야 할 도리 436
總論章(총론장) 관직생활을 할 때와 물러났을 때의 도리에 관한 총론 436
事君章(사군장) 임금을 섬기는 도리 442
治道章(치도장) 올바르게 다스리는 방법 455
居官章(거관장) 벼슬살이를 할 때 지켜야 할 도리 472

順庵著述書目**(순암저술서목)** 482

下學指南 首劵

(하학지남 수권)

日用篇(일용편)

<날마다 해야 할 일>

【註: 살펴보건대, 이 일용편에는 대략 몸 처신하는 것, 부모 섬기는 것, 일 처리하는 것, 물건 접하는 것, 그리고 날마다 마땅히 행해야 하는 일을 열거하여 별도로 이 머리권에 갖추어 놓았다. 그 상세한 것은 상하권의 세 章(장)에 열거하여 놓았다.】

夙興章(숙흥장)

<아침 일찍 일어나서 해야 할 일>

먼동이 틀 무렵, 寅時(인시)<새벽 3시~5시>가 되면, 이에 일어난다.

【註: 새벽에 잠이 처음 깨면 마음을 깨우쳐서 잠자리에서 몸을 이리저리 〈좀〉 뒤척거리다가 혈맥이 〈어느 정도〉 통한 뒤에 서서히 일어난다.】

○ 伊尹(이윤)이 말했다.

"예전 임금들은 먼동이 틀 무렵에 일어나 앉아서 아침을 기다렸다."

○ 范內翰(범내한)[11]이 말했다.

"聖人(성인)은 天地(천지)의 理致(이치)에 순응하여, 그 이치를 분명하게 알면 행하고, 잘 모르면 그친다. 그러므로 君子(군자)는 修身(수신)하는 것을, 일이 있다고 하여 갑자기 움직이는 것도 아니며, 일이 없다고 하여 편안히 쉬는 것도 아니다. 興(흥)하고 居(거)하는 것이 천지의 이치를 그대로 순응하는 것이다."

11) 范祖禹(범조우), 字(자)는 淳夫(순부), 宋(송)의 名臣(명신).

○ 「小雅」(소아)에 말했다.

"일찍 일어나고 늦게 자면서 <부지런히 하여> 너를 낳아 주신 부모를 욕되게 하지 말지니라."

드디어 등불을 밝힌다.

【註: 불을 밝히는 기구를 미리 준비하여 놓고, 이것저것 가져오라고 부르게 하는 일이 없도록 해야 한다.】

陳忠肅(진충숙)[12]은 매일 정해진 일과가 있었다.

【註: 닭이 울면 일어나서 종일 寫閱(사열)하고 小齋(소재)를 떠나지 않았다. 매양 밤에는 어디에 갈때 쓸 등을 책상 옆에 놓아두었다. 〈등을〉 스스로 책상머리에 내다 놓고 하는 말이, "起坐(기좌)가 때가 정해진 것이 아니니 이것은 可常(가상)한 道理(도리)는 아니나, 다른 사람에게 수고를 끼치지 않으려고 이렇게 하는 것이다." 라고 하였다.】

寢具(침구)를 정돈한다.

【註: 침구는 정돈한 뒤 이불보로 덮어 놓거나 또는 가려진 곳에 둔다.】

○ 陳氏(진씨)[13]가 말했다.

"옛사람들은 베개나 자리의 도구를 밤이 되면 펴고 새벽이 되면 이를 다 걷었으며, 개인의 속옷 등의 用物(용물)이 남에게 보이지 않도록 하였다."

○ 退溪先生(퇴계선생)[14]은 새벽에 일어나서 반드시 스스로 이불과 베개를 다 걷어 없었으며, 일찍이 편안하거나 방자하거나 가벼이 하거나 머리의 빗질을 게을리 하지 않았다.

---

12) 名(명)은 瓘(관), 字(자)는 瑩中(형중), 宋(송)의 名臣(명신).
13) 名(명)은 澔(호), 宋(송)의 선비.
14) 諱(휘)는 滉(황), 字(자)는 景浩(경호), 明宗(명종)・宣祖(선조)때의 大儒(대유).

○ 「童子禮」(동자례)[15]에 말했다.

"머리를 빗는 것은 반드시 먼저 정리하여, 하여금 散亂(산란)하게 하지 말아야 한다."

세수하고 양치질을 한다.

○ 「童蒙須知」(동몽수지)[16]에 말했다.

"낯을 씻을 때는 반드시 수건으로 옷깃을 가리어 보호하고, 양 소매를 잘 걷어서 젖는 데가 없도록 해야 한다."

衣冠(의관)을 정돈하여 가지런하게 한다.

○ 「童蒙須知」(동몽수지)에 말했다.

"사람됨이 먼저 신체를 단정하게 하고, 갓과 수건과 의복과 버선까지도 다 반드시 수습하고 애호해서, 항상 청결하고 가지런하게 해야 한다. 남자에게는 반드시 주의해야 할 세 가지 긴요한 것이 있으니, 頭緊(두긴)과 腰緊(요긴)과 足緊(족긴)을 이르는 것이다. 이 세 가지를 요긴하게 단속하여 게을리 하지 말아야 한다. 이것을 게을리 하게 되면 방자해져서 남에게 단정하고 엄숙하게 보이지를 아니하여 사람됨이 가볍고 천하게 된다."

父母(부모)님이 계신 곳에 나아가 문안을 드린다.

○ 「內則」(내칙)에 말했다.

"첫닭이 울거든 세수하고 양치질하며 머리를 빗고 검은 비단 댕기로 머리를

15) 撰(찬)한 사람은 未詳(미상).
16) 朱子(주자)가 撰(찬)함.

싸매며 비녀를 꽂는 일 등을 골고루 다 하고 나서 부모·시부모님이 계신 곳으로 간다. 부모·시부모의 침소에 가서는 氣運(기운)을 가라앉히고 부드러운 목소리로 옷이 덥거나 차지 아니한가를 여쭈어 보고 편치 않으시거나 가려워하시면 조심스럽게 짚어 보면서 긁어 드린다."

○ 「居家雜儀」(거가잡의)[17]에 말했다.

"아들이 부모를 섬기고 며느리가 시부모를 섬기는데, 하늘이 밝으려고 하면 다 일어나서 세수와 양치질을 하고 冠帶(관대)를 갖추고 나서 먼동이 틀 무렵 부모와 시부모가 계신 곳으로 간다. 밤새 안부가 어떠하셨는지를 살펴 여쭈어서, 시중드는 사람이 편안하시다고 하면 이에 물러난다."

○ 馬永卿(마영향)이 "닭이 울면 일어나서 부모님 계신 곳에 가는 것은 너무 이르지 않습니까?" 하고 물으니, 劉元城(유원성)이 말했다.

"아버지와 임금을 섬기는 것은 똑같은 것이니, 아침에 뵈는 것은 반드시 닭이 울면 해야 한다. 그것을 수고롭게 생각해서는 안 되며, 자기 몸을 그렇게 단련시켜야 한다. 그 후에 세상 사람들이 그와 같은 義(의)를 너무 부담스럽게 생각한다면, 지금의 사람들이 가히 예전 사람이 되는 것이다."

○ 寒暄(한훤) 金先生(김선생)[18]은 매일 닭이 울면 반드시 빗질을 하고 세수하며 의관을 바르게 하고 어머니의 안부를 살폈다. 그리고 서재에 나가서 진흙으로 만든 인형처럼 몸을 똑바르게 하고 앉아서 강론하는 것을 게을리하지 않았다. 저녁 때 잠자리를 보아 드리는 것도 아침과 똑같이 하였다.

---

17) 司馬溫(사마온)이 撰(찬)함.
18) 諱(휘)는 宏弼(굉필), 字(자)는 大猷(대유), 成宗(성종)때의 大儒(대유).

長幼男女(장유남녀)가 차례로 좇아서 나온다.

【註: 어른이 먼저 나오고 어린이가 뒤에 나오며, 남자는 좌측으로 나오고 여자는 우측으로 나온다.】

물러 나와서 家廟(가묘)에 나아가 再拜禮(재배례)를 행한다.

【註: 家長(가장)이 가지 않았는데 자제들이 혼자 가는 것은 좋지 않다. 만약 가장이 늙고 병들어서 자제들이 대행하게 되면, 拜禮(배례)를 할 때 家長(가장)이 서야 할 正位(정위)는 마땅히 피해서 해야 한다.】

○ 「家禮」(가례)[19]에 말했다.

"主人(주인)이 아침 일찍 대문 안에서 사당에 알현을 해야 한다."

○ 「家禮儀節」(가례의절)[20]에 말했다.

"매일 일찍 일어나서 먼저 자제들에게 命(명)하여 세수하고 분향하게 한다. 주인은 의관을 갖추고 문 안에 이르러서 香案(향안)앞에 나아가 꿇어앉아서 분향하고 俯伏(부복)하였다가 다시 일어나고 또 절을 하고 일어나 몸을 편다."

○ 朱子(주자)[21]가 말했다.

"앞서 趙丞相(조승상)의 하는 일을 보았는데, 날마다 조상의 영당에서 昏定(혼정)의 禮(예)를 행하였다. 혹 잔치가 있어서 모이고 난 뒤에는 늦어서 예를 행하지 못해 약간 죄송한 생각이 있었다. 그래서 그런 때는 다만 舊禮(구례)에 따라서 새벽에나 뵐 따름이었다."

○ 鄭道可(정도가)가 "날마다 새벽에 사당에 알현을 하는데, 혹 청결하지 못하면 어찌해야 합니까?" 하고 물으니, 退溪(퇴계)가 말했다. "만약 이것을 고치려면, 두루 씻고 언제나 齋戒(재계)하는 마음으로 청결하게 하면 그럴 리

19) 朱子(주자)가 撰(찬)함.
20) 丘瓊山(구경산)이 撰(찬)함.
21) 諱(휘)는 熹(희), 字(자)는 元晦(원회), 宋(송)의 大儒(대유).

가 없을 것이다. 대개 새벽에 뵈는 데는 다만 庭拜(정배)만을 行(행)하고 薦獻(천헌)은 하지 않는 것이다."

○ 靜庵 趙先生(정암 조선생)[22]은 家廟(가묘)가 집에서 조금 떨어진 곳에 있었는데도 날마다 반드시 한 번씩 가 뵈었다. 비록 公務(공무)가 아무리 바쁘고 또한 바람이 불거나 눈이 오거나 춥거나 덥더라도 가 뵙지 않는 일이 없었다.

婢僕(비복)들이 차례로 와서 알현한다.

【註: 또한 마땅히 어른과 아이, 남자와 여자의 구별이 있어야 한다.】

방과 마루와 마당에 물을 뿌리고 청소하라고 명령을 한다.

【註: 항렬이 낮은 사람과 나이가 어린 사람들은 방을 청소하고 계집종들은 마루를 청소하며 사내종들은 마당을 청소한다.】

○ 「內則」(내칙)에 말했다.

"모든 안팎의 사람들은 닭이 처음 울면 다 일어나 세수하고 양치질을 하며 의복을 입고 베개와 잠자리를 걷어치운다. 방과 마루 및 뜰에 물을 뿌려 청소하고 자리를 펴 놓고 제각기 맡은 일에 종사한다."

○ 「居家雜儀」(거가잡의)에 말했다.

"內外 僕妾(내외 복첩)들은 첫 닭이 울면 다 일어나서 빗질을 하고 상투를 짜며 세수와 양치질을 하고 옷을 입는다. 남자 종은 廳事(청사) 및 庭鈴(정령) 아래 蒼頭(창두)에 물을 뿌려 청소하고 中庭(중정)을 청소한다. 여자 종

22) 諱(휘)는 光祖(광조), 字(자)는 孝直(효직), 中宗(중종)때의 大儒(대유).

들은 마루와 방을 청소하고 의자와 탁자를 설치하여 세수하고 양치질하고 빗질할 도구를 다 갖춰 놓는다. 남자 큰 주인과 여자 큰 주인이 일어나면 곧 옷의 먼지를 털고 이불을 개며 좌우측으로 모시어 서서 명령이 내리기를 대비하고 있어야 한다."

○ 「曲禮」(곡례)에 말했다.

"어른을 위하여 어른의 자리 앞을 청소할 때의 예절은 반드시 빗자루를 쓰레받기 위에다 올려놓고 두 손으로 들고 가야 한다. 먼지를 쓸 때는 옷소매로 가리고 뒤쪽으로 물러나면서 쓸어 먼지가 어른에게 가지 않도록 하고 쓰레받기로 자신을 향하여 쓸어 담는다."

○ 「童子禮」(동자례)에 말했다.

"좌측 손으로 소반을 가지고 물을 거기에 채우며, 우측 손으로는 대나무 가지를 잡고서 堂中(당중)에 가볍게 물을 뿌린다. 먼저 어른이 계신 곳에서 멀리 물을 뿌리고 어른에게 다른 곳으로 가시라고 청한 후에 차례대로 물을 뿌린다. 청소를 다하고 모은 티끌은 다른 곳에 버리고 집의 사람들을 불러 모아서 직분에 따라 일을 하도록 분부한다."

【註: 갈고 짜고 交易(교역)하는 것이 일이 아닌 것이 없다.】

○ 「居家雜儀」(거가잡의)에 말했다.

"무릇 모든 어린아이들은 일이 크고 작고를 막론하고 자기 마음대로 해서는 안 되는 것이며, 반드시 家長(가장)에게 물어서 행해야 한다."

自己(자기)가 거처하는 곳으로 물러가서 書冊(서책)과 책상을 정리한다.

退溪(퇴계)는 거처를 반드시 정리하여 고요하게 하고 책상을 반드시 밝고 깨끗하게 하였으며 圖書(도서)가 벽에 가득하더라도 항상 질서 있게 하여 어지럽지 않도록 하였다. 새벽에 일어나면 반드시 분향하고 고요하게 앉아서 종일 글을 보는데 일찍이 그 게으른 모습을 볼 수가 없었다.

이에 무릎을 꿇고 몸을 바르게 하여 앉아서 글을 읽음으로써 학문하는 방법을 求(구)한다.

【註: 이 때는 事物(사물)을 접촉하지 않은 때이므로 心氣(심기)가 청명하다. 고요하게 앉아서 글을 읽고 本源(본원)을 함양시키는 것이 하루 동안 실용하는 방법을 취하는 것이 된다.】

○ 徐花潭(서화담)[23]이 말했다.

"만약 몸을 바르게 하여 앉지 않으면 생각이 한결같지를 못하고, 생각이 한결같지를 못하면 능히 窮理(궁리)하고 格物(격물)하는 공부를 할 수가 없다."

○ 朱子(주자)가 말했다.

"학문을 하는 道(도)는 이치를 궁구하는 것보다 먼저일 수 없으며, 궁리의 요점은 반드시 글을 읽는 데 있다."

○ 「夙興夜寐箴」(숙흥야매잠)[24]에 말했다.

"근본이 이미 서게 되면, 먼동이 틀 무렵이면 일어나 세수하고 빗질을 하고 의관을 갖추고, 단정하게 앉아 얼굴빛을 가다듬고 나서, 이 마음을 이끌기를 떠오르는 태양과 같이 밝게 해야 한다. 그러면 마음이 嚴肅整齊(엄숙정제)하고 虛明靜一(허명정일)하여질 것이다. 이에 책을 펴 놓으면 聖賢(성현)을 대한 듯하여, 마치 孔子(공자)가 앉아 계시고 顔子(안자)와 曾子(증자)를 앞뒤에 모신 듯한 기분이 들게 될 것이다. 聖賢(성현)의 말씀은 親切(친절)히 敬聽(경청)하고, 弟子(제자)들이 問辨(문변)한 것은 反覆參證(반복참증)하여 바로 잡아야 한다."

23) 名(명)은 敬德(경덕), 字(자)는 可久(가구), 明宗(명종)때의 大儒(대유).
24) 陳南塘(진남당)이 撰(찬)함.

해가 뜰 무렵, 卯時(묘시)< 아침 5시~7시>가 되면,

다시 衣冠(의관)을 整齊(정제)하고 부모님이 계신 곳으로 나아가서, 부모님이 일어나면 拜謁(배알)한다.

○ 朱子(주자)가 말했다.

"子弟(자제)들이 절을 하고자 하면, 또한 부모가 일어나서 衣服(의복)을 입기를 기다려야 한다."

○「童蒙須知」(동몽수지)에 말했다.

"무릇 외출했다가 돌아오거든 반드시 어른 앞에 揖(읍)을 하고, 비록 잠시 나갔다 오더라도 역시 그렇게 해야 한다."

○ 徐節孝(서절효)[25]가 公裳(공상)을 갖추고 貴官(귀관)을 보다가 忽然(홀연)히 생각하고 말했다. "貴官(귀관)을 보는데도 公裳(공상)을 착용하는데, 어찌 아침 저녁으로 母親(모친)을 뵙는 데는 公裳(공상)을 갖추지 아니 하리오?" 드디어 아침 저녁으로 公裳(공상)을 갖추고 그 母親(모친)께 揖(읍)을 하고, 이불을 개고, 자리를 걷고, 실내를 청소하여 드렸다.

○「內則」(내칙)에 말했다.

"돗자리와 대자리를 걷고 이불을 개서 올려 놓으며 베개를 상자에 넣고 대자리는 걷어서 말아 둔다."

○ 吉冶隱(길야은)[26]은 저녁에 잠자리를 보아 드리고 아침에 문안을 드리며 이불을 개고 베개를 거두는 일을 몸소 자신이 해 드렸다. 妻子(처자)가 이를 대신 하려고 하면, 公(공)은 말했다. "어머니께서 늙으셨는지라, 後日(후

25) 名(명)은 積(적), 字(자)는 仲車(중차), 宋(송)의 賢人(현인).
26) 名(명)은 再(재), 字(자)는 再父(재부), 麗末(여말)의 名儒(명유).

일)에는 비록 어머니를 위하여 이러한 일을 하고자 하여도 할 수가 없게 될 것이다."

아침 음식을 드린다.

○ 「居家雜儀」(거가잡의)에 말했다.

"부모·시부모가 일어나시거든 아들은 藥物(약물)을 갖추어 드리고 며느리는 아침 음식을 갖추어 드린다."

○ 張子(장자)[27]가 말했다.

"어버이를 섬기고 제사를 받드는 일을 어찌 가히 다른 사람에게 시켜서 하리오? 모시고 앉거든 陪話(배화)를 오랫동안 해 드려야 한다."

【註: 안색을 공손하게 하고 말씀하시는 소리를 공경스럽게 듣는다. 반드시 공경스럽고 삼가하며 거스리거나 거만하게 하지 말아야 한다.】

○ 「童蒙須知」(동몽수지)에 말했다.

"무릇 어른을 옆에 모시고 있게 되거든 반드시 두 손을 마주 잡고 바르게 서 있어야 하며, 묻는 것이 있으면 반드시 성실하게 대답하고 망령되이 하지 말아야 한다."

○ 「曲禮」(곡례)에 말했다.

"어른이 말을 마치지 않았는데 끼어들어 말참견을 하지 말며, 너의 용모를 바르게 하고 듣는 것을 공손히 해야 한다. 남의 學說(학설)을 훔쳐서 자기의 學說(학설)로 삼지 말며, 是非(시비)의 분별이 없이 함부로 남의 말에 同意(동의)하지 말아야 한다. 반드시 옛것을 법으로 삼고 先王(선왕)의 가르침을 본받아서

27) 諱(휘)는 載(재), 字(자)는 子厚(자후), 宋朝(송조)의 大賢(대현).

해야 한다."

○ 李永膺(이영응)[28]은 母親(모친)을 섬기는데, 여러 아들들과 더불어 母親(모친)의 앞에서 講論(강론)을 하였다. 그러면 母親(모친)이 듣고 기뻐서 근심을 잊었다. 그리고 무슨 일을 시키면 공경스럽게 복종하였다.

○「童蒙須知」(동몽수지)에 말했다.

"무릇 勞役(노역)을 할 때는 반드시 위에 입은 衣服(의복)을 벗고 短便(단편)한 것을 착용해야 한다."

○「童子禮」(동자례)에 말했다.

"어른이 하시는 일이 있거든 반드시 부르기를 기다리지 말고 곧바로 그 옆으로 가서 공경스럽게 도와 드려야 한다. 장차 앉으시려고 하면 자리의 먼지를 털어서 깔아 드린다. 만약 投壺(투호)[29]를 하는데 모시게 되면, 화살을 드리고 줍는 일을 해야 한다. 손과 발을 씻으실 때는 쟁반에 수건을 받들고 있다가 드린다. 밤에 어디를 가시는 곳이 있게 되면 등촉을 들고 앞에서 人導(인도)해야 한다. 이와 같은 종류의 일을 다 열거 할 수는 없으나, 마땅히 正容(정용)하고 專志(전지)해야 하며 怠慢(태만)하고 差錯(차착)하는 일이 없도록 해야 한다."

平常(평상)의 居處(거처)로 물러나와 子弟(자제)들에게 독서할 것을 부과한다.

○「自警編」(자경편)에 말했다.

"人生(인생)의 지극히 즐거운 것으로는 독서만한 것이 없고, 지극히 중요한

28) 名(명)은 至男(지남), 字(자)는 端(단), 宣祖(선조)때의 名儒(명유).

29) 연회석에서 주인과 손님이 화살을 병에 던져 넣어 승부를 겨루던 座興(좌흥). 이긴 사람이 진 사람에게 술을 먹임.

것으로는 자식을 가르치는 것 만한 것이 없다."

○ 「訓蒙法」(훈몽법)[30]에 말했다.

"독서는 처음에는 四句(사구)정도만 가르쳐 주고 반드시 많은 遍數(편수)를 가르쳐 주지 말아야 하며 글자를 알게 하는 것으로 으뜸을 삼는다. 읽어서 一卷(일권)이 지나거든 一日(일일)동안 一卷(일권)을 복습시키고, 읽어서 二卷(이권)이 지나거든 二日(이일)동안 一遍(일편)을 복습시키며, 읽어서 三卷(삼권)이 지나거든 三日(삼일)동안 一遍(일편)을 복습시키면 永久(영구)히 잊지 않을 것이다."

○ 또 말했다.

"뜻을 풀어서 가르치되 다만 文句(문구)의 義理(의리)만을 설명해야 하며 言語(언어)가 많은 것은 좋지 않으니 仲尼(중니)가 居言(거언)하던 것과 같이 설명을 해 주어야 한다. 仲尼(중니)는 孔子(공자)의 字(자)이고 居(거)는 坐(좌)이다."

○ 또 말했다.

"만약 남이 알아주지 않더라도 노여워하지 말아야 한다. 慍(온)은 怒(노)이다. 만약 깨우치지 못하거든, 알아듣기 쉬운 方言(방언)으로라도 가르쳐야 한다. 怒(노)는 惡(악)을 發(발)하는 것이다."

○ 退溪(퇴계)가 13세 때 松齋(송재)[31]에게서 「論語」(논어)를 배웠는데 課程(과정)을 嚴格(엄격)하게 세워 늦춰주지 않았다. 一卷(일권)을 다 배우면 一卷(일권)을 다 외우게 하고, 二卷(이권)을 다 배우면 또 二卷(이권)을 다 외우게 하여, 이와 같이 하기를 오래하니 점차로 처음과 달라졌다.

---

30) 王虛中(왕허중)이 撰(찬)함.
31) 名(명)은 堣(우), 退溪(퇴계)의 叔父(숙부).

이에 새벽부터 朝飯(조반)때까지 독서를 한다.

만약 사람이 만나보러 오면, 반드시 책을 가지런하게 걷어 두고 대화를 한다.

○「童蒙須知」(동몽수지)에 말했다.

"書冊(서책)은 반드시 요컨대 애호하고, 손상시키거나 더럽히거나 손으로 퉁기거나 접어서 훼손시키는 일이 없어야 한다."

濟(제)의 陽江祿(양강록)은 독서를 하다가 마치지 못했으면 비록 급한 일이 있더라도 반드시 기다려서 책을 가지런하게 정돈한 연후에라야 일어났는데 이것이 가장 옳은 방법이다.

이로부터 이후에는 人間事(인간사)가 점점 많아질 것이니, 더욱 마땅히 心術(심술)과 威儀(위의)를 삼가이 해야 할 것이다.

日間章(일간장)

<낮 동안에 해야 할 일>

朝飯時間(조반시간)인 辰時(진시)<오전 7시~9시>가 되면,

다시 부모님이 계신 곳에 나가서 반찬 갖춘 것을 살펴본다.

【註: 부모님이 좋아하시는 것을 생각하여 미리 준비하여 두어야 한다.】

王延(왕연)[32]은 부모를 섬기는데 부모의 얼굴빛으로 그 願(원)하는 바를 알아내어 孝養(효양)하였다. 여름에는 枕席(침석)에 부채질을 하여 드리고, 겨울에는 자기 몸으로 이불을 따뜻하게 하여 드렸다. 한겨울 몹시 추운 때에도 자기

32) 晋(진)나라 사람.

몸에는 온전한 옷을 입지 못하였으나, 부모는 극진한 재미를 누리도록 하여 드렸다.

○ 徐節孝(서절효)는 어머니를 섬김이 근엄하여 날마다 그 어머니가 즐겨하는 것을 갖추어 드렸다. 혹시 갖추지 못한 것이 있으면 곧 저자거리로 바삐 달려갔다. 만약 없는 것이 있으면 어떤 사람이 혹 그 효성을 사모하여 값을 손해보고 팔기도 하였다. 친구가 혹 맛있고 부드러운 음식을 보내도 誠禮(성례)가 부족하면 받지 아니하였으며, 奉親(봉친)하는 반찬은 다 스스로 調味(조미)하였다. 어머니께서 잡수실 때에는 선생이 직접 식구들을 거느리고 어머니의 좌우에 있게 하여, 아이들처럼 유희를 하거나 혹은 노래를 하여 어머니를 기쁘게 하여 드렸다. 그런 까닭으로 비록 궁벽한 시골에 살았을지라도 어머니를 받들어 부양하는 것은 부귀한 집과 같이 해서 잠시도 불쾌한 일이 없게 하여 드렸다.

드디어 진짓상을 올린다.

○「童子禮」(동자례)에 말했다.

"무릇 반찬을 尊長(존장)에게 낼 때는 먼저 탁자를 가져다가 깨끗이 한 연후에 두 손으로 식기를 받들어서 그 위에다 놓아야 한다. 그릇은 반드시 물기를 닦고 청결하게 하여 고기 안주와 나물을 반드시 차례대로 나열해 놓는다. 웃어른이 좋아하시는 바를 봐서 자주 잡수시는 것을 그 앞에 가까이 옮겨 드린다. 웃어른이 그만두고 쉬라고 命(명)하면 곧 옆으로 물러섰다가, 다 잡수시고 나면 나아가서 이를 거둔다. <너도>거기서 먹으라고 말씀이 계시면 곧 揖(읍)을 하고 잡수시던 그 자리로 나가 앉아서 먹는다. 반드시 보아서 어른이 잡수시지 않은 것은 감히 먹지 말 것이며, 장차 먹을 때는 <해찰부리지 말고> 급히 먹고 끝내야 한다."

먹고 나면 곧 물러난다.

○「內則」(내칙)에 말했다.

"장성한 사람들을 도와서 진짓상 갖추는 것을 보살핀다." 어른과 어린아이 남자와 여자가 나누어 앉아서 먹는다.

○「居家雜儀」(거가잡의)에 말했다.

"장성한 남자와 여자가 각각 다른 장소에 음식을 차려 놓고 長幼(장유)에 의해서 앉되, 그 음식을 반드시 균일하게 하여야 한다. 어린아이들은 또 다른 곳에서 먹는데 長幼(장유)에 따라서 자리를 잡고 앉는다. 男子(남자)는 좌측에 앉고, 女子(여자)는 우측에 앉는다."

○「內則」(내칙)에 말했다.

"일곱 살이 되면 남녀가 한 자리에 앉지를 않고, 함께 먹지를 않는다. 여덟 살이 되면 門戶(문호)에 드나드는 것과 자리에 나아가 음식 먹는 것을 반드시 어른의 뒤에 하게 하여 어른에게 양보하는 것을 가르쳐야 한다."

○ 退溪(퇴계)는 음식을 먹을 때 말을 하거나 숟가락과 젓가락 소리가 들리지 않도록 하며 조용히 먹었다. 다 먹은 후에는 조금 있다가 子弟(자제)들에게 글씨를 쓰도록 과제를 주었다.

○「訓蒙法」(훈몽법)에 말했다.

"글씨를 쓰되 종이를 아껴서는 안 되며 반드시 크게 써야 한다. 만약 작은 글자를 쓴다고 하면 손을 바르게 하여 잡고 눈은 좀 크게 뜨고 써야 한다. 그런 뒤에 점점 큰 글자를 쓰되 이삼일 이상을 더 쓰지 말며 두 글자 이상 큰 글자를 쓸 필요가 없다. 두 글자가 단정하게 써졌거든, 바야흐로 글자를 바꾸어 써도 좋다. 만약 글자를 많이 쓰기를 탐내면 반드시 筆畫(필획)이 老草(노초)하여 써지는 것이 좋게 되지 않는다."

이로부터 뒤로는 事物(사물)에 응하는 것이 번거로우니, 處己(처기)와 接物(접물)하는 것에 힘써 誠敬(성경)을 다하여 理致(이치)에 합당한 것을 求(구)한다.

禺中(우중), 즉 巳時(사시)<오전 9시~11시>가 되면,

다시 자제들을 신칙하여 글을 읽게 하고 혹 의심나거나 어려운 것이 있으면 질문을 하게 한다.

○ 退溪(퇴계)는 모든 생도들이 앞에 나아가 배움을 받을 때, 和氣(화기)로 마음을 온화하게 하여 가르쳐 깨우쳐 주고 거듭 일러 순순히 가르쳐서, 처음부터 끝까지 의심나거나 어두운 곳이 없이 훤히 트이게 가르쳐 주었다.

自己(자기)도 또한 견고하게 앉아서 글을 읽는다.

【註: 볼일을 이미 마치고 나면 다만 글을 읽는 것이 합당하다. 넉넉히 놀고 放浪(방랑)하면 장차 무슨 일을 이룰 수 있으리오?】

○ 張子(장자)가 말했다.

"독서를 적게 하면, 詳考(상고)하여 조사하는 것으로 由來(유래)하는 義(의)와 精(정)을 얻게 되지는 못한다. 대개 글은 이 마음을 유지하게 해 주는 것이니, 일시라도 내버려 두게 되면 곧 일시에 德性(덕성)이 게으르게 된다. 독서를 하면 이 本心(본심)이 항상 존재하고, 독서를 하지 않으면 마침내 義理(의리)를 보지 못하게 된다."

장기와 바둑을 두거나 잡동사니 희롱하는 것을 눈앞에 가까이 하지 말아야 한다.

○ 召公(소공)[33]이 말했다.

"無益(무익)한 것을 지어서 有益(유익)한 것을 害(해)치지 말아야 功(공)이 이에 이루어지는 것이니, 무릇 모든 희롱하며 즐기는 것을 心術(심술)에 접하지 말아야 한다."

【註: 程子(정자)는 일찍이 史記(사기)나 읽고 書札(서찰)이나 쓰는 것은 희롱하는 事物(사물)이며, 本心(본심)을 잃게 하는 것이라고 하였다. 하물며 圖書(도서)나 花草(화초) 같은 것을 보거나 그리는 것은 일체 本性(본성)과 本分(본분)을 잃게 하는 물건이니 더 말할 것이 있으리오? 】

○ 召公(소공)이 말했다.

"사람과 더불어 자주 접촉하여 놀면 德(덕)을 잃어버리게 되고, 물건을 가지고 자주 놀면 志(지)를 잃어버리게 된다."

혹 史記(사기)를 본다.

○ 程子(정자)가 말했다.

"史記(사기)를 읽어야 모름지기 어려움을 다스리는 기틀과 賢人君子(현인군자)의 出處進退(출처진퇴)를 보게 되고 格物(격물)을 바르게 할 수가 있다."

혹 글씨를 쓴다.

○ 程子(정자)가 말했다.

"내가 글자를 쓸 때에 심히 공경스럽게 쓰는 것은 글자를 보기 좋게 쓰려함이 90아니라, 다만 바르게 배우기 위함이다."

33) 周(주)나라의 臣下(신하).

○ 李忠定公(이충정공)74[34]은 檢約(검약)한 것을 지키고, 놀며 즐기는 것을 끊어 버렸다. 오직 글을 읽는 것으로써 樂(낙)을 삼았으며, 권태로우면 곧 글을 익혀서 마음으로 하여금 방심하고 해이하여지지 않도록 하였다.

혹 作文(작문)을 한다.

○ 退溪(퇴계)가 말했다.

"글이라는 것은 뜻을 전달하는 것일 뿐이다. 배우는 사람은 불가불 文章(문장)을 이해하여야 한다. 만약 文章(문장)을 이해하지 못하면 비록 가로되, 대략 文字(문자)는 안다고 하여도 능히 뜻이 言辭(언사)에 이르지 못하는 것이다."

이 마음이 放心(방심)되지 않게 하려고 힘쓰는 것은 요컨대 事物(사물)이 이 마음을 이기는 바가 되지 않게 하기 위한 것이다.

【註: 史記(사기)를 보고 글자를 쓰고 작문을 짓고 하는 것이 비록 선비가 하는 일일지라도 만약 편벽되게 그것을 좋아하면 마음이 放心(방심)하게 된다.】

한낮, 午時(오시)<오전 11시~오후 1시>가 되면,

다시 부모님이 계신 곳으로 나아가서 문안을 드린다.

文王(문왕)은 세자가 되었을 때, 王(왕)에게 가 뵈는 것을 사철 날마다 세 번씩 하였다. 닭이 처음 울면 옷을 입고 王(왕)의 침실 문밖에 이르러서 안에서 시중드는 사람에게 금일의 안부는 어떠하시냐고 물어 보았다. 시중드는 사람이 임금님께서 편안하시다고 하면 文王(문왕)이 이에 기뻐하였다. 한낮이 되면 또 이르러 이와 똑같이 하였고, 날이 저물면 또 이르러 이와 똑같이 하였다.

---

34) 名(명)은 浚慶(준경), 字(자)는 原吉(원길), 號(호)는 東皐(동고), 明宗(명종)·宣祖 間(선조 간)의 名臣(명신).

○ 「擊蒙要訣」(격몽요결)[35]에 말했다.

"낮에 부모를 받들어 모시는 데는 항상 기쁜 안색과 상냥스런 모습으로 응대하는 것을 공경스럽게 해야 하며, 좌우로 모시어 봉양하는 데는 지극히 정성스럽게 해야 한다. 그리고 밖에 나가거나 나갔다가 들어올 때는 반드시 절을 하고 말씀드리고, 절을 하고 뵈어야 한다."

점심을 드린다.

【註: 혹 어버이가 잡수시고 싶어 하는 것이 있는가를 생각하여 그것을 드려야 한다.】

부모가 혹 음식을 먹이고자 하는 바의 사람이 있다고 하면 마음을 다하여 접대를 한다.

○ 張子(장자)가 말했다.

"만약 어버이가 기뻐하시는 바의 친구 분이 있으면 그 분을 極力(극력)으로 招致(초치)한다. 손님의 접대는 마땅히 힘을 다해 장만하여 부모의 마음을 기쁘게 하여 드리는 것으로 힘을 쓴다. 집에 있고 없는 것을 계산하는 것은 옳지 않다. 그러나 또 모름지기 대접을 받는 사람으로 하여금 그 대접이 너무 힘들고 노고가 큰 것임을 알지 못하게 해야 한다. 진실로 대접을 받는 분으로 하여금 그 대접하는 것이 쉽지 아니한 것 같이 보이게 하면 그 또한 편안하지 못하게 하는 것이다."

○ 孟子(맹자)가 말했다.

"曾子(증자)가 <그의 부친> 曾晳(증석)을 봉양할 때에는 반드시 술과 고기가 있었다. 장차 잡수시던 酒肉(주육)을 치울 때는, 반드시 대접하시고 싶은 사람

35) 李栗谷(이율곡)이 撰(찬)함.

이 있느냐고 여쭈어 보았다. 남은 것이 있느냐고 물으시면, 반드시 있다고 말씀드렸다. 曾晳(증석)이 죽고, <그의 아들> 曾元(증원)이 曾子(증자)를 봉양할 때에도 반드시 술과 고기가 있었다. 그러나 장차 먹던 酒肉(주육)을 치울 때는, 대접하고 싶은 사람이 있느냐고 묻지를 아니 하였다. 남은 것이 있느냐고 물으면 없다고 말하고, 장차 그 남은 것을 다시 <曾子(증자)에게> 내려고 하였다. 이것은 이른바 뜻을 봉양하는 것이 아니라, 입과 몸을 봉양하는 것이다. 曾子(증자) 같으면 곧 가히 <그 부모의> 뜻을 봉양한 것이라고 이를만한데, 어버이를 섬기는 데는 曾子(증자)와 같이 해야 옳은 것이다."

종들에게 부과된 일을 보라고 한다.

맡긴 바의 일에 비록 과실이 있더라도, 소리를 지르거나 얼굴빛을 노엽게 해서 준엄하게 꾸짖지 말고, 천천히 義理(의리)로써 그것을 잘 타일러 주어야 한다.

○ 退溪先生(퇴계선생)은 일찍이 남녀 종들을 <그렇게 호되게> 꾸짖지를 아니하였다. 만약 실수와 과오가 있으면 반드시 이를 가르쳐서 말하기를, "이 일은 마땅히 이와 같이 해야 하는 것이다."라고 하였다. 일찍이 그 말과 기색을 변해서 종들을 혼낸 일이 없었다.

다시 자제들을 신칙해서 그들로 하여금 빈들빈들 놀고 지내는 일이 없이 부과된 바를 부지런히 읽도록 한다.

해가 기울어질 무렵, 未時(미시)<오후 1시~3시>가 되면,

다시 자제들을 불러 읽고 나서 의심나는 바를 강론하게 한다.

【註: 才性(재성)이 총명한 사람도 있고, 둔한 사람도 있는 것이니, 일률적으로 이야기할 수는 없다. 비록 여러 차례 이끌어서 가르쳐 줄지라도 능히 깨닫지를 못하면 마땅히 딱하게 생각하여 좀 더 열심히 읽으라고 말을 하고 심히 꾸짖기만 해서는 안 된다.】

오래도록 앉아서 글을 읽으면 정신과 기운이 困乏(곤핍)하여지는 것이니, 혹은 고요하게 앉아서 本源(본원)을 함양해야 한다.

○ 劉質夫(유질부)[36]가 말했다.

"매양 속이 답답하고 번민스러울 때는 바르게 단정히 앉아 있으면 意氣(의기)가 곧 내려가는 것이니, 평소에 氣(기)를 기르는 것을 가히 소홀히 할 수 있으리오?

○ 朱子(주자)가 말했다.

"張子(장자)의 六有語(육유어)[37]가 지극히 좋은 것이다. 君子(군자)는 終日(종일) 놀지 않고 부지런한 것이다. 그래서 먹고 쉬는 사이에도 중단됨이 있어서는 안 되며, 또 그렇다고 하루 종일 글만 읽어도 안 되는 것이니, 혹은 고요하게 앉아서 存養(존양)을 하는 것이 또한 옳다."

【註: 「朱子行狀」(주자행장)에 말했다. "권태로우면 쉬어야 한다. 쉴 때는 눈을 감고 단정하게 앉아서 쉰다. 쉬고 나면 일어나서 단정한 걸음으로 천천히 걷는다."】

혹 慰安(위안)하며 노는 것이 영혼과 통한다.

○ 「夙夜箴」(숙야잠)에 말했다.

"독서를 하다가 쉬는 겨를에 간혹 水泳(수영)을 하여서 精神(정신)을 펴고 精性(정성)을 休養(휴양)해야 한다."

○ 周子(주자)[38]는 마음 속 깊이 품고 있는 생각이 깨끗하고 우아했으며 고상한 취미가 있었다. 더욱이 아름다운 山水(산수)를 즐겼는데 뜻에 맞는 곳을 만나게 되면 종일 어슬렁어슬렁 노닐었다.

---

36) 名(명)은 絢(순), 程(정)의 門人(문인).
37) 사람이 日常(일상) 몸으로 행해야 할 여섯 가지의 일. 즉, 言有教(언유교), 動有法(동유법), 晝有爲(주유위), 宵有得(소유득), 息有養(식유양), 瞬有存(순유존).
38) 諱(휘)는 敦頤(돈이), 字(자)는 茂叔(무숙), 宋(송)의 大賢(대현).

○ 朱子(주자)는 한 줄기의 물, 하나의 돌, 한 포기의 풀, 한 그루의 나무, 그리고 조금이라도 淸凉(청량)한 곳이면 종일토록 눈도 깜박이지 않고 구경하였다.

○ 退溪先生(퇴계선생)은 만약 산과 물, 곧 자연의 경치가 아름답고 폭포가 거슬러 흐르는 멋있는 곳이 있으면 바쁜 가운데 몸을 빼내어 홀로 가서 즐겨 읊고 돌아오지 않는 일이 없었다.

○ 先生(선생)이 道山(도산)으로 휴가를 갔을 때의 일이다. 동료들은 모두가 言行(언행)의 구속을 받지 않고 법도가 없이 날마다 술을 마시며 詩歌(시가)를 읊는 것으로써 일을 삼았다. 先生(선생)은 홀로 종일 단정하게 앉아 있거나 혹은 문을 닫고 글을 보았다. 비록 때로는 여러 사람들과 어울려 놀더라도 또한 방탕스럽게 까지는 되지 아니하니, 동료들이 모두가 존경하였다. 그리고 志操(지조)가 자신과 다르다고 해서 이를 미워하지는 않았다.

혹 옛사람이 뜻에 맞게 지은 것을 읊기도 한다.

朱子(주자)는 經書(경서)나 史記(사기), 그리고 子集(자집)의 나머지와 비록 雜說(잡설)을 기록한 것일지라도 그것을 거의 다 외웠다. 술이 약간 훈훈하게 취하면 옛글을 읊으며 기분이 매우 좋아하였으나, 매양 楚騷(초소), 出師表(출사표), 그리고 歸去來辭(귀거래사)와 아울러 杜子美(두자미)의 詩(시) 몇 수를 愛誦(애송)했을 따름이었다.

혹 아이들로 하여금 옛사람의 箴警文字(잠경문자)를 외우게 한다.

胡籍溪(호적계)[39]는 여러 생도들을 가르칠 때 學課(학과)를 하고 남는 시간에

39) 名(명)은 憲(헌), 字(자)는 原仲(원중), 宋(송)의 大儒(대유).

는 片紙(편지)로써 옛사람의 아름다운 행실과 혹은 사람에게 도움이 될 만한 詩文(시문)이나 銘貫(명관)이 있으면 기록하여 壁間(벽간)에 붙여 두게 하였다. 그리고 생도들로 하여금 오가며 이것을 외워서 모두 정성스럽게 익히도록 하였다.

○ 退溪先生(퇴계선생)이 말했다.

"옛사람들은 소반이나 밥그릇이나 책상이나 지팡이 같은 것에도 다 새긴 것이 있었다. 다만 마음이 깨우치고 살필만한 실제가 없다면, 아무리 箴書(잠서)가 壁(벽)에 가득한들 또한 무엇이 有益(유익)하리오? 學問(학문)하는 것을 橫渠(횡거)의 六有(육유)와 같이 하면, 이 마음이 항상 存心(존심)이 되며 放心(방심)되지 않을 것이다."

昏睡(혼수)상태로 드러누워서 威儀(위의)를 상실하게 되는 지경에까지 이르러서는 안 된다.

宰予(재여)[40]가 낮잠을 자거늘 孔子(공자)가 말했다.

"썩은 나무에는 조각을 할 수가 없고, 썩은 담장벽에는 칠을 할 수가 없는 것이다. 그런데 너 같은 사람을 꾸짖어 보아야 무슨 소용이 있겠느냐?"

【註: 朱子(주자)가 말했다. "그 志氣(지기)가 조느라고 혼미해져서 가르침을 베풀 수가 없다는 것을 말한 것이다."】

○ 李栗谷[41](이율곡)이 말했다.

"밤에 잘 때나 질병에 걸렸을 때가 아니면, 드러눕거나 기울어지게 서 있는 것은 옳지 못한 일이다. 낮에 졸고 싶은 생각이 있으면, 마땅히 이 마음을 깨우쳐서 충분하게 아주 깊이 반성을 해야 한다. <졸려서> 눈꺼풀이 무거울 성 싶으면 일어나서 두루 걸어서 이로 하여금 정신을 똑똑히 차리도록 해야 한다."

40) 孔子(공자)의 弟子(제자).
41) 名(명)은 珥(이), 字(자)는 叔獻(숙헌), 宣祖(선조)때의 儒臣(유신).

○ 「養生書」(양생서)에 말했다.

"낮에 자는 것이 옳지 않은 것은, 사람의 元氣(원기)를 손상시키는 것이기 때문이다."

○ 退溪先生(퇴계선생)은 하는 일없이 한가하게 있을 때라도 종일 단정하게 앉아 있었다. 비록 기운이 파리하고 정신이 피곤하더라도 어디에 기대고 의지하거나 제멋대로 하는 태도가 없었다. 혹 때로 책상다리를 하고 앉아 있을 때라도 또한 반드시 단정하고 莊重(장중)하게 앉아 있었다. 마음이 어둡고 고달플 때가 있으면 곧 잠깐 강 뚝 같은 데로 나가서 敍精(서정)을 발산시켰다. 혹은 책상에 기대고 누워서 휴식을 좀 취하거나 혹은 눈을 지그시 감고 단정하게 앉아서 쉴 따름이었다.

이 때는 이미 사람이나 事物(사물)을 接(접)하는 것을 오래 해서 게으른 뜻이 생기기가 쉬운 것이니, 항상 스스로 반성을 좀 하여서 放逸(방일)하지 않도록 해야 한다.

○ 「夙夜箴」(숙야잠)에 말했다.

"動(동)과 靜(정)이 쉬지 않고 계속 돌 때에 오직 마음이 이것을 감독해야 하는 것이니, 고요하면 그대로 두고 움직이면 살펴서, 마음을 둘이 되게 하지도 말고 셋이 되게 하지도 말아서 오직 하나로 되게 해야 한다."

저녁 때, 申時(신시)<오후 3시~5시>가 되면,

다시 부모님이 계신 곳으로 나아가서 陪話(배화)를 오래도록 해 드린다. 물러 나와서는 글을 읽어야 하는데, 혹은 經書(경서)를 읽거나 혹은 史記(사기)를 읽어서 다시 연구를 더한다.

○ 楊龜山(양구산)[42]이 말했다.

"배우는 사람은 마땅히 의심나는 바가 있어야 이에 능히 德(덕)이 진전되는 바가 있다. 그러나 모름지기 글에 대해서 힘을 쓰는 것이 깊어야 바야흐로 의심나는 것이 있게 되는 것이다."

○ 張子(장자)가 말했다.

"의심이 없는 데서 글을 읽어서 의심이 있게 되면, 바야흐로 이것이 진전인 것이다."

○ 또 말했다.

"義理(의리)가 의심나는 것이 있으면 묵은 견해를 씻어 버려야 새로운 뜻에 이르게 된다."

○ 李延平(이연평)[43]이 말했다.

"대체로 의심나는 곳이 있으면 모름지기 고요하게 앉아서 근본적으로 연구를 해야 한다.

○ 항상 모름지기 精力(정력)을 愛養(애양)하는 것은 疾病(질병)에 이르게 되는 것을 염려하기 때문이다.

○ 成牛溪(성우계)[44]가 항상 말했다.

"학문이라는 것은 먼저 몸과 마음을 收拾(수습)하고 精神(정신)을 보호하고 아끼며 뜻을 전적으로 한 곳에 모아서 해야 한다. 그래야 志氣(지기)가 항상 맑아서 義理(의리)가 밝고 현저하게 되는 것이다. 이것은 孔子(공자)와 孟子(맹자)

42) 名(명)은 時(시), 字(자)는 中立(중립), 程門(정문)의 高弟子(고제자).
43) 名(명)은 個(개), 字(자)는 愿中(원중), 宋(송)의 大儒(대유).
44) 名(명)은 渾(혼), 字(자)는 浩原(호원), 宣祖(선조)때의 儒臣(유신).

이래로 공부하는 門(문)의 제일가는 法(법)이다."

○ 退溪先生(퇴계선생)이 일찍이 말했다.

"<나는> 어렸을 때 학문을 하는데 분발해서 종일토록 그치지 않았으며 밤이 다하도록 자지도 않고 공부를 하였다. 그러다가 드디어 깊은 痼疾病(고질병)을 얻어 病廢人(병폐인)의 신세를 면치 못하게 되었다. 그러니 배우는 사람은 모름지기 그 氣力(기력)을 헤아려서 마땅히 자야 할 때 자고 일어나야 할 때 일어나야 한다. 그리고 때와 장소에 따라 매양 살펴서, 이 마음으로 하여금 放逸(방일)하지 않게 해야 한다."

저녁밥이 다 갖추어졌다고 告(고)해 오거든, 다시 부모님이 계신 곳으로 나아가서 잡수실 반찬들을 살펴보아야 한다.

드디어 진지를 올린다.

잡수시고 나면 곧 물린다.

어른과 아이, 남자와 여자가 구분하여 앉아서, 아침밥을 먹을 때와 똑같이 하여 먹는다.

○ 「養生書」(양생서)에 말했다.

"하루 중에 <가장> 경계해야 할 것은 저녁밥을 너무 배부르게 먹어서는 안 된다는 것이다."

夜寐章(야매장)

<저녁부터 밤에 자기 전까지 해야 할 일>

해질 무렵, 酉時(유시)<오후 5시~7시>가 되면,

다시 부모님이 계신 곳으로 나가서 방이 따뜻한가 차가운가와, 창문과 지게문에 <바람새는> 틈이 없는가를 점검한다.

삿자리와 돋자리를 가지런하게 하고 이불과 요를 펴 드린다.

○「擊蒙要訣」(격몽요결)에 말했다.

"어두워지면 곧 <부모님의> 寢所(침소)에 나가서 그 잠자리를 定(정)해 드린다. 그리고 그 <잠자리가> 따뜻한지 차가운지를 살펴 드려야 한다."

모시고 앉아서 이야기를 하여 드린다.

제각기 자리를 잡아 앉을 때는 어른과 어린아이, 남자와 여자가 위치를 구분하여 차례대로 앉는다. 古今人(고금인)의 아름다운 말과 착한 행실을 講論(강론)하는 것으로써 부모의 마음을 기쁘게 하여 드린다. 지껄이고 떠드는 것은 좋지 않으며, 남의 허물을 論(논)하는 것도 좋지 않다.

父母(부모)가 장차 주무시려고 하면 拜辭(배사)하고 물러난다.

○「居家雜儀」(거가잡의)에 말했다.

"부모 · 시부모가 장차 주무시려고 하면 편안히 주무시도록 하고 물러난다."

혹 모시고 자기도 한다.

집안 식구들에게 당부할 바의 일이 있으신지 여쭈어 본다.

子弟(자제)들을 불러모아 종일 읽고서 의심나는 바를 講論(강론)한다.

唐(당)의 柳公(유공), 綽(작)은 公卿(공경)[45]의 지위에 있을 때 가장 家法(가법)이 있었다. 中門(중문)의 東(동)쪽에 작은 書齋(서재)가 있었다. 매양 평일 아침에 문득 <서재에> 이르면 모든 아들들이 다 冠帶(관대)를 갖추고 中門(중문)의 북쪽에 와서 문안을 드렸다. 그러면 公(공) 자신과 더불어 모든 從弟(종제)가 다시 모여 식사를 하였다. 그리고 아침부터 저녁때까지 그 작은 서재를 떠나지 않았다. 촛불을 켜고는 한 사람의 자제에게 經書(경서)와 史書(사서)를 잡게 하여 몸소 한 번 죽 훑어보고 이에 벼슬살이와 집을 다스리는 法(법)을 講論(강론)하고 議論(의논)하였다. 혹은 글을 의논하기도 하고 혹은 거문고를 듣기도 하였다. 사람이 잠을 자는 시각을 알리는 종소리가 들린 연후에 돌아가 잤다. 모든 자제들도 中門(중문)의 북쪽 침소로 돌아가 잤다. 무릇 이와 같은 생활을 20여 년간이나 계속하였다.

땅거미 질 무렵, 戌時(술시)<오후 7시~9시>가 되면,

계집종들은 물독에 물을 길어다 놓고, <불씨가 꺼지지 않도록> 불을 잘 덮어 간수하게 한다.

사내종들은 문단속을 하고 빗장을 채우게 한다.

火災(화재)를 막고 도둑을 조심해야 한다.

○「古詩」(고시)에 말했다.

"때때로 불조심을 하고, 밤마다 도둑이 오는 것을 조심해야 한다."

45) 高位官職(고위관직). 三公(삼공)과 九卿(구경)의 벼슬.

소나 말에게 마른 짚을 더 먹여야 되는지를 검토해 보아야 한다. 여기저기 남겨 놓은 그릇들을 반드시 수습하여 도둑맞는 것을 방비해야 한다. 부모님께 드릴 반찬들을 반드시 몸소 잘 저장해서 더럽혀지지 않도록 예비해야 한다,

드디어 등불을 밝힌다.

밤이 깊은 뒤에는 자제들로 하여금 書室(서실)로 돌아가게 하여 낮에 읽은 것을 다시 복습하게 한다.

○ 柳西涯(유서애)[46]가 아들에게 준 글에 말했다.

"<나는> 일찍이 退溪先生(퇴계선생)이 손자들에게 준 다음과 같은 詩(시)를 좋아하였다. : '少年(소년)시절 山寺(산사)에서 즐기던 일이 가장 좋았었으니, 푸른 창 깊은 곳에 하나의 등불이 밝혀졌더라. 평생에 허다한 사업을 다 하였는데, 이 하나의 등불 아래로부터 그 근원이 피어났도다.' 원컨대 너희들도 이를 본받도록 하라."

○ 胡文定(호문정)[47]은 매양 자제들이 아침에 와서 문안 인사를 하고 저녁에 와서 잠자리를 보살펴 줄 때면, 반드시 무슨 學業(학업)을 하고 있느냐고 물었다. <학업에> 힘쓰고자 하는 뜻이 있는 것 같으면, "선비는 마땅히 聖人(성인)에 뜻을 두어야 하는 것"이라고 말했다. 태만하고 경건하지 못한 것처럼 보이면, "흐르는 물과 같이 빠른 세월을 아끼지 않으면, 小人(소인)밖에 되지 못할 것"이라고 찡그리며 말했다. 자제가 혹 가까운 연회나 집회에 나가면, 비록 밤이 깊더라도 오히려 자지 않고 반드시 돌아오기를 기다렸다. 그리고 그 자제가 취했나 안 취했나를 증험도 해 보았다. 또 그 모인 바가 어떠한 손님들이며, 논의한 바는 무슨 일이 有益(유익)했고 무슨 일이

46) 名(명)은 成龍(성룡), 字(자)는 而見(이견), 宣祖(선조)때의 名臣(명신).
47) 名(명)은 安國(안국), 字(자)는 康侯(강사), 宋(송)의 名儒(명유).

無益(무익)했나를 물어 보았다. 그는 이와 같이 하는 것으로써 떳떳함을 삼았다.

만약 밤에 出入(출입)할 일이 있으면, 반드시 촛불을 가지고 다닌다.

○ 「內則」(내칙)에 말했다.

"밤에는 촛불을 가지고 다니고, 촛불이 없으면 나다니지를 말아야 한다."

○ 어떤 사람이 退溪先生(퇴계선생)에게 물어 말했다.

"先生(선생)이 淸凉山寺(청량산사)에 살고 있을 때, 비록 밤이 깊어 아주 어두운데 절 밖에 나가더라도 놀라거나 두려운 뜻이 없었으니, 이는 가히 어려서부터 마음이 안정되고 이치가 밝은 곳을 보았음일 것이오." 先生(선생)이 말했다. "그것이 사실은 <내가> 어렸을 때 저지른 망령된 일이었다. 비록 다른 것은 무서울 것이 없다손 치더라도, 홀로 악한 짐승을 만나 해침을 당하는 것은 생각하지 않았음이오."

혹 오래도록 글을 읽음으로써 근로와 노고를 익힌다.

范文正公(범문정공)[48]은 5년 동안 苦學<고학>을 하는데, 일찍이 옷을 벗고 자는 일도 없었다. 밤에 혹 정신이 혼미하고 게으른 생각이 나면, 번번이 물로써 손과 낯을 씻었다. 이따금씩은 범벅 죽 같은 것으로라도 배를 채우지 못할 때가 있었다. 날이 저물어질 무렵에야 비로소 먹으니, 같이 공부하던 사람이 맛있는 음식을 좀 가져다 주더라도 거절하고 받지 아니하였다.

○ 靜庵先生(정암선생)은 혹 글 읽는 곳을 택하여 들어가면 靜讀(정독)을 하였다. 잠깐 밥을 먹고 뒷간에 가는 것 외에는 절대로 한가한 시간이 없었다.

48) 名(명)은 仲淹(중엄), 字(자)는 希文(희문), 宋(송)의 賢臣(현신).

오직 二更後(이경후), 五更前(오경전)까지를 취침시간으로 삼았다.

○ 韓松齋(한송재)[49]는 「小學」(소학), 「心經」(심경), 「近思錄」(근사록), 「性理大全」(성리대전), 그리고 「朱子語類」(주자어류) 등의 書(서)를 取(취)하여, 침착하게 가라앉은 마음으로 글의 깊은 뜻을 생각하여 찾으며 읽었다. 낮에는 익히고 밤에는 외웠다. 단정하게 앉아서 독서를 하는 모양이 마치 진흙으로 만든 인형과 같아서 두 무릎이 다 평평해졌다. 그리고 <그는> 항상 말하기를, "학업이 至精(지정)하게 되는 것은 부지런함에 있는 것이니, 마땅히 세월을 헛되이 보내서는 안 된다."고 하였다.

○ 趙重峰(조중봉)[50]은 배우기를 좋아하여 寸陰(촌음)도 아꼈다. 집이 가난하여 몸소 밭도 갈고 혹은 田間(전간)에 소도 길렀으나, 그래도 일찍이 손에서 책을 놓을 때는 없었다. 날마다 땔 나무를 해다가 어버이 방에 불을 때드릴 때도 그 불빛에 비춰서 글을 읽었다.

혹 고요하게 앉아서 夜氣(야기)를 기른다.

○ 「夜氣箴」(야기잠)[51]에 말했다.

"무릇 하루 낮 하루 밤이라는 것은 360일이 쌓이는 것이다. 그러므로 겨울은 四時(사시)의 밤이 되고, 밤은 이에 하루의 겨울과 같은 것이다. 하늘과 땅 사이에 여러 가지 움직이는 것이 함께 고요하여 쪼개지지 않은 때의 鴻濛(홍몽)[52]과 같은 것이다. 오직 사람의 몸이 어두운 곳을 향하여 쉬는 것이니, 또한 마땅히 造物(조물)로써 근본을 삼아야 한다. 반드시 그 마음을 가지런하게 하고, 반드

49) 名(명)은 忠(충), 字(자)는 恕卿(서경), 中宗(중종)때의 儒臣(유신).
50) 名(명)은 憲(헌), 字(자)는 汝式(여식), 宣祖(선조)때의 名臣(명신).
51) 眞西山(진서산)이 撰(찬)함.
52) 天地(천지)가 아직 나누어지지 않은 상태.

시 그 몸을 엄숙하게 하며, 자는 때에 해이해지거나 스스로 방심해서는 안 된다. 태만하고 안이하고 그릇되고 편벽된 것으로 하여금, 그것이 나의 바른 마음을 해치게 해서는 안 된다. 비록 종일 놀지 않고 부지런할지라도 숨 한 번 쉬는 만큼의 시간이라도 중단되는 것을 허용해서는 안 된다. 잠깐 동안이라도 더욱 마땅히 경계하고 삼가는 功(공)을 잊어버려서는 안 된다. 대개 그 몸을 편안하게 휴식시키는 것은 낮에 무엇을 잘 듣고, 아침에 무슨 일을 꾀하는 것이 잘 되게 하기 위한 까닭이다. 밤기운이 깊고 두터워지면 仁義(인의)의 마음이 또한 그 不窮(불궁)한 데로 가는 것이다. 근본이 이미 서면, 더욱 사물을 주선하는 계제에까지 극진히 살펴서, 敬(경)과 義(의)를 가지고 움직일 때나 고요할 때나 이것을 다 같이 양성해 나가야 한다. 그러면 人慾(인욕)이 가히 틈타서 들어올 수가 없을 것이다. 그리고 天理(천리)가 훤하게 밝아질 것이다. 그러나 아는 것은 이에 미쳐도 仁(인)이 능히 이를 지키지 못하면 또한 <그 아는 것이> 空言(공언)이 되어 버린다. 이에 箴(잠)을 지어 스스로 경계하여 고쳐 주어야 하는 것이니, 항상 고질병에도 늠름해야 한다."

○ 邵子(소자)[53]는 百源山中(백원산중)에서 雪夜(설야)에도 무릎을 꿇고 몸을 바르게 하여 앉아 있었다.

○ 退溪先生(퇴계선생)은 平日(평일)에 잠을 자는 곳과 글을 읽는 곳에서는 남과 더불어 함께 있지 아니하였다. 그래서 講學應接(강학응접)을 할 때가 아니면 左右(좌우)가 고요하고 사람이 없었다. <그는> 일찍이, "혼자 자며 학문을 익히는 서재 안에서 밤이 되면 일어나 창문을 열고 앉아, 달이 밝고 별이 씻은 듯 반짝이고 강산이 고요한 모양을 보며, 고요한 마음으로 아직 天地(천지)가 나누어지기 이전의 상태인 鴻濛(홍몽)의 본뜻을 잠잠하게 생

---

53) 名(명)은 雍(옹), 字(자)는 堯夫(요부), 康節(강절), 宋(송)의 大儒(대유).

각하였다."고 말했다.

비록 어두운 밤 사람이 없는 곳에 있을지라도 반드시 매우 조심하는 마음을 스스로 가져서, 게을러지지도 말고 거칠어지지도 말아야 한다.

○ 「周易」(주역)에 말했다.

"君子(군자)가 온종일 쉬지 않고 노력하고 저녁에 반성하면, 만약 위태로운 일이 있을지라도 허물이 없을 것이다."

○ 衛靈公(위령공)[54]의 夫人(부인)이 말했다.

"忠臣(충신)과 孝子(효자)는 <남의 눈에 뜨이도록> 밝게 드러나는 信義(신의)있는 절조행위를 하지도 않고, 드러나지 않게 으슥한 게으른 행위도 하지 않는 것이다."

蘧伯玉(거백옥)은 衛(위)나라의 賢大夫(현대부)였는데 <남의 눈에 뜨이지 않는> 어두운 때라고 해서 禮(예)를 廢(폐)하는 일이 없었다.

밤이 깊어지면 寢具(침구)를 편다.

의복과 두건을 벗어서 잘 정리하여, 쌓아 놓을 것은 쌓아 놓고, 횃대에 걸어 놓을 것은 걸어 놓는다.

○ 「童蒙須知」(동몽수지)에 말했다.

"무릇 衣服(의복)을 벗어서는 반드시 가지런히 정리하고 잘 간추려서 상자 속에 쌓아 두어야 한다. 여기저기 어지러이 흩어지지 않게 정돈하여 두면 먼지나 여러 가지 잡다한 것으로 더렵혀지지도 않는다. 그렇게 하면 나중에 찾기도

54) 名(명)은 元(원), 夫人(부인)은 南子(남자), 宋(송)의 女(여).

쉽고 흩어져 잃어버리지도 않는다."

사람이 자는 시각, 亥時(해시)<밤 9시~11시>가 되면,

천천히 누워서 편안히 잔다.

○「周易」(주역)에 말했다.

"어두워지면 들어가 편안히 쉰다."

【註: 張南軒(장남헌)이 말했다. "어두워지면 편안히 쉬는 것은 게으른 것이 아니라는 것을 알아야 이에 敬(경)의 이치를 論(논)할 수가 있다." 退溪先生(퇴계선생)이 말했다. "대개 게으르면 정이 흐르는 데만 치우쳐져서 즐길 줄도 모르고 쉴 줄도 모르게 된다. 오직 능히 공경스럽게 하면 마음이 맑고 기운이 안정되어 가히 써 安養(안양)할 수도 있고 調息(조식)할 수도 있다. 그러므로 사람이 능히 宴息(연식)을 아는 것도 공경으로써 하고 태만한 것으로 하지 않으면, 가히 더불어 敬(경)의 이치를 論(논)할 수가 있다."】

○「論語」(논어)에 말했다.

"자면서 말을 하지 말아야 한다."

○ 또 말했다.

"죽은 시체처럼 하고 자지 말아야 한다."

○「童蒙須知」(동몽수지)에 말했다.

"밤에 누울 때는 반드시 베개를 사용하며, 자리옷으로써 머리에 덮어쓰지 말아야 한다."

○ 蔡西山(채서산)[55]이 여러 아들들에게 가르쳐 말했다.

"혼자 다니는데도 그림자에게도 부끄럼이 없이 하여야 하고, 혼자 자는데도 이불에게도 부끄럼이 없이 하여야 한다."

55) 名(명)은 元定(원정), 字(자)는 季通(계통), 宋(송)의 大儒(대유).

○ 「養生書」(양생서)에 말했다.

"등잔불을 켜고 밤에 묵묵히 앉아 있을 때는 많이 생각하지 말고 많이 읽지도 말아야 한다. 많이 생각하는 것은 마음을 상하게 하고, 많이 읽는 것은 눈을 상하게 하는 것이니, 앉아서 二更(이경)을 지나지 말아야 한다. 편안히 자는 것으로써 元氣(원기)를 배양하고 눕는 것은 반드시 側(측)으로 해야 한다."

○ 또 말했다.

"戌時(술시), 亥時(해시), 子時(자시)의 세 가지 時(시)는 陰氣(음기)가 생겨서, 사람이 외롭고 쓸쓸하면 氣(기)가 百節(백절)이 막히게 된다. 養生家(양생가)는 졸때도 옴츠리는 것을 싫어하지 않으며, 깨서는 몸을 펴는 것을 싫어하지 않는다. 그러므로 陽氣(양기)가 생겨나기 시작하면 마음 속에 가지고 있는 生氣(생기)를 천천히 펴서 두루 퍼지게 한다. 낮에 행한 일을 생각해서 좋은 것이면 힘써 더하고 나쁜 것이면 이를 고쳐야 한다."

○ 范文正公(범문정공)이 말했다.

"나는 취침 때가 되면 곧 하루의 먹고 마신 것과 부모님의 奉養費(봉양비) 및 한 바의 일을 계산해서 생각과 꼭 맞으면 마음을 푹 놓고 잠을 잔다. 맞지 않으면 밤새도록 능히 편안히 잠을 자지 못하며, 다음 날에도 이것이 반드시 내 생각과 맞도록 연구를 한다."

○ 李栗谷(이율곡)이 말했다.

"새벽에 일어나면 아침에 해야 할 바의 일을 생각해야 한다. 아침 식사를 한 뒤에는 낮에 해야 할 바의 일을 생각해야 한다. 취침시에는 그 다음날 해야 할 바의 일을 생각해야 한다. <해야 할> 일이 없으면 安心(안심)하고 <해야 할>일이 있으면 곧 반드시 합리적이고 마땅한 道(도)를 얻을 處方(처방)을 생각해야 한다."

<잠을 잘 때는 여러 가지 복잡한> 생각을 하지 말고 오직 눈을 감고 평온하게 자야 한다.

○「夙夜箴」(숙야잠)에 말했다.

"밤이 오래 되면 곧 자는데 손과 발을 가지런하게 모으고 생각을 짓지 말며 오직 心身(심신)이 자는 곳으로 돌아가게 한다. 夜氣(야기)로써 養生(양생)하여 바르게 되면 元氣(원기)가 回復(회복)되는 것이니, 생각을 이에 두어서 낮이나 밤이나 멈추지 않고 계속해야 한다."

○「古語」(고어)에 말했다.

"밤에 글 읽기를 다하고 二更(이경)쯤 되면 곧 반드시 자야 한다. 대개 子時(자시)<밤 11시~1시> 전후에 잠을 얻지 못하면, 피가 肝(간)으로 돌아가지 못하여 그 다음날 결코 精神(정신)이 없게 된다. 가히 글만 애써 읽게 되면 7일이나 10일에 이르러 반드시 기침병과 咯血病(각혈병) 등 아픈 병을 얻게 된다. 그렇게 되면 일평생 자기에게 맡겨지는 바의 일을 해 내지 못하게 되는 것이니, 글 읽는 사람이 마땅히 경계하여야 할 일이다."

○「養生書」(양생서)에 말했다.

"먼저 마음이 자고, 뒤에 눈이 자도록 한다."

平日(평일)에 工夫(공부)한 것은 잠을 자며 꿈을 꾸는 사이에 證驗(증험)하게 된다.

○ 程子(정자)가 말했다.

"사람이 잠을 자며 꿈을 꾸는 사이에 가히 자기의 배운 바가 얕고 깊은 것을 점칠 수 있는 것이다. 만약 꿈자리가 뒤숭숭하면 곧 이것은 心志(심지)가 安定(안정)되지 못해서 그런 것이니, 執心(집심)이 확고하게 되지 못했기 때문이다."

【註: 朱子(주자)가 말했다. "魂(혼)과 魄(백)이 사귀어서 잠을 이루는 것이다. 마음은 그 사이에 끼어 있는 것이며 지난 일에 의해서 능히 사려를 해서 꿈이 되는 것이다. 마음과 정신이 안정되면, 꿈도 또한 이상스런 꿈을 꾸지 않게 된다." 】

어떤 사람이 물었다. "사람의 마음이 매어 있는 바의 일이 과연 이것이 좋은 일이면 밤의 꿈에도 그것이 보이는 것이니, 害(해)가 되는 것이 아닐 수가 없지 않은가?"

○ 程子(정자)가 말했다.

"비록 좋은 일일지라도 마음이 또한 움직일 수가 있다. 모든 일이 꿈에 들어올 조짐이 있는 것은 도리어 害(해)가 없는 것이니, 이를 버리는 것은 다 망령된 행동이다."

【註: 朱子(주자)가 말했다. "나는 평생 동안 매양 꿈에 옛 친구나 친척들을 보면, 그 다음날 그 사람의 서신을 접하게 되거나, 아니면 어떤 사람이 와서 그 꿈에 본 사람의 이야기라도 하여 주었다. 이런 것은 正夢(정몽)이고, 그 나머지 다른 꿈들은 다 正夢(정몽)이 아니다." 】

○ 沈氏(심씨)[56]가 말했다.

"낮에는 妻子(처자)들을 보살피고 밤에는 자다가 꾸는 꿈을 점쳐서, 두 가지가 부끄럼이 없으면, 가히 배웠다고 말할 수 있다." 비록 <자다가> 깰 때가 있을지라도, 일어나 앉아 있는 것은 마땅치 못한 일이다.

밤중에 혹 썩 급한 일로 가히 부모님에게 告(고)해야 될 일이 있으면, 반드시 천천히 나가서 기침을 하여, 뵈러 왔음을 알려 드리고 <부모가> 깨기를 기다려서 나아가 아뢰어야 한다.

한밤중, 子時(자시)<밤 11시~새벽 1시>가 되면,

편안하게 흠씬 잔다.

56) 名(명)은 熄(식), 字(자)는 叔晦(숙회), 陸(육)의 門人(문인).

혹 잠을 깨는 때가 있더라도 망령된 생각은 하지 말아야 한다.

○ 程子(정자)가 말했다.

"君(군)은 진실로 일찍이 생각이 어지러운 것을 근심하여 밤중에 일어나 아침에 이르도록 잠을 자지 못할 때가 있었으니, 가히 진실로 스스로 괴로운 사람이라 이를 수 있다. 그러니 도대체 혈기가 이와 같으면, 어찌 원기가 꺾이고 쇠잔하여 몸이 상해지지 않으리오? 밤에는 몸을 편안하게 하여 주고, 잘 때는 눈을 꼭 감아 주어야 한다. 그러면 苦苦(고고)[57]를 알지 못하며, 생각하여 헤아리는 데는 다만 마음을 위주로 하지 말아야 한다.

이 때는 陽氣(양기)가 생기기 시작하는 때이니 마땅히 고요하게 하여 이를 길러서 흔들리지 않도록 해야 한다.

비록 <누가> 급하게 부르는 일이 있더라도 즉시 경솔하게 <벌떡> 일어나지 말고, 천천히 살피고 생각한 뒤에 일어나서 대답한다.

혹 도적이 무엇을 겁탈하려는 변이 있더라도 서로 맞붙어 싸우지 말아야 한다. 조용히 일어나서 먼저 부모님에게 告(고)하고, 다음에는 처자식들한테 알린다. 그런 후에 부모를 모시고 피하러 나간다.

닭이 울 때, 丑時(축시)<한밤중 1시 ~3시>가 되면,

잠을 자다가 비록 깨더라도 눈을 감고 편안히 누워서 정신을 수렴하여, 하여금 혼란하지 않게 한다.

○ 「夙夜箴」(숙야잠)에 말했다.

57) 佛教用語(불교용어)로서 三苦(삼고)의 하나. 壞苦(괴고), 行苦(행고)와 함께 因緣(인연)에서 받는 괴로움.

"닭이 울고 잠이 깨면 <이런저런> 생각들이 점점 나게 된다. 그 사이에 담담하게 마음을 정리한다. 혹은 지난 허물을 반성하기도 하고 혹은 새로 얻은 것을 받아들이기도 하다 보면, 차례로 條理(조리)가 분명해져서 조용한 가운데 마음으로 깨우쳐 알게 될 것이다."

○ 朱子(주자)는 한밤중이 되면 자고, 자고서 깨면 이불로 몸을 휩싸 덮고 앉아서 혹은 아침까지 이를 때가 있었다.

먼저 읽은 글과 史記(사기)가 의심나고 어려운 곳이 있으면, 마음을 잠잠하게 하여 깊이 생각하고 헤아려 보아야 한다. <그러나> 비록 투명하지 못한 것이 있더라도 <너무> 苦心(고심)하여 깊이 생각하지는 말아야 한다. <그렇지 않으면> 心疾(심질)에 이르기가 쉽고 또 穿鑿(천착)[58]하는 곳이 있게 된다.

○ 司馬溫公(사마온공)[59]이 말했다.

"글은 반드시 외워야 하며 혹 말을 타고 갈 때나 혹 한밤중에 자지 않고 있을 때라도, 그 글을 외우고 그 뜻을 생각해야 얻는 바가 많다."

○ 朱子(주자)가 말했다.

"李先生(이선생)이 일찍이 말하기를, '道理(도리)는 모름지기 낮에는 연구하고, 밤이 오면 물리쳐 버리며, 고요한 곳에서는 깊이 생각하여 헤아려야 바야흐로 얻는 것이 많다'고 하였다."

○ 李大成(이대성)[60]이 말했다.

"늙어서 잠이 없어 가지고 밤새도록 이리 뒹굴 저리 뒹굴 하게 되면 어찌해야 하오?

58) 구멍을 뚫음. 학문을 깊이 파고 들어감. 꼬치꼬치 캠.
59) 名(명)은 光(광), 字(자)는 君實(군실), 宋(송)의 大儒(대유).
60) 名(명)은 之樑(지량), 退溪(퇴계)의 友(우).

○ 退溪先生(퇴계선생)이 말했다.

"그것은 노인들에게 흔히 있는 일인데, 古事(고사)같은 것을 <곰곰히> 생각하는 것이 좋다."

○ 曹南冥(조남명)[61]은 밤중에 취침을 하는데 일찍이 정신 없이 잠을 자지는 않았다. 그리고 말했다. "밤중에 하는 工夫(공부)가 극진하게 많은 것이니, <너무> 많이 자는 것은 절대로 좋지 못한 것이다."

혹 새롭게 깨달은 義理(의리)가 있는 곳이 있으면 등불을 켜고 기록해 두어야 하는데, 잊어버리는 것을 대비해서이다.

張子(장자)는 종일토록 몸을 바르게 하고 앉아서 좌우에 있는 책을 머리를 숙여 읽기도 하고 머리를 위쪽으로 우러러 생각도 하여 얻은 것이 있으면 이를 기록하여 두었다. 혹은 한밤중에 일어나 앉아서 그 志道(지도)와 精思(정사)를 쓰는 것을 잠깐이라도 쉬지를 아니하였다.

○ 趙龍門(조용문)[62]은 經書(경서)의 뜻을 講論(강론)할 때 밤이 깊어지고 등잔이 다하게 되면 혼자 앉아서 고요하게 생각을 하였다. 의심이 나는 데 이르렀다가 스스로 <깨우쳐> 얻어지는 데가 있게 되면 곧 반드시 제자들이나 자제들을 불렀다. 그리하여 經傳(경전)을 뽑아내서 이를 <자기가 생각한 것과> 증험을 해 보았다. 하루 밤에도 혹은 2~3차례씩 그렇게 하였으며, 혹은 새벽까지도 잠을 자지 않고 그렇게 하였는데, 그 經傳(경전)을 연구하는 마음이 이와 같았다.

下學指南(하학지남) 首卷(수권) 마침.

---

61) 名(명)은 植(식), 字(자)는 楗仲(건중), 明宗(명종)때의 賢儒(현유).
62) 名(명)은 昱(욱), 字(자)는 景陽(경양), 宣祖(선조) 때의 名儒(명유).

下學指南 卷上

(하학지남 권상)

【註: 살펴보건대, 이 篇(편)은 工夫(공부)라는 것은 마음 속에 있는 것이며, 下卷(하권)을 만들기 위하여 쓴 것인데, 그 用功(용공)의 요점은 전적으로 存省(존성)이 서로 사귀어 그 功(공)을 이루는 데 있다.】

第一 讀書(제일 독서)

<독서에 관하여>

【註: 살펴보건대, 朱子(주자)가 말하기를, "학문을 하는 道(도)는 이치를 연구하는 데 있고, 이치를 연구하는 道(도)는 반드시 글을 읽는 데 있다." 고 하였다. 그래서 이제 독서에 관한 것을 맨 앞에다 실어서 독서의 本義(본의)를 밝히고, 또 敬(경)이 主(주)가 된다는 것을 이야기하였으며, 모두 十章(십장)으로 되어 있다.】

讀書之義章(독서지의장)

<독서의 참뜻>

○ 「周易」(주역)에 말했다.

"하늘이 山(산) 속에 있는 것이 大畜(대축)이다. 그러므로 君子(군자)는 前(전)에 한 말과 지나간 行實(행실)을 많이 아는 것으로써 그 德(덕)을 기르는 것이다."

○ 朱子(주자)가 말했다.

"本心(본심)이 함정에 빠져서 오래 되면, 義理(의리)가 잠기어 통하지 못하는 것이다. 글을 읽고 이치를 궁구하는 것을 항상 중단하지 않으면, 物慾(물욕)이 능히 <本心(본심)을> 이기지를 못해서 本心(본심)의 義理(의리)가 편안하고 또한 견고한 것이다."

○ 또 말했다.

"天下(천하)의 이치는 묘하고 아름답고 정밀하고 자세해서 <무슨 이치든> 각각 그에 해당되는 것이 있기 마련인데, 예로부터 지금까지 가히 바꿀 수가 없는 것이다. 오직 옛적의 聖人(성인)이라야 능히 <무슨 사물

에 무슨 이치인지 그에 해당하는> 이치를 다 알아서, 행하는 바와 말하는 바가 天下(천하)의 後世(후세)에 바꾸지 못할 大法(대법)이 안 되는 것이 없다. 그 나머지는 곧, 聖人(성인)의 말씀을 <받아들여> 순응한 사람은 君子(군자)가 되어서 吉(길)하고, 이를 <받아들이지 않고> 배척한 사람은 小人(소인)이 되어서 凶(흉)하다. 吉(길)함이 커서 잘 된 사람은 능히 天下(천하)를 보존하여 가히 龜鑑(귀감)이 될 수가 있고, 凶(흉)함이 큰 사람은 능히 제 몸 하나도 제대로 보존할 수가 없는 것이니, 가히 경계해야 할 것이다. 이것이 그 찬연한 자취와, 필연적으로 나타나는 효과이다. 그런데 그것이 다 經書(경서)와 史冊(사책)에 갖춰져 있지 아니한 것이 없으니, 天下(천하)의 이치를 궁구하고자 하는데, 책을 읽지 않고 다른 데서 求(구)하고자 한다면, 그것은 곧 담장벽에 正面(정면)으로 얼굴을 맞대고 가까이 서 있는 것과 같다. 이치를 궁구하는 것은 반드시 글을 읽는 데 있는 것이다."

讀書之序章(독서지서장)

<독서를 하는 순서>

○ 「擊蒙要訣」(격몽요결)에 말했다.

먼저 「小學」(소학)을 읽어야 하는데, 어버이를 사랑으로 섬기는 것, 형을 공경하는 것, 임금을 충성으로 섬기는 것, 어른을 공경하는 것, 스승을 높이 받드는 것, 그리고 벗을 친하게 대하는 것의 道理(도리)에 着目(착목)해서 읽되, 하나하나 상세하게 그 의미를 새겨 보고, 이를 힘써 행한다.

다음에는 「大學」(대학)을 읽어야 하는데, 이치를 궁구하는 것, 마음을 바르게 하는 것, 그리고 자기의 몸을 닦는 道理(도리)에 대한 물음을 가지며 읽되, 하나하나 진실하게 알아서 이를 실천한다.

다음에는 「論語」(논어)를 읽어야 하는데, 어진 것을 求(구)하며 자기 몸을 위하는 것과 근본을 함양하는 功(공)에 착안해서 읽되, 하나하나 정성스럽게 생각하여 깊이 이를 본받는다.

다음에는 「孟子」(맹자)를 읽어야 하는데, 義(의)와 利(이)를 명확하게 분별하는 것, 사람의 욕심을 막는 것, 그리고 하늘의 이치에 대한 <맹자의> 말에 유념하여 읽되, 하나하나 분명하게 살펴서 <마음 속을> 채운다.

다음에는 「中庸」(중용)을 읽어야 하는데, 性情(성정)의 德(덕)과 이치를 미루어 아는 功(공)과 位育(위육)[1]의 묘한 이치에 유념하여 읽되, 하나 하나 글의 깊은 뜻을 생각하며 읽어야 얻는 것이 있다.

다음에는 「詩經」(시경)을 읽어야 하는데, 性情(성정)의 나쁜 것과 바른 것, 착한 것과 악한 것의 포상과 징계에 유념하여 읽되, 하나하나 잠잠히 궁구하고 스스로 감동하고 분발해서 잘못을 깨우쳐 나간다.

다음에는 「禮經」(예경)을 읽어야 하는데, 天理(천리)의 예절에 관한 문장과 사람이 지켜야 할 법칙의 정해진 제도에 유념하여 읽되, 하나하나 사물의 이치를 생각하고 궁구하여 <마음 속에> 세운다.

다음에는 「書經」(서경)을 읽어야 하는데, 二帝(이제)[2]와 三王(삼왕)[3]의 天下(천하)를 다스린 大經(대경)[4]과 大法(대법)[5]을 유념하여 읽되, 하나하나 그 요령을 터득하고 그 근본을 소급해서 알아야 한다.

다음에는 「易經」(역경)을 읽어야 하는데, 吉凶(길흉), 存亡(존망), 進退(진퇴), 그리고 消長(소장)[6]의 기미에 유념하여 읽되, 하나하나 자세히 관찰하여 그 이치를 연구한다.

---

1) 상하귀천 각기 모두가 그들의 위치에 만족하고 만물이 모두 충분히 육성 됨.
2) 堯(요)임금과 舜(순)임금.
3) 夏(하)나라의 禹王(우왕), 殷(은)나라의 湯王(탕왕), 周(주)나라의 文王(문왕) 또는 武王(무왕).
4) 사람이 지켜야 할 도리. 大道(대도).
5) 중요한 法律(법률).
6) 쇠함과 성함.

다음에는 「春秋」(춘추)를 읽어야 하는데, 聖人(성인)들이 착한 사람에게 상을 주고 악한 사람에게 벌을 주는 것과 <사람을 알맞게> 억제하고 앙양시켜 주면서 마음대로 다루어 부리던 조용한 말의 심오한 뜻에 유념하여 읽되, 하나하나 정성스럽게 연구하여 근고를 들이며 깨닫는다.

이와 같이 五書五經(오서오경)을 돌려가며 익히 읽어서 事理(사리)를 깨달아 알게 되는 것을 그만 두지 않고 계속하면, 그로 하여금 義理(의리)가 날마다 밝아질 것이다. 그렇게 하고 나서는 宋(송)나라 때의 先哲(선철)들이 지은 바의 글인 「近思錄」(근사록), 「家禮」(가례), 「心經」(심경), 「二程全書」(이정전서), 「朱子大全」(주자대전), 「語類」(어류) 등의 글 및 다른 性理(성리)에 관한 學說(학설)들을 마땅히 간간이 精讀(정독)해서 義理(의리)로 하여금 언제나 물을 뿌린 듯 내 마음에 젖어 있게 하여 중단됨이 없도록 해야 한다.

이렇게 하고 나서 남는 힘이 있거든 또한 史書(사서)를 읽어서 古今(고금)의 역사에 통하고 일의 변화하는 이치에 통달함으로써 識見(식견)을 길러 나가야 한다. 異端的(이단적)인 잡된 종류의 바르지 못한 글은 잠깐 동안이라도 펴 보아서는 안 된다.

○ 程端禮(정단례)[7]의 讀書 分年法(독서 분년법)은 다음과 같다.

8세 즉 入學前(입학전)에는 「性理字訓」(성리자훈)을 읽는다. 入學後(입학후)에는 「小學正文」(소학정문)을 읽고, 그 다음에는 「大學正文」(대학정문)을 읽으며, 그 다음에는 「論語正文」(논어정문)을 읽는다. 그 다음에는 「孟子正文」(맹자정문)을 읽고, 그 다음에는 「中庸正文」(중용정문)을 읽으며, 그 다음에는 「孝經正文」(효경정문)을 읽는다. 그 다음에는 「易經正文」(역경정문)을 읽고, 그 다음에는 「書經正文」(서경정문)을 읽으며, 그 다음에는 「詩經正文」(시경정문)을

7) 宋(송)나라의 선비.

읽는다. 그 다음에는 「儀禮」(의례)와 「禮記正文」(예기정문)을 읽고, 그 다음에는 「周禮正文」(주례정문)을 읽으며, 그 다음에는 「春秋」(춘추)와 아울러 「三傳正文」(삼전정문)[8]을 읽는다. 이와 같이 하여서 8세로부터 대략 6~7年間(년 간)의 功(공)을 쌓으면, 15세 전에 「小學」(소학)과 四書諸經正文(사서제경정문)을 가히 마칠 수가 있다.

또 15세로부터는 學問(학문)에 뜻을 두는 나이이므로 곧 마땅히 뜻을 「大學章句」(대학장구)를 읽는 데로 向(향)해야 한다. 그 다음에는 「論語集註」(논어집주)를 읽고, 그 다음에는 「孟子集註」(맹자집주)를 읽으며, 그 다음에는 「中庸章句」(중용장구)를 읽는다. 그 다음에는 「論語」(논어)와 「孟子」(맹자)를 集註(집주)까지 合(합)하여 베끼면서 읽고, 그 다음에는 「周易」(주역), 「書經」(서경), 「詩經」(시경), 「禮記」(예기), 「春秋」(춘추), 또는 四書本經(사서본경)을 읽는다. 그리하여 그 뜻이 이미 밝게 된 뒤에는 날마다 史記(사기)를 보거나 또는 앞서 읽은 것을 다시 익힌다. 그 다음에는 「通鑑」(통감) 및 「綱目」(강목)을 끼어서 읽고, 그 다음에는 「韓文」(한문)[9]을 읽으며, 그 다음에는 「楚辭」(초사)[10]를 읽는다.

그렇게 한 뒤에 또 21~22세가 되면, 作文(작문), 經問(경문), 經義(경의), 古賦(고부), 古體(고체), 制詔章表(제조장표)[11], 四六章表(사륙장표)를 배운다.

○ 歐陽公(구양공)[12]의 讀書法 附錄(독서법 부록)에 있는 讀書分日法(독서분일법)은 다음과 같다.

「孝經」(효경), 「論語」(논어), 「孟子」(맹자), 그리고 六經(육경)을 取(취)하

8) 春秋(춘추)를 주석한 左氏傳(좌씨전)·公羊傳(공양전)·穀梁傳(곡량전)의 三書(삼서).
9) 唐(당)나라 韓愈(한유)의 글.
10) 楚(초)나라 文章(문장)의 뜻으로, 楚(초)의 大夫 屈原(대부 굴원)의 辭賦(사부)와 그의 門人(문인)및 後人(후인)이 屈原(굴원)에게 模倣 (모방)하여 지은 作品(작품)을 漢代(한대)의 劉向(유향)이 모은 것.
11) 임금의 명령, 制書(제서), 制勅(제칙).
12) 名(명)은 脩(수), 字(자)는 永叔(영숙), 宋(송)의 名臣(명신).

여서 그 글자 수를 계산하여 보았다.

「孝經」(효경)은 1,903字(자), 「論語」(논어)는 11,705字(자), 「孟子」(맹자)는 34,685字(자), 「周易」(주역)은 24,107字(자), 「尙書」(상서)는 25,700字(자), 「詩傳」(시전)은 39,234字(자), 「禮記」(예기)는 99,010字(자),

【註: 살펴보건대, 庸學(용학)을 合(합)한 것인 듯함.】

「周禮」(주례)가 45,806字(자), 그리고 「春秋左傳」(춘추좌전)이 196,845字(자)였다.

재주가 중간쯤 가는 사람이 만약 날마다 300字(자)씩 외우는 것을 기준 삼으면 불과 4년 반이면 다 읽을 수가 있다. 혹 조금 둔한 사람이면 재주가 중간 가는 사람의 반을 감하여도 또한 9년이면 다 마칠 수가 있다.

讀書之法章(독서지법장)

<독서를 하는 방법>

○ 張子(장자)가 말했다.

"글이란 모름지기 외우고, 성실하게 생각해야 되는 것이다. 많은 경우 밤중에 혹 고요하게 앉아서 생각하면 이를 얻는 수가 있으나, <그 글을> 기억하지 못하면 생각이 일어나지 않는 것이다. <그 글을> 꿰뚫는 커다란 근본적인 뜻을 얻은 뒤에라야 그 글이 또한 쉽게 기억되는 것이다. 글을 보는 사람은 자기가 의심나는 것을 해석해서, 자기가 통달하지 못한 것을 밝게 하여 매양 보고 매양 알아서, 새롭게 알아지는 것이 있으면 곧 학문이 진전되는 것이다. 의심이 없는 곳에서 의심이 있게 되면, 바야흐로 이것이 진전되는 것이다."

○ 朱子(주자)의 讀書法(독서법) 6條(조)는 다음과 같다.

循序漸進(순서점진)해야 한다.

두 가지의 글을 가지고 말을 한다면, 한 가지의 글을 통달한 연후에, 또 한 가지의 글을 읽어야 한다. 또 한 가지의 글을 가지고 말을 한다면 篇(편), 章(장), 文句(문구), 首尾(수미), 次第(차제)가 또한 각각 순서가 있는 것이니, 이를 문란하게 해서는 안 된다. 자신의 독서 능력이 이르는 바를 헤아려 삼가 이를 지켜서, 글자에서는 그 가르침을 구하고, 구절에서는 그 뜻을 탐색해야 한다. 앞에서 얻지 못한 것을 뒤에서 구하려 하지 말고, 여기에서 통하지 못한 것을 저기에 뜻을 두지 말아야 한다. 이렇게 하면 곧 뜻이 바르게 되고 이치가 밝아져서 건성으로 읽어 넘어가는 患(환)이 없을 것이다.

熟讀精思(숙독정사)해야 한다.

荀子(순자)의 말에 "외우기를 자주하여 이를 마쳐야 古人(고인)들이 글을 외운 것을 터득하게 되고, 또한 그 遍數(편수)를 기억할 수 있다."고 하였다. 이에 橫渠(횡거)가 "사람에게 글을 읽는 법을 가르치는 데는 반드시 외우는 것이 참된 道學(도학)의 제일가는 義(의)가 된다."고 한 것도 알게 된다. 遍數(편수)는 이미 족히 아는데 외우지를 못하면 반드시 의욕을 가지고 외워야 한다. 遍數(편수)가 족하지 못하면 비록 이미 외웠다 하더라도 반드시 遍數(편수)를 채워야 한다. 正文(정문)을 읽고 註解(주해)를 기억하면서 註中(주중)의 訓釋文義(훈석문의)와 事件(사건)과 物件(물건)의 이름도 일일이 알아야 한다. 그리하여 마치 그 글이 자기한테서 나온 것처럼 익숙하게 외우고 기억할 수 있어야 한다.

虛心涵泳(허심함영)해야 한다.

文字(문자)를 보는데 반드시 자기가 가지고 있던 평소의 생각부터 내세우려고 하지 말고, 다만 諸家(제가)들이 설명하여 놓은 것부터 완전히 알아보는 것이 마땅하다. 지금의 사람들은 독서를 하는데 다분히 마음 속에 먼저 개별적인 意思(의사)가 있다. 그리하여 그 글과 자기의 意思(의사)가 맞지 않는 것이 있으면, 이를 깊이 파고 들어가서 그 글로 하여금 자기의 意思(의사)에 맞도록 하려고 한다.

切己體察(절기체찰)해야 한다.

글을 읽는 데는 聖賢(성현)들의 言語(언어)로써 내 몸에 體(체)받아야 바야흐로 有益(유익)한 것이다.

著緊用力(착긴용력)해야 한다.

期限(기한)을 넉넉하게 두고 공부하는 課程(과정)에 긴요하게 몸부쳐서, 학문하는 것을 강직하고 과단성 있게 결심해서 해야 한다. 너무 한가하게 느긋하면 공부하는 일을 이루지 못하는 것이니, 마치 水船(수선)을 고여 올리는데 상앗대를 하나라도 늦춰 놓아서는 안 되는 것과 같다.

居敬持志(거경지지)해야 한다.

대개 마음이 전적으로 정밀하고 순수하지 못한 까닭에, 생각이 정성스럽고 밝지를 못한 것이다. 모름지기 요컨대 虛明專靜(허명전정)한 것을 함양 시켜서 道理(도리)로 하여금 마음 속으로부터 밖으로 흘러나오도록 하여야 바야흐로 좋은 것이다.

○「童蒙須知」(동몽수지)에 말했다.

"身體(신체)를 바르게 하고 書冊(서책)을 대하여, 상세하게 천천히 글자를 보아 가며, 자세하고 분명하게 글을 읽는다. 하나의 글자라도 그릇 읽어서는 안 되며, 하나의 글자라도 하찮게 여겨서도 안 된다. 하나의 글자라도 너무 지나치게 여겨서는 안 되며, 하나의 글자라도 거꾸로 해서도 안 된다. 억지로 암기하려고 해서도 안 된다. 다만 요컨대 遍數(편수)를 많이 외워야 한다. 내가 일찍이 일렀거니와 독서에는 세 가지 이르는 데가 있으니, 心到 (심도)·口到(구도)·眼到(안도)이다. 이 三到(삼도) 가운데서 心到(심도)가 가장 急(급)한 것이다."

【註: 朱子(주자)가 말하기를, "聖賢(성현)의 말씀은 항상 요점이 눈과 입과 마음을 굴려서 운영하는 데 있

다." 고 하였다.】

○ 程子(정자)가 말했다.

"독서는 마땅히 聖人(성인)이 經書(경서)를 지은 뜻과 더불어 마음 쓴 것을 보아야 한다. 聖人(성인)이 聖人(성인)에 이른 까닭과, 내가 聖人(성인)에 이르지 못한 까닭과, 내가 그런 학문을 얻지 못한 까닭을 보아야 한다. 句句(구구)마다에서 그 까닭을 구해야 한다. 낮에는 외워서 이를 음미하고 밤중에는 이를 생각한다. 그리하여 그 마음을 평안하게 하고 그 氣(기)를 平易(평이)하게 하며, 그 의심나는 곳을 비워 놓으면 곧 聖人(성인)의 뜻이 가히 보일 것이다."

○ 朱子(주자)가 말했다.

"文字(문자)의 큰 題目(제목)의 3~5 군데 정도를 통쾌하게 그 事理(사리)를 깨달아 알게 되면, 당연히 그 뜻이 마치 칼로 짝 쪼개 놓은 것처럼 분명하게 이해 될 것이다."

○ 薛敬軒(설경헌)[13]이 말했다.

"글을 읽으며 깊이 생각하기를 오랫동안 하다가 권태로운 뜻이 있음을 깨닫게 되면 마땅히 옷깃을 바르게 하고 단정하게 앉아 있어야 한다. 그리하여 이 마음을 맑게 안정시키고 조금 있다가 다시 생각해 보면 곧 마음이 맑아져서 義理(의리)가 저절로 보일 것이다."

○ 退溪先生(퇴계선생)이 말했다.

"독서는 <本文上(본문상)에 있는 것 이외의> 다른 뜻을 깊이 구하려고 할 필요가 없다. 다만 本文上(본문상)에 있는 뜻만 구해야 그 뜻을 제대로 볼 수가 있다."

---

13) 名(명)은 瑄(선), 字(자)는 德溫(덕온), 明(명)의 大儒(대유).

【註: 독서에 관하여 말한 것임】

○ 朱子(주자)가 말했다.

"窮理(궁리)는 마음을 비우고 고요하게 생각하는 것이 근본이 된다."

○ 또 말했다.

"공경스런 마음을 가지고 글을 읽는 것은 다만 이것이 한 가지의 일이다. 글을 읽든지 또는 궁리를 하든지 각각 공경스런 마음으로 힘써야 한다."

○ 또 말했다.

"사람이 요컨대 글을 읽고자 할 때는 모름지기 먼저 내 몸과 마음을 수습하여 安靜(안정)시킨 연후에 책을 펴야 바야흐로 유익한 바가 있다."

○ 또 말했다.

"글을 읽는데 자꾸 잊어버리게 되는 것은 이것이 선비들의 공통된 患(환)이며 가히 고칠 약이 없다. 다만 오래 읽고 깊이 생각하여 그 의미로 하여금 몸에 배게 하면 마땅히 그 功(공)이 저절로 보이게 될 따름이다."

○ 또 말했다.

"옛적에 陳烈先生(진열선생)이 기억력이 없어서 고민을 하고 있었다. 하루는 「孟子」(맹자)를 읽다가, '學問(학문)의 道(도)는 다름이 아니라, 그 放心(방심)을 求(구)해야 하는 것일 따름이다.'라고 한 것을 보고 홀연히 깨달아 말했다. '내가 일찍이 마음을 거두어 잡지를 못했으니, 어떻게 해서 내가 잊어버리지 않고 기억이 나리오?' 드디어 문을 닫고 고요히 앉아서, 100여 일 동안 글을 읽지 아니하고, 放心(방심)된 마음을 거두어들이고 나서 글을 읽으니, 드디어 한 번을 보아도 잊어버리는 것이 없었다."

○ 廖晉卿(요진경)이, "請(청)컨대, 무슨 글을 읽어야 합니까?" 하고 물으니,

朱子(주자)가 말했다. "그대의 마음이 放心(방심)된지 이미 오래 되었으니, 정신 상태를 「玉藻」(옥조)에 나오는 九容(구용)[14]의 지경까지 수렴하여, 자세하게 體得(체득)하고 나서 意思(의사)가 있기를 기다리면, 그 때는 글을 읽어도 좋을 것이다.

○ 退溪先生(퇴계선생)이 말했다.

"延平(연평)은 묵묵히 앉아서 몸과 마음을 맑게 하고, 天理(천리)의 설명을 잘 인식하는 것이 讀書(독서)와 窮理(궁리)의 法(법)에 가장 관계가 있는 것이라고 하였다.

【註: 독서를 하는 데는 靜養(정양)을 貴重(귀중)하게 여긴다.】

○ 朱子(주자)가 말했다.

"독서를 하는데 의심이 있지 아니한 것이 처음 배우는 사람의 공통된 患(환)이다. 대개 平日(평일)에 너무 많은 것을 탐하여 자세하게 익혀서 이것을 터득할 겨를이 없이 바쁘게 섭렵하기 때문이다. 이제라도 마땅히 이러한 일을 깊이 경계하여 정신을 깨끗하고 맑게 하여서, 별도로 규모를 세워 정성스럽게 가려서, 가장 급한 것부터 읽어야 한다. 一書(일서)를 하루 동안 읽고, 힘에 따라서 또 한 두 段(단)을 보며, 一段(일단)을 이미 깨우치게 되면, 바야흐로 또 一段(일단)을 바꾸어서 읽는다. 그리하여 一書(일서)를 다 마치게 되면, 바야흐로 또 一書(일서)를 바꾸어 읽는다. 먼저 요컨대 마음을 비우고 氣(기)를 平安(평안)하게 하며, 익히 읽고 정성스럽게 생각하여 하나의 글자나 하나의 구절이라도 다 분명하게 알아야 한다. 諸家(제가)들의 註解(주해)를 일일이 條理(조리)가 정연하

14) 足容重(족용중); 발의 모양은 무겁고, 手容恭(수용공); 손의 모양은 공손하고, 目容端(목용단); 눈의 모양은 단정하고, 口容止(구용지); 입의 모양은 조용하고,聲容靜(성용정); 목소리의 모양은 고요하고, 頭容直(두용직); 머리의 모양은 곧고, 氣容肅(기용숙); 氣像(기상)의 모양은 엄숙하고, 立容德(입용덕); 서 있는 모양은 덕이 있고, 色容莊(색용장); 얼굴빛의 모양은 씩씩함을 말함.

게 꿰뚫어 알게 된 연후에라야, 가히 聖賢(성현)들이 한 말의 本意(본의)를 깨우칠 수가 있다. 비록 이미 이것을 깨우쳤을지라도 또한 다시 반복하여 읽어서, 그 뜻을 이해하여 <그 글에 대한> 義理(의리)가 아주 내 몸에 젖어 버리게 한 연후에라야 학문을 한다고 말할 수가 있다."

○ 尹和靖(윤화정)의 제자가 그의 스승을 기리어 말했다.

"聖人(성인)이 六經(육경)[15]을 편찬한 것이 참으로 위대하다. <그런데 이 六經(육경)을> 耳順心得(이순심득)하여 마치 자신이 말한 것을 외우는 것과 같이 하니, 이런 지경에 이르러야 비로소 글을 읽은 사람이라고 할 수 있다."

○ 또 말했다.

"탐을 많이 내고 넓게 읽기를 힘쓰면, 생각의 실마리가 너무 바빠서, 항상 바쁘게 달려 무엇을 좇아가는 것과 같다. 그렇게 되면 자연스럽고 태연하게 글 속에 푹 빠져서 음미하는 즐거움이 없다. 孔子(공자)가 '일을 속히 하고자 하면 도리어 이루지 못 한다.'고 한 말과, 孟子(맹자)가 '날쌔게 전진하면 빨리 후퇴한다.'고 한 말은 이것을 바르게 말한 것이다. 진실로 능히 이것을 거울삼아 마음을 차분하게 가라앉혀서 하나의 書冊(서책)을 읽어야 한다. 그러면 文意(문의)가 接連(접연)되고 <글의> 血脈(혈맥)이 관통하여 자연히 몸에 배어 버려서 마음과 더불어 事理(사리)를 깨달아 알게 된다. 그리하여 착한 것을 권하는 것은 깊고, 악한 것을 경계하는 것은 더욱 간절하게 되는 것이다."

○ 또 말했다.

"번뇌를 견디며 글을 보는 데 專一(전일)하는 것은 아름다운 일이다. 세월은 얻기에 쉬운 것이 아니며, 큰일은 잘 나타나지 않는 것이니, 더욱 조심해야 한

15) 中國(중국)의 여섯 가지 經書(경서); 易(역)·詩(시)·書(서)·春秋(춘추)·禮(예)·樂(악).

다.

○ 또 말했다.

"文字(문자)를 보는 데 專一(전일)하는 것이, 바로 마음을 다스리고 천성을 기르는 법이다."

○ 또 말했다.

"지금의 사람들은 글을 읽을 때, 넓게 읽는 데만 힘쓰고 精讀(정독)하는 것은 求(구)하지 않는다. 이런 까닭으로 몹시 애써 글을 읽어도 박절해서 자연스럽고 태연한 즐거움이 없다. 그리고 평범하고 쉽게 글을 읽어도 범람해서 성실하게 맺는 功(공)이 없다. 이 두 가지의 病(병)은 비록 서로 다르나, 그 病(병)을 받는 근원은 하나일 뿐이다."

○ 또 말했다.

"넓고 복잡하게 읽는 것은 지극히 해로운 일이다."

范醇夫(범순부)는 일생 동안 이러한 공부를 하다가, 문득 聖賢(성현)의 말을 생각하여 보았다. 도무지 바쁜 가운데 책의 제목이나 구절을 한 번씩 익히고 마는 정도로 분주하게 읽고 지나쳐 버렸으니, 일찍이 그 원리를 자세하게 잘 읽어서 그 뜻을 이해하지를 못했다. 이것이 두 선생님을 좇아서 오랜 동안 공부를 하였어도 전혀 精明(정명)하게 되지 못한 까닭이니, 어찌 가히 경계하지 않으리오.

○ 또 말했다.

"「山谷帖」(산곡첩)에 이르기를, '대개 學者(학자)들이 넓게 배우는 것을 좋아하여 진실한 공부를 하지 못하는 것이 항상 病(병)이 되는 것이니, 수많은 글을 이것저것 넘치게 보는 것이 한 가지의 글을 정성들여 공부하는 것만 같지 못한 것'이라고 하였다. <한 가지의 글을 정성들여 공부하고 나서> 남는 힘이 있으면, 그런 후에 諸書(제서)를 보아도 좋다. 대개 내가 글을 본 것으로 말하자면, 곳곳에서 유익한 것을 얻었다. 그리고 그 글로써 나의 아는 것을 넓게 하여 주면 곧 책을 놓고서 정신 없는 사람처럼 멍하니 있었는데 내가 이러기를 깊이 좋아하였다."

○ 제자가 묻기를,

"제가 재질이 둔하여 도저히 기억력이 일어나지를 않습니다."라고 하니, 朱子(주자)가 말했다. "다만 이것은 너무 많은 것을 탐하기 때문에 기억력이 일어나지 않는 것이다. 福州(복주)에 사는 陳晉(진진)은 지극히 어리석고 둔하여 독서를 하는데 다만 50字(자)를 가지고 300번씩이나 읽은 후에야 능히 익숙해졌다. 계속해서 거듭 읽어 나가면 그 뒤에는 문득 마음이 賢良(현량)에 응하여 움직이게 되는 것이다. 이를 요약해 보면, 사람이 이렇게 괴로운 것을 참을 줄 모르는 것이 문제일 따름이다."

【註: 독서를 하는 데는 지극히 專一(전일)하게 읽는 것을 귀중하게 여긴다.】

○ 楊龜山(양구산)이 말했다.

"독서는 몸으로 이를 體(체)받아야 하고, 마음으로 이를 證驗(증험)해야 한다. 그리고 고요한 가운데 아무 근심 없이 심신이 편안한 상태에서 오래도록 잠잠하게 있는 중에 이루어져야 한다. 그러면 초연하게 그 글에 있는 말의 뜻을 스스로 깨우치게 될 것이다."

○ 朱子(주자)가 말했다.

"독서는 주로 공경을 먼저로 삼아야 한다. 만약 평상시에 <공경으로 하지 않고> 汎然(범연)하게 독서를 한다면, 요컨대 存養(존양)의 功(공)이 없다. 또 실천의 지경이 없다면, 비록 諸經(제경)을 다 외워서 글자 하나 착오가 없다고 하더라도, 또한 무슨 유익한 바가 되리오?"

○ 또 말했다.

"한 구절의 글을 읽으면, 모름지기 그것을 자세하게 고찰해서, 내가 장래 그것을 어느 곳에 쓸 것인가를 생각한다."

○ 또 말했다.

"내 몸이 날마다 쓰는 사이에, 道(도)가 아닌 것이 없다. 글이라는 것은 내 마음과 서로 接(접)해져야 한다. 그러므로 반드시 먼저 몸에서 이를 求(구)하고, 뒤에 글에서 이를 求(구)하면, 독서가 바야흐로 의미가 있을 것이다."

○ 洪慶將(홍경장)이 돌아오는데 先生(선생)이 불러 들여서 함께 이야기를 하며 말했다.

"지금의 공부는 端莊(단장)하고 存養(존양)하며 밝고 넓은 원리를 홀로 관찰하면서, 모름지기 종이 위에 있는 말을 깊이 연구하는 데에 공부를 전적으로 소비한다. 存養(존양)이 이러한 가운데서 얻어질 수 있을 것으로 기대하고 있다. 밝게 통달하여 막힘이 없음을 스스로 깨닫게 되는 때에, 바야흐로 文字(문자)를 취해서 보아야 한다. 그러면 자연히 의미가 터득이 되고, 道理(도리)가 자연히 투철하게 되며, 일을 만나게 되면 자연히 칼로 짝 쪼개 놓은 것 같이 분명하게 이해가 된다. 이런 등속의 말은 다른 여러 사람에게 말을 하고자 하는 것이 아니라, 다른 사람이 文字(문자) 보기를 좋아하지도 않고 또 절실하게 여기지도 않는 것을 두려워하기 때문이다. 다른 사람에게 文字(문자) 보는 것을 가르쳐 주는 것은 撞來撞去(당래당거)하노라면 장래 앞뒤가 서로 맞지 않는 곳이 있음을 스스로 알게 하여 주는 것이다. 무릇 文字(문자)를 보는 데는 正(정)히 요컨대 자기 性分上(성분상)의 일에 대한 사리를 깨달아 알아야 한다."

○ 呂東萊(여동래)[16]가 말했다.

---

16) 名(명)은 祖謙(조겸), 字(자)는 伯恭(백공), 宋(송)의 大儒(대유).

"지금의 사람들은 20~30년간 글을 읽었어도 만약의 경우 무슨 일을 만나게 되면, 글을 읽지 않은 여느 사람과 다를 것이 없다. 이는 다만 글을 읽는 것이 쓸모 있게 읽지를 못했기 때문이다."

【註: 독서는 實用(실용)을 要求(요구)한다.】

○ 朱子(주자)가 말했다.

"글은 다만 숙독하는 것이 가장 중요하다. 읽기를 많이 하면 자연히 깨우쳐진다."

【註: 「古語」(고어)에 말했다. "千遍(천편)의 글을 읽으면 그 뜻이 저절로 보인다."】

○ 또 말했다.

"老蘇(노소)가 처음에 「論語」(논어), 「孟子」(맹자), 「韓子」(한자) 및 다른 聖賢(성현)의 글을 取(취)하여, 단정하게 앉아서 책을 읽기를 7~8년간 계속하였다. 글을 읽기를 이미 오래 하고 나니, 가슴 속에 <지식이 되는> 말이 날로 더욱 많아져서 자제할 수가 없을 정도였다. <가슴 속에 있는 아는 것을> 내어 이를 쓰는데 마치 물이 신나게 흐르듯이 붓만 대면 쉽게 술술 써진다는 것을 깨달았다. 老蘇(노소)가 古人(고인)의 說話(설화)와 聲響(성향)을 배우고자 한 것과 그 성취한 것이, 또한 보통 사람이 하는 것과는 달랐다. 지금 사람이 道(도)를 배우려면 老蘇(노소)가 한 방법에 의해서, 2~3년간 기약을 하고, 옷깃을 여미고 몸을 단정히 하여 바르게 앉아서, 「大學」(대학) · 「論語」(논어) · 「中庸」(중용) · 「孟子」(맹자) · 「詩經」(시경) · 「書經」(서경) · 「禮記」(예기) · 程子(정자)와 張子(장자)의 諸書(제서)를 가지고 분명하게 깨닫기 쉬운 곳부터 반복해서 읽어야 한다. 그리고 다시 몸과 마음이 本心(본심)을 잃지 않도록 性品(성품)을 기르고 글의 깊은 뜻을 생각하여, 글의 연구할 곳을 착실하게 알아야 한다. 그래야 바야흐로 스승을 구한 것처럼 좋은 것이며, 그 소득도 입증할 수 있게 된다."

○ 鄭河東(정하동)[17]이 말했다.

"독서를 그치지 아니하면, 비록 기억을 하지는 못한다 할지라도, 자연히 마음의 본바탕이 밝아지는 것이다. 능히 기억을 하지 못한다고 해서 독서를 폐하고 읽지 않는 것은, 진실로 자포자기를 하는 것이다."

○ 胡澹庵(호담암)[18]이 楊龜山(양구산)을 보고 팔꿈치를 들어 보이며 말했다.

"이 팔꿈치가 책상을 떠나지 않은지 30년이 된 연후에야, 내가 道(도)에 진전이 있었다."

○ 張無垢(장무구)[19]는 침실에 조그만 窓(창)이 있었는데, 매일 새벽 먼동이 틀 무렵이면 문득 책을 안고 窓(창) 아래 石上(석상)에서 도사리고 앉아 글을 읽는 자취가 무성했다.

【註: 독서에는 勤苦(근고)가 제일 중요하다.】

○ 顔氏(안씨)[20] 家訓(가훈)에 말했다.

"내가 매양 聖人(성인)의 글을 읽을 적에는, 언제나 엄숙하고 공경스럽게 이를 대한다. 그 까닭은 그 종이에는 五經詞義(오경사의) 및 聖賢(성현)의 姓名(성명)까지 있으니 감히 다른 데는 사용할 수 없기 때문이다."

○ 退溪先生(퇴계선생)은 聖賢(성현)을 존경하고 흠모해서, 글에 臨(임)하면 반드시 諱名(휘명)을 某(모)라고 일컬었다.

【註: 독서에는 반드시 聖人(성인)의 가르침을 공경해야 한다.】

---

17) 名(명)은 麟趾(인지), 世祖(세조)때 相臣(상신).
18) 名(명)은 銓(전), 字(자)는 邦衡(방형), 宋(송)의 名臣(명신).
19) 名(명)은 九成(구성), 字(자)는 子韶(자소), 宋(송)의 儒(유).
20) 名(명)은 之推(지추), 北朝人(북조인).

讀小學四書章(독소학사서장)

<소학과 사서를 읽는 요령>

○ 朱子(주자)가 말했다.

"修身(수신)하는 大法(대법)이 「小學書」(소학서)에 갖추어져 있다."

○ 許魯齋(허노재)[21]가 말했다.

"「小學書」(소학서)는 내가 이를 믿기를 神明(신명)과 같이 하고, 이를 공경하기를 父母(부모)와 같이 한다."

○ 어떤 사람이 "내가 어려서부터 배우지를 못하였으니, 청컨대, 「大學」(대학)을 가르쳐 주시면 어떻겠습니까?" 하고 물으니, 朱子(주자)가 말했다.

"먼저 「小學」(소학)을 읽으라. 旬月(순월)[22]가량 밖에 걸리지 않으니 「小學」(소학)부터 읽으라."

○ 寒暄先生(한훤선생)이 佔畢齋(점필재)[23]에게 가서 배움을 청하니, 「小學」(소학)을 먼저 가르쳐 주며 말하기를,

"진실로 배움에 뜻이 있다면, 마땅히 「小學」(소학)부터 배우기 시작해야 한다. 화창한 바람과 비가 온 뒤의 달과 같이 상쾌하고 깨끗한 마음이 이 가운데 들어 있기 때문이다." 라고 하였다. 先生(선생)이 이를 옳게 받아들여 詩(시)를 지어 말했다.

"「小學」(소학)의 글을 읽으며 어제의 그릇된 것을 깨달았도다." 近時(근시)의 社會事象(사회사상)을 묻는 사람이 있으면 반드시 말하기를, "小學童子(소학동자)가 무엇을 알리오?" 하였다. 그리고 「小學」(소학)으로써 몸가짐을 바로잡

21) 名(명)은 衡(형), 字(자)는 平仲(평중), 元(원)의 大儒(대유).
22) 열흘이나 달포 가량. 또는 열 달.
23) 金宗直(김종직), 字(자)는 季溫(계온).

아 주는 기준을 삼기를 30년을 한 후에, 비로소 다른 글을 읽기 시작했다.

【註: 「小學」(소학) 읽는 法(법)을 말한 것임.】

○ 程子(정자)가 말했다.

"「大學」(대학)은 처음 배워 德(덕)에 들어가는 門(문)이다."

○ 朱子(주자)가 말했다.

"「論語」(논어)와 「孟子」(맹자)는 일에 따라서 問答(문답)한 것이며, 要領(요령)은 보기가 어렵다. 「大學」(대학)은 옛 사람의 學問(학문)하는 큰 방법이다. 그러니 「大學」(대학)을 잘 읽어서 그 뜻을 이해하고, 옛 사람의 학문하는 바의 방향을 잘 알아야 한다. 그리고 나서 「論語」(논어)와 「孟子」(맹자)를 읽으면, 그 後面(후면)의 工夫(공부)에 들어가기가 쉽다. 그 後面工夫(후면공부)가 비록 많다고 하더라도, 큰 체계가 이미 섰기 때문에 쉬울 것이다."

○ 柳西峯(유서봉)[24]이 말했다.

"「大學」(대학)은 이에 入德(입덕)하는 規模(규모)이다. 집으로 말하자면 여기 저기 필요한 곳에 시렁이 여유 있게 있는 것과 마찬가지다. 六經(육경)과 「論語」(논어)·「孟子」(맹자)·「中庸」(중용) 은 窓(창)으로 壁(벽)과 문틀에 끼워 넣은 것과 같다. 그러니 널리 다른 經書(경서)를 읽을 때도, 언제나 이 「大學」(대학) 한 권을 곁에 두고서, 때때로 항상 이것을 보는 것이 좋다."

【註: 「大學」(대학) 읽는 法(법)을 말한 것임.】

○ 朱子(주자)가 말했다.

"옛적의 가르침에 「小學」(소학)이 있고 「大學」(대학)이 있었는데, 그 道(도)는 하나뿐이었다. 「小學」(소학)은 임금을 섬기고 父兄(부형)을 섬기는 것 등과

---

24) 名(명)은 藕(우), 字(자)는 養淸(양청), 寒暄(한훤)의 高弟(고제).

같은 일이고, 「大學」(대학)은 이와 같은 일의 理致(이치)를 發明(발명)한 것이니, 이 上面(상면)에 대해서 講究(강구)해 나가면 된다."

○ 또 말했다.

"옛 사람들은 「小學」(소학)에서 存養(존양)이 이미 익숙해지고 근본과 기본이 이미 깊고 두터워지게 되면 「大學」(대학)에 이르렀다. 그래서 다만 종래의 것을 고쳐서 새롭게 하여, 활발한 기상이 나오게 하였다."

【註: 「小 · 大學」(소 · 대학)을 통틀어 말한 것임.】

○ 程子(정자)가 말했다.

" 「論語」(논어)가 글이 된 것은, 道(도)를 전하고 후세에 모범이 될 만한 의견을 세운 것이어서, 깊이 聖人(성인)의 학문을 얻을 수 있는 것이기 때문이다."

○ 朱子(주자)가 말했다.

"배우는 사람은 모름지기 착실히 순서를 지켜서 글을 읽어야 하는데, 「論語」(논어)로써 우선을 삼아야 한다. 지금의 학자들은 「論語」(논어) 20篇(편) 중에 번거로움을 인내하여 이것을 看得(간득)하지 못하니, 하물며 이른바 죽고 난 후에나 그만두게 되는 공부를 어찌 능히 변통하여 얻을 수 있으리오?"

○ 李延平(이연평)이 말했다.

"사람의 몸가짐은 마땅히 孔子(공자)로써 본보기를 삼아야 한다. 「論語」(논어)는 孔子(공자)의 言行(언행)을 記錄(기록)해 놓은 것이다. 그러니 매양 읽고 그 의미를 새기며, 익숙하게 잘 읽어서 이를 연구하며, 또 미루어서 이를 실행해야 한다. 그렇게 해야 비록 升堂(승당)[25]이나 入室(입실)[26]의 경지에까지는 이르

---

25) 마루에 오름.
26) 방에 들어옴. 결국 升堂入室(승당입실)은 마루에 올라 방으로 들어온다는 뜻으로서, 학문이 차츰 깊어지는 것을 비유하는 말임. 孔子(공자)가 제자들에게 子路(자로)의 학문이 상당한 수준에 이르렀으

지 못하게 되더라도, 또한 士君子(사군자) 정도는 될 수가 있다."

○ 朱子(주자)가 말했다.

"「論語」(논어)를 章(장)마다 자세히 보면, 두세 개 정도씩의 단락에 지나지 않는다. 먼저 諸說(제설)이 다른 것과 같은 것을 다 통달한 연후에, 聖人(성인) 말씀의 本意(본의)를 探究(탐구)하기를 오래하면, 저절로 마땅히 효험을 볼 것이다."

○ 鄭新堂(정신당)[27]이 말했다.

"「論語」(논어)는 내가 오랑캐를 가르친다고 하더라도, 또한 오랑캐로 하여금 능히 「論語」(논어)의 大義(대의)를 알게 할 수 있다."

【註: 「論語」(논어) 읽는 것을 말한 것임.】

○ 韓昌黎(한창려)[28]가 말했다.

"聖人(성인)의 道(도)를 보기를 求(구)하는 사람은, 반드시 「孟子」(맹자)부터 읽기 시작해야 한다."

○ 楊龜山(양구산)이 말했다.

"「孟子」(맹자)라는 책 한 권은 다만 요컨대 이것이 사람의 마음을 바르게 갖도록 하는 것이다. 사람의 마음을 바르게 하면, 족히 하지 못할 일이 없다."

【註: 「孟子」(맹자) 읽는 法(법)을 말한 것임.】

○ 程子(정자)가 말했다.

며 전도가 유망 하다는 뜻에서, "<子路(자로)>는 升堂(승당)은 하였으나 아직 入室(입실)은 하지 못했을 뿐이다"라고 한 말에서 유래됨. 《論語(논어), 先進 (선진)》

27) 名(명)은 鵬(붕), 字(자)는 雲程(운정), 寒暄(한훤)의 高弟(고제).

28) 名(명)은 愈(유), 字(자)는 退之(퇴지), 唐(당)의 大儒(대유).

"배우는 사람은 먼저 「論語」(논어)와 「孟子」(맹자)를 읽어야 하는데, 물건의 길이를 재는 자와 또 물건의 무게를 다는 저울과 같이, 서로 비슷하게 이 두 가지로써 척도해 가면, 자연히 그 長短(장단)과 輕重(경중)을 알 수 있게 될 것이다.

○ 또 말했다.

"「論語」(논어)와 「孟子」(맹자)를 읽어서 道(도)를 알지 못한다면, 비록 아무리 많이 읽는다 할지라도 무슨 소용이 있으리오?"

○ 또 말했다.

"學者(학자)는 모름지기 장차 「論語」(논어) 가운데서, 제자가 묻는 것이 있게 될 것이다. 그러면 오로지 내가 묻고 聖人(성인)이 대답한 것을 오늘 귀로 듣는 것처럼 비유해서 하면 자연히 소득이 있을 것이다. 만약 능히 「論語」(논어)와 「孟子」(맹자) 가운데서, 깊이 구하고 잘 읽어서 그 뜻을 이해하여 함양한다면 장래 좋은 기질을 이룰 수 있게 될 것이다."

○ 또 말했다.

"배우는 사람은 마땅히 「論語」(논어)와 「孟子」(맹자)를 가지고 근본을 삼아야 한다. 「論語」(논어)와 「孟子」(맹자)를 철저하게 읽어 놓으면 六經(육경)에 들어가서는 그렇게까지 철저하게 읽지 않아도 밝게 알 수가 있을 것이다."

【註: 「論語」(논어)와 「孟子」(맹자)를 통틀어 말한 것임】

○ 朱子(주자)가 말했다.

"「中庸」(중용)은 工夫(공부)가 심오하고 규모가 큰 것이다."

○ 또 말했다.

"「中庸」(중용)을 읽는 사람은 높은 곳에 발돋움하여 올라가려 하지 말고, 이

상한 것에 놀라지 말아야 한다. 반드시 글의 구절을 깊이 생각하고 文義(문의)를 잘 읽어서 그 귀결을 잘 맞추어 보아야 한다. 반드시 보지도 않고 듣지도 않는 가운데 삼가하고 두려워하며, 그 실제를 실천하고, 편안하고 한가로우며, 흡족한 것을 바라면서, 힘들여 쌓기를 오래 하면 博厚(박후)하고 高明(고명)하게 될 것이다. 오래도록 그런 지경에 이르면, 홀연히 자신도 모르게 그런 지경에 이를 수 있게 될 것이다."

【註: 「中庸」(중용) 읽는 法(법)을 말한 것임.】

○ 朱子(주자)가 말했다.

"먼저 「大學」(대학)을 읽어서 그 規模(규모)를 정한다. 그 다음에는 「論語」(논어)를 읽어서 그 根本(근본)을 세운다. 그 다음에는 「孟子」(맹자)를 읽어서 그 俊秀(준수)함을 본다. 그 다음에는 「中庸」(중용)을 읽어서 古人(고인)들의 微妙(미묘)함을 求(구)한다. 그렇게 하고 나면 「大學」(대학)의 首尾貫通(수미관통)이 도무지 의심할 바가 없게 된다. 그런 후에야 가히 「論語」(논어)와 「孟子」(맹자)를 읽을 수가 있다. 또한 의심나는 바가 없게 된 연후에라야 「中庸」(중용)을 읽는 것이 좋다."

○ 또 말했다.

"四書(사서)를 투철하게 보아서 터득하면 일생 동안 써먹어도 다하지 못할 것이다."

【註: 四書(사서)를 통틀어 말한 것임. 】

讀諸經章(독제경장)

<모든 경서를 읽는 요령>

○ 孔子(공자)가 말했다.

"「詩經」(시경)을 배우지 않으면, 말을 할 수가 없다."

【註: 朱子(주자)가 말했다. "事理(사리)가 통달되면 心氣(심기)가 和平(화평)하므로 〈心中(심중)에 있는〉 말을 능히 할 수가 있다.】

○ 朱子(주자)가 말했다.

"「詩經」(시경)에 있는 말은 좋은 것은 가히 사람의 착한 마음을 감동하여 분발하게 할 수가 있다. 그리고 악한 것은 가히 사람의 방탕한 뜻을 징계하여 줄 수가 있다. 그리하여 사람으로 하여금 그 本性(본성)의 바른 것을 얻게 하여 줄 수가 있다."

○ 또 말했다.

"「詩經」(시경)이 經書(경서)가 된 것은, 人事(인사)가 아래에 흡족하고, 天道(천도)가 위에 구비되어서, 하나의 이치도 갖추지 않은 것이 없기 때문이다."

○ 또 말했다.

"「詩經」(시경)을 읽는 법은, 다만 이것을 熟讀涵泳(숙독함영)하여 자연히 和氣(화기)가 가슴 속에서 흘러나오게 해야 한다. 妙(묘)한 것을 형용하여 말을 하지 말며, 安排措置(안배조치)를 기대하지 말고, 스스로 立說(입설)에 힘쓰며, 다만 겸허한 마음으로 평안하게 읽어야 한다. 그렇게 하면 意思(의사)가 저절로 足(족)해질 것이다."

○ 上蔡(상채)가 말했다.

"「詩經」(시경)을 배우는 데는 모름지기 먼저 六義體(육의체)[29]를 터득하여 읊어야 한다. 바로 이것이 「詩經」(시경)을 읽는 要法(요법)이다."

○ 何北山(하북산)[30]이 말했다.

"詩(시)를 읽는 법은 모름지기 가슴 속을 맑고 깨끗하게 한 연후에, 上下聲(상하성)으로 읊고, 자연스럽고 태연하게 읊어야 한다. 그러하여 사람으로 하여금 감동하여 분발하게 하면, 바야흐로 功(공)이 있게 된다."

○ 程子(정자)가 말했다.

"周南章(주남장)[31]과 召南章(소남장)[32]을 읽지 않으면, 담장에 얼굴을 정면으로 마주대고 있는 것과 같아서 아무 것도 모른다. 「詩經」(시경)을 읽지 않았을 때는 담장에다 얼굴을 마주 대고 있는 것 같다가서, 「詩經」(시경) 읽기를 완료함에 이르러서는, 문득 담장에 얼굴을 마주대고 있는 것 같지 아니하여서, 앞이 훤히 보이게 되는 것과 같아진다. 바야흐로 이것이 「詩經」(시경)을 읽은 효험이 있는 것이다. 대저 독서에 다만 이렇게 하는 것이 오로지 「詩經」(시경)을 읽는 좋은 방법이다."

【註: 「詩經」(시경)읽는 法(법)을 말한 것임.】

○ 程子(정자)가 말했다.

"「書經」(서경)을 보는 것은 모름지기 요컨대 二帝三王(이제삼왕)[33]의 道(도)를 보는 것이다."

29) 詩(시)의 여섯 가지 體(체)로서, 風(풍)·賦(부)·比(비)·興(흥)·雅(아)· 頌(송)을 말함.
30) 名(명)은 基(기), 字(자)는 子恭(자공), 宋末(송말)의 大儒(대유).
31) 「詩經」(시경)의 第1篇(제1편) 第1章(제1장).
32) 「詩經」(시경)의 第1篇(제1편) 第2章(제2장).
33) 二帝(이제)는 堯(요)임금과 舜(순)임금. 三王(삼왕)은 夏(하)의 禹王(우왕), 殷(은)의 湯王(탕왕), 周(주)의 文王(문왕) 또는 武王(무왕).

○ 朱子(주자)가 말했다.

"「尙書」(상서)[34]를 읽어서는 聖人(성인)의 마음을 求(구)해야 한다.

堯(요)임금 같으면 그 治民(치민)한 것을 상고하여 보고, 舜(순)임금 같으면 그 임금을 섬긴 것을 상고하여 보아야 한다. 또 「湯誓」(탕서)[35]에 말하기를 '나는 上帝(상제)를 두려워하여 감히 바르게 하지 않을 수가 없다.'고 하였으니, 熟讀(숙독)하면 어찌 湯王(탕왕)의 어진 마음을 보지 못하리오?"

【註: 「書經」(서경) 읽는 法(법)을 말한 것임.】

○ 孔子(공자)가 말했다.

"禮(예)를 배우지 아니하면 나설 수가 없다."

【註: 朱子(주자)가 말했다. "品節(품절)이 자상하고 밝으면, 德性(덕성)이 견고하고 안정되게 되므로 능히 설 〈즉, 부끄럽지 않게 행동할〉 수가 있다.】

○ 朱子(주자)가 말했다.

"禮(예)를 알지 못하면, 耳目(이목)이 더할 바가 없고 手足(수족)이 쓸 바가 없다."

○ 또 말했다.

"禮(예)를 배우려면 먼저 「儀禮」(의례)를 보아야 한다. 「儀禮」(의례)는 바로 全書(전서)이고, 그 나머지는 다 講論(강론)하여 놓은 말들이다."

○ 또 말했다.

"「周禮」(주례)는 두루 주도면밀한 것인데, 周公(주공)이 天理(천리)를 運用(운용)한 잘 무르익은 찬란한 글이다."

34) 「書經」(서경)의 異稱(이칭).
35) 「書經」(서경)의 第3篇(제3편) <商書篇(상서편)> 第1章(제1장).

○ 또 말했다.

"옛 선비들은 儀禮(의례)로써 經書(경서)를 삼았는데 儀禮(의례) 중에도 또한 변통수가 있었다. 이른바 변통수라는 것은 또 거기에도 經(경)이 있으니, 가히 일률적으로 간주할 수는 없는 것이다."

【註: 또 말했다. "「儀禮」(의례)란 經書(경서)이고, 禮記(예기)는 해설이다. 「儀禮」(의례)에는 冠婚(관혼)의 禮(예)가 있고, 「禮記」(예기)에는 冠婚(관혼)의 義(의)가 있다.】

○ 朱子(주자)가 말했다.

"「周易」(주역)이 글이 된 것은, 文字(문자)의 祖(조)요, 義理(의리)의 宗(종)이기 때문이다."

○ 程子(정자)가 말했다.

"時(시)를 알고 勢(세)를 아는 것이 「周易」(주역)을 배우는 커다란 방향이다."

○ 退溪先生(퇴계선생)이 말했다.

"「周易」(주역)은 理(이)와 數(수)에 대한 淵源(연원)의 글이니, 진실로 가히 읽지 아니해서는 안 되는 것이다. 다만 「論語」(논어)·「孟子」(맹자)·「中庸」(중용)·「大學」(대학)이 배우는 사람의 日用工夫(일용공부)에 절실한 것과 같지는 않다. 그러므로 先賢(선현)들이 말하기를, '배우는 것이 막대하게 급한게 아니라, 그 실상은 窮理盡性(궁리진성)을 배우는 것이 막대하게 급한 것이다.'라고 하였다."

【註: 「周易」(주역) 읽는 法(법)을 말한 것임.】

○ 程子(정자)가 말했다.

"五經(오경)에 「春秋」(춘추)가 있는 것은, 法律(법률)에 決斷(결단)을 내리는 例(예)가 있는 것과 같다."

○ 또 말했다.

"五經(오경)은 藥(약)의 處方(처방)과 같고, 「春秋」(춘추)는 藥(약)을 써서 病(병)을 치료하는 것과 같은 것인데, 聖人(성인)의 씀씀이가 전적으로 이 글 <즉, 「春秋」(춘추)>에 있다."

○ 朱子(주자)가 말했다.

"「春秋」(춘추)를 보는 法(법)은, 또 모름지기 一部(일부) 「左傳」(좌전)을 보아 터득하고, 처음부터 끝까지 貫通(관통)하여야 한다. 그래야 바야흐로 능히 대략 聖人(성인)이 加筆(가필)한 것과 削除(삭제)한 것을 더불어 當時事(당시사)의 大意(대의)를 볼 수가 있다."

【註: 「春秋」(춘추) 읽는 法(법)을 말한 것임.】

○ 張子(장자)가 말했다.

"六經(육경)을 모름지기 쉬지 않고 이어서 돌려가며 읽어야 옳은 도리를 깨달아 알게 된다. 자기 척도의 표준을 얻어 내면, 또 다른 것도 얻어 낼 수가 있다."

【註: 六經(육경)을 통틀어 말한 것임. 】

讀性理諸書章(독성리제서장)

<성리학에 관한 글을 읽는 요령>

○ 朱子(주자)가 말했다.

"모름지기 孔子(공자) · 孟子(맹자) · 程子(정자) · 張子(장자) 이렇게 네 분의 文字(문자)를 보아야 비로소 그 착실한 것을 講究(강구)하여 얻을 수가 있다. 그 밖의 諸子(제자)는 능히 過失(과실)이 없을 수가 없다."

○ 丘瓊山(구경산)[36]이 말했다.

"「家禮」(가례)라는 한 권의 책은 진실로 萬世(만세)를 두고 人家(인가)에 通行(통행)하는 法(법)이다. 古禮(고례)를 行(행)하고자 하는 뜻이 있는 사람이, 이것을 버리게 된다면 장차 무엇을 근거로 할 것인가?"

○ 退溪先生(퇴계선생)이 말했다.

"「小學」(소학)은 神明(신명)이며 부모의 깨우쳐 주는 말씀이다. 내가 心經(심경)에도 또한 말한 바 있다."

【註: 선생이 玩樂齋(완락재)에 居(거)할 때, 닭이 울면 일어나서 반드시 글 한 편씩을 외웠는데, 그것은 心經(심경)이었으며, 註(주)까지도 다 외웠다.】

○ 朱子(주자)가 말했다.

"義理(의리)의 정밀하고 자세한 것은 「近思錄」(근사록)에 이것을 詳細(상세)하게 기록한 것이 있다."

○ 또 말했다.

"四子(사자)[37] 六經(육경)의 차례의 순서는 「近思錄」(근사록)의 그것과 비슷하다.

○ 退溪先生(퇴계선생)이 말했다.

"道(도)에 들어가는 門(문)을 알고자 하면 「朱子大全」(주자대전) 가운데서 이를 求(구)해야 用力(용력)하는 방법을 쉽게 알 수가 있다."

【註: 선생은 언제나 朱子(주자)가 쓴 책을 가져다가 문을 닫고 고요히 앉아서 그것을 보았다. 여름이 다 지나도록 책만 보고 있으니, 어떤 사람이 이 더위에 그렇게 책만 읽고 있으면 건강에 나쁘다고 경계하는

36) 名(명)은 濬(준), 字(자)는 仲深(중심), 明(명)의 大儒(대유).
37) ① 孔子(공자)의 네 사람의 제자; 顔回(안회)・子貢(자공)・子路(자로)・子張(자장) ② 老子(노자)・張子(장자)・文子(문자)・列子(열자) ③ 네 사람의 賢者(현자).

말을 하였다. 선생이 말했다. "이 朱子書(주자서)를 읽고 있노라면 가슴이 시원하여져서, 스스로 그 더운 것을 알지 못하겠다." 만년에도 주자서만 전적으로 보았으며, 퇴계선생이 평생 학력을 얻은 것이 대저 이 주자서에서 나왔다.】

○ 朱子(주자)가 말했다.

"「集註」(집주)는 내가 30세 때부터 공부해서 도착한 것이며, 지금도 고치고 있는데 아직도 끝내지를 못하고 분주하게 보고 있다."

【註: 黃氏(황씨)가 말했다. "朱子(주자)는 用心(용심)을 이와 같이 고심하며 하였는데, 〈그 후에〉 배우는 사람들은 〈고심하지 않고〉 오히려 평이한 마음으로 글을 읽으니, 어찌 능히 聖人(성인)의 뜻을 깨우칠 수 있으리오?"】

○ 또 말했다. "太極(태극)은 理(이)의 根本(근본)이 되는 것이며, 圖書(도서)는 數(수)의 祖(조)가 되는 것이다."

○ 또 말했다.

"朱子(주자)의 說(설)은 太極頭腦處(태극두뇌처)에서 나온 것인데, 만약 그것을 분명하게 보아서 터득하게 된다면, 천하의 허다한 道理(도리)가 다 여기서부터 나온 것이라는 것을 알 수 있게 될 것이다."

【註: 退溪(퇴계)선생이 太極圖說(태극도설)을 강의하며 말했다. "내가 남을 가르칠 적에 반드시 이것을 먼저 하는 것은, 내가 초년에 공부를 시작할 때 이 「太極圖說」(태극도설)을 먼저 하였기 때문이다."】

○ 또 말했다. "이 위에 나온 글들은 근세 道學(도학)의 근원이다."

○ 退溪先生(퇴계선생)이 말했다.

"배우는 사람은 반드시 먼저 자기 자신의 허물을 알아야 한다. 그리고 太極(태극), 西銘(서명),[38] 啓蒙(계몽)등의 글로써 많이 가르쳐야 한다."

---

38) 宋(송)의 張橫渠(張子)(장횡거, 장자)가 지은 仁道(인도)의 원리를 밝힌 銘(명). 서재의 서쪽 창문 곁에 걸어 두었음.

【註: 金士純(김사순)이 말했다. “처음 배우는 사람들이 하는 공부에, 啓蒙(계몽)은 친절하지 못한 것 같습니다.” 퇴계선생이 말했다. “만약 이 글을 숙독하고 재미가 들려 오래 되면, 실체가 눈앞에 드러나서 사물이 저 속에 들어 있지 않은 것이 없는데, 어찌하여 친절하지 못하다고 하는가?”】

○ 先生(선생)이 또 말했다.

“19세에 처음으로 「性理大全」(성리대전)을 얻어 首尾 三卷(수미 삼권)을 읽었다. 깊이 생각하고 구체적으로 인식하여 점점 학문을 하는 진로를 알아서, 비로소 義理(의리)의 學問(학문)을 알게 되었다.”

【註: 살펴보건대, 「退溪集」(퇴계집)의 ‘學者之指南’(학자지지남)을 또한 읽지 않으면 안 된다. ○ 性理諸書(성리제서)를 읽는 法(법)을 말한 것임.】

○ 朱子(주자)가 말했다.

“經書(경서)를 해석하는 것은, <무엇을> 쪼개는 것과 같다.”

○ 또 말했다.

“經書(경서)에 가히 해석을 할 수 없는 곳이 있게 되면, 다만 그냥 闕(궐)해 버려야지 그것만 해석하려고 하면 通(통)하지 않고 그릇되는 곳이 있게 된다.”

○ 또 말했다.

“經書(경서)의 解釋(해석)은 文字(문자)만 보아서는 안 된다. 다만 文義(문의)를 合當(합당)하게 해석하여 通(통)해야 한다. 그러면 理致(이치)가 저절로 밝고 뜻이 저절로 足(족)해 진다.”

○ 또 말했다.

“내가 經書(경서)를 해석하는 것은 다만 聖賢(성현)의 말뜻을 좇아서 그 혈맥이 관통하는 곳을 보아 가며 해석하는 것이다. 감히 내 自意(자의)대로 道理(도리)를 해석하는 것이 아니다.”

○ 또 말했다.

"經書(경서)를 해석하는 데는 다만 으뜸이 되는 줄거리를 해석해야 한다. 하나의 구절이나 하나의 뜻 사이에, 비록 다소 미흡한 점이 있더라도, 심히 방해되는 일은 없다."

【註: 經書(경서)의 해석 요령을 말한 것임.】

讀史章(독사장)

<역사책을 읽는 요령>

○ 朱子(주자)가 말했다.

"학문하는 순서가 먼저 자기 수양을 위해서 공부한 후에 가히 남에게도 일러줄 수가 있다. 그리고 理致(이치)에 통달한 연후에라야 무슨 일을 당하면 그것을 통제해 나갈 수가 있다. 그러므로 程子(정자)는 사람을 가르침에, 먼저 「論語」(논어)와 「孟子」(맹자)를 읽게 하였다. 그 다음에는 諸經(제경)을 읽게 한 연후에 史書(사서)를 보게 하였다. 그 순서를 어지럽게 하는 것은 옳지 않다."

○ 또 말했다.

"史書(사서)는 鬧熱(요열)[39]한 것이고 經書(경서)는 冷談(냉담)한 것이다. 後生(후생)[40]들이 心志(심지)가 안정되지 못하고 조금이라도 不偏(불편)한 것이 있어서 밖으로 향하여 가는 것은 또한 마땅히 예방해야 한다."

【註: 또 말했다. "四書(사서)를 읽지 않고 史記(사기)만 보면, 마음 속에 사물을 보는 균형이 없어서 혹하는 바가 많아지게 된다."】

○ 程子(정자)가 말했다.

39) 번화함. 번성함.
40) ① 뒤에 난 사람 ② 후배 ③ 자손

"내가 史書(사서)를 읽을 때, 절반쯤 읽다가 문득 책을 덮어 놓고, 그 성공한 경우와 실패한 경우를 생각하고 헤아려 보았다. 그런 후에 문득 보아서 불합리한 곳이 있으면, 그간에 다행히 성공한 사람과 불행히 실패한 사람이 많았는데 그 이유가 무엇이었나를 또다시 정밀하게 생각을 해 보았다."

【註: 또 말했다. "史書(사서)를 읽으면 모름지기 聖賢(성현)들이 治亂之機(치란지기)를 미리 짐작한 것을 볼 수 있다. 賢人君子(현인군자)의 出處(출처)하고 進退(진퇴)하는 것이 格物(격물)이기 때문이다."】

○ 朱子(주자)가 말했다.

"史書(사서)를 읽을 때는 마땅히 大倫理(대윤리)와 大機會(대기회)와 大治亂(대치란)의 得失(득실)을 유의해서 보아야 한다."

○ 또 말했다.

"史書(사서)를 보면 옳은 것도 있고 옳지 않은 것도 있다. 그 옳은 것을 보면 그 옳지 않은 것을 求(구)하고, 그 옳지 않은 것을 보면 그 옳은 것을 求(구)해야 한다."

○ 또 말했다.

"史書(사서)를 읽을 때는 먼저 「史記」(사기)를 읽고, 그 다음에는 「左傳」(좌전)을 보며, 그 다음에는 「通鑑」(통감)을 본다. 이렇게 하고 나서 남는 힘이 있으면 곧 全史(전사)를 본다."

○ 呂東萊(여동래)가 말했다.

"史書(사서)를 볼 때는 모름지기 자신이 그 <시대의 그 상황> 속에 있는 것과 똑같이 그 사건의 利害(이해)와 그 당시의 禍亂(화란)을 생각해 보아야 한다. 그리고 반드시 책을 덮어 놓고 내가 만약 이러한 일을 당했다고 한다면, 마땅히 어떻게 이에 대처할 것인가를 스스로 생각해 보아야 한다. 이와 같이 해야 유익함이 있다."

【註: 또 말했다. "張無垢(장무구)가 말했다." "만약 唐事(당사)를 보면 자신이 그 당시의 일에 참여한 것과 같이 생각하고, 임금의 性情(성정)은 어떠하며 재상을 명한 바는 어떠한 가를 살펴보아야 한다. 조정에 있는 士大夫(사대부)에 있어서는 누가 君子(군자)이며 누가 小人(소인)인가를 살펴보아야 한다. 일을 처리하는 데 있어서는 누가 하는 일이 정당하고 누가 하는 일이 정당하지 못한가를 살펴보아야 한다. 그리하여 가슴으로 하여금 분명해져서 가히 입으로 講論(강론)할 수도 있고 손가락으로 그릴 수도 있게 되어야 한다. 그러면 機會(기회)가 圓熟(원숙)해져서 다른 날, 무슨 일에 임해서도 반드시 남 보다 나을 것이다. 그리하여 發(발)하면 붓아래 글을 쓰는 文章(문장)도 헛소리를 쓰지 않게 될 것이다."】

○ 어떤 사람이 史書(사서)를 읽는데 자기가 기억력이 없는 것을 근심하니 朱子(주자)가 말했다.

"어떤 선비 한 사람이 있었는데 「周禮疏」(주례소)를 읽을 때, 第一板(제일판)의 글을 다 읽으면 곧 그것을 불살라 버리고, 第二板(제이판)의 글을 다 읽으면 또 그것을 불살라 버렸다. 이것은 곧 焚舟(분주)[41]할 계획을 세우는 것과 같은 것이었다. 거칠게 대충 한 번 읽어 보는 것은, 그런 식으로 세 번 네 번을 읽어 보더라도, 기억력이 견고하지 못하다."

【註: 李果齋(이과재)가 말했다. "글은 자세하게 읽는 사람도 있고, 글의 뜻을 깊이 생각하며 읽는 사람도 있다. 또 글을 딱 당해야 읽는 사람도 있고, 책을 보면 鈔(초)만 해 두는 사람도 있다. 오직 經書(경서)만은 요컨대 익숙하게 읽어야 한다. 다른 글은 그럴 필요까지는 없으나, 다해서 200遍(편)은 읽어야 한다. 「通鑑」(통감) 같은 것은 朱子(주자)가 이미 다만 한 번만 읽으면 된다고 하였다. 오로지 요컨대 濟河焚舟(제하분주)할 계획을 세우는 것과 같이 하여, 한 번씩만 견고하게 읽으면 된다."】

41) 배를 불태움. 전쟁에서 군대가 渡河(도하)한 후 <다시 살아서 돌아가지 않을 각오로> 배를 불태워 버리는 일. 《左傳(좌전)·文(문)·三(삼)》 泰伯伐晉(태백벌진), 濟河焚舟(제하분주)》.

尙論章(상론장)[42)]

<옛사람의 언행이나 인격을 논하는 태도>

○ 朱子(주자)가 말했다.

“以前(이전)의 先輩(선배)들을 경솔하게 議論(의논)하는 것은 옳지 않으나, 학문의 一端(일단)을 講論(강론)하다 보면 부득이 말을 하지 않을 수가 없다.”

○ 邵伯溫(소백온)[43)]이 少時(소시)에 「文中子」(문중자)[44)]를 읽다가, “武侯(무후)가 죽지 않았으면, 그 禮樂(예악)이 일어남이 있었을까?” 하는 생각을 하였다. 그리고 이로 인하여 武侯(무후)는 覇道(패도)를 쓰는 사람의 신하였으니, <이 사람이 죽지 않았으면> 禮樂(예악)이 능히 일어나지 못했을 것이라는 것을 두려워하는 내용의 글을 지었다. 그러자 康節先生(강절선생)이 이 글을 보고 노하여 말했다. “너는 武侯(무후)같은 분을 망령되이 논할 자격도 없는 사람이거늘, 하물며 어떻게 네가 감히 그런 엉터리없는 소리를 하였느냐? 武侯(무후)의 어질음으로써는 어찌 그 禮樂(예악)이 일어나지 못했을 것을 안다는 따위의 말을 하였느냐? 後生(후생)들이 先賢(선현)들을 議論(의논)할 때는 그렇게 건방지게 해서는 안 되는 것이다.” 伯溫(백온)이 이로부터는 先賢(선현)들에 대해서 敢(감)히 망령되이 論(논)하지 않았다.

○ 鄭道可(정도가)가 “圃隱(포은)이 한 목숨을 버린 것은 자못 가소로운 일이오.” 라고 말을 하니, 退溪先生(퇴계선생)이 말했다.

“程子(정자)가 말하기를 ‘사람이 무슨 일이든 中(중)을 지켜야 하는 것이니,

---

42) 古人(고인)의 言行(언행)이나 人格(인격) 등을 論(논)하는 태도에 관한 章(장). 《孟子(맹자) · 萬章(만장)》.

43) 字(자)는 文(문), 康節(강절)의 子(자).

44) (書)(서) 10卷(권), 隨(수)의 王通(왕통)이 지음. 「論語」(논어)를 본뜸. 中說(중설)이라고도 함.

마땅히 過(과)한 일이 있으면 過(과)하지 아니한 것을 求(구)해야 하고, 부당하게 無過(무과)한 일이 있으면 有過(유과)를 求(구)해야 한다.'고 하였다. 그러니 圃隱(포은)의 精細(정세)하고 한결같은 충성과 죽기를 한하고 지킨 절개는, 가히 天地(천지)를 다스려 바로잡을 만하고, 우주의 棟樑(동량)이 될 만한 것이다. 세상의 의논을 좋아하는 사람들과, 남을 치기를 좋아하는 사람들과, 다른 훌륭한 사람들의 아름다운 것을 즐거워하지 않는 사람들이 두려운 줄 모르고 함부로 말을 하고 있다. 그래서 나는 <그런 훌륭한 분들을 나쁘게 말하는 소리는> 매양 귀를 막고서 듣지를 아니한다."

○ 朱子(주자)가 어떤 사람에게 대답하여 말했다.

"점잖은 여러분이 稱號(칭호)를 함에 있어서는 하나의 條例(조례)와 差等(차등)이 있어야 마땅하다. 泰山(태산)·海陵(해릉)·徂徠(조래)·濂溪(염계)·明道(명도)·伊川(이천)·橫渠(횡거)·康節(강절)과 같은 분들은 '先生'(선생)이라 일컬어야 한다.

【註: '泰山 孫先生'(태산 손선생)이라고 말하는 것과 같음.】

公卿(공경)은 시호를 불러야 한다.

【註: '王文正公'(왕문정공)이라고 부르는 것과 같음.】

시호가 없으면 爵位(작위)를 일컬어야 한다.

【註: '王荊公'(왕형공)이라고 부르는 것과 같음.】

爵位(작위)가 없으면 벼슬을 일컬어야 한다.

【註: '范太史'(범태사)라고 부르는 것과 같음.】

程子(정자)와 張子(장자)의 제자들 및 근세의 선배들이 또한 이와 같이 하였다.

그 벼슬이 없는 사람은 字(자)를 일컬어야 한다.

【註: '張惠叔'(장혜숙)이라고 부르는 것과 같음.】

혹은 號(호)로써 겸해서 부르는 수가 있다.

【註: 上蔡(상채) · 龜山(구산) · 衡麓(형록) · 橫浦(횡포)의 類(류)와 같음.】

지금의 사람은 <그가 사는> 고을과 姓名(성명)을 일컫는다.

【註: '東萊(동래)의 呂某(여모)〈아무개〉' 라고 하는 것과 같음.】

무릇 간사하고 보잘 것 없는 사람이면, 직접 姓名(성명)을 그냥 써 버린다.

【註: '章惇'(장돈)이라고 말하는 것과 같음. 】

○ 또 말했다.

"呂公(여공)의 「家傳義例」(가전의례)에는 기재된 것이 분명하지 않고 동시에 여러 사람을, 혹은 이름을 쓰고 혹은 字(자)를 썼다. 칭찬도 하지 않았고 깎아 내리지도 않아서 다 고려할 수는 없다. 蘇公(소공)과 같은 이에 이르러서는 앞에는 字(자)를 쓰고 뒤에는 이름을 썼는데, 더욱 근거할 바가 없다."

【註: 칭호에 대하여 첨부한 것임.】

[附]寫字章([부]사자장)

<문자 즉 글씨를 쓰는 요령>

「童蒙須知」(동몽수지)에 말했다.

"무릇 文字(문자)를 쓰는 데는, 모름지기 먹은 높이 잡고 단정하게 갈며 먹물로 하여금 손이 더럽혀지지 않게 한다. 붓은 높이 잡고 雙鉤法(쌍구법)[45]으로 단정하게 楷書字(해서자)[46]로 쓰며 손이 붓의 털에 닿지 않게 한다. 글씨가 잘 써지거나 졸렬하게 써지는 것에 대해서는 불문에 부친다. 또 요컨대 一筆一畫(일필일획)을 엄정하고 분명하게 해서, 힘없이 흐지부지 하게 草書(초서)로 쓰지 말고, 모름지기 요컨대 자세하게 원래의 본 글씨체를 보아서 착오 없이 써야 한다."

○ 朱子(주자)가 「書字銘」(서자명)에 말했다.

"붓대를 잡고 붓털을 먹에다 적셔서 종이를 펴고 글씨를 쓰는데 한결같이 그 중심을 지킨다. 點點(점점)과 畫畫(획획)이 放心(방심)하고 쓰면 곧 거칠게 써지고, 너무 곱게 쓰려고 하면 眩亂(현란)하게 써지는 것이니, 글씨를 쓸 때는 정신 차려서 원본대로 잘 써야 한다."

○ 揚雄(양웅)[47]이 말했다.

"글씨는 마음의 획이다. 그러므로 이 마음의 획의 형상에 君子(군자)와 小人(소인)이 나타나게 된다."

○ 退溪先生(퇴계선생)은 어려서부터 글씨를 쓸 때 글자의 획이 똑바르게 썼다. 傳鈔(전초), 科文(과문), 雜書(잡서)라도 아무렇게나 쓰는 법이 없었다. 그는 일찍이 그 손자 安道(안도)에게 보내는 서찰에 말했다. "모든 일은 마땅히 삼가하고 신중하게 해야 하는 것이다. 이제 보니 너는 寄金(기금)하는 데는 정성들여 쓰나, 大字(대자)는 난잡하게 草書(초서)로 쓰고 있는데, 신중히 하여 거친 미치광이와 같은 태도로 글씨를 쓰는 일이 없도록 해야 한다."

【註: 글씨 쓰는 법을 통틀어 말한 것임.】

---

45) 엄지와 식지와 장지로 붓대를 잡는 법.
46) 漢字 書體(한자 서체)의 하나. 隷書(예서)에서 변한 것으로 字形(자형)이 가장 方正(방정)한 것.
47) 字(자)는 子雲(자운), 漢(한)의 儒(유).

○ 「書譜」(서보)[48]에 말했다.

"眞書(진서), 行書(행서), 그리고 草書(초서)는 원만하고 굳센 書體(서체)이다. 古談(고담)은 蟲篆點畵(충전점화)[49]에서 나왔고, 波發(파발)은 八分轉換(팔분전환)에서 나왔다. 向背(향배)는 飛白(비백) 簡便(간편)에서 나왔으며, 痛快(통쾌)는 章草(장초)에서 나왔다."

○ 또 말했다.

"<글씨에서> 點(점)이라는 것은 <사람으로 치면> 눈썹이나 눈과 같은 것이니, 이리저리 돌아볼 수 있게 써야 한다. 畫(획)이라는 것은 글자 體骨(체골)이니, 견고하고 안정되게 써야 한다. 삐침<ノ>과 파임<㇏>은 글자의 수족과 같은 것이니, 신축성 있게 변화할 수 있도록 써야 한다. 挑剔(도척)[50]이라는 것은 글자의 걸음걸이와 같은 것이니, 침착하고 착실하게 써야 한다. 轉褶(전습)이라는 것은 네모나고 둥글게 쓰는 運筆法(운필법)인데, 褶草(습초)를 많이 쓰고 轉懸針法(전현침법)을 많이 쓰는 것이다. 그런데 그것은 반드시 지극히 바르게 하고자 하는 것이니, 위로부터 아래로 먹줄을 친 것과 같이 단정하게 써야 한다. 붓을 쓰는 법은 너무 비대하게 써서는 안 된다. 글씨가 너무 두터우면 形容(형용)이 탁하고, 글씨가 너무 빈약하게 써지면 글씨의 형용이 말라 보인다. 끝을 너무 많이 날카롭게 드러내면 뜻이 정중하지를 못하다. 글씨의 모서리를 너무 뾰족하게 쓰면 體(체)가 정신이 없어 보인다. 위는 작고 아래는 넓게 쓰면 안 된다. 좌측은 낮고 우측을 높게 써도 안 되며, 앞은 넓고 뒤는 좁게 써도 안 된다. 草書(초서)가 數十行(수십행)이 끊이지 않고 이이서 써지면, 이것을 連綿遊絲(연면유사)라고 하는 것인데, 그것을 기묘하게 잘 쓴 글씨라고는 할 수 없다. 가로로

48) 姜白石(강백석)이 撰(찬)함.
49) 篆書(전서)의 한 體(체).
50) 書道 運筆法(서도 운필법)의 하나. 글자를 쓸 때 삐치는 것.

쓰는 획을 너무 길게 써도 안 되며, 곧게 내려 긋는 획을 너무 비대하게 써도 안 된다. 붓을 쓰는 법은 釵股(채고)와 같이 하여 그 굴절이 원만하고 힘이 있게 하여야 하며, 屋漏痕(옥루흔)과 같이 하여 처음 붓을 댄 곳과 그치는 곳의 자취가 없게 써야 한다.

그리고 항상 筆鋒(필봉)이 획의 가운데 있는 것과 같이 하며, 좌우가 無病(무병)하게 써야 한다. 붓을 바르게 하여 쓰면 藏鋒書法(장봉서법)[51]이 되나, 붓을 뉘어서 쓰면 끝이 노출된다. 하나의 點(점)과 하나의 畫(획)에는 다 三轉(삼전) 一波(일파) 一拂(일불)이 있고, 다 三折(삼절)이 있는 것이므로, 뜻이 붓을 잡기 전에 있어야 하는 것이니, 글자는 心後(심후)에 居(거)해야 한다. 붓은 굳게 잡아야 하고, 運筆(운필)은 활기 있게 하여야 한다. 손가락으로써 運筆(운필)을 해서는 안 되며, 마땅히 팔뚝으로써 운필을 해야 한다. 붓은 손으로 잡고 있으나 손은 운필하는 것을 알지 못해야 하고, 운필하는 것은 팔로 하나 손은 붓을 잡고 있는 것을 알지 못해야 하며, 반드시 執(집)과 使(사)가 있어야 한다. 運用(운용)하는 法(법)에, 執(집)은 淺深長短(천심장단)이라 하고, 使(사)는 縱橫牽掣(종횡견철)이라 한다. 運筆(운필)은 鉤環般紆(구환반우)라 하고, 用筆(용필)은 點畫向背(점획향배)라 한다."

○ 「類書」(유서)에 말했다.

"글자의 體(체)가 능히 가지런하지를 못하면, 한결같이 東字(동자)와 같이 길고 西字(서자)와 같이 짧으며, 口字(구자)와 같이 작고 體字(체자)와 같이 크다. 그리고 朋字(붕자)와 같이 빗기고 黨字(당자)와 같이 평평하며, 千字(천자)와 같이 성기고 萬字(만자)와 같이 빽빽하다. 그러므로 畫(획)이 많은 글자는 마땅히

51) 書法(서법)의 하나. 글씨를 쓸 때 筆鋒(필봉)을 감추고 드러내지 않게 쓴 書體(서체).

가늘게 쓰고, 畫(획)이 적은 글자는 마땅히 굵게 써야 한다."

○ 또 말했다.

"처음에 <글씨 쓰기를> 배우는 사람은 마땅히 먼저 筋骨(근골)부터 배워야 한다. 筋骨(근골)이 確立(확립)되지 않으면 肉(육)이 어디에 依支(의지) 하리오?"

○ 또 말했다.

"字形(자형)은 종이 위에 있고, 筆法(필법)은 손에 있으며, 筆意(필의)는 마음에 있는 것이다. 그러니 삼가고 조심하는 마음으로 글자를 잘 배치하여 대담하게 글씨를 써야 한다."

○ 또 말했다.

"무릇 글씨는 마음이 바르고 기운이 和(화)한 데 있는 것이다. 마음이 바르지 못하면 붓이 비뚤어지고, 기운이 和(화)하지 못하면 글씨가 엎어져 넘어지게 된다."

【註: 글자의 體(체)를 짓는 것에 대하여 論(논)한 것임.】

○ 程子(정자)가 말했다.

"선비에게 書札(서찰)같은 것을 쓰는 일은, 일이 가장 가까우나, 줄곧 著述(저술)만 좋아하면 本心(본심)을 잃게 되는 수가 있다. 王(왕)·虞(우)·顔(안)·柳(유)와 같은 분들은 진실로 그들이 좋은 사람들이라고 한다면 할 수도 있다. 글씨를 잘 쓰는 사람이 道(도)를 안 하는 사람을 보았는가? 그러나 평생에 정력을 글씨 쓰는 데만 열중하고, 時日(시일)을 道(도)를 배우는 데는 쓰지 않아서 방해되는 것이 있게 된다면 족히 本心(본심)을 잃었음을 알 수 있는 것이다."

○ 朱子(주자)가 韓魏公(한위공)의 帖(첩)에 跋文(발문)을 지어 말했다. "張敬

夫(장경부)가 일찍이 말하기를, '평생에 본바 王荊公(왕형공)은 글씨가 다 크게 바쁜 가운데 쓴 것과 같으니, 알 수는 없으나 公(공)은 어찌 이렇게 허다하게 바쁜 일만 있었는가?' 라고 하였다. 이것은 비록 희롱하는 말이나, 사실은 그 병폐를 잘 적중한 말이다. 이제 韓公(한공)의 글씨 쓴 것을 보니, 비록 친척과 손아래 어린아이에게 준 것일지라도 또한 단정하고 엄숙하며 삼가하고 신중히 하여, 일찍이 一筆(일필)이라도 함부로 쓴 것이 없었다. 그러한 것을 보니, 胸中(흉중)이 安靜(안정)되고 詳細(상세)하며 溫和(온화)하고 마음이 화평하여 즐겁기 때문에, 잠깐이라도 분망한 때가 없고 조금이라도 분망한 뜻이 없는 것을 알 수 있다. 荊公(형공)의 조급함과는 서로가 정 반대가 되는 것이다. 書札(서찰)이 비록 조그마한 일이나 사람의 德性(덕성)에 그 相關(상관)되는 것은 이와 같은 차이점이 있는 것이다."

○ 鞏仲至(공중지)에게 答(답)하여 말했다.

"來書(내서)가 遞角中(체각중)에 있는데 詩卷(시권)이 찢어진 곳이 있으니, 무슨 까닭으로 찢어졌는지는 알 수가 없다. 이로써 먼 곳에서 온 글인 줄은 아나 또한 여러 말을 하기는 어렵다."

○ 또 말했다.

"近日(근일)에 먼 곳에서 보낸 편지가 부쳐 왔는데, 書一角(서일각)에 부쳐오는 것 중에 큰 책이 있으니, 생각해 보건대, 이것은 반드시 詩(시)를 적은 책인 것 같다. 여러 해를 두고 이 먼 데서 온 글을 본 일이 없어 뜯어서 보고 싶으나 또한 破戒(파계)는 하고 싶지 않다. 혹 이것을 보면 다행이 그 사실을 알 수가 있을 것이다."

【註: 書札(서찰)에 관한 附言(부언)임.】

附 作文(부 작문)

<글을 짓는 요령과 태도>

○ 孔子(공자)가 말했다.

"글이라는 것은 내 뜻을 전달하는 것이다."

○ 「典論」(전론)[52]에 말했다.

"文(문)은 氣(기)로써 主(주)를 삼아야 하는 것이다."

【註: 退溪先生(퇴계선생)이 말했다. "氣(기)가 있은 연후에 文章(문장)이 있는 것이다. 氣(기)는 물과 같아서 그 사귀는 것이 물에 떠돌아다니다가 만나게 되는 물건과 같다. 古文(고문)의 後集(후집)에 氣文(기문)이 있다. 내가 젊었을 때 古文(고문)을 수백여 편을 읽었는데, 붓을 잡고 글을 쓰는 데 임하면 자연히 글이 가슴 속에서 흘러나온다."】

○ 呂舍人(여사인)[53]이 말했다.

"文字(문자)를 의논하는 데는 모름지기 董仲舒(동중서)와 劉向(유향)으로써 主(주)를 삼아야 한다. 「周禮」(주례)·「新序」(신서)[54]·「設苑」(설원)[55]과 같은 종류의 글은 다 마땅히 깊이 뚫어 통해야 文章(문장)의 妙(묘)함을 숙고할 수가 있다. 序(서)는 事物(사물)를 형상한 것이다. 「春秋左氏傳」(춘추좌씨전)은 列國(열국)의 戰伐 次第(전벌 차제) 敍事(서사)의 妙(묘)를 기록한 것이다. 韓(한)·柳(유)의 「序記」(서기)는 가히 狀物(장물)의 妙(묘)를 볼 수가 있다. 「禮記」(예기)의 '曲禮篇'(곡례편)은 사람을 가르치는 등의 일을 자세하게 쓴 것이다. 「論語」(논어)의 '鄕黨篇'(향당편)은 聖人(성인)의 言動(언동)을 기록한 것이다. 이러한 글들은 가히 지극히 깊은 學文(학문)이라 이를 수 있으며, 여기에 근본을

52) 曺丕(조비)가 撰(찬)함.
53) 名(명)은 本中(본중), 字(자)는 居仁(거인), 宋(송)의 名臣(명신).
54) 《書(서) 10卷(권)》. 漢代(한대)의 劉向(유향)이 지음. 春秋時代(춘추시대)부터 漢初(한초)에 이르는 인물의 전기, 일화를 분류하여 수록.
55) 漢(한)의 劉向(유향)이 지음. 20卷(권). 春秋時代(춘추시대)로부터 漢代初(한대초) 까지의 諸家(제가)의 전기, 일화를 類集(유집)한 것.

삼지 않으면, 능히 멀리 보통에서 뛰어난 사람을 볼 수가 없다."

○ 朱子(주자)가 말했다.

"作文(작문)을 하고자 하면 「西漢文」(서한문)·「歐陽文」(구양문)·「南豊文」(남풍문)·「韓文」(한문)을 많이 읽어서 取(취)해야 한다."

○ 蘇東坡(소동파)[56]가 말했다.

"무릇 사람이 作文(작문)을 할 때는 모름지기 筆頭上(필두상)에 數百鈞(수백균)[57]의 무게를 잡아 당겨서 일으키는 것과 같은 힘이 있어야 한다."

○ 黃山谷(황산곡)[58]이 말했다.

"文章(문장)은 반드시 삼가 하여 配置(배치)하되, 제일가는 저택이나 관청건물의 房室(방실)과 같이 잘 分配(분배)하여, 가히 어지럽게 하지 말아야 한다."

○ 「古語」(고어)에 말했다.

"배우는 사람은 마땅히 세 가지를 많이 하여야 한다. 읽기를 많이 하고, 議論(의논)을 가지기를 많이 하며, 著述(저술)을 많이 해야 한다."

【註: 歐公(구공)은 또 看多(간다)〈많이 읽음〉, 做多(주다)〈많이 지음〉, 商量多(상량다)〈많이 헤아려 생각함〉 라고 말했다.】

○ 「類書」(유서)에 말했다.

"作文(작문)은 모름지기 사실을 바로 붙여서 條理(조리)가 있어야 한다. 사실이 아닌 거짓으로 글을 짓는 것은 옳지 않다. 대략 7할 정도는 사실을 쓰고, 다만 2~3할 정도는 사실 이외의 글로 쓰는 것이다. 歐公(구공)의 글은 다만 사실

56) 名(명)은 軾(식), 字(자)는 子瞻(자첨), 宋(송)의 名臣(명신).
57) 1鈞(균)은 30근.
58) 名(명)은 庭堅(정견), 字(자)는 魯直(노직), 宋(송)의 文人(문인).

을 올바르게 붙이고 條理(조리)가 있다."

○ 歐陽公(구양공)은 글을 지어 벽에 붙여 놓고서, 때때로 잘못된 곳을 바로 고치기를 더하였다. 終篇(종편)에 가서는 한 글자도 불필요한 말을 남기지 않고 고쳤다. 그런데 黃山谷(황산곡)도 또한 前作(전작)을 많이 改定(개정)하였다.

【註: 作文(작문)하는 것을 말한 것임.】

○ 「典論」(전론)에 말했다.

"무릇 글이란 근본은 같으나 끝은 다른 수가 있다. 奏議(주의)[59]는 마땅히 正義(정의)롭게 써야 하고, 辯論(변론)을 쓰는 데는 마땅히 이치에 맞게 조리가 있도록 써야 한다. 시호<또는 제문>를 기록할 때는 사실을 숭상해서 지어야 하고, 詩(시)와 賦(부)는 화려하게 지어야 한다."

○ 黃山谷(황산곡)이 말했다.

"賦(부)를 짓는 데는 모름지기 賈(가)·宋(송)·揚(양)·馬(마) 이 네 사람으로서 스승을 삼고 대략 그것을 모방해야 진보가 빠르며, 이에 古風(고풍)도 있다."

○ 朱子(주자)가 말했다.

"古賦(고부)는 屈(굴)·宋(송)·韓(한)·柳(유) 이 네 사람의 지은 바를 보아야 이에 진보가 있다."

○ 劉貢父(유공보)[60]가 말했다.

"詩(시)는 意(의)로써 主(주)를 삼고 文詞(문사)는 그 다음으로 삼아야 한다."

59) 임금께 아뢰어 의논함, 또는 그 의견서.
60) 名(명)은 攽(반), 宋(송)의 文人(문인).

【註: 「山谷論詩」(산곡논시)에 또 말했다. "매양 글 한 편을 쓰려고 하면 먼저 그 쓰고자 하는 글의 大意(대의)를 세워 놓아야 한다. 長篇(장편)을 쓸 때는 반드시 〈序論(서론) · 本論(본론) · 結論(결론)처럼〉 세 가지 曲折(곡절)이 있어야 한다. 그렇게 하여 자기가 나타내고자 하는 뜻을 명백하게 하여야 문장이 성립된다. 그리고 이렇게 하면 문장의 首尾(수미)가 잘 호응되는 것이다." 】

○ 朱子(주자)가 말했다.

"詩(시)를 짓는 데는 모름지기 陶(도) · 柳(유)의 門庭中(문정중)을 좇아서 와야만 아름답다. 이와 같이 하지 않으면 蕭(소) · 敬(경) · 沖(충) · 澹(담)의 취미를 개발할 수가 없으며, 古人(고인)들의 아름다운 처지에 이를 수가 없다."

○ 蘇東坡(소동파)가 사람에게 글짓는 것을 가르치며 말했다. < 「詩經」(시경)의> '國風篇'(국풍편)과 「離騷」(이소)[61]를 熟讀(숙독)하면 글의 曲折(곡절)이 다 여기에 있다.

【註: 詩(시)나 글을 짓는 것을 論(논)한 것임.】

○ 程子(정자)가 말했다.

"무릇 글을 짓는 것은 전적으로 뜻을 거기에 두지 않으면 공부가 되지를 않고, 또 만약에 뜻을 거기에만 전심전력하면 뜻이 여기에만 국한되어 버리는 것이니, 어찌 능히 天地(천지)로 더불어 그 큰 것을 함께 할 수 있으리오? 呂與叔(여여숙)의 詩(시)에, '學(학)은 元凱(원개)와 같은데 바야흐로 癖(벽)을 이루었고, 文(문)은 相如(상여)와 같은데 거의 광대와 비슷할 정도로 열을 올렸으나, 홀로 孔子(공자)의 門(문)에 서서 한 가지도 한 일이 없으니, 다만 顔氏(안씨)가 마음을 齋戒(재계)하는 것을 얻고 싶구나.' 라고 하였다. 그런데 이 詩(시)가 바야흐로 좋은 詩(시)이다."

61) 戰國時代(전국시대), 楚(초)에서 屈原(굴원)이 지은 長篇(장편) 敍情時(서정시). 楚(초)의 宮廷(궁정)에서 쫓겨난 屈原(굴원)이 奸臣(간신)의 참언으로 王(왕)에게 신임을 받지 못함을 실망하여 敍述(서술)한 詩(시). 離(이)는 遭(조), 騷(소)는 憂(우)로 근심을 만났다는 뜻.

○ 또 말했다.

"天文(천문)을 보아서 時變(시변)을 살피고, 人文(인문)을 보아서 天下(천하)를 化成(화성)하나니, 어찌 詞章(사장) 따위의 文(문)과 같으리오!"

○ 朴嘯皐(박소고)[62]가 中年後(중년후)에는 글을 짓지 아니하고 말했다.

"詩(시)란 사람으로 하여금 浮薄(부박)[63]하게 하는 것이다.

【註: 作文(작문)의 害(해)를 말한 것임.】

○ 朱子(주자)가 말했다.

"지금 배우는 사람들의 病(병)은 가장 먼저 作文(작문)부터 배워서 벼슬을 하여 祿(녹)이나 타먹고자 하는 것이니, 하여금 마음이 편안하고 고요하지를 못하며 깊이 義理(의리)를 궁구할 겨를이 없다. 그러므로 古今(고금)의 배우는 데에 義(의)와 利(이)의 害(해)가 되니, 능히 그 限界(한계)와 分別(분별)의 계제를 다시 살필 수가 없어서 輕重(경중)과 取捨(취사)의 마땅한 바를 알지 못한다. 외우는 수가 비록 많고 文詞(문사)가 비록 공교하다 할지라도, 마침 중요한 것은 이 마음의 害(해)가 된다는 사실이다. 그러므로 요컨대 모름지기 이것을 반대되게 한 연후에라야 가히 학문을 한다고 하는 것에 대한 방침을 의논할 수가 있다."

【註: 爲學(위학)의 害(해)를 말한 것임.】

○ 程子(정자)가 말했다.

"한 달 중에 열흘은 科擧(과거)공부를 하고, 나머지 날 20일은 본래의 學問(학문)공부를 하는 것이 좋다. 그러나 사람들이 여기에 뜻하지 않고 반드시 과거 공부에만 뜻을 둔다. 그러므로 과거 공부는 쉬지 않고 공부를 방해하는 것이

62) 名(명)은 承任(승임), 宣祖(선조)때의 儒臣(유신).
63) 마음이 변하기 쉬운 것. 천박하고 경솔함.

니, 오직 뜻을 빼앗는 것이 걱정이다."

○ 朱子(주자)가 말했다.

"지금 세상에 진실로 科擧(과거)에 나가지 않는 사람도 있기는 있다. 그러나 진실로 다른 사람들의 富貴(부귀)한 것을 보면, 動心(동심)이 안 될 수가 없다. 이것은 科擧(과거)가 사람을 누추하게 만드는 것이 아니라, 사람이 스스로 科擧(과거)에 누추해지는 것이다. 만약 높은 식견과 먼 앞일까지 헤아려 알 수 있는 식견을 가진 선비가 聖賢(성현)의 글을 읽어 가지고 내 주견을 따라서 學文(학문)을 하여 이를 대응해 나간다면 得失(득실)과 利害(이해)를 置之度外(치지도외)하여 비록 일평생을 과거에 응시하더라도 또한 사람을 누추하게 만들지는 않을 것이다.

○ 또 말했다.

"전문 공부로서 현대 時文(시문)을 공부하는 사람들이 청렴을 말하고 義理(의리)를 말하고 소득을 말하는 것과 같은 식으로 聖賢(성현)의 말을 한다. 그러나 말만 그렇게 하고 다른 데 일하는 것은 청렴하지 못하고 義(의)롭지 못한 일만 한다. 그리고 허다한 말들을 하되, 다만 종이 위에 글씨로 쓰는 말만 한다. 그렇게 말로만 하는 공부를 하면 자기의 조그마한 일도 제대로 할 수가 없는 것이다."

○ 李栗谷(이율곡)이 말했다.

"진실로 능히 道學(도학)에다 뜻을 두어야 하나 科擧(과거)공부를 하는 일도 日用間(일용간)에 하나의 일이다. 요즈음 선비들의 공통된 病(병)은 게으른 것이다. 말로는 스스로 道學(도학)을 사모하는 데다 뜻을 두고 있다 하고, 科擧(과거)는 좋아하지 않는다고 하면서, 하는 일 없이 세월만 보내고 있다. 그러다 보면 양쪽 다 즉, 道學(도학) 공부도 못하고 科擧(과거) 공부도 못하게 되는 것이니, 가장 조심해야 할 일이다."

○ 尙相國(상상국)[64]이 매양 제자들에게 일러 말했다.

"군자가 하는 일은 비록 어두운 가운데서 하는 조그마한 일일지라도, 바르지 않고 구부러지게 하면 안 된다. 科擧(과거)는 一身(일신)의 進退(진퇴)를 결정해 주는 역할을 하는 것이다. 그러므로 과거 공부를 할 것인가 또는 道學(도학) 공부를 할 것인가는 깊이 생각하여, 진실로 자기의 주관대로 해야지, 형편대로 해 나간다고 해서는 안 된다. 전날에 했던 일을 고치려면 고칠 수 있는 것이다. 세상에는 과거에 낙방을 하고 傷心(상심)하는 사람들이 있는데, 어찌 그것이 大丈夫(대장부)가 할 일이며, 得失(득실)을 한 사람의 눈에 결단해서 그것을 근심하고 즐거워하리오? 그러한 흐름의 폐단이 小人(소인)들의 患失(환실)에까지 이르게 된다."

【註: 과거공부하는 것을 논한 것임.】

○ 張子(장자)가 말했다.

"누가 능히 뜻을 科擧(과거) 공부에 두고서, 堯(요)임금과 舜(순)임금의 경지에까지 좇으려 할 수 있으랴?"

○ 朱子(주자)가 말했다.

"科擧(과거)를 위한 학문은 사람의 지식과 견해를 그르치고 사람의 心術(심술)을 무너뜨리며, 그 술법이 더욱 정밀하고 그 害(해)가 더욱 심한 것이다."

○ 退溪先生(퇴계선생)이 말했다.

"儒家(유가)의 意味(의미)는 文藝(문예)도 儒學(유학)이 아니며, 科擧(과거) 공부만 하는 것도 儒家(유가)의 근본도리가 아니다. 그런데 世間

64) 名(명)은 震(진), 字(자)는 起夫(기부), 明宗朝(명종조)의 名相(명상).

(세간)의 許多(허다)한 英才(영재)들이 고상하지 못한 속된 학문에만 골몰하고 있으니, 어떤 사람이 있어 능히 이것을 훌훌 털어 버리고 聖賢(성현)공부에 나서리오?"

【註: 科擧(과거) 공부의 害(해)를 말한 것임.】

第二 爲學(제이 위학)

<학문을 하는 일에 관하여>

【註: 살펴보건대, 학문하는 공부는 다만 두 가지 道(도)가 있으니, 知(지)로써 善(선)을 밝히는 것과, 行(행)으로써 몸을 성실하게 하는 것이다. 그 힘을 쓰는 것은 敎(교)라는 한 글자에 있으며, 그것은 誠(성) 또는 收功(수공)하는 방법이 되는 것이니, 이제 그 次序(차서)와 條理(조리)를 아래와 같이 열거해 나가고자 한다.】

總論章(총론장)

<독서에 관한 총론>

○ 「學記」(학기)에 말했다.

"玉(옥)도 쪼아서 다듬지 않으면 그릇이 될 수 없고, 사람도 배우지 않으면 道(도)를 알지 못한다."

○ 孔子(공자)가 말했다.

"나는 15세에 학문에 뜻을 두고, 30세에 뜻을 세웠으며, 40세에 혹하지 않았다. 그리고 50세에 天命(천명)을 알았고, 60세가 되어서 귀가 順(순)해졌으며, 70세가 되어서는 마음이 하고자 하는 바대로 무슨 일을 해도 법도에 어긋나지 않았다."

○ 또 말했다.

"十室(십실)의 고을에 나와 같이 忠(충)과 信(신)을 지키는 사람은 있어도, 나와 같이 배우기를 좋아하는 사람은 없을 것이다."

○ 또 말했다.

"어진 것을 좋아하되, 배우기를 좋아하지 않으면, 그 폐는 어리석고 맹목적인 것이다. 알기를 좋아하되, 배우기를 좋아하지 않으면, 그 폐는 허황하고 방탕한 것이다. 많음을 좋아하되, 배우기를 좋아하지 않으면, 그 폐는 해로움을 받는 것이다. 정직함을 좋아하되, 배우기를 좋아하지 않으면, 그 폐는 각박한 것이다. 용맹을 좋아하되, 배우기를 좋아하지 않으면, 그 폐는 어지러운 것이다. 굳센 것을 좋아하되, 배우기를 좋아하지 않으면, 조급하고 광적인 것이 된다."

○「表記小雅」(표기소아)에 말했다.

"높은 산을 우러러보며 큰길을 가야 한다."[1)]

○ 孔子(공자)가 말했다.

"詩(시)의 어진 것을 좋아하는 것이 이와 같으니, 길을 가다가 中道(중도)에서 폐하면 아무 것도 하는 것 없이 늙어 버리게 되며, 年數(연수)의 부족한 것을 알지 못하게 된다. 열심히 부지런하게 배우고, 또 날마다 부지런히 힘써 배우기를, 죽을 때까지 해야 한다."

○ 孔子(공자)가 말했다.

"<배움에> 발분하여 끼니까지 잊을 정도로 공부에 열중하면, 즐거워서 근심을 잊고 장차 늙는 것도 알지 못하게 된다."

○ 또 말했다.

"나에게 두어 해를 더 살다가 죽게 한다면,「周易」(주역)을 배워서, 가히 허물을 적게 할 수 있을 것이다."

○「說命」(설명)에 말했다.

"훌륭한 사람은 많이 듣는 것을 求(구)하고, 일을 세울 때는 옛 가르침에서

1) 높은 德(덕)을 우러러 사모하고, 훌륭한 행실을 행하라는 뜻.

배우니, 이에 얻는 것이 있다. 옛 가르침을 스승삼지 않고, 강제로 해 나가면 얻는 것이 없다. 오직 遜志(손지)[2]를 배우고 時敏(시민)에 힘을 쓰면, 그 마음 공부를 닦은 것이 이에 풀려 나와, 마땅히 이 道(도)를 생각하게 된다. 그 道(도)를 그 몸에 쌓아 두고, 끝까지 학문을 하여서, 그 德(덕)을 닦는 것을 잊지 말아야 한다."

【註: 朱子(주자)가 말했다. "뜻을 공손하게 한다는 것은, 그 뜻을 공손하고 順(순)하게 하는 것이다. 마음을 낮추고 뜻을 내려서 무슨 事理(사리) 가운데 들어가서는 자세하게 생각해야 한다. 그 뜻을 공손하게 하고 또 모름지기 때에 따라서 민첩하게 해야 한다. 만약 氣(기)를 높이고 굴복하지 않는 사람과 홀연히 생각을 더하지 않고 유유히 시간만 보내는 사람은 혹은 공부하다가, 혹은 거두어 버리다 하여 수양의 기회가 오지를 않는다. 이 두 가지의 端(단)은 修學(수학)하는 業(업)이 오는 것을 이야기한 것이다. 옛부터 학문을 논하는 데는 傳說(전설)로부터 공부를 시작해서 지극히 정밀하게 해야 한다."】

○ 周子(주자)가 말했다.

"伊尹(이윤)의 뜻한 바에 뜻을 두고, 顔淵(안연)의 배운 바를 배워서, 그 분들보다 더 나으면 聖人(성인)이 될 것이고, 그 분들과 같은 수준에 미치면 賢人(현인)이 될 것이며, 그 분들의 수준에는 못 미치더라도 또한 훌륭한 사람이라는 명예는 잃지 않을 것이다."

○ 또 말했다.

"聖人(성인)의 道(도)를 귀에 들여보내고 마음에 두면, 이것이 쌓여서 德行(덕행)이 된다. 그리고 이것을 행해서 사업을 해야 하며, 文辭(문사)만 가지고 하는 것은 누추한 것이다."

○ 程子(정자)가 말했다.

"옛적의 학자는 하나를 배웠고, 지금의 학자는 셋을 배우는데, 異端(이단)은 거기에 상관이 없는 것이다. 그 하나는 文章之學(문장지학)이고, 그 둘은 訓詁

2) 교만하지 않고 자기를 낮추는 마음.

之學(훈고지학)이며, 그 셋은 儒者之學(유자지학)이다. 道(도)에 뜻을 두고자 하면 儒者之學(유자지학)을 버리는 것은 不可(불가)한 일이다."

○ 朱子(주자)가 말했다.

"世間(세간)의 萬事(만사)란 모두 잠깐 동안에 변하고 멸하는 것이니, 다 胸中(흉중)에 둘 필요는 없다. 오직 窮理(궁리)하고 修身(수신)하는 것을 끝까지 연구를 하는 法(법)으로 삼아야 한다."

○ 또 말했다.

"학문을 하는 공부가 日用(일용)의 바깥에 있는 것이 아니다. 檢身(검신)하고자 하면 곧 動靜語默(동정어묵)이 거기에 해당하는 것이고 居家(거가)에는 事親事長(사친사장)해야 하며, 窮理(궁리)는 곧 讀書(독서)와 講義(강의)를 通(통)해서 하는 것이다. 대저 다만 요컨대 한 가지 분별해야 할 것은 是非(시비)를 가려서 옳지 못한 것은 버리고 옳은 것은 좇아야 하는 것이니, 다름이 아니라 심오하고 미묘한 道理(도리)를 말한 것이다. 그 지극히 가깝고 지극히 쉬운 일을 생각해서 그 즉시 用力(용력)하는 것이 좋으며, 그 지극히 급하고 지극히 간절한 것을 생각해서 그 즉시 用力(용력)하는 것이 좋다.

○ 또 말했다.

"道理(도리)를 생각해 보면 모름지기 강경한 것이다. 주체심을 확고하게 세우면 바야흐로 이루는 바가 있다. 그러나 만약 慈善(자선)하고 柔弱(유약)하면 마침내 일을 이루지 못할 것이다. 하물며 지금 세상이 쇠락하고 道(도)가 쇠미해지는 때를 당하여, 더욱 마음을 강경하고 곧게 하여, 世間(세간)의 禍福(화복)과 得失(득실)에 흔들리거나 굴하는 바가 없어야 한다. 한 가지라도 내 마음을 움직이게 하지 말아야 바야흐로 소득이 있는 것이다. 그러나 그 공부는 다만 항상 곧은 것을 반성하는 데 있는 것이다. 우러러 하늘을 쳐다보아도 부끄러울 것이 없고, 굽어 땅을 쳐다보아도 부끄러울 것이 없으면 자연히 그렇게 되는 것이다. 그러니 다른 데서 구할 것이 아니라, 내 마음만 굳게 가지면 되는 것이다.

【註: 爲學(위학)을 통틀어 말한 것임.】

○ 孔子(공자)가 말했다.

"옛날의 학자는 자기 수양을 위하여 공부를 하였는데, 지금의 학자는 남에게 알리기 위하여 공부를 한다."

【註: 程子(정자)가 말했다. "爲己之學(위기지학)은 내 몸에 배이도록 실질적인 공부를 하는 것이며, 爲人之學(위인지학)은 남이 나를 알아주게 하기 위하여 공부하는 것을 말한다."】

○ 程子(정자)가 말했다.

"옛날의 학자는 그 학문 속에서 평화롭고 한가롭게 지내며 흡족해 하였고 先後(선후)와 次序(차서)가 있었다. 지금의 학자는 학문을 한 장면의 이야기 거리와 같이 생각을 하여, 자기 자신을 위한 학문을 하는 것이 아니라, <남에게 추앙이나 받으려고> 고상한 것만 힘쓸 따름이다."

【註: 古今(고금)의 학문의 차이점을 말한 것임.】

立志章(입지장)

<뜻을 세우는 일의 중요성>

【註: 살펴보건대, 사람이 비록 힘들여서 무엇을 좀 하고자 할지라도, 뜻이 서 있지 않으면 잠깐 하다가 또 잠깐 거두어 버리게 되어 道(도)에 들어갈 수가 없다. 그러므로 반드시 뜻을 세우고 또 먼저 궁리하는 것이 필요하다.】

○ 朱子(주자)가 말했다.

"學問(학문)을 하는 것은 뜻을 세우는 데 있다. 氣稟(기품)의 강약에는 상관이 없다."

○ 또 말했다.

"陽氣(양기)가 發(발)하는 곳에는 金石(금석)도 가히 뚫을 수가 있는 것이니, 정신을 한 군데로 모으면 무슨 일인들 이루지 못하리오?"

○ 顔子(안자)가 말했다.

"舜(순)임금은 어떠한 사람이며 나는 어떠한 사람인가? 나도 舜(순)임금처럼 하면, 나도 또한 舜(순)임금과 같이 될 수 있으리라."

○ 孟子(맹자)가 性善(성선)을 말할 때는 언제나 堯(요)임금과 舜(순)임금의 이야기를 하였다. 또 말하기를, "사람은 누구나 다 가히 堯(요)임금이나 舜(순)임금과 같이 될 수가 있는 것이다."라고 하였다.

○ 胡文定公(호문정공)이 말했다.

"立志(입지)는 明道(명도)로써 하고, 希文(희문)은 期待(기대)로부터 될 수가 있다."

○ 朱子(주자)가 말했다.

"책을 펴서 <보다가> 聖賢(성현)과 같지 못한 곳이 있으면 어찌 가히 스스로 채찍질을 하지 않을 수 있으리오?"

○ 또 말했다.

"孔子(공자)는 다만 15세 때에, 오로지 단연코 聖賢(성현)으로써 뜻을 삼았다."

○ 陸象山(육상산)[3]이 말했다.

---

3) 名(명)은 九淵(구연), 字(자)는 子靜(자정), 宋(송)의 名儒(명유).

"우주 안에 있는 일이, 곧 내 몸 안에 있는 일과 같은 것이다."

○ 陳北溪(진북계)[4]가 말했다.

"多少(다소)의 工夫(공부)는 오직 마땅히 心胸(심흉)을 개척하여, 基址(기지)를 盛(성)하게 일으키는 것이다."

○ 薛敬軒(설경헌)이 말했다.

"내 마음이 진실로 학문에 뜻이 있다면, 하늘이 그러한 나의 소원을 이루어줄 것이다."

○ 饒雙峯(요쌍봉)[5]이 말했다.

"사람이 뜻이 없으면 취향이 비루하여, 족히 더불어 高明廣大(고명광대)한 일을 의논할 수가 없다. 道義(도의)를 힘써 하라고 하면, '그것은 알기도 어렵고 행하기도 어렵다.'고 말한다. 聖賢(성현)이 될 것을 목표로 삼고 공부를 좀 해보라고 하면, '성현이 되도록 공부를 한다는 것은 불가능하다.'고 말한다. 그러니 수많은 시골의 평범한 사람에 불과할 따름이다."

○ 成大谷(성대곡)[6]이 말했다.

"뜻이 먼저 서야만 행동이 그것을 따르게 되는 것이니, 모름지기 장차 鼓舞振作(고무진작) 하여야 한다. 이 鼓舞振作(고무진작)의 네 글자는 항상 스스로 고조되기도 하고 시들어지기도 하는 것이니, 구차하고 게으른 사람은 비록 훌륭한 재질이 있다고 하더라도 결코 이루어지는 일이 있을 리가 없다."

○ 李栗谷(이율곡)이 말했다.

---

4) 名(명)은 淳(순), 字(자)는 安卿(안경), 朱子(주자)의 門人(문인).
5) 名(명)은 魯(노), 字(자)는 仲元(중원), 宋(송)의 名儒(명유).
6) 名(명)은 運(운), 字(자)는 建叔(건숙), 南冥(남명)의 友(우).

"志(지)라는 것은 氣(기)의 장수이니, 志(지)가 한결같으면 氣(기)가 動(동)하는 것이다. 배우는 사람이 일평생 글을 읽어도 성공을 하지 못하는 것은 다만 그 志(지)가 서지 못했기 때문이다. 뜻이 서지 못하면 그 病(병)이 세 가지가 있다. 첫째는 不信(불신)이다. <불신하는 사람은> 聖賢(성현)의 말이 사람을 유혹하기 위하여 만든 말이라고 생각하고, 다만 그 글월을 익히기만 하고 몸으로 실천을 하지 않는다. 둘째는 不智(부지)이다. <부지한 사람은> 자기 스스로를 資質(자질)이 좋지 못한 사람이라고 생각하고, 자신이 재주가 없어서 공부를 못하는 것을 어떻게 하겠느냐고 편안하게 생각한다. 앞으로 나아가면 聖人(성인)이 될 수도 있고 賢人(현인)이 될 수도 있으며, 뒤로 물러나면 어리석은 사람이 될 수도 있고 不肖(불초)한 사람이 될 수도 있다는 것이, 모두가 자기 할 나름이라는 것을 알지 못한다. 셋째는 不勇(불용) 이다. 聖賢(성현)이 나를 속이려는 것이 아니라는 것과, 氣質(기질)이란 변화될 수도 있는 것이라는 것을 조금은 알고 있으면서도, 다만 편안하게 생각하고 항상 지체하여 나간다. 그러므로 능히 분발하지 못하며, 어제 한 것을 오늘 고치기가 어렵고, 오늘 좋아한 것을 明日(명일)에 고치기를 꺼려한다. 이와 같은 습관을 버리지 않고 계속하여, 한 치만큼 나아가고 한 자 만큼씩 물러나니, 이것은 不勇(불용)의 所致(소치)이다. 사람이 이러한 病(병)이 있기 때문에 君子(군자)가 좀처럼 세상에 나타나지 않고 드물게 나타나는 것이며, 六籍(육적)[7]도 빈말이 되어 버리고 마는 것이니, 오호라! 가히 탄식할 일이로다."

---

7) 詩(시) · 書(서) · 易(역) · 春秋(춘추) · 禮記(예기) · 樂記(악기).

變化氣質章(변화기질장)

<기력과 체질을 변화시키는 일>

【註: 살펴보건대, 배우는 데는 뜻을 세우는 것이 귀중한 것이다. 그러나 氣質(기질)을 변화시킬 줄 모르면 뜻의 向(향)하는 바를 알 수가 없어서 능히 그 바른 것을 잃지 않을 수가 없다.】

○ 張子(장자)가 말했다.

"形(형)이 생겨난 후에는 氣質(기질)의 性(성)이 있게 되는 것이다. 善(선)으로 이것을 內省(내성)하면 곧 天地(천지)의 性(성)이 있게 된다. 그러므로 氣質(기질)의 性(성)은, 君子(군자)라야 性(성)이라는 것을 두지 않는다."

○ 또 말했다.

"배우는 사람은 먼저 반드시 氣質(기질)을 변화시켜야 한다."

○ 「洪範」(홍범)에 말했다.

"三德(삼덕)이 있으니, 첫째는 正直(정직)이요, 둘째는 剛極(강극)이며, 셋째는 柔極(유극)이다. 平康(평강)한 것이 正直(정직)이고 沈潛(침잠)한 것이 剛極(강극)이며 高明(고명)한 것이 柔極(유극)이다."

○ 周子(주자)가 말했다.

"剛善(강선)한 사람은 바르게 하고, 곧게 하며, 과단성 있게 하고, 엄숙하고 의지가 굳세게 하며, 幹固(간고)하게 한다. 그래서 사납게 하고 强梁(강량)하게 하는 것을 미워한다. 柔善(유선)한 사람은 인자하게 하고, 순하게 하며, 유순하게 한다. 그래서 나약하게 하고, 과단성이 없게 하며, 간사하고 아첨하는 것을 미워한다. 그러므로 聖人(성인)은 가르침을 세워서, 사람으로 하여금 그 악한 것을 스스로 바꾸어, 스스로 中(중)에 이르러 그치게 하는 것이다."

○ 皐陶(고요)가 말했다.

"行(행)하는 데 다음과 같은 아홉 가지의 德(덕)이 있다: 너그럽고 공손하며, 유순하고 견고하며, 정성스럽고 공경스러우며, 亂(난)하고 敬(경)하며, 온화하고 굳세며, 정직하고 온화하며, 간략하고 검소하며, 剛(강)하고 塞(색)하며, 꿋꿋하고 바른 것이다."

○ 王陽明(왕양명)[8]이 말했다.

"變化氣質(변화기질)은 평상시에 항상 아무 것도 보는 바가 없다가, 利害(이해) 관계가 있는 일을 당하게 되면 나타나는 것이다. 그러므로 굴욕적인 일을 만나서 평상시 같으면 가히 분노할 만한 것을 보는데 이르러도 능히 분노하지 아니하며, 근심하고 두려워할 만한 일이 닥쳐도 능히 근심하고 두려워하지 아니하면, 이는 변화기질을 제대로 힘써 터득한 사람이다."

○ 朱子(주자)가 말했다.

"배우는 사람은 이에 능히 기질을 변화시켜야 한다. 만약 독서하고 궁리하며 存心(존심)하는 데 敬(경)을 위주로 하지 않고, 한갓 어제는 옳고 오늘은 그른 것의 사이에 얄팍하게 헤아려 비교만 한다면 또한 힘들여도 아무 보상이 없을 것이다."

○ 또 말했다.

"呂伯恭(여백공)은 젊었을 때 性氣(성기)가 거칠고 포악했다. 그래서 음식이 마음에 들지 않으면 싫어하고 家事(가사)를 때려 부숴 버렸다. 後日(후일)에도 오랫동안 이것이 病的(병적)이었다. 그러다가 「論語」(논어)를 읽던 중에, '무슨 일을 할 때는 자신이 책임을 두텁게 짊어지고, 남에게 책임을 얇게 짊어지게 해야 한다.'는 대목에 이르게 되었다. 여기에 이르러서는 홀연히 이전의 잘못된 생

8) 名(명)은 守仁(수인), 字(자)는 伯安(백안), 明(명)의 名儒(명유).

각을 깨닫고, 일시에 성질을 평탄하게 쓰기 시작하였다. 드디어 평생토록 난폭하게 성을 내는 일이 없었으니, 이것이 가히 氣質(기질)을 변화시킨 것이다."

○ 어떤 사람이 기질을 변화시키는 법을 물으니 退溪先生(퇴계선생)이 말했다. "「論語」(논어)에 있는 主(주)·忠(충)·信(신), 이 세 글자가 가장 간절한 것이다."

【註: 기질을 변화시키는 것에 관하여 말한 것임.】

○ 薛敬軒(설경헌)이 말했다.

"舊習(구습)이 가장 해로운 일이다. 내가 저기를 나아가고자 하면, 곧 <구습이> 나의 나아감을 정지시킨다. 내가 저것을 좀 새롭게 하고자 하면, 곧 <구습이> 나의 새롭게 하고자 함을 정지시킨다. 그러니 심히 미워하여 이것을 끊어버려야 한다."

○ 「擊蒙要訣」(격몽요결)에 말했다.

"사람이 비록 배움에 뜻을 두고는 있을지라도, 능히 용맹스럽게 앞으로 나아가지 못하는 것은 옛 습관이 이 뜻을 막아서 그런 것이다. <그 구습은 다음과 같다>

첫째, 그 마음과 뜻을 게으르게 하고 자기의 몸가짐을 멋대로 하며 다만 한가하고 편안한 것만 생각하여, <새로 배우게 되는 내용에> 구속되는 것을 싫어하는 것이다.

둘째, 항상 動作(동작)하는 것만 생각하고 능히 고요함을 지키려고 하지 않으며 어지럽게 들고나며 쓸데없는 소리나 하면서 종일 시간만 보내는 것이다.

셋째, 악하고 이단적인 것과 함께 하기를 좋아하고 계속적인 것에 빠져 버리며 <처음에는> 조금 몸을 닦고 스스로 삼가 해 보려고 하나, 여러 사람에게서 떨어져 나가는 것을 두려워하는 것이다.

넷째, 文辭(문사)를 잘하는 것으로써 時流(시류)에 따른 명예를 취하기를 좋아하고 <經典(경전)의 본질을 함양하는 공부가 아니라 경전의 여기저기서 조금씩> 표절을 해다가 <자기의 글인 체하며> 詩文(시문)의 외면적 기교만 갖추려 하는 것이다.

다섯째, 편지를 쓰는 것 같은 공부에나 열중하고 거문고 타고 술 마시는 일에 업을 삼으며 넉넉히 노는 것으로 세월이나 보내면서 스스로 맑은 운치를 가지고 있다고 말하는 것이다.

여섯째, 할 일이 없는 사람들끼리 모여서 바둑이나 장기 같은 것을 두면서 놀고 음식이나 하루 종일 배부르게 먹으며 다만 다른 사람과 경쟁이나 좋아하는 것이다.

일곱째, 富貴(부귀)한 사람을 부러워하고 貧賤(빈천)한 사람은 깔보며 惡衣惡食(악의악식)하는 것을 아주 수치스럽게 생각하는 것이다.

여덟째, 좋아하는 것이 절제가 없고 능히 결단해서 억제할 줄을 모르며, 財利(재리)와 노래와 女色(여색)을 마치 사탕 풀을 음미하듯 너무 좋아하는 것이다.

以上(이상)과 같은 것들은 모두가 버릇이 되면 마음을 해치는 것들이다. 대개 이와 같은데 나머지는 일일이 다 열거하기는 어렵다. 이러한 버릇들은 사람으로 하여금 뜻을 견고하게 하지를 못하고 행실을 篤敬(독경)하게 하지를 못하게 하는 것들이다. 그래서 오늘 한 바를 내일에 가서 고치기가 어려우며, 아침에 그 행실이 잘못 되었다고 후회하면서도 저녁에 가서 또 그렇게 하게 되는 것이다. 그러므로 반드시 크게 용맹스런 뜻을 분발시켜서 한 칼로 끊듯이 쾌히 이것을 끊어 버려야 한다. 그리하여 뿌리와 포기를 깨끗하게 잘라 씻어내 버려서 마음의 본바탕에 터럭만큼이라도 남은 것이 없게 하여야 한다. 그리고 때때로 <좋지 못한 구습을> 맹렬히 반성해서 이 마음으로 하여금 한 점도 묵은 찌꺼기가 없도록 한 연후에라야 가히 진취성이 있는 새로운 공부를 論(논)할 수가 있는 것이다."

【註: 〈좋지못한〉 옛 습관을 고치는 것에 대하여 첨부해서 말한 것임.】

窮理章(궁리장)

<사리를 깊이 연구하는 일>

【註 살펴보건대, 致知(치지)는 條理(조리)로부터 비롯되는 것이다. 먼저 致知(치지)부터 하지 않고 한갓 행하는 데만 힘을 쓰게 되면 마치 눈먼 사람이 애꾸눈의 말을 타고 한밤중에 깊은 연못에 임하는 것과 마찬가지다.】

○ 朱子(주자)가 말했다.

"선비의 학문은 궁리를 우선으로 삼는 것으로써 크게 요약된다."

○ 孟子(맹자)가 말했다.

"萬物(만물)이 다 내 몸에 갖추어져 있는 것이다."

○ 「大學」(대학)에 말했다.

"致知(치지)는 格物(격물)에 있다."

【註: 朱子(주자)가 말했다. "致(치)는 극진한 데까지 밀어 올리는 것이고 知(지)는 識(식)과 같은 것이다. 나의 지식을 극진한 데까지 밀어 올려서, 그 아는 바가 극진한 데 이르게 하는 것이 致知(치지)이다. 格(격)은 至(지)이며 物(물)은 事(사)와 같은 것이다. 事物(사물)의 이치를 극진한 데까지 연구해서 그 극진한 것이 이르지 않는 곳이 없게 하고자 하는 것이다."】

○ 程子(정자)가 말했다.

"궁리를 하는 데는 또한 여러 가지 端緖(단서)가 있다. 혹은 독서를 하여 道理(도리)를 강구하여 밝히기도 하고, 혹은 古今(고금)의 인물을 논하여 그 옳고 그름을 분별하기도 하며, 혹은 일에 응하고 물건에 접해서 그것이 거기에 해당한 것인가 또는 해당치 않은 것인가를 구하는 것이 다 궁리를 하는 것이다."

○ 또 말했다.

"한 몸 가운데서 萬物(만물)의 이치에 이름으로써 事理(사리)를 깨달아 아는 것이 많아지게 되면, 자연히 시원하게 깨닫게 되어 나중에는 저절로 깨닫는 곳이 있게 된다."

○ 또 말했다.

"효도를 하고자 하면 곧 마땅히 효도하는 道理(도리)가 어떠한 것인지를 알아야 한다. 따뜻하게 해드리고 서늘하게 해드리는 절차도 궁구하지 아니하는 것이 없다. 효도가 孝(효)라는 한 글자만을 고수한다고 되는 것은 아니다."

○ 또 말했다.

"물건에는 반드시 이치가 있는 것이어서, 다 마땅히 궁구하여야 할 것들이다. 하늘은 높고 땅은 깊은 까닭과 귀신의 斷決(단결)하는 까닭과 같은 것이 궁구되어야 한다."

○ 또 말했다.

"한 포기의 풀과 한 그루의 나무에도 또한 다 이치가 있는 것이니, 그러한 것도 다 반드시 살펴야 한다."

○ 朱子(주자)가 말했다.

"천하의 만물이 반드시 다 각각 그러한 까닭이 있으며, 또 그 당연한 법칙이 있으니, 이른바 이치라는 것이다. 致知(치지)하는 道(도)는 무슨 일을 보면 그 이치를 생각해 보고, 무슨 물건을 보면 그 물건이 어떻게 된 것인지를 궁구하는 것이 格物(격물)이다. 格物(격물)의 끝에 이르는 것을 致知(치지)라고 하는데, 文祖(문조)의 格(격)이라는 格(격)과 같은 것이며, 궁리하여 이르게 되는 것이 그 끝이다."

○ 또 말했다.

"格物(격물)은 이것이 꿈을 깨는 빗장과 같은 것이다."

○ 또 말했다.

"마음이 어떤 것이냐 하면 몸에 실질적인 주인이며, 그 근본은 곧 仁(인)·義(의)·禮(예)·智(지)의 性(성)이 있는 것이다. 그 <仁義禮智(인의예지)의> 마음을 활용하면 惻隱(측은)·羞惡(수오)·恭敬(공경)·是非(시비)의 情(정)이 발휘되는 것인데, 渾然在中(혼연재중)하여 느낌에 따라서 응하게 되며, <이를테면 측은지심의 주인은 仁(인)인 것처럼> 각각 主人(주인)한 바가 있으니, 이것을 어지럽게 하는 것은 좋지 않은 일이다. 다음으로 <인의예지가> 내 몸에 접하는 바에 미치는 것은 곧 君臣(군신)·父子(부자)·夫婦(부부)·長幼(장유)·朋友(붕우)의 문제다. 이것은 다 반드시 당연한 법칙이 있어서 스스로 그만둘래야 그만둘 수가 없으니, 이른바 이치라는 것이다. 이것은 내 몸의 바깥으로 나가서 남에게 이르러도 곧 남을 접촉하는 이치가 내 몸에 하는 것과 다를 것이 없다. 또 멀리 물건에 이르러도 곧 물건의 이치도 사람과 다를 것이 없다. 지극히 그것이 큰 것이면 곧 天地(천지)의 運(운)과 古今(고금)의 變(변)인데, 그 또한 이것을 벗어날 수는 없다. 또 그것을 축소해서 가장 작게 하면 하나의 티끌만큼 작은 것이니, 숨 한 번 쉴 겨를도 <인의예지의> 마음의 활동을 그냥 둘 수는 없는 것이다."

○ 또 말했다.

"延平先生(연평선생)의 가르침이다. 학문을 하는 초기에는 또 마땅히 이 마음을 존양해서 다른 일이 이 마음을 이기는 바가 되게 하지 말아야 한다. 무릇 한 가지 일을 만나게 되면 곧 이 일에 대해서 자꾸만 되풀이하여 찾아내어 그 이치를 연구해야 한다. 그리고 그 의심이 밝게 풀리기를 기다려서 그 의심이 없어질 때까지 연구를 계속해야 한다. 이와 같이 하여 이미 쌓고 또 쌓은 것이 많아지면, 가슴 속에 저절로 마땅히 후련하게 깨끗해지는 곳이 있게 된다."

○ 薛敬軒(설경헌)이 말했다.

"格物(격물)은 그 자체가 포함하고 있는 것이 넓은 것이다. 한 몸으로부터 耳(이)·目(목)·口(구)·鼻(비)·心身(심신)이 다 사물이다. 만약 귀라고 한다면 마땅히 그 귀 밝은 것에 대한 이치를 궁구해야 할 것이고, 눈이라고 한다면 마땅히 그 눈 밝은 것에 대한 이치를 궁구해야 할 것이다. 입과 코와 네 팔 다리 같으면 곧 마땅히 그 止肅恭重(지숙공중)의 이치를 궁구해야 할 것이고, 心身(심신)이라고 한다면 곧 마땅히 그 動靜(동정)과 性情(성정)의 이치를 궁구해야 할 것이다. 그것을 미루어 天地萬物(천지만물)과 草木昆蟲(초목곤충)에까지 이르러도 마땅히 그 이치를 궁구해야 할 것이다. 또 그것을 미루어 聖賢(성현)의 書(서)와 역대의 정치에까지 이르러도, 다 이른바 格物(격물)에 해당하는 것이다. 그러나 천하의 그 많은 것을 어찌 능히 두루 다 格物(격물)해서 그 이치를 다 알 수가 있겠는가? 그 접하는 것으로 인하여 점차 순서대로 格物(격물)이 되는 것이다.

오늘 格物(격물)하고 또 내일 格物(격물)하여 이미 格物(격물)한 것이라도 감히 이것은 이미 한 것이려니 하고 스스로 만족해하지 말아야 한다. 아직 格物(격물)하지 않은 것이라도 이것은 너무 어려워서 내가 도저히 할 수 없는 것이라고 포기하지 말아야 한다. 이와 같이 하기를 오래 하면 곧 막힌 것이 열려지고 가린 것이 밝아지게 되는 것이다. 이치가 비록 물건에 있을지라도 내 마음의 이치와 곧 서로 만나서 통하지 않는 것이 없이 다 통하게 되는 것이다. 하나의 물건마다 제각각 하나의 이치를 지니고 있는 것이니, 그 이치가 통하도록 끝까지 연구해야 한다. 천 가지 만 가지 물건이라도 다 마찬가지인 것이다."

○ 程子(정자)가 말했다.

"<자신이> 그 이치를 터득했는지 못했는지를 알고자 하면 心氣上(심기상)에 이것을 증험해 보아야 한다. <이치를> 터득한 것이 있다고 생각되면 속마음이 기쁘고 감동되어 여유가 있게 되는 것이니, 실제로 얻은 것이 있는 것이다. 얻은 것이 있다고 생각은 되나 心氣(심기)가 근심스럽고 어지러우면, 실제로는 얻은 것이 없는 것이다."

○ 徐花潭(서화담)이 나이 18세에 「大學」(대학)을 읽다가, 致知(치지)는 格物(격물)에 있는 것이라는 대목에 이르러서 슬피 탄식하여 말했다.

"학문을 하는데 먼저 格物(격물)부터 하지 않으면, 글을 읽어서 어찌 쓰리오?" 이에 天下萬物(천하만물)의 이름을 다 써 가지고 벽에 풀칠하여 붙이고서, 날마다 그것을 窮格(궁격)하는 것으로 일을 삼았다. 한 가지 물건을 연구해서 이미 통달한 연후에, 또다시 다른 물건 하나를 연구하였다. 무슨 음식을 먹어도 맛을 분별하지 못하고, 무슨 일을 하여도 취미를 알지 못할 정도로 연구에 몰두하였다. 밤과 낮 추위와 더위를 불문하고 방 하나에 몸을 바르게 하고 앉아서, 6년 만에 窮格(궁격)하지 아니한 것이 없이 하였다. 그리고 나서 일찍이 말하기를, "배우는 사람이 행동 자제를 심히 고상하게 하여 보는 곳이 만약 灑然(쇄연)하지 못하면 마침내 可人(가인)이 될 따름이며 또한 퇴보를 면치 못할 것이니 반드시 연구해서 알아야 한다."고 하였다.

○ 退溪先生(퇴계선생)이 八陣圖(팔진도)[9]를 보다가 말했다.

"이것도 또한 格物致知(격물치지)의 一端(일단)이니, 독서하는 계제에 가히 연구하여 볼만한 것이다."

【註: 窮理(궁리)를 말한 것임.】

○ 朱子(주자)가 말했다.

---

9) 諸葛亮(제갈양)이 만든 8陣(진)의 圖形(도형).

"存心(존심)을 하지 않으면 致知(치지)를 할 수가 없고, 存心(존심)을 하게 되면 또한 가히 致知(치지)를 아니할 수가 없다."

○ 程子(정자)가 말했다.

"涵養(함양)[10]을 하는 데는 모름지기 敬(경)으로 하여야 되며, 학문을 진전시키는 것은 致知(치지)에 있다." 또 말했다. "致知(치지)가 있지 않고서는 敬(경)이라는 것이 있을 수가 없다."

○ 朱子(주자)가 말했다.

"알지 못하면 공경하지도 못하며 知己(지기)할 수도 없다. 知(지)라는 것은 敬(경)이 아니면 지킬 수도 없다."

【註: 궁리는 敬(경)으로써 근본을 삼아야 한다는 것을 말한 것임.】

○「大學」(대학)에 말했다.

"그 뜻을 정성스럽게 하고자 하는 사람은 반드시 먼저 그 知(지)에 이르러야 한다."

【註: 朱子(주자)가 말했다. "知(지)는 마음의 神明(신명)이 여러 이치를 요리하며 만물을 주재하는 것이다. 사람이 알지 못하는 것이 없고 혹 그 겉과 속이 뚜렷하지 않으며 다하지 않는 바가 없으면 참된 것과 망령된 것이 섞여 버려서 비록 아무리 억지로 힘써서 성실하게 하려고 할지라도 또한 가히 성실하게 되지를 않는다. 그러므로 그 뜻을 성실하게 하고자 하는 사람은 반드시 먼저 아는 것부터 철저하게 하여야 한다. 致(치)라는 것은 밀어서 이르게 하는 것을 말한다. 마치 초상에는 슬픈 데 이르게 되어야 하는 것과 마찬가지이다. 말하자면 밀어서 극진한 데까지 이르게 하는 것이 致(치)의 本義(본의)이다."】

○「中庸」(중용)에 말했다.

"善(선)에 밝지 못하면 自身(자신)에 성실하지 못하다."

【註: 致知(치지)가 행실의 근본이 된다는 것을 말한 것임.】

10) 학문이나 식견이 차츰 몸에 배도록 양성시킴. 修養(수양)함.

○ 程子(정자)가 말했다.

"君子(군자)는 지식으로써 근본을 삼고 行(행)하는 것은 그 다음이다. 왜냐하면 힘으로는 능히 행할 수가 있으나 지식이 부족하면, 속으로는 좋아해야 할 것인지 미워해야 할 것인지를 알지 못한다. 또 밖으로는 옳은 것인지 그른 것인지를 알지 못한다. 그러므로 비록 尾生之信(미생지신)[11]이라도 나는 그것을 귀중하게 여기지 않는다."

○ 朱子(주자)가 말했다.

"아는 것과 행하는 것은 서로 필수적인 것이다. 先後(선후)를 論(논)한다고 하면 아는 것이 먼저가 되고, 輕重(경중)을 論(논)한다고 하면 행하는 것이 重要(중요)한 것이 된다."

○ 또 말했다.

"居敬(거경)하여 궁리를 하면 서로 發明(발명)을 하게 되고, 능히 궁리를 하면 居敬(거경)하는 공부가 더욱 진전되는 것이다. 그리고 능히 居敬(거경)을 하면 궁리하는 공부가 더욱 치밀해 진다."

○ 또 말했다.

"만약 道理(도리)가 정밀하지 못하면 모름지기 德性(덕성)을 높이는 위에서 功(공)들여 공부를 해야 한다. 만약 德性上(덕성상)에 부족함이 있다고 하면 오로지 모름지기 講學(강학)을 하는 데서 착력해야 한다. 이 두 가지가 병행해서 서로 이것이 발명이 되면 가히 廣大輝光(광대휘광)한 지경까지 이를 수가 있다."

---

11) (故) 魯(노)나라의 尾生(미생)이라는 사람이 다리 밑에서 한 여자와 만나기로 약속을 했었다. 그녀가 시간이 지나 오지 않는데도 무작정 기다렸다. 별안간 물이 불어도 그곳을 떠나지 않고 기다리고 있다가 급하여 다리 기둥을 안고 있다가 익사하였다. 喩(유): 굳게 신의를 지킴. 어리석고 지나치게 정직함.

○ 張南軒(장남헌)이 말했다.

"무엇을 詳考(상고)하고 찾는 데만 전념하면 근본을 잊어버리고 마음이 거기에 빠져 버릴 우려가 있다. 높고 먼 곳만 보고 달려가면 차례를 거치지 않고 한꺼번에 뛰어 넘거나 몹시 허전해 할 우려가 있다. 그러므로 聖人(성인)의 가르침은 致知力行(치지역행)하는 日用事物之間(일용사물지간)을 벗어나지 않는다. 무슨 일의 만나는 바와, 사물의 접촉하는 바와, 무슨 생각이 일어나는 바와 진실로 힘을 쓸 바를 알면 그것이 곧 나의 格物(격물)하는 妙方(묘방)이다. 그 力行(역행)하는 것이 어찌 孝(효)・悌(제)・忠(충)・信(신)의 일에서 發形(발형)하여 行(행)하는 데서만 볼 수 있겠는가? 잠깐 동안으로부터 三千三百之間(삼천삼백지간)에 이르기까지 안팎의 실용 공부에 부합되는 것이다. 행하는 것이 힘이 있으면 더욱 전진하는 것을 알 수 있고, 아는 것이 깊으면 행하는 것이 더욱 활달하게 된다."

○ 陳北溪(진북계)가 말했다.

"致知力行(치지역행)하는 데는 반드시 敬(경)으로써 主(주)를 삼아야 한다. 그러므로 이 마음을 일깨우고 경계하고 살펴서, 그로 하여금 이것을 분명하게 하면 이에 마음의 道(도)가 생기게 되고 聖學(성학)이 動靜(동정)을 관통하고 始終(시종)을 철저하게 하는 功(공)이 된다.

【註: 知(지)와 行(행)은 서로가 기다리는 것임을 말한 것임.】

○「大學」(대학)에 말했다.

"사물에는 本末(본말)이 있고 일에는 始終(시종)이 있는 것인데 先後(선후)만 알면 그것이 道(도)에 가까운 것이다."

○ 孟子(맹자)가 말했다.

"知(지)라는 것은 알지 못하는 것이 없이 다 아는 것이니, 마땅히 아는 것에 힘써야 하는 것이 급한 일이 된다." 또 말했다. "堯(요) · 舜(순) 임금의 지식이라도 편벽되지 않게 만물의 이치를 골고루 아는 것이 급히 먼저 힘써야 할 일이다."

○ 程子(정자)가 말했다.

"窮理(궁리)란 天下(천하)의 모든 理致(이치)를 다 궁구하는 것을 이르는 것은 아니다. 또 다만 한가지의 이치만 窮得(궁득)하는 것을 이르는 것도 아니다. 오로지 다만 쌓고 또 쌓기를 많이 한 후에 저절로 마땅히 무거운 짐을 벗은 것처럼 경쾌하게 깨닫는 곳이 있게 되는 것을 말한다."

○ 또 말했다.

"格物(격물)은 자신의 몸에서 이를 살피는 것만 같은 것이 없으니, 그 소득이 더욱 간절하다."

○ 朱子(주자)가 말했다.

"궁리는 또 하여금 내 몸부터 절실하게 하는 공부이다. 만약 다만 천하 만물의 이치만 덮어 놓고 궁리하고 내 몸을 궁리하는 데는 간절하게 힘쓰지 않으면 글을 제쳐놓고 잊어버린 것과 같다. 이른바 말을 타고 놀다가 돌아갈 곳이 없는 것과 마찬가지인 것이다."

【註: 致知(치지)가 반드시 급히 먼저 힘써야 될 일이라는 것을 말한 것임. ○ 살펴보건대, 비록 천하의 사물을 극진하게 연구하려고 하여도 本末(본말)과 先後(선후)의 같지 않음이 있는 것이니, 마땅히 그것을 분별하는 것이 급히 먼저 힘써야 할 일이다. 몸과 마음과 人倫上(인륜상)에서부터 지어 나가야 하는 것이다.】

○ 孔子(공자)가 말했다.

"군자는 널리 글을 배우고 禮(예)로써 몸을 다스린다."

○ 顔子(안자)가 말했다.

"孔子(공자)는 질서정연하게 남을 가르치고 널리 글을 배워 자신의 식견을 넓히며 禮(예)로써 자기 몸을 단속하였다."

○ 子夏(자하)가 말했다.

"널리 글을 배워서 뜻을 두터이 하고 묻기를 간절히 하여 생각을 가까이 하면, 仁(인)이 그 가운데 있다."

○ 孟子(맹자)가 말했다.

"널리 글을 배워서 이를 상세하게 설명하는 것은 장차 그것으로써 돌이켜 요점을 설명하기 위한 것이다."

【註: 博學(박학)을 말한 것임. ○ 살펴보건대, 聖賢(성현)은 博學(박학)을 말할 때는 반드시 約禮(약례)를 말했다.】

○「書經」(서경)에 말했다.

"묻기를 좋아하면 식견이 넉넉하여지고, 자기 자신이 알고 있는 것만 가지고 쓰면 식견이 작아지는 것이다."

○ 孔子(공자)가 말했다.

"舜(순)임금은 그렇게 큰 지식인이었으나 묻기를 좋아 하였다. 그리고 누구나 알 수 있는 쉬운 말도 살피기를 좋아하였다."

○ 張子(장자)가 말했다.

"사람이 남에게 묻기를 부끄럽게 생각하는 사람이 많다. 그런데 가령 오늘은 남에게 묻고, 내일은 남에게 일러 줄 수도 있는 것이다."

○ 孔子(공자)가 太廟(태묘)에 들어가 <祭禮(제례)를 행할 때> 매양 일마다 물어서 하니 어떤 사람이 말하기를, "누가 鄒(추)나라 사람 孔子(공자)를 두고 禮(예)를 아는 사람이라고 말했는가? 太廟(태묘)에 들어와 제사를 지낼 때 매양 일마다 물어서 하니, 그게 무슨 아는 사람이라고 할 수 있느냐?"고 하

였다. 孔子(공자)가 이를 듣고 말했다. “이렇게 <물어서 확인해 가면서> 하는 것이 禮(예)이다.”

【註: 자세히 따져서 묻는 것을 말한 것임.】

○ 孔子(공자)가 말했다.

“배우기만 하고 사색을 하지 않으면 무지하여지고, 사색만 하고 배우지 않으면 비루해진다.”

【註: 朱子(주자)가 말했다. “무릇 學(학)이라는 글자는 行(행)이라는 글자를 겸한 意思(의사)와 같다.】

○ 管仲(관중)이 말했다.

“생각하고 생각하며 또 거듭 생각하고 생각하여도 통하지 않으면, 귀신이라도 장차 통하게 해 줄 것이다.”

○ 季文子(계문자)가 세 번 생각한 후에 그것을 행한다고 하니, 孔子(공자)가 이 소리를 듣고 말했다. “두 번만 생각하면 그만이다.”

【註: 朱子(주자)가 말했다. “天下(천하)의 일을 義理(의리)로써 저울질해 보면 是非(시비)를 마땅히 두 번 생각할 따름이다. 私意(사의)로 그것을 헤아리면 利害得失(이해득실)이 만 가지로 변하여 무궁하여진다. 그러므로 생각을 두 번에 그친다고 한 것은 사람이 義(의)로써 일을 처리해서 利害(이해)관계의 사사로움에 빠지지 말아야 하기 때문이다.”】

○ 朱子(주자)가 말했다.

“생각을 해도 터득하지 못하는 것이 있으면 모름지기 착실하고 자세하게 생각하고 또 주도면밀하게 생각을 해서 터득해야 한다. 그래야 바야흐로 일단 생각한 보람이 있는 것이다. 비록 보아서 터득하였으나 잊어버리게 되면 또 모름지기 平心(평심)으로 하여 다시 한 번 생각을 하여야 한다. 이와 같이 하면 안 될 것이 없을 것이다.”

【註: 신중하게 생각해야 한다는 것을 말한 것임.】

○ 「周易」(주역)에 말했다.

"<君子(군자)는> 배워서 모으고, 물어서 분별한다."

【註: 명쾌한 분별을 말한 것임. ○ 살펴보건대, 朱子(주자)가 말했다. "배운 것이 넓게 된 연후에라야 사물의 이치를 준비할 수가 있다. 그러므로 능히 사물의 이치에 참여해서 의심나는 바를 물을 수가 있다. 물어서 사리를 살핀 연후에라야 師友(사우)의 精(정)한 것을 극진히 할 수가 있다. 그러므로 그것을 반복하여서 그 端(단)을 발견하여 가히 생각할 수가 있다. 생각하기를 조심스럽게 하면 精(정)해서 여러 가지로 섞이지를 않는다. 그러므로 스스로 자신을 얻어서 사리를 분별할 수가 있게 된다. 사리를 분별하기를 밝게 한 연후에라야 결단하는 데 어긋남이 없게 된다. 그러므로 의혹되는 바가 없어서 일을 시행하는데 실현시킬 수가 있다. 실행하기를 두터이 하면 무릇 배운 바를 생각해서 분별할 수가 있다. 그리고 그 글을 읽는 사람들이 반드시 다 그것을 실천해서 헛된 말이 되지 않을 것이다." 이제 이 4條(조)를 궁리장의 끝에 넣어 확실하게 이야기 하고자 하며 致知(치지)하려면 반드시 이것으로 말미암아 力行(역행)의 근본으로 삼아야 한다는 것을 밝혔다.】

力行章(역행장)

<힘써 행함 즉 노력하는 일>

【註: 살펴보건대, 역행이라는 것은 條理(조리)를 마치는 일이다. 力行(역행)에 힘쓰지 않고 한갓 知(지)에만 힘쓰는 것은 이른바 자기 집에 무진장한 沿門(연문)을 버려 버리고 주발을 가지고 貧兒(빈아)에게 가서 무엇을 빌리는 것과 같은 것이다. 비록 거침없이 유창하게 잘하는 말주변이 있다고 할지라도 君子(군자)는 그것을 귀중하게 생각하지 않고 力行(역행)을 귀중하게 여긴다.】

○ 孔子(공자)가 말했다.

"아는 것이 仁(인)에 미치게 되더라도 능히 이를 지키지 못하면, 비록 얻었을지라도 반드시 잃게 된다."

○ 程子(정자)가 말했다.

"正(정)으로써 居(거)하고 和(화)로써 行(행)해야 한다."

○ 또 말했다.

"말을 하고서 행하지 않으면 이것은 속이는 것이다. 君子(군자)가 어떻게 속일 수 있겠는가? 속여서는 안 된다."

【尹和靖(윤화정)이 말했다. "배우는 데는 力行(역행)을 귀중하게 여기고 빈말을 귀중하게 여기지 않는다."】

○ 朱子(주자)가 말했다.

"날마다 쓰는 사이에 모름지기 두려워하고 조심해서 하여야 바야흐로 옳다. 만약 무슨 일을 다잡아 하지 않고 한가롭게 세월만 보내면 안 된다."

○ 또 말했다.

"만약 몸소 실행하지 않고 단지 말로만 해 넘긴다면, 칠십 명의 孔子(공자)를 좇는 제자들이, 단 하루 이틀 동안만 걸려서 말로 들으면 다 되는 것을, 무엇 때문에 허다하게 많은 해를 떠나가지 않고 배웠으리오?"

○ 또 말했다.

"학문이라는 것은 한 번 뛰어넘어 직접 들어가는 이치는 없는 것이다. 다만 저울눈만큼 조금씩 쌓고 마디만큼씩 점점 쌓아서, 이와 같이 하기를 계속하여 맵고 쓴 것을 먹는 것처럼 참으면서 어렵게 공부해야 하는 것이다."

○ 또 말했다.

"實事(실사)에 힘쓰는 한 가지 일이, 보건대, 今日(금일)의 학자가 능히 하지 못하는 결점이 전부 여기에 있다. 다만 모름지기 實事(실사)에 힘쓰는 공부를 해 나가야 자연히 얻는 것이 있으니, 반드시 효험을 서둘러 재촉하지 말고 서서히 해 나가야 한다."

○ 張南軒(장남헌)이 말했다.

"務實(무실)은 실제로 행하는 가운데서 구하는 것이다. 仁(인)의 실행은 부모를 섬기는 일이며 義(의)의 실행은 형을 좇는 것이다. 그러니 날마다 쓰고 항상 행하는 계제에 實用(실용)이 아닌 것이 없다."

○ 「呂氏童蒙訓」(여씨동몽훈)에 말했다.

"오늘 한 가지 어려운 일을 행하고 또 내일에 한 가지 어려운 일을 하며, 이렇게 하기를 오래 하면 자연히 견고하여진다."

【註: 力行(역행)을 말한 것임. ○ 살펴보건대, 存養(존양)과 省察(성찰)과 克治(극치)는 다 실제로 행하는 일에 대한 공부이며 條理(조리)는 허다하게 많다. 그러므로 각각 이 아래의 章(장)에 열거하였다.】

存養[12] 章(존양장)

<착한 성품을 기르는 일>

【註: 살펴보건대, 敬字(경자)를 存養(존양)한다는 뜻은 未發(미발)하기 전의 부분이 많다. 敬字(경자)를 마음에 두고 잃지 않는다는 것은 敬(경)이 이미 發(발)한 후에 길러가며 그것을 해치지 않으면 본 근원이 점점 견고해져서 밖으로 달아날 근심이 없는 것이다.】

○ 朱子(주자)가 말했다.

"예로부터 聖賢(성현)들은 다 마음으로써 근본을 삼았다."

○ 胡雲峯(호운봉)[13]이 말했다.

"앞의 생각은 이미 지나가고 뒤의 일은 아직 오지 않았으니, 이것이 存養(존양)의 좋은 기회다."

○ 程子(정자)가 말했다.

"배우고서 存養(존양)하지 못하고 존양하고서 保存(보존)하지 못하면 이것은

---

12) 本心(본심)을 잃지 않도록 그 착한 성품을 기름.
13) 名(명)은 炳文(병문), 字(자)는 仲虎(중호), 元(원)의 儒(유).

공염불이나 마찬가지다."

○ 또 말했다.

"반드시 일이 있은 뒤에야 마음을 바르게 하려고 하지 말고, 잊어버리지도 말며 무리하게 도와서 도리어 해가 되게 하지도 말아야 한다. 이것이 存養(존양)하는 道(도)이다."

○ 또 말했다.

"옛날 사람들은 활동을 하거나 휴식을 할 때에도 다 存養(존양)하는 바가 있었는데, 지금은 유독 義理(의리)를 기르는 마음만 있을 뿐이다. 다만 함양하는 뜻을 가지기를 오래하면 스스로 익숙해지고 공경해져서 내 마음이 곧게 되며, 이것이 또한 함양의 뜻이다. 말하는 것이 씩씩하지 못하고 공경스럽지 못하면, 더럽고 간사한 마음이 생겨난다. 겉모양이 씩씩하지 못하고 공경스럽지 못하면 태만한 마음이 생겨난다."

○ 또 말했다.

"마음이 조급한 사람은 덥지 아니하여도 번열증이 나고 춥지 아니하여도 떨리며, 미워하는 바가 없어도 노여워하고 즐거워할 바가 없어도 기뻐하는 것이니, 君子(군자)는 그 氣(기)를 바르게 하는 것보다 더 큰 것이 없다. 그 氣(기)를 바르게 하고자 하면 그 志(지)를 바르게 하는 것만 같지 못하고, 그 志(지)가 이미 바르게 되면 이것을 움직이지 않는 마음이라고 말한다."

○ 또 말했다.

"德(덕)이 무성한 사람은 사물에 능히 흔들리지 아니하며 형세에 능히 病(병)들지 않는다. 그러므로 잘 배운 사람은 죽고 사는 데 임해서도 얼굴빛이 변하지 않는 것이며, 병들어 아프거나 자손이 먼저 죽는 슬픔을 당해서도 마음이 동요되지 않는 것이다. 이것은 다 存養(존양)으로 유래되어 온 마음의 바탕이 있어 그렇게 되는 것이지, 일조일석의 노력으로 되는 일이 아니다."

○ 어떤 사람이 묻기를, "눈을 감고 고요하게 앉아 있으면 가히 養心(양심)이 되는 것입니까?" 하니, 대답하여 말했다. "어찌 그것이 그렇게 한다고 되겠는가? 마음을 써서 생각하는 데 有心(유심)하면 마음을 써서 생각하는 것이 가히 쉬지를 않는 것이다."

【註: "희로애락이 未發(미발)하기 전에 그 가운데서 무엇을 구하는 것이 可(가)한 일입니까, 否(부)한 일입니까?" 하고 물으니, 대답하여 말했다. "구하는 것이 불가하다. 도리어 그것은 생각이다. 이미 생각한 것은 곧 이것이 이미 발했거나 겨우 발한 것이다. 그것은 和(화)라고 하는 것이지 中(중)이라고 할 수는 없다. 말하자면 희로애락이 未發(미발)한 때 存養(존양)을 하면 가능하다. 만약 희로애락이 未發(미발)하기 전에 그 가운데서 구한다는 것은 不可(불가)하다." ○ 희로애락이 未發(미발)하기 전에 아래에 動字(동자)와 靜字(정자)가 있다는 것을 물으니 대답하여 말했다. "靜(정)이라고 말하는 것은 可(가)하나 靜中(정중)에는 반드시 물체가 있는 것이다. 처음 그 靜中(정중)의 물체라는 것을 구해 얻기가 오로지 제일 어려운 것이다. 그러므로 먼저 敬(경)에 대한 이치를 깨달아 아는 것만 같은 것이 없으며, 공경하게 되면 저절로 알게 되는 것이다."】

○ 朱子(주자)가 말했다.

"敬(경)으로써 主(주)를 삼으면 內外(내외)가 숙연하여 잊지 않고, 돕지 아니하여도 마음이 저절로 存養(존양) 된다. 敬(경)으로써 主(주)를 삼아야 함을 알지 못하고 存養(존양)하고자 하면 한낱 마음을 굳세게 잡는 것을 한낱 마음의 밖에서 잡고자 함을 면치 못할 것이다. 그러므로 하나의 일이 있기 전에 그 裡面(이면)에 이미 일정한 두서가 없이 三頭兩緖(삼두양서)가 되어 그 시끄러움을 면치 못하게 될 것이다. 가령 진실로 마음을 안정시키려 하더라도 이미 마음이 큰 病(병)이 들었으면 항차 진실로 능히 마음을 붙잡아 안정시킬 수가 없는 것이다."

○ 또 말했다.

"存養(존양)이 익숙해지면 무슨 일에 임하여 省察(성찰)함에 힘이 소비되지 않는 것이다."

○ 또 말했다.

“마음이 發(발)하지 아니하였을 때는 가히 찾을 수가 없고, 이미 마음이 發(발)한 후에는 마음을 적당히 처리함에 힘 쓸 것이 없다. 다만 평일에 씩씩하고 공경하여 함양하는 功(공)이 지극하게 하여서 욕심이 마음을 어지럽게 하지 않아야 한다. 그러면 그 마음이 發(발)하지 아니하였을 때는 밝은 거울과 멈춰 있는 물과 같고, 發(발)하였을 때는 어긋남이 없을 것이다. 이것이 날마다 쓰는 기본 공부이니, 일에 이르러 살피고 물건에 대하여 궁구함에도 또한 반드시 이로써 근본을 삼아야 한다. 이제까지는 강론을 하고 사색을 함에 있어서 마음이 이미 發(발)했다고 생각하고 날마다 공부를 했으며, 또한 다만 일의 始終(시종)만 살피는 것으로 주력을 하였다. 그러므로 평소에 함양한 一端工夫(일단공부)가 잊혀지고, 그로 하여금 胸中(흉중)이 흔들리게 된다. 그리하여 차분하고 純一(순일)한 맛이 없고, 말이든 일이든 간에 항상 급박하고 들떠서 온화하고 深厚(심후)한 모습이 없다. 대개 所見(소견)이 한 번 틀리게 되면 그 害(해)가 이와 같으니 반드시 조심하고 살펴야 한다.”

○ 또 말했다.

“存養心(존양심)을 가지기를 오래하면 氣(기)가 점점 和(화)해 진다. 氣(기)가 和(화)해 지면 溫裕(온유)하고 婉順(완순)해서 바라보는 사람이 뜻이 사라지고 忿(분)이 풀어져, 어김을 초래하고 怒(노)함을 취하는 患(환)이 없게 된다. 자기 자신에 비교해 보면서 자세히 생각하고 살피기를 오래하면 이치가 점점 밝아진다. 이치가 밝아지면 諷導(풍도)하고 詳款(상관)해서 듣는 사람이 마음이 諭(유)하고 생각이 변해져, 일어나 다투거나 보고서 물리치는 患(환)이 없게 된다. 다시 모름지기 物理(물리)를 參觀(참관)하고 깊이 人情(인정)을 살펴서 몸으로써 體(체)받고 時(시)로써 이를 헤아리면 편벽되게 가리는 실수가 없게 될 것이다. 요컨대 事物上(사물상)에 學力(학력)을 證驗(증험)해서 만약 막히고 방해되며 사물이 서로 어긋나 모순되는 것이 있으면 바로 그 病(병)의 근원이 어디에 있는가를 깊이 연구하여 그 원인을 제거해 버려야 한다."

○ 또 말했다.

"오늘 原本(원본)을 바르게 연구하여 事變(사변)의 幾微(기미)를 살피면 어찌 가히 故紙(고지)가 쌓인 中(중)에 골몰하여 精神(정신)으로 하여금 昏蔽(혼폐)해질 것이며, 뒤에 할 일도 잊어버리고 앞에 한 것도 잊어버리게 된다면 어찌 가히 학문하는 것이라고 말할 수 있으리오?"

○ 孟子(맹자)가 말했다.

"그 本心(본심)을 잘 살펴 간직하고 그 착한 性品(성품)을 양성하는 것이 하늘을 섬기는 것이다."

【註: 朱子(주자)가 말했다. "存(존)이라는 것은 잡고서 놓지 않는 것을 이르는 것이고, 養(양)이라는 것은, 順(순)하게 하고 해치지 않는 것을 이르는 것이다. 그리고 事(사)는 받들어 이어서 어기지 않는다는 뜻이다. 心性(심성)은 다 하늘이 나에게 준 바의 것인데 능히 존양을 하지 못하고 망쳐버리게 되면 이것은 하늘을 섬기는 바가 아니다." ○ 또 말했다. "父子(부자)의 마음을 각각 존양하기를 극진히 하면 바야흐로 어진 성품을 길러서 얻을 것이다. 그리고 君臣(군신)의 마음을 각각 존양하기를 극진히 하면 바야흐로 의리 있는 성품을 길러서 얻게 될 것이다.】

○ 朱子(주자)가 말했다.

"언제든지 모든 동작을 함에 있어서 存養(존양)을 하지 않아도 되는 때는 없다."

○ 또 말했다.

"얼굴 모양과 말소리와 얼굴빛도 바르게 배우는 사람은 존양하는 마음을 가지도록 힘써야 한다."

○ 또 말했다.

"九容(구용)[14]과 九思(구사)[15]도 오로지 함양해야 되는 것이다."

○ 또 말했다.

"居處(거처)를 공손히 하고 무슨 일을 집행하는 것을 공경스럽게 하며 사람과 어울리는 것을 정성껏 하는 것도 오로지 存心(존심)하는 법이다. 만약 說話(설화)가 옳지 않은 것이라는 것을 깨달으면 말을 하지 말아야 하고, 무슨 일을 하는데 그것이 옳지 않은 것이라는 것을 깨달으면 그 일을 하지 말아야 하는데 이것도 다 存心(존심)하는 법이다."

○ 또 말했다.

"마음이 항상 영리하여 법도로써 이를 다스리면 이것은 안팎으로 서로 함양하는 道(도)이다."

○ 묻기를, "存養(존양)하려면 매우 고요해야 되지 않습니까?" 하니, 朱子(주자)가 말했다.

"반드시 그런 것은 아니다. 順理(순리)대로 응하면 비록 움직이더라도 또한 고요하다. 무슨 일이 닥쳤을 때 만약 순리대로 응하지 않으면 비록 홀로 있어 물건에 접촉하지 않고 고요함을 구하더라도 마음이 또한 능히 고요하지를 못하다. 오직 움직일 때 능히 순리대로 하면 일과 때에 관계없이 능히 고요할 수가 있다. 고요할 때 능히 존양을 하면 움직일 때 힘을 얻어서 움직여도 또한 마음이 움직이지 않으며 움직여도 또한 고요한 것이니 만약 존양 공부를 하지 않으면 고요해도 또한 움직인다."

○ 王陽明(왕양명)이 말했다.

---

14) 讀書之法章 參照(독서지법장 참조)
15) 아홉 가지 사물에 관하여 생각하는 일; 視(시)에는 明(명), 聽(청) 에는 聰(총), 顔色(안색)에는 溫(온), 姿態(자태)에는 恭(공), 言(언)에는 忠(충), 事(사)에는 敬(경), 疑問(의문)에는 問(문), 忿(분) 에는 難(난), 得(득)에는 義(의)를 생각하라는 것. 《論語(논어), 季氏篇(계씨편)》

“고요한 마음을 구하는 것은 곧 움직이는 것이다. 움직이는 마음을 미워하는 것은 고요한 것이 아니다. 이것이 움직여도 또한 움직이는 것이요 고요해도 또한 움직인다고 하는 것이다. 장차 起伏(기복)을 맞이하여 무궁에서 서로 찾아야 한다. 그러므로 이치를 좇는 것을 靜(정)이라 하고 욕심을 좇는 것을 動(동)이라 한다.”

【註: 存養(존양)은 움직일 때나 고요할 때나 몸에서 떠나지 않는 것임을 말한 것임.】

○ 「中庸」(중용)에 말했다.

“君子(군자)는 그 보이지 않는 바를 경계하고 삼가하며 그 들리지 않는 바를 두려워하는 것이다.”

【註: 朱子(주자)가 말했다. “君子(군자)의 마음은 언제나 공경하고 조심스런 데다 두어서, 비록 보거나 듣지 않는 것일지라도 또한 감히 소홀하게 하지 않는 것이다. 이것이 天理(천리)의 本然(본연)한 이치를 존양하는 까닭이다.” 】

○ 朱子(주자)가 말했다.

“보지 않고 듣지 않을 때는 희로애락이 發(발)하지 않는 것이니, 항상 요컨대 속에 있는 마음이 提起(제기)되는 것을 미연에 방지해야 한다.”

【註: 또 말했다. “戒(계)·愼(신)·恐(공)·懼(구)라는 것은 그 자체가 그렇게 대단하게 중요한 것이 아니라, 다만 그것을 잘 수습하여 마음 속에 잘 간직하는 것이 중요한 것이다. 伊川先生(이천선생)이 말하는 敬(경)이 바로 그것이다.】

○ 胡季隨(호계수)[16]가 말했다.

“경계하고 두려워해야 할 것은 喜怒哀樂(희로애락)이 發(발)하기 전에 함양하는 것이다.”

【註: 戒(계)와 懼(구)에 대하여 말한 것임.】

16) 名(명)은 大時(대시), 五峯(오봉)의 子(자)

省察章(성찰장)

<반성하여 살피는 일>

【註: 살펴보건대, 省察(성찰)에는 誠(성)의 뜻이 많이 있으니, 홀로 무엇을 알고자 할 때는 그 幾微(기미)를 잘 살펴야 한다. 또 무슨 물건을 접촉할 때에는 그것이 진실된 것인지 망령된 것인지를 살펴보면 아는 것이 더욱 밝아질 것이다.】

○ 胡雲峯(호운봉)이 말했다.

"무슨 일이 바야흐로 닥쳐 올 때와 무슨 생각이 바야흐로 싹틀 때가 省察(성찰)해야 할 때이다."

○「書經」(서경)에 말했다.

"聖人(성인)<같이 훌륭한 사람>이라도 생각하지 않으면 미치광이<같은 바보>가 되고, 미치광이<같은 바보>라도 생각할 줄 알면 聖人(성인)<같이 훌륭한 사람>이 될 수 있다."

○ 朱子(주자)가 말했다.

"고요할 때는 그 敬(경)과 不敬(불경)을 살피고 움직일 때는 그 義(의)와 不義(불의)를 살펴서, 敬(경)과 義(의)를 가지고 循環(순환)하기를 끊임없이 하면 안팎으로 투철하여 진다."

【註: 또 말했다. "하나의 생각이 싹터 나오면 반드시 삼가 해서 살펴보아야 하는데, 이것이 天理(천리)가 되는 것이며 간사한 것은 人慾(인욕)이 되는 것이다. 과연 天理(천리)라면 공경스럽게 해서 그것을 확대시켜야 하고 조금이라도 막히는 데가 있게 해서는 안 된다. 과연 人慾(인욕)이라면 공경으로써 그것을 극복시켜야 하고 조금이라도 막히는 데가 있게 해서는 안 된다. 미루어서 言語動作(언어동작)의 사이에서부터 用人處事(용인처사)의 기회에 이르기까지 이 天理(천리)로써 헤아려지지 않는 것이 없다. 무슨 일이든 그것이 옳은 것이 되는 줄을 알면 즉시 행해서 오직 힘이 미치지 못할까를 두렵게 생각해야 한다. 또 그것이 그른 일이 되는 줄을 알면 즉시 제거해 버려서 오직 과단성 있게 버리지 못할까를 두렵게 생각해야 한다."】

○ 또 말했다.

"惻隱(측은)[17]은 이것이 善(선)이니, 마땅히 측은해 하지 아니해야 할 곳에 측은해 하면 그것은 惡(악)이다. 剛斷(강단)[18]도 이것이 善(선)이니, 마땅히 강단하지 아니해야 할 곳에 강단하면 그것도 惡(악)이다."

○ 許魯齋(허노재)가 말했다.

"모든 일을 할 때는 일일이 살펴서 하되, 逐物去了(축물거료)할 필요는 없다."

○ 薛敬軒(설경헌)이 말했다.

"가히 반드시 얻지 못할 일을 생각하는 것은 忘念(망념)이며, 事理(사리)에 어긋나고 道理(도리)에 거슬리는 일을 생각하는 것은 惡念(악념)이다. 무릇, 이 두 가지는 비로소 이를 알게 되면 즉시 막고 끊어 버려야 한다. 반드시 항상 마음 속으로 생각하는 것이 다 性情(성정)의 바른 것에서 나오게 되면 不正(부정)한 생각은 저절로 사라지게 되고 思慮(사려)는 다 天理(천리)가 될 것이다."

○ 또 말했다.

"비로소 <무슨 생각이> 피어날 때는 곧 마땅히 <마음을> 수렴하고, 비로소 무슨 말을 하고자 할 때는 <너절한 소리하려 하지 말고> 簡默(간묵)[19]한 것을 생각해야 한다."

○ 張南軒(장남헌)이 말했다.

"비로소 마음을 살폈으면 오로지 마음을 억눌러야 하고, 이미 마음을 억눌렀으면 또 살피고 마땅히 생각을 순환시켜야 한다."

○ 曾子(증자)가 말했다.

---

17) 딱하고 가엾음.
18) 참고 버티어 가는 힘.
19) 말 수가 적음.

"나는 날마다 세 가지씩 내 자신을 살펴보는데, 남을 위해서 도모하는 데 정성껏 하지 아니하였는가, 벗을 사귀는 데 믿음직스럽지 못하게 하지 아니 하였는가, 책을 익히지 아니하였는가 하는 것이다."

○ 晦齋先生(회재선생)[20]이 말했다.

"나는 날마다 세 가지씩 내 자신을 반성하는데, 하늘을 섬기는 데 未盡(미진)한 것이 있었는가, 임금과 어버이를 섬기는 데 정성스럽지 못한 점이 있었는가, 마음가짐에 바르지 못한 점이 있었는가 하는 것이다."

○ 胡季隨(호계수)가 말했다.

"마음이 未發(미발)하기 전에 다만 모름지기 함양해야 한다. 비로소 마음이 피어나면 오로지 마음 쓰는 것을 省察(성찰)해야 한다. 마음을 함양하는 공부가 익숙해지면 省察(성찰)은 더욱 성실하여진다."

○ 孔子(공자)가 말했다.

"마음 속으로 반성하여 부끄러움이 없으니 무엇을 근심하고 무엇을 두려워하리오?"

【註: 省察(성찰)에 관하여 말한 것임.】

○ 周子(주자)가 말했다.

"誠(성)은 하는 일이 없더라도 善(선)과 惡(악)을 기약해 주는 것이다."

【註: 朱子(주자)가 말했다. "幾(기)라는 것은 動(동)의 깊은 뜻이다. 善(선)과 惡(악)의 말미암아 나누어지는 바가 된다."】

○ 또 말했다.

---

20) 名(명)은 彦迪(언적), 字(자)는 復古(복고), 明宗(명종)때 大儒(대유).

"思(사)라는 것은 거룩한 공적의 근본이며 吉凶(길흉)의 幾微(기미)이다." 「周易」(주역)에 말했다. "君子(군자)는 幾微(기미)를 보고 행동하며, 終日(종일)을 기다리지 않는다." 또 말했다. "幾微(기미)를 안다는 것은 신비스런 일이다."

○ 朱子(주자)가 말했다.

"天理(천리)와 人慾(인욕)은 幾微(기미)의 사이다."

○ 또 말했다.

"幾微(기미)는 있는 것도 같고 없는 것도 같은 때에 있으니, 사람이 알아서 하기에 달려 있다."

○ 또 말했다.

"생각이 처음 약간 움직이기 시작할 때에 是非(시비)와 善惡(선악)을 여기에서 가히 볼 수가 있다. 그러므로 하나의 생각이 생겨남에 이것이 善(선)이 아니면 오로지 이것은 惡(악)이다."

○ 또 말했다.

"<처음에> 한 생각이 일어나는 곳이 만사의 근원이 되는 것이니, 더욱 다시 요긴하고 간절한 것이다."

○ 또 말했다.

"天理(천리)와 人慾(인욕)의 나누어지는 것이 다만 이 조그마한 것에서 분별되는 것이다. 그러므로 周子(주자)는 다만 幾字(기자)를 주관해서 설명을 하였다. 그러나 이것을 分別(분별)해야 하는 것은 반드시 일찍 하여야 한다. 그러므로 橫渠(횡거)는 매양 豫字(예자)를 설명하였다."

○ 宋(송)나라 때의 유명한 재상인 趙槪(조개)의 이야기다. 그는 일찍이 노란콩과 검은콩을 책상 사이에 두고 있었다. 그리고 아침부터 이것을 세어서

매양 한 번 착한 생각이 일어나면 노란 콩 하나를 던지고 한 번 악한 생각이 일어나면 검은 콩 하나를 던져서 저녁 때 이것을 보았다. 처음에는 검은 콩이 노란 콩보다 더 많았다. 그러나 점점 오래 두고 이것을 반대로 고쳐 나간 뒤에 善(선)과 惡(악)의 두 생각이 일어나지 않게 되자 드디어 콩을 거두어 치웠다.

【註: 幾微(기미)에 대하여 말한 것임.】

○ 「中庸」(중용)에 말했다.

"숨긴 것보다 더 잘 보이는 것이 없으며 작은 것보다 더 잘 나타나는 것이 없는 것이다. 그러므로 君子(군자)는 혼자 있을 때 삼가 하는 것이다."

【註: 朱子(주자)가 말했다. "獨(독)이라는 것은 남은 알지 못하고 자기 혼자만 알고 있는 것을 말한다. 말하자면 컴컴하고 어두운 가운데 細微(세미)한 事迹(사적)이 비록 형용은 되지 않았을지라도 마음 속에 기미는 이미 움직인 것이다. 남은 비록 알지 못할지라도 자기는 혼자 그것을 알고 있다면 이것은 天下(천하)의 일이 아주 훤하게 나타남이 있지 아니하여서 이 獨(독)에서 다 처사되는 것이다." ○ 鄒志完(추지완)이 말했다. "홀로 있을 때 삼가 하는 것이 道(도)에 들어가는 가장 요점이 되는 것이다. 그러므로 이른바 獨(독)이라는 것은 閒居(한거)와 靜居(정거) 뿐만 아니라, 이미 마음 속에서 싹이 트는 것도 獨(독)이라 이를 수 있다. 능히 이 愼(신)과 獨(독)에 착력해서 그것으로 말미암아 過擧(과거)함이 있지 않도록 해야 한다. 그러므로 이것이 「中庸」(중용)의 首篇(수편)이 된 것이다."】

○ 「大學」(대학)에 말했다.

"小人(소인)은 혼자 있을 적에는 착하지 못한 짓을 못하는 것이 없이 다 하다가, 君子(군자)를 보면 슬쩍 시침을 떼고 그 착하지 못한 것을 가리고 그 착한 것을 드러내려 한다. 그렇지만 사람들이 자기의 진위를 알아보는 것은, 마치 자기의 肺(폐)와 肝(간)을 들여다보고 있는 것과 같은 것이니, 무슨 소용이 있겠는가? 이와 같은 것을 일러 안에서 성실하면 밖으로 나타난다고 하는 것이다. 그러므로 君子(군자)는 반드시 그 홀로 있을 때 삼가 하는 것이다."

○ 邵子(소자)가 말했다.

"어떤 생각이 한 번 싹트기 시작하면 귀신이 이것을 먼저 알아버리는 것이다. 그러므로 君子(군자)는 반드시 혼자 있을 때 조심해야 한다."

○ 張南軒(장남헌)이 말했다.

"蒼蒼(창창)[21]한 것으로써 오로지 하늘을 삼는 것은 옳지 않다. 마땅히 모든 보고 듣고 말하고 행동하는 것의 사이에서 구해야 한다. 하나의 생각이 비로소 옳다고 하면 上帝(상제)께서 살펴보는 것이고, 하나의 생각이 옳지 않다고 하면 上帝(상제)께서 震怒(진노)하는 것이다."

○ 程子(정자)가 말했다.

"죽은 사람처럼 가만히 있어도 도리어 남이 보고 있는 것이며 깊이 침묵을 지키고 있어도 도리어 우레 같이 남에게 들리는 것이니 항상 조심해야 한다."

○ 또 말했다.

"사람이 잘 보이지 않는 곳에서도 부끄러운 짓을 하지 않으면, 마음이 편안하고 몸이 한가로운 것이다."

○ 또 말했다.

"天德(천덕)[22]이 있으면 가히 王道(왕도)[23]를 말할 수 있다. 그 요점은 다만 謹獨(근독)[24]에 있다."

○ 朱子(주자)가 말했다.

"홀로 있을 때 삼가 한다는 것은 이러한 가운데 하나의 생각이 싹터 움직이는 곳이 있는 것이다. 그러므로 비록 사람이 없는 숨겨진 곳이라서 남이 알지 못하

---

21) 맑게 갠 하늘 빛.
22) 正心修身(정심수신), 즉 마음을 바르게 하고 몸을 닦음.
23) 여기서는 齊家 治國 平天下(제가치국 평천하)의 뜻임.
24) 여기서는 誠意(성의)의 뜻임. 즉 홀로 있을 때 삼가 함, 또는 진실하게 함의 뜻.

고 자기 혼자만 아는 바일지라도 더욱 마땅히 조심해야 한다. 마치 한 줄기 물이 그쳐 있는 것 같으면서도 그 가운데 한 점의 움직이는 곳이 있는 것과 같은 것이니, 이것이 가장 긴요하게 착력해서 해야 할 공부이다."

○ 胡季隨(호계수)가 말했다.

"혼자 있을 때 삼가 한다는 것은 희로애락이 이미 피어난 후에 省察(성찰)하는 것이다."

○ 李栗谷(이율곡)이 말했다.

"모든 악한 것이 다 혼자 있을 때 조심하지 않는데서 생겨난다."

○ 또 말했다.

"謹獨(근독)한 연후에라야 浴沂(욕기)[25)]하고 詠歸(영귀)한 의미를 안다."

○ 洪恥齋(홍치재)[26)]가 매양 한적하고 외로운 때면 엄숙하게 하여 더욱 矜持(긍지)를 더하는 것을 보고 內子(내자)가 묻기를, "어떻게 하면 이와 같이 致敬(치경)할 수 있습니까?" 하니 대답하여 말했다. "위로는 곧 하늘이 임하여 빛을 환하게 비춰 주심이 있고, 아래로는 곧 땅이 내 몸을 실어 주며, 어두워지면 곧 귀신이 洋洋(양양)하고, 밝으면 곧 처자가 옆에 있으니 어찌 공경치 않을 수 있으리오?"

【註: 謹獨(근독)은 誠意章(성의장)의 毋自欺條(무자기조)를 첨부했음.】

25) 浴沂之樂(욕기지락). 名利(명리)를 잊고 淸遊自適(청유자적)하는 모양. 제자와 같이 교외에서 노는 즐거움. 고(故) 曾皙(증석)이 孔子(공자)의 물음에 답하여 어른 대여섯 사람, 아이들 여섯 일곱 사람과 沂水(기수)에서 미역을 감고 舞雩(무우)에 올라가 納凉(납량)을 하며 노래하고 돌아오고자 한다고 말함에 孔子(공자)도 그렇게 했으면 좋겠다고 말함. 沂水(기수)는 山東省(산동성)에서 發源(발원)하여 泗海(사해)로 흘러 들어감.

26) 名(명)은 仁佑(인우), 字(자)는 應吉(응길), 宣祖(선조) 때의 名儒(명유).

剋治[27] 章(극치장)

<사리사욕을 이기고 잡념을 물리치는 일>

【註: 살펴보건대, 이미 성찰을 했으면 반드시 마땅히 克治(극치)를 해야 한다.】

○ 顔淵(안연)이 仁(인)을 물으니 孔子(공자)가 말했다.

"자기 욕심을 누르고 禮儀凡節(예의범절)을 좇는 것이 仁(인)이다. 그러므로 禮(예)가 아니면 보지를 말고, 禮(예)가 아니면 듣지를 말며, 禮(예)가 아니면 말을 하지 말고, 禮(예)가 아니면 움직이지를 말아야 한다."

○ 「書經」(서경)에 말했다.

"禮(예)로써 마음을 절제해야 한다."

○ 謝上蔡(사상채)[28]가 말했다.

"克己(극기)는 모름지기 성질이 한 쪽으로만 치우친 것을 좇아서 이기기 어려운 것을 이겨 나가는 것이다."

【註: 尹和靖(윤화정)이 말했다. "극기라는 것은 오직 그 좋아하는 것이, 만약 재물을 좋아한다고 하면 그 재물을 좋아하는 마음을 이겨야 하고, 술을 좋아한다고 하면 그 술을 좋아하는 마음을 이겨야 하는 것이다." 朱子(주자)가 말했다. "기품이 剛(강)한 사람은 剛(강)한 곳을 보는 것이 많아서 일을 처리하는 것이 너무 剛(강)하여 실수가 된다. 柔(유)한 사람은 柔(유)한 곳을 보는 것이 많아서 일을 처리한 것이 너무 柔(유)하여 반드시 실수를 한다. 그러므로 기품이 너무 굳세거나 부드럽게 어느 한 쪽으로 치우친 곳이 있는지를 찾아내서 능히 다스려야 한다."】

○ 朱子(주자)가 말했다.

"말을 많이 해야 할 경우에는 말수가 적은 방법을 쓰며, 의미가 정밀하지 못할 경우에는 좀 더 세밀하게 하여야 한다. 그리고 경솔하고 침착성이 없으며 천박하고 안이함을 깨달을 경우에는 오로지 태도를 매우 침착하고 점잖게 하도록

27) 私慾(사욕)을 이기고 雜念(잡념)을 물리침.
28) 名(명)은 良佐(양좌), 字(자)는 顯道(현도), 程門(정문)의 高弟(고제).

해야 한다.”

【註: 王陽明(왕양명)이 말했다. “무릇 사람의 말하는 것이 정히 유쾌한 때에 이르게 되면 칼로 자른 듯이 확연하게 능히 참을 줄을 알아야 한다. 意思(의사)가 떨쳐 일어나는 때에 이르게 되면 翕心(합심)하며 능히 수렴할 줄을 알아야 한다. 분노가 정히 비통한 때에 이르게 되면 마음을 넓고 거리낌이 없게 하여 능히 소화시킬 줄을 알아야 한다. 천하의 큰 용단이 있는 사람이 아니면 능히 이렇게 하지 못하는 것이다.” 】

○ 또 말했다.

“克己(극기)에 별다른 묘법이 있는 것은 아니다. 비유하자면 외로운 군대가 졸지에 강적을 만나서 다만 있는 힘을 다하여 죽기를 각오하고 싸워 보는 것과 같다.”

○ 또 말했다.

“고요한 가운데 私意(사의)가 옆으로 비껴 나오면 능히 스스로 성찰하여 마땅히 공경을 主(주)를 삼아서 사사로운 뜻이 싹터 나오는가를 깊이 살펴야 한다. 그리하여 그 중요한 곳에 나가서는 엄격하게 이것을 징계하고 막아야 한다. 이렇게 하기를 오래하여 완전히 익숙해지면 저절로 마땅히 효과가 나타날 것이다.”

○ 曺南冥(조남명)이 말했다.

“마음이 차분하게 가라앉고 생각이 깊은 사람은 모름지기 剛克(강극)을 써서 일을 해 나간다. 天地(천지)의 氣(기)는 剛(강)하다. 그러므로 무슨 일을 막론하고 다 透過(투과)된다.”

○ 成大谷(성대곡)이 말했다.

“克己一段(극기일단)이 학문을 하는 데 제일 가는 공부가 되는 것이다. 이른바 己(기)라는 것은 내 마음으로는 좋아하나 天理(천리)에는 맞지 않는 바를 이르는 것이다. 그러므로 모름지기 날마다 쓰는 데에 자세하게 檢察(검찰)하여 비로소 내 몸의 사사로운 것을 깨닫게 되면 단칼에 두 조각 내 버리고 마음을 깨끗하게 씻어 버려서 무슨 일이 일어날 조짐조차 남기지 않아야 한다. 그러면 자연히 천리가 뚜렷하게 나타나고 人慾(인욕)이 물러나게 된다."

○ 靜庵先生(정암선생)이 말했다.

"배우는 사람이 급히 먼저 힘써야 할 일이 義(의)와 利(이)를 분별하는 것보다 더 절박한 것이 없다. 私慾(사욕)이 싹트는 것은 다 利(이)에서 나오는 것이다. 생각의 시초를 좇아서 <利(이)를 추구하는 사욕의> 근본을 뿌리째 뽑아 제거해 버리고 난 후에라야 可(가)히 학문을 하는 데 편안하다. 일찍이 許相稠(허상조)[29]의 이야기를 들었다. 그가 한밤중에 책상을 대하고 움직이지 않고 앉아 있는데 도둑이 들어왔다. 公(공)은 자지도 않았으면서 어리석은 체하고 진흙으로 만든 인형처럼 가만히 앉아 있었다. 도둑이 간 다음에 집 안 사람들이 한탄을 하니 公(공)이 말했다. '도둑보다 더 심한 것이 지금 여기 내 마음 속에 와서 싸우고 있는데 어느 겨를에 바깥 도둑놈과 싸울 수가 있으리오?' 선배들은 克己(극기)하기를 이와 같이 하였다."

○ 「克齋銘」(극재명)[30]에 말했다.

"사람이 생겨날 때 父(부)는 乾(건)이고 母(모)는 坤(곤)인데 그 가운데서 나는 태어났다. 天命(천명)을 받았으나 血氣(혈기)가 싹트고 物慾(물욕)에 유혹되어 <그 천명이> 날마다 깎여 나가고 달마다 줄어드니 슬프도다! 능히 오래도록 이를 초월할 수 있는 사람이 드물도다." 또 그에 대하여 말했다. "이것은 내가 스스로 그렇게 하는 것이 아니라, 이익을 추구하기에 급급하여 사방으로 치닫고 萬事(만사)가 뒤숭숭하여 그런 것이다. 聖人(성인)의 大計(대계)가 되는 가르침이 있으니, 克己(극기)하는 것이 마땅한 것이다. 그러면 그 克己(극기)는 어떻게 해야 하는 것인가? 致知(치지)에 그 근본이 있다. 그 致知(치지)는 또 어떻게 해

29) 世宗朝(세종조)의 名相(명상).
30) 張南軒(장남헌)이 撰(찬)함.

야 하는 것인가? 格物(격물)해야 이것을 기대할 수 있다. 움직일 때나 고요할 때나 이것을 살피고, 새벽이나 저녁이나 이것을 생각하며 진실로 고유한 것을 알아서, 악한 것이 사물에 인연이 된 것을 탁월하고 의연하게 홀로 볼 수 있어야 한다. 내 마음을 빛나는 태양과 같이 밝게 하고 물건을 보면 연구하여 지식을 지극하게 하며, 만 가지 이치를 가히 연구하고 일을 보거든 克己(극기)를 하여 날마다 그 功(공)을 새롭게 해야 한다. 人慾(인욕)보다 더 간악한 것이 없으니 내가 이것을 평안하게 해야 하고, 人心(인심)보다 더 위태한 것이 없으니 내가 이것을 편안하게 해야 한다. 내가 보고 내가 들어서 가리지도 말고 흘리지도 말며, 내가 말하고 내가 움직이며 바로 나가고 바로 행해야 한다. 그리하여 그 착함 속에 젖어들어 헤엄치게 하고 다투지 말고 조급하지 말 것이며 떳떳하게 항상 지켜야 할 법칙을 밟아 나가고 그 닦는 것을 쉬지 말아야 한다. 이미 이기는 데 미치게 되면 가로되, 사람이 하늘에 부합되는 것이니 아무리 오래 해도 끝이 없고 그렇지 않은 것 같아도 그런 것이며 仁(인)을 하는 功(공)이 여기에 그 지극함이 있는 것이다. 내가 옛사람을 본받고자 하는데 그는 오직 顔氏(안씨)이다. 아름답도다, 聖人學問(성인학문)이여! 갖춰서 始(시)와 終(종)이 있도다. 질서가 정연하여 풀어 놓음이 없고 하늘과 더불어 功(공)이 같도다. 청컨대 먼저 致知(치지)부터 하고 일로써 克己(극기)를 할지니, 仁(인)이 먼 데 있는 것이더냐? 힘쓰라, 나의 제자들이여!"

○ 「勿齋箴」(물재잠)[31]에 말했다.

"하늘이 命(명)한 성품을 얻은 것이 사람인데, 사람의 마음이 있는 것으로서 그 누가 어질지 아니할 수 있겠는가? 사람이 어질지 못한 것은 말하자면 물질의 힘 때문에 그렇게 되는 것이다. 귀는 소리에 방탕하여지고 눈은 물질에 현혹된

31) 眞西山(진서산)이 撰(찬)함.

다. 그러므로 말을 하면 방자하게 하고 행동을 하면 경망스럽게 한다. 그래서 人慾(인욕)이 放奔(방분)하고 天理(천리)는 그믐밤 같이 캄캄하게 어두워진다. 그러나 알지 못하는 사이에 어느덧 道(도)가 있으니 禮(예)로써 기준을 삼아야 한다.

오직 禮(예)로써 밟아 나가고 禮(예)가 아니면 좇지를 말아야 할지니, 禮(예)라는 것은 어떠한 것을 말하는 것인가? 理致(이치)가 당연히 禮(예)이다. 雜(잡)된 사람과는 상대를 말고 한결같이 天心(천심)을 따르며 禮(예)가 아니면 말을 하지 말고 禮(예)가 아닌 말은 물을 막는 것과 같이 해야 한다. 그러면 어떠한 것이 이것을 주관하는 것인가? 말하건대, 마음뿐이다.

聖人(성인)의 말씀 열여섯 가지 중에 하나의 글자는 機(기)이다. 機牙(기아)가 機幹(기간)하는 데는 저울추가 반드시 따른다. 내가 내 수레를 타는 데는 네 필의 말이 끌며 달리는데 누가 그 말을 모는 것을 주관하는 것인가? 거기에는 매놓은 고삐가 있다. 그러므로 군자는 반드시 그 마음을 바르게 하고 공경하고 삼가하고 조심해야 하며 나타내지 않고 또한 임하여 마치 수레를 끄는 말을 고삐로 조정하듯이 마음을 正心(정심)으로 조정해야 한다.

萬夫(만부)의 둔치는 것이 한 장수의 명령으로 이루어지는 것이다. 번개소리 요란하고 광풍이 거세게 몰아친들 누가 감히 그 命(명)에 간섭할 것인가? 여러 가지 형상들이 이를 부린다. 心官(심관)에 매달려 밖에서 막아 흐르지 못하게 하고 안에서 지키는 것이 더욱 편안하니 그 道(도)는 어떠한 것인가? 그 主(주)가 되는 것은 敬(경)이다.

안팎으로 서로 유지하여서 움직일 때나 고요할 때나 다 같이 바르게 하면 마음의 잡초는 다 없어지고 새싹이 자라난다. 술이 고이게 되어 단술이 순수하게 되듯이 마음이 넘쳐흐르게 된다. 물건이 봄이 아닌 것이 없으니, 오직 한 마디의 말이 없더라도 모든 착한 것이 저절로 나오게 된다. 생각을 꼭 이와 같은 데에 두게 되면 오래도록 실패하는 일이 없을 것이다."

【註: 克治(극치)를 말한 것임.】

○ 孟子(맹자)가 말했다.

"사람이 능히 남을 害(해)하고자 하는 마음을 이겨 없애 버리면, 仁(인)이 가히 써도 남지 않음이 없을 것이다. 사람이 능히 도둑질 하고자 하는 마음을 이겨 없애 버리면, 義(의)가 가히 써도 남지 않음이 없을 것이다."

○ 張南軒(장남헌)이 말했다.

"사람의 良心(양심)이 어찌 발견되는 때가 없으리오? 이끌어 내서 이를 신장시키고 함양해서 확충해야 한다."

○ 呂東萊(여동래)가 말했다.

"良心(양심)이 일어나거든 모름지기 요컨대 <그 양심을 중단하지 말고> 계속 이어 나가야 한다."

敦篤[32] 章(돈독장)

<인정을 두텁게 하는 일>

【註: 살펴보건대, 克己(극기)는 반드시 마땅히 敦篤(돈독)해야 한다.】

○ 「周易」(주역)에 말했다.

"天行健(천행건)[33] 이니, 君子(군자)는 <그것을 본받아서> 스스로 힘써 쉬지 아니한다."

32) 敦厚(돈후), 인정이 두터움.

33) 日月星辰(일월성신) 春夏秋冬(춘하추동) 등 天體(천체)의 運行(운행)이 질서가 있음. 따라서 自强不息(자강불식)의 戒(계)로 함.

○ 孔子(공자)가 말했다.

"아침에 道(도)를 들으면 저녁에 죽어도 좋겠다."

○ 또 말했다.

"篤實(독실)하게 學問(학문)을 믿고 좋아하여 죽도록 착한 道(도)를 지켜야 한다."

○ 또 말했다.

"君子(군자)는 밥을 먹는 사이에도 仁(인)을 어기는 일이 없어야 한다. 잠깐이라도 반드시 그렇게 仁(인)을 어기지 아니해야 하며, 아무리 곤궁하더라도 반드시 그렇게 仁(인)을 어기지 아니해야 한다."

○ 曾子(증자)가 말했다.

"선비는 마땅히 도량이 넓어야 한다. 짊어진 책임은 무겁고 갈 길은 먼데 仁(인)을 짊어지고 있으니, 또한 무겁지 아니하겠는가? 죽을 때까지 계속해야 할 일이니, 그 또한 멀지 아니하겠는가?"

○ 子路(자로)는 무슨 <착한> 소리를 듣고 그것을 능히 실행하지 못했으면 <그 먼저 들은 소리도 실행하지 못했는데> 또 무슨 소리를 듣게 될까 두려워하였다.

○ 張子(장자)가 말했다.

"말을 함에는 본받을 바가 있어야 하고, 행동을 함에는 법도가 있어야 한다. 낮에는 무엇인가 하는 일이 있어야 하고, 밤에는 그날 하루를 보낸 결과 무엇인가 얻어진 것이 있어야 한다. 쉴 때는 함양하는 것이 있어야 하고, 잠깐이라도 쉬지 말고 存養(존양)하는 바가 있어야 한다."

○ 朱子(주자)가 말했다.

"학문을 하는 것은 물위로 배를 헤치고 나아가는 것과 꼭 같은 것이어서 조금이라도 노 젓기를 함부로 하거나 느즈러지게 해서는 안 된다." ○ 何北山(하북산)이 勉齋(면재)를 스승으로 모시고 배웠는데 勉齋(면재)가, "<학문은> 진실로 정신적인 각고의 노력으로 공부를 한 후에라야 가능하다."고 말했다. 北山(북산)이 이 말을 몹시 두렵고 공경스럽게 받아들여 일찍이 말했다. "학문을 하는 데는 立志(입지)를 견고하게 하는 것이 귀중하고 規模(규모)는 크게 하는 것이 귀중하니, 능히 실천하고 익히 실행하여 죽을 때까지 계속 그렇게 해야 하는 것이다."

○ 金敬叔(김경숙)[34]이 말하기를, "잠깐이라도 노력을 계속하지 않으면 오래된 功(공)이 함께 없어져 버리는 것이다."라고 하며, 자신의 호를 惕庵(척암)이라 하고 일찍이 말했다. "땅이 다 얇은 얼음과 같다고 생각하고 빠질까 두려워하는 것과 같이 조심스럽게 행동해야 한다."

【註: 敦篤(돈독)을 말한 것임.】

○ 「中庸」(중용)에 말했다.

"널리 그것을 배우고 자세히 그것을 물으며 신중히 그것을 실행해야 한다. 배우지 않음이 있을지언정 그것을 배우면 능해지지 않고서는 그만두지 말아야 한다. 묻지 않음이 있을지언정 그것을 물으면 알지 않고서는 그만두지 말아야 한다. 생각하지 않음이 있을지언정 그것을 생각하면 터득하지 않고서는 그만두지 말아야 한다. 분별하지 않음이 있을지언정 그것을 분별하면 분명하게 하지 않고서는 그만두지 말아야 한다. 실행하지 않음이 있을지언정 그것을 실행하면 독실하게 하지 않고서는 그만두지 말아야 한다. 남이 그것을 한 번에 능해지거든 자기는 그것을 백 번을 하고 남이 그것을 열 번에 능해지거든 자기는 그것을 천 번을 해야 한다. 과연 그렇게 하여 道(도)에 능해지게 되면 비록 어리석은 사람

34) 名(명) 謹恭(근공), 明宗朝(명종조)의 大儒(대유).

일지라도 반드시 밝아질 것이며, 비록 柔弱(유약)한 사람일지라도 剛直(강직)해 질 것이다."

○ 董子(동자)[35]가 말했다.

"강력하게 힘써 학문을 하면 듣고 보는 것이 넓어져서 아는 것이 더욱 밝아질 것이다. 강력하게 힘써서 道(도)를 행하면 德(덕)이 날마다 일어나서 크게 功(공)이 있을 것이다." 또 말했다. "曾子(증자)가 말하기를, '그 들은 바를 존중하면 高明(고명)해지고 그 아는 바를 행하면 光大(광대)해지는 것이다. 高明(고명)하고 光大(광대)한 것은 다른 데 있는 것이 아니라, 자신의 뜻을 쉬지 않고 더욱 더 힘써 나가는 데 있을 따름이다.'라고 하였다."

○ 朱子(주자)가 말했다.

"배우는 사람은 모름지기 번뇌를 참고 辛苦(신고)를 견뎌야 한다."

【註: 勉强(면강)을 말한 것임.】

○ 孔子(공자)가 말했다.

"하루 종일 배부르게 먹기만 하고 마음을 쓰는 데가 없으면 곤란하다."

○ 孟子(맹자)가 말했다.

"自暴(자포)하는 사람과는 더불어 무슨 말을 할 수가 없고, 自棄(자기)하는 사람과는 더불어 무슨 일을 할 수가 없다. 禮(예)와 義(의)가 아닌 것을 말하는 것을 自暴(자포)라고 한다. 내 몸은 능히 仁(인)에 居(거)할 수 없고 義(의)를 행할 수 없다고 말을 하는 것은 自棄(자기)이다."

○ 程子(정자)가 말했다.

---

35) 名(명)은 仲舒(중서), 西漢(서한)의 大儒(대유).

"게으른 마음으로 한평생을 사는 것은 오로지 이것이 自棄(자기)이다."

○ 또 말했다.

"배움이 진전이 없는 것은 다만 용기가 없어서 그런 것이다."

○ 朱子(주자)가 말했다.

"배우는 사람이 한가로우면 이것이 큰 병이다."

○ 또 말했다.

"배우는 사람이 가장 두려운 것은 진취의 기력이 없이 우물쭈물하는 것이다."

【註: 敦篤(돈독)의 반대되는 것임.】

論敬章(논경장)

<공경에 관하여 논한 장>

【註: 살펴보건대, 敬(경)이라는 것은 아는 것과 행하는 것에 관통되는 것이므로 배우는 사람에게 처음부터 끝까지 제일 중대한 공부가 되는 것이다.】

○ 程子(정자)가 말했다.

"涵養(함양)은 모름지기 敬(경)으로써 하여야 하는 것이며, 進學(진학)은 致知(치지)에 있는 것이다. 능히 致知(치지)가 있지 아니 하고서 敬(경)이 있는 사람은 없다."

○ 朱子(주자)가 말했다.

"두 가지 먼저 끄집어내야 할 것이 있다. 敬(경)이라는 한 글자는 진실로 聖人(성인) 학문의 강령이다. 存養(존양)하는 要法(요법)이 한결같이 여기에 主(주)가 된다. 다시 內外 精粗(내외 정조)의 사이가 없다."

【註: 또 말했다. "敬(경)이라는 것은 한 마음의 주인이요, 萬事(만사)의 근본이다."】

○ 또 말했다.

"사람의 학문을 하는 것이 千頭萬緖(천두만서)가 있으나, 그렇다고 어찌 근본이 되는 綱領(강령)이 없겠는가? 이것이 程先生(정선생)이 持敬(지경)이라는 말이 있다고 한 까닭이다. 다만 이것이 이 心敎(심교)를 이끌어 도와주어서 다른 것도 밝게 비치게 되면 일에 보지 못할 것이 없을 것이다. 이렇게 하기를 오래하면 자연히 학문을 하는 힘이 있게 될 것이다."

○ 또 말했다.

"공경이라는 것은 聖學(성학)의 처음과 끝의 요점이 되는 것이다. 알지 못하면 공경으로써 그것을 알 수 있게 된다. 이미 알면 공경으로써 그것을 지켜야 한다. 만약 공경하지 않으면 그 마음이 顚倒(전도)하고 눈이 어두워지는 것이니 공경이 主(주)가 되어야 한다."

【註: 또 말했다. "敬(경)이라는 것은 모든 善(선)의 근본이며 함양, 성찰, 격물, 치지, 그리고 각종 공부가 다 이 敬(경)을 좇아서 나오는 것이다. 그러므로 이 모든 것이 다 敬(경)에 근거를 두고 의지해야 되는 것이다.】

○ 또 말했다.

"공경은 다만 안으로는 망령된 생각이 없고, 밖으로는 망령스런 행동이 없는 것이다."

○ 또 말했다.

"공경은 다만 이 마음을 스스로 주장하여 맡는 곳이다."

○ 「敬齋箴」(경재잠)[36]에 말했다.

---

36) 朱子(주자)가 撰(찬)함.

“그 衣冠(의관)을 바르게 하고 그 바라보는 것을 공경스럽게 하며 마음을 차분하게 가라앉혀 居(거)하여 上帝(상제)를 대하는 것과 같이 해야 한다. 발걸음은 반드시 무겁게 하고 손놀림은 반드시 공손하게 하며 땅을 가려서 밟고 개미집 같은 것이라도 밟지 말고 돌아서 가야 한다. 문을 나가면 손님을 본 것과 같이 <공손하게> 하고 무슨 일을 하게 되면 제사를 지내는 것과 같이 정성스럽게 하며 두려워하고 조심하여야 한다. 감히 혹시라도 안이하게 하지 말고 입은 병처럼 막아두며 뜻은 城(성)처럼 막아야 한다. 착실하고 공경하며 감히 혹시라도 경솔하지 말아야 한다. 동쪽으로 가려다가 서쪽으로 가지 말며, 남쪽으로 가려다가 북쪽으로 가지 말아야 한다. 무슨 일을 당하면 잘 살피고 <공경 이외의> 다른 것을 좇지 말아야 한다. 두 가지 마음먹지 말고 세 가지 마음먹지 말며 사욕을 버리고 오직 한 마음을 성실하게 가지면 萬(만) 가지 변하는 것이라도 감독할 수가 있다. 일을 여기에 좇는 것이 말하자면 持敬(지경)이라고 하는 것이니, 動靜(동정)을 어기지 아니하면 表裏(표리)가 다 바른 것이다. 잠깐이라도 間斷(간단)함이 있으면 사욕이 만 갈래로 일어나서 불이 아니라도 뜨겁고 얼음이 아니라도 차가워서 털끝만큼이라도 차이가 있으면 하늘과 땅처럼 처지가 바뀌어 버리는 것이다. 三綱(삼강)이 이미 몰락하였고 九法(구법)[37]도 또한 무너졌으니, 슬프도다! 제자들아, 생각하라. 그리고 공경하라. 먹으로 쓴 이 글을 경계삼아, 감히 마음에 告(고)하여 공경심을 가지도록 하라.”

【註: 敬(경)을 통틀어 말한 것임.】

○ 程子(정자)가 말했다.

“정신을 한 곳에 모으는 것을 敬(경)이라 하며, <한결같아서> 더 갈 데가 없는 것을 一(일)이라 한다.”

37) 周代(주대)에 大司馬(대사마)가 天下(천하)를 和平(화평)하게 다스리는 데 베푼 아홉 가지 법칙.

【註: 朱子(주자)가 말했다. "主一(주일)[38]은 動(동)을 겸해서 말한 것임." ○ 또 말했다. "만약 글을 읽을 때는 글만 읽고, 옷을 입을 때는 옷만 입는다면 그것이 곧 主一無適(주일무적)이다." 】

○ 薛敬軒(설경헌)이 말했다.

"第一步(제일보)를 行(행)하면 마음이 第一步上(제일보상)에 있고, 第二步(제이보)를 行(행)하면 마음도 第二步上(제이보상)에 있는 것이니 이른바 敬(경)이다. 글자를 쓰거나 일을 처리함에 다 그러하지 아니한 것이 없다."

【註: 主一無適(주일무적)이 다 敬(경)을 이르는 것임을 말한 것임.】

○ 程子(정자)가 말했다.

"정돈되어 가지런하고 엄숙하면 마음이 오로지 한결같은 것이다. <마음이> 한결같으면 치우치는 것이 없다."

○ 또 말했다.

"엄격하고 위풍 있으며 공경하고 삼가하는 것이 반드시 敬(경)의 道(도)가 되는 것은 아니다. 다만 敬意(경의)를 表(표)하게 되면 모름지기 여기로부터 <敬(경)의 道(도)에> 들어갈 수 있게 되는 것이다."

○ 또 말했다.

"衣冠(의관)을 바르게 하고 쳐다보는 것을 공경스럽게 하면 그 가운데 저절로 敬(경)이 들어 있는 것이다."

○ 또 말했다.

"걸터앉음이 있지 아니하고서 마음이 거만한 사람은 없다."

○ 朱子(주자)가 말했다.

---

38) 정신을 한곳에 모음.

"평소에도 모름지기 무엇을 생각하는 것과 같이 공경스럽게 해야 한다."

【註: 또 말했다. "儼若思(엄약사)는 공경한 사람의 모양이고 安定辭(안정사)는 공경한 사람의 말이다."】

○ 退溪先生(퇴계선생)이 말했다.

"敬(경)을 설명한 말은 비록 많으나 程(정)·謝(사)·尹(윤)·朱(주) 이 네 사람들보다 더 간절하게 설명한 사람은 없다. 初學(초학)의 계획을 삼는 것은 정돈되어 가지런하고 엄숙한 것 위에 工夫(공부)를 짓는 것만 같은 것이 없다. 무엇을 찾거나 구해도 아니 되며 있는 그대로 만족을 해도 아니 되는 것이다. 다만 이것은 일상생활에 지켜야 할 법도 위에 입각해서 아주 잠깐 동안이라도 몹시 조심하고 두려워하여 이 공경하는 마음으로 하여금 방종하지 못하게 하여야 한다. 이렇게 하기를 오랫동안 한 뒤에는 자연히 영리하여지고 자연히 <마음 속에> 한 물건이라도 끼어드는 것을 용납하지 않을 것이며 조금이라도 소홀히 하는 病(병)이 없을 것이다. 伊川(이천)은 일찍이 말하기를, '무슨 일에 뜻을 두지 아니할래야 뜻을 두지 아니할 수가 없다.'고 하였다. 또 朱子(주자)는 말하기를, '敬(경)으로써 主宰(주재)를 삼으면 內外(내외)로 숙연하여 잊는 것도 없고 유익함도 없으며 마음이 스스로 <공경심이> 있게 된다.'고 하였다."

【註: 整齊(정제)하고 엄숙한 것을 敬(경)이라고 한다는 것을 말한 것임.】

○ 謝上蔡(사상채)가 말했다.

"敬(경)은 항상 똑똑하게 깨달아야 하는 法(법)이다."

【註: 朱子(주자)가 말했다. "惺惺(성성)은 마음이 昏昧(혼매)하지 아니한 것을 이르는 것이다."】

○ 朱子(주자)가 말했다.

"사람의 마음이 공경한 데에 있으면 일찍이 게으르고 방자한 기운이 없는 것이다. 하물며 마음이 昏昧(혼매)하지 않고 영리한 사람은 말할 것도 없다. 그러므로 마음이 항상 영리하면 저절로 잡생각이 없는 것이다."

○ 또 말했다.

“배우는 사람은 모름지기 경계하고 반성하며 상서롭고 엄숙해야 한다. 僧 日聞(승 일문)은 항상 스스로 묻기를, ‘主人翁(주인옹)도 惺惺(성성)[39]할 수가 있느냐?’고 하고 대답하기를, 惺惺(성성)이라는 것은 지금의 배우는 사람들은 능히 그러한 사람이 없다.’고 하였다.”

○ 曺南冥(조남명)은 항상 쇠로 만든 방울을 차고 다녔으며 자신의 號(호)를 惺惺子(성성자)라고 하였다. 수시로 그 쇠방울이 울리는 소리로써 깨달음을 환기시키기 위한 것이었다.

【註: 惺惺(성성)하는 法(법)을 말한 것임.】

○ 尹和靖(윤화정)이 말했다.

“敬(경)이라는 것은 그 마음을 收斂(수렴)하여, 거기에 一物(일물)이라도 끼어들지 못하게 하는 것을 이르는 것이다.”

○ 朱子(주자)가 말했다.

“이 <공경하는> 마음에는 도무지 一物(일물)이라도 둘 수가 없는데 오로지 收斂(수렴)하기 때문이다. 지금의 사람들은 神祠(신사)에 들어가면 다만 이러한 공경하는 마음이 있게 되니, 이것이 가장 친절하게 공경심을 수렴하는 것이다.”

【註: 그 마음을 수렴하는 것을 말한 것임.】

○ 朱子(주자)가 말했다.

“敬(경)은 다만 이것이 한낱 畏(외) 字(자)와 같은 것이다.”

---

39) 마음이 항상 깨어 있는 상태. 敬(경)은 곧 惺惺(성성)을 의미하기도 함.

○ 蔡覺軒(채각헌)[40]이 말했다.

"先師(선사)들이, '敬字(경자)의 뜻은 오직 畏字(외자)가 이에 가까운 것이니, 진실로 능히 몹시 두려운 것이다. 그러므로 항상 귀신이나 아버지나 스승이 임하여 그 위에 계신 것처럼 생각하며, 깊은 연못과 얇은 얼음이 내 발 밑에 있는 것처럼 생각해야 한다. 그러면 虛靈知覺者(허영지각자)가 스스로 어둡고 또 어지러운 것을 용납하지 아니하는 것이다.'라고 하였다. 그런데 그 말이 더욱 정밀하고 절실하여 가히 다른 말과 바꿀 수가 없다."

○ 「古詩」(고시)에 말했다.

"생각, 생각을 싸움에 임하는 날과 같이 조심해서 하고 마음, 마음을 항상 다리를 지날 때와 같이 조심해서 해야 한다."

【註: 敬(경)이 畏(외)에 가깝다는 것을 말한 것임.】

○ 「周易」(주역)에 말했다.

"군자는 敬(경)으로써 <마음> 속을 곧게 하고 義(의)로써 겉모양을 방정하게 하는 것이다. 그러므로 敬(경)과 義(의)가 확립되면 德(덕)이 외롭지 않다."

○ 朱子(주자)가 말했다.

"근본이 되는 강령은 마땅히 敬(경)으로써 主(주)를 삼아야 한다. 다시 善行(선행)을 쌓는 功(공)을 얻어서 利慾(이욕)을 가리고 있는 것을 없애 버리면 敬(경)에 더욱 보탬이 된다. 그래서 다만 이러한 마음을 한결같고 정성스럽게 하여 분기하고 경계하며 자책을 하면 動(동)과 靜(정)을 꿰뚫게 되는 것이다. 다만 無事(무사)할 때라도 한결같이 持養(지양)해야 하고, 有事處(유사처)에는 오로지 옳고 그름과 취하고 버림이 있어야 한다. 이것이 안으로는 마음을 곧게 하고

40) 名(명)은 莫(막), 朱(주)의 門人(문인).

겉으로는 모양을 방정하게 하는 것이니, 動(동)과 靜(정)이 확실하게 두 사물이 되는 것이 아니다."

○ 程子(정자)가 말했다.

"敬(경)과 義(의)를 가지고 바르게 上達(상달)하면 天德(천덕)이 여기로부터 오는 것이다."

○ 「敬義齋記」(경의재기)[41]에 말했다.

"일찍이 「周易」(주역)을 읽으며, 敬(경)으로써 안으로 마음을 바르게 하고, 義(의)로써 겉모양을 방정하게 하는 것을 학문하는 요점으로 삼기로 마음을 먹었는데, 아무 것도 이것을 바꿀 수가 없으니, 用力(용력)하는 방법을 알지 못하는 바가 없었다. 「中庸」(중용)을 읽는 데 이르러서는 修道(수도)의 가르침을 論(논)한 바를 보았는데, 마음가짐을 경계하고 삼가하여 두렵게 함으로써 시발점을 삼은 연후에, 持敬(지경)하는 근본을 얻게 되었다. 또 「大學」(대학)을 읽으면서는 明德(명덕)의 차례를 논한 것을 보다가, 반드시 格物致知(격물치지)를 우선 삼은 연후에 義(의)를 밝히는 단서를 얻었다. 이미 두 가지의 功(공)을 보고서 一動一靜(일동일정)을 敬(경)과 義(의)를 가지고 쓰게 되었다. 또 周子(주자)의 태극을 論(논)한 것에 부합됨이 있은 연후에 천하의 이치 즉, 어두운 것과 밝은 것, 큰 것과 세밀한 것, 먼 것과 가까운 것, 그리고 얕은 것과 깊은 것이 다 하나에 관통하지 않는 것이 없다는 것을 알게 되었다. 그리고는 즐거워서 그것을 익혔는데, 족히 내 일평생을 익혀도 싫지 않은 것이니, 또 무슨 겨를에 그 밖의 다른 것을 사모하리오?"

○ 「丹書」(단서)에 말했다.

---

41) 朱子(주자)가 지음.

"敬(경)이 怠(태)를 이기는 사람은 吉(길)하고, 怠(태)가 敬(경)을 이기는 사람은 滅(멸)하다. 그리고 義(의)가 慾(욕)을 이기는 사람은 從(종)하고 慾(욕)이 義(의)를 이기는 사람은 凶(흉)하다."

○ 朱子(주자)가 말했다.

"敬(경)을 가지려면 靜(정)으로써 근본을 삼아야 한다."

○ 또 말했다.

"靜(정)이라는 것은 動(동)을 기르는 근본이다."

○ 또 말했다.

"처음 배우는 공부는 모름지기 靜坐(정좌)하면 本源(본원)이 정해진다."

【註: 또 말했다. "明道先生(명도선생)은 사람을 가르칠 때 고요하게 앉아서 가르쳤다. 李先生(이선생)도 역시 사람을 가르칠 때는 고요하게 앉아서 가르쳤다. 대개 정신이 안정되지 않으면 도리가 정박할 곳이 없는 것이다. 모름지기 고요하게 앉아야 바야흐로 능히 정신이 수렴되는 것이다."】

○ 또 말했다.

"靜坐(정좌)는 <佛家(불가)에서> 坐禪(좌선)[42]하기 위하여 入定(입정)[43]하는 것과 같이 思慮(사려)를 斷絶(단절)하여 버리는 것을 要求(요구)하는 것은 아니다. 다만 방심하지 않도록 마음을 수렴하여서 이러한 마음으로 하여금 한가로운 생각으로 마구 달아나지 않도록 하는 것이다. 그러면 이러한 마음이 湛然(담연)[44] 無事(무사)해서 자연히 專一(전일)하게 되는 것이다. 그리고 급기야 무슨 일이 있게 되면 일에 따라서 그 일을 처리해 나갈 수가 있고 그 일을 다 처리하고 나면 다시 침착하고 고요해지는 것이다."

42) 靜坐(정좌)하여 佛道(불도)의 묘리를 궁구하는 修業(수업).
43) 禪定(선정)에 들어감. 마음을 냉정히 통일시켜 三昧(삼매)에 들어감.
44) 침착하고 고요한 모양.

○ 李延平(이연평)이 말했다.

"접때 羅先生(나선생)을 좇아서 배우느라고 終日(종일)을 상대하여 靜坐(정좌)하고 있었다. 그런데 先生(선생)이 고요한 가운데 희노애락이 未發(미발)한 때에 어떠한 氣象(기상)을 짓는가를 보라고 하였다."

【註: 朱子(주자)가 말했다. "李先生(이선생)의 뜻은 다만 배우는 사람이 고요한 가운데 마음에 무엇이 主(주)가 되는 것인가를 알고 그 마음이 있는 곳을 알아서 사람을 가르쳐야 한다. 대저 고요한 가운데 제일 가는 근본이 무엇인가를 알아야 한다. 마음이 未發(미발)한 때에는 氣象(기상)이 분명하다. 그런 때는 處事(처사)하고 應物(응물)하는 것이 자연히 中節(중절)이 된다. 이것은 楊龜山(양구산)의 門下(문하)에서 서로 전통적으로 내려온 비결이다."】

○ 程子(정자)가 말했다.

"敬(경)을 하면 저절로 다음에는 靜(정)해 진다."

○ 또 말했다.

"性品(성품)이 고요해 진 사람은 가히 학문을 할 수가 있다."

【註: 伊川(이천)은 매양 사람이 靜坐(정좌)하고 있는 것을 보면 그 善學(선학)을 감탄했다.】

○ 周子(주자)가 말했다.

"욕심이 없기 때문에 고요한 것이다."

【註: 朱子(주자)가 말했다. "욕심이 움직여서 情(정)을 이기게 되면 능히 고요할 수가 없다."】

○ 程子(정자)가 말했다.

"靜(정)을 근근이 설명을 하자면 이것은 佛家(불가)에서 많이 쓰는 것이므로 <儒家(유가)에서는> 靜字(정자)를 쓰지 않고 그 대신 敬字(경자)를 쓰는 것이다."

○ 朱子(주자)가 말했다.

"存養(존양)의 功(공)이 전적으로 靜坐(정좌)할 때만 있는 것은 아니다. 모름지기 날마다 쓰는 動(동)과 靜(정)의 사이에 어디든지 닿지 않는 데가 없는 공부이니, 자연히 중간에 중단되는 곳이 없는 것이다."

○ 또 말했다.

"반드시 어떤 특별한 곳에서 靜坐(정좌)하는 것만을 一件工夫(일건공부)라고 간주할 것은 아니다. 다만 한 가지 敬字(경자)에 착력해서 動(동)과 靜(정)을 관통하면 이 두 가지의 사이에 스스로 중간에 중단할 곳이 없는 것이다."

○ 또 말했다.

"敬(경)으로써 主(주)를 삼으면 안팎이 숙연하여져서 잊지도 않고 더하지도 않더라도 마음이 저절로 공경스러워 진다."

【註: 敬(경)은 動(동)과 靜(정)을 겸하여 안과 밖을 관통하는 것이라는 것을 말한 것임.】

論誠章(논성장)

<정성에 관하여 논한 장>

【註: 살펴보건대, 敬(경)은 上下(상하)를 다 관철하고 始終(시종)을 관통하도록 하는 工夫(공부)의 실상이다. 그러나 힘을 써서 공부를 끝까지 성취시키는 것은 誠(성)의 功(공)이다. 학문의 지극한 功(공)과 聖人(성인)의 능한 일은 이 敬(경)과 誠(성)에 와서 마치게 된다.】

○ 周子(주자)가 말했다.

"誠(성)이라는 것은 聖人(성인)의 근본이다."

○ 또 말했다.

"誠(성)은 五常(오상)의 근본이며 百行(백행)의 근원인데 알기는 쉽고 행하기는 어려우나 과단성이 있고 확실하게 하면 어려울 것도 없다."

○ 程子(정자)가 말했다.

"망령되지 않은 것을 誠(성)이라 하고 속이지 않는 것은 그 다음이다."

○ 또 말했다.

"誠(성)이라는 것은 진실을 말하는 것일 따름이다."

○ 朱子(주자)가 말했다.

"진실하여 망령됨이 없는 것을 誠(성)이라고 한다."

○ 또 말했다.

"誠(성)이라는 것은 진실을 말하는 것이나 經傳(경전)에 이것을 쓰는 데는 각각 가리키는 바가 따로 있으므로 그것을 한 가지로 개론할 수는 없다. 周子(주자) 같은 이가 말한 誠(성)이라는 것은 聖人(성인)의 근본인데 대개 實理(실리)를 지적하여 말한 것이며 聖(성)을 誠(성)일 따름이라고 말한 것과 같다. 곧 中庸(중용)에 이른바 천하에 지극한 정성이라는 것은 사람의 진실이 이러한 이치가 있다는 것을 지적하는 말이다. 溫公(온공)이 이른 바 誠(성)이라고 한 것은

【註: 劉忠定語(유충정어)에 대한 答(답)에서】

곧 「大學」(대학)에 이른바 誠(성)과 같은 것이다. 그 뜻은 사람이 그 마음을 진실하게 하여서 스스로 속이지 않는다는 것을 가리키는 말이다."

【註: 誠(성)을 통틀어 말한 것임.】

○ 程子(정자)가 말했다.

"誠(성)이라는 것은 하늘의 道(도)이며 敬(경)이라는 것은 人事(인사)의 근본이다."

○ 朱子(주자)가 말했다.

"誠(성)이 道(도)에 있으면 곧 實有(실유)의 이치가 되고 誠(성)이 사람에게

있으면 곧 實然(실연)의 마음이 되는 것이다. 그것을 유지하는 것은 主宰(주재)가 전적으로 敬字(경자)에 있으니, 지금 다만 실제로 敬(경)에만 用力(용력)을 하면 된다. 그러면 日用(일용)의 공부가 자연히 다 모이는 곳이 있게 된다.

【註: 敬(경)을 겸해서 말한 것임.】

異端章(이단장)

<정통이 아닌 즉 옳지 않은 학문에 관하여>

【註: 살펴보건대, 학문이 진전되지 못하는 것은 이단이 학문을 방해하기 때문이다. 그러므로 本篇(본편)의 끝에 기록하여 그 이단적인 道(도)의 바르지 못한 것을 보이고자 한다.】

○ 孔子(공자)가 말했다.

"異端(이단)을 익히면 害(해)만 될 뿐이다."

○ 退溪先生(퇴계선생)은 異端(이단)을 끊어 버리는데 엄하게 하지 못하게 될까 오히려 두려워하여 일찍이 말했다.

"佛經(불경)이 어떠한 것인가를 알아보기 위해서 좀 보고자 하나 그 좋지 못한 것에 마치 물을 건너려는 사람이 처음에 그 물이 깊은가 얕은가를 시험하여 보고자 하려다가 마침내 아주 빠져 버리는 것과 같은 그릇됨이 있을까 두려울 따름이다. 異端文字(이단문자)와 같은 것은 아예 알지 못하더라도 害(해)롭지 않은 것이다."

○ 또 南時甫(남시보)에 대답하여 말했다.

"나의 道(도)가 스스로 족한데 무엇 때문에 이단적인 학문에 기어들어가 그것을 끌어다가 <正道(정도)에> 合(합)하는 것을 구할 필요가 있겠는가? 公(공)이 莊子(장자)를 보고자 하는 것은 내 생각으로는 넓게 봄으로써 널리 아는데 도움이 되고자 하는 것 같다. 그러나 이제 내 생각에는 <公(공)이> 이미 그 毒(독) 가운데 빠져 버린 듯하다. 이와 같이 이단적인 학문은 사람에게 옮기는 것이 깊어지기가 쉬워서 가히 두려운 것이니, 천 번 만 번 절실히 경계해야 할 것이다."

【註: 이단의 해를 말한 것임.】

○ 孟子(맹자)가 말했다.

"楊氏(양씨)[45]의 <극단적인 이기주의와 개인주의적> 학문은 나를 위한 것이어서 임금이 무시된다. 墨氏(묵씨)의 兼愛說(겸애설)[46]은 아버지가 무시되는 것이다. 아버지를 무시하고 임금을 무시하면 이것은 禽獸(금수)와 같은 것이다. 그러니 楊朱(양주)나 墨翟(묵적) 따위를 말하며 지내는 사람이 어찌 聖人(성인)의 학업을 닦는 사람이리오?"

○ 朱子(주자)가 말했다.

"양주와 묵적의 학문은 老子(노자)에게서 나온 것이다. 맹자가 양주와 묵적의 학문을 피한 것은 오로지 이것이 莊子(장자)와 老子(노자)를 피한 것과 같은 것이다."

【註: 朱子(주자)가 말했다. "지금 중들이 하고 있는 두 가지 중에 禪學(선학)을 한 것은 楊朱(양주)이고 苦行布施(고행보시)를 한 것은 墨翟(묵적)이다."】

○ 또 말했다.

"老子(노자)의 학문은 謙(겸)·冲(충)·儉(검)·嗇(색)하여 전연 정신을 쓰는 것을 좋아하지 않는다. 자기가 점령하여 전부를 얻을 수 있으면 좋아하고 겨우 한 터럭만큼이라도 불편함이 있으면 좋아하지 않는다. 대저 허무한 일만 도모하

45) 楊朱(양주). 中國 戰國時代(중국 전국시대)의 思想家(사상가). 극단적인 이기주의와 개인주의를 제창하여, 墨翟(묵적)의 兼愛說(겸애설)과 대립하였음.
46) 萬人(만인)을 차별 없이 사랑하고 이롭게 하자는 春秋(춘추)시대 魯(노)나라 사람 墨子(묵자)의 倫理說(윤리설).

고 하는 일이 없으며 冲退自守(충퇴자수)로 일을 삼는다."

○ 또 말했다.

"莊子(장자)의 학문은 다만 楊朱(양주)의 학문과 같은 것이다."

【註: 楊朱(양주)와 老子(노자)와 莊子(장자)의 학문을 통틀어 말한 것임.】

○ 程子(정자)가 말했다.

"神仙(신선)은 <하는 일없이 천년만년 살으므로> 天地間(천지간)에 하나의 도적이다. 聖人(성인)의 학문을 하는 데는 周公(주공)과 孔子(공자)의 학문만 즐거이 해야 한다."

○ 사람이 導氣(도기)를 묻는 이가 있으니 程子(정자)가 말하기를, "그대는 또한 그러한 術(술)이 있는가?"라고 묻고 말했다. "나는 여름에는 칡옷을 입고 겨울에는 갖옷을 입으며 배가 고프면 밥을 먹고 목이 마르면 물을 마신다. 그리고 좋아하고 욕심나는 것은 절제하여 心氣(심기)를 안정시킨다. 나는 이와 같은 일이나 할 따름이다."

【註: 道家(도가)를 말한 것임. ○ 살펴보건대, 道家(도가)의 說(설)은 더욱 비하하고 더욱 야비하다. 그래서 대개 淸淨(청정), 煉養(연양), 服食(복식), 符籙(부록)[47], 經典(경전), 科敎(과교) 등속의 類(유)가 각각 一說(일설)씩 있다.】

○ 程子(정자)가 말했다.

"석가모니의 말을 楊朱(양주)·墨翟(묵적)과 비교하면 더욱 가까운 이치가 되며 그 害(해)는 더욱 심한데 마땅히 음탕한 음악과 美色(미색)과 같은 것이니 그것을 멀리해야 한다."

○ 朱子(주자)가 말했다.

47) 미래에 나타날 일을 미리 짐작하여 비밀로 적어 놓은 글. 符讖(부참).

"老子(노자)와 莊子(장자)는 義理(의리)가 絶滅(절멸)해서 未盡(미진)한 것 같고 佛敎(불교)는 人倫(인륜)이 이미 무너졌으며 禪敎(선교)는 처음부터 장차로 허다한 義理(의리)가 소멸되어 남은 것이 없다. 이로써 말을 하자면 禪(선)이 그 害(해)가 가장 깊다. 그러나 요컨대 그 실제는 害(해)가 되는 것은 마찬가지이다. 害(해)하는 것은 얕은 데서부터 깊은 데까지 있지 아니한 곳이 없는 것이다."

○ 李栗谷(이율곡)이 말했다.

"부처의 說(설)은 정밀한 것도 있고 거칠은 것도 있다. 거칠은 것은 윤회하며 응보한다는 說(설)로서, 죄와 복을 널리 선전하면서 어리석고 사리에 어두운 사람들을 유혹하기도 하고 협박하기도 하여 이로 하여금 바삐 달려가서 供奉(공봉)하게 하는 것에 불과할 따름이다. 그 정밀한 것은 지극하게 心性(심성)을 논해서 이치를 알게 하여 마음이 돌아서게 하는 것이다. 마음으로써 만법의 근본을 삼았으니 마음을 아는 것이 性(성)이 되고 性(성)으로써 見聞作用(견문작용)을 삼는다. 寂滅(적멸)[48]로써 主(주)를 삼고 天地萬物(천지만물)로써 幻妄(환망)을 삼으며 出世(출세)하는 것으로써 道(도)를 삼고 秉彝(병이)[49]와 人倫(인륜)으로써 桎梏(질곡)을 삼는다. 그러므로 그 用功(용공)의 要點(요점)은 文字(문자)를 세우지 않고 곧장 人心(인심)을 가리켜서 見性(견성)하고 成佛(성불)하게 한다. 문득 깨달은 후에는 바야흐로 修道(수도)하는 것을 점점 더한다. 上根(상근)[50]인 사람이면 혹 佛道(불도)를 깨우치는 사람도 있다. 達磨(달마)와 같은 사람이다. 그가 梁武時(양무시)에 중국에 들어가 그 佛道(불도)를 전하였는데 이른바 禪學(선학)이 바로 이것이다. 대개 무의미한 것을 가지고 道(도)를 얻었다고 하는데 善惡(선악)은 그만두고 만약 意思(의사)로써 얻으면 妄見(망견)하게

48) 사라져 없어짐. 죽음.
49) 타고난 천성을 지킴.
50) 타고날 때부터 슬기롭고 佛道(불도) 수행에 機根(기근)이 뛰어난 사람. 機根(기근)은 중생이 본디 가지고 있어 敎法(교법)을 위하여 격발되는 마음의 작용을 말함.

되는 것이 필연적이다. 자기 뜻대로 직행하여 意思(의사)를 쓰지 않은 연후에 얻으면 그것을 眞(진)이라 한다. 程子(정자)와 朱子(주자)가 이것을 廓清(확청)[51]하여 버린 후로는 그 세력이 쇠퇴하기 시작하였다."

○ 朱子(주자)가 陳同父(진동보)[52]에게 대답하여 말했다.

"文字(문자)는 심히 더 인색할 필요가 없다. 다만 대수롭지 않고 예사롭게 寺觀(사관)[53]을 위해서 문자를 써 주려 하지 않거나 준례를 꺼려하지 않는 것은 이것이 선비의 정상적인 상태를 구속하는 것이니 반드시 한 번 웃을 만한 일이다."

○ 退溪先生(퇴계선생)은 중이 와서 詩(시)를 청하면 비록 거절은 하지 아니하였으나 다만 煙霞(연하)[54] 水石(수석)의 좋은 것만 써 주었는데 한 글자라도 僧家(승가)에 미치는 것은 없었다. 晩年(만년)에는 또한 별로 글을 지어 준 일이 없었다.

【註: 禪佛(선불)을 말한 것임.】

○ 朱子(주자)가 말했다.

"근년 이래로 부처와 석가의 유사한 것을 빌어 그것으로써 孔子(공자)와 孟子(맹자)의 실제를 어지럽게 한 자들이 있었다. 그리고 그 법이 독서하고 궁리하는 것으로 大禁(대금)[55]을 삼고 항상 학자로 하여금 흐리멍덩하고 둔하게 하여 儒學(유학)을 알지 못하는 지경까지 만들고자 하였다. 요행이 하루 아침에 황홀하게 얼빠진 사람처럼 獨見(독견)한 연후에 득도를 하게 되었다고 한다. 대개 또한 스스로 득도를 하였다고 하는 사람으로서 그 용모와 辭氣(사기)의 사이

51) 해로운 물건을 없애 버리고 깨끗하게 함. 폐단을 없애 버리고 깨끗하게 소제함.
52) 名(명)은 亮(양), 號(호)는 龍川(용천), 宋(송)의 名儒(명유).
53) 중이 사는 절과, 道士(도사)가 사는 道觀(도관)의 겸칭.
54) 고요한 山水(산수)의 경치.
55) 중요한 禁制(금제). 전국적으로 금지함.

에 修己(수기)와 治人(치인)의 계제를 살펴보면 <儒學(유학)의> 聖人(성인)의 학문과는 크게 서로 같지 않은 것이 있다."

【註: 또 말했다. "子壽(자수) 형제가 氣象(기상)은 심히 좋은데 그 病(병)은 講學(강학)은 다 폐하고 실제로 행하는 데만 힘을 썼다. 그 실제로 행하는 가운데 요컨대 사람들을 다 끌어들여서 살펴보게 하고 그것을 本心(본심)을 얻었다고 하니 이것이 제일 큰 병이다."】

○ 李栗谷(이율곡)이 말했다.

"부처의 害(해)는 외적이 침입하여 쳐들어오는 것과 같고, 陸氏(육씨) <象山學派(상산학파)>의 害(해)는 간신의 나라와 같다."

○ 退溪先生(퇴계선생)이 말했다.

"陳白沙(진백사)[56]와 王陽明(왕양명)의 학문은 다 象山學派(상산학파)에서 나온 것이다. 白沙(백사)는 오히려 순전히 禪學(선학)만 한 것은 아니며 우리 儒學(유학)에도 가까운 것이 있다. 그러므로 스스로 말하기를, '학문을 하는 처음에 성현들의 글을 講(강)하지 아니한 바가 없다. 두문불출하고 공부한지 여러 해가 되어도 이 마음이 이치와 더불어 모아서 말끔하게 꼭 들어맞지가 않았다. 이에 번거로운 것을 버리고 간략한 것을 구하며 靜坐(정좌)를 오랫동안 하였다. 그런 후에 心體(심체)를 드러내어 나타내고 날마다 쓰고 應酬(응수)하는 것이 각각 두서가 있고 완전히 바뀌어 자신이 있게 되었다.'고 하였다. 이것은 書訓(서훈)을 다 폐했다는 것이 아니라, 다만 그 깨달아 들어간 곳이 마침내 禪家(선가)의 기량에서 마치게 되었다는 것이다. 陽明(양명)의 학술에 이르러서는 자못 仁義(인의)를 의심하게 하는 害(해)를 끼쳤으니, 천하를 어지럽게 한 것은 반드시 이 사람이 아닐 수가 없다. 그 까닭이 여기에 이르는 것을 자세히 살펴보면 그 처음에는 또한 싫어하게 되나 事物(사물)이 마음에 害(해)가 되어서 이것을 제거하고자 하여도 돌아보건대 滅倫(멸륜)하고 絕物(절물)하고자 한 것은 아니

56) 名(명)은 獻章(헌장), 字(자)는 公輔(공보), 明(명)의 名儒(명유).

다. 석가모니가 이에 비로소 마음이 곧 이치가 되는 것이라고 설파한 바와 같이, 천하의 이치가 다만 내 마음 속에 있고 사물에 있는 것이 아니라는 말이다. 배우는 사람은 다만 마땅히 이 마음을 힘써 간직해 두고서, 마땅히 한 터럭만큼이라도 이치를 바깥의 사물에서 구하지 말도록 해야 한다. 그러면 이른바 사물이라는 것은 비록 五倫(오륜)의 중요함과 같을지라도, 있어도 좋고 없어도 좋은 것이다. 그리고 깎아서 이것을 없애 버려도 또한 좋으니, 이것이 어찌 석가의 가르침과 다를 것이 있으리오? 궁리의 학문을 배격하고자 하는 것은 곧 朱子(주자)의 학설을 홍수나 맹수의 재앙처럼 배척하려고 하는 것과 같다. 그리고 번거로운 글의 폐단을 제거하려고 하는 것은 곧 始皇(시황)의 焚書(분서)한 일과 같은 것이다. 孔子(공자)의 刪述(산술)의 뜻을 얻으려고 하면 그 말이 이와 같으니 스스로 미쳐서 혹하거나 喪心(상심)한 사람은 아니라고는 하나 나는 그 말을 믿지 않는다."

【註: 象山 陽明之學(상산 양명지학)을 말한 것임.】

○ 朱子(주자)가 浙東(절동)[57]으로부터 돌아와서 그 선비들의 공부하는 것이 內實(내실) 있는 공부가 아니라 외양에만 치우친 공부를 분주하게 하는 것을 보고 매양 말했다. "배우는 사람은 孟子(맹자)가 性善(성선)을 말하고 放心(방심)을 求(구)한 兩章(양장)을 보아서 힘써 수렴하고 엄숙하게 안정하여 克己(극기)와 求仁(구인)하는 방법에 이르러야 한다. 깊이 배운 바의 說(설)을 배척하고 六經(육경)과 「論語」(논어)와 「孟子」(맹자)를 놓아 버리며, 司馬遷(사마천)을 높이고 窮理盡性(궁리진성) 하는 것을 놓아 버리며, 世上(세상)의 變故(변고)를 연구하고 治心修身(치심수신)을 놓아 버리며, 일의 功(공)을 좋아하면, 크게 학자의 心術(심술)에 害(해)가 되는 것이니,

57) 浙江(절강)을 경계로 한 東南(동남) 쪽의 땅을 일컬음.

極力(극력)으로 呂祖儉輩(여조검배)를 위해서 이것을 말해야 한다."

【註: 東萊史學(동래사학)의 그릇됨을 말한 것임.】

○ 朱子(주자)가 陳同父 書箴(진동보 서잠)에 대답하여 말했다.

"그 義(의)와 利(이)는 한 쌍으로 따라 다니는 것이며, 王道[58](왕도)와 覇道(패도)[59]는 아울러 같이 쓰는 것이다."

○ 또 말했다.

"同父 落在假之以下(동보 낙재가지이하)는 規模(규모) 속에서 出身(출신)하기가 어렵다. 熹(희)가 일찍이 말했다. "孟子(맹자)는 一生(일생)에 궁핍한 것을 참고 굶주림을 受容(수용)하였으며 心力(심력)을 다 허비하면서 枉尺直尋(왕척직심)[60]이라는 네 글자를 破得(파득)하였다. 오늘날 여러분들이 苦心勞力(고심노력)하고 言語(언어)를 費盡(비진)하여 다만 枉尺直尋(왕척직심)이라는 네 글자를 성취하게 된다면, 仰屋浩歎(앙옥호탄)을 얻을 수 있을 것이다."

○ 또 말했다.

"國內(국내)의 學術(학술)의 폐단이 兩說(양설)에 지나지 않는다. 江西頓悟(강서돈오)와 永康事功(영강사공)이 만약 있는 힘을 다하여 서로 다투어 토론을 하지 아니하면 이 道(도)가 밝아질 수가 없을 것이다."

【註: 龍川事功(용천사공)의 그릇됨을 말한 것임.】

58) 仁義(인의)로써 천하를 다스리는 자를 王(왕)이라 한다.
59) 權力(권력)으로써 천하를 다스리는 자를 覇(패)라고 한다.
60) 작은 일을 돌아보지 아니하고 큰일을 이룩함.

第三 心術(제3 심술)

<마음씨를 쓰는 법에 관하여>

【註: 살펴보건대, 爲學(위학)의 條目(조목)은 이미 위에서 구비하였는데 그 요점은 그 心術(심술)의 바른 것을 얻는 것 보다 더한 것이 없다. 그러므로 이제 여기에 별도로 한 篇(편)을 더 만들어서 誠意(성의), 正心(정심), 養氣(양기)의 法(법)을 자세하게 論(논)하였으니 마땅히 위의 存養(존양), 省察(성찰), 論敬章(논경장)과 合(합)해서 보는 것이 좋을 것이다.】

誠意章(성의장)

<마음을 참되게 하는 방법>

【註: 살펴보건대, 이것은 곧 위의 省察(성찰)의 功(공)을 이야기 한 것이다. 그에 대한 공부를 하는 요점은 곧 周子(주자)가 말한 思(사) 字(자)이고 張子(장자)가 말한 豫(예) 字(자)이며 朱子(주자)가 말한 審(심) 字(자)이다. 이 분들이 말한 것을 깊이 생각하고 더욱 살펴서 그 힘을 實用(실용)하여 마음을 바르게 하는 근본을 삼아야 한다.】

○ 「大學」(대학)에 말했다.

"그 마음을 바르게 하고자 하면 먼저 그 뜻을 성실하게 해야 한다."

【註: 朱子(주자)가 말했다. "誠(성)은 實(실)이다. 意(의)라는 것은 마음이 發(발)하는 것이니, 그 마음이 發(발)하는 것을 성실하게 하여서 반드시 스스로 겸손하게 하고 스스로 속이는 일이 없도록 해야 한다." ○ 또 말했다. "마음이 發(발)해서 뜻이 되는 것이니, 착하고 착하지 않음이 있는 것은 誠(성)이 念頭(염두)를 좇아서 나온다는 말과 부합시키지 않을 수 없다."】

○ 朱子(주자)가 말했다.

"經書(경서)에 이르기를, '그 뜻을 성실하게 하고자 하면 먼저 그 자신의 지식을 이루어야 한다.'고 하였다. 또 말하기를, '아는 것이 지극해진 후에라야 뜻이 성실하게 되는 것이다. 대개 마음과 몸의 밝음이 未盡(미진)한 바가 있으면 그 發(발)하는 바가 반드시 능히 그 힘을 실용하지 못함이 있다. 진실로 그것이 자신을 속이는 사람이다.'라고 하였다."

【註: 지식이 극진하지 못하면 뜻이 성실하게 될 수 없다는 것을 말한 것임.】

그러나 혹 이미 그 뜻이 밝아졌어도 여기에 삼가지 않으면, 그 밝은 것이 자기 몸에 있지 아니하며, 德(덕)에 나아가는 기초가 되지 못하게 된다."

○ 또 말했다.

"誠意(성의)는 사람이 <學德(학덕)을 닦으러 들어가는> 門(문)이다."

○ 또 말했다.

"誠意(성의)는 敬(경)으로써 먼저를 삼아야 한다."

○ 또 말했다.

"意誠(의성)은 전연 天理(천리) 위에 있는 것이니, 뜻을 행함에 정성스럽지 못하면 도리어 人慾(인욕)속에 빠져 있게 되는 것이다."

【註: 참된 마음에 대하여 말한 것임.】

○「大學」(대학)에 말했다.

"그 뜻을 성실하게 한다는 것은 스스로를 속이는 일이 없도록 하는 것이다. 마치 나쁜 냄새를 싫어하는 것과 같으며 좋은 모양을 좋아하는 것과 같은 것을 일컬어 스스로 기꺼워함이라고 한다. 그러므로 군자는 반드시 혼자 있을 때 조심하는 것이다."

【註: 朱子(주자)가 말했다. "악한 것을 미워하는 것은 악한 냄새를 싫어하는 것과 같다. 착한 것을 좋아하는 것은 좋은 모양을 좋아하는 것과 같다. 그러므로 다 힘써 결단코 그 방향으로 가서 구하면 반드시 그것을 얻어서, 자기 자신에게 스스로 快足(쾌족)할 수가 있다. 한갓 구차하게 밖으로 쳐다보이는 것만 좇는 사람이 되어서는 안 된다. 그러나 그 實(실)하고 實(실)하지 못한 것은 대개 다른 사람은 알지 못하고 자기 홀로만 알고 있는 것이다. 그러므로 반드시 여기 즉, 자기 혼자만 아는 것에 삼가해서 그 기미를 잘 살펴야 한다."】

○ 朱子(주자)가 말했다.

"自欺(자기)는 반은 알고 반은 알지 못하는 사람이 善(선)을 말할 줄은 아나, 내가 마땅히 해야 할 바의 善(선)을 충분히 행하지를 못하며, 악한 것을 가히 해서는 안 된다는 것을 말할 줄은 아나, 도리어 자기가 그 간사한 마음을 놓아 버리고 善(선)을 얻지 못하면 오로지 이것이 自欺(자기)이다."

○ 또 말했다.

"만약 十分之九(십분지구)의 義理(의리)가 있더라도 十分之一(십분지일)의 私意(사의)가 섞이면 오로지 이것도 自欺(자기)이다."

○ 程子(정자)가 말했다.

"배움은 어두워서 사람이 들여다 볼 수 없는 방에서도 속이지 않는 데서 비롯되는 것이다."

○「古語」(고어)에 말했다.

"사람이 사사롭게 하는 말도 하늘은 우레 소리처럼 듣고, 남이 보지 않는 데서 마음을 속인 것도 귀신의 눈은 번개 불처럼 훤히 다 들여다보는 것이다."

○ 朱子(주자)가 말했다.

"마음이 부끄러운 것이 없으면

【註: 살펴보건대, 스스로 속이지 않는 까닭으로 자기 마음이 快足(쾌족)하여 부끄러움이 없는 것임.】

곧 廣大(광대)하고 寬平(관평)하여 몸이 항상 크게 펴지는 것이다."

【註: 自欺(자기)해서는 안 된다는 것을 말한 것임. ○ 위의 省察章(성찰장)에 있는 勤獨條(근독조)와 같음.】

○ 魯頌(노송)이 말했다.

"생각에 간사함이 없어야 한다."

【註: 程子(정자)가 말했다. "생각에 간사함이 없는 것이 誠(성)이다."】

○「周易」(주역)에 말했다.

“간사한 마음을 막고 성실한 마음을 두어야 한다.”

【註: 程子(정자)가 말했다. “敬(경)은 이것이 간사함을 막는 道(도)이다.”】

○ 孔子(공자)가 말했다.

“보는 것은 밝게 해야 하고 듣는 것은 총명하게 해야 한다. 얼굴빛은 온화하게 해야 하고 용모는 공손하게 해야 한다. 말은 정성스럽게 해야 하고 일은 공경스럽게 해야 한다. 의심나는 것은 물어야 하고 분한 것은 참을 줄 알아야 한다. 이득이 되는 것을 보게 되면 義(의)를 생각해야 한다.”

【註: 朱子(주자)가 말했다. “보는 것이 악한 빛에 가리워지는 바가 되지 않으면 밝은 것이 되며, 간사한 사람한테 속는 사람이 되지 않으면 총명한 사람이 된다. 만약 보고 듣는 것이 분명하지 못하고 흐리멍텅하며 옳고 그름을 분별하지 못하면 그 아래 모든 일은 마땅히 생각해야 할 곳에도 다 생각할 바를 알지 못하게 된다.”】

○ 吳臨川(오임천)[1]이 말했다.

“생각에 간사함이 없게 하는 것은 뜻을 성실하게 하는 일이다. 그리고 간사함을 막고 그 성실한 마음을 두는 것은 마음을 바르게 하는 일이다. 무릇 사람이 욕심을 다스리는 일과 선악을 분별하는 데는 어둡고, 慾心(욕심)을 좇아서 악한 일을 저지르게 되면 狂病(광병) 걸린 사람이 물에 뛰어들고 불에 뛰어드는 것과 같다. 그러면서도 安然(안연)히 그릇되게 하고 있는 줄을 알지 못하고 어리석어 예의를 모르며 사리에 어둡고 완고하여 신령스럽지 못한 것이니 장차 금수와 다를 것이 없다. 그 다음에는 이것은 이치가 되고 착한 것이 되며, 저것은 욕심이 되고 악한 것이 된다는 것을 자못 알면서도, 志(지)가 氣(기)를 이기지 못하여 한가롭게 혼자 지내는 계제가 되면 간사한 생각이 일어나게 되는 것이다. 한

1) 名(명)은 澄(징), 字(자)는 幼清(유청), 元(원)의 名儒(명유).

번 간사한 생각이 있게 되면 이것을 막아서 제거하면 그것이 스스로 속이지 않는 정성이다. 대저 이미 간사한 생각이 없으면 생각하는 바가 다 이치이고 다 善(선)인 것이다. 그러나 하나의 생각이 일어나면 또 하나의 생각이 다시 싹트게 되며, 하나의 생각이 쉬지 않으면 모든 생각이 서로 이어서 일어나게 되는데 이것이 두 가지 다 잡생각인 것이다. 그릇된 욕심과 그릇된 악한 것을 또한 간사한 것이라 이른다. 그런데 이것은 이른바 閒邪(간사)하다고 할 때의 邪(사)이지 無邪(무사)하다고 할 때의 邪(사)가 아니다. 대개 반드시 먼저 私慾(사욕)과 惡念(악념)의 간사함을 물리친 후에라야 두 가지의 잡된 간사함을 치료할 수가 있으며, 뜻을 정성스럽게 하여 마음을 바르게 할 수가 있는 것이다. 그런데 그러한 것들을 어찌 가히 순서를 밟지 않고 뛰어넘을 수가 있겠는가?"

【註: 생각이 간사함이 없어야 한다는 것을 말한 것임. ○ 살펴보건대, 思(사)와 意(의)는 마찬가지로 간사함이 없는 것을 誠(성)이라고 한다.】

○ 「書經」(서경)에 말했다.

"사람의 마음은 위태로운 것이며 正道(정도)를 지키려는 마음은 미약한 것이니, 오직 마음을 성실하고 한결같이 하여 마땅히 그 中庸(중용)의 道(도)를 잡아야 한다."

【註: 朱子(주자)가 말했다. "마음의 虛靈知覺(허영지각)은 하나뿐인데 그 知覺(지각) 속에서 또 人心(인심)과 道心(도심)이 갈라지게 된다. 혹은 知覺(지각)이 形氣(형기)의 私(사)에서 생겨나는 수도 있고 혹은 性命(성명)의 正(정) 즉, 바른 데서 근원이 되는 수도 있다. 그러나 形氣(형기)의 私(사)에서 나온 것과 性命(성명)에서 나온 것이 같지 않은 수도 있다. 그러기 때문에 위태하여 불안할 수도 있고 혹은 작고 아득해서 보기 어려운 수도 있다. 그러나 사람마다 그러한 형상이 있는 고로 비록 가장 지혜가 뛰어난 사람일지라도 人心(인심)이 없을 수가 없고 이러한 성질이 없는 사람도 없다. 그러므로 비록 아주 어리석은 사람일지라도 道心(도심)이 없으라는 법도 없다. 그래서 이 두 가지 즉, 人心(인심)과 道心(도심)이 두 가지의 마음 사이에 섞여서 그것을 다스리는 방법을 알지 못하면 위태한 것은 더욱 위태하고 작은 것은 더욱 작아져서 天理(천리)의 공변됨 즉, 道心(도심)이 마침내 人慾(인욕)의 사사로움을 이길 수가 없게 된다. 성실하게 하면 이 두 가지 마음의 사이를 살펴서 섞이지 않게 할 수가 있다. 제일 중요한 것은 그 本心(본심)의 바른 것을 지켜서 떠나지 않도록 하는 것이다. 여기에 종사해서 조금이라도 중단하지 말고 반드시 道心(도심)으로 하여금 한 몸의 주인을 만들어야 한다. 그리하여 人心(인심)이 매양 그 道心(도심)의 命

(명)을 듣게 되면 위태로운 것이 편안하여지고 은미한 것이 자기 몸에 배어서 動(동)과 靜(정)이 지나치거나 못 미치거나 하는 차등이 없이 〈中(중)의 상태가〉 될 수 있을 것이다."】

○ 胡五峯(호오봉)[2]이 말했다.

"天理(천리)와 人慾(인욕)은 行(행)은 같고 情(정)은 다른 것이다."

【註: 陳潛窒(진잠질)이 말했다. "飮食(음식)과 男女(남녀)의 慾心(욕심)이 堯舜(요순)과 桀紂(걸주)와 같은 것이다. 中理(중리)와 中節(중절)이 天理(천리)이니, 無理(무리)하고 無節(무절)하면 그것이 곧 人慾(인욕)이 되는 것이다." 】

○ 程子(정자)가 말했다.

"사람은 다만 한 개의 天理(천리)가 있는 것이니, 능히 살펴서 얻지 못하면 다시 어떠한 사람으로 될 것인가?"

○ 또 말했다.

"보고 듣고 생각하고 움직이는 것이 다 天理(천리)인 것이니, 요컨대 진실된 것인가 망령된 것인가를 식별해야 한다."

○ 謝上蔡(사상채)가 말했다.

"天理(천리)와 人慾(인욕)은 相對的(상대적)인 것이다. 一分(일분)의 人慾(인욕)이 있으면 一分(일분)의 天理(천리)를 滅(멸)하는 것이요, 一分(일분)의 天理(천리)가 있으면 一分(일분)의 人慾(인욕)을 이기는 것이다."

○ 朱子(주자)가 말했다.

"聖賢(성현)의 千言萬語(천언만어)가 다만 이것이 天理(천리)를 밝히고 人慾(인욕)을 멸하고자 하는 것이다."

○ 또 말했다.

2) 名(명)은 宏(굉), 字(자)는 仁仲(인중), 宋(송)의 大儒(대유).

"飮食(음식)은 天理(천리)이며 맛있는 것을 要求(요구)하는 것은 人慾(인욕)이다."

【註: 이것을 미루어 살펴보건대, 모든 일이 다 그렇지 않은 것이 없다.】

○ 묻기를,

"무슨 일을 만나게 될 때에 이것은 天理(천리)가 되고 저것은 人慾(인욕)이 된다는 것을 알면서도, 무슨 일을 당하여 그 일을 하게 될 때, 이에 人慾(인욕)이 끌려가는 것이 되어, 일은 이미 끝났는데 문득 후회하게 되면 어떻게 되는 것입니까?" 라고 하니 대답하여 말했다. "바른 길로 가야 한다. 오로지 이것은 克己(극기) 공부가 되지 않아서 그러한 것이다. 그러한 곳에 지극히 요구되는 것은 간사한 마음을 냉정하게 끊고 두려워할 줄 알아야 하는 것이다. 그래야 바야흐로 해결할 수가 있다."

○ 薛敬軒(설경헌)이 말했다.

"한 생각의 욕심을 능히 통제하지 못하면 재앙이 하늘에까지 넘쳐흐르게 될 것이다."

○ 張南軒(장남헌)이 임종할 때에 한 친구가 가르침을 구하니 公(공)이 말했다.

"人慾(인욕)의 사사로움을 매미가 껍질을 벗듯이 벗어나면, 天理(천리)의 妙(묘)가 봄이 되어 모든 것이 녹아내리듯 술술 풀려 나오게 될 것이다."

【註: 天理(천리)와 人慾(인욕)의 분별을 살피는 것을 말한 것임.】

○ 朱子(주자)가 말했다.

"義(의)와 利(이)의 두 글자는 선비의 제일가는 義理(의리)이다."

○ 孟子(맹자)가 말했다.

"닭이 울면 일어나서 善(선)을 위하여 부지런히 힘써 일을 하는 사람들은 舜

(순)임금의 무리이고, 닭이 울면 일어나서 利(이)를 위하여 부지런히 힘써 일하는 사람들은 도척의 무리이다. 순임금과 도척의 분별을 알고자 하면, 그것은 다름이 아니라 利(이)와 善(선)의 차이다."

【註: 어떤 사람이 묻기를, "닭이 울어 일어나면 아직 사물을 접하지도 않을 때인데, 어떻게 착하고 말고 할 수가 있습니까? 라고 하니 程子(정자)가 말했다." 다만 〈사물을 접했거나 안 했거나 간에〉 자기 마음에 敬(경)만 떠나지 않고 있으면 그것이 곧 善(선)이 되는 것이다.】

○ 程子(정자)가 말했다.

"聖人(성인)은 義(의)로써 利(이)를 삼는 것이니, 義(의)가 편안하면 그것이 곧 利(이)가 되는 것이다."

○ 또 말했다.

"利(이)는 혼자만 차지 할 수 없는 것이다. 무릇 利心(이심)이 있다고 하면 그것은 옳지 못한 것이다. 만약 무슨 일 한 가지를 함에 자기의 이익을 찾게 되면 이것이 다 利心(이심)이다."

○ 또 말했다.

"비록 천하의 일을 공평하게 한다고 하더라도 만약 私意(사의)를 써서 그것을 하게 되면 그것이 바로 私(사)인 것이다."

○ 尹和靖(윤화정)이 말했다.

"군자의 마음이 利(이)에 매달리지 않으면 그것이 옳을 따름이다."

○ 朱子(주자)가 말했다.

"배우는 것이란 얕고 깊은 것이 없이 義(의)와 利(이)를 분별하는 것이다."

○ 또 말했다.

"한 바가 다 옳더라도 다만 한 터럭만큼이라도 外物(외물)을 흠모하는 마음이 있으면 그것도 利(이)에 빠지는 것이다."

○ 또 말했다.

"천하에 다만 하나의 이치가 있는데 이것은 옳고 저것은 그르며 이것은 그르고 저것은 옳으니, 竝立(병립)이 용납될 수가 없는 것이다. 그러므로 옛적의 聖賢(성현)들은 마음으로 살피고 눈으로 보아서 다만 義理(의리)가 있는 것만 보면 도무지 利害(이해)를 計較(계교)할 것이 있음을 보지 않았다. 그리하여 날마다 쓰는 사이에 일에 응하고 물건 접하는 것을 바르게 판단하고 결정하여 분명함을 얻었다."

○ 張南軒(장남헌)이 말했다.

"배우는 것이 義(의)와 利(이)를 분별하는 것 보다 더 급히 먼저 힘써야 할 것이 없다. 대개 聖人(성인)은 하는 일이 없는 성싶어도 다 그렇게 분별을 한다. 무릇, 하는 바가 있어도 <義(의)와 利(이)를> 분별하지 못하는 사람은 다 人慾(인욕)의 사사로움 때문이지 天理(천리)를 살피는 바는 아니다. 이것이 義(의)와 利(이)의 분별이다."

【註: 朱子(주자)가 말했다. "이것은 예전의 聖人(성인)들이 未發(미발)이란 性善(성선)과 養氣(양기)의 功(공)과 같은 것이라는 것을 널리 이야기한 것이다."】

○ 또 말했다.

"물건을 접하지 않은 때에 공경을 지키는 것이 착한 것이 된다. 일단, 공부라는 것은 오로지 모름지기 정진하는 것이 아름다운 것이다. 그렇지 못하면 義(의)와 利(이)의 분별을 살필 수가 없다."

○ 金鶴峯(김학봉)[3]이 칼을 자제들에게 나누어 주면서 말했다.

---

3) 名(명)은 誠一(성일), 字(자)는 士純(사순), 宣祖(선조) 때의 儒臣(유신).

"너희들은 모름지기 이것을 가지고 義(의)와 利(이)의 관계되는 것을 베어 끊어 버리고, 그 취할 것과 버릴 것을 분별해야 한다."

【註: 義(의)와 利(이)의 구별을 분별하는 것에 대하여 말한 것임. ○ 살펴보건대, 利(이)와 慾(욕)을 살피고 분별해서 용기 있게 억제하는 공부는 가히 하나의 터럭만큼이라도 우물쭈물 미루어 나가거나 일각이라도 주저하지 말아야 한다. 그렇지 않으면 마치 들판에 불이 났는데 다 꺼지기 전에 봄바람이 불어 다시 불이 번지는 것과 같다.】

正心章(정심장)

〈마음을 바르게 하는 방법〉

【註: 살펴보건대, 正心(정심)을 하는 데는 存養(존양)과 省察(성찰)의 공부가 있다. 고요할 때는 敬(경)으로써 그것을 지키고 움직일 때는 敬(경)으로써 그에 응하면 자연히 마음이 그 바른 마음을 얻어서 昏昧(혼매)하고 游走(유주)하고 偏擊(편격)되는 근심이 없을 것이다.】

○ 「大學」(대학)에 말했다.

"그 몸을 닦고자 하면 먼저 그 마음을 바르게 해야 한다."

【註: 方蛟峯(방교봉)이 말했다. "마음이 헛된 것을 잘 살피고 主宰(주재)가 있게 하면 그것이 곧 마음을 바르게 하는 藥(약)의 처방과 같은 것이다."】

○ 또 말했다.

"마음이 분하고 성나는 일이 있으면 그 正心(정심)을 얻을 수가 없고, 두려워하는 바가 있어도 그 正心(정심)을 얻을 수가 없다. 또한 마음이 좋아하고 즐거워하는 바가 있어도 그 正心(정심)을 얻을 수가 없으며, 근심하는 바가 있어도 그 正心(정심)을 얻을 수가 없다.

【註: 朱子(주자)가 말했다. "이 네 가지는 마음의 쓰임이어서 사람에게 능히 없을 수가 없는 것들이다. 그러나 하나라도 〈치우친〉 생각이 있어서 능히 살피지 못하여 그 마음이 움직이고자 하면 情(정)이 本心(본심)을 이겨서 그 쓰는 것과 행하는 바가 그 正道(정도)를 잃지 않을 수가 없다." ○ 眞西山(진서산)이 말했다. "보통 아무 일이 없을 때는 이 네 가지가 가슴 속에 있을 필요가 없다. 만약 있다고 하면 私意(사

의)가 생겨나서 그 正心(정심)을 얻을 수가 없는 것이니, 모름지기 바른 마음을 함양 하여야 한다. 마음이 應物(응물)하지 않았을 때는 맑고 텅 비고 고요해서 거울처럼 밝고 저울대처럼 평평하다. 응물하는 때에 이르러서는 바야흐로 서로 어긋나게 하지 말아야 한다. 마땅히 기쁠 때는 기뻐해야 하고 마땅히 노할 때는 노해야 하며 마땅히 근심스러울 때는 근심해야 한다. 그리고 마땅히 두려울 때는 두려워 하고 알맞게 되었을 때 그쳐서 다시 지나치게 되는 일이 없도록 하여야 한다. 마땅히 이와 같이 하여야 바야흐로 本心(본심)의 正常(정상)을 얻을 수가 있다." 】

○ 朱子(주자)가 말했다.

"대개 뜻이 성실하면 참으로 악함이 없고 실제로 착함이 있게 되는 것이다. 그 까닭은 능히 이러한 착한 마음을 두어서 그 몸을 교정하기 때문이다.

【註: 이것은 뜻이 성실하게 된 후에라야 마음이 가히 正道(정도)를 얻을 수 있다는 것을 말한 것임.】

그러나 혹 다만 誠意(성의)만 알고 능히 이러한 마음이 있는지 없는지를 세밀하게 살피지 못하면, 또한 속<마음>을 곧게 하고,

【註: 敬字工夫(경자공부)】

몸을 닦을 수가 없게 되는 것이다."

○ 또 말했다.

"마음이 어떤 事物(사물)에 매이게 되면 문득 마음이 움직이는 바가 되는데, <마음이> 사물에 매이게 되는 까닭이 세 가지의 일이 있다. 미래에는 먼저 기대하는 마음이 있다. 그리고 혹 일이 대응했거나 지나갔으면 또 마음이 있어, 잊어버리지를 못한다. 또 혹 바르게 일에 응했을 때는 뜻이 편중됨이 있어서 도무지 이 마음이 사물에 매이고 묶이는 바가 된다. 오로지 이것은 저 물건이나 일이 마음 속에 도래했기 때문이다. 그 일이 面前(면전)에 도래하게 되면 이에 대응하기를 어떻게 해야 마음이 그 正心(정심)을 얻을 것인가? 聖人(성인)의 마음은 맑고 밝아서 어떠한 사물이 닥쳐오는 것을 보면 크든 작든 간에 四方八面(사방팔면)으로 그 사물에 따라서 대응하지 아니한 것이 없는데 이것은 마음이 일찍이 저 사물에 매어있지 않기 때문이다."

○「心箴」(심잠)에 말했다.

“망망한 천지에 굽어보나 우러러보나 언덕이 없는데 사람이 그 사이에 眇然(묘연)하게 몸이 생겨났다. <그 망망한 천지 속에> 이 몸의 작은 것이 <마치> 엄청나게 큰 창고 속에 있는 벼 피 한 알만 하거늘 참여하여 三才(삼재) 즉, 天(천)·地(지)·人(인)이 되었으니, 말하자면, 오직 마음 하나로 이루어진 것이로다. 예로부터 지금까지 누가 이 마음이 없으리오마는 물질적인 만족 때문에 마음이 육체의 노예가 되어 들짐승이나 날짐승과 마찬가지가 되어 버린 것이다. 입, 귀, 눈, 손, 발, 그리고 動(동)과 靜(정)이 한가로운 틈을 타서 그 마음의 病(병)이 되는 것이다. 한 마음의 작은 것이 뭇 욕심을 공격하는 것인데 그 마음을 빼앗기지 않고 두는 사람이 슬프게도 드물다. 군자는 성실하게 마음을 보존해서 능히 생각하고 능히 공경스럽게 해야 한다.

【註: 胡雲峯(호운봉)이 말했다. ‘하나의 誠(성)이 족히 일만 개의 僞(위)를 없애 버릴 수가 있고, 하나의 敬(경)이 족히 일천 개의 邪(사)를 상대할 수가 있다.’】

사람의 마음이 태연하면 百體(백체)가 마음의 명령을 좇을 것이다.”

【註: 살펴보건대, 뜻은 진실로 성실하게 되어 있는데 다시 만약 그것이 加工(가공) 을 하지 아니하면, 마음이 능히 스스로 바르지 못하게 될 것은 필연적이다. 날마다 쓰고 應接(응접)하는 사이에 조심하고 스스로 〈誠(성)을〉 지켜서, 깊이 생각하고 조밀하게 살펴서 힘써 이 마음으로 하여금 放心(방심)되지 않도록 하여야 한다. 그렇게 한 연후에라야 誠意(성의)하는 공부가 중간에 중단되는 일이 없어서 마음이 그 正心(정심)을 얻을 수가 있게 되는 것이니, 修身(수신)을 하는 基本(기본)이 되는 것이다.】

養氣[4] 章(양기장)

<호연지기를 기르는 방법>

【註: 살펴보건대, 마음은 비록 正心(정심)을 얻었다 할지라도 그것을 保養(보양)하고 氣(기)를 바르게 하는 것을 치밀하게 하지 않으면 안 된다. 그러므로 반드시 무슨 일이든지 다 義(의)에 합당하게 하여, 스스로 반성해야 항상 바르게 되는 것이다.】

○ 孟子(맹자)가 말했다.

"심성을 기르는 데는 욕심을 적게 하는 것보다 더 좋은 것이 없다."

【註: 胡雲峯(호운봉)이 말했다. "「孟子」(맹자) 一書(일서)에 있는 3개의 養字(양자)가 참으로 다 절실한 말이니, 곧 養氣(양기), 養性(양성), 그리고 養心(양심)이 그것이다. 이 세 가지를 합해서 보면 氣(기)는 理(이)에서 생기는데 養氣(양기)를 잘 하는 사람은 養性(양성)을 잘 하는 데 있다. 性(성)은 마음에 갖춘 것이며 養性(양성)을 잘 하는 사람은 養心(양심)을 잘 하는 데 있다. 마음은 욕심과 통하는 것인데 養心(양심)을 잘 하는 사람은 욕심을 적게 하는 데 있다. 욕심을 적게 하고 또 적게 해서, 욕심이 없는 데까지 이르게 되면, 心存(심존)하고 性存(성존)하는 것이니, 氣(기)는 말할 것도 없다."】

○ 또 말했다.

"사람에게 들어 있는 本性(본성)인들 어찌 仁義(인의)의 마음이 없으리오? 그 良心(양심)을 내버리는 것은 또한 도끼로 <牛山(우산)의> 나무를 찍어 내는 것과 같은 것이니, 날마다 이것을 찍어 내는데 가히 아름다워질 수가 있겠는가? 그러나 그러한 良心(양심)은 <마치 찍어 내도 계속 자라나는 牛山(우산)의 나무들처럼> 밤낮으로 계속 생겨나는 것이며, 또한 평화로운 아침의 기운을 받아 생겨나는 것이다. 그런데 그 좋아하는 것과 싫어하는 것이 남과 서로 가까이 하는 인간적인 것이 거의 드물다. 그것은 밝은 낮에 하는 행위가 利慾(이욕)으로 本心(본심)을 잃게 되기 때문이다. 이렇게 <利慾(이욕) 때문에 本心(본심)을 잃게 되는 행위를> 되풀이하면, 그 밤에 길러지는 기운이 족히 남아 있지를 못하게 된다. 그리고 밤에 길러지는 기운이 남아 있지를 못하게 되면, 그것은 禽獸(금

4) 浩然(호연)의 氣(기)를 기름. 몸과 마음의 원기를 기름.

수)와 같이 되는 것이 멀지 않은 것이다. 사람들은 그 금수와 같이 된 것을 보고서 그 사람은 일찍이 사람다운 본바탕이 있지 아니한 사람이라고 하나, 그것이 어찌 사람의 본성이라고 할 수 있겠는가? 그러므로 진실로 그 배양을 잘 하기만 하면 길러지지 않는 것이 없고, 진실로 그 배양을 잃게 되면 소멸되지 않는 것이 없다."

【註: 마음이 사물과 접하지 않았을 때는 그 氣(기)가 清明(청명)하여 良心(양심)을 보기가 쉽다.】

○ 또 말했다.

"나는 나의 浩然之氣(호연지기)[5]를 잘 기른다. 그 氣(기)라는 것은 지극히 크고 지극히 굳센 것이다. 그것을 곧게 길러서,

【註: 스스로 반성하여 곧게 하면 그 기르는 바를 얻을 수가 있다.】

해치지 않으면 하늘과 땅 사이에 <그 氣(기)가> 가득 차게 될 것이다. 그 <浩然(호연)한> 氣(기)는 正義(정의)와 正道(정도)에 합하여 도움이 되는 것이며,

【註: 義(의)라는 것은 人心(인심)의 裁制(재제)이며, 道(도)라는 것은 天理(천리)의 自然(자연)이다.】

이 正義(정의)와 正道(정도)가 없으면 心的(심적)인 굶주림이 오게 된다. 이 浩然(호연)한 氣(기)는 正義(정의)가 모여서 자신의 마음 속에서 저절로 생겨나는 것이지,

【註: 集義(집의)라는 것은 善(선)을 쌓아서 일마다 義(의)에 합당하게 하고자 하는 것을 말함.】

正義(정의)가 외부에서 엄습해 와서 그것을 取(취)하게 되는 것은 아니다. 그래서 자신의 행실이 자신의 마음에 맞지 않는 점이 있으면 心的(심적)인 굶주림이 오게 되는 것이다."

【註: 朱子(주자)가 말했다. "氣(기)가 비록 道(도)와 義(의)에 합하여 도움이 될지라도 그것을 함양하기 시

---

5) 하늘과 땅 사이에 넘치게 가득한 넓고도 큰 원기. 도의에 뿌리를 박고 공명정대하여 조금도 부끄러울 바 없는 도덕적 용기. 사물에서 해방되어 자유스럽고 유쾌한 마음.

작하면 그 일로 말미암아 다 義(의)에 합당하게 하여 스스로 반성하여 항상 곧게 해야 한다. 이렇게 함으로써 부끄러운 일이 없게 되며, 그러한 氣(기)가 자연히 그 가운데에서 발생하게 되는 것이지, 다만 한 가지의 일이 우연히 義(의)와 合(합)하여 문득 밖에서 엄습하여 얻게 되는 것이 아니다. 행하는 바가 한 가지라도 義(의)에 맞지 아니하고 스스로 반성하는 것이 곧지 못하면, 마음에 족하지 못하고 그 본체가 불충분하게 되는 것이다." 】

○ 謝上蔡(사상채)가 말했다.

"浩然(호연)한 氣(기)는 모름지기 마음에 그 正心(정심)을 얻었을 때만 알아서 취할 수가 있는 것이다."

○ 程子(정자)가 말했다.

"그 뜻을 견지하는 데 호연지기를 해롭게 하지 말고,

【註: 孟子(맹자)의 말임.】

안팎으로 志(지)와 氣(기)를 함께 길러야 한다."

【註: 葉平巖(엽평암)이 말했다. "그 뜻을 견지한다는 것은 마음 가운데 지키는 바가 있다는 것이며, 그 氣(기)가 침범을 당하지 않는다는 것은 외부의 유혹에 방종됨이 없다는 것이다. 그러나 마음 가운데 지키는 바가 있으면 氣(기)가 저절로 완전하고, 외부의 유혹에 방종됨이 없으면 뜻이 더욱 견고하여 진다. 그러므로 志(지)와 氣(기)는 서로 함께 길러지는 것이라고 말했다." 】

○ 薛敬軒(설경헌)이 말했다.

"뜻은 진실로 견지하기가 어려운 것이며, 氣(기)는 또한 함양하기가 어려운 것이다. 敬(경)을 지키면 가히 뜻을 견지할 수가 있고, 욕심을 적게 하면 가히 氣(기)를 함양할 수가 있다."

○ 또 말했다.

"사람이 능히 말하고 행동하고 무슨 일을 하는 사이에, 감히 경솔하거나 소홀하게 하지 말고, 일마다 처리하는 것을 합리적이고 마땅하게 하면, 호연지기가 거기서 저절로 생겨나게 되는 것이다."

○ 胡文定(호문정)의 詩(시)에 말했다.

"靜(정)은 中和(중화)의 氣(기)를 함양시켜 주는 것이고, 閒(한)은 분함과 욕심을 소멸시켜 주는 것이다."

○ 朱子(주자)가 말했다.

"뜻을 견지하는 것은 心字(심자)에 두고 조밀하게 비교해야 한다. 다만 그 뜻을 견지하는 것을 오로지 안팎으로 숙연하게 하여야 한다."

○ 또 말했다.

"무릇 사람이 많이 動作(동작)하고 많이 웃으며 말을 많이 하여, 힘이 미치지 못하는 무슨 일까지 하게 되는데, 이것은 모두가 그 氣(기)를 상하게 하는 것이다. 반드시 일마다 節約(절약)하여 지나치지 않도록 하여야 하는데, 오로지 이렇게 하는 것이 養氣(양기)를 하는 道(도)이다."

○ 또 말했다.

"浩然之氣(호연지기)는 孔子(공자)가 이미 두 구절의 말로 설명을 다 하여 놓았다. 즉, '마음 속으로 깊이 자신을 반성하면 병이 될 것이 없으니, 무엇을 근심하고 무엇을 두려워하리오?' 라고 말했다."

○ 또 말했다.

"사람은 모름지기 세상을 덮을 만한 氣(기)가 있어야 한다."

○ 靜庵先生(정암선생)이 말했다.

"옛 사람이 이르기를, '顔子(안자)와 같이 되기를 바라는 사람은, 또한 앞으로 <노력만 한다면> 顔子(안자)와 같이 될 수가 있다.'고 하였다. 그러니 요컨대 마음 쓰기를 굳세게 하여야 하며, 마음 쓰기를 굳세게 하면 착하게 되기가 어렵지 않다. 나 같은 사람도 또한 깨끗하고 물에 적신 듯 고요한 가운데서는 혹 志氣(지기)가 청명한 때가 있으니, 진실로 능히 굳센 마음 기른 것을 잃지 않으면

<顔子(안자)와 같은> 古人(고인)의 경지를 가히 바라볼 만하다. 그러나 마음 쓰는 것을 굳세게 하지 못하는 고로, 날이 새고 나면 다시 마음이 혼란해 지는 患(환)이 있다."

【註: 전적으로 志氣(지기)를 함양하는 것을 말한 것임.】

○ 孔子(공자)가 말했다.

"君子(군자)는 세 가지 경계해야 할 일이 있다. 젊어서는 혈기가 안정되지 않았으므로 여색을 경계해야 한다. 장년기에 이르러서는 혈기가 바야흐로 굳세므로 싸우는 것을 경계해야 한다. 노년기에 이르러서는 혈기가 쇠약한 고로 이득을 취하려는 욕심을 경계해야 한다."

【註: 朱子(주자)가 말했다. "수시로 경계할 줄을 알아서 理(이)가 혈기를 이기게 하면, 理(이)가 혈기의 부림을 받지 않게 할 수 있다." 】

○ 程子(정자)가 말했다.

"義理(의리)와 客氣(객기)는 항상 서로가 이기려고 하는 것이다. 다만 義理(의리)와 客氣(객기)가 성쇠의 分數(분수)의 비율을 보아서, 어느 쪽이 더 많고 어느 쪽이 더 적으냐 하는 것이 군자와 소인의 분별이 되는 것이다."

○ 張子(장자)가 말했다.

"배우는 사람은 모름지기 먼저 그 客氣(객기)를 제거해야 한다. 사람의 客氣(객기) 제거를 끝까지 강행하여 <마음이> 즐기는 데로 나아가지 못하게 해야 한다."

○ 「張子韶」(장자소)에 말했다.

"혈기로써 義(의)를 삼는 사람은 바야흐로 왕성할 때는 명예와 절조를 세워서 가히 볼만한 것 같다. 그러나 그 쇠잔하여짐에 미쳐서는 명예를 잃고 절조가 무너짐에 이르지 않는 바가 없나니, 혈기는 족히 믿지 못할 것이 심하다. 學問

(학문)을 하고 克己(극기)를 하여 혈기를 전환시켜서 義理(의리)가 되게 하면, 궁극적으로 더욱 견고하여 지고 늙어도 더욱 굳세어 지게 된다."

【註: 혈기를 배양하는 것을 겸해서 말한 것임. ○살펴보건대, 攝養(섭양)도 또한 혈기를 기르는 一端(일단)이 되는 것이니, 별도로 處己章(처기장)에 갖춰 놓았다.】

操存章(조존장)

<공경심으로 착한 성품을 기르는 방법>

【註: 살펴보건대, 이 操存章(조존장)은 存養章(존양장)의 異名(이명)이니 마땅히 正心章(정심장)에 붙여야 할 것이다. 그러나 그 論(논)한 말이 너무 많아서 별도로 하나의 章(장)을 만들었는데, 그 요점은 敬字(경자)이다.】

○ 孔子(공자)가 말했다.

"잡아 두면 있고 놓아 두면 없어지며, 나가고 들어가는 것이 때가 없고, 그 향하는 곳을 알 수가 없나니, 오직 마음을 두고 하는 말이다."

○ 程子(정자)가 말했다.

"마음이 어찌 출입이 있으리오? 또한 잡고 놓는 것을 말할 따름이다. 마음을 잡는 道(도)는 敬(경)이니, 敬(경)으로써 마음을 바르게 해야 할 따름이다."

【註: 金仁山(김인산)이 말했다. "養(양)의 得失(득실)은 마음을 잡느냐 놓느냐의 사이에 있는 것이다. 〈즉, 잡으면 養心(양심)이 되고 놓으면 放心(방심)이 된다.〉 程子(정자)는 또 敬(경)으로써 마음을 바르게 해야 한다는 귀절을 말하여 操存(조존)하는 방법을 指示(지시)하였는데 가히 절실히 긴요한 말이다."】

○ 朱子(주자)가 말했다.

"마음의 실체는 본래 진실로 고요한 것이나, 능히 움직이지 않을 수 없다. 그리고 마음의 쓰임은 진실로 본래 착한 것이나, 또한 능히 착하지 못한 것에 흘러 들어갈 수도 있다. 무릇 마음이 움직여서 착하지 못한 곳으로 흐르는 것은, 진실로 가히 心體(심체)의 本然(본연)이라고 말할 수는 없다. 그렇다고 또한 그것이 마음이 아니라고 말할 수도 없다. 다만 그것은 事物(사물)에 유혹되어 그렇게 되는 것이다. 그러므로 앞서 聖人(성인)들이 말하기를, '잡으면 있고,

【註: 存心(존심)만 해 놓으면 고요해서 그것이 움직여도 착하지 않은 것이 없다.】

놓으면 없어져 버리며,

【註: 마음을 놓아 버린 상태에서는 움직임이 있으면 不善(불선)한 곳으로 흘러가 버린다.】

나가고 들어가는 것이 때가 없고, 그 鄕(향)을 알지 못하는 것이다.' 라고 하였다.

【註: 마음이 나간다는 것은 마음이 없다는 것을 뜻하며, 마음이 들어온다는 것은 마음이 있다는 것을 뜻하는 것이다. 그런데 그 마음이 나가고 들어가는 것은 근본적으로 일정하게 정해진 때가 없으며, 또한 그 마음이 있는 곳도 일정하게 정해진 것이 아니다. 특별히 사람이 마음을 잡느냐 놓느냐의 여하에 달려 있을 뿐이다.】

다만 이 네 가지의 구절은 마음의 體用(체용)과 始終(시종)과 眞妄(진망)과 邪正(사정)을 구비하지 아니한 바가 없음을 얻은 것을 말한 것이다. 또 마음은 잡지 않으면 놓치는 것이고 내 보내지 않으면 곧 들어오는 것이니, 한가로울 새 없이 마음을 잘 정돈하는 것이 좋다는 뜻이다."

○ 胡文定公(호문정공)이 말했다.

"일어나지도 않고 사라지지도 않는 것이 마음의 정체이며, 바야흐로 일어나고 바야흐로 사라지는 것이 마음의 사용이다. 그러므로 능히 항상 잡아 두면 비록 하루 사이에 백번 일어나고 백번 사라져도 마음은 진실로 아무렇지도 않게 그대로 있는 것이다."

【註: 朱子(주자)가 말했다. "不起不滅(불기불멸)이 뭉쳐서 움직이지 않는 것이 아닌데, 知覺(지각)하는 바가 없어서 마음이 어떻게 생겼는지를 모른다. 또 百起百滅(백기백멸)하는 가운데 不起不滅(불기불멸) 하는 별도의 한 물건이 있으니, 다만 이 마음은 환해서 전적으로 사사로운 뜻이 없고 이것은 寂然(적연)해서 움직이지 않는다. 〈마음의〉 本體(본체)는 順理(순리)하여 일어나고 순리하여 사라지는 것인데, 이것이 그 느끼는 데 따라서 드디어 천하의 무슨 일에 통하는 바가 되는 것이다." 】

○ 張子(장자)가 말했다.

"바른 마음의 시작은 마땅히 자기의 마음으로써 엄한 스승을 삼아서 모든 동작을 하게 되면, 삼가하고 두려워해야 할 바를 알게 된다. 이와 같이 하기를 1~2년간 하여 지키기를 견고하게 하면 자연히 마음이 바르게 될 것이다."

○ 朱子(주자)가 말했다.

"存心(존심)은 다만 이내 몸이 손님을 대접하고 있는 것과 같은 것을 이르는 것이며, 다만 이내 몸이 손님 앞에 있는 것처럼 하라는 것을 이른 말이다."

【註: 許魯齋(허노재)가 말했다. "비록 千萬(천만)의 사람 가운데 섞여 있을지라도, 항상 자기 자신이 있다는 것을 알고 있어야 한다. 이것이 특히 敬(경)의 大略(대략)이다】

○ 또 말했다.

"사람이 만약 날마다 쓰는 사이에 언어를 한두 구절 살펴 두고, 한가한 사람을 한두 사람 살펴 두며, 일을 이루는 것을 혼신으로 하고, 도무지 요란한 시장 가운데 있으면 어떻게 할까 하는 것을 살피며, 글을 읽는데 반나절은 静坐(정좌)하고, 반나절은 독서를 하며, 이렇게 하기를 1~2년간 계속 한다면, 어찌 不進(부진)을 근심하리오?"

○ 또 말했다.

"마음이 만약 존재하지 않는다면, 한 몸이 주인이 없는 거나 마찬가지이다."

○ 呂東萊(여동래)가 말했다.

"마음을 잡아 두면 혈기가 順(순)하고 궤도가 어지럽지 아니하며, 마음을 수렴하면 정신이 안으로 지켜져서 들뜨지 아니한다."

○ 退溪先生(퇴계선생)이 말했다.

"사람의 마음가짐이 가장 스스로 증험해 볼 만한 것이다. <마음에는> 한 걸음 만큼의 한가함이 있더라도, 또한 한 걸음 만큼의 어려움도 있어야 한다."

【註: 先生(선생)이 일찍이 말했다. "琴蘭秀(금란수)의 집에서 살 적에 산 속의 산길이 경사지고 험했었다. 갈 때는 고삐를 잡고 말을 조심스럽게 부려서 조심하는 마음을 풀지 않고 갔다. 돌아올 때는 조금 취해 있었는데, 돌연히 앞길이 험한 것을 잊어버리고 멋대로 편안하게 그냥 갔다. 위험한 줄도 모르고 평탄한 길을 밟듯이 그냥 온 것이다. 마음을 잡고 놓는 것이 이와 같으니 심히 조심해야 한다." ○ 操存(조존)을 통틀어 말한 것이다. ○ 아울러 아래 나오는 여러 章(장)에서도 위의 存養章(존양장)에 나오는 이야기를 이따금씩 비쳤다.】

○ 「論語」(논어)에 말했다.

"孔子(공자)가 끊었던 네 가지는 私意(사의)가 없게 하는 것과, 期必(기필)이 없게 하는 것과, 固執(고집)이 없게 하는 것과, 獨尊(독존)이 없게 하는 것이었다."

【註: 朱子(주자)가 말했다. "이 네 가지 끊는 것을 철두철미하게 해야 한다.】

○ 孟子(맹자)가 말했다.

"반드시 의로운 일이 있으면 그것을 그만두어 버리지 말고, 마음 속에 간직하여 잊어버리지 말며, 무리하게 억지로 잘 되게 하려고 하지도 말아야 한다."

【註: 胡雲峯(호운봉)이 말했다. "正(정)·忘(망)·助(조) 이 세 글자는 서로가 인연하여 다 이것이 害(해)를 조장하는 害(해)가 더욱 심하다."】

○ 程子(정자)가 말했다.

"사람의 마음은 항상 요컨대 활발해야 한다.

【註: 마음이 제자리에 있으면 항상 활기가 있는 것이다. 대개 일에 따라서 응수하는 것은 마음이 항상 나에게 있기 때문이다.】

그러면 두루 흘러서 궁함이 없고, 한 모퉁이에서 막힘이 없다."

【註: 마음이 편파적인 害(해)가 있다는 것을 말한 것임. ○ 살펴보건대, 사람의 마음이란 언제나 편파적인 害(해)가 있다. 그러므로 마음을 操存(조존)하는 공부를 해도 그 正心(정심)을 얻지 못하는 때가 있다. 그래서 이제 세 가지 條(조)를 여기에 언급하였다.】

○ 程子(정자)가 말했다.

"배우는 사람은 심려가 엉클어져 어지러운 것이 병이고, 능히 마음이 편안하고 고요하지 못한 것이 천하의 공통된 병이다. 배우는 사람은 다만 요컨대 마음을 잘 세워야 하며 진실로 헤아려 생각함이 있어야 한다."

○ 또 말했다.

"사람이 생각을 너무 많이 하게 되면 능히 스스로 고요할 수가 없다. 다만 心主(심주)를 정하지 못하면 오직 이것은 일에 그치게 되는 것이니, 人君(인군)이 되면 仁(인)에 그쳐야 된다는 것과 같은 것이다. 舜(순) 임금이 네 흉한을 죽였는데 네 흉한이 이미 악한 짓을 하여 舜(순) 임금이 좇아서 이 네 흉한을 죽인 것이니, 舜(순) 임금이 무슨 상관이 있겠는가? 사물이 있으면 반드시 법이 있는 것이니, 모름지기 이것이 일에 그치게 되는 것이다."

○ 張子(장자)가 말했다.

"마음이란 맑을 때는 적고 어지러울 때가 많은 것이다. 그 맑다는 것은 視(시)·明(명)·聽(청)·聰(총) 이 四體(사체)가 구속받지 아니하여, 자연히 공손하고 삼가 하게 되는 것이다. 그 어지러울 때는 이와 반대이다. 어째서 그런가 하면 대개 마음씀이 미숙하고 쓸데없는 생각이

【註: 생각이 일정하게 매인 곳이 없이 둥둥 떠 있는 모양.】

많아서 떳떳한 생각이 적기 때문에 그러한 것이며, 習俗(습속)의 마음이

【註: 한 곳에 편승한 마음.】

버려지지 아니하여 實心(실심)이

【註: 實心(실심)이란 義理(의리)를 말하는 것임.】

완전하지 못하여 그런 것이다."

○ 朱子(주자)가 말했다.

"배우는 사람이 늘 공부를 해 나가지 않으면 다만 이 마음이 존재하지 않는

것이다. 소년 시절 同安(동안)에 있을 적에 밤에 종소리를 들었는데, 그 한 종소리가 그치지 않는 것을 듣고서 이 마음이 저절로 달아났었다. 이것으로 인하여 깨우쳐 반성하고, 이에 학문을 하는 것은 모름지기 致志(치지)해야 된다는 것을 알게 되었다."

○ 또 말했다.

"李先生(이선생) <延平(연평)>이 말하기를, '악한 생각은 쉽게 단속하여야 하고, 이것을 너무 크게 생각할 것은 없으나, 利害(이해)는 잠깐 가고 잠깐 오는 것이며, 염려는 서로 이어져 끊어지지 않는 것이니, 몰아내어 없애 버리기가 어려운 것이다.' 라고 하였다. 그런데 이제 보니 사실이 그와 같다."

○ 또 말했다.

"전연 생각이 없게 하는 것은 불가한 일이며. 다만 간사한 생각이 없게 해야 한다."

【註: 또 말했다. "사람은 한 가지 正念(정념)이 있는데 이것은 명백한 것이고, 또 옆으로부터 별도의 한 작은 생각이 생겨나서 그것이 점점 넓어져 가는 것이니, 반드시 살펴야 한다." ○思慮(사려)의 害(해)를 말한 것으로 모두가 思無邪(사무사)에 대하여 말한 것임. ○살펴보건대, 마음을 잡지 않는다는 것은 생각이 이리저리 시끄럽게 흔들리는 데서 나오는 것이니, 다만 마땅히 고요하게 함양하고 공경스럽게 하여 마음을 지켜야 한다.】

○ 孟子(맹자)가 말했다.

"학문의 道(도)는 다름이 아니라, 放心(방심)되지 않도록 하는 것일 따름이다."

○ 程子(정자)가 말했다.

"聖賢(성현)의 천 마디 만 마디의 말이 다만 사람이 이미 놓아 버린 마음을 단속하여 다시 몸으로 들어오게 하고자 하는 것이며, 스스로 능히 天理(천리)를 향해서 가는 것이 下學而上達(하학이상달)이다."

○ 朱子(주자)가 말했다.

“지극히 귀중한 것이 나에게 있는데 그것을 잃으니, 이것이 가히 슬픈 일이다.”

○ 또 말했다.

“학문을 하는 데는 참으로 알고 있는지와 힘써 행했는지를 물어 볼 것 없이, 요컨대 義理(의리) 위에 그 마음을 잘 정돈하여 허다한 못된 생각들만 없게 하면 된다. 이렇게 하기를 오래하면 物慾(물욕) 위에는 가볍고 義理(의리) 위에는 무겁게 될 수가 있다.”

○ 또 말했다.

“사람의 마음이 <방심되지 않고 그냥> 존재하고 있음을 깨달으면, 다시 방심되지 않게 하려고 할 필요가 없다.”

【註: 放心(방심)을 求(구)하는 것을 말한 것임. ○ 살펴보건대, 이것은 操存(조존)의 다른 이름임.】

○ 程子(정자)가 말했다.

“배우는 사람은 마땅히 공경스럽게 하여 이 마음을 지켜야 한다. 급박하게 하는 것은 좋지 않다. 마땅히 그 사이에 裁培(재배)하고 深厚(심후)하게 涵泳(함영)한 연후에라야 가히 스스로 얻을 수가 있다. 다만 급박하게 이것을 구하면 그것은 자기만 위하는 사사로운 것이 되어 마침내는 족히 道(도)에 이르지 못하게 될 것이다.”

○ 또 말했다.

“사람이 가슴 속에 항상 두 사람이 들어 있는 것과 같다. 착한 일을 하고자 하면 악한 것이 그 사이에 끼어들어 이간질을 한다. 착하지 않은 일을 하고자 하면 또 不義(불의)를 부끄러워하고 不善(불선)을 미워하는 마음이 있는 것 같다. 이것이 바로 善(선)과 惡(악)이 가슴 속에서 서로 싸우게 되는 시험이다. 그 뜻을 견지하고 氣(기)로 하여금 능히 어지럽게 하지 말아야 한다. 이것이 큰 시험이며 이것을 요약컨대 聖賢(성현)이라야 반드시 心疾(심질)을 害(해)하지 않을 수가 있다."

【註: 또 말했다. "사람의 혈기는 진실로 虛(허)한 사람도 있고 實(실)한 사람도 있으나 질병이 오는 것은 聖賢(성현)도 면할 수가 없다. 그러나 자고로 聖賢(성현)의 배움으로 인하여 心疾(심질)에 걸렸다는 말을 들어 본 일은 없다.】

○ 退溪先生(퇴계선생)이 말했다.

"心氣(심기)의 병은 이치의 관찰을 투철하게 하지 못하고 새로운 길을 만들어 강제로 탐구하는 것이다. 그리고 操心(조심)하는 방법이 어두워 싹을 잡아 뽑아서 빨리 자라게 하려는 것과 같이 어리석게 하고 勞心極力(노심극력)하는 것을 깨닫지 못하여 이 지경에 이르는 것이다. 이것이 처음 배우는 사람들의 공통된 병이다. 그리고 이것은 능히 속하게 고칠 수가 없는 것이다. 그러나 그러한 병이 드디어 이루어졌으면 다스리는 약의 처방으로 제일 가는 것은 모름지기 먼저 장차 世間(세간)의 窮通(궁통)과 得失(득실)과 榮辱(영욕)과 利害(이해)의 일체를 置之度外(치지도외)하여 마음을 더럽히지 않는 것이다. 이와 같이 하여 무릇 日用之間(일용지간)에 서로 술을 권하는 일을 적게 하고 기호와 욕심을 적게 하며 虛心(허심)하고 한가롭게 하여 마음이 편안하고 기쁘게 해서 利害(이해)의 마음을 다 쫓아 버려야 한다. 圖書(도서)나 花草(화초)를 구경하고 溪山(계산)이나 魚鳥(어조)를 즐기는 것이 진실로 즐겁고 뜻이 알맞는 사람은 그것을 접하는 것을 싫어하지 말고 心氣(심기)를 항상 順(순)한 지경에 두어야 한다. 그리하여 어기고 어지럽게 해서 성내는 일이 없도록 하는 것이 要法(요법)이다. 글을 보는 데는 지극히 勞心(노심)하지 말고 절대로 많이 보지도 말며, 다만 뜻에 따라서 그 글맛을 즐겁게 해야 한다. 궁리를 하는 데는 모름지기 그 日用(일용)을 平易(평이)하고 明白(명백)한 곳으로 할 것이며 간파하고 敎熟(교숙)하여 그 이미 아는 바에 優游涵泳(우유함영)하여야 한다. 着意(착의)하지 아니해야 할 것과 着意(착의)하지 않으면 안 될 것이 사이에 照管(조관)하는 것을 잊지 말아야 한다. 이것을 쌓기를 오래하면 저절로 자세하게 이해되어 소득이 있을 것이다. 더욱이 執捉(집착)하고 制縛(제박)하여 너무 속히 경험을 취하려고 하는 것은 좋지 못하다."

【註: 心疾(심질)을 다스리는 법을 첨부해서 말한 것임.】

喜怒章(희로장)

<기쁨과 노여움을 조절하는 방법>

【註: 살펴보건대, 喜怒(희노)의 과실은 마땅히 마음이 正心(정심)을 얻지 못해서 그렇게 되는 것이다. 이것도 역시 正心章(정심장)의 附條(부조)인데, 별도로 갖추어서 하나의 章(장)을 따로 만든 것은 七情(칠정) 중에서 오직 이것이 어려운 것이기 때문이며, 逸慾章(일욕장)도 또한 마찬가지다. 그 기미가 움직이는 바인즉 마땅히 省察(성찰)하는 功(공)을 더해야 한다.】

○ 程子(정자)가 말했다.

"聖人(성인)이 기뻐하는 것은 事物(사물)이 마땅히 기뻐할 만한 일이 있음으로써 기뻐하고, 聖人(성인)이 怒(노)하는 것은 事物(사물)이 마땅히 怒(노)할만한 일이 있음으로써 怒(노)하는 것이다. 이것은 聖人(성인)의 기뻐하고 노하는 것이 마음에 매어 있는 것이 아니라 事物(사물)에 매어 있다는 것을 말해 주는 것이다. 무릇 사람의 情(정)이란 發(발)하기는 쉬우나 억제하기는 어려운 것이다. 노하게 되는 경우에 이러한 현상이 더욱 심하다. 그러므로 다만 능히 노하게 될 때에는 급히 노함을 잊고, 이치의 옳고 그름을 관찰하여야 한다."

○「古語」(고어)에 말했다.

"怒(노)하게 되면 和(화)로써 이것을 풀고, 기쁘게 되면 正(정)으로써 이것을 거두어야 한다."

○ 趙淸獻公(조청헌공)[6]이 말했다.

"심히 기쁜 가운데 남에게 물건을 주지 말고, 심히 노한 가운데 남에게 편지 답장을 하지 말아야 한다."

【註: 喜怒(희로)를 말한 것임.】

○ 朱子(주자)가 말했다.

"血氣(혈기)의 怒(노)는 가히 있어서는 아니 되며, 義理(의리)의 怒(노)는 가히 없어서는 아니 된다."

○ 許魯齋(허노재)가 말했다.

"忿氣(분기)를 대단한 불꽃처럼 불사르는 것은 한갓 自傷(자상) 행위를 하는 것과 같다. 분한 일이 부딪쳐 오거든 급하게 다투지 말고 자제해서 마음을 청량하게 하여야 한다."

○ 顔淵(안연)은 자신의 怒(노)한 것을 남에게 옮기지 않았다.

【註: 朱子(주자)가 말했다. "가히 노하는 것은 事物(사물)에 있는 것이다. 顔子(안자)는 일찍이 혈기 때문에 움직여서 그것을 남에게 옮기지 않았다."】

○ 張思叔(장사숙)[7]이 종을 꾸짖으니 伊川(이천)이 말하기를, "어찌 그렇게 참을성이 없는고?" 라고 하였다.

【註: 寒暄(한훤) 선생이 熙川(희천)의 귀양지에 가 있을 때 꿩 한 마리를 얻었는데 장차 그것을 그의 어머니한테 보내 드리려고 하고 있었다. 그런데 고양이 새끼가 그것을 훔쳐먹어 버리니, 선생이 꿩을 지키던 종을 몹시 꾸짖었다. 때마침 靜庵(정암)선생이 나이 17세였는데 寒暄(한훤) 선생의 문하에서 글을 배우고 있었다. 이러한 장면을 목격한 靜庵(정암)이 寒暄(한훤) 선생 앞에 나아가 말했다. "부모님을 봉양하고자

6) 名(명)은 忭(변), 字(자)는 悅道(열도), 宋(송)의 名臣(명신).
7) 名(명)은 繹(역), 程(정)의 門人(문인).

하는 정성은 비록 간절하오나, 군자의 말하는 기운은 반드시 살펴서 조심스럽게 해야 하는 것인데, 꿩 한 마리 때문에 그렇게 화를 내시니, 제가 생각할 때 간절히 의심나는 점이 있는 고로, 감히 그 이유를 여쭙고자 합니다." 그러자 한훤선생이 일어나 앞으로 나아가서 靜庵(정암)의 손을 잡고 말했다. "내가 바야흐로 그렇게 한 것을 스스로 뉘우치고 있었노라. 너의 말도 또한 그와 같으니, 내가 더욱 깊이 깨닫고 부끄러워 하고 있노라."】

○ 陳白沙(진백사)가 밤에 집의 아이종들이 물건을 잃어 버려서 성내어 꾸짖다가 氣(기)가 動(동)하여 성이 난 것을 깨닫지 못하더니, <마음을 돌려먹고> 그렇게 한 것을 근심하고 두려워하여 「忍箴」(인잠)을 지었다.

【註: 箴(잠)에 말했다. "七情(칠정)의 發(발)하는 것 중에서 오직 怒(노)함이 급하게 發(발)하는 것이다. 여러 가지 怒(노)하는 것이 더하게 되면, 오직 忍(인)이 마땅한 것이 된다. 즉, 怒(노)하는 불꽃을 忍(인)이라는 물로써 제거해야 한다. ○ 단적으로 怒(노)에 관한 것을 말한 것임.】

○ 「金人銘」(금인명)에 말했다.

"너무 강하고 굳센 사람은 그 순조로운 죽음을 얻지 못하고, 이기기를 좋아하는 사람은 반드시 적을 만나게 되는 것이다."

○ 어떤 사람이 呂滎公(여형공)에게, "소인한테 욕을 먹게 되면, 이것을 어떻게 처리하면 좋습니까?" 하고 물으니, 대답하여 말했다.

"첫째로는 그 사람과 내가 근본적으로 똑같은 사람인데 무엇이 詈(리)가 되고 무엇이 辱(욕)이 되는가를 알게 되면, 자연히 분노심이 없어지게 된다. 그 다음으로는 또 나는 어떤 사람이며 저 사람은 어떤 사람인가를 스스로 생각하여, 저 사람에게 답을 하는 식으로 해서, 이와 같이 처리해 나가면 분한 마음이 또한 저절로 소멸하게 될 것이다."

○ 唐(당)의 婁師德(누사덕)은 마음이 너그럽고 친절하며 고요하고 정성스러워서 남이 자기를 범하더라도 시비를 비교하려 하지 않았다. 그리고 일찍이 그 아우에게 경계하여 말하기를, "남이 네 얼굴에 침을 뱉으면, 씻지 아니하여도 저절로 마를 것이니 마땅히 이것을 웃고 받아들이라"고 하였다.

○ 呂申公(여신공)[8]은 일찍이 한평생을 남과 옳고 그름을 따져 본 일이 없었다.

【註: 분쟁의 좋지 못한 것을 겸해서 말한 것임.】

逸慾章(일욕장)[9]

<욕심을 억제하는 방법>

【註: 살펴보건대, 설명이 喜怒章(희로장)과 같다.】

○ 周子(주자)가 말했다.

"孟子(맹자)가 말하기를, '心性(심성)을 기르는 데는 욕심을 적게 하는 것보다 더 좋은 것이 없다. 그 사람됨이 욕심이 적으면 비록 本心(본심)을 보존하지 못하게 되는 수가 있다 하더라도 그것을 잃는 정도가 적다. 그리고 사람됨이 욕심이 많으면 비록 본심을 보존하게 되는 수가 있다 하더라도 그것을 보존하는 정도가 적다.'고 하였다. 내가 이르나니, 마음을 수양하는 것은 욕심을 적게 하는 데서 그치는 것이 아니라 존양하는 것이다. 그리고 대개 욕심이 적으면 욕심이 없는 데까지 이르게 되는 것이다. 또한 욕심이 없게 되면 정성이 서고 밝은 것이 통하게 될 것이다."

○ 孔子(공자)가 말했다.

"棖(정)[10]은 욕심이 있으니, 어찌 剛(강)함을 얻을 수 있으리오?"

---

8) 名(명)은 公著(공저), 宋(송)의 名相(명상).
9) 욕심을 억제시키는 일에 관하여 논한 章(장).
10) 孔子(공자)의 弟子(제자).

【註: 程子(정자)가 말했다. "사람이 욕심이 있으면 剛(강)하지 못하고, 剛(강)하면 욕심을 버리는 데 强(강)하지 못하다."】

○ 程子(정자)가 말했다.

"심하도다. 욕심이 사람에게 害(해)가 되는 것이여! 사람이 착하지 못한 일을 하는 것은 욕심이 유혹해서 그렇게 되는 것인데, 유혹해서 유혹당하는 것을 알지 못하니, 天理(천리)가 멸하는 데까지 이르게 되어도 돌이킬 수가 없게 되는 것이다. 그러므로 눈으로는 빛을 보고 싶어 하고 귀로는 소리를 듣고 싶어 하게 된다. 그리고 코로는 냄새를 맡고, 입으로는 맛을 보며, 四肢(사지)는 편안한 것을 구하는 것이 다 그래서 그런 것이다. 이것이 다 욕심을 부려서 그렇게 되는 것인데 어떻게 하면 그러한 욕심을 막을 수가 있을까? 말하자면, 생각할 따름이다. 오직 생각하여야 능히 욕심을 막을 수가 있는 것이다. 曾子(증자)의 三省(삼성)은 욕심을 막는 道(도)이다."

【註: 朱子(주자)가 말했다. "생각이 바르지 못한 것은 이것 역시 욕심 때문에 그런 것일 뿐이다. 그 이치의 是非(시비)와 可否(가부)를 생각해 본다면 바르지 않은 것이 없다."】

○ 또 말했다.

"반드시 마음이 사물에 빠져 버리는 것만 욕심이 되는 것은 아니다. 다만 마음이 사물에 향하는 바만 있어도 욕심이 되는 것이다."

【註: 王陽明(왕양명)이 말했다. "욕심이라는 것은 무슨 聲色(성색)이나 財利(재리)와 같이 밖에서 유혹하는 것 뿐만 아니라, 마음에 私的(사적)인 생각이 있게 되면 그것도 다 욕심이다."】

○ 「樂記」(악기)에 말했다.

"道(도)로써 욕심을 억제하면 즐거워서 어지럽지 않고, 욕심으로써 道(도)를 잊어버리면 혹해서 즐거운 줄을 모르게 된다."

【註: 程子(정자)가 말했다. "사람이 비록 욕심이 없을 수는 없으나, 마땅히 욕심을 억제할 줄 알아야 한다. 욕심을 억제하지 못하고 오직 욕심대로 좇아가게 된다면 사람의 도리는 없어져 버리고 금수와 같이 되어 버릴 것이다."】

○ 「周易」(주역)에 말했다.

"山(산)의 아래에 연못이 있는 것은 損(손)이니, 군자는 이로써 忿(분)을 징계하고 욕심을 막아야 한다."

【註: 朱子(주자)가 말했다. "욕심을 막는 데는 깊은 구렁을 메우는 것과 같이 하고, 忿(분)한 것을 징계하는 데는 무너지는 산을 막아내는 것과 같은 마음으로 해야 한다."】

○ 孔子(공자)가 말했다.

"居(거)함에 편안함을 구하지 말아야 한다."

○ 孟子(맹자)가 말했다.

"안락 속에서는 망하게 되고, 우환 속에서는 살게 된다."

【註: 朱子(주자)가 말했다. "宴樂(연락)하는 데 가장 두려워해야 할 것은, 이른바 宴安酖毒[11](연안짐독)이다."】

○ 朱子(주자)가 말했다.

"교만하고 즐기는 것을 좋아하면 사치하고 방자해져서 절제를 알지 못하게 된다. 방탕하고 멋대로 노는 것을 좋아하면 게을러져서 착한 즉, 좋은 소리 듣기를 싫어하게 된다. 酒宴(주연)으로 즐기는 것을 좋아하면 매우 방탕해져서 소홀히 여기는 사람이 된다. 그러므로 소인과 군자의 좋아하는 것과 싫어하는 것은 삼가 하지 않을 수가 없다."

○ 또 말했다.

"무슨 意思(의사)를 順適(순적)하면, 이것이 人慾(인욕)이다."

○ 楊龜山(양구산)이 羅仲素(나중소)[12]에게 말하기를, "다만 마음에 害(해)가

11) 일하지 않고 노는 것은 酖酒(짐주)의 毒(독)과 마찬가지로 自殺行爲(자살행위)와 같다는 것, 酖(짐)은 鴆(짐). 酖酒(짐주)는 짐새의 깃으로 담근 술로서 독이 있어 마시면 즉사하게 됨.
12) 名(명)은 從彦(종언), 號(호)는 豫章(예장), 宋(송)의 大儒(대유).

되는 것에 일단 부딪치게 될 때, 깊이 반성하고 유의하면 가히 道(도)에 들어 갈 수가 있다."고 하였다. 仲素(중소)는 이 말을 평생 동안 마음 속에 간직하여 잊지 않고, 세상에서 자기가 좋아하는 모든 것을 일체 금지하였으므로 학문이 날로 새로워졌다.

【註: 욕심을 막는 것에 관하여 통틀어 말한 것임.**】**

○ 「書經」(서경)에 말했다.

"노래와 여색을 가까이 하지 말아야 한다."

○ 張子(장자)가 말했다.

"<春秋時代(춘추시대)> 鄭(정)과 衛(위)의 음악은 슬프고 슬퍼서 사람으로 하여금 뜻과 생각을 주저하여 차마 떠나지 못하게 하였다. 또 게으른 뜻이 생겨나고 좇아서 방자하고 음란한 마음에 이르게 하였다. 비록 진귀한 놀잇감이 되고 기묘하고 귀한 것이어서 그것이 사람을 감동케 하는 것이 또한 그렇게 간절할 수가 없으나, 좇으면 무한히 즐기고자 하는 욕심이 생겨나게 되는 것이다. 그러므로 孔子(공자)는 필연코 그것을 추방하여 버렸다."

○ 胡文公(호문공)이 말했다.

"마음을 다스리고 몸을 닦는데 있어서는, 음식과 남녀로써 간절한 요점을 삼아야 한다."

○ 朱子(주자)가 말했다.

"우리들은 재물과 색, 이 두 가지는 완전히 타파시켜 버리고 다시는 화제 삼아 말을 하지 않아야 한다."

○ 曹南冥(조남명)이 말했다.

"천하에서 제일로 들어가서는 안 되는 곳은 花柳關(화류관)이다."

○ 李土亭(이토정)[13]이 자제들에게 여색을 삼가는 것을 제일 먼저로 삼아야 한다고 경계하며 말했다. "이것을 엄격하게 하지 않으면 그 나머지는 볼 것도 없다."

【註: 公(공)이 徐花潭(서화담)의 집에 가서 공부를 하였는데 어떤 여자 하나가 公(공)을 사모하여 밤에 와서 온갖 교태를 다 부렸다. 公(공)은 정색하고 이를 거절하여 버렸다. 그렇게 하면 못쓰는 것이라고 점잖은 말로 여러 가지로 타이르니 그 여자는 울면서 가버렸다. 花潭(화담)이 엿보아 이를 알고 말하기를, "〈내 제자가 아니라〉 내 스승이다." 라고 하였다. 후에 제주에 들어간 일이 있었는데, 州官(주관)이 아름다운 기생 하나를 골라서 公(공)에게 데리고 자라고 천거를 했으나, 公(공)은 마침내 더러운데 말려들지 않았다.】

○ 退溪先生(퇴계선생)이 말했다.

"여러 사람이 북적거리고 화려하며 방탕스러운 가운데, <사람의 마음은> 변하기가 가장 쉬운 것이다."

○ 일찍이 이러한 <紛華波蕩(분화파탕)한 것을 배척하는> 데 힘썼는데, 집의 사환들과 노래를 잘하는 기생들이 앞에 가득하니, 일단 기쁜 마음이 있어 비록 통쾌하기는 하나, 그러한 욕심을 막기를 더 하면 생사의 길목에 빠지는 것은 거의 면할 수 있을 것이라는 것을 문득 깨달았다.

【註: 선생이 무슨 일이 있어 義州(의주)에 가서 한 달 동안을 체류하였는데 절대로 色(색)을 가까이 하지 않았다. 오는 길에 평양을 지나는데 평양감사가 이름난 기생에게 선생을 모시고 자도록 했으나 선생은 마침내 돌아보지도 아니 하였다. 】

○ 周恭叔(주공숙)[14]이 일찍이 宴席(연석)에서 눈에 뜨이는 바가 있으니 伊川(이천)이 말했다. "부모님께서 남겨 주신 이 소중한 몸으로써, 그 천한 기생 따위와 짝을 지어 놀아나는 것이 옳은 일인가? 그것은 금수만도 못한 일이다."

【註: 聲色(성색)의 욕심을 말한 것임.】

---

13) 名(명)은 之菡(지함), 字(자)는 馨伯(형백), 宣祖(선조)때의 逸士(일사).
14) 宋(송)나라 사람.

○ 「書經」(서경)에 말했다.

"재물과 이익을 불리려고 하지 말아야 한다."

○ 「曲禮」(곡례)에 말했다.

"재물을 보면 구차하게 얻으려고 하지 말아야 한다."

○ 朱子(주자)의 제자가 어떤 사람과 더불어 訟事(송사)를 벌이고 있는 사람이 있거늘, 선생이 이를 꾸짖어 말했다. "욕심이 심하면 어둡고 가려져서 義理(의리)를 잊어버리게 되고, 구하려고 지극히 힘쓰다 보면 서로 빼앗으려고 싸우다가 원망스런 원수의 지경에까지 이르게 되는 것이다."

○ 宋大史(송대사)[15]가 기둥에 새기어 말했다.

"高山(고산)처럼 善(선)을 쌓았으나 그래도 아직 군자가 되지 못했다. 이제 아주 적은 이익이라도 탐하게 된다면 오로지 소인의 지경에 빠져버리게 될 것이다."

○ 退溪先生(퇴계선생)이 말했다.

"땅을 사서 값을 계산하고 남용을 절약하며 바른 것을 좇아도 올바른 이치를 면치 못하는 것이다. 다만 한 번만이라도 자신에게 이롭고 남을 이기려는 마음이 있다고 한다면, 舜(순)임금과 도척의 분별이 거기서 생기는 것이다. 모름지기 정밀하게 가려서 義(의)와 利(이)를 짝 쪼개어 판별할 수 있어야 겨우 군자가 될 수 있으며, 소인됨을 면할 수 있을 것이다."

【註: 金富弼(김부필)이 書院(서원)에 곡식을 쌓아 두었다가, 이익을 좀 붙이는 것이 어떻겠느냐고 청하여 물으니 선생이 말했다. "殖利(식리)라는 두 글자는 선비의 입에 올리는 말이 아니다." ○ 貨利(화리)의 욕심을 말한 것임.】

---

15) 名(명)은 濂(렴), 字(자)는 景濂(경렴), 明(명)의 儒臣(유신).

○ 程子(정자)가 말했다.

“옛적의 선비는 15세에 入學(입학)하여 40세에 가서야 바야흐로 벼슬길에 올랐다. 중간에 25년 동안을 배워도 이익을 무시하고, 배움을 회피하여 달아나지 않았다. 그러니 그들의 뜻 둔 바를 가히 알 수가 있다. 모름지기 善(선)을 향하여 달려가야, 오로지 이로부터 덕을 이룰 수가 있는 것이다. 후세의 사람들은 어려서부터 이미 利(이)를 쫓아가는 마음이 급급하니, 어떻게 善(선)을 향하는 뜻이 생겨날 수 있겠는가? 그러므로 옛 사람들은 반드시 40세가 되어서 벼슬을 한 연후에 뜻을 定(정)하고 衣食(의식)의 문제를 경영하였다. 그래도 도리어 害(해)가 되지 않았으니, 利(이)와 祿(녹)의 유혹이 가장 사람을 해치는 것이다.”

○ 程子(정자)가 말했다.

“학문은 모름지기 實事(실사)에 힘써야 하는 것이니, 요컨대 명예를 가까이 하려 하지 말아야 한다. 명예를 가까이 하는 데 뜻을 두면, 그것은 거짓된 학문이다. 명예를 위하고 利(이)를 위하는 것이 흐리고 탁한 것은 비록 같지 않으나, 그 利(이)를 좋아하는 마음은 마찬가지이다.”

○ 謝上蔡(사상채)가 말했다.

“명예와 이익의 관문을 지나게 되면 바야흐로 그곳이 좀 쉬어야 할 곳이다. 그런데 오늘날 사대부들의 하는 것이 어찌 잘 한다고 할 수 있겠는가? 말만 능숙하게 잘 하는 것이 참으로 앵무새와 같도다.”

【註: 朱子(주자)가 말했다. “모름지기 이곳에 立得脚定(입득각정)을 한 연후에라야 학문을 널리 알고 예절을 지키는 功(공)이 베풀어지는 바가 있다.”】

○ 胡文定公(호문정공)이 말했다.

“사람이 일체 세상의 맛이 淡薄(담박)해야 바야흐로 좋은 것이며, 부귀를 흠모하는 것은 좋지 않은 것이다. 맹자가 이르기를, ‘집이 높직한 굉장한 집이고 먹을 것이 눈앞에 수두룩하게 쌓여 있는 것을, 내가 그렇게 하려고만 하면 뜻대로 될 수 있을지라도, 나는 그렇게 하지 않을 것이다.'라고 하였다. 배우는 사람은 모름지기 먼저 그러한 생각을 제거해 버리고 항상 스스로 그런 것을 사모하는 마음을 멀리하는 생각을 가지고 지내야 한다. 그러면 함정에 떨어지는 지경에는 이르지 않을 것이다."

○ 李栗谷(이율곡)이 말했다.

"착한 일을 하여서 명예를 가까이 하려고 하는 것은 또한 利(이)를 추구하는 마음이다. 군자가 이것을 보는 것은 도둑보다도 더 심한 것이다. 그런데 하물며 착하지 못한 일을 하여서 이익을 취하려고 하는 것은 더 말할 것도 없는 일이다."

【註: 명예와 이익의 욕심을 말한 것임.】

○ 程子(정자)가 말했다.

"무릇 모든 애완하고 좋아하는 것이 다 志(지)를 빼앗는 것들이다. 書札(서찰)에 이르러서도 선비가 하는 일에는 가장 가까운 것이나, 한결같이 그런 것만 좋아하게 되면 그 또한 스스로 志(지)를 상실하는 것이다."

○ 또 말했다.

"사람이 <物慾(물욕), 富貴(부귀), 名利(명리) 등과 같은> 外物(외물)을 奉身(봉신)하는 것은 일마다 다만 자기의 한 몸과 마음이 좋아하는 것이어서 도리어 좋은 일이 못되는 것이다. 진실로 그러한 外物(외물)을 얻게 될 때는, 도리어 자기의 몸과 마음이 그 좋지 못한 것에 빼앗긴 줄을 모르는 것이다."

○ 伯淳(백순)이 君實(군실)과 더불어 일찍이 史畫(사화)를 보고 있었다.

【註: 서울 즉, 낙양에 史畫(사화)를 둔 匣(갑)이 있었다.】

그런데 伯淳(백순)이 君實(군실)이한테, "저런 그림 그리는 것 좀 배워보지 않겠는가?" 하고 물었다. 君實(군실)이 대답하여 말했다. "나는 내 한 몸도 오히려 능히 유지하지 못하고 있는데, 다시 무슨 공부를 또 하리오?"

○ 어느 조정의 선비 집에, 묵은 거울 하나가 소장되어 있었다. 그는 스스로 말하기를 능히 이백 리를 비치는 거울이라고 하며, 그것을 呂蒙正(여몽정)[16]에게 드리고자 하니, 公(공)이 웃으며 말했다. "내 얼굴은 楪子(접자)만한 크기밖에 안 되는데, 어찌 이백 리나 비치는 거울을 쓸 필요가 있으리오?"

【註: 王文正公(왕문정공)에게 玉帶(옥대)를 선사하는 사람이 있어서 그 아우가 文正公(문정공)에게 가져다주니 公(공)이 말하기를, "내가 지금 짊어지고 있는 것도 무겁거니와, 이 옥대를 띠고 있으면 보는 사람들도 '그 옥대 참 좋다' 고 칭찬하여 주려면 그에게도 수고를 끼치게 된다. 그리고 내 허리에 이러한 물건을 띠고 있는 것은 마땅치도 않다" 고 하였다. 그리고는 얼른 돌려보내 버렸다.】

○ 呂申公(여신공)은 어려서부터 講學(강학)을 하는데 治心(치심)과 養性(양성)으로써 근본을 삼았다. 嗜好(기호)와 慾心(욕심)을 적게 하고 滋味(자미)를 적게 하였다. 世利(세리), 紛華(분화), 聲妓(성기), 遊宴(유연) 등은 물론이고, 장기나 바둑 또는 기이한 노리개 등에 이르기까지 담담하게 여기고 좋아하는 바가 없었다.

【註: 玩好(완호)의 욕심을 말한 것임.】

○「禮記」(예기)에 말했다.

"음식과 남녀의 사이에 커다란 욕심이 있게 되는 것이다."

○ 陳方卿(진방경)이 先生(선생)<朱子(주자)>를 모시고 식사를 하였는데 朱子(주자)가 말했다. "다만「周易」(주역) 속에 있는 節飮食(절음식)이라는 세 글자는 사람이 일찍이 실행하지 못한 일이다."

---

16) 宋(송)의 名相(명상).

○ 范魯公(범노공)[17]이 詩(시)를 지어 말했다.

“너에게 경계하노니 술을 즐겨하지 말지니라. 술이란 狂藥(광약)인 것이지 아름다운 맛을 가진 것이 아니니라. 그래서 능히 마시고 나면 조심성 있고 인정 두터운 성질이 변하여, 흉측하고 험악한 부류의 사람이 되기가 쉬우니라.”

○ 程子(정자)가 말했다.

“술을 마시는 것은 취하도록 마셔서는 안 되는 것이다. 어지러운 데 미치지 않는다는 것은, 반드시 뜻을 어지럽게 해서는 안 된다는 것일 뿐만 아니라, 혈기도 또한 어지럽게 해서는 안 된다는 것이기도 하다. 다만 술기운이 두루 퍼져 취기를 느낄 정도로만 마시면 될 따름이다.”

○ 崔守愚(최수우)[18]가 일찍이 식욕을 논하여 말했다.

“나는 무우를 편벽되게 좋아 하였는데 바야흐로 들것에 실려 감옥에 이르렀을 때였다.

【註: 公(공)이 己丑年(기축년)에 禍(화)를 당했음.】

그런데 그때 장터거리에서 수염도 없이 연하고 매끄럽게 생긴 무우를 보고는 자신도 모르게 군침이 흘러나왔다. 사람 욕심의 가히 두려운 것이 이와 같다.”

【註: 음식의 욕심을 말한 것임. ○ 아래는 「威儀箴」(위의잠)의 飮食條(음식조)를 말한 것임.】

17) 名(명)은 質(질), 宋(송)의 名臣(명신).
18) 名(명)은 永慶(영경), 字(자)는 孝元(효원), 宣祖(선조)때의 逸士(일사).

器量[19] 章(기량장)

<재능과 덕을 기르는 방법>

【註: 살펴보건대, 뜻이 성실하지 못한 까닭과 마음이 바르지 못한 까닭은 다 자기의 지식과 도량이 치우치고 좁으며 좋아하고 미워하는 것이 中(중)을 잃어버려서 그런 것이다. 그러므로 程子(정자)는 말하기를, "배움이 진전되면 지식도 진전되고, 지식이 진전되면 도량도 진전된다." 고 하였다. 따라서 배우는 사람은 언제나 存省(존성)하는 功(공)을 배움과 지식과 도량이 다 같이 일치하게 하고 널리 개척시키는 방법을 더하여, 가히 하나의 터럭만큼이라도 편벽되고 구부러지게 해서는 안 된다.】

○ 「周易」(주역)에 말했다.

"땅의 형세는 坤(곤)이니, 군자는 두터운 덕으로써 사물을 싣는다."

○ 또 말했다.

"<땅은 무궁하게> 넓고 빛나고 커서, 형체가 있는 온갖 물건이 모두 형통한다."

○ 張子(장자)가 말했다.

"마음이 크면 온갖 사물이 다 通(통)하고, 마음이 작으면 온갖 사물이 다 病(병)이 되는 것이다."

○ 朱子(주자)가 말했다.

"배우는 사람은 모름지기 養敎(양교)함에 房宇(방우)를 開闊(개활)하게 하여야 한다."

○ 묻기를, "器量(기량)은 가히 배울 수가 있는 것입니까?" 하니, 伊川(이천)이 대답하여 말했다.

"배울 수가 있다. 배움이 진전되면 아는 것이 진전되고, 아는 것이 진전되면 器量(기량)도 진전이 되는 것이다."

---

19) 정해진 量(양). 才能(재능)과 德量(덕량). 才器(재기)와 度量(도량).

○ 어떤 사람이 夏(하)의 忠靖 原吉(충정 원길)에게 묻기를, “器量(기량)은 가히 배울 수가 있는 것입니까?” 하니, 대답하여 말했다.

“나는 어렸을 때 다른 사람이 나에게 범하는 자가 있어도 일찍이 노해 본 일이 없었다. 처음에는 생각하는 가운데 참다가, 참는 마음을 오래 하면 자연히 器量(기량)이 넓어지게 되는 것이다.”

○ 薛敬軒(설경헌)이 말했다.

“知識(지식)과 器量(기량)이 크면 훼방과 칭찬 또는 기쁜 일과 슬픈 일도 족히 그 마음을 움직이게 할 수가 없는 것이다.”

○ 무릇, 사람이란 남이 자기 마음에 맞지 않는 말을 하게 되면, 氣(기)가 반드시 動(동)하고 얼굴빛이 변하며 말소리도 사나워지게 되기 마련이다. 그러나 오직 韓魏公(한위공)[20]은, 어떤 소인이 은혜를 잊고 의리를 배반하여 자기를 무너뜨리려고 한다는 말을 듣게 되더라도, 말은 和氣(화기)가 있게 하고 평탄하기가 길과 같이 하여 예삿일로 생각하고 말았다.

○ 魏公(위공)이 옥으로 만든 술잔을 놓고 술을 따라 손님에게 권하는데, 잠깐 아전이 잘못 접촉하여 옥잔을 부수게 되자, 앉아 있던 손님들이 깜짝 놀랐다. 아전이 엎드려 사죄하니, 公(공)은 마음과 얼굴빛의 변동이 없이 웃으며 말했다. “모든 물건의 이루어지고 헐어지는 것이 또한 스스로 때가 있는 것이거늘, 네가 실수로 그런 것이지 고의로 부순 것이 아닌데 무슨 죄가 있겠느냐?”

○ 黃翼成公(황익성공)[21]은 될 수 있는 대로 관대하게 살던 분이었다. 평생에

---

20) 名(명)은 琦(기), 字(자)는 稚圭(치규), 宋(송)의 名相(명상).
21) 名(명)은 喜(희), 號(호)는 厖村(방촌), 字(자)는 懼夫(구부), 世宗(세종) 때의 名相(명상).

지나간 묵은 악한 것은 생각을 하지 않았다. 자손들과 종들이 줄줄이 울고 불고 하며 시끄러워도 꾸짖어서 금하게 하는 일이 없었다. 일찍이 公(공)의 밑에서 일을 돕던 속관과 무슨 일을 의논하다가, 막 붓에 먹을 적셔서 편지를 쓰려고 하는데, 종 녀석 하나가 그 위에 자빠져 <엉망이 되어> 버렸다. 그러나 公(공)은 <꾸짖지 않고> 다만 손으로 먹물을 씻기만 하고 말 따름이었다.

○ 權忠定公(권충정공)[22]이 本府(본부)<安東(안동)>의 教官(교관)이 된 鄕人(향인) 하나가 와서 알현을 하는데, 아전이 잘못을 저질러 종아리를 친일이 있었다. 府使(부사)가 듣고 와서 왜 그렇게 아전의 종아리를 치느냐고 물으니, 公(공)을 뵈러왔던 教官(교관)이 급히 달려가서 응하여 말했다. "내가 하는 일이 아니라 權令公(권령공)께서 하는 일입니다." 그러자 府使(부사)가 말하기를, "아전의 종아리를 치고 사사로운 일을 하다니, 權相(권상)도 또한 그러한 짓을 하느냐?"고 하며 성을 내면서 투덜거렸다. 그러나 公(공)은 끝까지 府使(부사)를 탓하지 않고 못들은 체하여 버렸다.

【註: 또 계집종이 국그릇을 들고 오다가 엎드러져서, 국으로 公(공)의 옷을 더럽힌 일이 있었는데, 嗔怒(진노)함을 나타내지 않았다. ○ 器量(기량)을 통틀어 말한 것임.】

○ 孔子(공자)가 말했다.

"잘된 일은 다른 사람이 했다고 하고 잘못된 일은 자기가 했다고 하면 백성들이 다툴 일이 없다. 그러므로 군자는 자기가 잘 한다고 해서 그로 인하여 다른 사람을 괴롭게 하지 않으며, 또 다른 사람이 잘 하지 못한다고 해서 그로 인하여 다른 사람을 부끄럽게 만들지도 않는다."

22) 名(명)은 撥(발), 字(자)는 仲虛(중허), 號(호)는 沖齋(충재), 中宗(중종) 때의 名臣(명신).

○「周易」(주역)에 말했다.

“君子(군자)는 여러 사람에 임하여 다스리는데, 어두운 것을 이용하여 밝게 하여 준다.”

○「書經」(서경)에 말했다.

“완고한 사람을 성내어 미워하지 말고, 한 사람에게 모든 것이 다 구비되어 있는 사람이기를 바라지 말아야 한다.”

○ 衛玠(위개)[23]는 사람이 미처 하지 못하는 일이 있으면 情(정)으로써 용서하여 주고, 본의 아니게 서로 간섭하게 되는 일이 있으면 이치로써 풀었다. 그러므로 한평생 기뻐하거나 노여워하는 빛을 볼 수가 없었다.

【註: 事物(사물)을 접하는 器量(기량)을 말한 것임.】

○「書經」(서경)에 말했다.

“반드시 인내할 줄 알아야 무슨 일을 이룰 수가 있고, 포용하는 덕이 있어야 큰 사람이 될 수가 있다.”

○ 孔子(공자)가 말했다.

“작은 일을 참을 줄 모르면, 큰 일을 도모하기가 어렵다.”

【註: 尹和靖(윤화정)이 말했다. “막대한 재앙이 잠깐 동안을 참지 못하는 데서 기인되는 수가 있다.”】

○ 伍奢(오사)[24]가 말했다.

“子胥(자서)는 剛戾忍詬(강려인구)한 사람이어서 능히 큰 일을 이룩하였다.”

○ 晉(진)의 謝安(사안)과 王坦之(왕탄지)가 郤超(극초)를 만나러 갔었다. 그

23) 晉(진)나라 사람.
24) 春秋時代(춘추시대)의 楚(초)나라 사람.

런데 隙超(극초)는 바야흐로 桓溫(환온)의 主謀者(주모자)가 되어 권세가 날로 올라가서 아직 그보다 더 앞서 간 사람이 없었다. 坦之(탄지)가 그러한 사실을 알고 그만 가고자 하니 謝安(사안)이 말했다. "<지금 그대로 가 버리면 오해를 받아 화를 입을 터인데> 능히 생명을 위해서 잠깐 동안 참지 못하겠느냐?"

【註: 吳步騭(오보즐)은 衛旌(위정)과 함께 오이를 심어서 自給(자급)하고 있었다. 그래서 오이를 따 가지고 그 고을의 豪族(호족)에게 선사하려고 찾아뵈러 갔었다. 그러나 焦征羌(초정강)이 이들을 들여보내지 않고 그냥 서 있게 하였다. 衛旌(위정)이 그냥 가고자 하니, 吳步騭(오보즐)이 이를 말리며 말하기를, "본래 우리가 여기에 온 까닭은 그가 막강한 것을 두려워하여 선심을 좀 사 보려고 온 것이다. 그런데 이제 오이를 버리고 그냥 가버리면 그 사람의 콧대만 더 높이고 원망만 사게 될 뿐이다" 라고 하였다. 한참 있다가 焦征羌(초정강)이 문을 열어 주어 들어가 보니, 주인은 책상에 기대고 앉아 있었다. 그런데 吳步騭(오보즐)과 衛旌(위정)은 문 밖에 그냥 앉아 있게 하니, 衛旌(위정)은 더욱 수치스런 마음이 들었다. 吳步騭(오보즐)은 말이나 얼굴빛이 아무렇지도 않은 듯 그대로였다. 焦征羌(초정강)이 밥을 가져다주는데, 주인은 커다란 밥상에 기름진 음식이 가득하였다. 그러나 吳步騭(오보즐)과 衛旌(위정)에게는 조그마한 쟁반에 밥을 내 왔는데 반찬은 나물뿐이었다. 衛旌(위정)은 능히 먹을 수가 없었다. 그러나 吳步騭(오보즐)은 밥을 배가 부를 때까지 다 먹고 나서, 가겠노라고 말을 하고 나왔다. 衛旌(위정)이 吳步騭(오보즐)에게 노하여 말하기를, "어찌하여 그러한 수모를 능히 참고 밥을 먹었느냐?" 고 하니, 吳步騭(오보즐)이 대답하여 말했다. "우리들은 빈천한 사람들이다. 그러기 때문에 주인이 우리를 빈천한 그대로 대접을 해 준 것이니, 진실로 마땅한 일이다. 그런데 무엇이 부끄러울 것이 있겠느냐?" ○ 남은 용서하고 자신은 참는 器量(기량)을 말한 것임. ○ 살펴보건대, 참는 것이 비록 미덕이기는 하나, 만약 참는 것만 전적으로 배우게 되면, 그 폐단이 구차하고 천박해서 청렴하지 못할 수가 있다. 그러므로 朱子(주자)는 말하기를, "부끄러운 것이 마땅할 때가 있고 참는 것이 마땅하지 못할 때가 있다. 그러나 참는다는 것은 오직 省察(성찰)하는 功(공)이 깊게 된 뒤에라야 가히 분별할 수가 있는 것이다." 라고 하였다.】

○ 「書經」(서경)에 말했다.

"그 善(선)이 있는 체하면 그 善(선)을 상실하게 되고, 그 능함을 자랑하면 그 功(공)을 상실하게 된다."

○ 呂東萊(여동래)가 말했다.

"道理(도리)는 무궁한 것이니, 배우는 사람은 먼저 요컨대 스스로 만족해하는 마음을 가져서는 안 된다."

○ 謝子(사자)[25]가 伊川(이천)과 작별한지 1년 만에, 가서 만나 보았는데 伊川(이천)이 묻기를, "서로 작별한 지가 1년이 되었는데, 그 동안 무슨 공부를 하였는가?" 하였다. 謝子(사자)가 대답하기를, "다만 矜字(긍자) 하나를 내 마음 속에서 없애는 공부를 하였습니다. 자세히 하나하나 조사하여 보면 과실이 다 저 矜字(긍자)의 속에 있는 것입니다. 그러므로 만약 저 矜字(긍자) 하나를 눌러서 굴복시켜 버리게 되면, 죄과가 바야흐로 향하여 사라져 나가는 곳이 있게 됩니다."라고 하였다. 伊川(이천)이 <이 말을 듣고> 옳다고 하며 머리를 끄덕였다.

【註: 胡文定公(호문정공)이 謝上蔡(사상채)의 矜字(긍자)와 罪過(죄과)를 어떻게 생각하는 것이 옳으냐고 물으니 大謝(대사)가 말했다. "지금 사람들의 하는 일은 주된 요점이 남의 이목에 훤히 비치게 자랑하기 위한 것이어서, 혼연히 스스로 수용할 만한 것이 못되는 것이다. 남이 있을 때는 자기가 이렇게 잘 먹고 사는 사람이라는 것을 남에게 보이기 위하여 진미의 음식을 굉장하게 차려 놓고 먹는다. 그리고 다만 거친 밥과 나물국은 방 속으로 가지고 들어가 남이 안 보는 데서 먹는다. 이것이 심히 이와 같아서 생각해 볼 필요가 있는 일이다." ○ 자랑하는 것이 器量(기량)을 해치는 근원이 된다는 것을 말한 것임. ○ 살펴보건대, 器量(기량)이 작아지게 되는 病(병)이 두 가지가 있다. 한 가지는 도량이 좁고 작은 것이다. 또 한 가지는 남을 이기기를 좋아하는 것이다. 그 근원은 다 矜字(긍자)속에서 나오는 것이며, 矜(긍)의 근원은 다만 私(사)일 따름이다. 그러므로 배우는 사람은 마땅히 글을 읽고 궁리를 해서 능히 자기 몸에 있는 私(사)를 제거 시켜야 할 것이다. 그러면 마음을 쓰고 일에 응하는 데 자연히 너그럽고 평탄해져서 器量(기량)이 날마다 넓어지게 될 것이다.】

○ 孔子(공자)가 말했다.

"군자가 신중하지 못하면 위엄이 없고, 배워도 견고하지 못한 것이다."

○ 程子(정자)가 말했다.

"사람이 안정되고 신중하면 배움이 견고하게 되는 것이다."

【註: 朱子(주자)가 말했다. "경솔한 것이 일에 가장 害(해)가 되는 것이니, 제멋대로 날뛰고 성질이 천박하고 경솔하며 조급하게 바시대면, 배운 것이 어찌 능히 견고할 수 있으리오?"】

25) 謝上蔡(사상채).

○ 薛敬軒(설경헌)이 말했다.

"무슨 일을 듣고서 기뻐하지도 않고 놀라지도 않는 사람은 가히 큰 일을 감당할 수가 있다."

○「古語」(고어)에 말했다.

"태산이 앞에서 무너질지라도 얼굴빛이 변치 아니하고, 고라니와 사슴 같은 것이 바로 옆에서 뛸지라도 눈 하나 깜짝하지 않을 정도가 되어야 한다."

【註: 무겁고 두터운 器量(기량)을 기르는 근본을 말한 것임.】

誠實章(성실장)

<정성스럽고 진실한 내 마음을 기르는 방법>

【註: 살펴보건대, 誠(성)이라는 것은 아는 것과 행하는 것의 총괄적인 것이니, 最上(최상)의 공부가 되는 것이다. ○ 그 道(도)를 다 하고도 혹 誠實(성실)한 뜻이 없으면 미더움이 없고 거짓되어서 德(덕)이 진전될 여지가 없다.】

○ 孔子(공자)가 말했다.

"충성과 신의를 지켜야 한다."

【註: 朱子(주자)가 말했다. "자신에게 있는 모든 것을 다 바치는 것을 忠(충)이라 하고, 거짓 하나 없이 사실대로 하는 것을 信(신)이라고 한다. 忠(충)은 實心(실심)이 되고 信(신)은 實事(실사)가 되는 것이다."】

○ 또 말했다.

"말을 정성스럽고 신의 있게 하며 행실을 돈후하고 공경스럽게 하면, 비록 오랑캐의 나라에서일지라도 통할 수가 있다. 그러나 말을 정성스럽고 신의 있게 하지 않으며 행실을 돈후하고 공경스럽게 하지 않는다면, 비록 <작은> 향리에서일지라도 그것이 통할 수가 있겠는가?"

○ 程子(정자)가 말했다.

"큰 임무를 감당하고자 하면 모름지기 돈독하고 성실해야 한다."

○ 薛敬軒(설경헌)이 말했다.

"사람이 實(실)이라는 하나의 글자에, 마땅히 생각하고 생각해서 잊지를 말아야 한다. 그래서 일에 따라 장소에 따라 言動(언동)과 居處(거처)와 應事(응사)와 接物(접물)하는 사이에 성찰하여, 반드시 하나의 생각과 하나의 일이라도 다 實(실)에서 나오게 해야 한다. 이것이 德(덕)에 나아가는 예비가 되는 것이다."

○ 司馬溫公(사마온공)이 일찍이 말했다.

"나는 다른 사람보다 나은 것이 <하나도> 없는 사람이다. 다만 내가 한평생 한 일이 다른 사람을 대하는 데 옳지 못하게 한 일이 없을 뿐이다."

【註: 朝鮮朝(조선조)의 任貞憲公(임정헌공), 權(권)이 일찍이 자제들에게 말했다. "내가 어찌 남보다 나은 사람이겠느냐? 다만 홀로 거처할 때 자신을 속인 일이 없고, 남을 대할 때도 속인 일은 없다."】

○ 陳忠肅公(진충숙공)[26]이 일찍이 어떤 집안사람과 말을 하는데 그 사람이 농담으로, "그것이 사실입니까?"하고 물었다. 公(공)이 집으로 물러와서 여러 날을 자책하고 말했다. "내가 일찍이 남을 속인 일이 있었는가? 어째서 그 사람이 그렇게 <내 말을 믿지 못하고> '그것이 사실입니까?'하고 묻게 되었을까?"

○ 鄭寒岡(정한강)이 말했다.

"행실은 돈후하게 하는 것이 제일 좋고, 뜻은 용맹스럽게 가지는 것이 제일 좋으며, 배우는 데는 순수하게 배우는 것이 제일 좋다. 그러므로 마땅히 忠信(충신)과 篤實(독실)로써 主(주)를 삼아야 한다."

26) 名(명)은 瓘(관), 字(자)는 瑩仲(형중), 號(호)는 了翁(요옹), 宋(송)의 名臣(명신).

【註: 살펴보건대, 上篇(상편)은 爲學(위학)을 논하고 論誠章(논성장)으로써 끝을 맺었다. 그리고 이 篇(편)에서는 心術(심술)을 말하고 誠實章(성실장)으로 끝을 맺었다. 대개 사람이 학문을 하는 것과 학문이 善(선)을 밝히는 것과 善(선)이 마음을 살피고 행동을 실천으로 옮기는 것은, 다만 이 誠字(성자) 하나뿐이다. 배우는 사람이 마땅히 살피고 생각해야 할 일이다. 下券(하권)의 모든 공부도 역시 이것으로부터 미루어 나가게 되는 것이다.】

下學指南 卷下

(하학지남 권하)

【註: 살펴보건대, 이 下卷(하권)은 공부가 밖으로 나타나서 上卷(상권)의 實用(실용)이 되는 것을 말한 것이다. 그 用功(용공)의 요점은 전적으로 성찰이 반드시 그 道(도)를 살피는 데 있다는 것이다.】

第四 威儀[1] (제4 위의)

<예의에 관한 자세한 규칙>

【註: 살펴보건대, 비록 心術(심술)을 바르게 하여 그 속을 다스렸을지라도 능히 그 威儀(위의)로써 그 밖을 정리하지 못하면 속에 있는 성실한 마음이 혹 능히 견고하지 못할 수가 있다. 그러므로 程子(정자)가 말했다. "앉을 때 걸터앉는 사람은 마음이 거만하지 않은 사람이 없는 것이니, 가히 삼가하지 않을 수 있으리오?"】

總論章(총론장)

<예의를 지키는 일에 관한 총론>

○「詩經」(시경)에 말했다.

"삼가하고 조심하는 威儀(위의)를 지니게 되면, 그 덕이 반듯하게 되는 것이다. 그리고 공경하고 삼가하는 威儀(위의)는 백성들의 본보기가 되는 것이다."

○ 北宮文子(북궁문자)[2]가 말했다.

"위엄이 있어서 남이 보기에 가히 두려운 생각이 나면 그것을 위엄이라고 한다. 법도가 있어서 남에게 가히 모범이 될 만하면 그것을 儀容(의용)이라고 한다."

【註: 眞西山(진서산)이 말했다. "威(위)라는 것은 의관을 바르게 하고 바라보는 것이 존엄성이 있으며 엄숙하여서 다른 사람이 보고 두려워하는 것이지, 한갓 엄격하고 사납게 하는 것이 아니다. 儀(의)라는 것은 움직이는 태도와 몸가짐을 禮(예)에 맞도록 하는 것이지, 한갓 모양을 일부러 꾸미는 것이 아니다."】

"임금은 임금으로서의 威儀(위의)가 있어야 하고, 신하는 신하로서의 威儀(위의)가 있어야 한다. 이러한 순서에 따라서 그 이하도 다 그렇게 함으로써 위

---

1) 위엄이 있는 몸가짐. 위엄이 있는 儀容

2) 名(명)은 佗(타), 春秋時代(춘추시대)의 衛(위)나라 사람.

와 아래가 능히 견고하게 될 수 있다. 그러므로 군자가 在位(재위)하게 되면 가히 두려워하고, 은덕을 베풀게 되면 가히 사랑하게 하며, 진퇴를 하게 되면 가히 법도가 있게 한다. 그리고 周旋(주선)하는 것은 가히 법칙이 있게 하고, 몸가짐은 가히 모범이 될 만하게 하며, 일을 하는 것은 가히 법도가 있게 한다. 또한 덕행은 가히 본받을 만하게 하고, 聲氣(성기)는 가히 즐겁게 하며, 動作(동작)은 가히 아름답게 하고, 言語(언어)는 가히 밝게 한다. 그러므로 이러한 것으로써 아랫사람에게 임하는 것을 威儀(위의)가 있다고 하는 것이다."

○ 李栗谷(이율곡)이 말했다.

"마음은 몸의 주인이 되고 몸은 마음의 그릇이 되는 것이다. 그러므로 주인이 바르면 그릇도 마땅히 바르게 되는 것이다. 다만 그것은 저절로 바르게 하는 것이 아니며 억지로 해서도 안 되는 것이다. 그러기 때문에 「大學」(대학)의 차례에 修身章(수신장)이 正心章(정심장)의 뒤에 있는 것이다. 그 正字(정자)의 用功(용공)의 방법은 容貌(용모), 視聽(시청), 言語(언어) 그리고 威儀(위의)와 같은 것에 지나지 않는 것이니, 한결같이 천지 자연의 법칙만 좇으면 되는 것일 따름이다. 格物致知(격물치지)는 이러한 법칙을 밝히는 것이며, 誠(성)·正(정)·修(수)는 이러한 법칙을 밟아서 이행하는 것이다. 이 두 가지가 다 구비된 연후에라야 가히 존엄한 군자의 禮貌(예모)를 본받아 행하는 지경에 이를 수 있게 되는 것이다."

○ 朱子(주자)의 "威儀(위의)와 몸가짐의 법칙은 어려서부터 늙어서까지와, 크게 춥거나 덥거나 비가 올 때와, 잠깐 동안 엎어지고 자빠지는 때에도 잠시라도 법도를 떠난 적이 없었다."

【註: 威儀(위의)를 통틀어 말한 것임. ○ 살펴보건대, 聖人(성인)이 사람을 가르칠 때 반드시 말하기를, "거처는 공손하게 하고, 일을 집행하는 것은 공경스럽게 하며, 말은 忠信(충신)하게 하고, 行(행)하는 것은 篤敬(독경)하게 해야 한다. 禮(예)가 아닌 것은 보지를 말아야 하는데, 듣는 것과 말하는 것과 움직이는 것도 마찬가지다. 문을 나가면 큰손님을 본 것처럼 공손히 하고, 백성을 부리는 데는, 큰제사를 모시는

것처럼 정성스럽게 해야 한다." 고 하였다. 〈그렇게 하면〉 다 外面(외면)에 표시가 되어 형상하는 곳이 있어 다른 사람에게도 그렇게 보이는 것이다. 거기에다 공부를 좀 더 하면 자연히 마음이 방심이 안 되어서, 仁(인)이 그 마음 속에 있게 되는 것이니, 그 뜻이 참으로 심오한 것이다.】

○ 呂滎公(여형공)이 말했다.

"後輩(후배)들이 처음 배우는 데는 또한 모름지기 氣像(기상)[3]을 깨달아 알아야 한다. 기상이라는 것은 사람의 말주변과 몸가짐과 가볍고 무거움과 빠르고 느린 것을 족히 볼 수 있는 것이다. 그러므로 군자와 소인을 이 氣像(기상)에서 분별할 수 있을 뿐만 아니라, 귀천과 오래 살고 일찍 죽는 것까지도 알 수가 있는 것이다."

○ 薛敬軒(설경헌)이 말했다.

"廣大(광대)하고 虛明(허명)한 氣像(기상)은 욕심이 없으면, 그러한 기상을 볼 수가 있다."

【註: 또 말했다. "새벽에는 虛明(허명)하여 사람의 氣像(기상)을 말하기가 어렵다." 】

○ 또 말했다.

"사람의 氣像(기상)을 보면 그 사람의 修養(수양)의 얕고 깊은 정도를 알 수가 있다."

○ 또 말했다.

"요컨대 사람됨이 크고 원만하면 자연스럽고 태연한 氣像(기상)이 그 속에 들어 있다."

【註: 또 말했다. "촉박하고 조급하고 옹졸하며 천박하고 경솔한 것은 덕이 있는 사람의 氣像(기상)이 아니다." 】

---

3) 사람이 타고난 마음씨와 겉으로 드러난 몸가짐.

○ 程子(정자)가 말했다.

"孔子(공자)는 元氣(원기)를 지닌 氣像(기상)이었다."

【註: 또 말했다. "元氣(원기)는 天地(천지)의 氣運(기운)이다." 또 말했다. "진실로 이것은 明快(명쾌)한 氣像(기상)을 지닌 사람이다."】

"그리고 顔子(안자)는 봄에 만물이 소생하는 것과 같은 氣像(기상)을 지니고 있었다."

【註: 또 말했다. "和風(화풍)은 慶運(경운)이다." 또 말했다. "진실로 이것이 어찌 順(순)한 것이라고 할 수 있으리오?"】

"또한 孟子(맹자)는 억센 기운을 지닌 氣像(기상)이었다."

【註: 또 말했다. "泰山(태산)은 巖巖(암암)한 기상이다." 또 말했다. "진실로 이것은 웅변하는 것과 같은 기상이다."】

○ 周茂叔(주무숙)은 가슴 속이 상쾌하고 시원하며, 도량이 넓고 시원한 氣像(기상)을 지니고 있었다."

○ 明道先生(명도선생)은 단정하게 앉아 있으면 진흙으로 만든 인형과 같았으나, 사람을 접하게 되면 혼연히 한 무리의 和氣(화기)가 있었다. 朱公(주공)은 섬광과 같은 氣像(기상)이 보였는데 明道(명도)가 돌아가서 사람들에게 말하기를, "<朱公을 만나고 온 것이> 햇빛이 따스하게 비치고 봄바람이 살랑살랑 부는 정원에서 한 달 동안을 앉아 있다 온 것과 같다."고 하였다.

○ 伊川(이천)은 초년에는 엄숙하고 의지가 굳센 기상을 지니고 있었으며, 만년에는 너그럽고 평온한 기상을 지니고 있었다.

○ 康節(강절)은 마음 속 깊이 품고 있는 생각이 구속을 받지 않고 활달하여, 공중에 우뚝 솟아 있는 누각이 四通八達(사통팔달)한 것과 같았다.

○ 李延平(이연평)은 마음이 맑고 깨끗하여 환하고 밝게 비치는 가을 달과 같

이 티 하나 없는 기상을 지니고 있었다.

○ 朱子(주자)는 心度(심도)가 맑고 밝아서 앙금이 없는 기상을 지니고 있었다.

【註: 氣像(기상)을 겸해서 말한 것임. ○ 살펴보건대, 程子(정자)가 말하기를, "대저, 「論語」(논어)를 보면 요컨대 모름지기 聖賢(성현)의 氣像(기상)을 알아서 얻어야 한다." 고 하였다. 이제 위에서와 같이 조목별로 열거하여서 想像興感(상상흥감)의 예비를 삼았다.】

敬身章(경신장)

<몸가짐을 공경스럽게 하는 일>

○ 孔子(공자)가 말했다.

"君子(군자)는 언제나 <몸가짐을> 공경스럽게 해야 한다. 몸을 공경스럽게 하는 것이 제일 큰 것이 된다. 몸이라는 것은 어버이의 가지이니, 감히 공경스럽게 하지 아니할 수가 없는 것이다."

○ 「樂記」(악기)에 말했다.

"군자는 간사한 소리와 음란한 빛이 총명에 머무르게 하지를 않고, 음란한 풍류와 바르지 못한 禮(예)를 마음에 접하지 않으며, 게으르고 방자하며 도리에서 벗어나 편벽된 기운을 신체에 베풀지 않는다. 그리하여 이목구비와 마음과 몸으로 하여금 도리에 따라 바른 것으로 말미암아서 그 義理(의리)를 행한다."

【註: 眞西山(진서산)이 말했다. "군자가 수양하는 것은 다름이 아니라, 안팎으로 그 功(공)을 극진하게 하는 것일 따름이다."】

○ 또 말했다.

"禮(예)와 樂(악)은 잠시라도 몸에서 떨어질 수 없는 것이다. 마음 속을 잠시라도 온화하지 못하고 즐겁지 못하게 하는 것은 옳지 못한 일이다. <그렇게 하면> 야비하고 간사한 마음이 들어오게 되기 때문이다. 外貌(외모)를 잠시라도 씩씩하고 공경스럽지 않게 하면 안이하고 태만한 마음이 들어오게 된다."

○ 張子(장자)가 말했다.

"배우는 사람이 禮(예)와 義(의)를 버린다면, 하루 종일 하는 일없이 배부르게 먹기만 하고 술잔치나 하면서, 일반 백성들과 똑같아질 것이다. 그리고 일삼는 바가 잘 입고 잘 먹는 것과, 주연을 베풀어 노는 즐거움에 지나지 않을 것이다."

○ 伊川(이천) 선생은 表記莊敬(표기장경)을 심히 좋아하여 날마다 방자하고 날마다 구차한 말을 하는 것을 자제하였다. 대개 보통 사람의 情(정)은 잠깐만 거리낌 없이 제멋대로 행동하게 놓아두면, 날로 통이 커져서 사물에 구애를 받지 않게 된다. 그리고 스스로 제멋대로 하지 못하게 단속을 하면, 날로 법도가 있는 곳으로 나아가게 된다.

【註: 어떤 사람이 伊川(이천)을 위로하여 말하기를, "선생께서 禮(예)에 삼가이 한지가 40~50년이 되었으니, 아마도 심히 노고가 많으셨을 것입니다." 라고 하였다. 그러자 伊川(이천) 선생이 말했다. "내가 날마다 禮(예)에 삼가 하는 것은 마치 편안한 땅을 밟고 걸어가는 것과 같은데, 무엇이 수고롭고 무엇이 고생 될 것이 있겠습니까? 다른 사람들의 禮(예)를 삼가하는 것은 마치 위태로운 땅을 밟고 걸어가는 것과 같은데, 바로 그것이 노고가 되는 것입니다."】

○ 張南軒(장남헌)이 蔡軒(채헌)의 表石(표석)에 새겨 준 것을 출입하며 살펴보았는데, 거기에 말했다.

"네 의관을 바르게 하고, 네 용모를 게으르게 하지 말며, 네가 보고 듣는 것을 삼가이 하라. 네 몸가짐을 법도에 넘게 하지 말고, 네가 하는 말은 거짓말 같은 것을 하지 말고 본심을 좇아서 하며, 네 기거하는 것은 법도를 밟아서 하라. 네가 움직이는 바를 공경스럽게 하고, 그 형통한 일은 막지 말고 하며, 네게 있는 바의 본심을 곧게 하라. 그 근본을 잃지 말고, 외양을 엄숙하게 하며, 중심을 잃지 말고 보존하여 중심을 능히 견고하게 하라. 그러면 바깥의 것은 이끌려 좇아가게 되는 것이니라. 天命(천명)은 가히 두려운 것이거늘 항상 조심하도록 이 돌에 새겨 주노니, 네 게으른 행동을 경계하는 데 사용하라."

【註: 敬身(경신)을 통틀어 말한 것임.】

○ 張子(장자)가 말했다.

"경솔한 것을 바로잡고 게으른 것을 경계하라."

【註: 薛敬軒(설경헌)이 말했다. "이것은 마땅히 心志(심지) 위에 힘을 써야 하는 것이다."】

○ 朱子(주자)가 말했다.

"나는 평생 동안 게으른 것을 용인하지 않았다. 비록 심히 병들었을 때라도 한 마음으로 다만 요컨대 전진해서 일을 시행하였다. 이로부터 게으른 것이 들어오지 못했다. 지금의 사람들이 게으른 까닭은 반드시 이렇게 하지 못하기 때문이다. 그리고 참으로 겁내고 약해서 스스로 먼저 두려워 몸을 움츠리는 마음부터 있게 된다. 그래서 겨우 무슨 일 한 가지만 보면, 오로지 그 어려움부터 헤아리고 하지를 않으니, 겁약한 것이 버릇이 되어 아무 것도 되는 일이 없는 것이다."

○ 朱子(주자)는 病中(병중)에도 사물에 응하고 사람 접하는 것을 게을리 하지 않았다. 옆에 있던 사람들이 조금 절제하라고 요청을 하면, 선생이 엄한 목소리로 말했다. "네가 게으른 것으로써 나를 게으르라고 가르치려 하느냐?"

【註: 또 말했다. "나는 평생에 게으른 것을 알지 못했다. 그러므로 비록 아무리 병이 났다 하더라도 한 마음으로 앞을 향해서 일을 처리해 나갈 것이다."】

○ 모시고 앉아서 조는 사람이 있으니 선생이 이를 꾸짖었다.

【註: 게을러서는 안 된다는 것을 말한 것임.】

○ 張子(장자)가 말했다.

"실없는말로 하는 농담 같은 것은 일을 해롭게 할뿐만 아니라, 志(지)와 氣(기)도 상하게 하는 것이다. 그러므로 실없는 농담 같은 것을 하지 않는 것은 또한 持氣(지기)의 一端(일단)이 되기도 하는 것이다."

○ 朱子(주자)가 말했다.

"橫渠(횡거)는 學力(학력)이 남이 따를 수 없을 만큼 뛰어났다. 더욱이 허물을 고치는 데는 용기가 있었으며, 혼자 희롱 좀 하는 것은 해가 되지 않는 것으로 생각하였다. 그러나 하루는 문득 말하기를, '무릇, 사람의 과실은 오히려 과실이 되는 줄을 모르는 데서 나오는 것이다. 그런데 희롱하는 것은 다 자신이 하고 있는 줄을 알고 있으면서 일부러 하는 것이니, 그 해가 더욱 심한 것이다.' 라고 하고 드디어 「東銘」(동명)을 지었다."

○ 伊川(이천)은 다만 근엄해서 희롱하는 말이 전혀 없었으므로, 좌석 중에서 묻는 말이 없으면, 尊卑長幼(존비장유)가 숙연하지 않을 수가 없었다.

【註: 실없는 말로 농지거리를 해서는 안 된다는 것을 말한 것임.】

○ 「書經」(서경)에 말했다.

"귀와 눈에게 부림을 당하지 않으면 모든 법도가 올바르게 된다. 사람을 가지고 장난을 하면 덕을 상실하게 되는 것이며, 물건을 가지고 장난을 하면 뜻을 잃게 되는 것이다."

○ 또 말했다.

"무익한 일을 하여서 유익한 일을 해롭게 하지 말아야, 功(공)이 이에 이루어지는 것이다."

○ 「童蒙須知」(동몽수지)에 말했다.

"무릇, 시끄럽게 지껄이고 싸우는 곳에는 가까이 갈 필요가 없으며, 무익한 일도 할 필요가 없다. 이를테면 도박이나, 새 따위를 장에 가두어 기르는 일이나, 공을 치는 놀이나, 또는 放風禽(방풍금) 등과 같은 것이 무익한 일들이다."

○「博奕論」(박혁론)[4]에 말했다.

"지금 사람들은 經術(경술)에는 힘쓰지 않고, 장기와 바둑을 좋아한다. 그래서 사업을 폐기하고 자는 것과 먹는 것도 잊어버리게 되는 경우가 있으며, 人事(인사)가 비워 수양을 하지 못하고 賓旅(빈려)가 비워 접대를 하지 못하게 되는 경우도 있다. 혹은 衣物(의물) 내기를 하는 데까지 이르게 되니, 바둑으로 인하여 행실까지도 바뀔 수가 있고, 염치의 뜻이 해이해져서 분개하여 거역하는 빛이 발생하게 되는 수도 있다. 그러나 따지고 보면 그 싸우는 본래의 뜻은 별것도 아닌 하나의 장기나 바둑판에서 나온 것에 지나지 않는 것이다. 또 그 힘써 하는 바가 반듯하게 그어 놓은 바둑판의 정간 사이에 불과한 것이다. 그래서 적을 이기더라도 벼슬을 賞(상)으로 받게 되거나, 땅을 획득하게 되거나, 또는 땅이 불어나는 실속도 없는 것이다. 그 재주도 六藝(육예)의 재주도 아니다. 그 재주의 쓰임도 나라를 경영하는 데 쓰이는 것도 아니다. 부질없이 일과만 방해하게 되고 하는 일만 폐하게 되며, 마침내 보태어 도움이 되는 것이 하나도 없는 것이다. 가령 이 세상의 선비들이 장기나 바둑을 두는 힘을 옮겨서, 詩書(시서)를 하는 데 힘을 쓰게 된다면, 顔子(안자)나 閔子(민자) 같은 분들과 같은 뜻을 이룰 수가 있을 것이다."

【註: 黃山谷(황산곡)이 말했다. "默中(묵중)을 좀 쫓아다녀 보았는데, 다른 데 마음을 쓰는 바가 없고 맨 장기 바둑이나 좋아하였다. 그러다가 우연히「博奕論」(박혁론)을 보고서 한숨을 쉬고 탄식하여 말하기를, '참으로 〈장기 바둑이란〉 아무 일에도 유익함이 없는 것이로다' 라고 하였다. 이로 인하여 다시는 장기 바둑을 두지 않기로 하고 맹세하여 말하기를, '지금으로부터 이후로 이 말이 믿어지지 않거든 默江(묵강)과 같은 사람이 있다고 말해도 좋다' 고 하였다." 】

---

4) 吳韋曜(오위요) 지음.

○ 陶侃(도간)[5]은 여러 參佐(참좌)들이 혹 쓸데없이 희롱하는 말이나 하면서 일을 폐하게 되면, 이에 놀음하는 기구를 걷어다가 그것을 강물에 던져 버리고 말했다. "놀음이라는 것은 돼지를 기르는 종들이나 가지고 노는 것이다. 군자는 마땅히 의관을 바르게 하고 威儀(위의)를 단정하게 해야 한다. 어찌 머리를 어지럽게 하고 名望(명망)의 근본을 기를 수 있을 것이며, 스스로 널리 통달한 사람이라 이를 수 있으리오?"

○ 朱子(주자)가 劉平甫(유평보)에게 보내는 書信(서신)에 대답하여 말했다.

"집에서 여러 가지 살림살이에 가히 일을 맡아서 하지 않을 수가 없는 것이다. 그러나 그 나머지 급하지 않은 잡무로써 세월만 허비하면 어느 때든지 글을 읽을 시기가 없는 것이다. 내 어리석은 의견으로는 강학을 하는 것과 무슨 일을 맡아서 처리하는 것 이외에, 활 쏘는 것과, 거문고 타는 것과, 抄書(초서)하는 것과, 校正(교정)하는 類(류)의 일들은 다 내쳐 버려야 한다. 이러한 등속의 일은 독서를 폐할 뿐만 아니라, 또한 긴한 볼일을 방해하는 것이다. 이러한 등속의 일을 내 신상에 생각하여 볼 때, 과연 무엇이 더 가까이 해야 할 일이며, 또한 무엇이 더 급히 해야 할 일인가를 계산해 보아야 한다."

○ 趙文節公(조문절공)[6]은 아홉 살 때, 일찍이 춤추며 노는 것에 열중하였다. 그 아버지가 이것을 보고 사적으로 그 부인에게 말하기를, "우리 아이가 이미 무익한 일을 배우고 있으니, 어떻게 하여야 잘 성장하여 어른이 되게 할 수 있겠소?" 하고 물었다. 때마침 우연히 公(공)이 이 말을 듣고 울면서 고하여 말하기를, "우연히 그런 것을 배우게 되었으며, 그것이 무익한 일이라는 것을 미처 알지 못했습니다. 만약 몸에 해가 되는 것인 줄을 알았다면,

5) 字(자)는 士行(사행), 晉(진)의 名臣(명신).
6) 名(명)은 元紀(원기), 靜庵(정암)의 叔父(숙부).

어찌 그런 것을 배워 가지고 부모님께 근심을 끼쳐 드렸겠습니까?" 라고 하였다. 그리고는 드디어 평생을 다시는 그런 짓을 하지 않았다.

【註: 玩物(완물)의 그릇됨을 말한 것임.】

○ 朱子(주자)가 자제들을 가르치던 문서에 말했다.

"거처는 반드시 공경스럽게 하여야 하며, 거만하고 방자하거나 게을러서는 안 된다."

○ 李延平(이연평)은 거처는 항상 있었으며, 힘을 낭비하는 일은 하지 않았었다. 기거하는 곳의 터는 좁았으며, 집도 낮고 작았다. 자제들이 점점 자라남에 따라 집이 옹색해져서 그 틈새를 이어 집을 하나 더 지었는데, 그곳에도 역시 조그마한 서실 하나는 있었다. 심히 가지런하게 정돈을 잘 하여 산뜻하고 깨끗했으며, 물건들도 잘 자리를 잡아 두었고 모든 것이 항상 정돈이 잘 되어 있었다.

○ 退溪先生(퇴계선생)은 젊어서부터 늙어서까지 여러 사람과 접촉하는 것을 즐겨하지 않았다. 그리고 방 하나에서 홀로 거처하면서, 經書(경서)에 대한 本源(본원)을 함양하는 데 힘썼다.

【註: 거처는 반드시 공경스럽게 해야 한다는 것을 말한 것임.】

○「童蒙須知」(동몽수지)에 말했다.

"사람의 자제가 되면 마땅히 거처에 물을 뿌리고 청소를 하며, 책상 같은 것을 잘 닦아서 항상 맑고 깨끗하게 하여야 한다. 글씨를 쓰는 붓이나 벼루와 여러 가지 기구는 쓰고 나면 엄숙하고 가지런하게 정돈하여, 놓아두는 곳이 항상 일정하게 있어야 하며, 가져다가 사용하고 나면 다시 제 자리에 가져다 두어야 한다. 그리고 다른 사람한테서 文字(문자)를 빌려 오거든, 누구한테서 무엇을 빌려 왔다는 것을 기록하여 두고, 주인 이름까지 기록하여 두었다가 때가 되면 돌려 줘야 한다. 창문이나 벽 또는 책상이나 文字(문자) 사이에 글자를 써 넣는 것은 좋지 않다. 선배들이 이르기를, '붓을 상하게 아무렇게나 낙서를 하거나 먹을 묻혀 더럽히는 것은 자제들의 職書(직서)를 병들게 하는 것이다. 책상에다 무얼 쓰거나 벼루에다 글씨를 쓰고 하는 것은 스스로 그 얼굴에 <마치 죄인을 표시할 때처럼> 먹물로 글자를 새기는 것과 같은 것이다. 이것이 가장 청결하지 못한 것이니, 절실하게 마땅히 깊이 경계해야 한다.'고 하였다."

○ 尹和靖(윤화정)은 平江(평강)에 있을 때 여러 해를 부채 하나만을 가지고 썼다. 다 쓰고 나면 꼭 시렁 위에 올려놓았는데 부채뿐만 아니라, 모든 것을 이와 같이 항상 엄격하게 정돈하였다.

正容章(정용장)

<용모를 단정하게 하는 일>

○「玉藻」(옥조)에 말했다.

"발의 모양은 무겁게 해야 한다."

【註: 걸을 때는 천천히 걸어야 한다. ○ 그러나 존장의 앞을 걸어갈 때는 너무 점잖을 빼도 안 된다.】

"손의 모양은 공손하게 해야 한다."

【註: 높고 또 바르게 해야 한다. ○ 손은 거만스럽고 해이한 태도가 없어야 한다. 일이 없을 때는 단정히 팔짱을 끼고 있어야 하며 망령되이 움직여서는 안 된다.】

"눈의 모양은 단정하게 해야 한다."

【註: 흘겨보지 말아야 한다. ○ 그 눈망울을 안정시키고, 보는 것은 마땅히 바르게 보아야 한다.】

"입의 모양은 고요하게 다물고 있어야 한다."

【註: 망령되이 움직이면 안 된다. ○ 말을 할 때나 음식을 먹을 때도 입을 움직이지 말라는 것은 아니다.】

"목소리의 모양은 고요하게 해야 한다."

【註: 재채기나 기침을 함부로 하면 안 된다. ○ 形氣(형기)를 고요하게 하고 단정하게 해서 잡소리가 나지 않도록 해야 한다.】

"머리의 모양은 바르게 해야 한다."

【註: 고개를 기울이거나 돌아다보지 말아야 한다. ○ 머리를 바르게 하고 몸을 곧게 해서 한 쪽으로 기대거나 의지하면 안 된다.】

"氣像(기상)의 모양은 엄숙하게 해야 한다."

【註: 숨도 쉬지 않는 사람처럼 조용하게 해야 한다. ○ 코로 숨 쉬는 것을 조화롭게 해서 숨소리가 들리지 않게 해야 한다.】

"서 있는 모양은 덕이 있게 해야 한다."

【註: 무엇을 깨달은 바가 있는 사람처럼 침착하게 서 있어야 한다. ○ 몸과 마음을 바르게 중심을 잡고, 한쪽 다리에 의지하여 서 있지 말고, 엄연한 것이 덕이 있는 사람의 氣像(기상)이다.】

"얼굴빛의 모양은 장엄하게 해야 한다."

【註: 활발하면서도 조심하는 얼굴빛을 가져야 한다. ○ 얼굴빛이 가지런해서 태만한 기색이 보이지 않게 해야 한다.】

○ 「曲禮」(곡례)에 말했다.

"귀를 기울이고 엿들으려고 하지 말아야 한다."

【註: 듣는 것은 반드시 공손하게 들어야 한다. 귀를 기울이고 듣는 것은 공손한 것이 아니다.】

"격앙된 목소리로 대답하지 말아야 한다."

【註: 응답은 반드시 화평하게 해야 한다. 높은 소리와 급한 소리로 응답하는 사람은 심기가 어긋난 사람이다.】

"곁눈질하여 흘겨보지 말아야 한다."

【註: 이리저리 움직이면서 간사하게 흘겨보지 말아야 한다.】

"몸가짐을 게으르게 하거나 행동을 거칠게 하지 말아야 한다."

【註: 몸가짐을 태만하게 하지 말아야 한다.】

"돌아다닐 때에는 거만한 자세를 하지 말아야 한다."

【註: 倨(거)는 敖慢(오만)과 같은 뜻임.】

"서 있을 때는 몸을 한쪽 다리에만 의지하고 기울어지게 서 있지 말아야 한다."

【註: 마땅히 두 발을 가지런하게 정돈해야 한다. 한 쪽 다리에만 의지하여 기울어지게 서 있어서는 안 된다.】

"앉아 있을 때는 두발을 쭉 뻗고 앉아 있지 말아야 한다."

【註: 箕(기)는 키처럼 발을 쭉 펴는 것을 말함.】

"잠을 잘 때는 엎드려서 자지 말아야 한다. 그리고 머리카락은 거두어 <쪽지거나 틀어서> 올리고 땋은 머리를 하지 말아야 한다."

【註: 머리를 늘어뜨리지 말아야 한다는 뜻임.】

"갓을 벗지 말아야 하고, 힘이 들더라도 옷을 벗어 메지 말아야 하며, 덥더라도 바지를 걷어 올리지 말아야 한다."

○ 孟子(맹자)가 말했다.

"행동하는 것과 용모와 돌아다니며 하는 몸가짐이, 禮(예)에 맞게 하는 사람은 덕이 지극한 경지에 이른 사람이다."

○ 朱子(주자)가 말했다.

"용모와 말을 하는 기운은 덕의 증거가 된다."

【註: 몸의 자세를 바르게 하는 것을 말한 것임.】

"禹(우)임금은 聲(성)은 律(율)이 되고 身(신)은 度(도)가 되며, 左(좌)는 準繩(준승)[7]이 되고 右(우)는 規矩(규구)[8]가 되었다."

---

7) 수평과 직선을 정하는 먹줄. 일정한 방식.
8) 행위의 표준. 일상생활에 지켜야 할 법도. 사물의 준칙.

○ 劉元城(유원성)은 빈객을 만나 담론을 하다가, 시간이 넘더라도 몸을 기울어지게 하지 않았고, 어깨나 등을 반듯하게 하였으며, 몸을 조금도 움직이지를 않았다.

○ 尹和靖(윤화정)은 몸가짐이 심히 정확하여 무릇 음식을 만나면 수족을 한 곳에 가지런하게 하였으며, 술에 취한 후에도 또한 그러했다. 즐기는 모임에 다다라서는 모두가 曲(곡)을 듣고 기뻐하더라도, 다만 팔짱을 낀채 다리를 안정시키고 움직이지 않았다.

【註: 신체를 바르게 해야 한다는 것을 말한 것임.】

○「周禮」(주례)에 保氏(보씨)가 공경대부의 자제들에게 六儀(육의)를 가르쳐 말했다. "첫째는 祭祀(제사)에 관한 내용이다."

【註: 언동을 온화하게 하고 조심스런 표정을 해야 한다.】

"둘째는 賓客(빈객)에 관한 내용이다."

【註: 공경스럽고 삼가하며 조심성 있고 엄숙해야 한다.】

"셋째는 朝廷(조정)에 관한 내용이다."

【註: 장엄하고 조심스럽게 추창하여야 한다.】

"넷째는 喪紀(상기)에 관한 내용이다."

【註: 출입하는 모습이 가지런하고 엄숙하며, 행동이 법도가 있어야 한다.】

"다섯째는 軍隊(군대)에 관한 내용이다."

【註: 당당하고 고개를 똑바로 들고 있어야 한다.】

"여섯째는 車馬(거마)에 관한 내용이다."

【註: 한결같이 당당해야 한다. ○「少儀」(소의)에 말했다. "優游喜樂(우유희락)이라는 것은 종치고 북치는 빛이다. 愀然淸淨(초연청정)이라는 것은 초상난 빛이다. 勃然充滿(발연충만)이라는 것은 兵革(병혁)의 빛이다." ○ 또 말했다. "말을 아름답게 하는 것은 穆穆皇皇(목목황황)[9]이다. 朝廷(조정)의 아름다움은 濟濟翔翔(제제상상)[10]이다. 祭祀(제사)의 아름다움은 齊齊皇皇(제제황황)[11]이다. 車馬(거마)의 아름다움은 匪匪翼翼(비비익익)[12]이다. 鸞和(난화) 즉, 방울의 아름다움은 肅肅雍雍(숙숙옹옹)[13]이다.】

○「玉操」(옥조)에 말했다.

"군자의 모양은 여유가 있고 침착해야 한다.

【註: 한가롭고 우아한 모양을 말함.】

웃어른을 뵐 때는 엄숙하게 하고 방종하지 말아야 한다."

○ 子夏(자하)가 말했다.

"군자에게는 세 가지 변하는 것이 있다. 바라보면 엄숙하고, 가까이 상대하여 보면 온화하며, 그 말소리를 들어보면 엄격하다."

○ 孔子(공자)가 말했다.

"얼굴빛은 엄격하여 위엄이 있는 것처럼 보이나, 속이 간사한 것은 비유하자면 소인과 좀도둑의 훔치는 것과 같은 것이다."

○ 孔子(공자)는 온화하면서도 엄하고, 위엄이 있으면서도 사납지 않으며, 공손하면서도 편안한 분이었다.

○ 孔子(공자)는 일이 없이 한가롭게 집에서 쉬고 있을 때는 마음이 확 풀리고 화평하였으며, 낯빛은 온화한 기색이 있어 보였다.

【註: 程子(정자)가 말했다. "지금 사람들은 일이 없이 집에서 쉬고 있을 때, 태만하고 방자하지 않으려고

9) 공경스럽고 화평하며, 바르고 아름다운 것.
10) 출입하는 모습이 가지런하고 엄숙하며, 행동이 법도가 있는 것.
11) 정성스런 마음을 다하며, 아직 무엇을 구하지 못한 것과 같은 모습을 하는 것.
12) 움직이는 것이 운치가 있으며, 움직이는 것이 정중한 모습을 하는 것.
13) 부를 때는 경건한 모습으로 부르며, 응할 때는 부드럽고 온화한 모습으로 응하는 것.

너무 지나치게 엄숙하게 한다."】

○ 喪服(상복) 입은 사람을 보면 비록 친근한 사이라고 할지라도, 반드시 태도를 좀 고쳐서 조심스럽게 대해 줘야 한다. 면류관을 쓴 사람이나 장님을 보면, 비록 친근한 사이라고 하더라도, 반드시 예모를 갖춰서 대해 줘야 한다.

○ 盛饌(성찬)이 있어도 반드시 안색을 고치고 먹어야 하며, 몹시 심한 벼락이나 바람이 세차게 불어도 반드시 안색을 고쳐야 한다.

○ 退溪先生(퇴계선생)은 사람을 대접하는 계제에, 비록 오만하게 남과 어울리지 않는 행위는 하지 않았으나, 그래도 스스로 남이 함부로 하지 못할 만한 기색은 지니고 있었다.

【註: 얼굴빛을 바르게 해야 한다는 것을 말한 것임.】

○「視箴」(시잠)[14]에 말했다.

"마음이란 본래 빈 것이니, 물건에 응해도 자취가 없고, 그 잡는 것이 요령이 있으며, 보는 것이 법칙이 된다. 그래서 무슨 좋은 물건이 있으면 마음이 변하게 되는 것이니, 바깥에 절제를 하여 마음 속을 편안하게 해야 한다. 극기를 하고 禮(예)를 회복하기를 오래하면 성실해지는 것이다."

○「曲禮」(곡례)에 말했다.

"무릇 보는 것이 고개를 너무 들어 남의 얼굴보다 위쪽을 보게 되면 거만하게 보인다. 고개를 너무 숙여서 남의 허리띠보다 아래쪽을 보게 되면 근심이 있는 것처럼 보인다. 고개를 기울이고 곁눈질로 보게 되면 간사하여 보인다."

【註: 시선이 유동하면 마음이 바르지 못한 것이다.】

14) 程子(정자) 지음.

○ 張子(장자)가 말했다.

"내 몸의 공경과 거만함은 반드시 보는 모습에서 나타나는 것이다.

그 시선을 아래로 하고자 하는 것은 그 마음을 부드럽게 하고자 하는 것이다. 그 마음을 부드럽게 하고자 하면 말을 듣는 것이 공경스럽게 믿음성이 있는 것이다."

○ 朱子(주자)가 말했다.

"만약 앉아 있을 때, 벽 사이에 무슨 글자가 있으면 나는 항상 반드시 일어나서 한 번씩 쳐다보았다. 그러나 李先生(이선생)은 그렇지 않았다. 바야흐로 앉아 있을 때는 진실로 쳐다보지 않는 것 같으나, 또 쳐다보려고 하면 반드시 일어나서 벽 아래로 나아가서 그것을 보았다. 사물을 이기는 바가 되지 아니한 것이 이와 같았다."

○ 晦齋(회재)선생은 크게 확정된 학문의 힘이 있었다. 그래서 비록 갑작스런 일이 있을지라도, 말을 빨리 하거나 당황한 얼굴의 기색을 나타내지 않고, 고요하고 바르게 몸가짐을 하였다. 그가 全州(전주)에 있을 때, 명절날을 맞이하여 俗戲(속희)를 베풀었는데, 監查 金正國公(감사 김정국공)은 점잖은 사람인데도 이따금씩 그것을 돌아보고 웃었으나, 선생은 초연하여 그것을 보지 않은 것과 같은 모습을 하고 있었다.

【註: 金鶴峯(김학봉)이 일찍이 재상의 장례에 관한 회의가 있었는데, 온 조정에 관원들이 많이 모여 있었다. 그런데 바야흐로 서로 희롱하며 이야기들을 하고 있으니, 자리에 있던 사람들이 모두 주의 깊게 쳐다보지 않는 사람이 없었다. 그러나 公(공)은 의연하게 마치 아무 것도 보는 것이 없는 것처럼 하고 있으니, 모든 재상들이 다 부끄럽게 생각하고 굴복하였다.】

○ 「聽箴」(청잠)[15]에 말했다.

"사람이 秉彛(병이)[16]가 있는데 天性(천성)에서 근본한 것이다. 지식이 물건

---

15) 程子(정자) 지음.
16) 타고난 天性(천성)을 지킴.

에 유혹되어 변화해서 드디어 그 正道(정도)가 없어져 버리는 수가 있다. 그러므로 탁월한 저 선각자들은 무슨 일을 하다가도 그만두어야 할 때는 그만둘 줄을 알았다. 그리고 간사한 것을 막고 정성스런 것을 보존하여, 禮(예)가 아니면 듣지를 아니하였다."

○「童子禮」(동자례)에 말했다.

"정신을 수렴하여 항상 이목으로 하여금 전일하게 하여야 한다. 글을 볼 때는 뜻이 한결같이 글에만 있어야 하며, 가히 헛되이 다른 말을 들어서도 안 된다. 또한 마땅히 정성껏 보고 잘 들어서, 마음과 생각으로 하여금 바깥으로 달아나지 못하게 하여야 한다."

○ 孟子(맹자)가 말했다.

"伯夷(백이)는 눈으로는 악한 색을 보지 아니하였으며, 귀로는 음탕한 소리를 듣지 아니하였다."

【註: 바른 것을 보고 바른 것을 들으라는 것을 말한 것임.】

○「中庸」(중용)에 말했다.

"「詩經」(시경)에 이르기를, '내 밝은 덕을 큰 소리로써 빛나게 하려는 생각을 품어서는 안 된다.'고 하였다. 孔子(공자)도 말하기를, '자기의 밝은 덕을 큰 소리로써 빛나게 하려는 것은 백성을 교화시키는 데는 말단밖에 안 되는 것이다.' 라고 하였다."

○ 朱子(주자)가 말했다.

"보통 사람들은 사람 부를 때, 한두 번 불러서 소리가 그쪽에 이르지 아니하면, 그 다음 부르는 소리가 반드시 사나워지기 마련이다. 그러나 李(이)선생은 불러서 그 쪽에서 듣지 못하더라도, 그 다음에 부르는 소리를 먼저 부르던 것보다 더 크게 하지 아니하였다."

○ 「調息箴」(조식잠)[17]에 말했다.

“鼻端有白(비단유백)이면 내가 그것을 보아서 때에 따라 곳에 따라 容與猗(용여의)한다. 고요함이 지극하면 숨소리가 봄 연못의 물고기와 같고, 움직임이 지극하면 온갖 벌레가 우물거리는 것과 같다. 숨을 내쉬고 들이쉬는 묘한 이치가 무궁한 것이다.

【註: 바른 소리와 기운을 말한 것임.】

○ 「動箴」(동잠)[18]에 말했다.

“학식이 높고 사리에 밝은 사람은 기미를 알아서 생각을 성실하게 한다.”

【註: 속을 함양한다는 뜻.】

“기개가 높고 포부가 큰 사람은 행동을 가다듬어 무슨 일을 하는데 그 행동을 잘 지킨다.”

【註: 밖을 단속한다는 뜻.】

“이치를 따르면 편안하고, 욕심을 좇으면 위태하다.”

【註: 朱子(주자)가 말했다. “이 두 가지 구절이 生死(생사) 갈림길의 시작이다.”】

“잠깐이라도 마음을 억누르고 조심하며 스스로 몸가짐을 지켜서, 行習(행습)이 성품과 더불어 이루어지면 聖賢(성현)도 될 수 있다.”

○ 薛敬軒(설경헌)이 말했다.

“하나의 생각이 그르거든 곧 그 생각을 그쳐 버리고, 하나의 행동이 망령되거든 곧 그 행동을 고쳐 버려야 한다.”

○ 李一齋(이일재)가 도봉산에 올라가 月庵(월암)을 바라보며, 마음을 거두고

---

17) 朱子(주자) 지음.
18) 程子(정자) 지음.

몸을 단정하게 하고 앉아 있었다. 때마침 지저분한 무리들이 싸우는 소리 등으로 堂(당)을 시끄럽게 하니, 일어나 쳐다보고 돌이켜 스스로 자기 과실을 허물하며 말했다. "마음이 육체의 노예가 되다니, 슬프도다! 무슨 공부를 하리오?"

【註: 동작을 바르게 해야 함을 말한 것임.】

○ 「曲禮」(곡례)에 말했다.

"앉아 있을 때는 尸童(시동)[19]처럼 엄숙하게 앉아 있어야 하고, 서 있을 때는 齋戒(재계)하는 것처럼 성실하게 서 있어야 한다."

○ 또 말했다.

"다른 사람과 나란히 앉아 있을 때는 팔을 옆으로 벌리고 있지 말아야 한다. 그리고 서 있는 사람에게 무엇을 줄 때는 앉아서 주지 말아야 하며, 앉아 있는 사람에게 무엇을 줄 때는 서서 주지 말아야 한다."

○ 「論語」(논어)에 말했다.

"자리가 바르지 않으면 앉지를 말아야 한다."

○ 「童子禮」(동자례)에 말했다.

"앉는 것을 바르게 하면 몸이 단정해지는 것이니, 앉아 있을 때는 옷깃을 여미고 두 손을 마주 잡고 있어야 한다. 책상 같은 데다 비스듬히 기대고 누웠다 일어났다 하지 말아야 한다. 다른 사람과 함께 앉아 있을 때는 마땅히 몸가짐을 씩씩하고 엄숙하게 하여야 한다. 팔뚝을 옆으로 벌려서 옆 사람에게 방해가 되지 않도록 해야 한다. 서 있을 때는 두 손을 마주 잡고 몸을 바르게 하며 두 발은

19) 옛적에 제사를 지낼 때 임시로 신의 대신이 되는 사람.

아울러 가지런하게 해야 한다. 반드시 서는 바의 方位(방위)에 順(순)하도록 해야 하며 비뚤어지게 해서는 안 된다. 비록 몸이 권태로워지더라도 벽 같은데다가 기대고 있어서는 안 된다."

○ 朱子(주자)가 말했다.

"두 무릎을 땅에 대고 허리 및 다리를 펴서 자세를 바르게 하여 앉는 것은 跪(궤)가 된다. 두 무릎을 땅에 대고 꽁무니를 발바닥에 붙이고 조금 편안하게 앉는 것은 坐(좌)가 된다."

【註: 坐(좌)와 跪(궤)의 약간 다른 점.】

○ 明道(명도)선생은 종일토록 진흙으로 만든 인형처럼 꼼짝 않고 단정하게 앉아 있었다.

○ 退溪先生(퇴계선생)은 종일토록 고요하게 앉아 있었다. 혹 때로는 책상다리를 하고 앉아 있을 경우가 있더라도 또한 반드시 단정하고 정중하게 앉아 있었으며, 조금도 기울어지지 아니하였다. 몸이 권태로울 때가 있으면, 눈을 감고 단정하게 앉아 있을 따름이었다.

○ 朱子(주자)가 말했다.

"小南和尙(소남화상)이 어렸을 적에 스승을 좇아서 참선을 하였는데, 하루는 우연히 기대고 앉아 있었다. 스승이 이것을 보고 꾸짖어 말하기를, '이와 같이 등골뼈가 없는 사람을 얻었다.'고 하였다. <이 말을 듣고> 小南(소남)이 이로부터 죽을 때까지 기대고 앉지를 아니하였다."

【註: 바르게 앉고 서는 것에 관하여 말한 것임.】

○ 「玉操」(옥조)에 말했다.

"추창을 할 때는 采齊(채자)를 노래하며 달리고, 그냥 걸어갈 때는 肆夏(사하)

의 詩(시)를 노래하며 걷는다." "두루 돌아다니는 것은 법도에 맞게 한다."

【註: 곧게 갔다가 돌아오는데, 그 돌아오는 데서는 원을 그리는 모양으로 둥그렇게 돌아와야 한다.】

"꺾어서 도는 것도 법도에 맞게 한다."

【註: 곧게 갔다가 다시 옆으로 가로질러 갈 때, 그 가로로 가는 데는 반드시 모지게 꺾어서 가야 한다.】

"앞으로 나아갈 때는 揖(읍)을 한다."

【註: 그 몸이 약간 굽은 듯 하여 읍을 하는 것 같이 해야 한다.】

"물러갈 때는 몸을 든다."

【註: 그 몸이 약간 우러러보는 것 같이 해야 한다】

"그렇게 한 연후에라야 옥소리가 잘 울린다. 그러므로 군자는 수레에 타고 있을 때는 鸞和(난화)[20]의 소리가 울리고, 걸어갈 때는 패옥의 소리가 울려서, 이로써 그르고 치우친 마음이 들어가지 못하게 되는 것이다."

○ 「少儀」(소의)에 말했다.

"빨리 달려오지 말아야 한다."

【註: 拔(발)은 급히 달려갔다가 거꾸로 제자리로 돌아오는 것을 말한다.】

"빨리 달려가지도 말아야 한다."

【註: 赴(부)는 급히 다시 돌아왔다가 거꾸로 또 저 쪽으로 가는 것이다.】

○ 「童蒙須知」(동몽수지)에 말했다.

"무릇, 그냥 걸어갈 때나 趨蹌(추창)[21]할 때도 반드시 단정하게 하여야 한다. 빨리 달리거나 펄쩍펄쩍 뛰거나, 무엇을 던지거나 하면 안 된다."

○ 朱子(주자)가 말했다.

---

20) 임금의 마차에 다는 황금제의 방울.
21) 예의에 맞도록 허리를 굽히고 빨리 걸어가는 것.

"延平(연평) 선생은 언제나 천천히 더디게 걸음을 걸었다. 비록 2~3리 길을 가더라도, 항상 든든하게 느린 걸음으로 방안에서 슬슬 거니는 것과 같이 걸었다. 보통 사람들은 가까운 곳에 가려면 천천히 가고, 먼 곳에 가려면 조금 급하게 간다. 그러나 선생은 가까운 곳에 갈 때나 먼 곳에 갈 때나 또한 이와 같이 천천히 걸었다."

○ 朱子(주자)는 매양 걸음걸이를 빠르게 하여 돌아왔는데, 좌우를 돌아보는 일이 없었다. 아무 일이 없을 때는 제자들을 데리고 노닐며 구경을 하였다. 그리고 배회하며 주위도 돌아다보고 느린 걸음으로 걸으며 작은 소리로 詩歌(시가)를 읊기도 하였다.

○ 金鶴峯(김학봉)이 그 제자가 걸음걸이를 제멋대로 하며 들어오는 사람이 있거늘, 이를 꾸짖어 말했다. "옛말에 이르기를, '제 1보를 걸으면 마음이 제 1보에 있어야 하고, 제 2보를 걸으면 마음이 제 2보에 있어야 하는 것이다.' 라고 하였으니, 반드시 알아 두어야 한다."

【註: 바르게 걷고 추창하여야 함을 말한 것임.】

○「童子禮」(동자례)에 말했다.

"揖(읍)을 할 때는 그 발을 조금 넓게 딛고, 그 다리는 곧게 세우며, 그 몸은 조금 구부려야 한다. 그 손은 낮게 하고, 눈은 신발의 머리 부분을 쳐다보며, 두 손은 둥글게 끼고 아래로 내려야 한다. 尊者(존자)에게 읍을 할 때는 손을 눈이 있는 데까지 들었다가 내리고, 長者(장자)에게 읍을 할 때는 손을 입이 있는 데까지 들었다가 내려야 하는데, 다 손으로 하여금 무릎에까지 내려오도록 해야 한다. 나이가 서로 비슷한 사람에게 읍을 할 때는 손을 배가 있는 데까지만 내리면 되며, 무릎이 있는 데까지 내릴 필요는 없다."

○ 또 말했다.

"무릇, 절을 할 때는 한 번 읍을 하고 조금 물러나서, 먼저 좌측 발을 꿇고 다음에는 우측 발을 꿇어앉는다. 머리를 수그려서 땅바닥에 이르게 하며, 일어날 때는 먼저 우측 발을 일으켜서, 두 손으로 우측 무릎을 가지런하게 눌러 잡는다. 다음에는 좌측 발을 일으켜서 다시 한 번 읍을 하고 난 뒤에 절을 하는데, 그 법도가 자상하고 천천히 해야 한다."

○ 朱子(주자)가 말했다.

"옛 사람의 앉는 것은 두 무릎을 땅에 대고 그 발바닥을 뒤집어서 그 위에 앉았는데 지금의 胡跪(호궤)와 같았다. 엄숙하게 절을 하려면 두 손을 끼고, 내려서 땅에 이르도록 해야 한다. 頓首(돈수)를 하려면 머리를 조아려 손의 위에 이르게 해야 한다. 또 稽首(계수)[22]를 하려면 그 손을 틈이 벌어지게 하여서, 머리가 땅에 닿도록 해야 한다. 이것은 지금의 禮拜(예배)하는 것과 같은데, 다 무릎을 꿇는 것으로 인하여 더욱 그 공손함에 이르게 하는 것이다."

【註: 바르게 절하고 읍하는 것을 말한 것임.】

○ 徐節孝(서절효)가 胡安定(호안정)을 뵙고 물러나오는데, 머리 모양이 조금 기울어진 것을 보고, 安定(안정)이 문득 성난 목소리로 이르기를, "머리를 바르게 하라"고 하였다. 節孝(절효)가 머리 모양을 곧게 하지 못하면, 마음이 어떻게 곧을 수가 있겠느냐고 스스로 생각하고, 이로부터 다시 邪心(사심)을 없앴다.

【註: 머리 모양을 바르게 하라는 말임.】

○ 圃隱(포은)선생은 종일 몸을 바르게 하고 앉아서 손을 두 무릎 위에 놓고, 조용히 생각하며 움직이지 않았다.

---

22) 이마가 땅에 닿도록 절을 함. 頓首(돈수)보다 머리를 더 굽힘.

○ 陳才卿(진재경)이 九容(구용)을 설명하는데 서늘하게 하려고 오른손으로 적삼의 좌측 소매 입구를 끌어당겨서 한 쪽에 치우치게 하였다. 이것을 보고 朱子(주자)가 말하기를, "어젯밤에, 손모양을 공손하게 하라고 설명을 하였는데, 바로 오늘 그와 같이 하느냐?"고 하였다. 才卿(재경)이 얼굴이 시뻘게지더니, 급히 두 손을 어긋매껴 마주 잡고 존경하는 뜻으로 몸을 굽히고 말하기를, "깜박 잊었습니다." 라고 하였다. 이에 朱子(주자)가 말하기를, "爲己之學(위기지학)을 하는데 그런 것을 잊어버릴 수가 있느냐" 라고 하며 꾸짖었다.

【註: 어떤 배우는 사람 하나가 있었는데 매양 서로 읍을 마치고 나면, 오로지 왼쪽 손만 움츠려서 소매 속에 집어넣으니, 선생이 말했다. "公(공)이 항상 한 쪽 손만 움츠리는 이유는 무엇인가? 행동거지가 옳지 못한 것 같다." ○ 손의 모양을 바르게 하라는 말임.】

謹言章(근언장)

<말을 삼가서 하는 일>

○「言箴」(언잠)[23]에 말했다.

"사람 마음의 움직임은 말로 인하여 베풀어지게 되는 것이니, 헛된 소리하는 것을 금하여야 마음 속이 고요하고 전일하여질 수가 있다. 하물며 이것이 樞機(추기)가 되어, 전쟁도 일으킬 수 있고 좋은 일도 생겨날 수가 있으니, 吉凶(길흉)과 榮辱(영욕)이 오직 그 부르는 바에 달려 있다. 너무 쉽게 말을 하면 방탕하게 되고, 너무 번거롭게 말을 하면 흐트러지게 되어, 몸이 방자해지고 事物(사물)도 거스르게 된다. 나가는 말이 어긋나면 오는 말도 어긋나게 되는 것이니,

23) 程子(정자) 지음.

법도가 아니면 말을 하지를 말고, 공경스럽고 정성스럽게 말을 해야 한다."

○「曲禮」(곡례)에 말했다.

"<임금이 명령한 내용이> 官(관)에 관한 일에 있으면 官(관)에 관한 말을 하고, 府(부)에 관한 일에 있으면 府(부)에 관한 말을 하며, 庫(고)에 관한 일에 있으면 庫(고)에 관한 말을 하고, 朝廷(조정)에 관한 일에 있으면 朝廷(조정)에 관한 말을 해야 한다. <지엄한> 조정에서 하잘 것 없는 개나 말과 같은 것에 대해서 언급하여서는 안 된다. 조정이나 관청에서 부녀자에 관한 말을 해서는 안 되며, 관청이나 공공단체의 일을 사저에서 의논하면 안 된다."

○「大雅」(대아)에 말했다.

"너에게서 나오는 말을 삼가서 하고, 너의 威儀(위의)를 공경스럽게 하면, 柔和(유화)하고 善美(선미)하지 아니한 것이 없을 것이다. 희고 맑은 좋은 구슬에 생긴 티는 오히려 갈아서 없어지게 할 수 있으나, 말을 잘못하여 말에 티가 생긴 것은 어떻게 할 도리가 없는 것이다." 또 말했다. "생각하지 않고 쉽게 하는 말을 하지 말고, 거리끼는 말을 하지 말아야 한다. 혀를 아무렇게나 내두르지 말아야 한다. 말은 가히 한 번 가면 다시 돌아오지 않는 것이다."

【註: 南容(남용)이라는 사람이 「詩經」(시경)에 있는 白圭(백규)에 관한 것을 하루에 세 번씩을 외우니, 孔子(공자)가 그 형의 딸로 그에게 아내를 삼아 주었다.】

○ 周(주)나라 后稷(후직)[24]의 사당에 金人(금인)[25]이 있었는데, 그 입을 세 군데를 꿰매고, 그 등에다 새기어 말했다. "옛적의 말을 삼가 하던 사람이니, 경계할지니라. 말을 많이 하지 말고 일을 많이 하지 말아야 한다. 말이 많으면 敗(패)가 많고, 일이 많으면 害(해)가 많은 것이다."

---

24) 周(주)나라 始祖(시조) 棄(기)의 別稱(별칭).
25) 쇠붙이로 만든 사람 像(상). 黃金色(황금색)의 불상이나 동상 등.

○ 孔子(공자)가 말했다.

“여러 사람이 무리를 지어 하루 종일을 지내면서도, 그 하는 말이 義(의)에 미치지 않게 하고, 하찮은 재간이나 부리기를 좋아하는 사람들은 참으로 곤란한 사람들이다.”

○ 范益謙(범익겸)[26]의 座右戒(좌우계)에 말했다.

“첫째 朝廷利害(조정이해)와 邊報差除(변보차제)에 관한 것은 말을 하지 않는다. 둘째, 州縣官員(주현관원)의 長短得失(장단득실)에 관한 것을 말하지 않는다. 셋째, 뭇사람의 過惡(과악) 지은 바를 말하지 않는다. 넷째, 누구는 벼슬을 하려고 기회를 노린다느니, 누구는 권세에 아부한다느니 하는 등의 근거 없는 말을 하지 않는다. 다섯째, 財利多少(재리다소)와 厭貧求富(염빈구부)에 관한 말을 하지 않는다. 여섯째, 음탕하고 거만스러운 희롱지거리와 여색을 평론하는 말을 하지 않는다. 일곱째, 누구는 인물을 찾고 있다느니, 누구는 酒食(주식)을 밝힌다느니 하는 등의 쓸데없는 말을 하지 않는다.”

○ 孔子(공자)가 바른 말로 읽은 것은 「詩經」(시경)과 「書經」(서경)이었다. 그리고 禮(예)를 집행할 때도 다 바른 말로 하였다.

○ 孔子(공자)는 利(이)와 命(명)과 仁(인)에 대해서는 말하는 일이 드물었다.

○ 孔子(공자)는 초인적인 뛰어난 힘과 어지러운 귀신에 대해서는 말을 하지 않았다.

○ 「周易」(주역)에 말했다.

“말하는 것을 닦아서 그 정성을 세워야 한다.”

---

26) 名(명)은 沖(충), 宋(송)나라 사람.

【註: 朱子(주자)가 말했다. "한 마디의 말이라도 부실하게 해서는 안 된다."】

○ 劉忠定(유충정)이 司馬溫公(사마온공)을 보고 盡心(진심)과 處身(처신)하는 요점을 물으니 公(공)이 말하기를, "그것은 誠(성) 뿐입니다." 라고 하였다. 또 묻기를, "行(행)하는 것은 무엇부터 먼저 해야 합니까?" 하니 公(공)이 말하기를, "망령된 말을 하지 않는 데서부터 비롯되는 것입니다." 라고 하였다.

○ 晦齋(회재)선생이 玉堂(옥당)에 있을 적에 동료들과 상대를 하는데, 종일 아무 말이 없었으니, 대개 持敬(지경)하는 功(공)이 깊은 것은, 교정을 하여서 그렇게 되는 것이다.

【註: 말을 삼가해서 하라는 것을 말한 것임.】

○ 「士相見禮」(사상견례)에 말했다.

"임금과 함께 이야기를 할 때는 신하에 관한 말을 하고, 大夫(대부)와 함께 이야기를 할 때는 임금 섬기는 것에 관한 말을 해야 한다. 노인과 함께 이야기를 할 때는 나이 어린 사람에 관한 말을 하고, 나이가 어린 사람과 함께 이야기를 할 때는 부형에게 효도하고 공경하는 것에 관한 말을 해야 한다. 여러 사람과 함께 이야기를 할 때는 忠信慈祥(충신자상)에 관한 말을 해야 하고, 벼슬살이를 하고 있는 사람과 함께 이야기를 할 때는 忠信(충신)에 관한 말을 해야 한다."

○ 「論語」(논어)에 말했다.

"朝廷(조정)에서 下大夫(하대부)와 더불어 이야기를 할 때는 剛直(강직)하게 말을 해야 하고, 上大夫(상대부)와 이야기를 할 때는 和氣(화기) 속에 옳고 그름을 논해야 한다."

○ 또 말했다.

"公叔文子(공숙문자)는 말을 해야 할 때가 된 연후에라야 말을 하였다. 그러므로 사람들이 그가 하는 말을 싫어하지 아니하였다."

○ 孟子(맹자)가 말했다.

"大人(대인)을 설득시킬 때는 <그들의 권세를 두려워하지 말고 오히려 학덕이 부족한> 그들을 경시하는 자세로 다루고, 그의 허울 좋은 위세는 보지를 말아야 한다."

○ 程子(정자)가 論(논)했다.

"입으로 장차 말을 하려다가 겁이 많아 말을 하지 못하고 입을 여닫기만 하며, 열었던 입을 또 오므리려고 하는 것처럼 하면서 실마리를 다른 데로 돌리나 반드시 입을 여는 수가 있으니, 모름지기 그 말을 듣는 데는 정신 차려서 열심히 들어야 한다."

○ 朱子(주자)가 말했다.

"孔子(공자)는 말하기를, '詩(시)를 배우지 않으면 남과 더불어 말을 할 수가 없다.'고 하였다. 옛 선비들은 말하기를, '마음이 평안하고 기운이 온화하면 말을 잘 할 수가 있다'고 하였다. 「係辭」(계사)에는 말하기를, '그 마음을 편안하게 한 연후에라야 말하는 것이 바르게 되는 것이니, 그 마음을 편안하게 한 후에 말을 해야 한다.'고 하였다. 明道(명도)선생은 말하기를, '무릇 남을 위해서 말하는 사람이 이치적으로 이야기를 하면 사리가 밝아지고, 기분이 좋지 못하게 이야기를 하면 남이 기분을 상하게 된다.'고 하였다. 告子(고자)가 말하기를, '말에서 얻지 못하면 마음에서도 구하지 말아야 한다.'고 하였는데, 孟子(맹자)는, '그것은 옳지 못한 일이다.' 라고 하였다."

○ 邵子(소자)는 남과 더불어 말을 할 적에, 반드시 孝悌(효제)와 忠信(충신)에 의거해서 말을 하였다. <다른> 사람의 착한 것을 말하기를 좋아하면, 일찍

이 그 악한 것에 미치지 않는 것이다. 그러므로 어진 사람은 그 덕을 좋아하고, 어질지 못한 사람은 그 변화를 좇는 것이다.

○ 羅豫章(나예장)은 종일 서로 대하여도 文字(문자)만 이야기하고 잡된 말은 한 마디도 하지 않았다.

【註: 李果齋(이과재)는 손님을 상대할 때, 망령된 말은 한 마디도 하지를 않았다. ○ 張御史(장어사) 戩(전)이라는 사람은 종일 말을 하여도, 義(의)에 미치지 않는 말은 하지를 아니하였다.】

○ 文潞公(문로공)[27]은 친구들을 정성껏 접대하였는데, 일찍이 그 祖父(조부)의 諱(휘)는 犯(범)하지 않았다.

○ 韓魏公(한위공)이 歐氏(구씨), 曾氏(증씨)와 더불어 兩府(양부)에서 함께 일을 하였다. 그런데 매양 일을 의논하려면 성난 목소리로 서로 공방을 하였다. 그러나 公(공)은 그 사람들이 성난 기운이 안정되기를 기다렸다가, 천천히 하나씩 이것이 옳은가 그른가를 따져서 말을 하니, 두 公(공)이 다 굴복하였다.

○ 退溪(퇴계)선생은 논변을 할 때는 기운을 온화하게 하고 말을 화창하게 하여, 이치를 밝히고 의리를 바르게 하였다. 비록 여러 사람들의 말이 다투어 일어나더라도, 가볍게 참여하지 않았다. 반드시 기다렸다가 다른 사람들의 말이 안정된 연후에, 천천히 한 마디씩 말로써 그것을 조목으로 분석하여 주었다. 그러나 또한 반드시 그것이 옳다고는 하지 않았다. 그저 말하되, "내가 보는 바는 이와 같은데, 그대들의 생각은 어떠한가?" 라고 하였다.

【註: 선생은 보통 사람들과 이야기를 할 때는 마음가짐을 화평하고 기쁘게 하여 말을 하였다. 그리고 벼슬자리에 있는 사람들과 이야기를 할 때는 正色(정색)을 하고 거리낌 없이 극력으로 논변을 하여 바로잡

27) 名(명)은 彦博(언박), 宋(송)의 名相(명상).

아 주었다. ○ 마땅히 말을 아니 해야 할 것을 말하는 사람이 있으면, 선생은 正色(정색)을 하고 대답을 하지 아니하였다.】

○ 徐花潭(서화담)은 평생 동안 특출하게 보통 사람들과 다르게 행동하는 것을 좋아하지 않았다. 시골 사람들과 더불어 사는데도 종일 말을 하고 웃을 뿐 기색이 없었다.

○ 趙月川(조월천)[28]은 朝廷(조정)의 利害(이해)와 時政得失(시정득실)에 대해서는 비록 그것에 관해서 말을 하는 사람이 있더라도, 더불어 응대를 하지 않았다. 어느 날 아침 어떤 선비가 와서 時事(시사)에 관한 이야기를 하니, 公(공)이 말하기를, "산 속에서는 마땅히 산에 대한 이야기만 하는 것입니다" 라고 하였다. 그 사람이 부끄럽게 생각하였다.

【註: 「芝峯類說」(지봉유설)에 말했다. 南冥(남명)의 詩(시)에는, '할 일이 없으면 이나 잡고 있을 일이지 무엇 때문에 山(산)의 일에 관한 이야기를 하느냐? 산과 물에 대한 이야기를 하는 것도 또한 말이 많은 것이다.' 라고 하였다. 成大谷(성대곡)의 詩(시)에는, '사람을 만나서 山(산) 이야기를 하는 것을 즐겨 하지 말아야 한다. 山(산) 이야기를 하고 오면, 그 또한 다른 사람한테 쓸데없는 이야기를 하는 사람이라고 미움을 받을 것이다.' 라고 하였다. 그런데 그 말이 더욱 고상한 말이다." ○ 사람과 더불어 쓸데없는 말을 하지 말고 삼가 하라는 것을 말한 것임.】

○ 孔子(공자)가 말했다.

"말을 알아들을 수 없으면, 다른 사람도 알아볼 수 없다."

○ 「周易大傳」(주역대전)에 말했다.

"장차 도리에 어긋나는 사람은 그 말이 부끄럽고, 속마음이 의심스런 사람은 그 말이 너절하다. 吉(길)한 사람은 말이 적고, 조급한 사람은 말이 많다. 善(선)을 속이는 사람은 그 말이 헛되고, 그 지킬 것을 잃은 사람은 그 말이 비굴하다."

---

28) 名(명)은 穆(목), 字(자)는 士敬(사경), 退溪(퇴계)의 高弟(고제).

○ 孟子(맹자)가 말했다.

"간사하게 편파적으로 하는 말을 들으면, <그 사람의 마음이 이욕으로> 가려진 바가 있음을 알 수가 있다. 음란하고 방탕하게 하는 말을 들으면, <그 사람의 마음이 곤란에> 빠진 바가 있음을 알 수 있다. 도리에서 벗어나 편벽되게 하는 말을 들으면, <그 사람의 마음이> 이간질하고 배반하는 바가 있음을 알 수 있다. 관계나 책임을 회피하려고 억지로 꾸며서 하는 말을 들으면, <그 사람의 마음이> 궁색한 바가 있음을 알 수 있다."

【註: 朱子(주자)가 말했다. "사람이 말을 하는 것이 다 마음에서 나오는 것이다. 그 마음이 正理(정리)에 밝아서 가린 것이 없게 된 연후에라야, 그 하는 말이 平正通達(평정통달)해서 病(병)이 없는 것이다.】

○ 程子(정자)가 말했다.

"마음이 안정된 사람은 그 말이 중후하면서도 천천히 하고, 마음이 안정되지 아니한 사람은 그 말이 경솔하면서도 빠르다."

○子路(자로)가 말했다.

"<마음과> 동일하지 않게 말을 하면, 그 얼굴빛을 보면 무안해 하는데, 나는 알 수가 없다."

【註: 말하는 것을 들어보면 그 사람을 알 수 있다는 것을 말한 것임.】

○ 孔子(공자)가 말했다.

"다른 사람의 잘못을 떠들어대는 것을 미워하고, 아랫사람이 웃어른을 비방하는 것을 미워한다."

○ 馬援(마원)[29]이 형의 아들들에게 경계하여 말했다.

"내가 너희들에게 말하고자 하는 것은, 남의 過失(과실)을 듣거든, 부모의 이

29) 漢(한)의 名臣(명신).

름을 듣는 것과 같이 하여야 한다는 것이다. 남이 자기 아버지 이름을 부르는 것을 귀로 듣기만 하는 것이지, 남이 부른다고 하여 자기도 자기 아버지 이름을 입으로 부를 수 없는 것처럼, 남의 과실은 귀로 듣기만 하고 입으로 말은 하지 말아야 하는 것이다."

○ 「古語」(고어)에 말했다.

"남의 악한 것을 말하는 것은 마치 피를 입에 머금고 있다가 남에게 뿜는 것과 같아서, 먼저 그 입부터 더러워지는 것이다."

○ 黃翼成公(황익성공)이 젊었을 때에 농부가 황색의 소와 흑색의 소 두 마리를 가지고 밭을 가는 것을 보고 말하기를,

"어느 소가 더 나은고"? 하고 물었다. 농부가 대답을 아니 하자 쫓아서 집에까지 가니, 농부가 말하기를, "황색의 소가 더 좋습니다." 하고 대답하였다. 公(공)이 말하기를, "어찌하여 내가 물어 볼 때 즉시 대답을 하지 아니하였는고?" 하고 물었다. 농부가 말하기를, "저것들이 비록 집에서 기르는 가축들이나 오장은 사람과 같은 것입니다. 그러므로 사람의 말을 알아들을 것입니다. 그런데 저 소들에게, '이 소가 더 좋습니다.' 또는 '저 소가 더 좋습니다.' 하고 말을 하면, 소들이 그 말을 듣고 참지 못할 것입니다." 라고 하였다. 公(공)은 평생 동안 이 말을 마음 속 깊이 새겨 두고 잊지를 않았으며, 다른 사람의 옳고 그름을 망령되이 말을 하지 아니하였다.

○ 退溪(퇴계)선생은 친구의 허물을 말하는 사람이 있으면 안색을 바르게 하고 대꾸를 하지 않았다.

【註: 남의 허물을 말하는 것은 옳지 않다는 것을 말한 것임.】

○ 子路(자로)는 승낙한 일을 미루고 실행하지 않는 일이 없었다.

○ 楚(초)나라 사람의 俗言(속언)에 말했다.

"황금 백 근을 얻는 것이 季布(계포)의 한 승낙을 얻어내는 것만 같지 못하다."

○ 安處諴公(안처함공)[30]은 젊었을 때 여러 친구들과 더불어 말하기를, "나이 30세 후에 科擧(과거)를 보고, 40세 후에 式年科(식년과)를 보더라도, 결코 부임은 하지 않을 것이다." 라고 하였다. 戊寅年(무인년)에 이르러 나이 31세가 되거늘, 부친이 부임하라고 명하니, 司馬(사마)가 대답하여 말했다. "군자가 한 번 한 말은 천년을 고치지 아니 한다고 하였는데, 젊어서 친구들과 더불어 한 말을 이제 와서 고칠 수가 없습니다."

○ 孔子(공자)가 말했다.

"말하고자 하는 것을 먼저 실행하고, 그 말은 뒤에 하는 것이다."

○ 또 말했다.

"말하는 것을 허물이 없게 하고, 행하는 것을 뉘우칠 일이 없게 하면, 복이 그 가운데 있게 된다."

○ 또 말했다.

"옛 사람들이 말을 함부로 하지 않은 것은, 몸이 그것을 실행하지 못하면 부끄럽게 되기 때문이었다."

○ 또 말했다.

"군자는 말은 더듬하게 하되, 행동은 민첩하게 하고자 한다."

○ 「孝經」(효경)에 말했다.

"先王(선왕)의 法度(법도)에 맞는 말이 아니거든 감히 말을 하지 말고, 先王

30) 己卯名賢(기묘명현).

(선왕)의 德行(덕행)에 맞는 행위가 아니거든 감히 행하지를 말아야 한다. 그러면 하는 말이 천하에 가득하더라도 실수되는 말이 없고, 하는 행동이 천하에 가득하더라도 남의 원망이나 미움을 받지 않을 것이다."

○ 「周易大傳」(주역대전)에 말했다.

"言行(언행)은 군자의 樞機(추기)이고, 樞機(추기)의 發(발)은 榮辱(영욕)의 主(주)이다. 그러므로 言行(언행)은 군자가 天地(천지)를 움직이는 것이 될 수도 있는 것이니, 가히 조심하지 않을 수 있겠는가?"

【註: 말과 행동을 조심할 것을 겸하여 말한 것임.】

○ 韓昭侯(한소후)[31]가 말했다.

"총명한 임금은 찡그리기도 하고 웃기도 하는 것이다."

○ 孔子(공자)는 子路(자로)가 경솔하게 대답하는 것을 듣고 빙그레 웃었으며, 武城(무성) 땅에서는 거문고 노래 가락 소리를 듣고 빙그레 웃었다.

○ 「論語」(논어)에 말했다.

"公叔文子(공숙문자)는 진실로 즐겁게 된 연후에 웃는다. 그러므로 남들이 그의 웃음을 싫어하지 않는다."

○ 包孝肅(포효숙)[32]은 성질이 급하고 엄해서 일찍이 웃는 일이 없었다. 그래서 사람들이 말하기를, "包希仁(포희인)이 웃으면 黃河(황하)가 맑아질 것이다." 라고 하였다.

○ 薛敬軒(설경헌)이 말했다.

---

31) 戰國時代(전국시대)의 賢君(현군).
32) 名(명)은 拯(증), 字(자)는 希仁(희인), 宋(송)의 名臣(명신).

"한 번 웃는 것이라도 가히 가벼이 할 수 없는 것은, 다른 사람으로 하여금 '저 사람이 왜 웃나' 하는 의혹을 줄 수 있기 때문이다."

衣服章(의복장)

<옷을 단정하고 검소하게 입는 일>

○ 「孝經」(효경)에 말했다.

"先王(선왕)의 법도에 맞는 옷이 아니거든 감히 입지를 말아야 한다."

○ 「學則」(학칙)[33]에 말했다.

"옷은 너무 색다르고 화려하고 사치스럽게 입지 말아야 한다. 너무 더럽고 때가 묻고 떨어진 옷을 입거나, 격식을 갖추지 않고 너무 간단한 옷차림을 해서도 안 된다. 하는 일없이 집에서 한가롭게 쉬고 있을 때라도, 옷소매나 옷고름 등을 풀어헤치거나 옷을 벗어 메거나 이마를 드러내지 말아야 한다. 아무리 덥더라도 신과 버선을 함부로 벗어서는 안 된다."

○ 「童蒙須知」(동몽수지)에 말했다.

"음식을 관리할 때는 더럽고 상하게 해서는 안 되며, 길을 걸어 다닐 때는 한눈팔고 여기저기 돌아보다가 더러운 진흙탕 물에 적셔서는 안 된다."

○ 靜庵(정암)선생이 말했다.

"衣章(의장)은 한 몸의 儀表(의표)이니 불가불 깔끔하게 해야 한다."

○ 禹(우)임금은 옷을 입는 것과 면류관 쓰는 것을 너무 아름답고 사치스럽게

33) 宋(송)의 선비 童銖(동수), 程端禮(정단례) 지음.

하는 것을 싫어하였다.

○「論語」(논어)에 말했다.

“孔子(공자)는 보라색과 남색의 비단으로 옷깃을 달지 않았고, 붉은 색과 자주색으로 평복을 해 입지 않았다. 더위를 당하여는 가늘거나 굵은 갈포의 홑옷을 입었고, 외출할 때는 반드시 맨살이 드러나지 않도록 겉옷을 입었다.”

○ 文仲子(문중자)[34]의 옷은 검소하고 깨끗하였으며 소용 없는 옷이 없었다. 화려하고 아름다운 비단옷이나 옷감은 아예 집에 들여놓지를 못하게 하였다. 그리고 말하기를, “군자는 황색이나 백색의 옷이 아니면 입지를 말아야 하고, 여자들은 푸른 옥색의 옷을 입어야 한다.”고 하였다.

【註: 衣服(의복)에 관한 것을 통틀어 말한 것임.】

○ 孔子(공자)가 말했다.

“군자는 그 의관을 바르게 하고, 그 바라보는 것을 존엄성이 있게 하며, 엄숙한 모양을 하고 있어야 한다. 그래야 남이 바라보고 위엄을 느끼게 되는 것이다.”

○「中庸」(중용)에 말했다.

“明潔(명결)하게 齋戒(재계)하고 威儀(위의)를 갖춰 正裝(정장)을 하는 것도 修身(수신)에 해당되는 것이다.”

○ 趙月川(조월천)이 자제가 갓을 바르게 쓰지 않고 있는 것을 보고 성난 목소리로 말했다.

“옛적에 管寧(관녕)이라는 사람이 風波(풍파)를 만났는데 하늘을 우러러보며

34) 姓(성)은 王(왕). 名(명)은 通(통), 字(자)는 仲淹(중암), 隨(수)의 大儒(대유).

외쳐 말하기를, '내가 평생에 다른 죄가 없고 다만 三晨(삼신)에도 갓을 쓰지 아니한 맨머리를 한 일이 없는데, 이 무슨 고약한 처사이옵니까?' 라고 하였다. 그러니 조심하여 갓을 비뚤게 쓰지 말아야 한다."

【註: 의관을 마땅히 바르게 할 것을 말한 것임.】

○ 孔子(공자)가 말했다.

"道(도)에 뜻을 둔 선비가 좋지 못한 옷을 입고 좋지 못한 음식을 먹는 것을 부끄럽게 여기면, 함께 말을 할 가치가 없다."

○ 또 말했다.

"해어져 남루한 도포를 입고, 호화스러운 여우나 담비가죽 옷을 입은 사람과 함께 서 있어도 부끄러워하지 않는 사람이야말로 참으로 든든한 사람이다."

○ 溫公(온공)이 말했다.

"평생에 옷은 추운 것만 가리도록 입으면 되며, 밥은 배만 채우도록 먹으면 되는 것이다. 또한 일부러 때 묻고 떨어진 옷을 입고서 일반 풍속과 다른 짓을 하여 명성을 구하려는 짓은 감히 할 수가 없는 일이다. 다만 내 성품을 따르면 될 따름이다."

○ 成聽松(성청송)[35]은 의복을 겨우 몸둥이만 감싸게 입었다. 평상시에 입는 옷은 개가죽으로 안을 댄 갓옷을 입었으며, 비단이나 명주 같은 것은 아예 몸에 걸치지를 아니하였다.

○ 呂申公(여신공)의 詩(시)에 말했다.

"좋은 옷은 지조가 굳은 선비의 몸에는 가까이 하지 않는 것이며, 좋은 음식은 뱃속에 있는 글을 누르게 될까 봐서 먹지 않는 것이다."

---

35) 名(명)은 守琛(수침), 字(자)는 仲玉(중옥), 中宗朝(중종조)의 名儒(명유).

【註: 옷은 마땅히 검소하게 입어야 함을 말한 것임.】

飮食章(음식장)

<음식을 먹을 때 지켜야 할 도리>

○「曲禮」(곡례)에 말했다.

"남과 함께 음식을 먹는데 너무 배부르게 먹지 말아야 하며, 남과 함께 밥을 먹는데 손에 불결한 것이 묻지 않게 해야 한다. 밥을 두드려 뭉치지 말고, 밥숟가락을 너무 크게 떠서 밥을 헤치지 말며, 물을 소리 내어 들이마시지 말아야 한다. 쩍쩍 씹는 소리를 내어 먹지 말며, 뼈를 소리 내어 씹어 먹지 말고, 먹던 생선이나 고기를 도로 그릇에 놓지 말아야 한다. 개에게 뼈다귀를 훌훌 던져 주지 말고, 좋은 것만 골라서 먹으려고 하지 말며, 밥을 헤저으며 먹지 말아야 한다. 기장밥은 젓가락으로 먹지 말아야 하며, 국은 훅 들어 마시지 말아야 하고, 국에다 간을 맞추려고 이것저것 넣지 말아야 한다. 이를 쑤시지 말 것이며, 젓갈을 훅 들어 마시지 말아야 한다. 젖은 고기는 이로 끊고 마른 고기는 이로 끊지 말아야 한다. 불고기 산적을 한 입에 넣고 먹지 말아야 한다."

○「論語」(논어)에 말했다.

"<孔子(공자)는> 밥을 精米(정미)한 쌀로 만든 것을 싫어하지 않았고, 회를 가늘게 썰어서 한 것을 싫어하지 않았다. 쉰밥과 썩은 생선이나 상한 고기는 먹지 않았다. 색이 변한 것도 먹지 않았으며, 냄새가 나쁜 것도 먹지 않았다. 익지 않은 것도 먹지 않았고, 때가 아니면 먹지 않았으며, 바르게 잘라지지 않은 것도 먹지 않았다. 간이 맞지 않은 것도 먹지 않았으며, 고기가 많아도 주식보다 많이 먹지 않았다. 술은 정량은 없었으나 취해서 난잡하게 되는 일은 없었다. 시중에서 산 술이나 육포는 먹지 않았다. 생강은 먹기를 물리치지는 않았으나 많이 먹지는 않았다."

○ 孔子(공자)가 말했다.

"먹는 데 너무 배부르게 먹는 것을 구하지 말아야 한다."

○ 「童蒙須知」(동몽수지)에 말했다.

"음식은 많고 적음과 좋고 나쁨을 가지고 다투지 말아야 한다. 있으면 먹고, 없으면 먹으려고 생각을 하지 말아야 한다. 다만 죽과 밥은 굶주림만 채우면 되는 것이로되, 굶지는 말아야 한다."

○ 「養生書」(양생서)에 말했다.

"음식의 조절은 마땅히 배가 고프면 먹어야 하며, 배가 너무 부르지 않을 정도로 먹어야 한다."

【註: 음식에 관해서 말한 것임.】

○ 蘇東坡(소동파)[36]가 말했다.

"입과 배의 욕심이 어찌 끝이 있으리오마는, 매양 더욱 절약하여 검소하게 먹는 것이 또한 복을 아끼고 수명을 연장하는 道(도)이다."

○ 汪信民(왕신민)[37]이 항상 말하기를, "만약 변변치 못한 음식이라도 마다 않고 먹고사는 사람이라면, 모든 일을 해 낼 수 있다."고 하였다. 胡康侯(호강후)가 이 말을 듣고 손으로 무릎을 치며 탄복하고 칭찬을 하였다.

○ 靜庵(정암)선생은 蓮社(연사)에서 글을 읽을 때, 현미밥과 나물국이라도 싫

36) 北宋(북송)의 文人(문인).
37) 宋(송)나라 사람.

어하지 않고 평안히 먹었다.

○ 退溪先生(퇴계선생)은 매양 먹는 것이 數三器(수삼기)에 지나지 않을 정도로 검소하게 먹고살았다. 반찬은 茄葉(가엽)이나 무우 또는 미역 같은 것을 먹었다. 비록 壯者(장자)라도 그렇게 먹어서는 견디기 어려울 정도였다. 기름진 좋은 음식은 조석으로 빈객이 있어도 먹지를 못했다. 비록 배고픔과 갈증이 절박하여도 때가 아니면 饌(찬)을 베풀지 않았다.

○ 安相國(안상국)은 악의악식하며 평생을 살았다. 하루는 손님이 찾아와서 公(공)이 밥을 대접하게 되었다. 오직 누런 콩잎에 간장을 넣고 끓여 줄 뿐이었다. 公(공)은 제대로 구색을 갖춘 밥을 대접하지 못하고, 평소 자기가 먹는 대로 그냥 대접하였다. 그랬더니 손님이 말하기를, "국이 좋지 아니한데 어찌 음식을 제대로 갖추어 먹지 아니하십니까?" 라고 하였다. 그러자 公(공)은 손님에게 말하기를, "국이 좋지 아니하여 먹지 않으시렵니까?" 라고 말하고 말아 버렸다.

○ 孟子(맹자)가 말했다.

"음식을 탐하는 사람은 남이 이를 천하게 생각하는 것이니, 작은 것을 취하려다 큰 것을 잃게 되는 것이다."

【註: 음식을 마땅히 절제해야 함을 말한 것임.】

○「樂記」(악기)에 말했다.

"한 번 술을 권해 드리는 禮(예)에, 손님과 주인이 수 없이 많은 절을 하게 되니, 종일 술을 마셔도 취하지 않게 되는 것이다. 이것은 선왕들이 술로 인한 화를 대비하여 만들어 놓은 주법이다."

○「學則」(학칙)에 말했다.

“節暇(절가) 및 尊命(존명)이 아니면 술을 마셔서는 안 된다. 마시더라도 3잔을 넘으면 안 되며, 취할 때까지 마셔서는 안 된다.”

○ 「書經」(서경)에 말했다.

“德(덕)은 곧 醉(취)하는 일이 없어야 된다.”

○ 「小雅」(소아)에 말했다.

“사람이 바른 도리에 통하면 술을 마셔도 온순하다. 저 어둡고 무식한 사람들은 한결같이 취하여 날로 더욱 심해진다. 각각 네 거동을 공경스럽게 할찌니, 천명이 또 다시 오는 것이 아니기 때문이다.”

○ 鄭愚伏(정우복)이 어떤 사람에게 대답하여 말하기를, “술은 사람을 죽이는 酖毒(짐독)인데, 이제 다행히 病(병)으로 인하여 술을 먹지 않게 되었으니, 이것은 몸을 건강하게 보전하여 기르고 정신을 편안하게 하여 수명대로 살 징조인 바, 천만 번 매우 간절한 일이다.” 라고 하였다. 그리고는 누룩이나 술잔 또는 술통 등 속의 물건들은 일체 집안에 두지를 아니하였다. 솥과 시루 같은 것도 부숴 버렸다. <술을 끊으려면> 마치 전쟁에서 군대가 군막을 불태워 버리고, 물을 건넌 뒤 다시 돌아오지 않을 각오로 배를 불태워 버리는 것과 같은 용감한 결단이 있어야 한다. 그러지 못하면 혹 거침없이 마구 좋아하게 되어, 끌려서 한 번 술이 입에 닿게 되면, 옛 술 먹던 재미를 참을 수가 없게 되는 것이니, 천만 번 경계해야 한다.

○ 邵子(소자)는 저녁 때 술을 마시다가 약간 취하면 곧 그만 마셨고, 취할 지경까지 마시지는 않았다.

【註: 「養生書」(양생서)에 말했다. “申時(신시)와 未時(미시) 사이에 술을 한 잔 마시면 좋다. 이 때 마시는 술은 시장기를 막기 위해서 밥 대신 술을 한 잔 마시는 것이다. 술은 淘蕩陰滓(도탕음재)한 것이어서 행하는 기운이 통하기는 쉬우나, 많이 마셔서는 안 되는 것이다.” 】

○ 一蠹 鄭先生(일두 정선생)[38]이 어떤 사람과 술을 마셨는데, 정도가 지나치게 되었다. 몹시 취하여 인사불성의 상태가 되었다. 그 어머니께서 심히 걱정이 되어 밥을 먹지 못하였다. 드디어 그로부터는 죽을 때까지 술을 마시지 않았다.

○ 退溪先生(퇴계선생)이 말했다.

"젊었을 때 숙부 松齋公(송재공)을 따라서 사람들과 어울려 들에서 사냥을 하였다. 그 때 술에 취하여 말에서 떨어진 일이 있었다. 술이 깨고 나서 절실히 스스로 잘못을 꾸짖었으며, 깨우치고 살피는 마음을 언제나 잠시도 잊지 않았다. 지금까지도 생각해 보면, 근심하고 두려워하는 것이 전일의 일과 같다."

【註: 술에 대하여 말한 것임. ○ 살펴보건대, 술이라는 물건은 먼저 사람을 어지럽게 하고, 다음에는 사람의 심지를 바꾸어 놓아 버리는 것이니, 진실로 사람을 죽이는 酖毒(짐독)이다. 그러나 마시면 그 맛이 심히 좋고, 또한 도움이 되는 道(도)도 있다. 그러므로 마시기를 많이 하는 사람은 절조에 넘치는 환을 면할 수가 없다. 鄭(정)·李(이)와 같은 大賢(대현)도 초년에는 오히려 이러한 실수가 있었다. 그런데 하물며 그만 못한 사람들에게 있어서는 말할 필요가 있겠는가? 마땅히 덕에 깊이 새겨 두고 가만히 생각해서 너무 많이 마시지 않도록 해야 한다. 조금 취하게 되면 그만 마시고 즉시 그쳐야 한다. 가히 탐하고 그리워하여 마시고 싶은 대로 마시고 후회하는 일이 없도록 해야 한다.】

38) 名(명)은 汝昌(여창), 字(자)는 伯勖(백욱), 成宗朝(성종조)의 大儒(대유).

第五 正家(제오 정가)

<가정을 바르게 다스리는 법>

【註: 살펴보건대, 마음이 이미 바르게 되고 몸이 이미 닦아져서, 이것을 집에다 베풀면 집도 가히 바르게 될 것이다. 그러므로 이 **正家篇**(정가편)을 **心術篇**(심술편)과 **威儀篇**(위의편)의 아래에 두었다.**】**

總論章(총론장)

<가정을 바르게 하는 일에 관한 총론>

○「周易」(주역)에 말했다.

"아버지는 아버지다워야 하고 아들은 아들다워야 하며, 형은 형다워야 하고 아우는 아우다워야 하며, 남편은 남편다워야 하고 아내는 아내다워야 집안의 법도가 바르게 된다. 집안의 법도가 바르게 되면, 천하도 바르게 안정된다."

○「大學」(대학)에 말했다.

"그 집안을 가르치지 못하면서 남을 가르칠 수 있는 사람은 없다. 그러므로 군자는 집밖으로 나가지 않고서도 나라에 가르침을 이룰 수가 있는 것이다. 孝(효)라는 것은 임금을 섬기는 방법이 되는 것이고, 悌(제)라는 것은 어른을 섬기는 방법이 되는 것이며, 慈(자)라는 것은 백성을 부리는 방법이 되는 것이다."

○ 程子(정자)가 말했다.

"家內(가내)의 道(도)라는 것은 父子之親(부자지친)과 夫婦之義(부부지의)와 尊卑長幼(존비장유)의 질서이다. 倫理(윤리)를 바르게 하고 恩義(은의)를 두텁게 하는 것은 家人(가인)의 道(도)이다."

○ 또 말했다.

"사람이 사는 집에는 골육인 父子之間(부자지간)이 있는 것이다. 그래서 대개 情(정) 때문에 禮(예)를 잃게 되고, 은혜 때문에 義(의)를 잃게 된다. 오직 剛立(강립)한 사람만이 私的(사적)인 愛情(애정) 때문에 그 正理(정리)를 잃지 않을 수 있다. 그러므로 家人卦(가인괘)의 큰 요점은 剛(강)으로써 善(선)을 삼는 것이다."

○ 또 말했다.

"威如之吉(위여지길)이라는 것은 자신을 반성하여 보는 것을 말하는 것이다.

【註: 家人(가인)은 上九爻象(상구효상)이다.】

治家(치가)라고 하는 것은 마땅히 위엄이 있게 하여 먼저 그 몸부터 엄하게 하여야 함을 말하는 것이다. 위엄이 자신에 선행되지 않으면 남이 원망하고 복종하지 않는 것이다. 그래서 孟子(맹자)가 이르기를, '자신이 道(도)를 행하지 않고서, 처자에게 道(도)를 행하라고 할 수는 없다.'고 하였다."

○「居家雜儀」(거가잡의)에 말했다.

"우리 집에 함께 사는 宗族(종족)들이 많으면 冬至(동지)나 朔望(삭망) 같은 때에 堂上(당상)에 모이게 된다. 이 때 남자들은 좌측에 있다가 서쪽으로 올라가고, 여자들은 우측에 있다가 동쪽으로 올라간다. 올라가서는 다 북쪽을 향하고 함께 한 줄로 서서 각각 어른과 아이들이 순서 있게 서며 함께 가장에게 절을 한다. 절을 다 하고 나면 장형은 문의 좌측에 서고 맏누이는 문의 우측에 선다. 다 남쪽을 향하여 서서 모든 弟(제)와 妹(매)는 차례로 절을 한다. 마치고 나면 또 열을 지어 서서 남자들은 서쪽으로 올라가고, 여자들은 동쪽으로 올라가서 함께 어린아이들한테 절을 받는다. 절 받기를 마치고 나면 먼저 물러난다. 後輩(후배)가 서서 문의 동쪽과 서쪽에서 절을 받는데 前輩(전배)의 儀禮(의례)와 같이 한다." 〈※ 집 안 사람들이 家長(가장)에게 절을 하는 위치는 276 面(면)의 도표와 같다.〉

家衆拜家長圖(가중배가장도)

諸父

主人之弟拜兄畢立兄之佐受卑幼拜至行盡

次弟　長弟

長弟　次弟

次弟

長弟　主人

長弟　次弟

長弟婦　主婦

次弟婦　長弟婦

次弟婦

諸母

主婦之右受卑幼拜如例

主婦之娣姒拜主婦畢立

孫行之父受拜後退坐東壁下西向北上

姪子　次子

長子

長子婦

次子婦　姪子婦　女

姪孫　次孫

長孫

兄坐向皆以前爲南

長孫婦

次孫婦　姪孫婦　姪孫

孫行之母受拜後退坐西壁下東向北上

南

○ 寒暄(한훤)선생이 말했다.

“우리나라의 사대부들은 가훈을 세운 사람이 드물다. 그러므로 敎化(교화)하고 인도하는 것이 처자들에게 미치지 못했을 뿐만 아니라, 가르치는 덕택이 종들에게까지 내려가지를 못했다. 그래서 「內則」(내칙)의 제도와 같이 하여서 예의의 절차를 만들었다. 內外僕妾(내외복첩)에 이르기까지 또한 다 長幼(장유)의 분별과 남녀의 순서를 정했다. 직책에 따라 부지런하고 게으른 것을 보아서 승진과 강등 및 권선징악의 법규를 만들었다. 길흉이 費節(비절)과 豊約(풍약)과 紓縮(서축)의 差(차)에 있는 것이니, 매양 삭망으로 讀法(독법)하여 가지런히 바로 잡으면, 이것이 그 가정의 법도가 될 것이다.”

孝敬章(효경장)

<부모를 잘 섬기고 공경하는 일>

【註(주): 首卷(수권)에서도 산발적으로 볼 수 있음.】

○ 孔子(공자)가 말했다.

“天地(천지)의 바탕으로서는 사람이 가장 귀중한 것이며, 사람의 행실로서는 孝(효)보다 더 귀중한 것이 없다.”

○ 또 말했다.

“효자가 어버이를 섬기는 데는, 몸가짐은 공경스럽게 하고, 봉양은 즐겁게 해야 한다. 병환이 들면 근심하고, 상을 당하면 슬퍼해야 하며, 제사는 엄숙하게 지내야 한다. 이 다섯 가지가 갖춰진 연후에라야 능히 어버이를 섬긴다고 할 수가 있다.”

○ 또 말했다.

"五刑(오형)[1]에 속하는 삼천 가지 종류의 죄 중에 불효보다 더 큰 죄는 없다."

○ 「禮記」(예기)에 말했다.

"어버이를 섬김에, <경우에 따라서> 숨기는 일은 있을 수 있어도, 犯(범)하는 일이 있어서는 안 된다. 항상 부모 곁에서 봉양하여야 하고, 너무 힘든 일에 종사해서도 안 된다. 그리고 돌아가시고 나면 3년 상을 치러야 한다."

○ 「曲禮」(곡례)에 말했다.

"무릇, 사람의 자식이 된 자가 지켜야 할 도리는, 겨울에는 따뜻하게 하여 드리고 여름에는 서늘하게 하여 드려야 한다. 그리고 저녁에는 잠자리를 보아 드리며, 아침에는 문안을 드리고 편히 주무셨는지를 살펴야 한다."

○ 「內則」(내칙)에 말했다.

"자시고자 하는 음식이 무엇인가를 물어서 공경스럽게 가져다 드려야 한다. 얼굴빛을 부드럽게 하고 온화하게 받들어 드려야 하며, 부모・시부모가 반드시 맛을 보신 후에 물러나야 한다."

○ 曾子(증자)가 말했다.

"효자는 노인을 봉양함에 있어서 그 마음을 즐겁게 하여 드리고 그 뜻을 거스르지 않게 하여 드린다.

【註: 진실로 크게 어기지 말고 순종하여 드려야 한다.】

그리고 그 耳目(이목)을 즐겁게 하여 드린다.

---

1) 범죄의 종류에 의한 다섯 가지 죄. ① 野刑(야형)-農事(농사)를 게을리 하 는 죄. ② 軍刑(군형)-軍令(군령)을 어기는 죄. ③ 鄕刑(향형)-不孝(불효) 또는 그 밖의 잘못하는 죄. ④ 官刑(관형)-官職(관직)을 게을리 하는 죄. ⑤ 國刑(국형)-秩序(질서)를 문란하게 하는 죄.

【註: 오직 말소리와 얼굴빛으로만 끝나는 것이 아니라, 항상 착한 말이 귀에 들어오고 착한 행실이 눈에 들어오게 하여, 마음을 기쁘게 하여 드려야 한다.】

그 주무시는 곳을 편안하게 하여 드리며, 음식은 성의껏 봉양하여 드린다. 그러므로 부모가 사랑하는 바를 자식도 또한 그것을 사랑하고, 부모가 공경하는 바를 자식도 또한 그것을 공경하는 것이다. 개나 말에 이르기까지 다 그러하거늘, 하물며 사람임에랴!"

○ 또 말했다.

"소를 쇠몽둥이로 때려 죽여서 장사 지내는 것이, 외로운 돼지를 잡아 가두는 것만 같지 못한 것은, 어버이가 계시기 때문이다."

○ 王安石(왕안석)[1]의 詩(시)에 말했다.

"옛 사람들의 하루 부모를 공양하는 정성이 三公(삼공)과 바꿀 수 없을 정도였다."

○ 孔子(공자)가 말했다.

"개나 말 같은 짐승에 이르기까지도 다 능히 먹여 살리는 것은 마찬가지인데, 공경함이 없으면 사람이라고 해서 무엇이 다르리오?"

【註: 「訪記」(방기)에 말했다. "소인도 다 그 어버이는 부양을 하는데, 공경함이 없으면 무엇으로써 분별할 수 있으리오?"】

○ 退溪先生(퇴계선생)이 말했다.

"어버이를 위하는 마음이 비록 간절할지라도, 만약에 조금이라도 의롭지 못하게 하여 구차하게 얻은 물건이 있다면, 그것은 옳지 못한 일이다."

【註: 趙月川(조월천)은 비록 부모님께 맛있는 음식을 계속해서 드리지는 못했을지라도, 일찍이 의롭지 못한 것으로써 남에게 구하지는 않았다. ○ 奉養(봉양)의 예절을 말한 것임.】

1) 宋(송)의 臣下(신하).

○「玉藻」(옥조)에 말했다.

“아버지가 부르시면 빨리 공손하게 대답해야지, 무뚝뚝하고 느리게 대답해서는 안 된다. 손에 일감을 가지고 있을 때는 그것을 집어던지고 가야하며, 음식이 입에 있을 때는 그것을 뱉어 버리고 빨리 달려가야지, 천천히 가서는 안 된다.”

○「內則」(내칙)에 말했다.

“아들과 며느리로서 부모에 효도하는 사람은 부모나 시부모의 명령을 거역하지도 않고 게을리 하지도 않는다. 만약 음식을 먹으라고 말씀을 하시면 비록 좋아하지 않는 음식일지라도 반드시 맛을 보아야 하며, 무슨 말씀이 더 있기를 기다려야 한다. 그리고 의복을 입으라고 주시면 비록 입고 싶지 않은 의복일지라도 반드시 입고서, 무슨 말씀이 더 있기를 기다려야 한다. 무슨 일을 시켜 놓고서 다른 사람에게 대신 시키시거든, 자신은 비록 그렇게 하고 싶지 않더라도, 잠시 그 사람한테 주어서 시켜 보고 난 뒤에, 그 사람이 잘 못하면 다시 돌려받아서 해야 한다.”

○「居家雜儀」(거가잡의)에 말했다.

“무릇 자식이 부모의 명령을 받게 되면 반드시 기록하여서 마음에 두고 있어야 한다. 그리고 때로 살펴서 속히 그것을 시행하고, 일을 다 마치고 나면 곧 복명을 해야 한다.”

【註: 웃어른의 명령을 받드는 예절을 말한 것임.】

○「禮記」(예기)에 말했다.

“효자로서 부모를 지극히 사랑하는 사람은 반드시 和氣(화기)가 있다. 화기가 있는 사람은 반드시 기뻐하는 안색이 있으며, 기뻐하는 안색이 있는 사람은 반드시 상냥스러움이 있는 것이다. 효자는 보물을 가지고 있는 것처럼, 그리고 물이 가득찬 그릇을 들고 있는 것처럼 성실하고 조심성이 있는 것이다. 그래서 이것을 이겨내지 못할까봐 걱정하는 것처럼, 그리고 장차 이것을 잊어버릴까봐 걱정하는 것처럼 조심한다. 너무 엄격하고 위풍 있는 모습으로 공경하고 삼가하는 것은 어버이를 섬기는 바가 아니다."

○「內則」(내칙)에 말했다.

"부모나 시부모가 계신 곳에 있을 때는, 명령하시는 일이 있으면, 오직 공경스럽게 응하여 대답을 해야 한다. 나아가고 물러나며 돌고 돌아서는 때는 몸가짐을 조심해야 한다. 들어가고 나갈 때는, 몸을 굽히고 펴는 것을 단정하고 가지런하게 해야 한다. 감히 재채기를 하거나, 한숨을 쉬거나, 트림을 하거나, 기침을 크게 하거나, 또는 하품을 하고 기지개를 켜서는 안 된다. 한 쪽 다리에만 의지하고 몸을 비스듬하게 하여 기대어 서거나, 곁눈으로 흘겨보아서는 안 된다. 감히 침을 뱉거나 코를 풀어서도 안 된다."

○ 또 말했다.

"<부모나 시부모가 계신 곳에서는> 춥더라도 감히 껴입지 말 것이며, 가려워도 감히 긁지 말아야 한다. 조심해서 처리해야 할 일이 있지 않으면, 감히 윗도리를 벗지 말아야 한다. 물을 건널 때가 아니면 옷을 걷어 올리지 말아야 한다. 그리고 옷이나 이불을 뒤집어서 속이 들여다보이게 해서는 안 된다."

○「居家雜儀」(거가잡의)에 말했다.

"한가하게 지내며 일이 없을 때는 부모나 시부모가 계신 곳에서 모시고 있어야 한다. 용모는 반드시 공손하게 하고, 무슨 일을 행할 때는 반드시 조심스럽게 해야 한다. 말씀에 응대하는 데는 반드시 기운을 내리고, 부드럽고 기쁜 목소리로 해야 한다. 나가고 들어가며 일어나고 앉으실 때에는 반드시 조심해서 부축하고 호위하여 드려야 한다. 부모나 시부모의 곁에서 코를 풀거나, 침을 뱉거나, 시끄럽게 큰 소리로 부르거나 하면 안 된다. 그리고 앉으라는 말씀이 없는데 앉으면 안 되며, 물러가라는 말씀이 없는데 물러가서는 안 된다."

○ 老萊子(노래자)[2]는 효도로써 양친을 봉양하였다. 나이가 70세가 되어서도 부모를 즐겁게 하여 드리기 위하여 부모 앞에서 어린아이처럼 재롱을 부렸다. 몸에는 五色(오색)이 알록달록하게 빛나는 색동옷을 입었다. 물을 가지고 부모님이 계신 堂(당)으로 올라가다가 거짓으로, 미끄러진 척 하고 땅바닥에 드러누워서 어린아이처럼 울기도 하였다. 또는 부모님의 곁에서 새 새끼를 가지고 놀기도 하였는데, 모두가 부모님을 기쁘게 하여 드리고자 하는 일이었다.

○ 呂滎公(여형공)은 비로소 열 살 때였는데, 아무리 춥거나 덥거나 비가 오더라도, 종일 부모님을 옆에 모시고 있었다. 앉으라는 말씀이 없으면 앉지를 아니하였다. 날마다 반드시 관대를 갖추고 어른을 뵈었다. 평소에 비록 심히 덥더라도, 부모나 어른의 옆에 있을 때는 건이나 버선 또는 바지를 묶은 행전 같은 것을 벗는 일이 없었다. 의복도 함부로 벗지 않고 삼가 하여 입었다.

【註: 〈부모나 어른을〉 옆에서 모시는 예절을 말한 것임.】

○ 「內則」(내칙)에 말했다.

"세숫물을 내갈 때는 나이가 어린 사람은 대야를 받들고, 나이가 많은 사람은 물을 받들고 가서, 세수를 하시라고 청한다. 세수를 마치면 수건을 드린다."

○ 또 말했다.

"부모나 시부모가 〈아침에〉 장차 일어나 앉으려고 하면 앉을 자리를 받들어 들고, 어느 쪽으로 앉을 것인지 여쭈어 본다. 장차 <저녁에> 요를 펴 드리려고 할 때는 나이가 많은 사람은 자리를 받들어 들고, 발을 어느 쪽으로 두실 것인지

---

2) 春秋時代(춘추시대) 楚(초)나라의 逸士(일사).

를 여쭈어 본다. 나이가 적은 사람은 평상을 잡고 그 옆에 모시고 앉는다. <아침에 일어나시면> 모시는 사람은 안석을 들고 돗자리와 삿자리를 걷는다. 그리고 이불을 걷어서 매달고 베개를 상자에 넣으며 삿자리를 걷어 말아서 둔다."

○ 또 말했다.

"부모가 침을 뱉어 놓은 것이나 코를 풀어 놓은 것이 남에게 보이지 않도록 치워야 한다. 부모의 관대에 때가 묻었으면 잿물을 타서 닦아 드리기를 청해야 하고, 의상에 때가 묻었으면 잿물을 타서 빨아드릴 것을 청해야 한다. 그리고 의상이 터졌거나 찢어졌으면 바늘에 실을 꿰어서 꿰매드릴 것을 청해야 한다."

○ 漢(한)나라 때의 石建(석건)이라는 사람은 郞中令(낭중령) 벼슬을 하고 있었다. 이미 늙어서 머리가 하얗게 되어 있었으나, 그의 아버지 萬石君(만석군)은 그 때까지도 오히려 병이 없이 건강하였었다. 石建(석건)은 매양 5일 만에 한 번씩 세수하고 목욕하고 돌아가서 뵈었다. 몸소 들어가서 자제들과 모시는 사람들에게 사사로이 부모님께서 별고 없으시냐고 물었다. 그리고 부모의 속옷과 요강도 치우고 빨았다. 아버지 萬石君(만석군)으로 하여금 이러한 사실을 알아차리지 못하도록 하면서 항상 그렇게 하였다.

【註: 服役(복역)의 예절을 말한 것임.】

○ 孔子(공자)가 말했다.

"부모를 섬기되 간언을 할 때는 감정을 상하지 않도록 온순하게 하고, 부모가 나의 뜻을 들어주지 않더라도 또한 공경스럽게 하여 부모에게 어기는 일이 없어야 한다. 그리고 부모가 나에게 수고로움을 끼쳐도 원망하지 말아야 한다."

【註: 「內則」(내칙)에 말했다. "부모가 과실이 있으면 기운을 내리고 얼굴빛을 온화하게 하여 부드러운 목소리로써 諫(간)해야 한다. 간하여 만약 부모가 들어주지 않더라도 그대로 공경하고 그대로 효도해야 한다. 그러다가 부모가 기분이 좋은듯 하면 다시 간한다. 부모가 간하여 드리는 말을 좋아하지 않더라도, 鄕黨州閭(향당주려)에 죄를 얻는 것보다는 차라리 간을 하여 드려야 한다. 부모가 노하고 기분이 상하여

종아리를 쳐서 피가 흐르더라도 감히 부모를 원망하지 말고 그대로 공경하고 효도해야 한다.”】

○ 曾子(증자)가 말했다.

“부모가 사랑해 주면 기뻐서 잊지 못하는 법이며, 부모가 미워해도 두렵게 생각하고 원망을 해서는 안 된다. 부모가 허물이 있으면 간하여 드리되, 거역을 해서는 안 된다. 군자의 이른바 효라는 것은 부모가 도리에 알맞도록 먼저 뜻을 두고 고해드려야 한다.”

○「孝經」(효경)에 말했다.

“아버지가 옳은 말을 간하여 주는 아들이 있으면 의롭지 못한 데 빠지는 일이 없다. 그러므로 마땅히 부모가 의롭지 못한 일을 하게 되면 아들이 가히 옳은 말을 간하여 드리지 않을 수가 없다.”

○「居家雜儀」(거가잡의)에 말했다.

“혹 부모가 명령한 것이 가히 행하지 못할 것이 있으면, 안색을 온화하게 하고 목소리를 부드럽게 하여, 是非(시비)와 利害(이해)의 문제점을 갖춰서 부모에게 말씀드리고, 기다렸다가 부모의 허락을 받은 후에 그것을 고쳐야 한다. 만약 허락이 없을 경우에는 일에 큰 해만 없으면 적당히 자기의 뜻을 굽히고 그대로 해야 한다. 만약 부모의 명령이 그르다고 하여 자기 뜻대로 곧바르게 행해 버리면 비록 집행한 일이 다 옳다고 할지라도, 그것은 불순한 자식밖에 되지 못하는 것이다.”

【註: 부모의 감정이 상하지 않도록 하며 간하는 예절을 말한 것임.】

○「曲禮」(곡례)에 말했다.

“부모가 병환 중이면 갓을 쓴 사람은 빗질을 해서는 안 되며, 걸어다닐 때는 새가 날개를 치며 날 듯 걸어서는 안 되고, 바르지 않은 말을 해서는 안 되며, 거문고나 비파를 타서도 안 된다. 또한 고기도 먹기 싫을 때까지 먹어서는 안 되며, 술은 마시되 얼굴빛이 변할 때까지 마셔서는 안 되고, 웃을 때는 잇속이 드러나게 웃어서는 안 되며, 성을 내어 남을 꾸짖어서도 안 된다. 그리고 병환이 낫게 되면 다시 예전과 같이 해도 된다."

○「居家雜儀」(거가잡의)에 말했다.

"부모나 시부모가 병환 중이면 아들이나 며느리는 아무 연고 없이 부모 곁을 떠나서는 안 된다. 약은 몸소 맛을 보아 가며 알맞게 정성껏 달여서 드려야 한다. 안색이 만족한 모양을 해서는 안 되며, 얼굴이 웃는 모양을 해서도 안 된다. 부모 간병하는 일 외에 불필요한 일을 해서는 안 되며, 전적으로 의원을 맞이하고 처방을 검토하면서 약을 합하는 일로써 힘을 써야 한다. 그리고 병환이 낫게 되면 다시 예전과 같이 해도 된다."

○ 程子(정자)가 말했다.

"부모가 병이 들어 병상에 눕게 되었을 때, 이를 의술이 용렬한 의원에게 맡기게 되면, 불효한 사람이라고 아니할 수가 없다. 그러므로 부모를 섬기는 사람은 반드시 의원에 대해서도 알아두어야 한다."

○ 王季(왕계)가 不安節(불안절)한 일이 있게 되니, 그 아들 文王(문왕)은 언제나 얼굴빛이 근심스러워 보였고, 어디를 다니는 데도 걱정이 되어 신도 제대로 신고 다니지를 못하였다. 文王(문왕)이 병이 들게 되자 그 아들 武王(무왕)이 관대도 벗지 않고 간병을 하였다. 그리고 文王(문왕)이 한 순갈을 자시면 武王(무왕)도 또한 한 순갈을 자시고, 두 순갈을 자시면 武王(무왕)도 또한 두 순가락을 자시었다.

【註: 병환 중인 부모를 모시는 예절을 말한 것임.】

○ 虞(우)나라 舜(순)임금은 아버지는 완악하고 어머니는 시끄러우며 동생 象(상)은 거만하였다. 그러나 孝(효)로써 능히 화합하고 점점 변화하게 하여

나쁜 사람의 지경에 빠지지 않도록 노력하였다.

○ 孟子(맹자)가 말하기를, "舜(순)임금은 평생을 두고 부모 섬기는 도리를 극진하게 하였다. 그러자 그토록 완악했던 아버지 瞽瞍(고수)도 마음 속으로 기뻐하는 지경에 이르게 되었다. 瞽瞍(고수)같은 사람조차 기뻐하는 지경에 이르게 되었으니, 천하의 아버지와 아들 된 사람들이 父子(부자)로서의 입장이 안정되게 되었다."고 하였다. 羅仲素(나중소)가 이 말을 듣고 이르기를, "다만 천하에는 옳지 못한 부모란 없는 것이다." 라고 하였다. 翁(옹)이 듣고서 그 말이 옳다고 여기고 말했다. "옳은 말을 하였다. 이와 같이 한 후에, 천하의 父子(부자)된 사람들이 제자리를 잡게 되었다. 저 신하가 그 임금을 죽이고, 아들이 그 아비를 죽이는 사람은, 애초에 그 임금이나 그 아비에게 절대로 옳지 못하다고 생각되는 점을 보았기 때문인 것이다."

○ 揚雄(양웅)[3]이 말했다.

"부모를 섬기는 데 스스로 부족하다고 알고 있던 사람은 舜(순)임금 밖에 없었다."

○ 范內翰(범내한)이 말했다.

"자식이 능히 부모가 자식을 사랑하는 만큼의 마음만 가지게 된다면, 그것이 곧 효도인 것이다."

○ 薛包(설포)[4]는 배우기를 좋아하고 행실을 두터이 하였는데, 그 아버지가 후처를 얻고서 包(포)를 미워하였다. 분가시켜 내보내려고 하자 包(포)가 밤낮으로 목 놓아 소리 내어 울면서 능히 나가지를 않았다. 드디어는 지팡이

3) 前漢(전한)의 儒學者(유학자).
4) 字(자)는 孟嘗(맹상), 漢(한)나라 사람.

로 두들겨 맞는 지경에까지 이르게 되었다. 包(포)는 부득이 집 바깥에 움막을 쳤다. 그리고 아침이면 들어가서 물을 뿌리고 청소를 하였다. 아버지가 성을 내며 또 쫓아냈다. 이번에는 하는 수 없이 마을 입구에 나가서 움막을 쳤다. 그리고 아침 저녁으로 또 찾아갔다. 1년여 동안을 그렇게 하였다. 부모가 참회하고 다시 돌아오게 하였다. 후에 상을 당하자 包(포)는 너무나 슬퍼하였다.

【註: 일의 기틀을 따라 잘 처리해 나갈 것을 말한 것임.】

○「禮記」(예기)에 말했다.

"사람의 아들이 된 사람은 집안의 主(주)가 되는 구역에 거처해서는 안 되며, 한 가운데 좌석에 앉아서도 안 된다. 걸어다닐 때도 길의 한 가운데로 다니면 안 되며, 문의 한 가운데 서 있어서도 안 된다. 나갈 때는 반드시 말씀 드리고 나가야 하며, 돌아와서도 반드시 뵙고 말씀 드려야 한다. 그리고 놀 때는 떳떳하게 행동하여야 한다."

【註: 孔子(공자)가 말했다. '부모가 계시면 먼 곳으로 놀러 가서는 안 되며, 놀러 가려면 반드시 방향을 말씀드리고 가야 한다.' 그리고「玉藻」(옥조)에 말했다. '부모가 늙었으면 나갔다가 예고 없이 방향을 바꾸지 말아야 하며, 돌아올 때는 〈부모가 걱정하며 기다리므로〉 시간이 지나서 돌아오지 말아야 한다.'】

"익히는 <즉, 학습하는> 것은 반드시 일정한 과업이 있어야 하며, 항상 부모 앞에서 자신이 노쇠해졌다는 말을 하여서는 안 된다. 그리고 효도를 말해야 하며, 慈愛(자애)를 말해서는 안 된다. 규문의 안, 즉 부모의 곁에서는 유희는 할지언정 탄식을 해서는 안 된다. <부모를 모시고 있는 사람은> 자기 개인의 사사로운 재물이 있어서도 안 되고, 사사로이 저축하는 것이 있어서도 안 되며, 사사로이 가지는 기물이 있어서도 안 된다. 그러므로 감히 <부모의 허락 없이> 자기 마음대로 무얼 남에게 빌려주어서도 안 되며, 또한 감히 자기 마음대로 남에게 무얼 주어서도 안 된다. <부모가 계신 사람은> 감히 자기 몸을 자기 마음대로 해서는 안 되며, 감히 그 재물을 사사로이 해서도 안 되는데, 그것은 백성에게 위아래가 있다는 것을 보여 주는 것이다. 饋獻(궤헌)이 車馬(거마)에 미치게 해서는 안 되는 것도 백성에게 감히 마음대로 하면 안 된다는 것을 보여 주는 것이다. 벼슬을 하지 않는 사람은 감히 남에게 물건을 주어서는 안 된다. 만약 부득이 물건을 남에게 주게 되면 부형의 명령이라고 말해야 한다. 남이 무엇을 주면 아버지를 칭하여 감사를 하고 받아야 한다. 좋은 일이면 아버지가 한 일이라고 말하고, 허물 있는 일이면 자기가 한 일이라고 말해야 한다. 부모가 생존하여 계시면 친구를 위하여 죽음을 허락해서는 안 된다."

【註: 부모나 조부모가 살아 계신 경우, 모시고 있는 사람이 지켜야 할 예절을 말한 것임.】

居喪章(거상장)

<부모의 상을 치르는 일>

○ 孟子(맹자)가 말했다.

"부모가 돌아가시면 3년 동안을 삼베로 만든 거친 상복을 입어야 하며, 된 죽을 먹고 지내야 하는데, 이것은 천자로부터 서인에 이르기까지 다 마찬가지다."

○ 子羔(자고)[5]는 친상을 당하여 3년 동안 피눈물을 흘리며 울었고, 일찍이 이를 드러내 보이며 웃은 일이 없었다.

【註: 부모 거상 중에 지켜야 할 예절을 말한 것임.】

○ 司馬溫公(사마온공)이 말했다.

5) 孔子(공자)의 弟子(제자). 姓(성)은 高(고), 이름은 柴(시).

"옛적에는 부모의 상에, 이미 염을 하면 죽을 먹었다. 齊衰[6]期(재최기)에는 나물 먹고 물만 마셨으며, 채소와 과일도 먹지 않았다. 부모의 상에 우제와 졸곡제를 지내면 나물 먹고 물만 마셨으며, 채소와 과일은 먹지 않았다. 期(기)가 지나고 小祥(소상)이 되면 채소와 과일을 먹었다. 또 期年(기년)이 지나고 大祥(대상)이 되면 젓갈이나 간장을 먹었다. 中月(중월)이 되면 禫祭(담제)를 지냈고, 禫祭(담제)를 지내고 나면 甘酒(감주)를 먹었다. 이 때가 되어서야 비로소 술을 마시는 사람은 단술부터 마셨으며, 고기를 먹는 사람은 乾肉(건육)부터 먹었다. 옛 사람들은 부모의 喪中(상중)에 감히 공공연히 고기를 먹거나 술을 마시는 사람이 없었다. 만약 喪人(상인)이 病(병)이 있으면 잠시 조금 먹고 마시는 수가 있었으나, 병이 낫게 되면 다시 처음으로 돌아가 그런 것을 먹고 마시지 아니하였다. 만약 너무 검소하게 먹어서, 목구멍으로 넘어간 것이 오랫동안 없게 되어, 파리하게 마르고 고달파져서, 병이 들을까 염려되는 사람은 육즙이나 포와 젓갈을 먹었는데, 조금씩 입맛에 도움이나 주는 정도로 먹었다. 방자하게 진수성찬을 차려서 먹거나 사람들과 더불어 잔치를 하며 즐기는 일이 없었다. 그렇게 하면 비록 아무리 상복 같은 것을 제대로 입었다고 할지라도, 그 실상은 居喪(거상)하는 사람이 아닌 것이다. 오직 喪人(상인)이 나이가 50세 이상이 되어 혈기가 이미 쇠약하여진 사람은 반드시 술과 고기를 조금은 먹을 수가 있다. 그러나 나이가 50세가 넘었더라도 건강이 좋은 사람은 반드시 그럴 필요는 없다."

○ 또 말했다.

"부모의 상을 당하게 되면 中門(중문) 밖에 꾸밈없이 비천한 방 하나를 가려서 남자의 居喪(거상)할 곳을 마련해야 한다. 그리고는 斬衰[7](참

6) 喪服 五等(상복 오등)의 한 가지. 삼베로 만들어 치마를 꿰매 붙인 것.
齊衰期(재최기)에는 齊衰 五月(재최 오월)과 齊衰 三月(재최 삼월)의 두 가지가 있음.

7) 喪服(상복)의 이름. 五服(오복) 중에 가장 무거운 것. 粗麻布(조마포)로 만들되 하변을 마름했을 뿐 깁지 않은 상복.

최)를 입고 거적자리를 깔며 풀을 베개로 하여 자야 한다. 또 絰帶(질대)[8]를 벗어서는 안 되며 다른 사람과 함께 앉아 있어서도 안 된다. 여자는 중문의 안에 별실의 居喪處(거상처)를 마련하고 장막과 이불과 요와 기타 화려한 물건을 철거해야 한다. 남자가 까닭 없이 중문 안에 있는 여자의 居喪(거상)하는 곳에 들어가면 안 되며, 여자도 남자가 거상하는 곳에 가서는 안 된다."

○「檀弓」(단궁)에 말했다.

"부모가 처음 돌아가신 때에는 근심으로 아무 정신 없이 궁함이 있는 것과 같이 해야 한다. 이미 염을 하고 나면 당황하여 어쩔 줄을 몰라 하며 무엇을 찾는 것이 있는데 그것을 찾지 못한 것과 같이 해야 한다. 이미 장례 행사를 치르고 나서는 너무나 엄숙하여 무엇을 보아도 보이지 않는 것과 같이 해야 한다. 練祭(연제)[9]를 지내고 나면 슬퍼 탄식하는 모양을 해야 한다. 祥祭(상제)가 끝나고 나면 텅 빈 사람처럼 해야 한다."

○「曲禮」(곡례)에 말했다.

"부모의 喪(상)을 당하여 아직 장례를 치르지 않았을 때는 喪禮(상례)를 읽어야 하고, 이미 장례를 치른 후에는 祭禮(제례)를 읽어야 하며, 喪(상)이 끝나고 난 후에는 樂章(악장)을 읽어야 한다."

○ 朱子(주자)가 말했다.

"喪禮(상례)는 반드시 儀禮(의례)를 좇아서 해야 바르게 될 수가 있다."

○ 孔子(공자)가 말했다.

"부모의 喪(상)은 호화롭게 치르는 것보다 슬픈 마음으로 치러야 한다."

---

8) 상복을 입을 때 머리와 허리에 두르는 삼으로 된 띠.
9) 아버지가 살아계시고 어머니가 먼저 돌아가셨을 때, 한 돌 만에 지내는 소상을 열한 달만에 다가서 지내는 제사.

○ 曾子(증자)가 말했다.

"葬事(장사)를 당하여 예절을 정중히 하고 먼 조상의 제사를 잘 지내면 백성들의 좋은 풍습이 이루어지게 될 것이다."

○ 顔丁善(안정선)은 부모의 喪(상)을 당하였을 때에, 처음에 부모가 돌아가시자 엄숙하여 무엇을 찾으나 찾지 못한 사람과 같았다. 염을 하고 나서는 망망하여 좇아가려고 하나 좇아가지 못하는 사람과 같았다. 이미 장사를 지내고 나서는 슬퍼서 탄식하는 모양이 따라가려다가 못 따라가고 돌아와서 도로 쉬는 사람과 같이 허탈한 모양을 하고 있었다.

○ 少連大連(소련대련)은 부모의 喪(상)을 잘 치렀는데, 3일 동안은 게을리 하지를 않았고, 3개월 동안은 슬픈 기색이 풀리지를 않았으며, 1년 동안은 비애를 금치 못하였고, 3년 동안은 근심이 끊이지를 않았다.

【註: 居喪(거상)의 예절을 통틀어 말한 것임.】

祭祀章(제사장)

<부모와 조상의 제사를 지내는 일>

○「祭義」(제의)에 말했다.

"서리와 이슬이 이미 내리면 군자는 이것을 밟고 반드시 구슬퍼서 탄식하는 마음이 생기게 된다. 이것은 추워서 그런 것이 아니라, 부모 생각 때문에 슬퍼서 그런 것이다. 또 <봄이 되어> 비와 이슬이 이미 내려 <대지를> 적시면 군자는 그것을 밟고 반드시 슬픈 마음이 생기게 된다. 이것은 장차 부모가 보일 것처럼 여겨지기 때문이다."

○ 朱子(주자)가 말했다.

“군자는 장차 집을 지으려고 하면, 먼저 제사나 일을 하는 몸체방의 동쪽에 祠堂(사당)을 세우고, 방 4개를 만들어, 先代(선대)의 神主(신주)를 받들어 모셔야 한다. 旁親(방친)의 후손이 없는 분들도 그 반열대로 모셔야 한다. 位土(위토)[10]도 두고 祭器(제기)도 갖추어야 한다. 主人(주인)은 새벽이 되면 대문 안의 사당에 와서 배알을 해야 하며, 출입을 할 때도 반드시 사당에 고해야 한다. 正月(정월)이나 朔望(삭망) 또는 기타 民俗(민속)의 명절이 되면, 그 시기에 알맞은 음식을 올려야 한다. 또 집안에 무슨 일이 있으면 사당에 고해야 한다.”

○ 또 말했다.

“時祭(시제)는 仲月(중월)[11]과 冬至(동지)를 이용하여 始祖(시조)에 제사를 지내는 것이다. 立春(입춘) 때는 先祖(선조)에 제사를 지내야 하며, 季秋(계추)[12]에는 아버지 사당에 제사를 지내야 한다. 忌日(기일)에는 아버지 사당에 제사를 지내는 의식과 같이 하며, 墓祭(묘제)는 3월 상순에 택일하여 家祭(가제)의 예법과 같이 해야 한다.”

○ 또 말했다.

“祭祀(제사)는 반드시 宗孫(종손)이 지내야 하는 法(법)이다.”

○ 또 말했다.

“모든 제사는 愛敬(애경)하는 정성에 主(주)를 두어야 한다. 가난하면 집의 有無(유무)에 맞춰서 지내고, 몸에 병이 있으면 근력을 헤아려서 지내야 한다. 그리고 재력이 넉넉한 사람은 마땅히 儀禮(의례)대로 갖춰서 제대로 지내야 한다.”

---

10) 祭田(제전). 수확을 祭享(제향)에 관한 일에 쓰기 위해 설정한 토지.
11) 仲朔(중삭), 음력 2, 5, 6, 11月(월) 따위의 일컬음.
12) 음력 9月(월). 늦가을.

○ 孔子(공자)가 말했다.

“내가 직접 제사에 참여하지 않으면 제사를 지내지 않은 것과 마찬가지다.”

○ 朱子(주자)는 제사를 지낼 때는 일이 작든 크든 간에 반드시 정성스럽고 반드시 공경스럽게 하였다. 조금이라도 儀禮(의례)대로 하지 못한 점이 있으면 종일 기분이 좋지 않았다. 이미 제사를 지내고 나서 禮(예)에 어긋남이 없이 하였으면 여유 있고 침착하게 기분이 좋았다.

○ 成聽松(성청송)은 墓祭(묘제)를 지내는데 여러 묘를 돌면서 제사를 지내게 되면 혹 정성스럽고 청결하지 못할 경우가 있을 수 있으므로 이에 墓祭法(묘제법)을 만들었다. 그리하여 位土(위토)와 산지기를 두고 산지기의 집을 묘의 아래에 지었다. 거기에는 祭器(제기)를 두는 閣(각)이 별도로 있었고, 제사지낼 곡식을 두는 창고도 별도로 있었다. 제사지낼 饌(찬)을 갖추어 두는 대청도 별도로 있었으며, 致齋[13](치재)를 하는 방도 따로 있었다. 이와 같이 여러 가지 사물을 다 갖추게 되니, 책상과 자리와 그릇 등 쓸 물건의 세세한 것에 이르기까지 그 규모가 아주 정밀하게 되었다. 그래서 그것을 책으로 만들어, 영원한 제사 경영의 계획을 세웠다.

○ 退溪先生(퇴계선생)이 말했다.

“제사를 지내는 날에 술과 음식을 베풀어 동네 사람들을 모이게 하여 풍성하게 대접하는 것은 禮(예)가 아니다.”

○ 曺芝山(조지산)[14]은 제사를 지낼 때는 더욱 삼가 하였다. 여러 가지 사용할 祭器(제기)를 구별하여 간직하였다. 집 안 사람들과 執事(집사)들은 다 前

---

13) 제관이 된 사람이 3일 동안을 齋戒(재계)하는 것.
14) 名(명)은 好益(호익), 字(자)는 士友(사우), 退溪(퇴계)의 弟子(제자).

期(전기)에 목욕을 하게 하였다. <불결하지 않도록 하기 위하여> 布(포)로써 입과 코를 가린 연후에 그릇을 닦아서 제사 지낼 饌(찬)을 갖추게 하였다. 우물과 샘은 미리 품어서 깨끗하게 하여 다른 사람으로 하여금 물을 길어가지 못하도록 하였다. 초와 간장도 또한 별도로 두었다가 다른 데는 사용하지 않고 제사 때만 쓰도록 하였다.

【註: 제사의 예절을 말한 것임.】

○ 程子(정자)가 말했다.

"제사는 크고 작고 간에 神明(신명)을 맞이하고 귀신을 접하는 뜻은 마찬가지이다. 그런데 정성을 드리지 않으면 어떻게 神明(신명)을 맞이할 수 있을 것인가?"

○ 「祭義」(제의)에 말했다.

"致齋(치재)[15]는 안에서 하고, 散齋(산재)[16]는 밖에서 한다. 齋(재)를 하는 날에는 그 분들의 거처를 생각해야 하고, 그 분들의 웃고 말씀하시던 일을 생각해야 하며, 그 분들의 뜻을 생각해야 한다. 또 그 즐거워하시던 바를 생각해야 하며, 그 즐겨 하시던 바를 생각해야 된다. 入齋(입재)하고 3일이 지나서는 齋戒(재계)를 한 바가 얼마나 잘 되었는지를 볼 수가 있다. 제사를 지내는 날에 祭室(제실)에 들어가면, 어렴풋이 그 분들의 모습이 반드시 보이는 것 같고, 돌아서 문 밖으로 나오면 숙연히 그 분들의 소리가 들리는 것 같은 것이다. 그리고 문밖에 나오면 감정이 북받쳐서 반드시 그 분들의 탄식하는 소리가 들리는 것 같은 것이다."

○ 朱子(주자)가 말했다.

15) 祭官(제관)이 된 사람이 사흘 동안 齋戒(재계)하는 일.
16) 제사를 지내기 전에 7일 동안 목욕재계 함.

“침착하고 고요하며 꾸밈없이 순수한 것을 齋(재)라 이르고, 고요하고 엄숙하며 경계하고 공경스런 것을 戒(계)라 이르는 것이다.”

【註: 또 말했다. “齋(재)라는 것은 그 마음을 愼重(신중)하게 하는 것이며, 戒(계)라는 것은 〈義(의)롭지 못한〉 事物(사물)을 막는 것이다.” ○ 또 말했다. “齋(재)라는 것은 그 마음 속의 뜻이 〈나쁜 데로〉 움직이지 못하도록 가지런하게 하는 것이며, 戒(계)는 〈義(의)롭지 못한〉 外物(외물)의 침입을 막는 것이다.” 】

○ 또 말했다.

“제사를 지내는 날에는 술을 마시지 말아야 하고, 고기를 먹지 말아야 하며, 풍류소리도 듣지 말아야 한다. 검푸르죽죽하게 퇴색한 건을 쓰고, 생초로 된 무색의 띠를 띠어야 한다. 저녁에는 제실에서 자지 말고 外室(외실)에서 자야 한다.”

○ 孔子(공자)는 齋戒(재계)를 할 때 반드시 明衣(명의)[17]를 한 몸길이에다 그 절반이 더 긴 옷을 입었다.

○ 孔子(공자)가 <제사를 지낼 때> 신중하게 여긴 것은, 齋(재)를 들이는 것과 싸움이 있는 것과 질병이 있는 것이었다.

【註: 齋戒(재계)의 예절을 말한 것임.】

○ 孟子(맹자)가 말했다.

“지극한 효도는 종신토록 부모를 사모하는 것인데, 50세가 되어서도 부모를 사모하는 사람은 舜(순)임금의 경우에서 보았다.”

○「小雅」(소아)에 말했다.

“길다랗게 자란 것 다북쑥인가? 다북쑥이 아니라 약쑥이로다. 슬프도다. 부모님이시여, 나를 낳고 기르시느라 온갖 고생을 다 하시었도다.” 또 말했다. “아버지가 안 계시니 누구를 믿을 것이며, 어머니가 안 계시니 누구를 의지할 것인

17) 재계할 때 목욕한 뒤에 입는 속옷.

가? 밖에 나가도 부모님 걱정이오, 들어와도 몸 둘 바가 없도다." 또 말했다. "아버님 날 낳으시고 어머님 날 기르실 때, 나를 어루만져 주시며 길러 주셨도다. 나를 키우시고 감싸 주시며 돌보시고 또 돌보셨도다. 또한 드나들 적마다 나를 안아 주셨으니, 그 은혜 갚고자 하나 하늘보다 높아서 끝이 없도다."

○ 皐魚(고어)[18]가 말했다.

"나무가 고요하고자 하나 바람이 그치지를 않고 자식이 봉양하고자 하나 부모가 기다리지를 아니 하시니, 가고 나서 돌아오지 않는 것은 나이이며 가고 나서 가히 좇아갈 수 없는 것은 부모이다."

○ 程子(정자)가 말했다.

"사람이 부모가 안 계시면 생일날에 마땅히 倍(배)나 비통한 것이니, 어찌 차마 술을 장만하고 풍류를 베풀어서 즐거움을 삼으리오? 만약 양친이 다 살아 계시면 그렇게 해도 좋다."

○ 吉冶隱(길야은)은 매양 부모의 제사를 당하면 밥을 전혀 먹지 않고 종일 눈물을 흘렸다.

○ 許文敬公 稠(허문경공 조)는 부모의 제삿날을 만나면, 어머니께서 손수 꿰매어 만들어 주셨던 團領(단령)[19]을 입고 눈물을 흘리며 致齋(치재)를 하였다.

【註: 追感(추감)의 예절을 말한 것임.】

18) 春秋時代(춘추시대)의 賢人(현인).
19) 깃을 둥글게 만든 公服(공복).

友愛章(우애장)

<형제간의 애정에 관하여>

○ 孔子(공자)가 말했다.

"형제간에는 부드럽게 화락해야 한다."

○ 孟子(맹자)가 말했다.

"어진 사람은 자기의 아우에게 怒(노)함을 간직하고 있지 아니하고, 원망을 간직하고 있지 아니하며, 다만 아우를 친애할 따름이다."

○ 顔氏家訓(안씨가훈)에 말했다.

"형제라는 것은 形(형)을 나누고 氣(기)가 이어진 사람들이다. 바야흐로 그 어렸을 때는 부모님이 왼쪽으로 끌고 오른쪽으로 끌며 앞의 옷깃과 뒤의 옷자락에 감싸고 다녔다. 먹을 때면 한 상에서 같이 먹었고, 옷은 형이 입던 옷을 아우가 전해 입었으며, 배울 때는 業(업)을 같이 하였다. 그리고 놀 때는 함께 놀았으니, 비록 아무리 불상놈이라도 능히 서로가 사랑하지 않을 수가 없는 것이다. 급기야 장성을 하여서는 각각 그 아내를 사랑하고 각각 그 자식을 사랑하게 되어, 비록 우애가 돈후한 사람일지라도 조금은 우애가 쇠미하여 질 수가 있다. 그리고 여자들 동서간은 남자 형제에 비하면 약간 소홀할 수가 있다. 그러나 이제 소홀한 사람으로 하여금 부모에게 함께 받은 두터운 은혜를 節量(절량)하는 것은, 오히려 그릇을 밑바닥은 네모나게 하고 뚜껑은 둥글게 하는 것과 같으니, 합당하지 않은 것이다. 오직 우애와 공경심이 깊고 지극하여 다른 형제가 별 짓을 다 하더라도 뚜렷한 우애심을 가지고 있는 사람이라야 형과 아우, 손아래 동서와 손위 동서 간의 우애에 차이점이 없게 될 수 있을 것이다."

【註: 柳開(유개)가 말했다. "형제가 義(의)롭지 않은 사람은 없다. 그러나 누구나 다 장가를 들어 여자가 그 집 가문에 들어와 다른 성씨끼리 서로 모여 살면서, 길고 짧음을 서로 다투는 소리가 점점 물이 스며들 듯 날마다 들려오게 된다. 그러다가 편벽되게 받는 것을 사사로이 감추고 서로 등지고 어긋나게 된다.

서로 파가 갈라지고 적수처럼 지내는 수도 있게 된다. 그것이 다 그대들의 부인들이 조작한 바이니, 남자가 마음이 강직한 사람이 몇 사람이나 될 것이며, 부인의 말에 혹하지 않을 수 있겠는가?" 】

○ 薛包(설포)의 아우가 財物(재물)을 나누어 가지고 떨어져서 각각 따로 살고 싶어 하니, 包(포)가 능히 말릴 수가 없었다. 이에 그 재산을 절반을 나누어 주었는데, 노비는 그 늙은 것들을 자기가 이끌어 가지며 말하기를, "이들은 나와 함께 일을 한지가 오래 되었으니 다른 사람은 부릴 수가 없다"고 하였다. 집은 그 황폐하고 무너지게 생긴 것을 자기가 차지하며 말하기를, "이 집은 내가 젊었을 때 장만한 것이니, 내 뜻이 이것을 버릴 수가 없다"고 하였다. 그릇은 낡은 것들을 자기가 차지하며 말하기를, "이 그릇들은 내가 평소 밥을 먹던 그릇들이니, 이것들이 내 몸과 입에 편안할 것이다"라고 하였다. 아우가 그 재산을 자주 파산하였으나 번번이 다시 나누어 주었다.

○ 楊椿(양춘)과 楊津(양진)[20]은 공손하고 겸손한 형제였다. 아침이 되면 廳堂(청당)에 모여서 종일 서로 이야기 상대를 하였으며 일찍이 內室(내실)에는 별로 들어가지 않았다. 한 가지라도 맛있는 음식이 있어도, 형제가 다 모이지 않으면 먹지를 않았다. 형인 椿(춘)이 나이가 늙어서는 다른 곳에 모임이 있어 갔다가 취해서 돌아오면, 아우인 津(진)이 부축하여 집으로 왔다. 그리고 형의 침실에서 假寢(가침)하며 안부를 살폈다.

○ 司馬溫公(사마온공)은 그 형인 伯康(백강)과 더불어 우애가 심히 두터웠다. 형 伯康(백강)이 나이가 80세가 되니, 公(공)은 형을 아버지처럼 섬겼으며 갓난 어린아이처럼 보살폈다. 매양 식사를 하고 나서 조금만 지나면 시장하지 않으시냐고 물었다. 날씨가 조금만 차면 그 등을 만져 보며 옷이 얇지 않으냐고 물었다.

20) 北朝人(북조인).

夫婦章(부부장)

<부부간에 지켜야 할 도리>

○ 「中庸」(중용)에 말했다.

"군자의 道(도)는 부부에서 시작되는 것이다."

○ 「內則」(내칙)에 말했다.

"禮(예)는 부부 사이에 삼가 하는 데서부터 시작되는 것이다."

○ 退溪(퇴계)선생이 말했다.

"부부는 인륜의 시작이며 만복의 근원이니, 비록 지극히 친밀할지라도 또한 지극히 바르게 하고 지극히 삼가 해야 할 처지이다. 그런데 세상 사람들은 도무지 부부간에 禮(예)와 敬(경)을 잊어버린다. 그리고 성급하게 서로가 너무 친근하여 드디어 상대방을 얕보고 자기만 잘난 체하며 업신여기고 깔보는 데까지 이르게 될 뿐만 아니라, 못하는 짓이 없이 모든 짓을 다 하게 된다. 이것은 다 서로가 공경하지 않는 데서부터 생겨나게 되는 것이므로 마땅히 처음부터 삼가 해야 한다."

○ 曺南冥(조남명)이 말했다.

"恒居(항거)에 처자식들과 어울려 지내는 것은 좋지 않은 것이다. 비록 자질의 아름다움이 있다 할지라도, 거기에 빠지게 되면 마침내는 사람 꼴이 되지 못하게 된다."

○ 冀缺(기결)[21]이 김을 매거늘 그 아내가 들에 점심을 내다가 대접을 하였다. 그런데 공경하기를 서로가 손님을 대접하듯 하였다. 臼季(구계)라는 사람이 그것을 보고 돌아와서 文公(문공)에게 말하기를, "아주 공경스럽고 덕이

21) 春秋時代(춘추시대)의 晉(진)나라 사람.

있는 사람들입니다." 라고 하였다. 그랬더니 능히 공경스러우면 반드시 덕이 있는 것이라고 하고, 文公(문공)이 冀缺(기결)을 불러다가 下軍大夫(하군대부)의 벼슬을 시켰다.

○ 呂滎公(여형공)은 부부가 60년을 함께 살았으나 일찍이 하루도 서로가 얼굴을 붉혀 본 일이 없었다. 비록 잠자리에서일지라도 일찍이 희롱하며 웃는 일이 없었다.

○ 成大谷(성대곡)은 부인과 함께 흰머리가 되도록 살면서도 서로가 손님처럼 공경스럽게 대하며 살았다.

【註: 부부의 도리를 말한 것임.】

○「周易」(주역)에 말했다.

"여자는 안에서 위치를 바로 잡아야 하고, 남자는 밖에서 위치를 바로 잡아야 한다. 남녀가 위치를 바르게 하는 것은 천지의 큰 의리이다."

○「禮記」(예기)에 말했다.

"남녀가 분별이 없으면 禽獸(금수)와 마찬가지다."

○「內則」(내칙)에 말했다.

"집을 지을 때는 內室(내실)과 外室(외실)을 분별하여 짓되, 남자는 외실에 거처하고 여자는 내실에 거처한다. 안채는 깊숙하게 하고 문을 견고하게 해야 하며, 문지기로 하여금 문을 지키게 해야 한다. 남자는 안에 들어가지 아니하며, 여자는 밖으로 나가지 아니해야 한다. 남자는 안의 일을 말해서는 안 되며, 여자는 밖의 일을 말해서는 안 된다. 무엇을 서로가 주고받을 때는 여자는 광주리로써 받아야 한다. 광주리가 없으면 남녀가 다 같이 앉아서 땅에다 놓아 주어야 한다. 그리고 난 후에 그것을 집어 가야 한다. 밖과 안이 같은 우물물을 먹어서는 안 된다. 목욕간을 함께 사용해도 안 되고 물건을 서로 빌려 써도 안 된다. 의복도 함께 사용해서는 안 된다. 안에서 하는 말이 밖으로 나가서는 안 되며, 밖에서 하는 말이 안으로 들어가서도 안 된다."

○ 公父文伯(공보문백)[22]의 어머니인 敬康(경강)이라는 사람은 季康子(계강자)의 從祖叔母(종조숙모)였다. 康子(강자)가 찾아갔는데도 문만 열고서 그냥 말을 하고, 둘이 서로가 문지방을 넘어서지를 아니하였다. 孔子(공자)가 이 말을 듣고 말했다. "남녀의 분별이 禮(예)의 大經(대경)인 것이니, 公父氏(공보씨)의 지어미가 행동하는 것이 禮(예)에 알맞은 것이다."

○ 李文忠公(이문충공)[23]이 말했다.

"聖人(성인)이 예법을 제정할 때, 나이가 일곱 살이 지나면 남녀가 한 자리에 앉으면 안 되며, 형수와 시동생이 通問(통문)을 해서는 안 된다고 하였다. 그 분별은 작은 일에도 경솔하지 않고 삼가 하는 뜻을 실행하지 않을까 의심스러워서 제정한 것이며, 지극히 조밀하고 또 자상한 것이다. 이와 같이 하지 않으면 후세의 잘못된 것을 막을 수가 없고, 남녀 간의 음란한 교제의 폐단이 일어날 조짐이 있기 때문이다. 후세의 사람들은 이러한 義理(의리)를 모르고, 친척들이 서로 접하고 만나는데 분별이 있는 것을 보고는, 일가끼리 화목하게 지내지 못한다고 말을 할 것이다. 그리고 인륜도 없고 법도 없는 집을 가리켜서는 친척이 서로 사랑한다고 말을 할 것이다. 그러나 남녀가 무릎이 서로 접하는데 이르도록 가까이 앉고, 한 상에서 밥을 먹으며, 실없는 말로 희롱을 하고 익살을 부리며 웃고 까불고 하여, 거침없이 금수의 지경으로 빠져 들어가게 되어도 스스로 그렇게 된 줄을 깨닫지 못하는 것이다. 비방이 情(정) 밖에서 일어나고 변고가

---

22) 春秋時代(춘추시대)의 魯(노)나라 사람.
23) 名(명)은 恒福(항복), 字(자)는 子常(자상), 號(호)는 白沙(백사), 朝鮮時代(조선시대)의 名相(명상).

품행이 좋지 못한 데서 생겨나며, 몸을 망치고 일가를 멸망시킨 연후에야 뉘우치게 되는 것이니, 가히 경계하지 않을 수 있으리오?"

○ 退溪先生(퇴계선생)의 家書(가서)에 말했다.

"蒙兒(몽아)[24]가 언제든지 안에서 자고 지낸다는 말을 듣고서, 禮(예)에 이르기를, '남자가 열 살이 되면 밖으로 스승한테 나아가 글을 배워야 하고 외실에서 자야 하는 것이거늘, 이제 이 아이가 이미 십 삼사세가 되었는데도 언제나 밖에 나가지 않는 것이 옳은 일이냐?'라고 하고 그렇게 하지 못하게 하였다."

○ 先生(선생)은 형수를 보면 비록 하루에 몇 번을 보게 되더라도 반드시 예의를 표하고 경의를 표했다.

【註: 남녀 간에 분별이 있어야 함을 말한 것임.】

敎養章(교양장)

<자녀들을 바르게 가르쳐 기르는 일>

○ 「周易」(주역)에 말했다.

"蒙(몽)으로써 바른 것을 기르는 것은 聖(성)스러운 功(공)이다."

○ 「曲禮」(곡례)에 말했다.

"어린아이들은 항상 속임이 없는 것을 보아야 한다."

○ 石碏(석작)[25]이 말했다.

---

24) 어린아이. 여기서는 퇴계선생의 손자, 安道(안도).
25) 春秋時代(춘추시대)의 衛(위)나라 사람.

"아들을 사랑하거든 옳은 방법으로써 가르쳐 주어서 간사한 데로 빠지지 않도록 하여야 한다. 교만하고 사치스러운 것과 방탕한 것은 간사한 것으로부터 들어오는 것이기 때문이다."

○ 「自警編」(자경편)에 말했다.

"아들을 가르치는 것이 다섯 가지가 있다. 첫째, 그 성품을 착한 곳으로 인도하여 주어야 한다. 둘째, 그 뜻을 넓혀 주어야 한다. 셋째, 그 재주를 양성시켜 주어야 한다. 넷째, 그 氣(기)를 북돋아 주어야 한다. 다섯째, 그 病(병)을 다스려 주어야 한다. 이 중에서 한 가지만 폐하여도 옳지 않다."

○ 또 말했다.

"사람 사는 집의 자제가 오직 德(덕)을 <관심 있게> 보는 것은 옳은 일이나, 利(이)를 <관심 있게> 보는 것은 옳지 못한 일이다."

○ 程子(정자)가 말했다.

"옛 사람들은 아들을 낳아서 능히 먹고 능히 말을 할 수 있게 되면 그를 가르치기 시작했다. 그러기 때문에 「小學」(소학)의 법이 아이를 미리 가르치는 것으로써 먼저를 삼았다. 사람은 어렸을 때 이미 지혜롭고 어리석은 것이 주장되는 바가 있으니, 마땅히 격언과 至論(지론)으로써 날마다 그 아이 앞에 가르쳐 나가야 한다. <그 가르쳐 준 소리가> 귀에 가득하고 배에 가득 차게 되어 오래 되면 저절로 그것이 편안하게 습성이 되는 것이다. 만약 미리 가르쳐서 그렇게 하지 않으면 뜻과 생각이 편벽되기를 좋아하는 것이 안에서 생겨나고, 뭇 사람의 입에서 나오는 辨言(변언)이 밖에서 시끄러우니, 그 때 가서는 純全(순전)하게 하고자 하여도 되지를 않는 것이다."

○ 또 말했다.

"자제의 輕俊(경준)[26]을 근심하는 사람은 다만 經書(경서)를 읽는 것만 가르쳐야 하며, 文字(문자)를 짓게 시켜서는 안 된다."

○ 張子(장자)가 말했다.

"어린아이는 먼저 요컨대 거동이 점잖고 공경한 것부터 가르쳐야 한다. 그런데 지금의 세상에는 학문을 講(강)하지 않기 때문에 남자가 어려서부터 오로지 교만하고 게으르고 타락이 되어서 크면 클수록 더욱 흉측하고 사나워지기만 한다. 일찍이 자제를 위한 일을 하지 않으면 그 어버이에게도 이미 남과 나 사이라는 생각이 생겨나게 된다. 그리고 굽히기를 좋아하지 않고 뿌리 깊은 나쁜 습관이 항상 존재하여 居(거)하는 바에 따라서 그 나쁜 습관이 자꾸 길어나게 되는 것이며, 죽을 때까지 여전히 그렇게 되는 것이다."

○ 朱子(주자)가 黃直卿(황직경)에게 당부하여 말했다.

"<내 손자> 鉅鈞(거균)[27]을 直卿(직경)에게 수고를 끼쳐서 鈐束(검속)하도록 부탁합니다. 아이로 하여금 제멋대로 출입을 하지 못하게 하고, 친구를 만나러 가야겠다고 청하거든, 합당하게 가야 할 만한 곳이면 반드시 직접 데리고 가 주시고, 제 멋대로 가도록 하지는 말아 주시기 바랍니다. 아침 저녁으로는 서재에서 다른 사람들과 함께 책을 읽도록 하여 주시기 바랍니다. 그리고 해야 할 일 이외에 다른 번거로운 일이 있으면 제 때에 이끌어 도와주시고, 통절히 더욱 새기고 경계하도록 하여, 하여금 태만하고 방일하지 못하도록 하여 주시면 참으로 고맙겠습니다."

【註: 敎養(교양)을 통틀어 말한 것임.】

○ 孟子(맹자)가 말했다.

---

26) 경박한 才士(재사). 才知(재지)에 뛰어나고 경솔함.
27) 先生<朱子>(선생<주자>)의 둘째 손자.

"父子(부자)가 서로 착한 일하라고 責(책)하는 것은 은혜를 해치는 큰 결점이다."

○ 退溪先生(퇴계선생)은 자손들에게 무슨 허물이 있으면 혹독하게 꾸짖지를 아니 하였다. 그 대신 깨우치고 가르쳐 주기를 거듭 반복하여 그로 하여금 스스로 느껴서 깨닫게 해 주었다.

【註: 어떤 사람이 말하기를, "비록 나의 아주 가까운 제자일지라도 능히 엄하게 가르칠 수 없는 것은 실로 세상이 쇠하고 풍속이 박해져서 인심이 옛날 같지 않기 때문입니다" 라고 하였다. 선생이 말했다. "나도 또한 그와 같습니다. 비단 세상이 그러해서 그럴 뿐만 아니라, 나도 또한 덕이 박해져서 능히 내 자신도 畏敬(외경)하게 하지를 못하고 있습니다. 옛 사람들은 비록 아무리 가까이 지내지 않는 사람의 자제들의 행동일지라도, 반드시 호령을 하고 따끔하게 신칙을 해 주는 사람이 있었는데, 그 무슨 盛德(성덕)이 있어 가지고 그렇게들 하였는지를 알지 못하겠습니다." ○ 父子(부자) 간에도 은혜를 주장해야 한다는 것을 말한 것임.】

冠禮章(관례장)

<남자 20세가 되어 갓을 쓰고 성인이 되는 예식>

○ 「冠義」(관의)에 말했다.

"冠禮(관례)라는 것은 禮(예)의 시작이며, 아름다운 일의 중요한 것이다. 그러므로 옛적에도 관례를 중요하게 여겼으며, 관례를 중요하게 여겼기 때문에 사당에서 관례를 행하였다."

○ 朱子(주자)가 말했다.

"남자는 15세에서 20세에 이르게 되면 다 관례를 해야 된다. 반드시 부모가 1년 이상 喪(상)이 없어야 비로소 관례를 행할 수 있다. 여자는 시집가고 비녀를 꽂아야 하는데, 15세가 되면 비록 시집은 못가더라도 비녀는 꽂을 수 있다."

○ 또 말했다.

"古禮(고례)에 관례는 행하기가 가장 쉬운 것이다." 또 말했다. "관례는 다른 禮(예)에 비하면 도리어 행하기가 쉬운 것이다."

○ 또 말했다.

"三加[28]之辭(삼가지사)와 出門之戒(출문지계)는 다만 지금의 俗語(속어)로써 告(고)하여 알기 쉽게 하는 것이 좋을 것이다."

○ 司馬溫公(사마온공)이 말했다.

"옛 사람들이 20세가 되어서 관례를 하여 준 것은 成人(성인)의 책임을 지워 주는 禮(예)였다. 대개 장차 人子(인자)가 되고 人弟(인제)가 되며, 人臣(인신)이 되고 人少(인소)가 되는 사람의 행위를 그 사람에게 책임지워 주는 것이다. 그러므로 그 禮(예)가 중요하지 않을 수 없는 것이다. 근세 이래로는 인정이 경박하여 10세가 지나서 총각인 사람이 적은데, 저 4가지 행위를 책임지워 주는 것을 몰라서 그런 것이다. 왕왕 어려서부터 어른에 이르기까지 매우 못나고 어리석어서 한결같이 成人(성인)의 道(도)를 알지 못하기 때문이다. 지금 비록 능히 급하게 고칠 수는 없으나, 15세 이상으로 그 「孝經」(효경)과 「論語」(논어)를 배워 가지고 대개 禮(예)와 義(의)를 안 연후에 관례를 하는 것이 또한 좋을 것이다."

婚禮章(혼례장)

<혼인의 예절에 관하여>

○ 王吉(왕길)이 말했다.

28) 관례 때 세 번 관을 갈아 씌우던 의식.

"부부는 인륜의 커다란 근본이며, 일찍 죽고 오래 사는 것이 여기서 비롯되는 것이다. 그런데 세상의 풍속이 시집 가고 장가 가는 것이 너무 일러서, 사람의 부모가 되는 도리도 알지를 못하고 자식을 두게 된다. 그러기 때문에 敎化(교화)가 밝지를 못하고 백성이 일찍 죽는 사람이 많은 것이다."

○ 朱子(주자)가 말했다.

"남자는 나이가 16세에서 30세에 이르기까지, 그리고 여자는 나이가 14세에서 20세에 이르기까지의 신상이 된 사람과, 主婚者(주혼자)[29]가 1년 이상 복입을 사람이 아니면 혼인을 할 수가 있다. 納采(납채), 納幣(납폐)와 親迎禮(친영례)를 하고 나서 혼인이 이루어지면, 다음 날 신부는 시아버지와 시어머니를 알현해야 한다. 3일에는 신랑이 신부를 데리고 사당에 가서 알현해야 한다. 그 다음 날에는 사위가 처가에 가서 신부의 부모를 찾아 뵈어야 하고, 그 다음에는 처가의 모든 친척들과 상견례를 하여야 한다."

○ 司馬溫公(사마온공)이 말했다.

"무릇, 혼인을 의논할 때에는 마땅히 그 신랑과 신부의 性行(성행)과 家法(가법)이 어떠한가를 살펴보아야 한다. 구차하게 그 부귀는 흠모하지 말아야 한다. 신랑이 진실로 현명한 사람이라면 지금은 비록 빈천하다 할지라도 장래에 가서는 부귀하게 되려는지 누가 알겠는가? 또 진실로 불초한 사람이라면 지금은 비록 富盛(부성)하다 할지라도 장래에 가서는 빈천하게 되려는지 누가 알겠는가? 여자라는 것은 집의 성쇠가 달려 있는 것이다. 그런데 진실로 일시적인 부귀를 흠모하여 장가를 들게 된다면, 여자가 그 친정의 부귀만 마음 속에 품고서 그 남편을 경솔하게 대하고 그 시부모를 거만하게 대하며 교만하고 질투하는 성질을 양성하여 장래에 患(환)이 되는 것이 얼마나 극악해 지겠는가? 가령 여자의

29) 혼사를 다스리는 주체자 (일반적으로 양가의 가장).

친정 재물로 인하여 부자가 되고 여자의 친정 권세에 의지하여 귀하게 된다 하더라도, 장부의 志氣(지기)가 있는 사람이라면 진실로 부끄러운 일이 아니겠는가? 또 세상 풍속에 아이들이 어렸을 때에 크면 혼인을 시키기로 하거나, 또는 아직 낳지도 않은 뱃속에 있는 아이를 가리키며, 낳아서 크면 혼인시키기로 경솔하게 허락하기를 좋아하는 사람들이 있다. 그런데 급기야 그 아이가 장성하게 되어서는 혹은 불초하거나 신뢰할 수 없는 사람이 되는 수도 있고, 혹은 악한 질병이 있게 될 수도 있으며, 혹은 집이 가난하여져서 춥고 배고프게 지내는 지경이 될 수도 있다. 혹은 喪服(상복)을 입게 되어 서로 결혼을 하지 못하고 그대로 있어야 하는 경우가 될 수도 있고, 혹은 벼슬 따라 먼 곳으로 가버리게 되는 경우도 있을 수 있어서, 드디어는 믿음을 버리고 약속을 어기게 되어, 그로 인하여 옥살이를 하거나 訟事(송사)를 벌이게 되는 사람이 많다. 그러기 때문에 先祖 太尉(선조 태위)가 일찍이 말씀하시기를, '우리 집 남녀들은 반드시 기다렸다가 장성한 연후에 혼인 문제를 의논하고, 이미 通書(통서)를 하고 나면 몇 달 안 되어서 성혼시키기 때문에 죽을 때까지 후회가 없는 것이니, 자손들이 마땅히 본받아야 할 바의 법이다.'라고 하셨다."

○ 胡安定公(호안정공)이 말했다.

"딸을 시집 보낼 때는 반드시 내 집보다 나은 집으로 보내야 한다. 내 집보다 나은 집으로 시집을 가면 내 딸이 그 집에 가서 사람을 섬기는데, 반드시 공경스럽고 조심스럽게 할 것이다. 며느리는 반드시 내 집보다도 못한 집에서 얻어 와야 한다. 내 집보다 못한 집에서 데려오게 되면 며느리가 시부모를 섬기는데, 반드시 며느리의 도리를 다해서 섬길 것이다."

【註: 婚禮(혼례)를 통틀어 말한 것임.】

○ 文中子(문중자)가 말했다.

"혼인을 하는데 재물을 논하는 것은 오랑캐들이나 하는 풍습이다. 옛 사람들은 남녀의 가족들이 각각 덕만 가렸지, 재물을 가지고 禮(예)를 삼지는 않았다."

○ 司馬溫公(사마온공)이 말했다.

"대저 혼인이라는 것은 두 성씨의 사람이 합해서, 위로는 종묘를 섬기고 아래로는 후세를 이어 나가는 것이다. 지금 세상의 욕심 많고 야비한 사람들이 장차 며느리를 얻으려 함에, 먼저 혼수를 잘 해 올 것인지 적게 해 올 것인지를 묻고 있다. 그리고 장차 딸을 시집 보내려 함에는, 먼저 장가드는 사람의 집에 재물이 많은지 적은지를 묻고 있다. 그런데 이것은 마치 중개인이 노비를 소개하여 팔아먹는 것과 같은 법이니, 이것을 어찌 사대부의 혼인이라고 할 수 있겠는가? 혼인 문제를 의논하는데 재물에 대해서 언급함이 있는 사람과는 혼인을 하지 않는 것이 좋다."

○ 唐(당)나라 때의 柳公綽(유공작)이라는 사람은 公卿(공경)[30] 벼슬에 있었다. 그 집은 당시에 가장 家法(가법)이 있는 집안이었다. 고모나 누님이나 누이동생이나 조카가 외로운 과부가 되어 처지가 어려운 사람이 있으면, 그들의 딸들에게 반드시 사위를 골라서 시집을 보내 주었다. 刻木(각목)[31]과 粧奩(장렴)[32]과 纈文絹(힐문견)[33]을 다 갖춰서 혼수를 해 주었다. 그리고 항상 말하기를, "반드시 혼수를 풍부하게 잘 갖춰서 시집을 보내려고 기대한다면, 어찌 시집 보내야 할 때를 놓치지 않을 수 있으리오?" 라고 하였다.

○ 宋(송)나라 때의 范文正公(범문정공)이 장가를 들게 되어 장차 신부가 시집을 오게 되었는데, 어떤 사람이 전하기를, "신부가 비단으로 휘장을 만들어 올 것입니다." 라고 하였다. 公(공)이 이 말을 듣고서 영 좋아하지 않고 말

30) 三公(삼공)과 九卿(구경)의 벼슬. (轉) 高位高官(고위고관).
31) 나무를 깎아서 새긴 혼수품.
32) 화장할 때 쓰는 상자, 경대. 신부의 제구.
33) 비단에 무늬를 맺은 혼수품.

하기를, "비단이 어찌 휘장을 만드는 물건이냐? 우리 집은 아주 청렴하고 검소한 집인데 어찌 우리 집의 가법을 문란하게 할 수 있겠느냐? 감히 그런 것을 가지고 오기만 하면 내가 당장 뜰에 내다 놓고 불살라 버릴 것이다." 라고 하였다.

【註: 혼인에 재물을 논하는 것은 옳지 않음을 말한 것임.】

敦睦章(돈목장)

<서로 사이가 두텁고 화목하게 되는 일>

○ 「詩經」(시경)에 말했다.

"어찌 다른 사람이 없으리오 마는, 우리 同姓(동성)만 같지는 못한 것이다."

○ 范文正公(범문정공)이 말했다.

"일가 간에도 진실로 가깝고 먼 사람이 있는 것이다. 그러나 우리 할아버지들이 보시면 다 똑같은 자손들인데 내가 어찌 일가를 사랑하지 않을 수 있겠는가?" 公(공)이 이미 姑蘇(고소)[34]에서 귀인이 되었을 때 좋은 논과 밭 수천 畝(묘)를 사 가지고 농막을 지어서 여러 일가들 중 가난한 사람들을 부양하였다. 일가 중에서 항렬이 가장 높고 현명한 사람을 가려서 그 출납을 주관하게 하였다. 사람마다 하루에 쌀 1되, 1년에 합사비단 1필씩을 주도록 하였다. 시집 가고 장가 가고 喪葬(상장)을 치르는 데도 다 넉넉하게 주도록 하였다.

○ 程子(정자)가 말했다.

34) 春秋時代(춘추시대) 吳(오)나라의 都邑(도읍).

“무릇, 사람이 사는 집의 법은 반드시 한 달에 한 번씩은 모여서 일가를 화합하게 하여야 하는 것이다. 옛 사람들은 花樹會(화수회)가 있었는데, 韋氏(위씨) 집안의 宗會法(종회법)이 가히 취할 만한 것이다. 매양 일가가 먼데서 이사 오는 사람이 있으면, 또한 한결같이 그렇게 하였다. 吉凶(길흉)의 일이 있을 때나 시집 가고 장가 가는 때에도 서로 더불어 禮(예)를 갖추도록 하였다. 骨肉(골육)의 뜻으로 하여금 항상 서로 통하게 하였다. 骨肉(골육)이 날로 멀어지는 것은 다만 서로가 보지를 아니하여, 情(정)이 서로 접하지를 못해서 그런 것이다.”

○ 司馬溫公(사마온공)이 말했다.

“근세의 故家(고가)[35]로는 오직 朝氏(조씨)네가 본받을 만한 집안이었는데, 자제를 가르침에 다 법도가 있었고, 群居(군거)하며 서로 부를 때 다른 성씨의 존장에 대해서는 반드시 某姓(모성) 第(제) 幾叔(기숙) 若兄(약형)이라고 하였다. 그리고 諸姑(제고) 尊姑(존고)의 夫(부)를 부를 때는 반드시 某姓(모성) 姑夫(고부) 某姓(모성) 尊姑夫(존고부)라고 하였으며, 감히 이름을 부르지 않았다. 또 그 아버지들이 서로 사귀어 왕래하는 경우에는 반드시 某姓 幾長(모성 기장)이라 하고 감히 이름을 부르지 않았다. 이것은 당시의 故家舊族(고가구족)들도 다 그렇게 하지는 못했던 일이다.”

○ 唐(당)나라 때 韋員外(위원외)라는 사람이 同姓(동성)의 형제들과 매양 꽃나무 밑에 모여서 술을 마시고 즐겼는데, 岑參(잠삼)이라는 사람이 이들을 위해서 花樹歌(화수가)를 지어 주었다.

○ 宋(송)나라 劉宰(유재)의 字(자)는 子平(자평)이고 號(호)는 漫堂(만당)이었다. 그는 매월 초하루 날이면 반드시 국수를 만들어 일가들을 모이게 하고 말했다. “오늘 모이게 한 것은 술과 음식을 먹는 것으로 禮(예)를 삼으려는

35) 여러 代(대)를 두고 지체 높이 잘 살아 온 집안.

것이 아니다. 여느 때 일가가 화목하지 못한 것은 다분히 情意(정의)가 서로 통하지 아니해서 일어나는 것이며, 이간질하는 말이 들어가기 때문에 그런 것이다. 이번 달에 반드시 여럿이 모여 술을 마시면서, 착한 일이 있으면 서로 告(고)해 주고 허물이 있으면 서로 바르게 하여 주며, 연고가 있어 서로 맞지 않는 것이 있어도, 피차간에 서로 한 번 만나 보면 어떻게 서로 일가의 정을 잊어버릴 수가 있겠는가?" 또한 오지 아니한 사람이 있으면 반드시 재삼 초청하여 말하기를, "차라리 영오지 않을 것이면, 나도 영 돌아보지 않을 것이다."라고 하였다.

○ 陸象山(육상산)의 집은 撫州(무주) 金谿(금계)에서 여러 代(대)를 義(의)롭게 살아왔다. 한 명의 제일 존장인 사람을 집안의 어른으로 삼아서, 한 집안으로 하여금 그 사람의 명령을 듣게 하였다. 그리고 해마다 자제 한 사람씩을 차출하여서, 그 가사를 나누어서 주관하게 하였다. 그리하여 혹은 耕地(경지)를 맡게 하기도 하였고, 혹은 租稅(조세)를 맡게 하기도 하였으며, 혹은 出納(출납)을 맡아 보게 하기도 하였다. 혹은 부엌일을 맡아 보게 하기도 하였으며, 혹은 빈객을 맡게 하기도 하였다. 공무를 맡아 보는 公堂(공당)의 토지는 한 해의 식량으로 배급하게 하였다. 집안사람들은 식구 수를 계산하여 밥을 짓게 하였고, 나물과 고기 등의 반찬은 집집마다 스스로 만들게 하였으며, 함께 합쳐서 먹지는 않았다. 私房(사방)의 종들은 각자 양식을 나누어 주었는데, 쌀로 덧붙여서 밥을 짓게 하였다. 매양 새벽에 기탁해서 밥을 짓는 쌀이 여기저기서 오게 되면, 부엌에서 밥 짓는 일을 맡은 사람은 치부책을 놓고 표시를 해 가며 이를 거두어 들였다. 밥이 다 익으면 그 치부책을 놓고서 표시를 해 가며 밥을 나누어 주었다. 손님이 오게 되면 손님을 맡은 사람이 먼저 나가서 만나 본 후에, 가장에게 손님이 왔다고 말을 하고 나가서 술을 다섯 잔쯤 대접을 하였다.

매양 새벽에 일어나면 가장이 여러 자제들을 거느리고 할아버지와 아버지의 사당에 가서 공손하게 뵌 다음 다시 모여 대청에서 읍을 하게 하였다. 부녀들은 堂(당)에서 만복을 빌게 하였다. 저녁때도 아침에 하는 것과 똑같이 하게 하였다.

자제가 허물이 있으면 가장이 여러 자제들을 모아서 꾸짖고 이를 가르쳤다. 고치지 않으면 종아리를 치고, 끝내 고치지 아니하여 영 개선의 가망이 없을 것 같으면, 관청에 고발하여 먼 곳으로 내쳐 버리게 하였다.

새벽에는 揖을(읍)을 하고 북을 세 번 거듭 쳤으며, 자제 중에 한 사람이 唱(창)하는 목소리로, "들으라, 들으라, 들으라. 수고롭게 부모님께서 너를 낳으셨고 天理(천리)가 定(정)해졌나니, 만약 게으르면 반드시 굶주리고 추운 지경에 이르게 될 것이다. 굶주리고 추운 지경에는 이르지 말아야 할 것이며, 게을러서 굶주리고 추운 지경에 이르게 되면 그 때서야 天命(천명)을 원망하게 될 것이니, 허공에 스스로 神明(신명)이 있어서 듣게 될 것이다."라고 말을 하도록 하였다.

또 唱(창)하여 말하기를, "들으라, 들으라, 들으라. 衣食(의식)으로 네 몸이 살고 있으니, 하늘이 네게 먹을 만한 酒肉(주육)을 배당하여 주시었다. 탐내기를 많이 하면 사람의 목숨을 꺾는 것이며, 경영을 분수에 넘치게 하면 천명을 어기게 되는 것이다. 그러니 定(정)하라, 定(정)하라, 定(정)하라."라고 하도록 하였다.

○ 唐(당)나라 때 張公藝(장공예)라는 사람은 9代(대)나 되는 대 가족이 한 집에 살고 있었다. 高宗(고종)이 불러서 능히 일가가 화목하게 지낼 수 있는 도리를 물었다. 그러자 公藝(공예)가 <이렇게 참고 또 참으며 산다는 뜻으로 참을> 忍(인) 자 백여 개를 써서 임금에게 바쳤다. 그 뜻은 일가가 서로 불협하게 되는 것은 존장 대접과 衣食(의식)의 혹 고르지 못함이 있거나, 항렬이 낮은 사람과 나이가 어린 사람들의 예절이 혹 갖춰지지 못함이 있는 것으로 말미암아, 서로 책망을 하다 보면 드디어 다투게 되는 것이다. 그러므로 진실로 능히 서로가 참기만 한다면 家道(가도)가 화목하게 될 수

있다는 것이다.

○ 劉珙(유공)은 안과 밖으로 복을 입은 친척이 있으면 반드시 素服(소복)을 하고 終月(종월)하였다. 그리고 만약 관직에 있는 사람이면 宴樂(연락)을 하지 아니 하였다.

禦下[36]章(어하장)

<아랫사람을 거느려서 바른길로 나가게 하는 일>

○「書經」(서경)에 말했다.

"신하를 대하는 데는 간소하게 하고, 백성들을 다스리는 데는 너그럽게 해야 한다."

○ 伊尹(이윤)이 말했다.

"아랫사람을 접하는 데는 엄숙하게 해야 한다."

○ 孔子(공자)가 말했다.

"너그러우면 많은 사람을 얻게 되고, 신용이 있으면 남의 신임을 받게 된다."

○ 또 말했다.

"그 몸이 바르면 명령을 하지 아니 하여도 행하고, 그 몸이 바르지 못하면 비록 명령을 하여도 행하지 않는 것이다."

○ 또 말했다.

36) 아랫사람을 거느려서 바른길로 나가게 하는 것.

"가히 勞力(노력)할만한 일을 가려서 勞力(노력)하면, 또한 누가 원망을 하겠는가?"

○ 薛敬軒(설경헌)이 말했다.

"이런저런 여러 사람을 상대하는 데는, 마땅히 엄격하고 은혜롭게 하여야 한다."

○ 또 말했다.

"아랫사람을 접하는 데는 말을 간결하게 하는 것이 귀중하고, 한 마디 말을 가지고 번잡스럽게 질질 끄는 것은 좋지 못하다." 또 말했다. "張文忠公(장문충공)이 말하기를, '좌우에 있는 사람들과 公的(공적)인 일이 아니면, 더불어 말을 하지 말아야 한다.'고 하였다."

○ 또 말했다.

"마음이 하나의 터럭만큼이라도 偏向(편향)됨이 있어서는 안 되는 것이다. 만일 그런 일이 있으면 남이 반드시 엿보고서 그러한 내 마음을 알게 되는 것이다. 내가 일찍이 한 심부름하는 하인을 부린 일이 있었다. 그를 보니 자못 민첩하여 조금 부지런하게 부렸다. 그런데 그 하인은 곧 자기가 잘나서 그런 것처럼 거만스런 마음이 생겨서, 나는 드디어 그를 내 쫓아 버렸다. 이러기 때문에 벼슬에 당한 사람은 마땅히 正大(정대)하고 明白(명백)해야 하며, 하나의 터럭만큼이라도 편향됨이 있어서는 아니 됨을 알아야 한다."

○ 謝上蔡(사상채)가 일찍이 德安(덕안)의 應城(응성)을 다스리고 있을 때였다. 胡文定(호문정)이 典學使者(전학사자)로 行部(행부) 中(중)에 이곳을 지나가다가 사상채가 있는 곳의 門(문)안에 들렀다. 그런데 보니 吏卒(이졸)들이 뜰 가운데 심어 놓은 것처럼 똑바로 서 있는 모습이 흙이나 나무로 만든 허수아비와 같아서 숙연하고 공경심이 일어나니, 드디어 사상채한테

서 배운 점이 있었다.

○ 趙公遴(조공린)[37]은 벼슬살이를 하면서 일을 처리하는데 일찍이 말을 너무 빠르게 하거나 당황한 얼굴 기색을 나타내는 일이 없었다. 그리고 죄를 범한 사람이 있으면 반드시 먼저 잘 가르쳐서 지난날의 잘못을 깨우치게 하고 난 후에 차꼬를 채우고 말했다. “口舌(구설)로써 도끼를 대신해도 바야흐로 좋으니라.”

【註: 아랫사람을 어거하는 것을 통틀어 말한 것임.】

○ 「童蒙須知」(동몽수지)에 말했다.

“무릇, 계집종과 사내종들을 대하는 데는 반드시 단정하고 엄숙하게 해야 되는 것이며, 실없이 웃으며 대해서는 안 된다.”

○ 陶淵明(도연명)[38]이 彭澤令(팽택령)이 되었을 때, 종 하나를 아들에게 보내주고 말했다. “네가 아침 저녁으로 하는 일이, 너 혼자서 하기가 어려울 것이므로, 이제 이 종 하나를 보내어, 네가 나무를 하고 물을 긷는 수고로움을 돕게 하고자 한다. 그런데 이 녀석도 비록 종이나 사람의 자식이니, 잘 대접하여 주는 것이 좋을 것이다.”

○ 「居家雜儀」(거가잡의)에 말했다.

“그 싸우는 사람이 있으면 곧 꾸짖어서 싸움을 금지시켜야 한다. 그치지 않으면 매질을 하되, 이치가 바르지 못한 사람은 매질을 좀 더 해야 한다.”

【註: 살펴보건대, 일찍이 들으니 말했다. “잘못된 사람을 다스리는 데 곤장을 많이 치면, 잘못되지 않은 사람을 다스리는 데도 또한 곤장을 쳐야 한다. 대개 잘못한 일이 없이 더불어 싸운 사람도 과실이 되는

37) 號(호)는 隱堂(은당).
38) 名(명)은 潛(잠), 諡號(시호)는 靖節(정절), 晉(진)의 處士(처사).

것은 마찬가지다. 만약 잘못한 것이 없다고 하여 꾸짖지 아니하면, 사람이 장차 각자 자기가 잘했다고 하며 사납게 싸우기만 하고 끝나는 때가 없게 될 것이다." 】

"그리고, 하나는 그쳤는데 하나는 그치지 아니하면 그치지 아니하는 놈만 매질을 해야 한다."

【註:또 살펴보건대, 반드시 잘 잘못을 분별하고자 하면 마침내 분쟁에 이르게 된다. 그 소소하게 싸우고 시끄러운 것은 반드시 그 경중을 미주알고주알 따질 필요가 없다. 양쪽을 다 벌주는 것으로써 싸움을 종식시켜야 한다. 만약 대단히 큰 문제가 있으면 또한 분별을 아니 할 수가 없다.】

○ 또 말했다.

"무릇, 사내종이 진심을 다하고 거짓이 없어서 가히 책임지고 일을 맡길 만한 놈이 있으면 그 녹봉을 좀 더 주고, 능히 가사를 맡을만한 놈에게는 그 다음으로 줘야 한다. 그리고 전적으로 속여먹고 公的(공적)인 것을 배반하며, 私的(사적)인 것만 널리 좋아하고 여러 차례 도둑질이나 하려고 하며, 사납게 하거나 모사를 부려서 윗사람을 범하려 하는 놈은 내쫓아 버려야 한다. 계집종이 나이가 많아져서 그대로 종노릇하기를 원치 않는 자는 가도록 놓아두어야 한다. 그리고 두 얼굴에 두 혀 즉, 여기 와서는 이 소리를 하고 저기 가서는 저 소리를 하며, 헛된 일을 꾸미고 간악한 짓을 하며, 골육 간을 이간질하고 여러 차례 도둑질이나 하며, 방탕하고 근신하지 않으며, 인심을 잃고 배반이나 하려는 놈도 내쫓아 버려야 한다."

○ 明道先生(명도선생)은 평생을 두고 사람을 사귀는데 마음 속을 숨기는 일이 없었다. 비록 종들일지라도 반드시 진심을 다하고 거짓 없는 마음으로써 서로 신빙성 있게 의지하였다. 그러므로 사람들이 차마 그를 속이지를 못하였다. 한 번은 선생이 澶淵(전연)[39]으로 부터 종에게 돈을 주어 보내며 서울에 가서 무슨 물건을 좀 사 오라고 하였다. 그런데 그 종은 부모도 처자도

39) 地名(지명), 江(강) 이름, 河北省(하북성)에 있음.

없는 홀몸인 사람인지라, 다른 동료 종들은 <그가 돈을 가지고 도망이라도 칠가봐> 놀라고 또 원망을 하고 있었다. 그런데 얼마간 지난 뒤에 그 종이 물건을 사 가지고 온다는 때에 제대로 돌아왔다. 대개 정성스런 마음이 우러나는 것이 이와 같은 것이다.

【註: 사내종을 부리는 것에 관하여 말한 것임.○ 살펴보건대, 家衆(가중)을 부리는 법은 주로 엄하면서도 용서를 행해야 한다. 마땅히 그들이 배가 고픈가 추운가를 진단하고 그들의 수고롭고 편안한 것을 균등하게 해야 한다. 그리고 자기 자신부터 법도 있게 하고 명령을 해야 하며, 사랑하고 미워하는 마음을 편벽되게 행하지 말아야 하고, 너그럽고 간소한 것을 위주로 해야 한다.】

治産章(치산장)

<재산을 관리하고 처분하는 일>

○「孝經」(효경)에 말했다.

"하늘의 도리를 잘 따르고 활용하며 땅의 이익을 잘 이용하여 생산을 잘 하고, 몸가짐이나 행동을 삼가하고 재물을 아껴 써서 집안에서 부모를 잘 봉양해야 한다. 이렇게 하는 것이 보통 서민들의 효도이다."

○ 許魯齋(호노재)가 말했다.

"배우는 사람이 살아 나갈 방도를 차리는 것은 가장 급선무가 되는 것이다. 진실로 생계가 너무 부족하면 배우는 道(도)에도 방해가 되는 것이 있을 뿐만 아니라, 여기저기 찾아다니며 닥치는 대로 구하려 하여 불성실한 데로 빠지게 될 수가 있다. 또한 관리가 되어 이익을 너무 즐겨하는 사람은, 그의 생계가 너무 군색하여 그렇게 되는 수가 있는 것이다. 士君子(사군자)는 마땅히 농사일로써 주를 삼아야 하는 것이다. 그러나 장사를 하는 것도 비록 末質(말질)의 사업이나 그것이라도 해 볼만 한 일이 있고, 또한 그것이 의리를 상실하는 일만 아니라면, 그렇게 장사를 해서 일시적으로 먹고 살아가는 것도 또한 불가한 일은 아니다."[40]

○ 退溪先生書(퇴계선생서)에 말했다.

"농사를 짓는 등의 일이 〈먹고살아야 하기 때문에〉 사람이 능히 안 할 수는 없는 것이다. 나 같은 늙은이도 평생 비록 추하고 못났을지라도 또한 어찌 전혀 농사 등의 활동을 하지 않을 수가 있겠는가? 다만 안으로는 文雅(문아)에 전일하고, 밖으로는 혹 먹고살기 위해서 집안 살림을 應務(응무)한다 해도 선비의 위엄을 떨어뜨리는 일만 하지 않는다면 해가 되는 것은 아니다. 그러나 만약 올바른 긍지를 전적으로 망각하고 살림을 경영하는 데만 몰두한다면, 곧 이것은 농사짓는 사람의 일이며 시골의 속인들이 하는 일일 따름이다." 또 말했다. "대저 士君子(사군자)가 마땅히 위엄 있고 검소한 모양으로 학문에 전념하며, 이익을 탐내는 욕심이 적은 것으로써 자처하고, 여력으로 하는 일이 생업에 미치는 것은 해롭지 않다." 또 말했다. "만약 세속의 일에만 끌려서 학문을 하는 데 뜻을 둔 일을 폐지해 버리게 된다면, 마침내 시골에 버려진 사람과 같이 되어 버리는 것이니, 가히 경계하지 않을 수 있겠는가?

【註: 治産(치산)을 통틀어 말한 것임.】

○ 「居家雜儀」(거가잡의)에 말했다.

"무릇 家長(가장)이 되면 반드시 예법을 신중하게 지켜서 여러 자제들을 거느려야 한다. 그리고 집의 여러 사람들에게 직분과 해야 할 일을 나누어 주어야 하며, 그 공을 이루는 것을 책임 짓도록 해 주어야 한다. 재물을 쓰는 절차를 규제하는 데는 수입을 헤아려서 지출을 하게 하여야 한다. 집에 있고 없는 것을 헤아려서, 위아래 사람의 衣食(의식)과 길흉에 관한 일의 비용을 주어야 하는데,

40) 上古(상고)에 農(농)은 本(본), 商(상)은 末(말)이라 하였음.

다 정리하여 등차를 정함이 있어야 하되, 모두가 균일하게 하지 않으면 안 된다. 여러 가지 비용을 헤아리고 살펴서 사치스럽고 호화스러운 것은 금지해야 한다. 그리고 항상 반드시 여분을 조금씩 두어서 뜻밖에 일어나는 일에 대비하여야 한다."

【註: 살펴보건대, 일찍이 들으니 말했다. "무릇 사람의 마음이란 대저 위로 자기보다 나은 사람과 비교를 하기 때문에 항상 부족함을 깨닫게 되는 것이다. 만약 아래로 자기보다 못한 사람과 비교를 하게 된다면, 비록 가난하더라도 또한 조금의 여분이 있을 수 있는 것이다."】

○ 朱子(주자)가 陳膚中(진부중)에게 답하여 말했다.

"들으니 쓰는 비용이 부족한 근심이 있다는데 무슨 연고로 그렇게 된 것인가? 의기가 너무 호탕하여서 날마다 쓰고 사는 데 樽節(준절)하고 計量(계량)하는 일을 말하기를 부끄러워하고, 또 인정에 따라서 남이 구하고 빌려 달라는 것을 비위를 맞춰 주다가, 내면은 비우고 외면만 치중하는 폐단을 면치 못하기 때문이 아니겠는가? 그렇게 하는 것이 비록 인색하고 더럽고 잘은 사람보다는 좀 나을 것 같으나, 사실은 그 中(중)을 잃은 것이니 마찬가지로 잘못된 것이다."

○ 陸德原(육덕원)[41]이 말했다.

"옛적의 나라를 다스리던 사람은 冢宰(총재)[42]가 나라에서 쓰는 것을 다 주관하게 하였다. 歲尾(세미)에 오곡이 다 수확이 되고 세금 받을 것을 다 받은 연후에 나라가 쓸 것에 대한 계획을 세워야 하는데, 크고 작은 데에 쓸 것을 그 해가 풍년이었나 흉년이었나를 보아서 결정해야 한다. 3년간 경작을 하면 반드시 1년 먹을 것을 남겨 두고, 9년간 경작을 하면 반드시 3년 먹을 것을 남겨 두어야 비록 백성이 흉년들거나 가물거나 물이 넘치는 재해가 있더라도, 굶주려서 얼굴빛이 누렇게 되는 백성이 없게 되는 것이다. 나라의 살림이 그와 같은 것일 뿐만

41) 元(원)나라 사람, 號(호)는 梳山(소산).
42) 周代 六官(주대 육관)의 우두머리. 지금의 국무총리.

아니라, 개인 집의 살림도 또한 그와 같은 것이다. 그러므로 무릇 집에 耕地(경지)가 족히 넉넉하게 있는 사람일지라도 또한 마땅히 수입될 것을 헤아려서 지출을 하여야 한다. 그리고 그런 후에는 쓰는 것이 기준이 있어야 풍족함과 검약함이 중간의 알맞은 상태를 지킬 수가 있게 된다. 이제 경지에서 거두어들인 것이 조세와 종자를 제하고 먹고사는 것 외에 약간 남는 바가 있을 경우에는, 그것을 十分(십분)으로 계산한다고 하면 三分(삼분)은 예비로 놓아두고, 수재나 가뭄의 예측하지 못한 재해의 비용에 대비하여야 한다."

【註: 이것은 좀 넉넉히 남아돌아가도록 하기 위하여 절제하는 것이다. 능히 10분의 3을 남겨 두지 못하게 생겼으면 10분의 2만이라도 남겨 두어야 한다. 10분의 2도 남겨 놓지 못하게 생겼으면 10분의 1만 남겨 놓아도 또한 좋다. 능히 10분의 1도 남겨 놓을 수가 없으면 또한 그 용도를 절조 있고 인색하게 해서, 조금이라도 여분이 있도록 한 연후에라야 그 집이 장구하게 될 수 있는 것이다. 그렇게 하지 않으면 갑자기 뜻밖의 일이 있게 될 경우 집안이 반드시 파경에 이르게 된다. 무릇 남겨 놓는 것은 마땅히 쌀로 남겨 놓아야 좋으며, 은이나 지폐 같은 것으로 바꾸어 놓아두는 것은 좋지 못하다.】

"그리고 六分(육분)은 열두 달 동안 쓰는 비용으로 하여야 한다."

【註: 윤달이 있으면 13개월 쓸 것으로 나누어 놓아야 한다.】

"한 달 동안 쓰게 되는 숫자를 모두 취해서 그것을 30등분하여, 날마다 그 30분의 1씩만 써야 한다."

【註: 늘 정해 놓고 있는 품목들 즉, 魚肉(어육)값이나, 손님 접대하는 술과 식혜비, 자손들의 紙筆(지필)값과 선생님께 드리는 수업료, 그리고 간사와 노복에게 주는 비용 등도 다 그 사이에 끼워 넣어야 한다.】

"가히 남도록 할지언정 다 써 버려서는 안 된다. 七分(칠분)쯤 쓰게 되면 알맞게 쓰게 되는 것이다. 5分(분)에도 미치지 못하게 쓰면 그것은 너무 인색하게 쓰는 것이다. 그 남는 것은 별도로 置簿(치부)하며 거두어 관리를 하여서 여름에 제일 더운 날과 겨울에 제일 추운 날, 여름과 겨울의 옷, 집수리, 의약, 손님 접대, 초상집 조의 표시, 문병, 명절, 그리고 선물 보내는 것 등의 비용으로 써야 한다. 그렇게 하고서도 또 남는 것이 있으면 이웃 마을의 빈궁한 사람들에게 두루 조금씩 베풀어 주어야 한다. 賢士(현사)가 곤궁하게 지내는 사람이 있거나, 머슴이나 소작인이 춥고 배고프게 지내는 사람이 있거나, 어디 왔다갔다하는데 노자 돈이 없는 사람이 있으면 조금씩 도와주어야 한다. 망령되이 중에게 시주 같은 것은 하지 말아야 한다. 그 耕地(경지)가 많지 않으면 날마다 쓰는 것이 능히 남음이 있을 수 없을 것인즉, 마땅히 한 가지라도 절약하고 아껴서 써야 한다. 옷은 누에를 쳐서 길쌈하여 입고 살아야 한다. 담장이나 집을 수리하는 것은 가축 같은 것을 길러서 해결해야 한다. 잡다한 종류의 채소 같은 것은 다 그럭저럭 길러서 먹고살아야 한다. 그 다음날 쓸 물품을 앞당겨서 쓰면 안 된다. 만약 그 다음날 쓸 것을 하루 앞당겨서 쓰게 되면, 가히 보충할 때가 없어서 문득 폐가하게 되는 수가 있으니, 마땅히 삼가하고 경계해서 써야 한다. 그 토지는 적은데 쓰임새가 넓은 사람은 마땅히 청심하고 검소하게 하여 먹고사는 형편이 좀 더 좋아질 수 있는 방향으로 살림을 경영해야 한다. 그리고 <그런 처지에 있는 사람은> 손님 접대나 弔喪(조상)이나, 문병이나, 四時(사시)의 계절에 따른 명절 차림이나, 선물을 보내는 일이나, 또는 모여서 음식을 나누어 먹는 일 같은 것은 일체 강구해서는 안 된다."

【註: 이것은 그런 일을 아주 끊어 버려야 한다는 말은 아니다. 능히 財貨(재화)로써 禮(예)를 갖출 수가 없을 때 그렇게 해야 된다는 말이다. 弔喪(조상) 같으면 그냥 먼저 가고 후에 罷(파)하는 것으로써 도움을 주는 것으로 하면 되는 것이다. 손님을 대접하는 데는 나무와 풀을 베어다가 무엇을 끓여서 대접할 수는 없고, 세속을 떠난 이야기나 나누면 될 따름이다. 어버이를 받드는 일이 지극히 급한 일인데 콩 삶은 것을 드리고 물을 마시게 하더라도 그 기쁨을 다하게만 하여 드린다면 그것도 효도가 되는 것이다. 제사는 마땅히 엄숙해야 하는 것이니, 나물밥과 나물국이라도 족히 그 공경에 이르게만 하면 된다. 모든 일을 다 그렇게 하면 남이 진실로 나를 책망하지 않고, 나도 또한 부끄러울 것이 없는 것이다. 이와 같이 하면 禮(예)는 가히 폐하지 않고, 〈즉 예는 예대로 갖추고〉 재물도 다 없어지게 되지는 않을 것이다.】

"그러면 친구를 찾아다니며 도와 달라고 구걸을 하여, 과실을 더 보태는 책망을 면할 수가 있을 것이다. 그러므로 본디 남을 원망하거나 꾸짖거나 남을 속이거나 무얼 빌렸다가 갚지 못하게 되면 치욕을 초래하는 수가 있는 것이다. 집에서 살아감에 있어서 전술한 바와 같이 淸心(청심)하고 儉素(검소)하게 해야 바야흐로 마땅한 것이 되며, 인색하거나 사치스럽다는 허물도 멀어지게 되는 것이다. 이와 같이 쌓아서 그 풍속을 이루다 보면, 어찌 오직 하나의 집안만 물난리와 가뭄의 재앙을 근심하지 않아도 되겠는가? 집집마다 이렇게 해 나간다면 비록 한 郡(군)이나 한 縣(현)이라도 다 근심이 없게 되는 것이니, 그 이로움이 어찌 넓지 않겠는가?"

○ 또 말했다.

"집안의 살림살이를 하는 데 病(병)이 일곱 가지가 있으니, 呼(호), 遊(유), 飮食(음식), 土木(토목), 爭訟(쟁송), 玩好(완호), 그리고 惰漫(타만)을 말하는 것이다. 한 가지라도 이러한 病(병)이 있다고 하면, 그것이 다 능히 집안을 파산시킬 수 있는 것이다. 그 다음은 가난하여 있는 것도 없으면서 周旋豊餘(주선풍여)에만 힘을 쓰고 더럽고 건방진 것만 숭상하게 된다면,

【註: 이것은 사람의 情(정)을 잃는 까닭을 말하는 것임.】

일은 비록 같지 아니 하더라도 그 종말의 害(해)는 전술한 일곱 가지의 병과 다를 것이 없다. 다만 조금 더디게 집안이 파멸되느냐 빨리 파멸되느냐의 문제만 있을 뿐이지, 결국에 가서 절단 나는 것은 마찬가지다."

○ 倪思(예사)[43]가 말했다.

"사람이 집안의 살림을 하는 데 쓰게 되는 비용은 다 가히 미리 계산을 하여야 하는 것이다. 그러나 예정에 없던 갑작스런 일로 쓰게 되는 비용은 미리 계산을 할 수가 없는 것이다. 그러므로 혼인하고 시집을 보내는 일 같은 것은 한가할 때에 자제들이 스스로 능히 주장해 놓아야 한다. 만약 喪葬(상장)의 일이 느닷없이 나게 되는 경우에, 왕왕 근거도 없는 뜬소문만 듣고, 그 말에 동요되어서 많은 것을 헛되이 쓰는 데 이르게 되는 수가 있다. 또 그렇게 하는 것이 마치 부모에게 효도라도 하는 것처럼 세속이 보는 수가 있으나 절대로 그것을 좇아서는 안 된다. 마땅히 내 집의 형편에 따라 있으면 있는 범위 안에서 쓰고, 없으

43) 宋(송)나라 사람.

면 없는 범위 안에서 써야 한다."

【註: 쓰는 것의 절제를 말한 것임.】

儉約章(검약장)

<검소하게 절약하는 일>

○ 朱子(주자)가 말했다.

"검소한 덕이 가장 좋은 것이니, 모든 일에 검소하면 실패가 없다."

○ 孔子(공자)가 말했다.

"禮(예)는 사치하는 것보다는 차라리 검소한 것이다."

○「曲禮」(곡례)에 말했다.

"가난한 사람은 재물로써 禮(예)를 표하려고 해서는 안 된다."

○「自警編」(자경편)에 말했다.

"탐을 내어 욕된 것을 초래하는 것은, 검소하게 하여 청렴한 것을 지키는 것만 같지 못하다. 남에게 무엇을 간섭하고 청구하여 義理(의리)를 침범하는 것은, 검소하게 하여 절개를 온전하게 하는 것만 같지 못하다. 침노하여 원수를 모으는 것은, 검소하게 하여 복을 기르는 것만 같지 못하다. 거리낌 없이 제멋대로 행동하며 욕심을 쫓아다니는 것은, 검소하게 하여 성품을 편안하게 하는 것만 같지 못하다."

○ 張文節公(장문절공)[44]은 재상이 되어 자기 몸을 잘 보양하고 있었는데, 河

44) 名(명)은 知白(지백). 宋(송)의 名相(명상).

陽(하양)에 가서 書記(서기)를 하고 있을 때 말했다. "사람의 마음이란 검소한 곳으로부터 사치한 곳으로 들어가기는 쉬우나, 사치한 곳으로부터 검소한 곳으로 들어가기는 어려운 것이다. 내가 오늘날 받고 있는 녹봉을 어찌 능히 항상 받을 수 있을 것이며, 또 내가 어찌 능히 항상 이 벼슬자리에 있기를 바랄 수가 있겠는가? 만약 하루 아침에 형편이 오늘날과 달라질 수가 있게 될 경우, 집안사람들이 이미 오랫동안 사치에 익숙해져 있으면 능히 검소하게 되지를 못하여, 반드시 살아갈 바를 잊어버리게 될 것이다. 어찌 벼슬살이를 하다가 벼슬을 그만두는 것이 내 몸이 살아 있다가 내 몸이 죽는 것처럼, 하루라도 그렇게 할 수 있겠는가?"

○ 退溪先生(퇴계선생)은 성품이 바르고 검소한 것을 숭상하였다. 세수 그릇은 질그릇을 사용하였고, 앉을 때는 부들 풀로 만든 자리를 펴고 앉았으며, 옷은 베옷을 입었다. 허리띠는 땋은 끈으로 된 띠를 맸으며, 신은 칡으로 만든 신을 신었고, 지팡이는 대지팡이를 짚고 다녔다. 그러나 마음은 항상 고요하고 욕심이 없이 지냈다. 시냇가에 지은 집은 겨우 十餘架(십여가)에 지나지 않는 것이어서, 크게 춥거나 덥거나 비가 올 때, 다른 사람 같으면 견딜 수가 없을 정도였으나, 선생은 그런 곳에서도 여유 있게 지냈다.

【註: 검소하고 절약하는 것을 통틀어 말한 것임.】

○ 孔子(공자)가 말했다.

"군자는 곤궁한 처지에 빠지게 되더라도 잘 견디며 천명을 기다릴 줄을 알고, 소인은 곤궁한 처지에 빠지게 되면 곧 그것을 벗어나기 위해서 함부로 행동하게 되는 것이다."

○ 또 말했다.

"어질도다. 顔回(안회)여! 한 도시락의 밥과 한 표주박의 물을 마시고 살면서,

다른 사람 같으면 그 근심을 견딜 수가 없을 것이나, 顔回(안회)는 그 즐거움을 고치지를 아니하니, 어질도다. 顔回(안회)여!"

○ 黃魯直(황로직)이 말했다.

"사람이 1년에 변변치 못한 10필의 옷밖에 입지 못하고, 하루에 밥 두 그릇씩 밖에 먹지 못하고 살아가면서도, 한 해가 다 끝나 가도록 거칠하고 죽도록 피곤하게 일만 하게 되는 것은 무슨 이치인가? 아들과 딸의 시집 장가보내는 일로 인연해서 그렇게 못살고 고생하는 수가 있다. 사람이 세상에 태어나면 입는 것과 먹는 것은 타고 나는 것인데, 이른바 막힌 골목에다 방치된 소나 염소라도, 병이 드는 것도 있고 잘 길러지는 것도 있으니, 그 능히 궁색한 구렁에서도 얼어 죽거나 굶어 죽지 않는 것은 하늘이 능히 죽이지 않는 이치 때문이다. 이제 못사는 것을 걱정해서 미간을 찡그리고 종일 걱정하는 것은, 정히 백 가지 모든 풀이 봄비를 걱정하는 것과 같은 것일 따름이다."

○ 朱子(주자)가 말했다.

"사사롭게는 모름지기 참는 것이 제일이다. 참는 것이 숙달되면 근심하고 슬퍼하는 마음이 저절로 없어지게 되는 것이다."

○ 또 말했다.

"생계가 핍박한 것도 그것도 다 천명인 것이다. 이와 같은 것을 다만 굳게 참을 줄 알아야 한다."

○ 舒氏(서씨)[45]가 말했다.

"해어진 평상과 해어진 자리도 이것이 다 아름다운 취미로 알고 살아야 하는 것이다. 바람으로 머리를 빗고 빗물로 몸을 씻는 것, 즉 온 몸이 비바람에 시달

---

45) 名(명)은 璘(인), 字(자)는 元賢(원현), 宋(송)나라 陸(육)의 門人(문인).

리는 것도 아름다운 풍경이 아닐 수 없다."

○ 胡文定公(호문정공)은 家世(가세)[46]가 지극히 빈곤하여 여기저기 자주 이사를 다녔으나, 그래도 드디어는 지극히 빈궁하게 지냈다. 그러나 그는 貧(빈)이라는 한 글자 즉, 가난이라는 말을 아예 입에 담지를 아니 하였다. 그리고 일찍이 자제들에게 경계하여 말하기를, "남에게 가난을 말하면, 그 뜻은 장차 무엇을 구걸하기 위한 것이 아니겠느냐?" 라고 하였다.

○ 柳西厓(유서애)가 어떤 사람에게 준 편지에 말했다.

"옛적의 사람들은 窮字(궁자)의 위와 아래에 하나의 固字(고자)를 붙였는데, 굳고 또 굳게 지키는 그 뜻을 지키기를 이미 또 굳게 하면, 점점 그 굳게 지키는 의미를 볼 수가 있으니, 어찌 곤궁한 것을 탄식하리오?" 또 말했다. "그 어찌할 수 없는 것을 알아서 운명이 그렇게 타고난 것이라고 편안하게 생각을 하는 것, 바로 그것이 스스로 노력해야 할 바이다." 또 말했다. "가난한 것이 비록 선비의 떳떳한 분수이기는 하나, 너무 지나치게 가난하게 되면 또한 스스로 견디기가 어려운 것이다. 그러므로 오직 마땅히 옛 사람들이 이러한 일을 잘 처리한 것을 생각해서 스스로 이것을 견뎌내야 한다. 그리고 또한 족히 조금은 마음을 편안하게 하여서 이 마음이 손상되는 데까지는 이르지 않도록 해야 한다. 「中庸」(중용)에 이르기를, '<군자는> 본디 빈천한 처지에 있게 되면 빈천한 처지에 마땅하게 처신할 줄을 안다. 〈그러므로 군자는〉 어떠한 처지에 있게 되더라도 자기의 본분에 맞지 않는 일은 하지를 않는다.' 라고 하였다. 또 특별한 지위에 오르게 된다 하여도, 쉬운 말은 아니나, 내 가슴 속에 항상 그러한 생각을 가지고 있으면 또한 청량산을 한 번 먹은 것과 같이 시원하게 되는 것이다."

○ 「古詩」(고시)에 말했다.

46) 전부터 대대로 내려오는 생업, 또는 문벌.

"마음이 편안하면 보잘 것 없는 집이라도 평온하고, 성품이 안정되어 있으면 나물국이라도 향기로운 것이다."

○ 羅一峯(나일봉)[47]은 집이 몹시 가난하였는데도 남이 보내 주는 것을 받지를 아니하였다. 한 번은 어떤 사람이 새벽에 와서 몰래 밥 한 그릇을 가져다 놓고 간 일이 있었다. 그 아내가 말하기를, "병 속에 들어 있는 곡식이 다 떨어졌으니, 옆집에 가서 구걸이라도 하여다가 밥을 지읍시다." 라고 하여도 못들은 체 하였다. 아침밥도 먹지 않은 채 해가 이미 한 낮이 가까워져도 아내가 하는 말에 괘념하지 않고 공부만 하였다. 〈그렇게 고생을 하면서〉 강학을 10년을 하고 나서야 마쳤다.

【註: 安貧(안빈)을 말한 것임. ○ 살펴보건대, 성품에는 두텁고 얇은 것이 있고, 빈부에는 정해진 분수가 있다. 이렇게 정해진 운명이 있는 것은 인력으로 포용하기가 어렵다. 만약 그러한 분수를 편안하게 생각하지 않고 그것을 면할 바를 도모하고자 한다면, 남의 등창을 빨아 주고 치질을 핥아 주어도 그것이 부끄러운 일이 되는 줄을 알지 못하게 될 것이다. 또 이익을 즐겨 하고 재물을 쫓아가서 그것이 의리에 해가 되는 것을 알지 못하여, 마침내는 가히 수습하지 못할 지경에까지 이르게 되는 것이니, 가히 두려워하지 않을 수 있겠는가? 옛사람들은 窮(궁)한 데에 당해서는 어떻게 해야 되느냐고 물으면 굳건하게 하라고 말했고, 가난에 당해서는 어떻게 해야 되느냐고 물으면 편안하게 생각하라고 하였다. 그러므로 불행하고 窮貧(궁빈)한 데에 처한 사람들은 마땅히 "固" 字(고자)와 "安" 字(안자)의 두 글자를 외우고 생각해서 그것을 잊지 않도록 해야 한다.】

47) 名(명)은 倫(윤), 字(자)는 應魅(응매), 明(명)의 名儒(명유).

第六 處己(제육 처기)

<자기 몸을 처신하는 도리>

【註: 살펴보건대, 선비가 이 세상에 태어나서 마땅히 자기 몸을 처신하는 도리를 살펴보아야 한다. 그러므로 處己篇(처기편)을 正家篇(정가편)의 다음으로 아래에 실었다. 이치가 밝지 못하고 의리가 밝지 못한 사람은 몸 처신할 마땅한 바를 얻지 못하는 것이다.】

持身章(지신장)

<몸가짐에 관하여>

○ 呂東萊(여동래)가 말했다.

"무릇 사람이란 자질이 각각 두뇌가 명석한 사람도 있고 우둔한 사람도 있다. 규모도 각각 큰 사람도 있고 작은 사람도 있다. 그러므로 일률적으로 그것을 가지런히 하기는 어려운 일이다. 요컨대 반드시 항상 여러 代(대)를 두고 잘 살아온 집안의 氣味(기미)를 잃지 말아야 하고, 향하는 바를 바르게 해야 하며, 마음 살피는 바를 건실하게 하여야 한다. 그리하여 마땅히 그 믿어야 할 바를 믿고, 마땅히 그 부끄러워해야 할 바를 부끄러워해야 하며, 몸가짐을 겸손하게 하여, 감히 헛되이 교만스럽게 굴지 말아야 한다. 무슨 일을 만나면 살피기를 자세하게 하여, 감히 쉽게 처리하지 말아야 한다. 이와 같이 하면 비록 당도하는 바가 멀거나 가깝거나 간에, 요컨대 이것이 군자가 되는 길 위에 있는 사람인 것이다."

○ 朱子(주자)가 魏應仲(위응중)에게 주는 편지에 말했다.

"일상생활에서의 몸가짐과 앉고 서고하는 것을 단정하게 하고 장중하게 하도록 해야 한다. 그리고 기울어지거나 비스듬하게 기대는 것은 옳지 못한데, 그것은 정신 상태가 혼미하고 게으른 데 이르게 될까 두려워서 그런 것이다. 출입하고, 걷고, 추창할 때는 될 수 있는 대로 침착하고 태연하게 하여야 하며 경솔하게 하여서는 안 되는데, 그것은 덕성을 해치게 될까 두려워서 그런 것이다. 겸손으로써 스스로 내 몸을 다스리고, 온화하고 공경스런 태도로써 남을 대하며, 모든 일을 할 때는 절대로 조심해서 해야 한다. 그리고 까닭 없이 출입을 하지 말아야 하며 쓸데없는 이야기를 많이 하지 말아야 하는데, 그것은 세월을 헛되이 보내게 될까 두려워서 그런 것이다. 잡된 글을 보지 말아야 하는데, 이것은 정력을 그러한 쓸데없는 책을 읽는 데 빼앗기게 될까 두려워서 그런 것이다. 아침 저녁으로 익힌 바의 학업을 자주 점검하고 매양 열흘 만에 휴일이 되거든 열흘간 읽은 글을 가지고 복습을 해야 한다. 그리하여 마음으로 하여금 조금도 방심함이 없게 하면, 자연히 점점 도리에 가까워지게 되고 강습한 것이 밝아지기 쉬울 것이다."

○ 또 말했다.

"士君子(사군자)가 출세를 하는 데 한 번 실패를 하게 되면 만사가 기왓장이 깨지듯 분열되어 버리는 것이니, 어찌 가히 경계하지 않을 수 있으리오?"

○ 許魯齋(허노재)가 말했다.

"세상 사람들이 옳은 본심이 아닌 간사한 마음을 품고서 슬기를 이용하여 일부러 착한 일을 하려고 한다면 어찌 이런 이치가 있을 수 있겠는가? 반드시 그 인위적인 거짓을 다 버려 버리고 충성스럽고 인정이 두터우며 성품이 꾸밈이 없게 된 연후에라야 가히 착한 일을 할 수가 있는 것이다."

○ 또 말했다.

"훼손시키는 것도 급하게 하는 것은 좋지 않은 일이며, 명예롭게 해 주는 것도 또한 급하게 하는 것은 좋지 않은 일이다. 기쁨도 급하게 하는 것은 좋지 못한 일이며, 노여움도 또한 급하게 하는 것은 좋지 못한 일이다. 그러므로 내 몸 처신하는 것을 반드시 태도를 점잖고 침착하게 하며, 사람을 대하는 데는 반드시 아주 오래도록 사귈 것으로 생각을 해야 하는 것인데, 그 모든 것을 형편이 어떠한지를 살펴보면서 해야 되는 것이다. 한 때 한 번 잠깐 무슨 일을 처리한 것이 문득 흔들림이 있게 되면 수습하기가 어려운 것이다."

【註: 몸가짐의 도리를 말한 것임.】

○ 張子(장자)가 말했다.

"배우는 사람은 먼저 반드시 온화하고 부드러워져야 한다. 온화하고 부드러워지면 가히 학문이 진전될 수가 있게 되는 것이다. 「詩經」(시경)에 말하기를 '온화하고 공손한 사람은 밝은 덕의 근본이 된다.'고 하였거니와, 대개 온화하고 공손하면 덕에 유익한 바가 많은 것이다."

○ 「周易」(주역)에 말했다.

"天道(천도)는 가득 차게 되면 일그러져서 더욱 겸손하고, 地道(지도)는 가득 찬 것을 변화시켜 겸손한 것으로 돌린다. 귀신은 가득 찬 것을 해치고 겸손한 것을 복으로 삼는다. 人道(인도)는 가득 차는 것을 미워하고 겸손한 것을 좋아 한다. 겸손이라는 것은 높고도 빛나는 것이며, 낮고도 가히 넘을 수가 없는 것이니, 군자는 끝까지 자기의 본분을 지켜야 한다."

○ 有子(유자)가 말했다.

"공손은 禮度(예도)에 가까운 것이며 치욕을 멀리 하는 것이다."

○ 孔子(공자)가 말했다.

"공손하고 예도가 없으면 수고롭기만 한 것이다."

○ 「金人銘」(금인명)에 말했다.

"군자는 자신이 천하의 上(상)이 될 수가 없기 때문에 下(하)가 된다는 것을 잘 알고 있다. 또한 군자는 자신이 뭇 사람보다 先(선)이 될 수가 없기 때문에 後(후)가 된다는 것을 잘 알고 있다."

○ 揚子(양자)가 말했다.

"자기 스스로가 겸손하게 낮추고자 하는 사람은 남들이 높여 주는 것이다."

○ 朱仁軌(주인궤)[1]가 말했다.

"죽을 때까지 한평생 길을 양보하며 살더라도 백 발자국을 더 돌아가는 것만큼도 안 되는 것이다. 또 한평생 밭두둑을 양보하며 살더라도 다 합해 보아야 1段(단)도 안 되는 것이다."

○ 邵子(소자)가 말했다.

"사람은 스스로 만족해 하는 것이 병이다. 만족하게 되면 그치게 되는 것이므로 禹(우)임금은 스스로 만족하여 위대한 척하지 않았다."

○ 趙月川(조월천)이 말했다.

"몸을 보호하는 것으로서는 겸손과 같이 좋은 것이 없다. 그러므로 「周易」(주역)의 64괘중에도 오직 謙(겸)괘에는 凶(흉)이 없다."

【註: 몸가짐의 도리는 공손하고 겸손한 데 있다는 것을 말한 것임.】

○ 孔子(공자)가 말했다.

"周公(주공)과 같은 사람이 재주가 아주 좋았더라도 그 사람이 만약 교만하고 인색했더라면 그 나머지는 족히 볼 필요도 없는 것이다."

○ 程子(정자)가 말했다.

"교만하면 氣(기)가 넘치게 되며, 인색하면 氣(기)가 적어지게 되는 것이다."

---

1) 宋나라 사람

【註: 朱子(주자)가 말했다. "교만함과 인색함은 비록 넘침과 부족함의 차이는 있다. 그러나 그 형세는 항상 서로 인연을 맺고 있다. 대개 교만이라는 것은 인색의 마른 잎과 같은 것이며, 인색이라는 것은 교만의 근본 뿌리와 같은 것이다. 그러므로 일찍이 그것을 경험해 보면 천하의 사람이 교만하고서 인색하지 않은 사람이 없고, 인색하고서 교만하지 않은 사람이 없다." 】

○ 또 말했다.

"부귀하고 남에게 교만하게 하면 진실로 착하지 못한 것이다. 학문을 하고서 남에게 교만하게 하면 그 해가 또한 적지 않은 것이다."

【註: 교만하고 인색한 것의 해를 말한 것임.】

○ 樂正子春(악정자춘)[1]이 말했다.

"군자는 한 번 발만 들어도 감히 부모를 잊지 못하는 것이다. 그러므로 길을 가더라도 위험하게 지름길로 가지 아니하고, 배를 타고 놀이를 하지 아니하며, 감히 앞서 부모가 남겨 주신 자기 몸으로써 위태로운 행동을 하지 아니하는 것이다. 또한 군자는 말 한 마디를 하더라도 부모를 감히 잊지 아니하는 것이다. 그러므로 부모님을 생각하여 악한 말을 입 밖에 내지 않는 것이며, 분한 말을 내 몸에 돌아오게 하지도 않는 것이다."

○「國語」(국어)에 말했다.

"군자는 조그마한 일에도 능히 勤念(근념)을 하므로 큰 병이 없는 것이다."

○「童蒙須知」(동몽수지)에 말했다.

"무릇 위험한 것에는 가까이 하지 않는 것이 좋은 것이다."

○「古詩」(고시)에 말했다.

"다리를 만나게 되거든 반드시 말에서 내려서 건너고, 육로로 걸어서 갈 수

2) 曾子(증자)의 제자.

있는 길이 있거든 배를 타고 건너지 말아야 한다."

○ 朱子(주자)가 말했다.

"果老(과로)가 衡陽(형양)으로 귀양을 갔을 적에 詩(시) 한 수를 지어 보내어 말하기를, '사람을 만나거든 깊이 입을 닫아 두어야 하며, 할 일이 없거든 쓸데없는 짓을 하지 말고 차라리 머리 빗질하는 것이나 배우라'고 하였는데, 이 말이 의미가 있는 소리다."

【註: 근신을 말한 것임.】

○ 孔子(공자)가 신중하게 여긴 것은 齋戒(재계)와 戰爭(전쟁)과 疾病(질병)이었다.

○ 朱子(주자)가 말했다.

"몸에 병이 들어 있을 때는 마음을 써서 엉뚱한 생각을 하지 말아야 한다. 모든 사물 일체를 손 뗀 채로 내버려 두고 전적으로 마음을 몸과 마음의 원기를 기르는 데만 힘을 쓰도록 해야 한다."

○ 邢恕(형서)[2]가 말했다.

"우리들은 항상 반드시 정력을 애양해야 한다. 정력이 조금이라도 부족하게 되면 게을러지게 되고, 임하는 바의 일도 다 억지로 하게 되어 성의가 없어지게 된다. 그리고 손님을 접하여 말을 하는 데도 게으르고 무성의한 것이 표가 나게 되거늘, 하물며 큰일에 임해서랴!"

○ 黃魯直(황로직)이 말했다.

"사람이 혈기가 안정되지 않은 때에는 일찍이 자기 직분을 알지 못하는 것이

2) 宋(송)나라의 간신.

다. 그러므로 孔子(공자)의 경계에 말하기를, '장정이 되어서는 혈기가 마땅히 굳세져야 하는데, 굳세어지지 못하는 것은 차고 더운 것이 쉽게 침노하기 때문에 그런 것이다.' 라고 하였다. 道(도)를 배우는 데는 몸으로써 근본을 삼아야 되는 것이니, 이 일에 유의하지 않으면 안 된다."

○ 程子(정자)가 張思叔(장사숙)에게 일러 말했다.

"나는 氣(기)를 심히 얇게 타고 난 사람인지라 나이 30세가 되어서도 浸盛(침성)하였는데, 40세 50세가 된 후에야 완전하게 되었다. 지금 내 나이 72세가 되었으나 그 筋骨(근골)을 비교하여 보면 盛年(성년)에도 손색이 없을 정도다." 思叔(사숙)이 청하여 말했다. "선생께서는 어떻게 氣(기)를 얇게 타고났으나, 두텁게 하여서 그렇게 保生(보생)을 하였습니까?" 程子(정자)가 말없이 잠잠하게 있다가 말했다. "나는 삶을 잊어버리고 욕심 좇는 것으로써 깊은 부끄러움을 삼기 때문에 즉, 養生(양생)을 하며 욕심을 버리고 살기 때문에 늙게 건강을 회복하게 되었다."

【註: 張南軒(장남헌)이 말했다. "다른 사람들이 양생하는 것은 康强(강강)한 것을 필요로 하는데, 다만 이것은 利(이) 때문이다. 伊川(이천)의 말이 나오는 것은 순전히 이것이 天理(천리)이다."】

○ 劉元城(유원성)이 말했다.

"내가 嶺表(영표)[3]로 귀양을 갈 적에 고개 위에 이르러 북쪽으로 中原(중원)을 바라보며 슬피 탄식하는 마음에 젖어 스스로 생각을 하여 보았다. 그랬더니 부모님께서 남겨 주신 소중한 이 몸을 그 거칠은 땅에 투신하고 나면 다시 살아서 돌아오지 못하게 될까 염려가 되었다. 그리고 홀연히 다음과 같은 老先生(노선생)[4]의 말이 기억이 났다. 즉, '북쪽 사람들은 독기가 많은 땅에 있어도 오직 기호와 욕심을 끊어 버려서 가히 그렇게 쉽게 죽지 않는 것이다.' 그래서 드디어

3) 五嶺(오령) 남쪽의 땅.
4) 溫公(온공).

이 날부터 오늘날까지 기호와 욕심을 끊어 버렸다."

○ 朱子(주자)가 말했다.

"할 일이 없을 때는 藥(약)의 處方文(처방문)을 읽는 것도 무방하다. 養生(양생)하는 이치를 알고자 하는 것이기 때문이다."

【註: 攝養(섭양)에 관하여 말한 것임.】

處事章(처사장)

<일을 처리하는 방법>

○ 朱子(주자)가 말했다.

"하늘이 사람 하나를 내는 것도 반드시 천하의 일을 管掌(관장)하는 것이다."

○ 「書經」(서경)에 말했다.

"義(의)로써 일을 처리해야 한다."

○ 董子(동자)가 말했다.

"어진 사람이라는 것은 그 誼(의)는 바르고 그 利(이)는 꾀하지 아니하며, 그 道(도)는 밝고 그 功(공)은 계산하지 않는 것이다."

○ 呂滎公(여형공)이 말했다.

"先輩(선배)들은 무슨 일을 함에 두루 자상한 것이 많았는데, 後輩(후배)들은 일을 함에 등한시하는 것이 많다."

○ 程子(정자)가 말했다.

"일을 급하게 하다가 실패하는 사람이, 열이면 항상 여덟이나 아홉씩은 된다."

【註: 살펴보건대, 무슨 일을 급하게 하면 義(의)와 利(이)를 살필 겨를이 없으며 옳고 그름을 가릴 겨를도 없는데, 일을 빨리 하고자 하여도 실패하지 않는 것은 무엇 때문인가? 그것은 비록 成事(성사)하는 바가 있더라도 군자가 귀중하게 여기는 바는 아니다.】

○ 朱子(주자)가 말했다.

“배우는 사람은 요컨대 자세한 업무를 친히 하고, 마음을 너무 크게 먹지 말아야 한다.”

○ 또 말했다.

“무슨 일 한 가지를 맞이하게 되면 완료를 하고 나서 그 일을 제쳐놓아야 한다. 그런데 지금의 사람들은 무슨 일 한 가지를 맞이하게 되면 그것을 완료하지도 아니한 채 또 다른 한 가지의 일을 시작한다. 그러므로 마음이 천 갈래 만 갈래로 엇갈리게 되는 것이다.”

○ 또 말했다.

“일이 없을 때는 일이 없는 것으로 만족하고, 일이 있을 때에도 일이 없을 때와 같은 모양으로 서두르지 말아야 한다.”

【註: 살펴보건대, 옛적의 대신들은 일을 처리하는 데 목소리와 얼굴빛을 움직이지 아니하였다. 國家(국가)를 태산과 같은 굳건한 반석 위에 편안하게 두는 사람은 이와 같은 방법을 썼다.】

“다만 요컨대, 이러한 마음을 항상 두고 있으면, 그것은 곧 움직여도 또한 고요한 것이며, 고요해도 또한 고요한 것이다.”

【註: 살펴보건대, 일찍이 「三國志」(삼국지)를 보니, 曹操(조조)가 상대편과 더불어 對陣(대진)을 했는데, 생각이 편안하고 한가하여 싸우고자 하는 사람 같지를 아니하였다. 曹操(조조)가 비록 姦雄(간웅)이나 사물에 대해서 진압하는 그 술법은 또한 가히 일을 처리하는데 있어서는 하나의 모범이 될 만한 사람이었다.】

○ 또 말했다.

“「繫辭」(계사)에, ‘乾(건)은 쉬운 까닭에 잘 알고 坤(곤)은 간편하기 때문에 능할 수가 있나니, 쉬우면 알기가 쉽고 간편하면 좇기가 쉽다.’고 하였다. 그러므로 사람의 하는 바가 乾(건)과 같이 쉽게 하면 그 마음이 명백해져서 사람이 알기가 쉽고, 坤(곤)과 같이 간편하게 하면 그 일이 중요한 대목만 추려져서 사람이 좇기가 쉬운 것이다."

【註: 또 말했다. "무릇, 알기가 쉬운 사람은 남이 자연히 가서 친해지고, 다른 사람이 만약 그 심중이 험하고 깊어서 가히 추측할 수가 없으면 누가 그와 친해지리오? 일하는 것은 번거롭고 부산스럽게 하지 않으면 사람이 좇기가 쉽다. 만약 조건이 많고 일을 처리해 오기를 아주 어렵게 하면 반드시 그를 좇는 사람이 없는 것이다."】

○ 또 말했다.

"혈기만 믿고서 무슨 일을 하고자 하는 것은, 다만 이것이 쓸데없는 혈기인 것이다. 오직 性理說話(성리설화)에 涵泳(함영)하여야 자연히 무슨 일에 임하게 되면 별도의 일을 처리하는 방법이 생기게 되는 것이다."

【註: 살펴보건대, 일을 처리하는 것이 정당성을 잃게 되는 것은 다 혈기를 위주로 하기 때문이다. 그러므로 항상 이 마음으로 하여금 義理(의리) 가운데 빠져 있도록 하여, 다른 사물을 보고서도 마음이 흔들리지 않게 하면, 마음이 항상 주장이 있어서, 사물을 응접하는 데 착오가 없을 것이다.】

○ 李佰誠(이백성)이 말했다.

"언제나 앉아 있을 때와 같이 차분한 마음으로 일을 처리하여야 좋은 것이다. 朱子(주자)가 말하기를, '앉아 있을 때는 변함없이 꿋꿋하게 앉아 있어야 좋은 것이다.' 라고 하였다. 그러므로 모름지기 무슨 일에 임하거나 물건을 접할 때에는 앉아 있을 때와 같이 느긋하고 여유가 있게 하여야 바야흐로 좋은 것이다."

○ 어떤 사람이 선생께서 人事(인사)의 번거로움으로 너무 노고가 많으시다고 하니 선생이 말했다. "모든 일에 다만 번거로움을 인내하는 마음으로 하면 일이 이루어지게 되는 것이며, 염증을 느끼는 마음으로 일을 하면 일이 이루어지지 않게 되는 것이다."

○ 또 말했다.

"일이 없을 때는 고요하게 앉아 있어야 하고, 일이 있게 되면 그 일에 따라 응해야 한다. 때와 장소에 따라서 자기의 몸과 마음을 運用(운용)하는 것이 아닌 것이 없다. 다만 항상 스스로 분기해서 마음을 항상 내 몸 속에 두고 몸만 가야 하는 것이지, 몸과 마음이 함께 가게 해서는 안 된다. 오로지 이것이 공부를 하는 법이다. 그러나 무슨 일이 닥쳐올 때도 막연하게 그 일에 응하지 아니하는 것은 옳은 일이 아니다."

○ 許魯齋(허노재)가 말했다.

"일을 급하고 분주하게 빨리 하고자 하지 말고 질서 정연하게 하여야 하며, 감히 태만하게 하지도 말아야 한다."

【註: 살펴보건대, 무릇 사람이 일을 처리하는 데는 급하게 하지 말아야 한다. 급박하게 하면 廢墜(폐추)되는 것이니, 마땅히 忘助之間(망조지간)이 있는 것이다.】

○ 薛敬軒(설경헌)이 말했다.

"무슨 일을 처리하는 데는 마음을 태평하게 하고, 기운을 온화하게 하는 것이 더욱 마땅하다."

○ 또 말했다.

"무슨 일을 처리함에 있어서는 말로 형용을 하지 말고, 몸으로 실행을 하는 것이 더욱 좋은 방법이다."

○ 또 말했다.

"사람이 마음에 유쾌한 일이 많으면 도리어 正道(정도)를 잊어버리게 되는 수가 있다."

【註: 살펴보건대, 항상 이르기를, "일을 처리하는 데 세 가지의 옳지 못한 때가 있으니, 기쁨을 이용할 때와, 성냄을 이용할 때와, 술취함을 이용할 때이다."】

○ 또 말했다.

"일을 처리하는 데는 익히 생각하고 천천히 처리하는 것이 가장 마땅한 것이다. 익히 생각하면 그 情(정)을 얻을 수가 있으며, 급한 일을 당해서도 익히 생각하면 그 마땅한 것을 얻을 수가 있는 것이다."

○ 또 말했다.

"비록 지극히 작고 지극히 쉬운 것일지라도, 마땅히 신중하게 그것을 처리해야 된다."

○ 또 말했다.

"능히 시작을 삼가 하지 않고 또 종결을 염려하지 않은 채, 유쾌한 것만 좇아서 일을 하면 뒤에 가서는 수습하기가 어려운 법이다."

○ 夏忠靖公 原吉(하충정공 원길)이 말했다.

"일이 있는 것을 처리하기를 마땅히 일이 없는 것과 같이 해야 하고, 큰 일을 처리하는 것을 마땅히 작은 일을 처리하는 것과 같이 해야 한다. 만약 먼저 스스로 당황하게 되면 그러는 가운데 문득 주관성 있는 생각이 없어지게 되는 것이다."

【註: 일을 처리하는 것을 통틀어 말한 것임.】

○ 孔子(공자)가 말했다.

"부끄러움이 없다고 말하는 사람은 그 일을 해 내기가 어려운 사람이다."

○ 孟子(맹자)가 말했다.

"사람은 부끄러워하는 마음이 없어서는 안 된다. 부끄러워하는 마음이 없는 것을 부끄러워하면 부끄러워할 일이 없게 될 것이다."

○ 또 말했다.

"부끄러워하는 마음은 사람에게 중요한 것이다. 임시변통하는 기교를 잘 부리는 사람은 부끄러워하는 마음을 써 볼 데가 없다. 남과 같지 않은 것을 부끄러워하지 않으면 어떻게 남과 같아질 수 있겠는가?"

○ 程子(정자)가 말했다.

"그 능하지 못한 것에 대하여 부끄러워하는 마음을 가지고 일을 하는 것은 좋은 일이다. 그러나 그 능하지 못한 것에 대하여 부끄러워하는 마음을 가지고 있으면서도, 그것을 가리고 감추는 것은 옳지 못한 일이다."

○ 朱子(주자)가 말했다.

"배우는 사람은 모름지기 요컨대 행실이 방정하여야 책임감을 가지고 큰 일을 해 나갈 수가 있다."

○ 또 말했다.

"일이란 마땅히 인내성이 있어야 하는 것이나, 어찌 가히 전적으로 인내하는 일만 배울 수 있겠는가? 그렇게 되면 오히려 그 폐단이 구차하고 천박해져서 염치를 알지 못하는 데에 이르게 되는 수가 있다."

【註: 일을 처리하는 데는 반드시 염치를 차릴 줄 알아야 한다는 것을 말한 것임.】

○「坊記」(방기)에 말했다.

"임금은 姓(성)이 같은 사람과 수레를 함께 타지 않는 것이다.

【註: 임금을 죽이고 그 자리를 빼앗는 화가 항상 同姓(동성) 중에 있기 때문임.】

또 姓(성)이 다른 사람과 <수레를 함께 탈지라도> 복장은 같이 하지 않는 것인데, 그것은 백성에게 혐의가 있음을 보이는 것이기 때문이다."

○ 또 말했다.

"과부의 아들이 남에게 알려져 있는 사람이 아니면 벗을 삼지 않는 것이니, 군자는 그 <과부를 유혹하려 한다는 혐의를> 멀리 피하려고 그런 것이다. 그러므로 벗을 사귀어도 주인이 집에 있지 아니하면 큰 연고가 없는 한, <안주인만

있을 때 들어가면 혐의를 받으므로> 그 집 문에 들어가지 않는 것이다."

○ 또 말했다.

"고모, 누님, 누이동생 등 여자들이 시집을 갔다가 돌아오면 더불어 한 자리에 앉지를 말아야 한다. 그리고 과부는 밤에 울지 말아야 한다. 또 여자가 병들면 문병만 하고 그 병명을 물어서는 안 된다."

○ 혐의스런 일을 피하는 것이 옳은 것인지 그른 것인지를 물으니 朱子(주자)가 말했다. "합당하게 피할 곳이 있으면 <당연히 피해야지>, 어찌 가히 피하지 않을 수 있으리오?"

○ 「古詩」(고시)에 말하기를, "오이 밭에서는 신을 고쳐 신지 말아야 하며, 오얏나무 아래에서는 갓을 고쳐 쓰지 말아야 한다."고 한 까닭은, 옛적의 군자들이 혐의스런 입장에 처하지 않기 위한 것이었다.

○ 退溪先生(퇴계선생)이 말했다.

"옛 사람이 喪(상)을 당하여 喪人(상인)이 된 몸으로 得病(득병)을 하였는데, 계집종으로 하여금 약시중을 들게 하였다. 그로 인하여 삼가 할 줄 모르는 사람이라는 평을 들었으니, 혐의점을 피하는 분별력을 엄격하게 하지 않을 수 없는 것이다."

【註: 살펴보건대, 일찍이 들으니, "康舟川(강주천)이라는 사람이 弔喪(조상)을 빼놓지 않고 잘 하였다. 한번은 어떤 사람의 초상집에 갔는데, 옷을 잘 차려 입은 계집종이 앞에서 인도를 하였다. 公(공)은 드디어 弔喪(조상)을 하지 않고 그냥 돌아가 버렸다." 고 하였다.】

○ 權公 礩(권공 질)은 退溪(퇴계)의 장인이었는데, 그 집이 서울의 西小門(서소문) 안에 있었다. 그래서 그는 일찍이 퇴계한테 그곳으로 와서 살라고 하였으나, 선생은 사양하고 가지를 않았다. 후에 서울로 들어가서도 항상 다른 곳에서 자신이 임시로 거처를 마련하여 살았고, 처갓집에 들어가서는 살

지를 않았다."

【註: 또 陶山精舍(도산정사)의 아래에 魚梁官(어량관)이 있어 금하는 것이 심히 엄하니, 선생은 일찍이 한 번도 그 곳에 가지를 않았는데, 혐의를 피하기 위함이었다. 南冥(남명)이 이 말을 듣고 웃으며 말하기를, "뭐 그렇게까지 크게 불편하게 생각할 필요가 있겠습니까?" 라고 하였다. 그랬더니 선생이 말하기를, "그대 南冥(남명)같으면 南冥(남명)식으로 거기에 갈 것이나, 나는 또한 내 방식으로 하여 그런 곳에 가지를 않습니다." 라고 하였다. 그러니 柳下惠(유하혜)의 可(가)함을 배우고자 한다면 또한 마땅하지 않을진저! ○ 살펴보건대, 옛적의 魯(노)나라 때 柳下惠(유하혜)가 遠行(원행)을 하고 돌아오다가 밤이 되어 성문 밖에서 자는데 어떤 여자가 와서 함께 자게 되었다. 때마침 날씨가 몹시 추웠다. 柳下惠(유하혜)는 그 여자가 얼어 죽을까 두려워서 그 여자를 자기 품속에 앉혀 놓고 옷으로 그녀를 덮어 주었다. 그러나 새벽이 되도록 추행을 하지 아니하였다. 그리고 魯(노)나라 때 어떤 남자는 홀로 방 하나에서 거처를 하고 있었는데, 이웃집의 과부도 또한 홀로 방 하나에서 거처를 하고 있었다. 그런데 갑자기 밤에 폭풍우가 불어 닥쳐서 그 과부가 자는 방이 부서지니, 그 남자한테 가서 같이 좀 있게 해 달라고 부탁을 하였다. 그러나 그 남자는 문을 꼭 잠그고 그 여자를 들여보내지 아니하였다. 그 여자가 말하기를 "당신은 어찌 그렇게 어질지 못하게스리 죽게 된 나를 방에 들여보내 주지를 않으십니까?" 라고 하였다. 남자가 말하기를, "내가 들으니, 남녀가 60세가 되지 않았으면 함께 자서는 안 된다고 하였습니다. 우리는 당신도 젊고 나도 젊습니다. 그래서 나는 당신을 들여보내지 않은 것입니다." 라고 하였다. 여자가 말했다. "당신은 어째서 "柳下惠(유하혜)와 같이 하지를 못하십니까?" 남자가 말했다. "柳下惠(유하혜)는 그렇게 하였거니와, 나는 절대로 그렇게 할 수가 없습니다. 나는 장차 나의 옳지 않은 것으로써, 柳下惠(유하혜)의 옳은 것을 배우려고 합니다." 孔子(공자)가 〈이 말을 듣고〉 말했다. "참으로 잘 했도다. 柳下惠(유하혜)를 배우고자 하는 사람으로서 이 사람과 같은 사람은 아마도 없을 것이다." ○ 일을 처리하는 데는 반드시 혐의 받을 일을 피해야 한다는 것을 말한 것임.】

○ 朱子(주자)가 말했다.

"무슨 일을 의논할 때는 다만 마땅히 그 이치의 옳고 그른 것만 말을 해야 하며, 그 일의 옳고 그른 것을 계산해서는 안 되는 것이다."

○ 또 말했다.

"일을 논의하는 데는 마땅히 事理(사리)의 長短曲直(장단곡직)을 따져야지, 나이를 많이 먹고 적게 먹은 것을 따지는 것은 마땅치 못한 일이다. 만약 나이가 많은 사람에게만 일을 맡기게 된다면, 나이가 적은 사람은 이치는 비록 좋으나 끝내 자신의 뜻을 펼 수가 없게 될 것이다.

【註: 일을 의논하는 것을 첨부해서 말한 것임.】

操守章(조수장)[5]

<지조를 지키는 일>

○ 孔子(공자)가 말했다.

"大軍(대군)은 가히 장수는 빼앗을 수 있을지언정, 아무리 필부라 해도 그 필부의 뜻을 빼앗을 수는 없는 것이다."

○ 또 말했다.

"道(도)에 뜻을 둔 선비는 언제라도 義(의)를 위해서는 어려운 처지에 떨어질 각오가 되어 있는 것이며, 용감한 병사는 언제라도 자기의 목숨을 잃을 각오를 하고 있는 것이다."

【註: 朱子(주자)가 말했다. "배우는 사람들이 항상 이것을 염두에 두고 있으면, 道義(도의)가 重(중)하여 죽고 사는 마음이 計較(계교)해서 가벼워지게 될 것이다."】

○ 孟子(맹자)가 말했다.

"천하의 넓은 집인 仁(인)에 살고, 천하의 大道(대도)인 義(의)를 지켜야 한다. 뜻을 이루게 되면 백성들에게도 그 仁義(인의)의 道(도)를 따르게 하며, 뜻을 이루지 못하게 되면 혼자서 그 仁義(인의)의 道(도)를 행해야 한다. 부귀에 의해서도 능히 그 마음을 음란하게 할 수가 없고, 빈천에 의해서도 능히 그 마음을 변하게 할 수가 없으며, 위엄과 무력에 의해서도 능히 그 마음을 굴복시킬 수 없는 사람이라야 대장부라고 할 수가 있다.

○ 또 말했다.

"柳下惠(유하혜)는 三公(삼공)의 높은 벼슬자리에 올라와서도 절대로 자기의 <굳건한> 절개를 바꾸지 아니하였다."

---

5) 지조를 삼가서 지킴, 또는 마음을 굳게 지켜 변함이 없음을 논한 章(장).

○ 賈文元公(가문원공)이 자손들에게 경계하여 말했다.

“선비가 귀중하게 여겨야 할 바는 절개 있는 행실이다. 크게 높은 지위를 얻었다가 잃게 되면 그것은 어느 때고 다시 얻을 수가 있다. 그러나 절개 있는 행실을 잃어버리게 되면, 그것은 죽을 때까지 다시 얻을 수가 없는 것이다.”

○ 王公 存(왕공 존)[6]은 평소에 진실성이 있는 사람이어서 간사하고 과격한 일은 하지를 아니 하였다. 그리고 자기의 본심을 지극히 잘 지키고 확고하여, 그 지조를 빼앗을 수가 없었다. 그리고 무슨 의논을 할 때는 이치에 향배되는 바가 없었다. 그러므로 溫恭(온공)이 말하기를, “함께 말을 타고 萬馬(만마) 가운데를 달리더라도, 능히 그 달리는 말의 발을 머무르게 할 수 있는 사람은 오직 王存(왕존) 밖에 없을 것이다.” 라고 하였다.

○ 謝上蔡(사상채)가 말했다.

“胡康侯(호강후)는 사람됨이, 바르기가 마치 깊은 겨울에 무섭게 많은 눈이 와서 모든 초목이 다 시들어 죽는다고 하더라도, 다른 것과 달리 꼿꼿하게 그대로 있는 것과 같이, 홀로 빼어난 사람이다.”

○ 晦翁(회옹)이 바야흐로 제자들과 더불어 강론을 하고 있는데, 무슨 조그마한 쪽지를 가지고 와서 말을 하는 사람이 있었다. 晦翁(회옹)은 잠깐 일어나 그것을 쳐다보더니 다시 앉아서 처음과 같이 강론을 계속하였다. 그 이튿날 아침에야 제자들은 이에 指揮(지휘)가 있었음을 알게 되었다.

【註 : 그 指揮(지휘)는 지금 晦翁(회옹)이 강론하고 있는 것이 僞學(위학)[7]이니 〈지금 하고 있는 강론을〉 禁止(금지)하라는 통첩이었다. 〈그러나 晦翁(회옹)은 자기가 옳다고 생각하는 것이므로 지조를 꺾지 않고 계속 강론을 하였다. 晦翁(희옹)은 朱子(주자)〉】

---

6) 宋(송)의 名臣(명신).
7) 그 시대의 옳지 못하다고 하는 학문.

○ 有微風(유미풍)에 이르기를, "선생은 하늘이 나에게 덕을 내려 주셨을 때는 무슨 뜻이 있었을 것이니, 도리어 微服(미복)을 하고 宋(송)나라를 지나갈 뜻이 없다."고 하였다. 선생이 말했다. "나는 글을 올려서 자신을 변명한 일도 없었으며 또한 일찍이 글을 지어 남을 나무라거나 비방한 일도 없었다. 다만 벗들과 더불어 古書(고서)를 講習(강습)할 때에 그 도리를 이야기하였을 뿐, 그밖에 별 다른 일을 한 것은 없었다. 무슨 일로 인하여 「論語」(논어)의 首章(수장)에, '남이 나를 알아주지 않더라도 노여워하지 않으면 또한 군자가 아니겠는가?' 라고 하였을 것이며, <맨 끝의> 斷章(단장)에는, 天命(천명)을 알지 못하면 군자가 될 수 없다'고 말을 하였겠는가? 지금의 사람들이 입을 열면, '이미 정해진 자신의 분수를 지키고 그 분수 이외의 것을 탐내면 안 되는 것이며, 그 분수는 이미 저절로 정해져 있는 것'이라고 말들을 하고 있다. 그러나 실제로는 조그마한 利害(이해) 관계가 있는 일만 만나게 되어도, 문득 그곳으로 쫓아가든지, 피하든지, 계교하든지 하는 마음이 생기고 있다. 옛 사람들은 <곧 자기를 처형할> 시퍼런 칼과 톱이 눈앞에 있고 물이 펄펄 끓는 커다란 가마솥이 바로 뒤에 있어도, 그것을 보기를 아무 물건도 없는 것과 같이 태연하였다. 다만 그 죽고 사는 도리를 알고 있었기 때문에 도무지 저 무서운 칼이나 톱이나 또는 펄펄 끓는 가마솥 같은 것이 보이지를 아니하였던 것이다."

【註: 당시에 諸公(제공)이 僞學(위학) 을 배우겠다고 하였을 때, 선생은 이에 대처하기를 온화하게 하였으며 평상시와 똑 같이 생각하고 있었다.】

○ 蔡西山(채서산)이 僞學(위학)을 하다가 그로 인하여 道州(도주)로 귀양을 가게 되었다. 州縣(주현)에서 <公(공)을> 사로잡기를 심히 급하게 서둘렀다. 公(공)은 귀양 가라는 명령을 듣고 집 식구들과 작별도 아니 한 채, 곧 귀양길을 떠나려고 하였다. 같이 놀던 사람들이 蕭寺(소사)에까지 나와서

전별을 하였다. 이 때 어떤 사람이 눈물을 흘리며 우는 이가 있었다. 마침 晦翁(회옹)이 잠깐 公(공)을 쳐다보았는데, 귀양을 가는 公(공)은 평상시와 아무 다름없이 태연하였다. 이것을 보고 晦翁(회옹)이 탄식하며 말하기를, "친구 간에 서로 사랑하는 정이나 蔡公(채공)의 좌절되지 않는 꿋꿋하고 태연한 뜻이 두 가지가 다 제대로 갖추어져 있도다."라고 하였다. 公(공)이 글을 지어 말했다. "손을 잡고 웃으면서 서로가 작별을 하면 되는 것을, 할 일 없이 兒女(아녀)들은 슬퍼하더라."

【註: 또 말했다. "蔡西山(채서산)이 배를 타고 淨安(정안)을 지날 때 선생이 이를 영접을 하였는데 절후에 관한 인사말 이외에는 위로하는 말이 없었다. 함께 참여했던 사람이 의문스러워 蔡西山(채서산)에게 이유를 물었으나 蔡西山(채서산)은 공손하게 응답해 주었다." 】

○ 權忠定公 撥(권충정공 발)이 鄭順明(정순명)한테서 탄핵을 받아 파직되니, 서울 장안이 온통 떠들썩하였다. 그 사위 洪仁壽(홍인수)가 바삐 달려와 배알을 하였다. 그런데 公(공)은 그저 서책만 대하고 있을 뿐, 말과 얼굴빛이 아무 다름없이 평일과 똑같았다. 후에 죄가 더 가중되어 泰川(태천)으로 유배를 가게 되었다. 마을 사람들이 와서 작별인사를 하는데. 進士(진사)인 琴元貞(금원정)은 손을 잡고 울어서 목이 다 쉬었다. 그러나 公(공)은 웃으며 말하기를, "내가 그대를 丈夫(장부)라고 하였거늘 어찌하여 이렇듯 우는 지경에까지 이르는가? 죽고 사는 것과, 화를 입고 복을 받는 것은 다 하늘이 내는 것이라네." 하고는 즐거운 모양으로 귀양길을 떠났다. 그런데 마침 禁府(금부)에서 말을 타고 달려오는 이가 있거늘, 일행들이 그것을 보고 놀라 거꾸러졌다. 그러나 公(공)은 정색을 하고 꾸짖었다. 禁府(금부)에서 보낸 사람이 이르러 본즉, 유배지를 朔州(삭주)로 옮기라는 것이었다.

○ 鄭文翼公(정문익공)[8]이 金安老(김안로)에게 미움을 받아 귀양을 가게 되었다. 그런데 그 후에 다시 金安老(김안로)가 죄가 있어 처벌을 받게 되고 鄭文

翼公(정문익공)은 소환되게 되었다. 그러자 자기 집 종들이 朝服(조복)을 가지고 보통 때보다 곱절이나 빨리 달려 와서 귀양지에 이르렀는데, 너무 지치고 감격하여 엎드린 채 능히 말을 하지 못하고 있었다. 이에 자제들이 황공하여 그 종의 주머니 속을 뒤져보았는데, 좋은 소식을 전하는 말이었으므로 곧 이 소식을 아뢰었다. 그러나 公(공)은 아무렇지도 않게 말하기를, "그러느냐?" 라고만 하고 말았다. 그리고는 코를 드르렁 드르렁 골며 마치 술 취한 사람처럼 달게 자고 일어나서, 그 이튿날 아침에야 그 글을 쳐다보았다.

【註: 지조를 지킴을 전적으로 말한 것임.】

○ 舜(순)임금이 아직 임금이 되기 전 그 덕행을 인정받아 벼슬살이를 하고 있을 때의 일이었다. 임금이 舜(순)에게 큰 산기슭에 들어가 祭禮(제례)를 맡아보도록 하였다. <舜(순)은> 烈風(열풍)과 雷雨(뇌우)에도 <지조가 강하여> 망설이지 않고 祭禮(제례)를 시행하였다.

【註: 蘇氏(소씨)가 말했다. "〈舜(순)은〉 그 度量(도량)이 남이 따를 수 없을 만큼 뛰어난 사람이었다."】

○ 禹(우)임금이 배를 타고 강을 건너는데 黃龍(황룡)이 배를 짊어지고 일어나려 하니 배가 뒤집힐 지경이었다. 배에 탄 사람들이 모두들 죽게 될까봐서 두려워하고 있었다. 이에 禹(우)임금이 탄식하며 말하기를, "나는 하늘에서 命(명)을 받아 모든 힘을 다해서 만백성을 위하여 수고를 하고 있다. 산다는 것은 이 세상에 와서 잠시 寄居(기거)하는 것이며, 죽는다는 것은 다시 저 세상으로 돌아가는 것일 따름이다." 라고 하였다. 그리고는 龍(용)을 보기를 오히려 하찮은 도마뱀 정도로 밖에 여기지 아니하였다. 龍(용)이 머리를 아래로 수그리고 꼬리를 내리더니 그냥 가버렸다.

---

8) 名(명)은 光弼(광필), 中宗(중종) 때의 名相(명상).

○ 伊川(이천)이 涪(부)라는 곳으로 귀양을 갈 때의 일이다. 漢江(한강)을 건너는데 중간쯤 건너가서 배가 풍랑을 만나 전복될 지경에 이르렀다. 배에 탄 사람들이 모두 울고불고 야단이 났는데, 伊川(이천)은 평상시와 똑같이 편안하게 앉아 있었다. 함께 배에 타고 있던 노인 한 분이, "당신 혼자서만 놀라는 기색이 없으니 어찌된 일이오?" 하고 물었다. 伊川(이천)이 대답하여 말하기를, "마음을 誠(성)과 敬의(경)의 상태에다 두고 있으니 그러합니다." 라고 하였다. 다시 노인이 말했다. "마음을 誠과(성)과 敬의(경)의 상태에 두는 것도 좋은 일이나, 無心(무심)상태만 같지는 못한 것이오."

【註: 圃隱(포은)선생이 일찌기 항해를 하여 아침 일찍 日本(일본)에 다다랐다. 매양 파도가 위험하고 고약하게 쳐 올 때마다 뜻과 생각이 더욱 단정하고 태도에 여유가 있었으며 정신이 더욱 청명하였다. 옷깃을 여미고 팔짱을 높이 끼고 마치 방 가운데 있는 것과 같은 몸가짐을 그대로 하고 있었다.】

○ 呂滎公(여형공)은 만년에 고요하게 지내는 것을 익혔다. 비록 아무리 놀랍거나 두렵거나 엎어지거나 자빠지는 일이 있어도 조금도 동요되지 않았다. 한 번은 다리를 건너다가 다리가 느닷없이 무너져, 가마를 메고 가던 사람이 물위로 뚝 떨어져 버린 일이 있었다. 그래도 公(공)은 가마에 편안히 앉아서 얼굴 색 하나 변하지 않고 있었다.

【註: 확정된 학문의 힘을 겸하여 말한 것임.】

○「家禮」(가례)에 말했다.

"무릇, 병이 들어 죽게 되어서 안방으로 거처를 옮기게 되면 안팎으로 安靜(안정)하고 숨이 끊어지기를 기다려야 한다. 남자가 죽을 경우에는 여자의 손에서 죽지 않도록 해야 하며, 여자가 죽을 경우에는 남자의 손에서 죽지 않도록 해야 한다."

【註: 본래는「士喪記文」(사상기문)에서 나온 것임.】

○ 曾子(증자)가 병이 들어 죽게 되었을 때 제자들을 불러 놓고 말했다. “내 발을 좀 열어 놓고, 내 손을 좀 열어 놓아라. 「詩經」(시경)에 이르되, ‘조심하기를 깊은 연못에 임한 것과 같이 하고, 얇은 얼음을 밟고 있는 것과 같이 하라’고 하였다. 지금 이후로는 <나는 죽게 될 것이므로> 이제야 내가 그러한 것을 면하는 사람이 될 수가 있음을 알겠노라.”

○ 曾子(증자)가 병으로 누웠는데 병세가 아주 깊었다. <제자인> 樂正子春(악정자춘)은 병상 아래에 앉아 있었고, <아들들인> 曾元(증원)과 曾申(증신)은 발 옆에 앉아 있었으며, 童子(동자)는 모퉁이에 앉아서 촛불을 잡고 있었다. 童子(동자)가 말하기를, “화려하고 빛이 나는데 大夫(대부)의 삿자리이군요.” 라고 하였다. 子春(자춘)이 말하기를, “네 말을 그쳐라”고 하였다. 曾子(증자)가 듣고 놀라고 괴이하게 여기며 말하기를, “오호!” 하고 탄식하였다. 동자가 또 말했다. “화려하고 곱습니다. 大夫(대부)의 삿자리이군요.” 曾子(증자)가 말했다. “그러하다. 이것은 季孫(계손)이 나에게 준 것이다. 내가 아직 바꾸지를 못했구나.” <元(원)아 어서 일어나 자리를 바꾸도록 하여라.> 曾元(증원)이 말했다. “아버지의 병환이 대단히 위독하시니 바꾸어 깔 수가 없습니다. 다행히 <오늘 밤 돌아가시지 않고> 내일 아침이 되면 청하옵건대 공경스럽게 <삿자리를> 바꾸겠습니다.” 曾子(증자)가 말했다. “네가 나를 사랑하는 것이 童子(동자)만 같지 못하구나. 군자가 남을 사랑하는 것은 덕으로써 하고, 소인이 남을 사랑하는 것은 우선 당장 탈 없이 편안한 방책으로써 하는 것이다. 그러니 내가 어느 것을 요구하겠느냐? 나는 올바른 것을 얻고서 죽고자 한다. 이것으로 세상일을 바르게 마치고자 할뿐이다.” 그러자 붙들어 들고 자리를 바꾸었다. 도로 자리에 누워 미처 편안하게 눕기도 전에 숨을 거두었다.

○ 子張(자장)이 병이 들었을 때에 申祥(신상)을 불러서 말했다. "군자가 죽는 것을 終(종)이라 하고, 소인이 죽는 것을 死(사)라 하는데, 내가 이제 오늘 그 죽음 즉, 死(사)가 가까워졌는가 보다."

○ 衛(위)나라 太子(태자) 蒯聵(괴외)가 孔悝(공회)를 죽이려 하니 季子(계자)가 말하기를, "가만있어 보시오. 그 난리를 피하려 하지 말고 太子(태자) 下石(하석)에게로 들어가서 孟黶(맹염)에게 대적하여 달라고 사정하여 보시오" 하였다. 子路(자로)가 창으로 그를 치다가 갓끈이 끊어져 버렸다. 子路(자로)가 말하기를, "군자는 죽더라도 갓을 벗고 죽지 않는 것이다." 라고 하더니, 갓끈을 매다가 죽음을 당하였다.

○ 許白雲(허백운)[9]이 병이 깊어 위독하게 되었는데, 의관을 바르게 하고 앉아서 그 아들 元(원)에게 경계하여 말하기를, "너의 어머니에게 효도하고, 아우에게 우애를 하도록 하라"고 하였다. 제자 朱震亨(주진형)이 나아가 말하기를, "선생님 눈의 초점이 조금 비뚤어졌습니다." 라고 하였다. 이에 다시 얼굴을 엄숙하게 하고 단정하게 보더니, 조금 있다가 눈을 조금씩 감으면서 드디어 죽었다.

【註: 죽을 때도 바른 자세로 죽어야 함을 말한 것임.】

○ 程子(정자)가 말했다.

"怒(노)한 것을 다스리기도 어려운 것이며, 두려운 것을 다스리기도 또한 어려운 것이다. 克己(극기)하면 가히 怒(노)한 것을 다스릴 수가 있고, 이치에 밝으면 가히 두려운 것을 다스릴 수가 있다."

○ 묻기를, "아무도 없는 방에 혼자 있거나 캄캄하게 어두운 곳을 가다가, 놀

9) 名(명)은 謙(겸), 字(자)는 益之(익지), 元(원)의 大儒(대유).

라고 두려운 일이 많은 것은 무엇 때문입니까?" 하니, 程子(정자)가 말했다. "다만 이것은 燭理(촉리)가 밝지 못하여 그러한 것이다. 만약 능히 이치에 밝으면 두려워하는 것이 망령된 것인 줄을 알고 있는데 무엇이 두렵겠는가? 사람이 비록 두려워하는 것이 망령된 일인 줄은 알고 있을지라도, 두려워하는 마음이 있는 것을 면치 못하면, 다만 이것은 氣(기)가 충분하지 못하여 그러한 것이다. 그러므로 모름지기 원기를 함양하기를 오래 하면 氣(기)가 충분하여져서 자연히 事物(사물)이 움직이려 하여도 움직이지 아니하는 것이다. 그러나 두려운 마음이 있는 것은 또한 敬(경)이 부족하여도 그러할 수가 있다."

○ 또 말했다.

"怒(노)하고 놀라는 것은 다 마음의 줏대가 안정되어 있지 않아서 그런 것이다."

【註: 두려워하고 겁내는 것을 첨부하여 말한 것임.】

義命章(의명장)

<천명을 의롭게 지키는 일>

○ 孟子(맹자)가 말했다.

"天命(천명)이 아닌 것이 없으니, 그 바른 命(명)을 순리롭게 받아들여야 한다."

○ 孔子(공자)가 말했다.

"天命(천명)을 알지 못하면 군자가 될 수 없다."

【註: 程子(정자)가 말했다. "천명을 알지 못하는 사람은 害(해)를 보면 반드시 피하고, 利(이)를 보면 반드시 그곳으로 달려가는 것이니, 어떻게 군자가 될 수 있겠는가?"】

○ 「中庸」(중용)에 말했다.

부귀한 처지에 있게 되면 부귀한 사람에게 알맞은 처신을 해야 하고, 빈천한 처지에 있게 되면 빈천한 사람에게 알맞은 처신을 해야 한다. 오랑캐의 몸이 되어서는 오랑캐에게 알맞은 처신을 해야 하며, 걱정이나 어려운 일을 당해서는 걱정이나 어려운 일을 당한 사람에게 알맞은 처신을 해야 한다. 이와 같이 군자는 어디를 가나 자신의 본분에 맞지 않는 처신을 하지 않는 법이다."

○ 또 말했다.

"군자는 平易(평이)하게 행동하며 천명을 기다리고, 소인은 위험한 일을 행하면서 뜻밖의 행운이 오기를 기다리는 것이다."

○ 子夏(자하)가 말했다.

"죽고 사는 것은 命(명)이 따로 있는 것이며, 부귀는 하늘에 달려 있는 것이다."

○ 胡五峯(호오봉)이 말했다.

"부귀한 처지에 놓이게 되면 천지와 더불어 그 형통함을 같이 하고, 빈천한 처지에 놓이게 되면 천지와 더불어 그 비운을 같이 하며, 죽을 때는 편안하게 죽어야 한다. 그리고 일상생활을 하는 데는 순리대로 살아가야 하며, 천지와 더불어 그 변화를 같이 하여야 한다. 또 어찌 宮室(궁실)과 妻妾(처첩)과 衣服(의복)과 生死(생사)와 得失(득실)을 다루는 데 있어서도 그러한 테두리를 벗어날 수 있겠는가?"

○ 韓魏公(한위공)이 말했다.

"貧窮(빈궁)과 榮達(영달)과 禍福(화복)은 다 정해진 분수가 있는 것이다. 그런데 正道(정도)를 어기고 그것을 구하려고 하면, 한갓 본심을 지키려고 하는 착한 마음만 상실하게 되는 것이다. 그러므로 삼가 하여 그렇게 하지 말아야 한다."

○ 張子(장자)가 말했다.

“<사람은> 마땅히 살게 되면 살아야 하고, 마땅히 죽게 되면 죽어야 하는 것이다. 오늘 아주 많은 녹을 받고 살던 사람이 명일에 가서는 그것을 잃게 되는 수도 있고, 오늘 부귀하게 살던 사람이 명일에 가서는 굶주리고 사는 사람이 될 수도 있는 것이다. 그러므로 그것을 근심할 것이 아니라, 오직 義理(의리)가 있는 곳으로만 살아가면 되는 것이다.”

○ 李弘齋(이홍재)[10]가 말했다.

“사람의 분수는 정해진 것이어서 한 터럭만큼이라도 붙잡고 위로 올라갈 수가 없는 것이다. 그러므로 일을 잘 처리할 줄 아는 사람은, 자기에게 정해진 분수를 넘어 서려고 하지를 않고 오히려 한 발자국 뒤로 물러서는 것이다.

【註: 義命(의명)을 통틀어 말한 것임.】

○ 孔子(공자)가 말했다.

“志士(지사)나 仁人(인인)은 살기 위해서 仁(인)을 해치는 일은 없어도, 殺身(살신)하여 成仁(성인)하는 일은 있다.”

○ 孟子(맹자)가 말했다.

“사람은 일찍 죽든지 오래 살든지 둘 중의 하나인 것이지 둘 다 겸하지는 못하는 것이다. 그러므로 그것에 의심을 두지 말고 오로지 修身(수신)을 하며 天命(천명)을 기다리는 것이 天命(천명)을 지키는 방법이다.”

○ 程子(정자)가 말했다.

“덕이 많은 사람은 어떠한 事物(사물)에도 능히 동요되는 일이 없으며, 또 어떠한 형상에도 능히 병들게 되는 일이 없는 것이다. 형상에도 병들지 않고 사물

10) 名(명)은 燔(번), 字(자)는 敬子(경자).

에도 동요되지 않는 고로 잘 배운 사람은 죽고 사는 데 임해서도 얼굴빛이 변하지 않는 것이다. 또한 병이 들어 몸이 아프거나 자손들이 먼저 죽는 슬픈 일을 당하더라도 마음이 움직이지 않는 것이다. 이것은 오직 의리를 함양시킨 때문이며, 일조일석의 힘으로 되는 일이 아닌 것이다."

【註: 죽고 사는 것과 오래 살고 일찍 죽는 것에 관하여 말한 것임.】

○ 孔子(공자)가 말했다.

"富(부)와 貴(귀)는 사람이면 누구나 다 가지고 싶어 하는 것이다. 그러나 그것이 正道(정도)로써 얻은 것이 아니면 가지지 말아야 한다. 貧(빈)과 賤(천)은 사람이면 누구나 다 싫어하는 것이다. 그러나 그것이 正道(정도)로써 얻은 것이 아니면 구태여 버리려고 하지 말고 감수해야 한다."

○ 또 말했다

"富(부)가 구해서 가져도 좋은 것이라면 그것을 위해서 채찍을 들고 말의 고삐를 잡고 다니는 것과 같은 천한 일일지라도 나도 역시 할 수가 있다. 그러나 구해 가져서 좋지 못한 것이라면 차라리 가난할지라도 내가 좋아하는 바를 좇아 의롭게 살겠다."

○ 또 말했다.

"<가난하여서> 좋지 못한 거친 밥을 먹고 물을 마시고 팔을 구부려 베개 삼아 베고 잘지라도 즐거움이 또한 그 가운데 있는 것이다. 그러므로 옳지 못한 방법으로 부자가 되고 귀인이 되는 것은 나에게는 뜬구름과 같은 것이다."

【註: 살펴보건대, 사람이 부귀와 빈천의 위에서는 항상 발꿈치가 어긋나는 것이다. 그러므로 聖人(성인)이 이와 같이 중복하여 말했으니, 사람이 마땅히 잊지 말고 명심해야 할 것이다.】

○ 周子(주자)가 말했다.

"군자는 자신에게 正道(정도)가 가득 채워지는 것으로써 귀중함을 삼고, 몸이 편안한 것으로써 부자를 삼는다. 그러므로 군자는 높은 지위도 대수롭지 않게 여기며 금이나 옥과 같은 보물도 티끌처럼 하찮게 여긴다."

○ 朱子(주자)가 말했다.

"부귀와 빈천의 문제에 눈독 들여 관심을 갖지 아니하면, 그것이 곧 正道(정도)에 들어가는 門(문)이 되는 것이다.

○ 또 말했다.

"어질지 못한 사람은 오랫동안 빈궁한 상태에 있게 되면 반드시 못된 짓을 하게 되며, 오랫동안 즐거운 상태에 있게 되면 반드시 음탕하게 된다."

【註: 부귀와 빈천을 말한 것임.】

○「自警編」(자경편)에 말했다.

"환난도 곧 이치인 것이니, 환난에 따라서 알맞게 꾀하여 나간다면 어찌 안 되는 일이 있겠는가? 文王(문왕)은 羑里(유리) 감옥에서 곤란을 겪으면서도「周易」(주역)을 익혔는데, 마치 羑里(유리) 감옥이 없는 것처럼 평범하게 생각하고「周易」(주역)공부만 하였다. 그리고 孔子(공자)는 陳蔡(진채)에서 포위되었을 때 거문고를 뜯으며 노래를 불렀는데, 마치 陳蔡(진채)가 없는 것처럼 평범하게 생각하였다."

○ 孟子(맹자)가 말했다.

"하늘이 장차 사람에게 큰 임무를 내리고자 하면, 우선 그들의 마음과 뜻을 괴롭게 하고, 그들의 筋骨(근골)을 수고롭게 하며, 그들의 몸을 굶주림에 시달리게 한다. 그리고 그들의 몸에 걸칠 옷도 없게 하며, 또 그들의 하는 일을 어긋나고 흐트러지게 하여 단련을 시킨다. 그런데 이것은 하늘이 그들에게 시련을 주어 마음으로 하여금 참을성을 길러서, 그들이 능히 하지 못하던 것까지 할 수 있도록 능력을 더해 주고자 하는 하늘의 뜻인 것이다."

○ 程子(정자)가 <귀양지인> 涪州(부주)에서 돌아왔는데, 기운과 얼굴빛과 수염 등이 다 이전보다 오히려 나으니, 제자들이 "선생님은 어떻게 해서 그렇게 그전보다 더 좋아지셨습니까?" 하고 물었다. 그랬더니 程子(정자)가 대답하였다. "배움의 힘일 것이니라."

○ 劉元城(유원성)은 귀양지에 가서 7년 동안 귀양살이를 하면서 단 하루도 아파 본 일이 없었다. 나이가 거의 80세가 되어서도 굳세고 용맹스러워 쇠약해지지 않았다. 어떤 사람이 묻기를, "어떻게 해서 그 나이에 그렇게 건강하실 수 있습니까?" 하였다. 元城(원성)이 대답하여 말했다. "언제나 성실하게 살아가기 때문일 따름이다."

○ 范忠宣(범충선)[11]은 永州(영주)로 귀양을 가서 3년간 있었으나 아무런 동요 없이 언제나 온화한 모습으로 지냈다. 혹 횡포하고 정상적인 이치에 어긋나는 행위가 더해져서, 사람이 능히 그 고생을 견딜 수가 없을 지경이라도, 公(공)은 그러한 것에 조금도 동요되지 아니하였다. 후에도 노한 마음을 품는 일이 없었다. 매양 손님을 대하는 데도 오직 聖賢(성현)들의 修身(수신)에 관한 이야기만 할 따름이었다.

○ 一蠹(일두)선생이 鍾城(종성)에서 귀양살이를 할 때였다. 선생은 庭燎(정료)[12]의 사역을 하게 되었는데 매양 임금의 使者(사자)가 府(부)에 들어오면 반드시 몸소 불을 피워 주었다. 7년 동안을 조금도 게으르지 않게 그대로 하였다.

【註: 趙重峯(조중봉)이 일찍이 귀양을 갔는데 매양 사신이 그가 귀양살이를 하는 地境(지경)에 이르르면, 반드시 도롱이와 삿갓을 쓰고 앞에 나가서 사신을 인도하였다. 비록 사신이 그러지 말라고 하였으나 날마

11) 名(명)은 純仁(순인), 字(자)는 堯夫(요부), 文正子(문정자).
12) 옛날 대궐의 뜰에 밤중에 參內(참내)하는 諸臣(제신)들을 위해 밝힌 횃불.

다 官門(관문)에서 모셨으며, 물을 뿌리고 청소를 깨끗이 하였다.】

○ 寒暄(한훤)선생이 유배지를 順川(순천)으로 옮겼는데, 禍(화)의 징조가 <언제, 어떻게, 무슨 화가 다시 미치게 될지 도무지> 예측을 할 수가 없었다. 그러나 선생은 처신하기를 조금도 흔들리지 않고 평온하게 하였으며, 평상시의 지조를 고치지 아니하였는데, 甲子年(갑자년)에 죄가 더 첨가되었다. 그런데도 선생은 어명을 받으라는 말을 듣고서 목욕하고 관대를 갖춘 다음, 얼굴빛이 하나도 변함이 없이 나아가 사약을 받고 죽었다.

【註: 宋圭庵(송규암) 璘壽(인수)가 李芑(이기)의 미워하는 바가 되어서, 드디어 나라에서 사약을 내려 죽이기로 하여, 使者(사자)가 사약을 가지고 문 앞에 이르렀다. 마침 그날이 公(공)의 생일인지라, 일가 친척과 제자들이 많이 모였는데, 온통 집안이 울음바다가 되어 버렸다. 公(공)은 얼굴빛 하나 변하지 않고 목욕을 하고 관대를 갖추었는데, 그 행동이 평일과 똑 같았다. 그리고 글을 써서 그 아들에게 주어 말했다. "나처럼 되지는 말아라. 부지런히 글을 읽고 주색을 경계하여서 저승에 있는 애비의 넋을 위로하여다오. 부끄러움을 무릅쓰고 사는 것은, 부끄러움이 없이 죽는 것만 같지 못한 것이다." 그리고는 태연하게 나아가 사약을 먹고 죽었다.】

○ 李灘叟(이탄유)[13]는 연산군 때 귀양살이를 하고 있었다. 매양 급한 전갈이 북쪽으로부터 왔다고 들으면, 문득 단정하고 청결하게 하고서 기다리며 말했다. "죽더라도 덤벙거리다가 정상적인 몸가짐을 잃게 되어서는 안 되는 것이다"

○ 崔守愚(최수우)가 감옥에 갇혀 있을 때, 어떤 사람에게 편지로 답장을 하여 말했다. "모든 일이 天命(천명)이 아닌 것이 없으니, 다만 마땅히 그 正道(정도)를 순순히 받아야 할 따름이다. 우리가 평생 동안 글을 읽은 것은 바로 이러한 때에 써먹으려고 읽은 것이다."

○ 蔡西山(채서산)이 멀고 가까운 곳으로 귀양을 갔었는데 배우러 오는 사람

13) 名(명)은 廷慶(정경), 字(자)는 長吉(장길), 朝鮮朝(조선조)의 儒臣(유신).

이 많았다. 어떤 사람이 말하기를, "배우러 오는 사람들 때문에 귀양살이에 누가 될지 모르니 사절하는게 어떻겠습니까?" 하였다. 그러자 公(공)이 말했다. "저 사람들이 배우려고 오는데 차마 어떻게 그냥 가라고 할 수 있으리오? 만약 禍患(화환)이 있게 된다면 문을 닫거나 구멍을 막는다고 해서 능히 피해질 수 있는 것이 아닙니다."

○ 進士 郭永華(진사 곽영화)는 士林(사림)의 禍(화)가 있을 것을 알고 드러나지 않도록 시골에 고요하게 들어앉아 있었다. 그리고 남에게 표나게 다른 처신도 하지 않고 보통 사람과 똑같이 하였는데, 寒暄(한훤)이 희롱하여 말했다. "禍(화)를 피해 살아남기 위해서 이와 같이 한다면, 어찌 그것이 도리에 알맞은 일이리오?"

【註: 患難(환난)에 대처하는 것을 말한 것임.】

○ 「周易」(주역)에 말했다.

"해는 가운데 즉, 한낮에 이르면 기울고, 달은 가득 차면 먹혀들어 간다. 天地(천지)의 가득 차는 일과 텅 비는 일은 때와 함께 消息(소식)하는 것이다. 하물며 사람임에랴! 하물며 귀신임에랴!"

○ 「國語」(국어)에 말했다.

"德(덕)은 福(복)의 기초가 되는 것이다. 그러므로 덕이 없이 복을 받게 되면, 오히려 기초도 없이 담만 두텁게 쌓은 것과 같아서, 언제 무너질지 모르는 것이다."

○ 子路(자로)가 말했다.

"감히 묻건대 持滿(지만)[14]에 道(도)가 있습니까?" 孔子(공자)가 말했다. "총

14) 활줄을 충분히 켕김. 지위를 지속함. 충분히 준비함.

명과 예지는 愚(우)로써 그것을 지켜야 하고, 자신의 功(공)이 커서 천하에 덮였으면 사양함으로써 그것을 지켜야 한다. 그리고 자신의 용맹스러운 힘이 세상에 떨치고 있으면 怯(겁)으로써 그것을 지켜야 하고, 부자가 천하를 얻게 되었으면 겸손으로써 그것을 지켜야 한다. 이것이 이른바 삼가하고 또 삼가 해야 할 持滿(지만)을 위한 道(도)이다."

○ 老子(노자)가 말했다.

"만족할 줄을 알면 욕됨을 당하지 않는 것이며, 그칠 줄을 알면 위태로움을 당하지 않는 것이다."

○ 馬少游(마소유)[15]가 말했다.

"선비가 한 세상에 태어나서 다만 입을 것과 먹을 것만 가지게 되면 겨우 족한 것이며, 윤택한 수레를 타고 내리고 하는 것은 느리고 더딘 걸음으로 나아가게 하는 것이다. 馬(마)가 郡(군)의 椽吏(연리)가 되어 故墓(고묘)를 지키고 향리에서 착한 사람이라고 일컬어 주면 족한 것이다. 넉넉함을 구하면 다만 스스로 괴로울 뿐이다."

○ 陳希夷(진희이)가 康節(강절)에게 경계하여 말했다.

"마음에 유쾌한 일은 하지 않는 것이 좋으며, 그 마음에 유쾌한 일을 하러 두 번 거듭 가지 않는 것이 또한 잘하는 일이다. 그러므로 유쾌한 곳을 좋아하지 말고, 반드시 일찌감치 머리를 다른 데로 돌려야 한다."

【註: 康節(강절)은 일찍이 무엇이든지 그것이 가장 무성한 데 처하는 것을 두려워하였다. 그래서 꽃을 보더라도 마땅히 아직 피지 않고 막 피어나려는 꽃봉오리를 보는 것을 좋아하였다.】

○ 趙淸獻公(조청헌공)이 말했다.

15) 馬援兄(마원형)의 子(자).

"좋은 토지 만 두렁을 가지고 있는 사람일지라도 하루에 두 되의 밥 밖에는 먹지 못하는 것이며, 방이 천 칸이나 되는 넓은 집에서 사는 사람일지라도 밤에 누워 자는 데는 여덟 자 방 한 칸 밖에는 필요가 없는 것이다."

○ 倪思(예사)가 말했다.

"사람의 한 몸이 매일 먹는 것은 불과 쌀 한 되 밖에 되지 않고, 1년 내내 입는 것은 불과 한 두 필 밖에 되지 않는다. 만약 酒費(주비)와 食費(식비)와 雜費(잡비)를 계산해 본다면 백 냥이나 천 냥도 되지 않는 것이다. 이 정도 만큼은 살아가는 데 몸에 절실히 필요한 것이므로 빼 놓을 수가 없는 것이다. 그러나 그 나머지는 모두가 다른 사람을 위한 것이다. 만약에 때때로 이것을 살펴보면 거의 다른 사람을 위한 조업이 아니라 자기가 받는 것이니 존절히 해야 한다."

【註: 만족할 줄 알아야 한다는 것을 첨부해서 말한 것임.】

改過章(개과장)

<잘못을 고치는 일>

○「周易」(주역)에 말했다.

"바람과 천둥은 서로 돕는 형세이므로 益(익)이다. 군자는 이로써 착한 것을 보면 곧 옮겨서 실행하고, 허물이 있으면 곧 고치는 것이다."

【註: 朱子(주자)가 말했다. "착한 곳으로 옮겨 갈 때는 마땅히 바람처럼 빠르게 하고, 허물을 고치는 데는 우뢰처럼 맹렬하게 하여야 한다."】

○ 孔子(공자)가 말했다.

"허물이 있으면 고치기를 꺼려하지 말아야 한다."

○ 또 말했다.

"허물이 있어도 고치지 않으면 그것이 곧 허물이다."

○ 「書經」(서경)에 말했다.

"허물을 부끄러워하지 않는 것이 잘못을 저지르는 것이다."

○ 子夏(자하)가 말했다.

"소인은 허물이 있으면 반드시 겉으로 꾸며서 변명하여 속이려고 한다."

【註: 孟子(맹자)가 말했다. "옛적의 군자들은 허물이 있으면 그것을 고쳤는데, 지금의 군자들은 허물이 있으면 그것을 좇으려 한다."】

○ 子貢(자공)이 말했다.

"군자의 허물은 日食(일식)이나 月食(월식)과 같은 것이다. 허물이 있으면 남들이 다 보게 되며, 고치면 남들이 모두 우러러 보게 되는 것이다."

【註: 「左傳」(좌전)에 말했다. "사람이 누가 허물이 없으리오마는, 허물이 있어도 능히 고칠 줄을 알면, 착한 것이 그 보다 더 큰 것이 무엇이 있으리오?"】

○ 「周易大傳」(주역대전)에 말했다.

"허물이 없는 사람은 그릇 된 것을 잘 바로 잡을 줄 안다."

【註: 胡雲峯(호운봉)이 말했다. "허물이 없는 것이 귀중한 것이 아니라, 허물을 고치는 것이 귀중한 것이니, 聖人(성인)들이 자신을 새롭게 하고자 하는 뜻이 간절하다."】

○ 朱子(주자)가 말했다.

"허물을 고치는 데는 용기가 필요하며, 患難(환난)을 방지하는 데는 그것을 두려워하는 怯(겁)이 필요한 것이다."

○ 또 말했다.

"진실로 허물을 듣고자 하면 마땅히 <남이 말해 주는 자신의 허물에 대한 충

고를> 일일이 받아 들여야 하며, 그 虛(허)와 實(실)은 다시 計較(계교)하지 말아야 한다. 일이 크든 작든 남들이 고해 주는 것을 다 즐겨 하면 숨기는 情(정)이 없는 것이다. 만약 절절히 계교하여 반드시 그와 더불어 辨爭(변쟁)을 하게 된다면 그것은 잘못이다. 허물이 있다고 고해 주면 그것을 기쁘게 생각해 주는 뜻이 있어야 한다."

○ 또 말했다.

"그와 같이 된 것이 병이라는 것을 알게 되었으면, 곧 그와 같이 하지 않는 것이 약인 것이다."

○ 湯(탕)임금은 허물을 고치는 데 인색하지 않았다.

○ 顔子(안자)는 똑같은 과실을 두 번 저지르지 않았다.

【註: 徐花潭(서화담)이 말했다. "나는 20세 때 문득 〈같은〉 과실을 두 번 저지르지 않고자 하였다."】

○ 孔子(공자)가 말했다.

"顔氏(안씨)의 아들은 사람됨이 그만하면 되었다. 善(선)하지 못한 것이 있으면 진실로 그 善(선)하지 못한 것이 있음을 알았고, 또 그 善(선)하지 못한 것이 있음을 알았으면, 일찍이 다시는 그것을 행하지 않았다."

○ 程子(정자)가 말했다.

"사람된 바탕과 타고난 성격이 천박한 사람은, 그것이 고치기가 가장 어려운 것이다."

【註: 과실을 고치는 것을 통틀어 말한 것임.】

○「周易」(주역)에 말했다.

"<처음에는 비록 실수를 하였더라도> 머지않아 <착한 데로> 돌아올 것이니,

후회하는 일이 없을 것이며, 크게 길할 것이다."

【註: 程子(정자)가 말했다. "학문을 하는 道(도)란 다른 것이 아니라, 오직 그것이 착하지 못한 것인 줄만 알면, 빨리 고쳐서 착한 곳으로 따르는 것일 따름인 것이다." ○ 劉病翁(유병옹)이 朱子(주자)에게 일러 말했다. "내가 「周易」(주역)에서 道(도)에 들어가는 門(문)을 얻었는데, '不遠復'(불원복)이라는 것이며, 나는 이 세 글자를 호패처럼 차고 다닙니다."】

○「周易大傳」(주역대전)에 말했다.

"<과실이 있는 것을> 근심하고 뉘우치는 데 인색한 것은, 선과 악을 분명히 구별 짓지 못하는 데 있는 것이다."

【註: 朱子(주자)가 말했다. "介(개)는 선과 악을 구별하는 단서이니, 선과 악의 마음이 이미 움직여서 아직 어느 쪽으로 갈 것인지 형용이 없는 때를 말한다. 바로 여기에서 근심하고 조심하여 마음을 잡으면 뉘우치고 인색한 데 이르지 않을 것이다."】

○ 程子(정자)가 말했다.

"道(도)를 알지 못하는 사람은 술에 취한 사람과 같아서, 바야흐로 취했을 때는 못 하는 짓이 없이 다 하다가, 깨고 나서는 부끄러워하지 않는 것이 없는 것이다. 사람이 학문을 알지 못하는 사람은 자기가 결점이 없는 사람인 것처럼 생각하는 것이며, 이미 학문이 무엇인지를 아는 사람은 전날의 한 일을 생각하면 놀라고 또 두려워하는 것이다."

【註: 살펴보건대, 사람이란 배우지 않을 수가 없는 것이다. 배우지 않으면, 착한 것은 마땅히 해야 할 것이고, 또 악한 것은 마땅히 버려야 할 것임을 알지 못한다. 그러므로 날마다 보는 것이, 자기가 하는 바가 다 옳다고만 생각한다. 그리하여 거침없이 禽獸(금수)의 지경으로 들어가는 것을 알지 못하게 되는 것이니, 가히 두려워하지 않을 수 있겠는가?】

○ 胡雲峯(호운봉)이 말했다.

"뉘우친다고 하는 것은 天理(천리)가 움직이기 시작하는 계기를 말하는 것이다. 뉘우치지 않게 되면, 곧 人慾(인욕)이 오래도록 낫지 않는 고질병이 되어서, 스스로 알지 못하게 되는 것이다."

○ 程子(정자)가 말했다.

“허물이 있으면 마땅히 고쳐야 할 따름이다. 항상 앙심이나 유감스런 마음을 품고 있는 것은 도리어 마음을 해롭게 하는 것이다.”

【註: 또 말했다. “자신에게 죄를 주고 자신을 꾸짖는 일이 없을 수는 없다. 그러나 또한 〈일단 꾸짖어서 고쳤으면 되는 것이지〉 너무 오래도록 마음 속에 남겨 둘 필요는 없는 것이다.】

○ 張旅軒(장여헌)[16]이 말했다.

“사람이 聖賢(성현)이 아닌 바에야 누가 능히 허물이 없는 사람이 있으리오마는, 허물이 있으면 능히 뉘우쳐서, 곧 마땅히 고쳐 보려고 도모하는 사람은, 마침내 허물이 없는 道(도)에 이르게 될 수 있을 것이다. 그러나 만약 다만 수심에 잠겨 속만 태우고, 한갓 이미 지나간 실수에 대하여 근심만 하면서, 장래의 착한 것을 닦아서 쌓을 생각이 있지 아니하면, 반드시 마음에 근심스런 병만 이루게 될 것이다.”

【註 : 잘못을 뉘우치고 깨닫는 것에 관하여 말한 것임.】

○ 「周易」(주역)에 말했다.

“산 위에 못이 있는 것은 咸(함), 즉 感動(감동)함이다. 그러므로 군자는 자기 마음을 비우고 남을 용납해 받아들이는 것이다.”

○ 伊尹(이윤)이 말했다.

“어떤 말이 네 마음에 거슬리는 점이 있으면, 반드시 正道(정도)에 비추어 보아서 정말로 거슬리는 것인지 아닌지를 알아보아야 한다. 그리고 어떤 말이 네 뜻에 맞게 겸손한 점이 있으면, 반드시 正道(정도)가 아닌 것에 비추어 보아서 정말로 겸손한 것인지 아닌지를 알아보아야 한다.”

16) 名(명)은 顯光(현광), 字(자)는 德晦(덕회), 朝鮮朝(조선조)의 名臣(명신).

○ 孔子(공자)가 말했다.

“바른 말을 능히 따르지 아니할 수가 있겠는가? <그러나 그 바른 말을 따라> 잘못을 고치는 것이 더욱 귀중한 것이다. 유익하게 해 주는 완곡하고 겸손한 말이 듣기에 즐겁지 아니 하겠는가? 그러나 그 말 속의 참된 뜻을 찾아내는 것이 더욱 귀중한 것이다. 즐거워만 하고 참된 속뜻을 찾아내지 않으며, 따르기만 하고 고치지 않는다면, 나로서도 어찌할 도리가 없다.”

○ 孟子(맹자)가 말했다.

“子路(자로)는 남이 자기의 허물을 말해 주면 좋아하였고, 禹(우)임금은 남에게서 좋은 말을 들으면 감사의 표시로 절을 하였다. 舜(순)임금은 남이 옳으면 언제나 자신을 버리고 남을 따랐고, 또한 자진해서 남의 장점을 취하여 착한 일 하기를 즐겨 하였다.”

○ 漢(한)나라 諸葛亮(제갈량)[17]이 丞相(승상)이 되었을 때 여러 아랫사람들에게 가르쳐 말했다. “무릇 관청 일에 참여하는 사람은 여러 사람의 좋은 생각을 모아서 충성심을 넓히는 것이 유익한 일이다. 만약 조그만 혐의점을 멀리 하려고 잘못된 것을 서로가 그냥 덮어 주는 일이 있다면, 그것은 오히려 손해가 되는 일이다. 덮어 주어서 그것이 조금 맞아 들어간다고 하더라도, 오히려 잘못된 것을 버려 버린다면 주옥을 얻은 것과 같은 것이다. 그러나 사람이란 저마다 그 마음을 능히 다하기가 어려운 것인데, 오직 徐元直(서원직)만은 이런 입장에 처해서도 의혹 없이 일을 처리해 나갔던 사람이다. 또 董幼宰(동유재)는 7년간이나 관청 일에 참여하는 생활을 하는 동안에, 잘 안 되는 일이 있으면 열 번이라도 돌이켜서, 이렇게도 생각해 보고 또 저렇게도 생각해 보면서, 서로 상의하여 일을 처리하였다. 진실로 나로

17) 字(자)는 孔明(공명), 漢(한)의 名臣(명신).

서는 능히 徐元直(서원직)의 10분의 1만큼이라도 본받을 수 있다면 좋겠다. 董幼宰(동유재)의 근고를 생각해 보면 나라에 충성심이 그토록 컸는데, 나 제갈량 또한 가급적 과실을 적게 하여 나라에 충성하고 싶을 따름이다." 또 말했다. "옛적에 交州(교주)가 평정이 되었을 때 여러 차례 그 득실에 관하여 들어보았다. 그리고 그 뒤에 徐元直(서원직)을 사귀었는데, 부지런히 그가 일러주는 소리를 배웠다. 董幼宰(동유재)는 매양 말을 할 때마다 그 큰 도량을 다해서 옳지 못한 일을 하지 못하도록 자주 간언해야 한다고 하였다. 비록 내가 자질과 성품이 낮고 어두워서 다 받아들이지는 못했으나, 이러한 두 분들과 더불어 서로 좋게 잘 만나 볼 수만 있다면, 또한 족히 그 바른 말에 의심 없이 깨우칠 수가 있을 것이다." 또 말했다. "모두가 나라에 충성스런 생각을 가지고 다만 힘써 나의 잘못된 점을 지적하여 말해준다면, 일을 안정시킬 수가 있을 것이고 적을 죽일 수가 있을 것이며, 功(공)을 이룰 수가 있음을 족히 기대해 볼만할 것이다."

【註: 남이 간해 주는 말과 경계하여 주는 말을 받아들일 줄 알아야 한다는 것을 말한 것임.】

辭受取與章(사수취여장)[18]

<사양하고 받고 취득하고 주는 일>

○ 陳臻(진진)[19]이 물어 말했다.

"前日(전일)에는 齊(제)나라에서 임금이 값이 보통의 갑절이나 되는 좋은 황금을 一百鎰(일백일)[20]이나 보내 왔는데도 선생님께서는 받지 않으셨습니다. 그

18) 사양하고, 받고, 취하여 갖고, 주는 것에 관하여 논한 章.
19) 孟子(맹자)의 제자.
20) 鎰(일): 스물넉 량 중. 또는 삼십 량.

러나 宋(송)나라에서는 보통의 금을 70鎰(일)을 보내 왔는데 받으셨을 뿐만 아니라, 薛(설)나라에서는 50鎰(일)을 보내 왔는데도 받으셨습니다. 前日(전일)에 齊(제)나라에서 보내 왔던 것을 받지 않은 것이 옳으셨다면 오늘 받으신 것이 잘못된 일이 될 것이고, 반면에 오늘 받은 것이 옳으시다면 前日(전일)에 안 받은 것이 잘못된 일이 될 것입니다. 그러니 선생님께서는 반드시 어느 한쪽 입장만을 취하셨어야 옳았을 것으로 생각됩니다." 그러자 孟子(맹자)가 말했다. "양쪽이 다 옳았다. 宋(송)나라에 있을 때는 내가 장차 멀리 여행길을 떠나야 할 일이 있었다. 길을 떠나가는 사람은 반드시 노자가 있어야 한다. 宋(송)나라 임금이 노자를 보내 드린다는 말까지 하면서 보내 주었는데, 내가 어찌 안 받을 수가 있겠느냐? 그리고 薛(설)나라에 있을 때는 내가 신변의 위험을 경계하는 입장에 있었다. 그런데 薛(설)나라 임금이 그러한 말을 듣고서, 그 신변 경계를 위한 비용으로 쓰도록 보내 준다는 말까지 하면서 보내 준 것인데, 내가 어찌 안 받을 수가 있겠느냐? 그러나 齊(제)나라에서는 처지가 달랐다. 받아야 할 아무런 내력이 없는데 황금을 보내 온 것은 다만 황금으로 나를 매수하려는 것일 뿐이다. 어찌 군자가 그렇게 내력 없는 돈을 받을 수 있겠느냐?"

【註: 尹和靖(윤화정)이 말했다. "말하건대, 군자는 사양하고, 받고, 취하여 갖고, 남에게 주는 것을 오직 이치에 합당하게 할 따름이다." 】

○ 萬章(만장)[21]이 물었다.

"<제후가 보내 온 예물을> 끝내 물리치고 절대로 받지 않으면 불공하다는 까닭은 무엇입니까?" 孟子(맹자)가 말했다. "존귀한 사람이 예물을 내려 주었는데, 그것을 받는 것이 義(의)로운 것인지, 또는 義(의)롭지 못한 것인지를 따져 본 뒤에 받는다면, 그것은 불공한 것이다. 그래서 존장자가 예물을 보내 주면 물리치지 않는 것이다." 萬章(만장)이 말했다. "그렇다면 직접 말로써 물리치지

21) 孟子(맹자)의 제자.

말고 마음 속으로, '이것은 그가 백성들로부터 義(의)롭지 못하게 取(취)한 것이다.' 라고 판단하고 물리치되, 다른 것을 구실삼아 받지 않고 물리치면 어떻겠습니까" 孟子(맹자)가 말했다. "그 사귀는 것을 正道(정도)로써 하고,

【註: 노자 돈이나 배고픈데 먹으라고 주는 것과 같은 종류의 것을 말함.】

그 접촉하는 것을 禮(예)로써 한다면,

【註: 말을 공경하게 하는 것을 말함.】

그런 경우에는 孔子(공자)께서도 받아 주셨다."

【註: 〈나쁜 사람인 줄은 아나 할 수 없이〉 陽貨(양화)의 돼지를 받은 것과 같은 종류의 것을 말함.】

萬章(만장)이 말했다. "이제 <만약> 성문 밖에서 흉기를 가지고 사람을 막고 살인을 하여 물건을 강탈한 자가, 나에게 道(도)를 따라 사귀고자 하고, 또 禮(예)를 지켜 물건을 보내 온다면, 그런 강도의 물건을 받아야 옳습니까?" 孟子(맹자)가 말했다. "그것은 안 된다. 「康誥」(강고)에도 '사람을 죽여 그 물건을 강탈하고도 감히 죽음을 두려워하지 않는 자는 모든 백성이 미워한다.'고 하였다. <하물며> 이런 자는 군왕의 敎命(교명)을 기다릴 필요도 없이 즉시 죽여 버려야 할 것이거늘, 어떻게 그런 물건을 받을 수가 있겠느냐?" 萬章(만장)이 말했다. "오늘의 제후들은 백성들의 재물을 마치 강도처럼 강탈하고 있습니다. 그러나 제후들이 진실로 禮(예)를 잘 갖추어 물건을 보내 사귀기를 원한다면 군자들이 받아 주는데, 이것은 어떻게 설명해야 하겠습니까?" 孟子(맹자)가 말했다. "그대는 만약에 장차 참다운 王者(왕자)가 일어나게 된다면 오늘의 제후들을 무조건 죽여 버릴 것이라고 생각하는가, 아니면 일단 그들을 가르쳐 보고 나서 그래도 고쳐지지 않으면 그때 가서 죽일 것이라고 생각하는가? 무릇 자기의 소유가 아닌데 그것을 取(취)하는 자를 모조리 도적이라고 하는 사고방식은 유사점을 확대하여 극단으로 몰아붙이는 잘못된 논리라 할 수 있다. 예전에 孔子(공자)가 魯(노)나라에서 벼슬하고 있을 때, 魯(노)나라 사람들이 제사 때에 사냥 시합을 하면, 孔子(공자)도 역시 그들과 함께 사냥 시합을 하였다.

【註: 조금은 풍속과 함께 하는 것을 말한 것임.】

이렇게 사냥 시합을 하는 것도 오히려 무방한데 하물며 제후가 禮(예)를 갖추어 내려 준 물건을 받는 것은 문제 될 것 없지 않겠느냐?"

【註: 尹和靖(윤화정)이 말했다. "孟子(맹자)가 말한 義(의)를 듣지 못하면, 자신을 아낄 줄만 아는 於陵仲子(어릉중자)가 될 따름이다. 聖賢(성현)들의 사양하고 받고 나아가고 물러가는 것은 오직 義(의)가 있을 바일 따름이다." 】

○ 孔子(공자)가 말했다.

"어차피 남에게 줄 물건의 출납을 인색하게 하는 것을 창고지기 같다고 하는 것이다."

【註: 朱子(주자)가 말했다. "주는 바가 비록 많을지라도, 〈기분 좋게 주지 않으면〉 남이 그 은혜를 생각하지 않는 것이다. 項羽(항우)는 刻印刓忍(각인완인)하여, 〈무엇을 아까워서 남에게〉 주지를 못함으로써 패하였다." 】

○ 孟子(맹자)가 말했다.

"가히 받을 만도 하고 받지 않을 만도 한데, 받으면 청렴성이 상하게 된다. 그리고 가히 줄만도 하고 주지 않을 만도 한데, 주면 惠德(혜덕)을 해치게 된다."

○ 또 말했다.

"伊尹(이윤)은 그것이 義理(의리)가 아니고 正道(정도)가 아니면 天下(천하)를 祿(녹)으로 준다 해도 돌아다보지를 않았으며, 千駟[22](천사)의 말을 붙들어 매어 준다 해도 쳐다보지를 않았다. 그것이 義理(의리)가 아니고 正道(정도)가 아니면 한 개도 남에게 주지도 않았고, 또한 한 개도 남에게서 취하여 갖지도 않았다."

○ 司馬溫公(사마온공)이 말했다.

22) 駟(사): 1駟는 말 네 마리.

"劉道原(유도원)[23]은 집이 가난하여 맛있는 음식을 해 먹을 수가 없었으나, 터럭만큼이라도 남에게서 망령되이 取(취)하는 것이 없었다. 10월에도 추위를 가릴 만한 것이 없었으므로, 光(광)이 옷과 버선을 조금 보내 주었으나 굳이 사양하였다. 다시 강제로 그것을 주었으나 모두 다 봉해서 光(광)에게 되돌려 보냈으니, 다른 사람한테서 아무 것도 받지 않은 것이 사실임을 알 수 있다."

○ 羅景倫(나경륜)[24]이 말했다.

"陳后山(진후산)[25]은 館職(관직)이 되어 郊邱(교구)에서 사당을 모시게 되었다. 그런데 갖옷을 두텁게 끼워 입지 않으면 능히 견딜 수가 없을 정도로 추웠다. 그러나 后山(후산)은 옷이 겨우 한 벌 밖에는 없었다. 그 부인이 奸臣(간신)인 趙挺之(조정지)의 인척과 자매지간이었으므로, 이에 趙挺之(조정지)로부터 갖옷 하나를 빌려다가 그것을 입혀 주었다. 后山(후산)이 어디서 어떻게 하여 가져온 것이냐고 그 내력을 물었다. 부인이 사실대로 이야기를 하니 后山(후산)이 말하기를, '당신은 어찌 내가 본래 남의 옷 같은 것은 입지 않는다는 것을 알지 못하는가?' 라고 하면서 입지 않고 물리쳐 버렸다. 그리고는 다만 자기 갖옷 하나만 가지고 입고 살다가 마침내 감기에 걸려서 죽어 버렸다. 슬프도다! 가히 志士(지사)라고 할 수 있는 사람이다. 어려운 처지에 있게 될 수 있음을 잊어버리지 않은 사람이다. 차라리 얼어 죽는 것을 달게 여길지언정 조금이라도 正道(정도)를 굽히는 것을 좋아하지 않았으니, 그 결백함을 가히 숭상하지 않을 수가 없다."

○ 陸龜蒙(육구몽)[26]이 말했다.

---

23) 名(명)은 恕(서), 宋(송)의 名臣(명신).
24) 名(명)은 大經(대경), 宋(송)나라 사람.
25) 名(명)은 師道(사도), 子(자)는 無己(무기), 宋(송)나라 사람.
26) 唐(당)나라 사람.

"내가 어찌 술주정뱅이들에게 좋은 술과 음식이 있다는 것을 알지 못하리오마는, 正道(정도)를 따라 깨끗하게 살아가는 것도 또한 멋지고 아름다운 일인 것이다."

○ 退溪(퇴계)선생은 사양하고 받는 교제를 엄격하게 하였다. 진실로 그것이 義(의)로운 것이 아니면, 단 한 개라도 남에게서 취하는 일도 없었고, 주는 일도 없었다.

【註: 선생이 친한 바의 수령이 혹 무엇을 주는 사람이 있으면, 반드시 의로운 것인가 아닌가를 헤아려 보아서, 혹은 받기도 하고 혹은 사양하기도 하였다. 요컨대 박절하게만 하지는 않았다. ○ 忌日(기일)에 魚肉(어육)을 주는 것도 받지 않은 일이 있다. ○ 金就礪(김취려)라는 사람이 나귀 한 마리를 선사하니 선생이 말했다. "옛 사람들은 부모가 계시면 자기 마음대로 남에게 무엇을 주지도 않았고 車馬(거마)는 받지도 아니하였다." ○ 어떤 사람이 구하고자 하는 일이 있어서 물고기를 선사하였는데, 선생이 받지 않고 말했다. "내가 그대의 구하는 바를 승락하려고, 주는 것을 받으면 내가 재물을 받는 것이 된다. 그리고 그대가 선사하는 것을 받고서, 그대가 구하는 것을 내가 들어주지 못하면, 내가 무슨 의리 있는 사람이겠는가? 하물며 나는 평소에도 남의 재물을 건드리지 않으려고 하는 사람이니, 그 선사하는 것을 받을 수가 없다." ○ 어떤 중이 생강을 가져다주었는데, 선생이 받지 않고 말했다. "너는 이것으로 나에게 의뢰를 하나, 나는 너에게 보상해 줄 것이 없으므로 사양하겠다."】

○ 任茂叔(임무숙)[27]의 집이 지극히 가난하니 鄭岦(정립)이 關東(관동)을 살피러 가는 길에 公(공)의 집을 들러서 밥해 먹을 곡식을 주면서 말했다. "그대가 만약 종이나 두어 묶음 보내 준다면, 내가 마땅히 그것을 장부에 올려 그 종이를 보낼 데로 보내고, 이 쌀값은 감영에서 쓰는 종이 값으로 대신할 것이니, 이 곡식을 받으시오." 公(공)이 정색하고 말했다. "종이를 받아들이는 것은 가벼이 생각하고, 쌀을 받아들이는 것은 중히 생각하는 것은, 관리로서 세금을 사사로이 쓰는 좋지 못한 일이오. 친구와 작별을 한 지가 오래되었는데, 서로 만난 것은 가히 기쁜 일이나, 이것만은 받지 않을 것이니, 그리 알고 도로 가져가시오." 이와 같이 서로 권하다가 결국은 任茂叔(임무

27) 名(명)은 叔英(숙영), 號(호)는 疎庵(소암), 朝鮮朝(조선조)의 名臣(명신).

숙)의 결백에 감동되어 鄭岦(정립)이 크게 부끄럽게 생각하고 돌아갔다.

○ 張旅軒(장여헌)이 말했다.

"친구끼리 서로 도와주는 것은 옛적에도 흔히 있었던 일이다. 다만 반드시 그 있는 정도를 헤아려서 도와주어야 하며, 그 힘을 헤아려서 구제를 해 주어야 하는 것이다. 그러므로 요컨대, 서로가 그 마음의 정성만 다 하면 되는 것이다. 그렇게 하면 주는 사람도 그 은혜에 상할 것이 없고, 받는 사람도 양심에 가책 없이 염치를 보존할 수가 있다. 다만 한갓 친구를 도와준다는 정성만 고집하면서, 도와줄만한 도리를 헤아려 보지도 않고, 능력이 미치지도 못하는 것을 억지로 도와주려고 한다거나, 또는 반드시 구제해 줘야겠다는 생각만 가지고, 그만한 재물이 자기에게 있지도 않으면서, 그 사람에게 꼭 은혜를 베풀려고 한다면, 받는 사람도 의리를 상하게 되고 주는 사람도 역시 이치에 어긋나게 되는 것이다."

出入往來章(출입왕래장)

<나가고 들어오고 가고 오는 일>

○ 孔子(공자)가 말했다.

"부모가 생존해 계시면 먼 길을 떠나지 말아야 하며, 부득이 가게 될 경우에는 반드시 가는 곳을 말씀드리고 가야 한다."

○ 「曲禮」(곡례)에 말했다.

"나갈 때는 반드시 부모님께 말씀드리고 나가야 하며, 돌아와서는 반드시 뵈어야 한다."

○ 退溪(퇴계)선생이 말했다.

"士大夫(사대부)가 서로 교제를 하는데, 한 번 가고 한 번 오는 것은 禮(예)의 당연한 것이다. 다만 學德(학덕)이 높아 임금이 불러도 나아가 벼슬을 하지 않는 사람은 이러한 禮(예)를 행해서는 안 된다. 中國(중국)의 吳與弼(오여필)[28]이 處士(처사)[29]의 신분으로 부름을 받고 都城(도성)에 와 있을 때였다. 모든 士大夫(사대부)가 찾아오면, 오는 사람에게 반드시 가서 답례를 하였다. 그런데 賀醫閭(하의려)[30]는 이와 같은 사실을 處士(처사)로서 그렇게 하는 것은 깊이 잘못된 일이라고 평했다."

○ 邵子(소자)는 성질이 춥거나 더운 것을 견디지 못하여 항상 봄과 가을에만 나다녔다. 그리고 글을 지어 다음과 같이 말했다. "시기적으로 나가지 않는 때가 네 가지의 경우가 있다. 큰바람이 불 때와, 큰비가 올 때와, 크게 더울 때와, 크게 추울 때이다."

○ 朱子(주자)가 일찍이 北橋(북교) 위에 서 있었는데, 거리의 건달들 몇 사람이 날래게 돌진하여 지나갔다. 선생은 옷깃을 여미고 다리 옆으로 잠시 피했다. 그런데 매양 한가하게 길거리를 다닐 때, 가까이 수행하는 사람들이 다른 사람들을 보면 피하니, 선생이 목소리를 가다듬어 말했다. "그렇게 하지 말아라. 너희들이 길을 갈 때는 가야 하는 것이지, 그렇게 자꾸 피하기만 하는 것은 너무 심한 짓이다."

○ 退溪(퇴계)선생은 항상 고요함을 지키고 단정하게 기거하며, 일찍이 출입을 함부로 하지 않았다. 그러나 斯文(사문)[31]이나 雅飮(아음)[32]이나 里社(이

28) 字(자)는 子傅(자부), 號(호)는 康齋(강재), 明(명)나라의 名儒(명유).
29) 世波(세파)의 표면에 나타나지 않고 조용히 草野(초야)에 파묻혀 사는 선비. 벼슬을 하지 않고 學德(학덕)이 높은 선비.
30) 名(명)은 欽(흠), 字(자)는 克恭(극공), 明(명)나라의 名儒(명유).
31) 儒教(유교)의 學問(학문).
32) 글을 짓고 술도 마시는 풍류스런 모임.

사)[33]나 宴集(연집)[34]과 같은 모임이 있을 때는 갈 때도 있었다. 그리고 친척집에 吉(길)·凶(흉)·慶(경)·弔(조) 등의 일이 있을 때는, 가까우면 반드시 친히 가고, 멀면 반드시 사람을 시켜서 禮(예)를 닦도록 하였다. 노년에 이르기까지 그렇게 하였다.

○ 선생이 일찍이 말했다.

"내가 처음 관직에 나가서 서울에 있을 때였다. 매양 남에게 끌려서 날마다 주연을 즐기고 다니다 보니, 한가한 날이 별로 없었다. 문득 이래서는 안 되겠다는 생각이 들어서, 밤사이에 생각을 하여 보니 마음 속으로 부끄러운 생각이 들었다."

【註: 출입 왕래의 절조에 대한 것을 말한 것임.】

○ 「呂氏[35]鄕約」(여씨향약)에 말했다.

"무릇 尊者(존자)나 長者(장자)를 문밖에서 뵈면, 말에서 내려 문밖의 의관을 정제하는 곳에서 기다렸다가 通名(통명)을 해야 한다. 주인이 將命者(장명자)[36]를 시켜서 손님을 맞이하게 하면, 손님은 걸어서 들어와야 한다. 주인은 나가서 뜰로 내려가고 손님은 걸어 들어와서 만나게 되면 주인이 읍을 하여야 한다. 堂(당)에 올라가 서로 禮(예)를 갖춰 뵙고 四拜(4배)를 한 후에 자리에 앉는다. 燕見時(연견시)에 헤어질 때는 절을 하지 않고 그냥 물러나도 된다."

【註: 주인의 말하는 것이 마침내 끝을 고치지 않으면 물러가겠노라고 고한다. 그리고 혹 주인이 권태로운 빛이 있으면 혹 幹事(간사)들이 다 물러가겠노라고 고한다.】

"주인이 처마 밑에서 전송을 하면서 만약 말에 오르시라고 하면, 세 번 사양

33) 동네에서 地神(지신)을 祭祀(제사)하는 祠堂(사당).
34) 모여서 酒宴(주연)을 베풂음. 宴會(연회).
35) 名(명)은 大臨(대림), 字(자)는 與叔(여숙), 程子(정자)의 高弟(고제).
36) 주인과 객의 말을 중간에서 전하는 사람.

을 하고 나아가 곧 읍을 하고 물러가야 한다. 대문 밖에 나가서는 말을 타는데 시키는 대로 따라서 하면 된다. 그리고 나이가 맞먹는 사람을 보면 문 밖에서 下馬(하마)하여 將命者(장명자)로 하여금 通命(통명)을 하게 하고 처마 밑에서 기다렸다가 禮(예)로써 뵈면 곧 再拜(재배)한다. 물러날 때는 주인이 뜰에 나가서 말을 타라고 청해야 한다."

【註: 손님이 그냥 걸어서 가면 주인은 문 밖에서 전송해야 한다.】

"무릇 <주인보다> 젊은 사람들에게는 먼저 사람을 보내서 通名(통명)을 하고, 주인은 의관을 갖추고 기다리고 손님은 들어온다. 말에서 내리면 빠른 걸음으로 걸어 나가서 外堂(외당)에서 환영하는 읍을 한다. 와서 禮(예)로써 고하면 再拜(재배)하고 말을 한다."

【註: 손님이 이제 그만 들어가시라고 하면 그친다.】

"물러날 때는 뜰에 나가서 말에 오른다."

【註: 손님이 그냥 걸어오면 대문 밖에서 맞이하고, 전송할 때도 또한 그렇게 한다. 因(인)하여 손님이 가는 것을 두어 발작국 따라가서 읍을 하고 그치며, 그가 가는 것을 바라보다가 멀어지면, 이에 안으로 들어온다.】

○「曲禮」(곡례)에 말했다.

"장차 마루에 올라가려고 할 때는, <안에 있는 사람이 들을 수 있도록> 반드시 소리를 높여야 한다. 문 밖에 두 사람의 신이 놓여 있을 때는 말소리가 들리면 들어가고, 말소리가 들리지 않으면 들어가지 말아야 한다. 장차 문안에 들어갈 때에는 <위로 보면 불경하므로>, 반드시 아래를 본다. <문은 함부로 열지 말고> 문의 빗장을 두 손으로 받들 듯 잡는다. 방안을 휘둘러보는 일을 하지 말아야 한다. 문이 열려 있었으면 또한 열어 두고, 문이 닫혀 있었으면 또한 닫는다. 그러나 뒤에 들어오는 사람이 있으면 닫되, 다 닫지 말아야 한다."

【註: 알현하는 요령을 말한 것임.】

○「呂氏鄕約」(여씨향약)에 말했다.

"무릇, 尊長(존장)을 길에서 만나게 되면, 다 같이 車馬(거마)를 타지 않고 걸어가다가 만나게 될 경우에는, 걸어 나가서 존장에게 읍을 하여야 한다. 그리고 존장이 무슨 말을 하면 대답을 하고, 존장이 아무 말도 하지 않으면 길옆에 서서 그가 지나가기를 기다렸다가, 읍을 하고 자기도 가면 된다. 혹 존장과 자기가 피차간에 말을 타고 가다가 존장을 만났을 경우에는 존장자에게 길을 피해 줘야 한다. 이 때는 말을 길옆에 세우고 읍을 하며 지나가기를 기다렸다가 읍을 하고 나서 자기도 가면 된다. 만약 자기는 걸어가고 존장은 말을 타고 가다가 만나게 되면 길만 피해 주면 된다. 무릇, 자기는 걸어가는데 아는 사람이 말을 타고 오다가 만나게 되는 경우에는, 다 위와 같이 길만 피해 주면 된다. 만약 자기는 말을 타고 가는데 존장은 걸어오다가 만나게 될 경우에는 멀리 바라다 보이면 곧 말에서 내리고 앞에서 읍을 해야 한다. 자기가 길을 피해 주는 것도 또한 그와 같이 하면 되며 존장이 지나가고 이미 멀어졌으면 이에 말을 탄다. 이 때 만약 존장이 어서 말을 타라고 하더라도 굳이 사양을 해야 한다. 자기와 나이가 맞먹는 사람끼리 다 같이 말을 타고 가다가 만나게 되면 길을 적당히 나누어서 차지하고 읍을 하며 지나간다. 상대편이 걸어서 가다가 미처 피하지 못하면 자기가 말에서 내려 읍을 하고, 그 사람이 지나가고 나면 다시 말을 타야 한다. 자기보다 젊은 사람을 만날 경우, 피차에 말을 타고 있을 때는, 상대편에서 미처 피하지 못했으면, 그대로 읍을 하고 지나간다. 상대편이 그냥 걸어가는데 미처 피하지 못했으면 말에서 내려 읍을 하되, 어린 사람일 경우에는 말에서 내릴 필요까지는 없다."

【**註**: 우연히 길에서 서로 만나게 될 경우의 예절은 **張幼章**(장유장) 가운데 **逢遇**(봉우)와 관련되는 것을 말한 것이다.】

○「呂氏鄕約」(여씨향약)에 말했다.

“존장을 청하여 음식을 대접하게 되는 경우에는, 친히 가서 초청하는 내용을 적은 書狀(서장)을 전해 드려야 한다. 이미 오셨으면 그 다음날 친히 가서, 와 주셨던 데 대한 감사의 인사 말씀을 드려야 한다. 나이가 자기와 맞먹는 사람을 書簡(서간)으로 불렀을 경우에는, 그 다음날 서로가 감사의 예를 한다. 나이가 적은 사람을 손님으로 불렀을 때는, 그 다음날 손님이 가서 감사하다는 말을 해야 한다.”

【註: 손님을 청하고 부르는 예절을 말한 것임.】

○ 退溪(퇴계)선생이 鄭子中(정자중)에게 답하여 말했다.

“바야흐로 지금 卦(괘)가 爻象(효상)인지라 좋지 못한 상태이니, 불러도 가지 못하는 형편인데,

【註: 이 때 鄭子中(정자중)이 과거에 급제한 때였음.】

어찌 가히 경솔하게 스스로 가서 사람을 볼 수 있겠습니까? 대개 가서 저 사람을 만나 볼 것이냐 안 만나 볼 것이냐를 論(논)할 수 없는 것은, 다만 이것이 나에게 때가 부당하기 때문에 그러한 것입니다. 옛 사람들은 그것이 大夫(대부)와 賢者(현자)를 섬기기 때문에 찾아보는 것이라고 하였으나, 오늘날에는 그런 말이 정당하다고 평을 할 수가 없습니다. 모름지기 마음 속으로 그러한 자기의 뜻을 굳게 심어 가지고, 그 뜻을 壁(벽)처럼 확고하게 萬(만) 길쯤 세워 두고, 세상에서 행동을 하여야 합니다. 매양 남에게 양보하여 한 걸음 물러서 주고, 남에게 한 머리만큼 낮추어 주며, 그것을 제일가는 義理(의리)로 삼아야 합니다. 문을 닫고 자기 몸을 자기가 스스로 지키고, 하늘의 命(명)을 들을 줄 알아야 합니다. 그렇게 조심하고서도 혹 험난한 일을 당하게 된다면, 그것은 어쩔 수 없는 운명인 것이지, 자기가 스스로 불러들인 것은 아닐 것입니다. 後進(후진)이 先進(선진)의 門(문)에 오른다고 하면, 主人(주인)은 비록 믿을 수 있다고 하나 그 門(문)에 있는 빈객들이야 어찌 다 믿을 수가 있겠습니까? 그러므로 발

한 번 내딛고 입 한 번 여는 사이에 자기가 남한테 칭찬을 얻지 못하면 반드시 훼손을 얻게 되는 것입니다. 훼손을 얻는 것도 진실로 가히 두려운 일이려니와, 칭찬을 듣는 것도 또한 부담스러운 것이어서 다시 근심이 되는 것입니다. 옛 사람들이 後進(후진)에게 경계하는 말에, '오늘은 임금 앞에서 한 번 칭찬을 듣고, 明日(명일)에는 재상이 있는 곳에서 한 번 칭찬을 듣게 되면, 그로 인하여 스스로 실수를 하게 되는 사람이 많다.'고 하였습니다. 이것이 진실로 절실하게 옳은 말입니다."

【註: 개인적인 일로 알현을 구하는 것에 대하여 말한 것임.】

○「朱子訓子帖」(주자훈자첩)에 말했다.

"모든 일을 함에 있어서 끝나기 전에 방자하게 하지를 말고, 항상 부모님의 곁에 있는 것과 같이 조심해야 한다. 날마다 두세 번 정도씩은 가마에서 내려 천천히 걸어서 가마를 메고 가는 종들의 힘을 좀 편하게 해 줘야 한다. 높은 데를 오르거나 험한 데를 지나 갈 때는 모두가 반드시 수레에서 나와 예측하지 못할 일에 방비해야 한다. 나루를 건너야 할 경우를 만나게 되면, 절대로 먼저 배에 오르려고 경쟁하지 말고, 배에 탄 사람이 많든 적든 간에 뒤에 따라가야 한다. 종들을 경계하여 타일러서 남들과 다투지 말게 해야 한다. 주막 같은 곳을 찾을 때는 심히 험준한 바위 아래나 물에 잠길 위험성이 있는 곳을 찾지 말고, 안전한 곳에 있는 주막을 찾아서 자야 한다. 저녁밥은 조금만 먹고 밤에는 일찍 자며, 믿을 만한 종을 방안에 함께 머물러 있게 하여 도둑을 방지해야 한다. 다른 지방이나 市街(시가)를 지나갈 때는, 넓고 한갓지고 깨끗한 여관을 가려서 편안하게 자야 한다. 문을 닫고 고요하게 앉아서 출입을 자주 하지 말고, 비록 아무리 주막 같은 곳일지라도 쓸데없이 나다니지 말며, 망령되이 남을 자꾸 접촉하지 말아야 한다. 일종의 할 일 없는 사람이 와서 내력 없이 말을 걸으면, 다만 엄정한 안색으로 대해 주며, 너무 친절하게 대해 줄 필요는 없다. 만약 다른 사람과 함께 음식을 먹게 되거나 혹은 동행하여 출입을 하게 되면, 무슨 그릇된 일을 하는 사람이 없으라는 법이 없는 것이니, 항상 조심해야 한다. 도박을 하는 곳이나 술을 먹는 곳 같은 데는 다 들어갈 필요가 없는 곳들이다. 이상과 같은 등속으로 행동을 하면, 그 나머지는 볼 것도 없이 다 잘 해 나갈 수가 있음을 알 수 있다. 그리고 망령되이 금전이나 재물을 낭비해 가면서 음식이나 잡물 같은 것을 자꾸 사지 말아야 한다."

【註: 길을 가거나 여행을 할 때 지켜야 할 법도를 말한 것임.】

第七 接人(제칠 접인)

<사람을 접할 때 지켜야 할 도리>

【註: 살펴보건대, 이미 몸 처신하는 道(도)를 살폈으면 마땅히 사람 접하는 道(도)를 살펴야 한다. 그러므로 接人篇(접인편)을 處己篇(처기편)의 다음에 편집하였다. 나에게 있는 權度(권도)가 능히 정밀하고 절실하지 못하면 사물에 응할 수가 없는 것이다.】

長幼章(장유장)

<손위 어른과 손아래 어린 사람을 대하는 도리>

○ 孟子(맹자)가 말했다. "내 집안의 노인을 공경하여, 그러한 마음이 남의 집 노인에게까지도 미치게 하여야 한다."

○ 「曲禮」(곡례)에 말했다.

"나이가 <자기보다> 곱이 더 많은 사람에게는 아버지를 섬기는 것과 같이 섬겨야 하고, 10년이 더 많은 사람에게는 형을 섬기는 것과 같이 섬겨야 한다. 그리고 5년이 더 많은 사람과는 어깨를 나란히 하고 걷되, 조금 뒤로 처져서 따라가야 한다. 또 다섯 사람이 한 자리에 모여 있게 될 때는, 가장 나이가 많은 사람은 반드시 자리를 따로 앉도록 해 주어야 한다."

○ 退溪先生(퇴계선생)이 말했다.

"나이가 나보다 더 많으면, 아버지와 같이 섬겨야 하거나 형과 같이 섬겨야 할 차등이 있는데, 이것은 대개로서 말하는 것이다. 그 사이에는 다시 賢愚(현우)와 貴賤(귀천)의 차등이 있어서, 신분에 따라 좀 더 융숭하게 대접해야 할 자리가 있고, 좀 더 덜 대접해도 될 자리가 있다. 그러므로 또한 가히 분별을 하지 않을 수 없는 자리가 있다. 이와 같이 각각 그 형편에 따라서 여러 가지 동일하지 않은 경우가 있으므로, 강경하게 한 마디로 단정해서 말하기는 어렵다.”

【註: 어른을 섬기는 도리를 통틀어 말한 것임.】

○「曲禮」(곡례)에 말했다.

“장차 어떤 자리에 가서 앉으려고 할 때는 부끄러운 표정을 하지 말고, 얼굴빛을 자연스럽게 할 것이며, 두 손으로 옷의 뒷자락을 땅에서 한 자쯤 뜨게 가지런히 잡아서 치켜 올려야 한다. 옷자락이 펄럭이지 않도록 해야 하며, 발은 미끄러지는 일이 없도록 해야 한다. 선생님의 서책이나 거문고 비파 같은 것이 자기 앞의 지나가야 할 곳에 놓여 있으면, 얌전히 앉아서 옆으로 옮겨 놓을 것이며, 조심하여 그것을 그냥 넘어가는 일이 없도록 해야 한다. 앉는 것은 반드시 안정되게 앉아야 하며, 네 얼굴빛을 얌전하게 가져야 한다.”

○ 또 말했다.

“존경하는 분을 모시고 앉았을 때에, 자신과 동등한 신분의 사람이 들어오면, 일어나 자리를 비켜 주지 않아도 된다. 촛불이 들어오면 일어나야 하며, 밥이 들어오면 일어나야 하고, 지위가 높은 손님이 오면 일어나야 한다.”

○ 또 말했다.

“존귀한 손님 앞에서는 버릇없이 함부로 소리 지르며 개를 꾸짖지 말아야 한다.”

○ 또 말했다.

“군자를 모시고 앉았을 때에, 군자가 하품을 하거나 기지개를 켜면서, 지팡이와 신을 손으로 잡으며, 날이 이르고 저문 것을 보는 눈치거든 피곤하다는 뜻이니, 모시고 앉았던 사람이 이제 그만 물러가기를 청해야 한다.”

○ 또 말했다.

“군자를 모시고 앉아 있을 때에 만약 누가 군자에게, ‘잠깐 아뢸 말씀이 있습니다.' 라고 하는 사람이 있거든, 모시고 있던 사람들은 곧 좌우로 물러나가서 기다려야 한다."

○「少儀」(소의)에 말했다.

"尊長(존장)이 자기보다 나이가 월등하게 더 많을 때는 감히 그 나이를 물어서는 안 된다. 존장을 모시고 앉아 있을 때, 존장이 시키지 않으면 거문고나 비파를 잡아서는 안 된다. 그리고 땅바닥에 그림을 그려서는 안 되며, 손으로 무슨 형용을 해서도 안 되고, 부채질을 해서도 안 된다. 또 자리에 누워 계실 때는 앉아서 命(명)을 받들어야 한다."

【註: 존장을 모시고 앉는 예절을 말한 것임. ○ 또 首卷(수권)에서도 이에 대한 이야기를 볼 수 있음.】

○「士相見禮」(사상견례)에 말했다.

"어른과 더불어 말을 할 때는, 처음에는 얼굴을 쳐다보아야 한다."

【註: 그 사람의 안색을 보면, 가히 말을 전할 사람인지 아닌지를 알 수가 있다.】

"중간에는 가슴을 쳐다보아야 한다."

【註: 그 생각하는 모양을 하고 있으면 그것도 또한 공경하는 것이 된다.】

"끝날 때는 다시 얼굴을 쳐다보아야 한다."

【註: 그가 자기 말을 받아들여 줄 것인지 아닌 지를 살펴보아야 한다.】

"그렇게 하는 것을 고쳐서는 안 된다."

【註: 말을 전하고 응답하는 사이에, 마땅히 容態(용태)를 바르게 하고 기다려야 하며, 변동하지 말아야 한다.】

"여러 일반 사람들에게는 다 이와 같이 하면 되고, 만약 아버지를 모시고 이야기를 할 때는 아버지의 안부를 살피기 위해서, 아버지를 이리저리 널리 살펴보아야 한다."

【註: 말하자면, 보는 바를 넓게 하는 것은 그 안부를 살펴보기 위한 것이다.】

"그러나 버릇없이 얼굴보다 더 위로 쳐다보아서는 안 되며, 아래를 볼 때도 허리띠보다 더 밑으로 쳐다보아서는 안 된다. 만약 말씀을 안 하시고 그냥 일어서시면 발을 쳐다보아야 한다."

【註: 그 가시는 것을 살펴 드린다.】

"앉으시면 무릎을 쳐다보아야 한다."

【註: 그 일어나시는 것을 살펴 드리기 위한 것이다.】

○ 「曲禮」(곡례)에 말했다.

"어른이 무엇을 물었을 때, 사양하지 않고 대답하는 것은 禮(예)가 아니다."

【註: 또 말했다. "어른을 모시고 앉아 있을 때, 어른을 돌아보지 않고 대답하는 것은 禮(예)가 아니다."】

○ 또 말했다.

"선생님을 모시고 앉아 있을 때에, 선생님이 무엇을 물으시거든, 묻는 말씀이 끝난 후에 대답을 해야 한다. 선생님에게 수업을 청할 때에는 일어서서 말씀드려야 하며, 더욱 설명하여 주시기를 청할 때에도 일어서서 말씀드려야 한다."

○ 또 말했다.

"군자가 한 가지 묻던 이야기를 끝내고 또 다른 이야기로 고쳐 물으면 일어나서 대답해야 한다."

○ 孔子(공자)가 말했다.

"군자를 모시고 있을 때, 저지르기 쉬운 세 가지의 허물이 있다. 한 가지는 그 분이 말을 하지 않았는데 먼저 말을 하는 것으로서, 操(조)[1]라고 이르는 것이다. 또 한 가지는 그 분이 말을 했는데도 대꾸를 하지 않는 것으로서, 隱(은)[2]이

1) 操(조)는 침착하지 못하고 조급한 것.
2) 隱(은)은 사실대로 하지 않고 속이고 감추는 것.

라고 이르는 것이다. 그리고 또 한 가지는 그 분의 안색을 살피지도 않고 제 멋대로 말을 하는 것으로서, 瞽(고)[3]라고 이르는 것이다."

【註: 어른을 모시고 대화를 하는 예절을 말한 것임. ○ 또 首卷(수권)에서도 이에 대한 이야기가 비쳤음.】

○ 「少儀」(소의)에 말했다.

"군자를 모시고 음식을 먹을 때는 먼저 밥을 들고 뒤에 그만둔다.[4] 밥을 많이씩 떠서 먹지 말고, 국을 후룩 후룩 소리 내어 마시지 말 것이며, 조금씩 떠서 먹고 자주 먹어야 한다. 음식을 여러 번 씹으며, 입을 가지고 이상한 모양을 하지 말고 얌전하게 먹어야 한다."

○ 「曲禮」(곡례)에 말했다.

"어른을 모시고 술을 마실 때는 술이 나오면 일어나 술이 있는 곳으로 가서 절을 하고 받아야 한다. 만약 어른이 그렇게 하지 말라고 말리면 연소자는 제 자리에 돌아와서 마시되, 어른이 술잔을 들어다 마시기 전에는 연소자가 감히 먼저 마셔서는 안 된다."

○ 또 말했다.

"무릇 어른을 모시고 같이 음식을 먹을 때는, 비록 좋은 음식이 겹쳐 나오더라도, 그것은 그 어른을 위해서 나오는 것이므로, 연소자가 그것을 사양해서는 안 된다. 또 손님을 대접하는 자리에 같이 앉아 먹게 될 때도, 거기에 나오는 음식은 그 손님을 위한 것이므로, 자기가 그것을 사양해서는 안 된다."

○ 또 말했다.

"음식 주는 것을 사양할 때는, 침을 뱉으며 사양하지 말아야 한다."

---

3) 瞽(고)는 함부로 떠들고 맹목적인 것.
4) 먼저 밥 먹는 것은 음식을 맛보는 禮(예)이며, 뒤에 그만 두는 것은 음식을 권하는 뜻임.

○「童蒙須知」(동몽수지)에 말했다.

“어른 앞에서 음식을 먹을 때는 반드시 얌전히 가볍게 씹고 천천히 삼켜서 음식을 먹는 소리가 들리지 않도록 해야 한다.”

【註: 어른을 모시고 음식을 먹을 때의 예절을 말한 것임.】

○「曲禮」(곡례)에 말했다.

“아버지의 <뜻을 같이 하는> 친구 분을 뵈었을 때는, 나아가라고 말하지도 않았는데 감히 나아가서는 안 된다. 또한 물러가라고 말하지도 않았는데 감히 물러가서도 안 되며, 묻지도 않았는데 감히 대답하여서도 안 된다.”

○「內則」(내칙)에 말했다.

“부모님이 계시는 곳에 있을 때는, 앞으로 나아가고 뒤로 물러나며, 돌아다니는 몸가짐의 동작에 삼가 조심하여야 한다.”

○「童子禮」(동자례)에 말했다.

“同列(동열)의 사람들과 더불어 進退(진퇴)를 할 때는 나이의 순서대로 해야 한다. 나아갈 때는 마치 물고기를 꼬챙이에 꿴 것처럼 줄을 지어 올라가야 하며, 차례를 넘어서 문란하게 하지 말아야 한다. 물러날 때는 마치 한 쪽에서부터 자리를 말아 오는 것처럼 순서대로 내려와야 하며, 먼저 풀쑥 튀어나와 가지고 혼자만 편안함을 취하려고 해서는 안 된다.”

○「曲禮」(곡례)에 말했다.

“나아갈 때는 揖(읍)을 하고, 물러날 때는 揚(양)을 해야 한다.”

【註: 나아가고 물러나는 때의 예절을 말한 것임.】

○「內則」(내칙)에 말했다.

“부모님이나 시부모님이 계신 곳에서는 빨리 대답하고 공경스럽게 말씀드려야 한다."

○「曲禮」(곡례)에 말했다.

"아버지가 부르시면 느리게 대답하지 말고 빨리 대답하고 뛰어나가야 하며, 선생님이 불러도 느리게 대답하지 말고 빨리 대답하고 일어나야 한다."

○「童蒙須知」(동몽수지)에 말했다.

"무릇 부모나 웃어른을 대할 때는 반드시 자기의 이름을 일컬어 드려야 한다."

【註: 응대하는 예절을 말한 것임. ○ 또는 서로 배석해서 이야기하는 예절을 말한 것임.】

○ 孟子(맹자)가 말했다.

"천천히 어른의 뒤에 따라가는 것을 공경이라고 하며, 줄달음질쳐서 어른보다 먼저 가는 것은 불경이라고 한다."

○「曲禮」(곡례)에 말했다.

"어른에게 무슨 일을 문의하려고 할 때는 반드시 안석과 지팡이를 들고 따라가야 한다."

○ 또 말했다.

"어른을 따라서 언덕 같은 곳을 올라갈 때는, 반드시 어른이 보는 곳으로 향하여 가야 한다."

○ 또 말했다.

"자리를 받드는 데는 다리처럼 높직하고 저울대처럼 평평하게 하여야 한다. 앉을 자리를 펼 때는 어느 쪽으로 향하게 펼지를 물어야 하며, 누울 자리를 펼 때는 발을 어느 쪽으로 뻗게 펼지를 물어서 펴야 한다."

○ 또 말했다.

“선생님을 따라서 어디를 가게 될 때는, 선생님의 앞 길을 넘어가서 다른 사람과 더불어 이야기를 하면 안 된다.”

○ 伊川(이천)이 어느 한가한 날 韓持國(한지국)이라는 사람과 西湖(서호)로 놀러 가게 되었는데, 持國(지국)의 아들들이 모시고 동행을 하였다. 그런데 그들의 말씨와 용모가 씩씩하고 공경스런 태도가 없었으므로, 伊川(이천)이 머리를 돌이켜서 엄숙한 목소리로 꾸짖어 말했다. “너희들이 지금 어른을 모시고 가는 중인데, 감히 그렇게 버릇없이 웃고 떠들고 하여도 좋은 것이냐?”

【註: 어른을 모시고 동행할 때 지켜야 할 예절을 말한 것임.】

○「曲禮」(곡례)에 말했다.

“길에서 선생님을 우연히 만나게 되면 빠른 걸음으로 나아가 바르게 서서 예를 갖추어 팔짱을 끼고 서 있어야 한다. 그리고 선생님이 무슨 말씀을 하시면 대답을 하고, 하시는 말씀이 없으면 그냥 빨리 물러서면 된다.”

○「少儀」(소의)에 말했다.

“길에서 어른을 만났을 때는 그 어른이 나를 보면 인사를 하되, 어디를 가시느냐고 묻지는 말아야 한다.”

○「童子禮」(동자례)에 말했다.

“만약 존장이 車馬(거마)를 타고 있으면 옆으로 길을 피해 주면 된다. 그러나 만약 그 분의 등급이 相懸(상현)이면 몸가짐을 공경스럽게 하고 말에서 내려 예를 갖추어 팔짱을 끼고 길옆으로 비켜서서 그 분이 지나가기를 기다려야 한다.

【註: 우연히 어른을 만났을 때 지켜야 할 예절을 말한 것임. ○ 또 이것은 出入往來章(출입왕래장)에도 섞여 있음.】

○「少儀」(소의)에 말했다.

“어른을 모시고 활을 쏘게 되면 화살을 간략하게 하여야 한다. 또 어른을 모시고 화살을 병에 던져 넣는 시합을 하게 되면 화살을 가슴에 껴안고 해야 한다. 그리고 자기가 이겼으면, <이긴 사람이 진 사람에게 술을 먹이는 시합이므로> 술잔을 닦아 가지고 마시기를 청해야 한다.”

○ 또 말했다.

“어른에게 세숫물을 떠다 드리고 음식을 가져다 드리는 일을 맡은 사람은 <불결한 것이 떨어지지 않도록> 숨을 크게 쉬지 말아야 한다. 그리고 묻는 말씀이 있으면 역시 <불결한 것이 떨어지지 않도록> 입아귀를 옆으로 돌리고 대답해야 한다.”

【註: 服役(복역)할 때의 예절을 말한 것임. ○이 내용은 首卷(수권)에서도 볼 수 있는 것임.】

○ 孟子(맹자)가 말했다.

“내 집안의 어린이를 사랑하여, 그러한 마음이 남의 집 어린이에게 까지도 미치도록 하여야 한다.”

○ 退溪先生(퇴계선생)이 그 손자 安道(안도)에게 편지를 써서 말했다. “지금 들으니 네 어린아이에게 젖을 먹여 줄 계집종이 3~4개월 밖에 안 된 아이를 버리고 서울에 올라온다고 하는데, 이것은 그 어린아이를 죽이는 것이나 다름이 없는 일이다. 「近思錄」(근사록)에 이와 같은 일을 논평하여 말하기를 ‘남의 자식은 죽이고 내 자식은 살리고자 한다면, 그것은 심히 옳지 못한 일이다.’ 라고 하였는데, 지금 이 일이 바로 그와 같은 것이다. 만약 반드시 乳婢(유비)를 보내려고 한다면 차라리 그 乳婢(유비)의 아이도 함께 데리고 가게 하여서 두 아이를 겸해서 키우도록 하는 것이 옳을 것이다. 그 아이를 떼어놓고 어미만 데리고 간다면 그것은 어진 사람으로서는 차마 하지 못할

일일 뿐만 아니라, 또한 지극히 미안한 일인 것이다."

【註: 어린이를 사랑할 것을 첨부해서 말한 것임.】

師友章(사우장)

<스승과 벗을 대하는 도리>

○ 「學記」(학기)에 말했다.

"무릇 배우는 道(도)라는 것은 스승을 공경하는 것이 가장 어려운 일이다. 스승이 엄한 연후에라야 道(도)가 높아지는 것이며, 道(도)가 높아진 연후에라야 백성들이 敎化(교화)를 알게 되는 것이다."

○ 또 말했다.

"참뜻을 이해하지 못하고 남의 질문을 기다리기 위해 단순히 古書(고서)를 외우기만 하는 학문을 한 사람은, 족히 남의 스승이 될 수가 없는 사람이다."

○ 孔子(공자)가 말했다.

"옛 것을 배워서 완전히 이해하고, 나아가 새로운 것을 알아야 가히 스승이 될 수가 있다."

○ 孟子(맹자)가 말했다.

"사람의 잘못은 남의 스승이 되기를 좋아하는 데 있다."

○ 游定夫(유정부)와 楊中立(양중립)이 伊川(이천) 선생을 뵈러 갔을 때의 일이다. 하루는 선생이 앉아서 눈을 딱 감고 있었으므로, 두 사람은 가까이에서 있었을 뿐, 감히 가지를 못하고 있었다. 오래 되어서야 선생이 돌아다

보고 말하기를 "너희들 여태껏 안가고 있었느냐? 날이 저물었으니 어서들 집으로 가도록 하여라."고 하였다. 두 사람이 물러나왔는데 문 밖에는 눈이 자로 재고도 남음이 있을 정도로 많이 와 있었다. 선생님의 엄한 것이 이와 같은 것이다. 선생이 만년에는 다시 엄하지 않고 평이했었는데, 이는 학문이 이미 지극한 곳에 이르렀기 때문이었다.

【註: 師道(사도)를 말한 것임.】

○ 孟子(맹자)가 말했다.

"천하의 재주 있는 사람들을 얻어서 이를 교육하면 세 번째의 즐거움이 되는 것이다."

○ 孔子(공자)는 四敎(사교) 즉, 文(문)·行(행)·忠(충)·信(신)으로써 가르쳤다.

○ 孔子(공자)가 말했다.

"배우고 싶은 마음이 분발하지 않으면 啓發(계발)을 시켜 줄 수가 없으며, 뜻을 알고는 있으나 표현을 하지 못하여 더듬거리지 않으면 말을 일러 줄 수가 없고, 한 모퉁이를 들어 가르쳐 주어서 다른 세 모퉁이를 알지 못하면 더 이상 가르쳐 줄 수가 없는 것이다."

○ 또 말했다.

"束脩(속수)[5]의 禮(예) 이상을 行(행)한 사람을 내가 일찍이 가르쳐 주지 않은 일이 없다."

○ 또 말했다.

---

5) 제자가 되고자 할 때에 스승에게 보내는 예물. 예물의 종류는 여러 가지가 있었으며, 束脩(속수)는 肉脯(육포) 열두 두름을 묶은 것으로서 예물 중 가장 낮은 것이었다.

"무식한 사람이라도 나한테 와서, 아무 것도 모르는데 좀 가르쳐 달라고 간곡히 청하면, 그 兩端(양단) 즉, 本末(본말)을 들어서 다 가르쳐 주었다."

○ 「曲禮」(곡례)에 말했다.

"禮(예)는 <남이 나한테> 와서 배운다는 말은 들어보았어도, <내가 남한테> 가서 가르쳐 준다는 말은 들어보지를 못했다."

○ 「書經」(서경)에 말했다.

"가르치는 것이 반은 배우는 것이다."

○ 張子(장자)가 말했다.

"어린아이들을 가르쳐 주는 것도 또한 다음과 같은 유익함을 취하는 것이 된다. 몸을 단속하고 함부로 출입을 하여서는 안 되는 것이니, 그것이 첫 번째의 유익한 것이다. 다른 사람을 여러 차례 가르쳐 주다 보면 자신도 또한 그 글 뜻을 알게 되는 것이니, 그것이 두 번째의 유익한 것이다. 아이들을 대할 때는 반드시 의관을 바르게 하고, 쳐다보는 것을 존중히 해야 하는 것이니, 그것이 세 번째의 유익한 것이다. 일찍이 자신의 부족함으로 인해서, 다른 사람의 재주를 무너뜨리게 되면 어쩌나 하는 근심을 하여, 계속 노력을 해야 되므로 감히 태만할 수가 없는 것이니, 그것이 네 번째의 유익한 것이다."

○ 明道先生(명도선생)은 사람을 가르치는데 우선 致知(치지)로부터 知止誠意(지지성의)에 이르게 하고, 平天下(평천하)에 이르게 하였으며, 灑掃應對(쇄소응대)하는 것이 窮理盡性(궁리진성)하는 데까지 이르게 하였으니, 질서 정연하게 다 차례가 있었다.

○ 謝上蔡(사상채)가 말했다.

"橫渠(횡거)는 사람을 가르칠 때, 禮(예)로써 제일 먼저를 삼았는데, 그 큰 요점은 용모를 바르게 하고 절조를 삼가 하게 하는 것이었다. 그래서 그 門人下梢(문인하초)들이 <순수한 正道(정도)를 연구하는 것이 아니라> 法(법)과 정해진 제도를 연구하는 데 빠져서, 그 학문이 전해지지를 못했다. 그런데 明道(명도)는 배우는 사람들로 하여금 각각 사람 공경하는 것을 좇도록 평생을 가르쳤다."

○ 朱子(주자)는 사람을 가르칠 때, 「大學」(대학), 「論語」(논어), 「孟子」(맹자), 그리고 「中庸」(중용)으로써 正道(정도)에 들어가는 次序(차서)가 되도록 가르쳤다. 그렇게 하고 나서 그 뒤에 모든 經書(경서)를 가르쳤다.

○ 朱子(주자)가 말했다.

"南軒(남헌)은 사람을 가르칠 때, 반드시 먼저 義(의)와 利(이)부터 살폈다. 그런 뒤에 이치를 밝혀 居敬(거경)하는 것을 가르쳐서 그 극진한 데까지 이르도록 하였다. 그 <義(의)와 利(이)를> 쪼개고 분석하는 것을 깨끗하고 밝게 하여서, 충심으로 사모하고 그리워하는 것을 간절하고 지극하게 하여, 반드시 兩端(양단)을 절실하게 다한 후에야 그쳤다."

○ 程子(정자)가 말했다.

"군자가 사람을 가르치는 데는 질서가 있는 것이다. 그러므로 먼저 작은 것과 가까운 것부터 가르치고, 그런 뒤에 큰 것과 먼 것을 가르치는 것이다."

○ 呂東萊(여동래)가 말했다.

"의복을 입는 것과, 음식을 먹는 것과, 글자를 구성하는 점이나 획으로부터, 음성과 웃고 말하는 것의 높고 낮음과, 걸음걸이와, 나아가고 추창하는 데 느리고 빠른 것에 이르기까지, 마땅히 古人(고인)들이 한 것과 똑 같이 해야 한다. 그러므로 옛적에는 사람을 가르치는 데 이러한 것으로써 근본을 삼았다."

○ 許魯齋(허노재)가 말했다.

"착한 것이 적고 악한 것이 많으면, 그 착한 것을 길러서 감히 그 악한 것을 쳐내지 못하는 것이다. 그러므로 착한 것이 많고 악한 것이 적게 한 연후에라야, 감히 그 악한 것을 쳐낼 수가 있는 것이다."

○ 또 말했다.

"사람의 착한 점을 말하려면 그 사람의 업적을 좇아서 말을 해야 하며, 사람의 과실을 논의하려면 그 사람의 마음이 어떠한가를 좇아서 말을 해야 한다."

○ 또 말했다.

"사람을 가르치는 데는 반드시 그 사람이 부끄러운 줄을 아는 사람이 될 수 있도록 가르쳐야 한다. 사람이 부끄러운 줄을 모르면 못하는 짓이 없게 되는 것이다. 이미 부끄러운 줄을 알게 되면, 또 반드시 그 부끄러운 줄을 아는 마음을 잘 기르고 보호하여, 독촉하고 꾸짖어서, 그로 하여금 두려워할 줄 아는 사람이 될 수 있도록 가르쳐야 한다. <부끄러워할 줄을 알고 불의에 두려워할 줄을 알게 되면> 그것이 영광스런 일이라는 마음을 갖도록 잘 가르쳐서, 하여금 사모하는 바가 있도록 해 주어야 하다."

○ 孟子(맹자)가 말했다.

"가르치는 데는 또한 많은 기술 즉, 방법이 있는 것이다. 내가 가르치거나 돌보지 않음으로써 도리어 교훈이 되게 하는 것도 또한 가르치는 방법의 하나일 따름이다."

【註: 孔子(공자)는 선비들에게는 불쌍히 여겼고, 孟子(맹자)는 滕(등)나라에 가서는 행동을 고쳤는데, 孔子(공자)와 孟子(맹자)의 사람을 가르치는 방법이 바로 이러하였다. ○ 尹和靖(윤화정)이 말했다. "어떤 사람에게는 억제를 해 주어야 하고, 어떤 사람에게는 찬양을 해 주어야 한다. 또 어떤 사람에게는 주어야 하기도 하고, 어떤 사람에게는 주지 않아야 하기도 하다. 각각 그 재주에 따라서 독려하는 것이니, 가르치는 방법이 아닌 것이 없다."】

○ 朱子(주자)가 말했다.

"사람은 가르쳐 인도한 후에 진취되는 것이니, 모름지기 이것은 엄숙하고 의지가 굳세어야 하는 것이다. 그러나 떨치고 일어나야 開發(개발)될 때가 있는 것이다. 한갓 구속만 하게 되면 일을 처리하지 못하게 된다."

【註: 가르치는 道(도)를 말한 것임.】

○ 欒共子(난공자)[6]가 말했다.

"백성은 세 군데서 낳는 것이니, 이들을 한결같이 섬겨야 한다. 즉, 아버지는 낳아 주시고, 스승은 가르쳐 주시며, 임금은 먹여 주신다."

○「禮記」(예기)에 말했다.

"스승을 섬기는 데는 범하는 일도 없어야 하고, 숨기는 일도 없어야 하며, 좌우로 스승을 就養(취양)해야 한다. 그리고 일정하게 정해진 곳이 없이 스승이 가는 곳으로 따라다니며 배워야 한다. 또 스승이 돌아가시면 마음으로 3년간 복을 입어야 한다."

○ 朱子(주자)가 큰아들 塾(숙)으로 하여금 呂東萊(여동래)한테 가서 배우도록 하였는데, 그 아들에게 訓帖(훈첩)을 주어 말했다. "婺州(무주)에 가면 먼저 잘 곳부터 검토하여 당분간 쉴 곳을 정한 다음, 곧 세수를 하고 머리에 빗질을 하고 나서 呂正字(여정자)를 찾아뵙도록 하여라. 처음에 가서 뵐 때는 오로지 그분한테, '제가 저의 아버님의 명으로 먼데서 와서 친히 선생님의 講席(강석)의 아래에 의지하고자 찾아뵙는 것이오니, 될 수 있으면 저를 거두어 주시기 바랍니다.' 라고 말씀드리도록 하여라. 그리고 엎드려서 좀 받아 주십사 하고 애걸하도록 하되, 절을 하고 나서, 다시 절을 하도록 하여라. 만약 받아 주지 않으면 다시 찾아가서 정성스럽게 말씀드리되, '절을 한

---

6) 春秋時代(춘추시대)의 晉(진) 나라 사람.

것을 받아들이지 아니하여 주셔서 황공함을 이기지 못하겠습니다.' 라고 하고 나서, 다시 다음과 같이 말씀드리도록 하여라. '다시 바라옵건대, 선생님께서 높이 사랑하셔서, 특별한 용납을 베풀어 주시기 바랍니다.' 그렇게 하고 나서 또 절을 하고 일어나 인사를 마치고 다시 말씀을 드리되 '늦게 배운 小生(소생)으로서, 선생님의 德義(덕의)와 道學(도학)의 무성함을 들었는데, 오늘 다행히 선생님을 뵈옵고 절을 하게 되고 보니, 저로서는 참으로 천만 다행입니다.' 라고 하여라. 그렇게 인사를 다 드리고 난 후에는 다시 일어나서, '만학하여 아는 것이 없는 사람이오나, 저의 아버님께서 보내시어, 제가 이렇게 찾아와서, 선생님의 가르침을 좇아서 배우고자 하는 뜻을 말씀드리는 것입니다. 선생님께서는 지극한 정성으로 교육하는 것을 즐겁게 여기신다는 말씀을 사사로이 들었습니다. 원하옵건대, 승낙을 하여 주셔서, 저로 하여금 조만간 선생님의 가르침을 받아 감화를 받게 하여 주신다면, 몹시 다행한 일이겠습니다.' 라고 말씀드리도록 하여라."

【註: 대저, 禮(예)의 힘쓰는 요점은 공경하고, 자상하고, 너그러운 것이며, 장황하고 앞뒤를 뒤집어 어그러뜨리는 것을 필요로 하지 않는다.】

○ 黃勉齋(황면재)가 朱子(주자)한테서 학업을 받고자 할 때에 많은 눈이 왔었는데, 朱子(주자)는 마침 외출을 하고 집에 없었다. 公(공)은 이로 인하여 客邸(객저)에 가서 머물렀는데, 조그마한 평상에서 누웠다 일어났다 하며 옷을 벗지도 않고 있었다. 두 달이 지나고 나서야 朱子(주자)가 돌아왔는데, 公(공)은 밤에 자리도 베풀지 않았고 허리띠도 풀지 않았으며, 조금 권태로우면 잠시 의자에 가서 앉아 있었고 혹은 새벽까지도 그냥 앉아 있었다. 이에 朱子(주자)가 말하기를, "直卿(직경)은 뜻이 굳고 학업을 이렇게 고생스럽게 하고자 하니, 그와 더불어 있게 되면 심히 유익할 것이다." 라고 하고 이를 받아들였다.

○ 趙重峯(조중봉)은 매양 선생님께서 써 보낸 편지를 받으면, 반드시 손을 씻고 옷을 갖춰 입고 분향재배를 하고서 그것을 읽었다. 그리고 그 편지를 가지고 온 종에게는 또한 손님을 접대하는 禮(예)로써 대접을 하였다.

○ 鄭道可(정도가)가, "어렸을 때 한 글자라도 배운 일이 있는 선생님한테는 다 절을 해야 되는 것입니까?" 하고 물으니, 退溪先生(퇴계선생)이 말했다. "옛적의 사람들도 선생님을 위해서 상복을 입지는 않았으니, 그 輕重(경중)을 일괄적으로 이야기하기는 어렵고 또 미리 법을 세우기는 어려우나 절은 해야 한다."

【註: 스승 섬기는 도리를 말한 것임.】

○ 公都子(공도자)가 말했다.

"滕更(등갱)[7]의 門(문)에 있으려면 禮(예)를 갖춰 줘야 할 것 같습니다." 묻는 말에 대답을 아니 하고 孟子(맹자)가 말했다. "자기의 신분이 존귀하다는 자만심을 가지고 남에게 뽐내며 묻거나, 자기의 어진 것을 믿고 남에게 뽐내며 묻거나, 자기가 어른임을 믿고 남에게 거만하게 묻거나, 자기가 나라에 勳勞(훈노)가 있다는 것을 믿고 남에게 건방지게 묻거나, 자기가 무슨 연고가 있다는 것을 믿고 남에게 건방지게 묻는 것은 다 대답을 하지 않아도 되는 것이다. <滕(등) 임금의 아우가 그렇게 거만하면> 滕(등)나라가 둘이 있는 것과 같은 것이다."

○ 曹交(조교)[8]가 말했다.

"交(교)가 鄒君(추군) <즉, 孟子(맹자)>를 만났으니, 가히 집 하나를 빌려서 거기에 모시고 글을 좀 배우고자 합니다." 孟子(맹자)가 말했다. "道(도)는 큰길

7) 滕(등)나라 임금의 아우.
8) 曹(조)나라 임금의 아우.

과 같은 것이나, 알기가 그렇게 어려운 것은 아닙니다. 사람이 구하지 않는 것이 병입니다. 돌아가서 다른 선생님을 구해 보십시오. 나 말고도 선생님은 또 있을 것입니다."

【註: 朱子(주자)가 말했다. "曹交(조교)가 어른을 섬기는 禮(예)가 지극하지를 못하고, 道(도)를 구하는 마음이 두텁지를 못하였다. 그러므로 孟子(맹자)가 孝(효)와 悌(제)로써 이를 가르치고 그 受業(수업)하는 것을 용납하지 않았다. ○ 능히 스승을 섬기지 못하는 잘못을 말한 것임.】

○「曲禮」(곡례)에 말했다.

"天子(천자)로부터 庶人(서인)에 이르기까지 벗으로 인해서 이루어지지 않는 것이 없다."

○ 孔子(공자)가 말했다.

"사귀어서 유익한 벗이 셋이 있고. 사귀어서 손해되는 벗이 셋이 있다. 벗이 正直(정직)하고, 벗이 誠實(성실)하며, 벗이 多聞(다문)하면, 그런 사람은 유익한 벗이다. 그리고 벗이 남에게 알랑거려 그 비위나 잘 맞추고, 벗이 남에게 아첨할 뿐 성실하지 못하며, 벗이 말만 앞세우고 실속이 없으면, 그런 사람은 손해가 되는 벗이다."

○ 또 말했다.

"이 나라에 살려면 大夫(대부)의 어진 사람을 섬겨야 하고, 그 어진 사람을 벗으로 삼아야 한다."

○ 또 말했다.

"나 보다 못한 사람을 친구로 사귀지 말아야 한다."

○ 孟子(맹자)가 말했다.

"자기가 어른이라고 뽐내는 마음을 가지거나, 자기의 신분이 존귀하다고 뽐내는 마음을 가지거나, 형제의 능력을 개재시켜 벗을 사귀어서는 안 된다. 벗이라는 것은 그 사람의 덕과 사귀는 것이니, 가히 중간에 무엇을 끼고 벗을 사귀어서는 안 된다."

○ 子夏(자하)가 말했다.

"벗을 사귀는 데는 말이 신용이 있어야 한다."

○ 「表記」(표기)에 말했다.

"군자의 사귐은 맹물과 같이 담담하고, 소인의 사귐은 단술과 같이 달콤하다."

○ 또 말했다.

"가볍게 사귀는 사람은 끊어지기도 쉽나니, 군자는 그것을 수치스럽게 생각한다."

○ 「曲禮」(곡례)에 말했다.

"군자는 남이 자기에게 친함을 다 해 주기를 바라지 않으며, 남이 자기에게 충성을 다 해 주기를 바라지 않음으로써, 사귀는 것을 온전하게 유지한다."

○ 孔子(공자)가 말했다.

"晏平仲(안평중)은 사람을 참으로 잘 사귀는데, 오래 갈수록 더욱 공경한다."

○ 또 말했다.

"마음 속으로는 원한을 품고 있으면서 겉으로는 친한 것처럼 꾸며서 그 사람을 사귀는데, 左邱明(좌구명)[9]은 그것을 부끄럽게 생각하였으며, 나<孔子(공자)>도 또한 그런 것은 부끄럽게 생각한다."

○ 張子(장자)가 말했다.

9) 魯(노) 나라의 학자.

“지금의 사람들이 벗을 사귀는 것은 서로 남에게 아첨할 뿐 성실하지 못한 것을 택하고 있다. 서로가 더불어 친하다는 표시로 어깨를 치기도 하고, 옷소매를 잡아당기기도 하면서, 그것을 가지고 서로가 기분이 맞아서 그런다고 하고 있다. 그러나 그렇게 하다가도 말 한 마디만 의견이 다르게 되면, 서로가 노기를 더하게 된다. 그러므로 벗이라는 것은 공경을 위주로 사귀어야 되는 것이다.”

【註: 벗을 사귀는 도리를 말한 것임.】

○ 「周易」(주역)에 말했다.

“아름다운 혜택이 兌(태)이다. 군자는 이것을 보고 朋友(붕우)[10]끼리 모여서 강습을 하는 것이다.”

○ 曾子(증자)가 말했다.

“<군자는> 글로써 벗을 사귀고, 벗으로써 서로 도와서 仁德(인덕)을 닦는다.”

○ 「學記」(학기)에 말했다.

“독학을 하여서 벗이 없으면, 고루해서 듣는 것이 적다.”

○ 程子(정자)가 말했다.

“벗끼리 서로 講習(강습)을 하는 데는, 서로가 착한 것으로써 권하는 것만큼 좋은 것이 없다.”

○ 尹和靖(윤화정)이 말했다.

“스승은 애초에 그 큰 단서만 바르게 열어 주고, 또 그 용모를 엄중하게 하면 되는 것이다. 그리고 만약 從容(종용)하고 한가한 계제가 있게 되면 자세한 곡절을 서로 논술하며 비평을 하는 것은 朋友(붕우)끼리 하는 것이다. 오로지 朋

10) 朋(붕)과 友(우)는 둘다 벗이라는 뜻이나 내용상으로는 구별이 있다. 즉, 同門修學(동문수학)한 벗은 朋(붕)이라고 하며, 뜻을 같이하는 벗은 友(우)라고 한다.

友(붕우)라야 서로 자세한 것을 발명해 줄 수가 있는 것이다."

○ 張子(장자)가 말했다.

"하루 동안 朋友(붕우)간에 論著(논저)를 하게 되면, 하루 동안 그만큼 意思(의사)가 自別(자별)하게 되는 것이다."

【註: 鄭寒岡(정한강)이 사람에게 글을 주어 말했다. "벗들과 함께 와서 川谷(천곡)에 깃들어 쉬고 있었다. 그런데 내 氣象(기상)이 전 번과는 같지 않은 것을 깨달은 것 같았다. 이것은 여러 사람이 함께 지낸 데서 얻은 도움이 아닐 수 없다."】

○ 退溪(퇴계)선생이 말했다.

"능히 자기 것을 놓아 버리고 남의 나은 것을 따르지 못하는 것은 배우는 사람의 큰 병이다. 그러나 天下(천하)의 義理(의리)는 무궁한 것인데, 어찌 가히 나는 옳고 남은 그르다고 할 수 있으리오?"

【註: 선생은 다른 사람과 더불어 변론을 할 때, 그 사람이 좀 잘못 이야기하는 곳이 있더라도, 또한 급히, "그 말이 옳지 않다" 고 말하지 않았다. 다만, "義理(의리)가 내 생각에는 그렇지 않은 것 같다" 라고만 말했다.】

○ 一蠹(일두)선생은 金先生(김선생) 大猷(대유)와 참된 벗이 되기로 서로가 허락을 하였다. 그리고 道(도)를 의논하고 학문을 講(강)하느라 일찍이 서로가 떠나지를 못하였다.

○ 韓松齋(한송재)는 趙靜庵(조정암)・金沖庵(김충암)[11]과 더불어 道義(도의)의 사귐을 삼아서 公職(공직)에서 물러오면 반드시 모이고 큰 이불과 긴 베개를 마련하여 같이 자기도 하면서 항상 말했다. "조정에 있을 때는 모든 어진이들과 더불어 王事(왕사)에 협력을 하고, 在野(재야)에서는 여러 선비들과 더불어 經書(경서)와 史記(사기)를 토론해야 하는 것이다. 이것이 道

11) 名(명)은 淨(정), 字(자)는 元冲(원충), 己卯 名賢(기묘 명현).

(도)를 행하고 세상을 건지는 마음이 아닌 것이 없다."

【註: 朋友(붕우)간에 講習(강습)을 하는 것에 관하여 말한 것임. ○ 살펴보건대, 천하의 道理(도리)가 다 친구끼리 講論(강론)을 하는 데서 유래되어 밝아지는 것이다. 그런데 저 떼를 지어 하루 종일 義理(의리)에 미치는 말은 하지도 않고, 실없는 말로 희롱이나 하고 익살을 부리며, 오만하게 지내는 사람들은 또한 어쩌려고 그러는지 알 수가 없다.】

○ 孔子(공자)가 말했다.

"친구 간에는 서로가 옳은 일을 하고, 잘못된 일은 고치도록 간절하게 권해 줘야 한다."

○ 孟子(맹자)가 말했다.

"서로가 착한 일을 하도록 권고하는 것은 친구 간의 道理(도리)이다."

○ 謝上蔡(사상채)가 말했다.

"申顔(신안)이 스스로 말하기를, '하루라도 無可(무가)를 만나 보지 않으면 안 된다.'고 하였다. 어떤 사람이 그 연고를 물으니 대답하여 말하기를, '無可(무가)는 능히 남의 잘못된 것을 말해 주는 사람이니, 그를 보지 못하면 내 과실을 들을 수가 없기 때문이다.' 라고 하였다."

【註: 살펴보건대, 宗室(종실)인 終南守(종남수)는 동료들의 과실을 고치도록 충고를 잘해 주었는데, 그가 죽으니 趙靜庵(조정암)이 이를 탄식하며 애석해 하였다.】

○ 吳呂岱(오여대)[12]가 徐原(서원)이를 천거해서 발탁하였는데 벼슬이 侍御使(시어사)에 이르렀다. 徐原(서원)은 성품이 忠壯(충장)하고 直言(직언)을 좋아하였다. 그래서 오여대가 때로 得失(득실)에 관계되는 일이 있게 되면 徐原(서원)이가 문득 굳세게 諫(간)하여 주었고, 또 公的(공적)으로 올바르게 의논하여 주었다. 그런데 어떤 사람이 吳呂岱(오여대)한테, 徐原(서원)이가

12) 三國時代(삼국시대) 사람.

너무 강직해서 문제가 있지 않느냐고 묻자, 吳呂岱(오여대)가 말하기를, "그 것이 바로 내가 德淵(덕연)이를 귀중하게 여기는 점입니다" 라고 하였다. 徐原(서원)이가 죽게 됨에 吳呂岱(오여대)가 울기를 심히 하고 슬퍼하며 말하기를, "德淵(덕연)이는 呂岱(여대)의 유익한 친구였는데 이제 불행하게도 그가 죽었으니, 呂岱(여대)는 다시 누구한테서 과실을 들을 수 있으리오?" 라고 하였다. 주위에서 말하는 사람들이 이를 아름답게 칭찬하였다.

○ 謝上蔡(사상채)가 작별하고 돌아가는데 尹和靖(윤화정)이 전송을 하며 묻기를, "무슨 말로써 나를 좀 가르쳐 주시겠습니까?" 라고 하니, 上蔡(상채)가 말했다. "나는 한갓 아침 저녁으로 先生(선생)님 <程子(정자)>을 따라다니며 좋은 행실을 보면 배우고, 좋은 말씀을 들으면 기록을 하였습니다. 비유하자면, 사람이 烏頭(오두)[13]를 먹는 것과 같아서, 바야흐로 그것을 복용했을 때는 안색이 좋고 근력도 强盛(강성)하나, 만약의 경우, 烏頭(오두)의 힘이 없어지게 된다면 어찌 될 것인가와 같은 것입니다."

○ 朱子(주자)가 劉子澄(유자징)에게 대답하여 말했다.

"전에는 敬夫(경부)와 貽茶(이다)를 사귀어 때때로 그들이 나에게 유익한 말을 諫(간)하여 주어서 깨우쳤었습니다. 그런데 그 두 친구가 죽어 버렸으니, 중간이 끊어져서 내가 그러한 좋은 말을 들을 수가 없게 되었습니다. 이제 내가 그대에게 깊이 바라는 것이 있으니, 편지 같은 것을 해서 나에게 가르쳐 주는 것을 간절하게 더 해 주기 바랍니다. 그렇게 하는 것이 군자의 사람을 사랑하는 뜻인 것입니다."

【註: 朋友(붕우)간에 서로가 착하게 되라고 권해 주는 것을 말한 것임.】

13) 毒草(독초)의 이름. 草烏頭(초오두). 바곳. 약재로 쓰임.

○ 「論語」(논어)에 말했다.

"친구가 죽어 돌아갈 곳이 <즉, 그를 돌봐 줄 사람이> 없으면, 孔子(공자)는, '나의 집을 빈소로 하라'고 하였다. 그리고 친구가 무슨 선물을 보내오면 비록 車馬(거마)와 같이 값진 것일지라도 祭肉(제육)이 아니면 절은 하지 않고 받았다."

○ 子路(자로)가 말했다.

"원컨대, 車馬(거마)와 값진 가죽옷일지라도, 친구와 함께 입어서 그것이 다 떨어진다면, 그래도 그런 것은 유감이 없는 일이다."

○ 柳相國(유상국), 寬(관)이 말했다.

"친구 간에는 진실로 서로 通材(통재)하는 의리가 있어야 한다. 그러나 주면 그냥 정성스럽게 주어야지 干索(간색)하려는 마음을 먹고 주어서는 안 된다."

○ 唐(당)나라 嚴挺之(엄정지)라는 사람은 친구 사귀는 것을 아주 소중하게 하였다. 죽은 친구의 외로운 딸들 수십 명에게 돈을 대주어서 시집을 보내 주기도 하였다. 그러므로 당시 사람들이 그 사람을 소중하게 여겼다.

○ 顧德玉(고덕옥)[14]은 일찍이 兪長孺(유장유)[15]선생에게 학문을 배웠는데, 선생에게는 아들이 없었다. 일찍이 선생이 깊은 병이 들으니, 潤之(윤지)가 선생의 약시중을 하였는데, 父子間(부자간)과 같은 情(정)으로 하였다. 후에는 그 병세가 더욱 악화되어 潤之(윤지)의 집에 들어가서 죽었다. 潤之(윤지)는 자기 집에서 殮襲(염습)도 하고 초상을 다 치렀다. 마치 자식이 부모의 초상을 치르듯 상복도 다 갖추고 조상하러 오는 사람들에게는 절을 하였다. 그리고 자기 집 先塋(선영) 가까운 곳에 장사를 지냈고, 歲時(세시)

---

14) 字(자)는 潤之(윤지), 宋(송)나라 사람.
15) 字(자)는 觀光(관광).

에는 祭享(제향)[16]도 지냈다. 어떤 사람이 묻기를, "스승을 집에서 출상 치르고 제사지내고 하는 것이 禮(예)입니까?"라고 하니, 潤之(윤기)가 말했다. "나는 스승이 돌아가시면 시신을 모신 곳에서 곡을 하는 것이라고 들었습니다." 또 말했다. "살아서는 내가 봉양을 했고, 돌아가셔서는 내가 빈소를 마련했는데, 내가 그분을 장사지내고 제사를 지내 드리지 않으면, 장차 풀숲에 시신을 버리게 될 것입니다. 그분이 살아 계실 때 그분한테서 가르침을 받았는데, 그분이 돌아가신 후에 그분의 시신을 풀숲에 버린다는 것은, 어진 사람이 할 일이 아닌 것입니다."

○ 退溪(퇴계)선생은 벗이 죽으면 비록 멀지라도 반드시 자제라도 보내서 탄식하는 글을 지어 제사를 지냈다.

【註: 師友相恤(사우상휼)에 관하여 말한 것임.】

○ 孔子(공자)가 말했다.

"충고를 하고 잘 일러주다가, 잘 들어먹지 않으면 그만두어야 하는데, 스스로 욕되지 않게 하려는 것이다."

○ 子游(자유)가 말했다.

"친구 간에도 <너무> 자주 바른 말을 하면 멀어지게 되는 것이다."

○ 孔子(공자)가 말했다.

"그 사람을 잘 알지 못하겠거든, 그 사람의 친구를 보면 된다."

○ 또 말했다.

"착한 사람과 더불어 居(거)하면, 芝草(지초)나 蘭草(난초)가 있는 방에 들어

---

16) 祭祀(제사)의 높임 말.

간 것과 같아서, 오래 되어도 그 향기 냄새나는 것을 모르나, 곧 자기 몸에도 그 향기가 배게 되는 것이다. <반면에> 착하지 못한 사람과 더불어 居(거)하면 생선전에 들어간 것과 같아서, 오래 되면 그 냄새를 잘 모르나, 또한 더불어 그 고약한 생선 냄새가 몸에 배게 되는 것이다. 그러기 때문에 군자는 그 더불어 거처하는 바를 삼가이 하는 것이다."

○ 朱子(주자)가 아들을 가르치는 帖(첩)에 말했다.

"친구와 사교를 하는 사이에 더욱 마땅히 잘 살펴서 친구를 가려서 사귀어야 한다. 비록 함께 배우는 사람일지라도, 또한 좀 더 친하게 지내야 할 사람이 있고 조금 멀리 지내야 할 사람의 분별이 가히 없지 않은 것이다. 무릇, 敦厚(돈후)하고 忠信(충신)하며, 능히 나의 과실을 말해 줄 수 있는 사람은 유익한 친구이다. 아첨하고 경박하며 오만하여 사람을 악한 데로 인도할 수 있는 사람은 손해되는 친구이다. 다만 그 사람의 뜻과 취미가 낮고 졸렬한 것을 두려워해서, 능히 克己(극기)하여 착한 것을 좇지 못하면, 유익한 사람을 멀리 하려고 하지 않아도 날로 멀어지게 되는 것이며, 손해가 되는 사람은 친근해지려고 하지 않아도 날로 친해지게 되는 것이다. 그러므로 반드시 절실하게 점검하여 잘못된 것을 뜯어 고쳐 바로잡아야 한다. 만약 그렇게 하지 못하고 차일피일 미루기만 하면, 점점 내 몸에 배어서 스스로 소인이 되는 지경에 빠지는 손해를 보게 되는 것이다."

○ 또 劉平甫(유평보)에게 주는 편지에 말했다.

"근래에 노닐며 점점 따르는 사람들이 잡배들인데, 이러한 무리들과 어울려 살아가게 되면, 가장 버릇없이 너무 지나치게 친해지기 쉽고 교만한 마음이 날로 더욱 불어나게 되는 것이다. 그러므로 나라의 일을 하는 사람은 그러한 것을 가까이 함으로써, 오히려 덕이 상하게 되고 정치에도 손해가 되는 것이다. 그런데 하물며 우리 같은 범인에게는 말할 필요가 있겠느냐? 그러나 반드시 그러한 사람들이라고 해서 끊으려고만 할 필요는 없다. 내가 마음만 맑게 하고, 그러한 일에 대해 잘 살펴서, 그러한 사람과 접촉하는 것을 때를 가려서 하고, 그러한 사람과 만나면 대접하는 것을 예절대로 하여 주는 것이 좋다. 그러면 그러한 사람들이 장차 저절로 멀어지게 될 것이다. 그대 平甫(평보)가 일찍이 우리 집 門下(문하)에 잡동사니 손님이 있는 것을 본 일이 있는가? 또한 일찍이 내가 술이나 고기 같은 것을 먹는 데 팔려서 팔뚝을 걷어 부치고 <잡배들과> 어울려 놀아나며 밤새도록 對床(대상)하고 지껄여 대는 것을 본 일이 있는가? <내가 그런 행동을 하지 않으니, 그러한 사람들이 오지 않는 것이다>."

○ 李永膺(이영응)이 아들에게 경계하여 말했다.

"선비는 忠信(충신)과 속이지 않는 것으로써 근본을 삼아야 한다. 지금의 배우는 사람들은 전적으로 노는 데만 팔려서, 친구 따라 짝을 지어 다니며 남의 잘잘못이나 논하고, 자기 몸의 지조를 잃어버리는 사람이 많은데, 절대로 마땅히 조심하여야 한다."

【註: 서로 사귀어 왕래하는 교우 관계를 반드시 삼가해서 해야 한다는 것을 말한 것임.】

接賓章(접빈장)

<손님을 대접하는 도리>

○ 「曲禮」(곡례)에 말했다.

"大夫(대부)와 士(사)들이 서로 보게 될 때는 비록 귀하고 천한 것이 서로 상대가 되지 않을지라도, 주인이 손님을 공경하면 주인이 먼저 손님한테 절을 해야 하고, 손님이 주인을 공경하면 손님이 먼저 주인에게 절을 해야 한다."

○ 孔子(공자)가 말했다.

"군자는 많고 적음과, 또는 크고 작음을 막론하고 감히 거만하게 하지 않는 것이다. 그런데 그렇게 하는 것이 또한 너그러운 일이며, 교만한 일이 아니지 않은가?"

○ 退溪(퇴계)선생이 말했다.

"사람을 대접하는 도리는 각각 당사자의 신분에 따라 분별이 있는 것인데, 어찌 가히 노소와 귀천을 의논하지 않고 똑같이 일체를 공경할 수가 있겠는가? 그러나 마땅히 먼저 그 사람을 가볍게 여기거나 거만하게 여기는 마음이 있어서는 안 된다."

○ 朱子(주자)는 손님이 왕래할 때, 맞이하여 만나지 않는 일이 없었다. 그리고 집에 있고 없는 것을 형편에 맞춰서 항상 그 손님의 기쁨을 극진하게 하여 주었다."

【註: 손님을 접대하는 도리를 말한 것임.】

○「曲禮」(곡례)에 말했다.

"손님을 데리고 들어가는 사람은 매양 문에서 손님에게 먼저 들어가도록 양보를 해야 한다. 손님이 침실 문에 이르게 되면 주인이 손님에게 말하고 들어가 자리를 편 뒤에 나가서 손님을 맞아 들여야 한다. 손님이 주인에게 먼저 들어가라고 굳이 사양하면, 주인은 앞에서 손님을 인도하여 들어간다. 주인은 문으로 들어와서 우측으로 가고, 손님은 문으로 들어와서 좌측으로 간다. 주인은 동쪽 계단으로 향하고, 손님은 서쪽 계단으로 향한다. 손님이 만약 주인보다 지위가 낮으면, 주인이 사용하는 동쪽 계단을 향하여 간다. 주인이 굳이 사양한 연후에는 손님은 다시 서쪽 계단으로 간다. 주인과 손님이 먼저 올라가는 것을 서로가 사양하다가 주인이 먼저 올라가게 되면, 손님이 그 뒤를 따라 올라가는데, 한 계단마다 두 발을 모아 가면서 발걸음을 이어서 올라간다. 동쪽 계단으로 올라갈 때는 우측 발부터 먼저 딛고, 서쪽 계단으로 올라갈 때는 먼저 좌측 발을 내딛는다."

○ 朱子(주자)는 손님이 오면 반드시 만나 보았고, 손님을 보면 반드시 뜰에 내려가서 엄숙하게 인사를 하였으며, 손님이 갈 때는 반드시 뜰 밑에까지 내려가서 전송을 하였다.

○ 退溪(퇴계)선생은 손님이 물러갈 때는 반드시 서서 그 수레가 가는 것을 쳐다보고 있다가, 손님이 다시 돌아다보지 않고 가면, 그런 연후에라야 돌아와서 옷을 벗었다.

○ 묻기를, "家長(가장)이, '나가서 손님을 맞이하라'고 하면, 내가 나가서 손님에게 절을 하지 않고, 손님이 들어와서 좌정한 연후에 절을 하면 안 되는 것입니까?" 라고 하니, 退溪(퇴계)선생이 말했다. "그렇지 않다. 내가 존장을 대신해서 손님을 영접하게 되면 절을 해야지 안하면 미안한 일이다. 만약 長者(장자)가 친히 맞이하게 되면, 피하고 절을 하지 않아도 된다."

○ 先生(선생)은 비록 제자나 어린 사람일지라도 만약 멀리 가게 되면, 반드시 술을 베풀고 堂(당)에 내려가서 전송을 하였다. 만약 항상 왕래하는 사람이면, 공경스럽게 離席(이석)하여 예를 표시하였다. 만약 높은 손님이면 堂上(당상)에 관복을 갖추되, 다만 모자는 안 쓰고 띠만 맸으며, 대문 밖에서 맞이하고 전송을 하였다. 오르고 내릴 때는 겸손하게 하였고 움직이는 데는 법도에 맞게 하여 조금이라도 실례되는 일이 없도록 하였다.

【註: 손님을 맞이하고 전송하는 절차를 말한 것임. ○ 살펴보건대, 사람이 오게 되면 영접하고 전송하는 것을 禮(예)로써 해야 한다. 아버지가 문 밖에 나가실 때, 영접하고 전송하는 것과 말에 오르고 내리실 때는 공손하게 도와드려 敬(경)에 이르게 해야 한다. 형이 행차할 때는 堂(당)으로 내려가서 영접하고 전송해야 한다. 비슷한 또래의 사람에게는 마루에 내려가서 맞이하고 전송해야 한다. 자기보다 어리고 젊은 사람에게는 그냥 일어나기만 하면 된다. 보통 사람일 경우에는 마땅히 그 사람을 보아서 그 때에 알맞게

조절해서 대하면 된다.】

○「曲禮」(곡례)에 말했다.

"주인이 묻지 않으면, 손님이 먼저 말을 하지 않는 것이다."

○ 退溪(퇴계)선생은 제자들을 대접하는 데도 친구를 대하듯 하였다. 비록 젊은 사람일지라도 그 이름을 함부로 부르지 않았고, 맞이하고 전송하는 데도 공경스럽게 하였으며, 좌정을 하면 반드시 그 부형의 안부부터 물었다.

【註: 묻고 답하는 예절을 말한 것임. ○ 謹言章(근언장)의 與人言條(여인언조)를 아래위로 섞어서 말한 것임.】

○「曲禮」(곡례)에 말했다.

"손님이 국에다 간을 맞추면 주인은 국이 제대로 끓여지지 못했다고 사과의 말을 하고, 손님이 젓국을 떠 마시면 주인은 워낙 가난해서 이런 정도로 밖에 대접하지 못함을 사과하는 말을 해야 한다."

○ 退溪(퇴계)선생은 손님이 오게 될 때, 일찍이 자기 집에 酒食(주식)이 있으면 반드시 미리 집의 사람들을 시켜서 장만하여 대접하게 하였다. 그리고 손님한테는 집에 무엇이 있다든지 없다든지 하는 등의 궁상 같은 것은 떨지 않았다. 비록 귀한 손님이 오게 되더라도 또한 별도로 성찬을 대접하는 것이 아니라, 그냥 있는 것으로 대접을 하였다. 그리고 항렬이 낮은 사람이나 나이가 어린 사람이 오게 되더라도 소홀하게 대접하지 않았다. 술을 대접하는 데는 그 사람의 양에 따라서 권하고, 그 정다운 마음에 맞춰서 정성스럽게 대접하였다.

【註: 손님에게 음식을 대접하는 예절을 말한 것임.】

待人章 (대인장)

<다른 사람을 대접하는 도리>

○ 孔子(공자)가 말했다.

"자기가 책임지는 것은 두텁게 하고, 남에게 책임 지우는 것은 얇게 하면, 원망이 멀어지는 것이다."

○ 또 말했다.

"자기가 하고자 하지 않는 바를 남에게 시키지 말아야 한다."

○「大學」(대학)에 말했다.

"윗사람이 싫어하는 바를 아랫사람에게 시키지 말아야 하며, 아랫사람이 싫어하는 바로써 윗사람을 섬기지 말아야 한다. 앞 사람이 싫어하던 바를 뒷사람에게 시키지 말아야 하며, 뒷사람이 싫어하는 바를 앞 사람에게 시키지 말아야 한다. 우편 쪽 사람이 싫어하는 바를 가지고 좌편 쪽 사람의 것과 바꾸게 하지 말 것이며, 좌편 쪽 사람이 싫어하는 것을 가지고 우편 쪽 사람의 것과 바꾸게 하지 말아야 한다. 이것이 사람을 생각하고 살펴서 바른 길로 향하게 하는 도덕상의 규칙에 맞는 도리인 것이다."

○「中庸」(중용)에 말했다.

"忠(충)과 恕(서)는 道(도)에 가기가 멀지 않은 것이다. 자기 자신에게 베풀어지기를 원치 않는 일이거든, 또한 남에게도 베풀지 말아야 한다. 자기가 아들에게 구하고자 하는 바로써 자기의 아버지를 섬기고, 신하에게서 구하고자 하는 바로써 자기의 임금을 섬기며, 자기의 아우에게서 구하고자 하는 바로써 자기의 형을 섬기고, 자기의 벗에게서 구하고자 하는 바로써 자기가 먼저 그 벗에게 베풀어 주어야 한다."

○ 孟子(맹자)가 말했다.

"남을 사랑했는데도 친해지지 않으면, 자신이 어질지 못한가를 반성해야 한다. 사람을 다스렸는데도 다스려지지 않으면, 자신이 지혜가 모자라지 않은가를 반성해야 한다. 남에게 禮(예)로써 대했는데도 남이 禮(예)로써 답하지 않으면, 자신의 공경하는 태도에 잘못이 없었는가를 반성해야 한다. 행했는데도 좋은 결과가 얻어지지 않으면, 오직 자기 자신을 반성해야 한다. 그 몸가짐이 바르면 세상 사람들이 따르게 되는 것이다."

○ 또 말했다.

"남을 사랑하는 사람은 남도 그를 항상 사랑하는 것이며, 남을 공경하는 사람은 남도 그를 항상 공경하는 법이다."

○ 范忠宣公(범충선공)이 말했다.

"사람이 비록 지극히 어리석을지라도 남을 책망하는 데는 밝은 것이며, 비록 총명한 사람일지라도 자기 자신을 용서하는 데는 어두운 것이다. 그러므로 다만 항상 남을 꾸짖는 마음으로 자신을 꾸짖고, 자신을 용서하는 마음으로 남을 용서할 줄 알아야 한다."

【註: 朱子(주자)가 말했다. "자신을 사랑하는 마음으로 남을 사랑해야 한다."】

"그렇게 하면 聖賢(성현)의 지위에 이르지 못할 것을 걱정할 필요가 없을 것이다."

【註: 또 말했다. "내가 평생 동안 배운 것이 忠(충)과 恕(서)의 두 글자인데, 일생 동안을 써도 다하지 않을 것이다. 조정에 서서 임금을 섬기는 것과, 친구를 접대하는 것과, 일가 간에 서로 친목 하는 데 이르기까지 이 두 글자는 잠깐이라도 떠날 수가 없는 것이다."】

○ 呂滎公(여형공)이 말했다.

"자기의 악한 것은 다스려야 하고, 남의 악한 것은 다스리려고 하지 말아야 한다.”

○ 朱子(주자)가 말했다.

“자기 자신이 오히려 자기 자신의 뜻도 유쾌하게 하지 못하는 것인데, 어떻게 해서 다른 사람이 다 나의 뜻을 유쾌하게 하여 줄 수가 있으리오?”

○ 또 말했다.

“대장부는 마땅히 다른 사람은 용서해 줄지언정, 다른 사람한테서 용서받는 사람이 되지는 말아야 한다.”

○ 薛敬軒(설경헌)이 말했다.

“차라리 남이 나를 저버릴지언정, 내가 남을 저버려서는 안 되는 것이니, 이 말을 마땅히 유념해 둬야 한다.”

○ 또 말했다.

“스스로 학문을 닦고 덕행을 쌓으면, 남이 이치가 아닌 것으로써, 업신여기지 못하는 것이다.”

○ 또 말했다.

“마음이 정성스럽고 얼굴빛이 온화하며, 기운이 화평하고 말이 순하면 반드시 능히 다른 사람을 감동시킬 수가 있다.”

○ 또 말했다.

“얼굴빛과 말씨만 가지고 남을 즐겁게 해 줄 수는 없는 것이다.”

【註: 또 말했다. “남의 비위를 맞춰서 기쁘게 해 주는 데에 有意(유의)하는 사람은 本心(본심)을 잃어버린 사람이다.】

○ 또 말했다.

“남의 간사한 것을 깨닫고서도, 말하는데 형용하여 표를 내지 않는 것은, 본받을 만한 의미 있는 일이다."

○ 胡文定(호문정)이 말했다.

"착한 사람과 군자를 나는 신뢰하고 존중하며, 그들을 가볍게 보거나 업신여기는 일이 없다. 그리고 악한 사람과 소인도 나는 불쌍하게 생각은 하나 미워하지는 않는다."

【註: 사람을 접대하는 도리를 통틀어 말한 것임.】

○ 孔子(공자)가 말했다.

"그 행동하는 것을 보고, 그 연유를 살펴보며, 그 즐겁게 여기는 바의 결과를 관찰해 보면, <결국 모두 드러내 보이기 마련인데> 사람이 어찌 숨길 수가 있으리오?"

○ 또 말했다.

"그 말을 들어보면, 그 행동을 알 수가 있는 것이다."

○ 또 말했다.

"여러 사람이 미워할지라도 <나는> 반드시 그것을 살펴볼 것이며, 여러 사람이 좋아할지라도 <나는> 반드시 그것을 살펴보아야 한다."

○ 또 말했다.

"말을 교묘하게 잘 하고 얼굴빛을 아주 좋게 꾸미는 사람이 어진 사람은 드물다."

○ 또 말했다.

"강직하여 굴하지 않고, 마음이 순진하고 곧으며, 재빠르지 못하고 둔하여 말재주가 없는, 그런 사람이 흔히 어진데 가까운 것이다."

○ 孟子(맹자)가 말했다.

“사람을 살피는 데는 사람에게 있는 물건 중에서 눈동자보다 더 좋은 것이 없다. 눈동자라는 것은 능히 그 마음 속의 악한 것을 가리지 못하는 것이다. 그러므로 마음 속이 바르면 눈동자가 맑고, 마음 속이 바르지 못하면 눈동자가 흐린 것이다. 그래서 그 말하는 것을 들어보고, 그 눈동자를 관찰하여 보면, 그 사람의 마음 속이 드러나게 되는 것이므로 숨길 수가 없는 것이다.”

○ 李克(이극)[17]이 말했다.

“居(거)하여는 그 사람의 친한 바를 보고, 富(부)하여는 그 사람의 더불어 상대하는 바를 보며, 達(달)하여는 그 사람의 거사하는 바를 보고, 窮(궁)하여는 그 사람의 하지 아니하는 바를 보며, 貧(빈)하여는 그 사람의 취하지 않는 바를 보면, 그 사람의 사람됨을 알 수가 있다.”

○ 眞西山(진서산)이 말했다.

“진실로 내 마음이 능히 지극히 공평하고 사사로움이 없으며, 지극히 밝고 현혹됨이 없으면, 그 사람의 마음 속에 거짓이 있더라도, 능히 그것을 보아서 식별을 할 수가 있는 것이다.”

【註: 사람 보는 법을 말한 것임. ○ 謹言章(근언장)의 聽言知人條(청언지인조)를 서로 참작해서 말한 것임.】

○ 孔子(공자)가 말했다.

“군자는 두루 통하고 편벽되지 않으며, 소인은 편벽되고 두루 통하지 못하는 것이다.”

○ 또 말했다.

17) 戰國時代(전국시대)의 魏(위)나라 사람.

“군자는 덕을 생각하고 소인은 안락한 거처를 생각하며, 군자는 법을 생각하고 소인은 은혜 받을 것만을 생각한다.”

○ 또 말했다.

“군자는 마음이 너그럽고 넓고 평탄하며, 소인은 언제나 근심하고 두려워한다.”

○ 또 말했다.

“군자는 다른 사람의 아름다운 일은 도와서 이루어지게 하여 주며, 남의 악한 일은 이루어지지 못하게 하는 것인데, 소인은 그와 반대이다.”

○ 또 말했다.

“군자는 다른 사람과 화합은 하되 주관 없이 함부로 휩쓸리지는 아니하며, 소인은 다른 사람과 주관 없이 휩쓸리기는 하되 화합은 하지 못한다.”

○ 또 말했다.

“군자는 섬기기는 쉬우나 기쁘게 하여 주기는 어렵다. 군자는 正道(정도)로써 기쁘게 하여 주지 않으면 기뻐하지 않는다. 군자가 사람을 부리는 데 있어서는, 그 사람의 기량과 재능에 알맞게 쓴다. 그러나 소인은 섬기기는 어려우나 기쁘게 하여 주기는 쉽다. 소인은 비록 正道(정도)가 아닌 것으로써 기쁘게 해 주어도 기뻐한다. 소인은 사람을 부리는데 있어서 한 사람이 모든 기량을 다 구비하고 있기를 구한다.”

○ 또 말했다.

“군자는 태연하나 교만하지 않고, 소인은 교만하고 태연하지 못하다.”

○ 또 말했다.

“군자는 작은 일은 알지 못해도 가히 큰일은 맡아서 할 수가 있다. 그러나 소인은 큰일은 맡아서 할 수가 없으나 작은 일은 잘 안다."

○ 또 말했다.

"군자는 義(의)를 좋아하고, 소인은 利(이)를 좋아한다."

【註: 살펴보건대, 聖人(성인)이 군자와 소인의 구별에 대하여 말을 거듭하고, 또 말을 거듭 중복하여, 그만 두지 않고 몇 번이고 말을 한 것은, 대개 배우는 사람들로 하여금 취하고 놓는 기틀을 살피게 하고자 하기 때문인 것 같다. 그 군자인가 소인인가의 기틀이 분별될 수 있는 바의 것은, 公(공)과 私(사), 그리고 義(의)와 利(이)의 사이를 초월하지 않는 것이다.】

○ 朱子(주자)가 말했다.

"天地(천지)간에 자연의 이치가 무릇 陽(양)은 반드시 剛(강)한 것이고, 剛(강)은 반드시 밝은 것이며, 밝으면 알기가 쉬운 것이다. 무릇 陰(음)은 반드시 柔(유)한 것이고, 柔(유)하면 반드시 어두운 것이며, 어두우면 헤아리기가 어려운 것이다. 그러므로 聖人(성인)이 「周易」(주역)을 지을 때 陽(양)으로써 군자라 하였고, 陰(음)으로써 소인이라 하였나니, 비록 百世(백세)를 내려가더라도 능히 바뀌지 않을 이치인 것이다. 일찍이 「周易」(주역)을 궁구하여 그것으로써 천하의 사람을 관찰하여 설명을 하였다. 무릇 光明(광명)하고 正大(정대)하며 疎暢(소창)하고 通達(통달)해서 靑天白日(청천백일)과 같고, 높은 산과 큰 내와도 같으며, 우뢰와 천둥의 위엄이 되어 비와 이슬의 덕택이 되는 것과 같고, 용과 범의 맹렬함이 되기도 하며, 기린이나 鳳(봉)의 상서로움이 되기도 하는 것처럼 태연자약하고 조금이라도 의심이 없는 것이니, 그러한 사람은 반드시 군자이다. 그 비위를 맞추고 아첨하며, 마음에 늘 걸려 있고 숨기며, 엉클어져 맺힌 것이 뱀이나 지렁이처럼 생겼고, 잘기가 서캐와 같으며, 귀신이나 여우같은 것처럼 사람을 홀리고, 도적처럼 저주하고 갸웃거리고 보며 교활하면 사물을 식별할 수가 없는 것이니, 그러한 사람은 반드시 소인이다. 군자와 소인의 極(극)이 이미 마음 속에 정해지게 되면, 그 바깥에 형용된 것이 비록 말하는 것과 행동거지가 조금 쇠미한 것일지라도, 다 밖으로 표가 나는 것이니, 하물며 사업과 문장의 계제에 그 더욱 환하게 빛나는 것이야 어떻게 감출 수가 있겠는가."

【註: 군자와 소인의 구별을 말한 것임.】

○ 「周易」(주역)에 말했다.

"하늘 밑에 산이 있는 것이 豚(돈)이다. 그러므로 군자는 소인을 멀리하되, 미워하지 않고 엄하게 하는 것이다."

○ 孔子(공자)가 말했다.

"사람이 어질지 못한 것이 가장 미워해야 할 것이다."

○ 또 말했다.

"여자와 소인은 다루기가 어려운 것이다. 가까이 하면 불손하여 지고, 멀리하면 원망을 하게 된다."

○ 程子(정자)가 말했다.

"소인을 막는 道(도)는 자기 몸을 바르게 하는 것이 제일 먼저가 되는 것이다."

○ 韓魏公(한위공)이 말했다.

"군자와 소인의 교제는 다만 마땅히 정성으로써 그들을 접대하되, 다만 그가 소인인 줄만 알면 깊이 사귀지 말고 얕게 접촉을 해야 한다."

【註: 공무에 소인을 수용은 하되, 선악과 흑백이 크게 분별이 되지 않는 고로, 소인은 꺼려서 또한 적게 접촉을 해야 한다.】

○ 朱子(주자)가 말했다.

"劉元城(유원성)이 자제들에게 말하기를, '차라리 일 년 내내 글을 읽지 않을지언정, 가히 하루라도 소인을 가까이 해서는 안 된다.'고 하였는데, 이 말이 지극히 의미 있는 말이다."

○ 또 말했다.

"到唐石(도당석)이라는 사람은 농사꾼이나 나무꾼 같이 하찮은 사람을 접대하는 데도, 손님을 접대하는 것과 같이 하였으며, 터럭만큼도 차별을 하지 않았다. 말하자면 이것이 일등의 사람이다. 만약 형세가 분리되고 서로가 단절되게 된다면, 어떻게 해서 저 사람들로 하여금 그 정을 다하게 할 수 있겠는가?"

○ 榮川(영천) 수령 李銘(이명)이 와서 退溪(퇴계)를 배알하는데, 태도가 거만하게 걸터앉고 무례하였다. 아무렇지도 않게 기침을 하기도 하고 침을 뱉기도 하였다. 병풍과 족자를 가리키면서 서화를 제멋대로 평론하기도 하였다. 그러나 선생은 다 대답을 해 주었고, 조금도 얼굴에 불편한 기색을 나타내지 않았다.

【註: 소인을 대하는 道(도)를 말한 것임.】

○「詩經」(시경)에 말했다.

"어지러운 일이 처음에 생기는 것은 참소의 시작에서 길러지며, 또 난리가 일어나게 되는 것은 군자 즉, 임금도 그 참소를 믿기 때문이다. 임금이 만약 참소에 노하게 된다면 난리가 바로 막아질 것이며, 임금이 만약 바른 말에 기뻐하게 되면 난리가 바로 그치게 될 것이다."

○ 劉向(유향)[18]이 말했다.

"여우와 같이 의심하는 마음을 품는 사람은 간악한 도적의 입구에 오게 하는 것과 같은 것이며, 결단이 없는 뜻을 가지는 사람은 여러 악한들의 문을 열어주는 것과 같은 것이다."

○ 薛敬軒(설경헌)이 말했다.

18) 漢(한)나라의 선비.

"주위 사람의 말을 가히 경솔하게 믿어서는 안 되는 것이므로, 반드시 그 실상을 살펴보아야 한다."

○ 「古詩」(고시)에 말했다.

"거짓으로 꾸며서 참소하는 말을 삼가 하여 받아들이지 말아야 한다. 그것을 받아들이면 재앙이 맺어지게 될 것이다. 임금이 그 거짓 참소를 들으면 신하를 마땅히 죽이게 될 것이며, 아버지가 그것을 들으면 아들과 마땅히 결별하게 될 것이다. 부부간에 둘 중의 하나가 그 거짓 참소하는 말을 받아들이면 이혼하게 될 것이며, 형제간에 그 거짓 참소하는 말을 들으면 이별을 하게 될 것이다. 친구 간에 그 거짓 참소를 듣게 되면 멀어지게 될 것이며, 골육 간에 그것을 들으면 정의가 멀어지게 될 것이다. 그러므로 당당하게 여덟 자나 되는 내 몸이 세치밖에 안 되는 혓바닥의 거짓 참소하는 말을 들어서는 안 되는 것이다. 혓바닥 위에 무서운 龍泉刀(용천도)가 있으니, 사람을 죽이고서도 피도 볼 수 없는 무서운 것이니라."

【註: 간악함을 버리는 것에 관하여 말한 것임.】

○ 「書經」(서경)에 말했다.

"만약 한 사람의 마음이 굳센 신하가 있는데, 다른 재주는 없으나 그의 마음이 너그러우면, 그와 같은 사람은 받아들이겠다. 그리고 다른 사람에게 재주가 있으면, 자기에게 그 재주가 있는 것처럼 좋아하고, 남의 뛰어나고 어진 것을 보면, 그 마음 속으로부터 진정으로 그것을 좋아할 수 있는 사람이라면, 그러한 사람은 말하는 바가 어떠하든, 이들을 받아들이겠다. 그러한 사람들에게 우리의 자손과 백성들을 보호하게 한다면, 오히려 또한 이로움이 있을 것이다."

○ 孔子(공자)가 말했다.

"어진 사람을 보거든 자기도 그 사람과 똑같이 되고 싶은 마음으로 그를 흠모하고, 어질지 못한 사람을 보거든 마음 속으로 스스로 반성을 해 보아야 한다."

○ 孟子(맹자)가 말했다.

"舜(순)임금은 자신의 시원치 못한 것을 버리고, 남의 잘 하는 것을 좇았다. 그러므로 남의 잘 하는 것을 본받기를 즐겨 해서 착한 사람이 되었다. 논과 밭을 갈아 씨 뿌리며 농사를 짓는 일과, 질그릇을 굽고 물고기를 잡는 일로부터 임금이 되는 데 이르기까지, 남에게서 본을 받지 않은 것이 없었다."

○ 韓魏公(한위공)은 국가에 공이 크고 덕이 많은 분이었다. 처지가 그와 같았는데도, 조그마한 일이라도 남의 착한 말을 들으면, 마치 좋은 옥을 줍고 싶은데 줍지 못하는 사람처럼 안타까워하였다.

○ 司馬溫公(사마온공)은 손님을 대할 때, 어린이와 어리석은 사람, 어른과 아이를 막론하고, 의심이 나는 일이 있으면 다 물어 보았다. 그리고 메모지 몇 매를 항상 앉은자리 옆에다 놓아두었다가, 진실로 가히 취할 만한 것이 있으면, 그 때에 따라서 기록을 하여 두었다.

○ 石子重(석자중)[19]은 남의 착한 것을 들으면 반드시 적어 두고 마음으로 그것을 사모하였다.

○ 鄭公涴(정공완)[20]은 어디를 지나가다가 旌閭(정려)[21] 같은 것을 보면, 국궁하고 용모를 고치고서 엄숙하게 지나갔다.

○ 洪恥齋(홍치재)는 名賢(명현)이 죽었다는 말을 들으면, 반드시 素食(소식)하기를 여러 날을 하고, 세상의 道(도)를 위해서 탄식을 하였다.

---

19) 名(명)은 敦(돈), 朱子(주자)의 제자.
20) 字(자)는 新之(신지), 己卯(기묘)의 名賢(명현).
21) 충신・효자・열녀들을 표창하기 위하여 그들이 살던 고을에 세우는 旌門(정문).

【註: 樂善(낙선)을 말한 것임.】

篤義章 (독의장)

<의로움을 두텁게 하는 도리>

○ 韓魏公(한위공)이 말했다. "사람이 능히 다른 사람의 위태한 일을 도와주고, 남의 급한 일을 도와주는 것은 진실로 아름다운 일이며, 능히 스스로 공치사를 하지 않으면 더욱 좋은 일이다."

○ 北魏(북위)의 李士謙(이사겸)은 몸의 처신을 아주 존절하고 검소하게 하였으며, 매양 남을 도와주는 일에 힘을 썼다. 그런데 어떤 사람이 말하기를, "公(공)은 陰德(음덕)이 아주 많은 분이십니다." 라고 추앙을 하였다. 그러자 士謙(사겸)이 말했다. "음덕이라는 것은 귀가 우는 것과 같은 것이어서, 다른 사람은 알지 못하고 오직 자기 자신만 홀로 아는 것이거늘, 이제 나의 경우는 자네가 이미 알아 버렸으니, 어찌 그것을 음덕이라고 할 수 있으리오?"

○ 孔子(공자)는 옛 舘人(관인)의 喪(상)을 만나게 되면 자기가 타고 다니던 멍에 바깥의 말을 풀어서 그것으로 賻儀(부의)를 표하였으며, 原壤(원괴)의 아버지가 죽었을 때는 沐槨(목곽)을 도와주었다.

○ 范文正公(범문정공)이 邠州(빈주)의 수령이 되었을 때, 부하 동료들을 데리고 누각에 올라가서 술을 놓고 연회를 베푼 일이 있었다. 그런데 때마침 상복을 입은 두어 사람이 초상 기구를 수리하고 있었다. 公(공)이 급히 사람을 시켜서 물어 보니, 그 근처에 살던 선비 하나가 죽어서 장차 근교에다

出殯(출빈)을 해야 할텐데, 殮襲(염습)할 棺槨(관곽)이 다 준비가 안 되었다는 것이었다. 公(공)이 깜짝 놀라며 연회를 철거시키고, 후하게 賻儀(부의)를 주어서 그 일을 모두 마치게 하니, 앉아 있던 손님들이 감탄을 하였으며, 눈물을 흘리는 사람도 있었다.

【註: 公(공)이 일찍이 그 아들 堯夫(요부)를 보내어 姑蘇(고소)에 가서 보리 五百斛(오백곡)[22]을 운반하게 하였다. 이미 돌아옴에, "東吳(동오)에 있는 옛 친구들을 좀 만나 보았느냐?" 하고 물으니, 대답하였다. "石曼卿(석만경)이라는 사람이 三喪(삼상)을 치르지 못하여, 바야흐로 丹陽(단양)에서 머무르고 있었습니다." 公(공)이 말하기를 "보리 배나 주지 않고 어찌 하였느냐?" 라고 하니, 대답하여 말했다. "이미 주었습니다." **】**

○ 劉庭式(유정식)[23]이 아직 벼슬을 하지 않고 있었을 때에, 시골 사람의 딸과 결혼하기로 의논이 있었는데, 이미 약혼은 하였으나 納幣(납폐)는 하지 않고 있는 상태였다. 庭式(정식)은 과거에 급제를 하였으나, 그 약혼녀는 병으로 두 눈이 다 멀어 버렸고, 그녀의 집은 심히 가난하여졌다. 그래서 감히 다시는 혼인 이야기를 꺼낼 수가 없게 되어 버렸다. 그러자 어떤 사람이, 차라리 그녀의 어린 동생과 결혼을 하라고 하니, 庭式(정식)이 웃으며 말했다. "내가 이미 그녀에게 장가들기로 허락을 하였는데, 비록 그녀가 소경이 되었다 할지라도, 어찌 처음에 먹은 마음을 저버릴 수가 있으리오?" 마침내 그 눈 먼 여자와 결혼을 하여서, 그녀와 더불어 해로하였다.

○ 韓魏公(한위공)은 恩義(은의)를 소중하게 생각하여 남의 급한 일을 보면 도와주었다. 남을 도와줄 때는 재물을 보기를 조약돌이나 겨와 쭉정이 같은 것을 보듯 하였다. 그러나 도와준 뜻을 욕되게, 자기가 잘 도와주었다고 공치사를 하는 일이 없었다. 그러다가 그 사람에게 도와준 것이 이미 다 떨어

22) 1斛(곡)은 열 말 들이.
23) 宋(송)나라 사람.

지게 되면, 자기가 좋아하는 완구까지 매각해서 도와주는 일도 있었다.

○ 曹南冥(조남명)은 다른 사람이 초상을 당했다는 말을 들으면, 마치 자기가 당한 일처럼 아프게 생각하였다. 성심껏 분주하게 도와주고 물이나 불을 구제하듯 열심히 도와주었다. 그리고 가볍게 그 재물을 내 주었는데, 그렇게 급한 데는 재물을 아끼지 않고 오히려 무슨 가치 없는 쭉정이 같은 것을 주듯 하였다.

○ 朱子(주자)가 말했다.

"민간의 풍속에 서로 전해 오기를, 염병은 능히 전염병이므로 이 염병을 앓는 사람이 있으면, 이웃들이 다 그 집 출입을 끊어 버리고, 서로 무슨 이야기도 통하지 않았다. 심한 사람은 비록 골육지친이라도 또한 상종을 않고 가 버리니, 풍속을 상하고 이치에 해로운 것이 이 보다 더 심할 수가 없다. 아마도 전염되고 전염되지 않는 것은, 사람의 마음이 간사하고 바른 것과, 氣體(기체)의 虛(허)하고 實(실)한 것에 달려 있는 것인 만큼, 실상은 그것을 단정해서 논의하는 것은 옳지 못한 것 같다."

【註: 살펴보건대, 「小學」(소학)에 晉庾袞(진유고)의 일을 보면, 또한 가히 염병이 사람을 반드시 죽게 하는 것이 아님을 알 수 있다. 가령 사람을 죽게 한다고 하더라도 의리상 꼭 가 보아야 할 곳에는 가히 피할 수가 없는 것인데, 하물며 반드시 죽는 것이 아니라면 가 보아야 될 일이 아니겠는가? 朱子(주자)의 이 말이 가히 말세의 풍속이 야박한 것을 두텁게 해 주는 말이다. ○ 의리를 두텁게 하는 것에 대하여 말한 것임.】

○ 張子(장자)가 말했다.

"백성은 나와 함께 살아가는 동포들이며, 물건은 나와 함께 살아가는 것들이다."

○ 孟子(맹자)가 말했다.

"군자는 禽獸(금수)에 이르기까지도 그 사는 것은 볼 수가 있으나 그 죽는 것은 차마 볼 수가 없는 것이며, 그 죽이는 소리를 듣고서는 차마 그 고기를 먹지 못하는 것이다. 그러기 때문에 군자는 푸줏간에서 멀리 떨어져 그런 소리를 듣지 않고 사는 것이다."

○ 孔子(공자)는 낚시질은 하였어도 그물질은 하지 않았으며, 활을 쏘아도 자고 있는 짐승에게 쏘지는 않았다.

○ 高柴(고시)는 동면하던 벌레가 봄을 맞아 막 나와서 움직이기 시작한 것은 죽이지 아니하였으며, 나무도 순이 막 나오는 것은 꺾지를 아니하였다.

○ 徐積(서적)은 젊어서부터 살생을 경계하였는데, 개미가 모인 것만 보아도 밟아 죽이게 될까 봐 근심하고 두려워하였다.

○ 伊川(이천)이 강론을 하며 말했다.

"일찍이 들으니, 임금께서 궁중에 계실 때, 일어나서 양치질하고 세수하러 가다가, 땅강아지와 개미 같은 것을 보면, 밟아 죽이게 될까 봐 반드시 피해서 가셨다고 합니다. 그러한 일이 있으니, 원컨대, 그러한 마음이 미루어 온 천하에 미치게 되기를 바랍니다."

【註: 伊川(이천)이 강학을 파하고 났는데, 한 사람이 홀연히 일어나 난간에 기대어, 버드나무 가지 하나를 장난으로 뚝 꺾었다. 그러자 선생이 말했다. "바야흐로 봄이 되어 생명이 피어나게 되는 것을, 아무 까닭 없이 꺾고 부러뜨리는 것은 옳지 않은 일이다."】

○ 曹彬(조빈)[24]이 일찍이 말하기를, "나는 장수가 되어서도 일찍이 私的(사적)인 喜怒(희로) 때문에 죽인 사람은 단 한 사람도 없다."고 하였다. 그가 거처하는 堂屋(당옥)이 헐어서 자제들이 그것을 좀 뜯어고쳐야겠다고 하였다. 그러자 公(공)이 말하기를, "때가 바야흐로 깊은 겨울이어서, 담벽 사이에 온

24) 宋(송)나라의 名臣(명신).

갖 벌레가 칩거하고 있을 것이니, 가히 그 살아 있는 것들을 죽게 할 수가 없다."고 하였다. 그 어진 마음과 생물을 사랑하는 마음이 이와 같았다.

○ 呂滎公(여형공)은 郡(군)의 處令(처령)이 되었을 때, 公帑(공탕)[25]에 많은 마른생선과 마른나물 및 죽순 같은 것을 저장해 두었다가 그것으로써 손님을 대접하였다. 그리고 닭이나 오리 같은 살아 있는 것을 잡아서 대접을 하지 아니하였다.

○ 尙相國(상상국)이 모든 벌레나 짐승 등 가히 뜰에다 키워서 구경할 만한 그런 것들을 다 내보내 버리고 말했다. "마시고 쪼아 먹는 것을 자유로이 하고 싶은 것은 동물이나 내나 다 같은 심정일 것이다. 그것들이 가히 재미로는 놓고 볼 만한 것들이나, 그들도 반드시 生道(생도)를 구하는 것들이다. 그런데 어찌 차마 산 것을 대하여, 내가 나중에 잡아먹을 것을 생각할 수 있으리오?"

處世章 (처세장)

<세상을 살아가면서 지켜야 할 도리>

○ 孔子(공자)가 말했다.

"나라에 道(도)가 있을 때는 말과 행실을 정당하게 해도 괜찮다. 그러나 나라에 道(도)가 없을 때는 행실은 정당하게 하더라도 말은 공손하게 해야 한다."

○ 또 말했다.

25) 官(관)에서 쓰는 창고.

"甯武子(영무자)는 나라에 道(도)가 있을 때는 슬기로워지고, 나라에 道(도)가 없을 때는 어리석은 체하여 버렸다. 그의 슬기로운 체하는 것은 가히 따라갈 수가 있을지언정, 그의 어리석은 체하는 것은 가히 따라갈 수가 없도다."

○ 程子(정자)가 말했다.

"군자가 세상을 살아가는데, 일이 義理(의리)에 해가 되는 것이 없으면, 풍속을 따르는 것도 좋다. 그러나 일이 義理(의리)에 해가 되는 것이면, 그것을 따라서는 안 된다."

【註: 輔慶源(보경원)이 말했다. "군자가 이 세상 풍속에, 혹은 따르기도 하고 혹은 어기기도 해서, 따를 수도 있고 따르지 않을 수도 있는데, 한결같이 義理(의리)에만 따라야 할뿐이다. 이와 같이 義理(의리)로써 풍속을 따르기만 한다면, 사람들도 또한 이상하다고는 하지 않을 것이다."】

○ 楊龜山(양구산)이 말했다.

"물건이 모가 나 있으면, 다분히 사람의 이목을 찌를 수도 있고, 또한 잘못하면 그 모난 것이 이지러지기도 쉬운 것이다. 그러므로 군자는 처세를 하는 데, 마땅히 모가 나거나 이지러진 데가 없이, 둥글게 자연적으로 이루어지게 하는 것이다. 그러면 또한 사람들도 싫어하거나 버리지를 않는 것이다."

○ 邴原(병원)[26]이 난리를 피하여 遼東(요동)으로 가서 公孫度(공손탁)의 집에서 의지하고 있었다. 邴原(병원)이는 성품이 강직하고 淸議(청의)[27]를 좋아하여, 이로써 格物(격물)을 해 나갔다. 그러자 管寧(관영)[28]이 邴原(병원)에게 경계하여 말했다. "潛龍(잠룡)[29]은 모습을 나타내지 않음으로써 德(덕)을 이루게 된다. 그러므로 무슨 말을 함에 있어서, 적합하지 못한 때에 하게

26) 字(자)는 根矩季(근구계), 漢(한)나라의 名儒(명유).
27) 조촐하고 올바른 의논, 높고 깨끗한 언론.
28) 字(자)는 幼安(유안).
29) 연못에 깊이 숨어 있어 아직 승천하지 않은 용.

되면, 그것이 화를 불러들이는 道(도)가 되는 것이다."

○ 趙文節公(조문절공) 元紀(원기)가 지은 「戒庵書」(계암서)에 말했다. "무릇, 천지간에 여러 생물이 함께 모여 사는데, 혼자서만 높이 나르고 멀리 달아나서는 안 되는 것이다. 반드시 풍속을 따라 같이 살아야 거의 여러 사람이 미워하는 바를 면할 수가 있는 것이다."

【註: 處世(처세)의 道(도)를 통틀어 말한 것임.】

○ 韓魏公(한위공)이 말했다.

"內的(내적)으로 剛(강)한 것은 가히 굽힐 수가 없는 것이니, 外的(외적)으로 和(화)한 것으로써 능히 처세를 해 나가는 사람은 무슨 일을 이루는 것이 많을 수가 있다. 때를 잘 만나게 되면 가히 성사할 수가 있고, 때를 못 만나게 되더라도 말만 조심해서 하면 화는 면할 수가 있는 것이니. 오직 조심할진저!"

○ 李延平(이연평)이 말했다.

"재덕을 감춰 둔다는 한 가지의 일이 항상 경험해 보면 지극히 어려운 일입니다. 스스로 대단한 수양을 해서 감정을 깊이 감춰 둘 줄 아는 사람이 아니면, 자기의 재덕을 감춰 두기가 어려운 것입니다. 그래서 무슨 일을 만나게 되면 본성이 문득 발하게 되는 것이니, 재덕을 감춰 둔다는 일은 결코 가볍게 볼일이 아닌 듯합니다."

【註: 答朱子書(답주자서)】

○ 司馬徽(사마휘)[30]가 荊州(형주)에 있을 때, 劉表(유표)라는 사람이 있었는데 성질이 어두워서 반드시 착한 사람을 해칠 것을 알고 있었다. 이에 司馬徽(사마휘)는 항상 입을 다물고 가급적 다른 사람과 이야기를 하지 않았다.

30) 字(자)는 德操(덕조), 號(호)는 水鏡季(수경계), 漢(한)나라의 逸士(일사).

그 당시의 사람들이 인물을 가지고, 어떤 사람이 어떠하냐고 그에게 묻는 사람이 있으면, 그는 처음부터 그 지위의 고하를 분별하지 않고, 매양 좋은 사람들이라고만 말을 하였다. 그러자 그 부인이 말했다. "사람들이 몰라서 의심나는 것을 당신한테 묻는 것이니, 당신이 마땅히 변론을 하여 주어야 하거늘, 일률적으로 다 좋다고만 말하여 버리면, 어찌 다른 사람들이 당신한테 묻는 의미가 있겠습니까?" 司馬徽(사마휘)가 말했다. "당신의 말을 들어보니, 당신의 그 말도 옳소." 司馬徽(사마휘)의 유순함과 겸손함, 그리고 말을 조심하며 어려운 일을 피해 가는 것이 이와 같았다.

【註: 재주나 학식을 감추는 것에 관하여 말한 것임.】

○ 孔子(공자)가 말했다.

"남이 알아주지 않더라도 노여워하지 않으면, 또한 군자가 아니겠는가?"

○ 또 말했다.

"남이 나를 알아주지 않는 것을 근심하지 말고, 내가 남을 알아주지 못하는 것을 근심해야 한다."

○ 또 말했다.

"남이 나를 알아주지 않는 것을 근심하지 말고, 내가 남에게 알려질 만한 일을 하는 데에 힘써야 한다."

○ 또 말했다.

"군자는 자기가 무능한 것을 근심스럽게 생각할 뿐, 남이 자기를 알아주지 않는 것을 근심스럽게 생각하지는 않는다."

【註: 살펴보건대, 聖人(성인)〈즉, 孔子(공자)는 〈論語(논어)〉 20篇(편)을 통하여, 묻는 데 따라서 대답하고, 사물에 따라서 가르쳐 가며 20篇(편)에까지 이르렀다. 명성을 좋아하고 남이 알아주기를 좋아하는 일에 대해서는, 스스로가 말이 중복되는 것을 깨닫지 못 할 정도로 거듭 경계하면서, 가지런하게 20篇

(편)에까지 이르렀다. 그러니 배우는 사람이 어찌 감히 實事(실사)에 힘써서 爲己之學(위기지학)을 하지 않을 수가 있겠는가?】

○ 孟子(맹자)가 말했다.

"자기의 명성이 情(정)에 넘치게 들리면, 군자는 그것을 부끄럽게 여기는 것이다."

○ 陳希夷(진희이)[31)]가 种放(충방)에게 경계하여 말했다.

"명예라는 것은 고금을 통하여 아름답고 소중하게 여기는 것이지만, 造物者(조물자)는 그것을 깊이 꺼려하는 것입니다. 천지간에 그 명예를 완전하게 하는 사람은 없는 것이며, 몸이 장차 명예롭게 되면, 반드시 사물이 그것을 패하게 하는 수가 있는 것이니, 가히 경계해야 할 것입니다."

【註: 명예를 구하는 것이 그르다는 것을 첨부하여 말한 것임.】

居鄕章 (거향장)

<고향에 살면서 고향 사람에게 지켜야 할 도리>

「呂氏鄕約」(여씨향약)에 말했다.

"첫째, 德業(덕업)을 서로가 권해야 한다. 둘째, 과실을 서로가 충고해 주어야 한다. 셋째, 禮俗(예속)으로 서로 사귀어야 한다. 넷째, 患難(환난)에는 서로 도와주어야 한다."

○ 孔子(공자)는 고향 마을에 있을 때는 온공하고 진실하며 마치 말을 못하는 사람처럼 점잖게 처신하였다. 그리고 마을 사람들과 모여서 술을 마실 때

31) 名(명)은 摶(박), 字(자)는 圖南(도남), 宋(송)나라의 逸士(일사).

는, 지팡이 짚은 노인들이 나간 후에 나갔다.

○ 孟子(맹자)가 말했다.

"시골에서는 나이가 제일 중요하게 여기는 것이다."

○ 또 말했다.

"이제 한 집안 사람들끼리 싸우는 사람이 있으면, 비록 머리가 헝클어지고 갓이 흐트러지는 일이 있더라도 그것은 말리는 것이 옳다. 그러나 이웃이 싸우는 사람이 있으면, 그것은 비록 문을 걸어 잠그고 나가 보지 않더라도 좋다."

○ 子貢(자공)이 물었다.

"마을 사람들이 다 좋아하면 어떻습니까?" 孔子(공자)가 말했다. "그것은 좋지 못한 것이다." 또 물었다. "마을 사람들이 다 미워하면 어떻습니까?" 孔子(공자)가 말했다. "그것도 좋지 못한 것이다. 마을 사람들의 착한 것은 좋아하고, 그 착하지 못한 것은 미워해야 하는 것이다."

○ 孟子(맹자)가 말했다.

"孔子(공자)가 말하기를, '고향 사람들로부터 덕이 있는 사람이라고 칭송을 받으나, 실제로는 그렇지 못한 사람은 결국 큰 덕을 해치는 도둑이다.' 라고 하였다. 그른 일이면 행하지를 말아야 하고, 찔러서 안 될 일이면 찌르지를 말아야 한다. 세속에 동화되고 더러운 세상에 합하여 사는 것은 忠信(충신)한 것처럼 하고, 행동은 청렴결백한 것처럼 하여, 여러 사람들이 좋아하게 되면, 그것을 가지고 스스로 자기가 옳다고 생각하는 사람은, 가히 더불어 堯舜(요순)의 道(도)에 들어갈 수가 없다. 그러므로 鄕愿(향원)[32]이 덕의 도적이라고 말한 것이다."

32) 고향 사람들로부터 덕이 있는 사람이라고 칭송은 받으나, 실제로는 그렇지 못한 사람.

○ 朱子(주자)가 말했다.

“고향 이웃의 친구 간에 큰 일이 있으면 서로 상의를 하게 된다. 그런데 내가 그 일의 이해관계를 분명히 알고 있으면서도, 진정으로써 고해 주지 않으면, 사람들이 반드시 나에게 충실하지 못하고 믿음직하지 못한 사람이라고 하게 될 것이다.”

○ 朱子(주자)도 고향에서는 비록 아무리 미천한 사람일지라도, 반드시 공손하게 대접을 하였다.

○ 內史(내사) 벼슬을 한 慶(경)[33]이라는 사람이 취해서 집으로 돌아오는데, 外門(외문)에까지 들어와서도 수레에서 내리지를 않으니, 그의 아버지 萬石君(만석군)이 그 얘기를 듣고서 밥도 먹지 않고 꾸짖어 말했다. “內史(내사) 벼슬이면 貴人(귀인)이므로 마을에 들어오게 되면, 마을의 어른이고 노인이고 할 것 없이 다 달아나 숨는다. 그런데 內史(내사)는 수레에 앉은 채 아무렇지도 않게 왔으니, 진실로 마땅히 사과하고 慶(경)이는 네 잘못된 점을 버리도록 하라.” 慶(경)과 여러 아들들이 그 뒤로는 마을 입구에 들어올 때는, <반드시 수레에서 내려> 걸어서 집에까지 들어왔다.

○ 張湛(장담)[34]이 左馮翊(좌빙익)이 되었을 때의 일이다. 휴가를 얻어 平陵(평릉)으로 가는 도중에 寺門(사문)이 있는 곳에 이르자, 그 寺門(사문)을 바라보며 걸어서 가니, 主簿(주부)가 나아가 말했다. “明府(명부)께서는 지위가 높고 덕이 중후하시니, 마땅히 몸가짐을 스스로 가볍게 해서는 안 됩니다.” 張湛(장담)이 말했다. “「禮記」(예기)에 말하기를, ‘임금이 출입하는 문 앞에서는 내리고, 임금이 타는 말에게는 머리를 숙여 공경의 예를 표해

33) 漢(한)나라 石奮(석분)의 아들.
34) 漢(한)나라 사람.

야 된다.'고 하였다. 孔子(공자)도 고향 마을에서는 몸가짐을 온공하고 진실하게 하였다. 부모의 나라에서는 마땅히 예를 다해야 되는 것이다. 그런데 어찌 나를 보고 몸가짐을 가벼이 한다고 할 수 있느냐?"

○ 退溪(퇴계)는 고향 사람으로서 학문에 뜻이 있는 사람에게는 品官(품관)의 반열에 따라 대하는 것을 부끄럽게 생각하였다. 그리고 先生(선생)은 말했다. "고향 마을은 부모 형제와 종족들이 사는 곳이며, 고향 마을에서 제일 귀중하게 여기는 것은 나이이니, 비록 지위는 아래이더라도, 禮(예)와 義(의)로써 대하는 것이 무엇이 불가한 일이리오?"

○ 胡文定公(호문정공)은 무릇 재물과 이익의 문제, 또 꾸어 주고 꾸어 오는 문제를 가지런하고 말끔하게 하였다. 반드시 期日(기일)을 밝히고 반드시 신용이 있게 하여, 조금이라도 어긋나 차이가 생기는 일이 없었다.

○ 朱子(주자)는 부모의 분묘가 있는 시골 사람들에게는, 반드시 禮(예)를 더욱 갖추어 대하였다.

○ 退溪(퇴계)선생은 시골에서 살고 있을 때, 賦役(부역)이 있으면 반드시 먼저 집 밖에 나가서 운반할 것이 있으면 운반을 하였다. 관청의 벼슬아치도 그 분이 훌륭한 분인 줄을 몰라보았다. 일찍이 일을 하다가 좀 쉬려고 시냇가에 앉아 있었는데, 벼슬아치가 와서 고하여 말하기를 "금년 柏林之禁進(백림지금진)에 댁에서도 나가야 됩니다." 라고 하였다. 선생은 웃기만 하고 말은 하지 아니하였다.

【註: 柏林(백림)은 溪東令(계동령)에 있었는데 선생의 집에서 간수하는 땅이었다.】

○ 金鶴峯(김학봉)은 고향의 面長(면장)이나 里長(이장)을 만나면 비록 나이가 젊더라도 반드시 禮(예)를 더해서 대했다.

【註: 居鄕(거향)의 道(도)를 통틀어 말한 것임.】

○ 齊(제)나라 때의 沈麟士(심인사)라는 사람이 길을 가는데 신을 잃어버린 이웃 사람이 와서 沈麟士(심인사)의 신을 자기 것이 아닌가 확인을 해 보았다. 麟士(인사)가 말하기를 "이것이 당신의 신이오?" 라고 하며 즉시 벗어서 주어 버렸다. 그런데 이웃 사람이 잃어버렸던 자기 신을 찾고서 麟士(인사)가 벗어 주었던 신을 다시 보내 왔다. 그러자 麟士(인사)는, "그것이 당신의 신이 아니오?" 라고 말하고는 웃으며 다시 받았다.

【註: 曹萌(조맹)은 마음이 어질고 두텁기로 소문난 사람이었다. 이웃집에 돼지를 잃어버린 사람이 있었는데, 잃어버린 돼지가 曹萌(조맹)의 집돼지와 생긴 것이 비슷하였다. 이웃집 사람이 와서 돼지를 보고 확인을 하더니 자기의 돼지라고 하였다. 曹萌(조맹)은 다툴 것 없이 주어 버렸다. 그런데 그 뒤에 이웃집의 잃어버렸던 돼지가 저절로 다시 돌아왔다. 그 주인이 크게 부끄러워하며, 曹萌(조맹)이네 돼지를 다시 돌려주니, 曹萌(조맹)이 웃으며 받았다.】

○ 陳囂(진효)는 紀伯(기백)이라는 사람과 이웃이 되어 살고 있었다. 紀伯(기백)이 밤에 몰래 자기 집 울타리를 陳囂(진효)의 집 쪽으로 넓히니, 紀伯(기백)의 땅은 저절로 더 넓어졌다. 陳囂(진효)가 紀伯(기백)이 몰래 자기 집 울타리를 한 열자 쯤 뽑아서 들여세우고, 그 땅을 紀伯(기백)의 집 땅에 보태 주어 버렸다. 紀伯(기백)이 부끄럽고 두려워서 이미 침범한 땅을 다시 돌려주고도, 오히려 자기 땅을 열자 쯤 더 주었다. 사람들이 그 마을을 義(의)로운 마을이라고 하였다.

○ 退溪(퇴계)선생이 일찍이 漢城(한성)에 있을 때, 이웃집의 밤이 退溪(퇴계)선생의 집 뜰에 떨어지니, 주워서 이를 보내 주었다.

○ 吉冶隱(길야은)은 이웃에 초상이 나면, 비록 그 집이 천한 사람의 집일지라도, 애도하는 뜻으로 죽을 먹고 배부르게 먹지 아니하였다.

【註: 이웃을 접대하는 道理(도리)를 말한 것임.】

○ 錄司(녹사) 梁成義(양성의)가 本縣(본현)[35]의 縣監(현감)이 되었다. 退溪(퇴계)선생은 <자신은 民(민)이고 현감은 主(주)이니>, 民(민)과 主(주)의 禮(예)를 극진하게 하였다. 그렇게 하기를 오래 하며 더욱 공경스럽게 대해주었다. 그런데 梁成義(양성의)는 도리어 그 지역을 다스리는 사람이라는 높은 신분임을 끼고서, 退溪(퇴계)선생에게 하는 언사를 심히 거만하게 하니, 듣는 사람들도 다 괴이하게 생각하고 노하였다. 그러나 先生(선생)께서는 끝까지 그 사람의 실수를 말하는 일이 없었다.

【註: 城主(성주)를 대접하는 道(도)를 말한 것임.】

35) 禮安(예안). 退溪(퇴계)가 살던곳.

第八 出處(제팔 출처)

<관직에 나갔을 때와 물러나 집에 있을 때 지켜야 할 도리>

【註: 살펴보건대, 이미 몸 처신하는 道理(도리)를 살폈고, 또 사람을 접대하는 방법을 알았으면, 가히 나가서 벼슬을 할 만 하다. 그러나 去就(거취)와 取捨(취사)하는 것은 오직 義理(의리)를 좇아야 하는 것이니, 배우는 사람이 마땅히 살펴서 處事(처사)해야 한다.】

總論章(총론장)

<관직에 있을 때와 물러났을 때의 도리에 관한 총론>

○ 孟子(맹자)가 말했다.

"선비는 궁해져도 義理(의리)를 잃어버리지 않으며, 잘 되어도 正道(정도)는 벗어나지 않는 것이다. 궁해져도 義理(의리)를 잃어버리지 않는 고로 선비는 자신의 본분을 지킬 수가 있는 것이며, 잘되어도 正道(정도)에서 벗어나지 않는 고로 백성들이 실망을 하지 않는 것이다. 옛 사람들은 자기의 뜻을 이루어 권력을 잡게 되면 덕택을 백성들에게 더해 주었고, 뜻을 이루지 못하게 되면 자신의 몸을 닦아서 그 이름을 세상에 뚜렷이 나타내 보였다. 궁해지면 홀로 자신의 몸을 善(선)하게 해 나갔고, 잘 되어 권력을 잡게 되면 동시에 천하를 善(선)하게 하여 나갔다."

○ 또 말했다.

"가히 속히 떠나야 할 때는 속히 떠났고, 가히 오래 있을 만하면 오래 있었으며, 가히 머물러 은거해야 할 때는 머물러 은거하였고, 가히 벼슬살이를 할 만하면 벼슬살이를 할 수 있는 사람은 孔子(공자)였다."

○ 陳代(진대)[1]가 孟子(맹자)에게 말했다.

1) 孟子(맹자)의 弟子(제자).

"선생님께서 諸侯(제후)를 만나 보지 않으신 것이, 마땅히 너무 소심한 예절인 듯합니다. 이제라도 諸侯(제후)를 한 번 만나시어 그에게 道(도)를 가르쳐 주신다면, 크게는 그가 王者(왕자)가 되게 하실 수도 있고, 작게는 그가 覇者(패자)가 되게 하실 수도 있을 겁입니다.[2] 또 옛적의 기록에도, '한 자 만큼을 굽혀서 한 길 만큼을 곧게 할 수 있다. 즉, 작은 욕을 돌아보지 않고 큰일을 이룰 수가 있다.'고 하였습니다. 그러니 선생님께서 한 번 굽히고 제후를 만나시어, 그를 도와주신다면 그것은 가히 해 봄직한 일일 것입니다." 그러자 孟子(맹자)가 말했다. "옛적에 齊景公(제경공)이 사냥을 갔었는데, 旌旗(정기)[3]를 흔들어 사냥터 지키는 사람을 오라고 불렀으나 오지 않자 장차 죽이려고 하였다. 孔子(공자)께서 말씀하시기를, '志士(지사)는 어려운 처지에 빠질 수도 있다는 것을 항상 잊어버리지 않는 것이며, 용감한 병사는 자기의 목이 떨어져 죽을 수도 있다는 것을 항상 잊어버리지 않고 정의를 지키며 행동하는 것이다.' 라고 칭찬의 말씀을 하셨다. 孔子(공자)께서 그 사냥터 지키는 사람을 칭찬한 이유가 무엇이었겠느냐? 그 부르는 것이 정당한 방법이 아니면 가지를 않겠다는 의연한 태도를 보였기 때문이다. 만약 지금 내가 제후가 예를 갖추어 부르는 것을 기다리지도 않고 간다면 그 꼴이 어떻게 되겠느냐? 또 대저 한 자를 구부려서 한 길을 곧게 펼 수도 있다는 것은 利(이)를 가지고 하는 이야기이다. 그렇다면 만약 利(이)가 된다고 하여, 한 길을 구부려서 한 자를 곧게 펼 수 있게 되는 것이 利(이)가 된다면, 그래도 꼭 그렇게 해야만 되겠느냐? 그것은 안 될 말인 것이다."

○ 또 말했다.

"자기 자신이 구부러진 사람은, 능히 다른 사람을 곧게 하여 줄 수가 없다."

---

2) 孟子(맹자)는 힘을 배경으로 해서 仁政(인정)을 가장하는 것을 覇道(패도)라 하였고, 德(덕)으로써 仁政(인정)을 베푸는 것을 王道(왕도)라 하였다. 그러므로 힘으로 다스리는 者(자)는 覇者(패자)요, 덕으로 다스리는 者(자)는 王者(왕자)이다.

3) 깃대 끝에 새의 깃으로 장목을 꾸민 기.

○ 程子(정자)가 말했다.

"어진 사람은 오직 義(의)를 알 따름이다. 命(명)이 그 가운데 있으니, 中人(중인) 이하의 사람은 운명부터 따지고 義(의)는 뒤에 두는 것이다."

【註: 또 말했다. "구하는 것을 正道(정도)로써 하고 얻는 것을 正義(정의)로써 한다면, 반드시 운명이라고 말할 수는 없는 것이다."】

○ 胡文正公(호문정공)이 말했다.

"학문을 講(강)하고 政事(정사)를 의논하려면, 마땅히 간절히 물어서 연구해야 한다. 대저 사람이 去就(거취)의 문제나 語默之幾(어묵지기)의 문제도 마찬가지다. 그리고 飮食(음식)과 飢飽(기포)와 寒溫(한온)의 문제는 반드시 자기 스스로가 사정을 참작해서 처리해야 되는 것이다. 결코 다른 사람에게 의뢰하여 결정할 일이 아니며, 또한 다른 사람이 능히 결정할 일도 아니다."

【註: 벼슬을 함에, 그치기를 오래 하고 나아가기를 속히 하는 것이, 道(도)에 의거하고 義(의)를 행하는 것이면, 그것은 마음이 편안한 바이다. 그 벼슬을 하러 나가는 것도 勸免(권면)에 인할 필요가 없는 것이고, 그 벼슬을 그만 두고 가는 것도 만류에 인할 필요 없이 자기 의사에 의해서 해야 한다. ○ 세상에 나가는 일과 집안에 들어앉는 일에 대해서 말한 것임.】

○ 陳子(진자)가 孟子(맹자)에게 물었다.

"옛적의 군자는 어떻게 하여 벼슬을 하였습니까? 孟子(맹자)가 말했다. 벼슬을 하러 나가는 데 세 가지의 경우가 있었으며, 벼슬을 그만 두고 물러나는 데도 세 가지의 경우가 있었다. 한 가지는 임금이 군자를 맞아들이는 데, 공경스럽게 하고, 禮(예)로써 하며, 또한 장차 임금이 자기의 말을 받아들여 정치를 행하겠다고 언약을 하면 벼슬을 하러 나아갔다. 그러나 임금이 예모는 쇠하지 않았으나, 군자의 말을 받아들여 실행해 주지 않으면, 벼슬을 그만 두고 물러났다. 그 다음에는 비록 임금이 군자의 말을 받아들여 실행하겠다는 약속은 없을지라도, 군자를 맞이하는 것이 공경스럽게 하고 예를 갖춰서 하면 벼슬을 하러 나아갔다. 그러나 임금의 예모가 쇠하여지면 벼슬을 그만 두고 물러났다. 또 그 다음에는 군자가 아침도 못 먹고 저녁도 못 먹어서 배가 고파 문 밖에도 못 나가게 되자, 임금이 이 사실을 듣고, '내가 大道(대도)에 있어서 군자의 道(도)를 행하지도 못 하고, 또 내가 군자의 말을 능히 좇아서 받아들이지도 못하지만, 그 군자가 내가 다스리는 땅에서 굶어 죽는다고 하면, 내가 그것을 부끄럽게 생각해야 할 일이다.' 라고 말을 하고 그 군자를 구제해 준다면, 또한 벼슬을 받아들여도 좋다. 그러나 그런 경우는 죽기를 면하려고 받는 것일 따름인 것이다."

○ 또 말했다.

"孔子(공자)는 正道(정도)를 행할 만 하다고 보고서 벼슬을 한 일이 있었고, 임금의 우대에 감동하여 벼슬을 한 일이 있었으며, 또 임금이 성의 있게 현인을 길러 주었기 때문에 벼슬을 한 일이 있었다. 季桓子(계환자)에게서 벼슬을 한 것은 正道(정도)를 행할 만 하다고 보았기 때문이었고, 衛靈公(위령공)에게서 벼슬을 한 것은 그가 禮(예)로써 대해 주었기 때문이었으며, 衛孝公(위효공)에게서 벼슬을 한 것은 그가 현인을 잘 길러 주었기 때문이었다."

○ 또 말했다.

"벼슬을 하는 것이 가난을 면하기 위해서 하는 것은 아니지만, 때로는 가난을 면하기 위해서 하게 되는 경우도 있다. 가난을 면하기 위해서 벼슬을 하는 사람은 높은 지위를 사양하여 낮은 지위에 있고, 부유하게 사는 것을 사양하고 가난하게 살아야 한다. 그렇게 살자면 어떤 자리가 좋을 것인가? 문지기나 야경원 정도면 될 것이다."

○ 程子(정자)가 말했다.

"옛 사람들이 반드시 임금이 지극히 공경스럽게 하고, 禮(예)를 다한 뒤에라야 벼슬길에 나아간 것은 스스로 자기 몸을 높이기 위해서 그렇게 한 것이 아니다. 대개 임금이 그 덕을 높이고 道(도)를 즐겨 하는 마음이 이러하지 않으면, 그런 임금과 더불어 정치를 해서 백성을 다스릴 수가 없기 때문에 그런 것이다."

【註: 가히 〈벼슬하러〉 나갈 때의 道(도)를 말한 것임.】

○「周易」(주역)에 말했다.

"세상과도 바꿀 수가 없으며, 무엇이라고 이름을 이룰 수도 없다. 세상에 숨어 살아서 근심하는 일이 없고, 옳은 것을 보지 못하더라도 근심스럽게 생각할 것 없다. 즐거우면 그것을 행하고, 근심스러우면 그것을 어긴다."

【註: 가능한 것을 보아서 움직이고, 어려운 것을 알아서 피해야 한다.】

"확실해서 변할 수 없는 것이 바로 모습을 드러내지 않고 물 속에 잠겨 있는 용이다."

○ 또 말했다.

"하늘과 땅이 交和(교화)하지 못하는 것이 否(비)이다. 그러므로 군자는 덕을 아껴서 어려운 일을 물리치며, 祿(녹)을 가지고 명예롭게 여기지 않는다."

○ 또 말했다.

"하늘과 땅이 닫히면 어진 사람들이 다 숨어 버리는 것이다.「周易」(주역)에 말하기를, '<주머니 주둥이를 잡아매듯이> 입을 다물고 말을 하지 않으면, 허물도 없고 칭찬도 없다'고 하였으니, 이것은 대개 말을 삼가 해야 한다는 것을 말한 것이다."

○ 또 말했다.

"王侯(왕후)를 섬기지 않고, <즉, 구차하게 벼슬을 하려고 하지 않고> 자기가 하는 일을 자기 중심대로 고상하게 해 나가야 한다."

○ 程子(정자)가 말했다.

"선비가 高尙(고상)하다는 것이 또한 한결같은 道(도)는 아니다. 道德(도덕)

을 마음 속에 품고 있으나 때를 만나지 못하더라도, 고결하게 자기의 지조를 지키는 사람도 있는 것이다."

【註: 伊尹(이윤)은 莘野(신야)에서 농사를 짓고 있었으며, 太公(태공)은 渭水(위수)에서 낚시질을 하고 있었다.】

"그리고 족한 道理(도리)를 알고 물러나서, 자기의 지조를 보존하는 사람도 있다."

【註: 張良(장량)과 疏廣(소광)의 경우와 같은 류의 이야기임.】

"또 능력을 헤아리고 분수를 헤아려서, 자기를 알아주기를 기다리지 않고 편안하게 생각하는 사람도 있다."

【註: 徐孺子(서유자)와 申屠蟠(신도반)의 경우와 같은 류의 이야기임.】

"또 맑은 절개를 스스로 지키며 천하의 일을 좋아하지 않고, 홀로 자기 몸을 깨끗이 하는 사람도 있다."

【註: 嚴子陵(엄자릉)과 周黨(주당)의 경우와 같은 류의 이야기임.】

"또 몸 처신하는 것이 비록 득실과 대소의 차이는 있을지라도, 다 스스로 자기의 일을 高尙(고상)하게 여기는 것은 마찬가지다."

【註: 올바른 처신의 방도를 말한 것임.】

○ 張南軒(장남헌)이 말했다.

"조정에서 대답을 하는 데는 모름지기 直言(직언)을 할 줄 알아야 한다. 대개 선비가 처음으로 임금한테 가서 뵐 때에 임금을 속이면, 이는 어디를 가든지 속이지 않는 데가 없다."

【註: 宋(송)나라 때의 寇萊公(구래공) 準(준)이 나이 열아홉 살에 과거를 보아서 進士(진사)가 되었다. 이때 太宗(태종)이 나이가 젊은 사람들을, 과거를 보아 취해서 썼다가는 때때로 벼슬을 파직하고 보내 버렸다. 그래서 어떤 사람이 寇萊公(구래공)한테 나이를 올리라고 하자, 公(공)이 말했다. "내가 처음으로 벼슬길에 나가는데, 임금을 속이는 일부터 해서야 되겠습니까? ○ 科擧(과거)를 결단해서 관직에 처음 오르는 것에 대하여 첨부해서 말한 것임.】

事君章(사군장)

<임금을 섬기는 도리>

○ 孔子(공자)가 말했다.

"임금은 신하를 禮(예)로써 부리고, 신하는 임금을 충성으로써 섬겨야 한다."

【註: 陳新安(진신안)이 말했다. "임금은 비록 禮(예)로써 대하지 않을지라도, 신하가 어찌 가히 충성으로써 임금을 섬기지 않을 수 있으리오?"】

○ 또 말했다.

"임금을 섬기는 데는, 섬기는 일을 공경스럽게 한 후에 그 祿(녹)을 먹어야 한다."

○ 孟子(맹자)가 말했다.

"舜(순)임금이 堯(요)임금을 섬기는 道理(도리)로써 임금을 섬기지 않는 사람은, 그 임금을 공경하지 않는 자이다."

○「坊記」(방기)에 말했다.

"잘 된 일은 임금이 잘 해서 그렇다고 하고, 잘 못된 일은 자기가 잘 못해서 그렇다고 하면, 백성들도 다 충성스런 마음을 가질 수 있을 것이다."

【註:「書經」(서경)에 君陳(군진)이 말했다. "너에게 좋은 계략이 있으면 안에 들어가서 임금에게 고하고, 너는 곧 밖에서 그것을 좇도록 해야 한다. 그리고, '이 좋은 계략은 오직 우리 임금님의 덕택입니다' 라고 말해야 한다."】

○「標記」(표기)에 말했다.

"임금을 섬기는 데는 처음부터 신중하게 해야 하며, 끝까지 공경스럽게 해야 한다."

○「禮記」(예기)에 말했다.

“임금을 섬기는 데는 犯(범)하는 <즉, 임금의 앞에서도 굽히지 않고 諫(간)하는> 일은 있을지언정, 숨기는 일은 없어야 한다. 그리고 좌우로 임금을 보살펴 드려야 하며, 道(도)에 합당하게 임금의 일에 종사하여 드려야 한다. 또 임금이 죽으면 3년 동안 복을 입어야 한다.”

○ 孔子(공자)가 말했다.

“소인은 가히 임금을 섬길 수가 없다. 그들은 이익이나 지위를 얻지 못하면 그것을 얻으려고 근심을 하고, 이미 이익이나 지위를 얻으면 그것을 잃게 되지 않을까 근심을 한다. 그리고 진실로 그 이익이나 지위를 잃어버릴 것을 근심하게 되면, 무슨 일이든 못 할 짓이 없이 다 하게 된다.”

【註: 朱子(주자)가 말했다. “작게는 남의 등창을 빨아 주거나 치질을 핥아 줄 정도로 극도의 아첨을 하고, 크게는 아비도 죽이고 임금도 죽이는 것인데, 그것이 다 벼슬 자리를 잃게 될까 근심하는 데서 생기는 것이다.” ○ 新裁之(신재지)가 말했다. “道德(도덕)에 뜻을 두게 되면 功名(공명)으로써 족히 그 마음을 더럽게 하지 못하는 것이며, 功名(공명)에 뜻을 두게 되면 富貴(부귀)로써 족히 그 마음을 더럽게 하지 못하는 것이다. 그러나 富貴(부귀)에 뜻을 두게 되면 또한 못하는 짓이 없이 다 하게 되는 것이다.”】

○ 陳潛室(진잠실)[4]이 말했다.

“충신과 효자는 마땅히 천하에 옳지 못한 임금과 아버지는 없는 것이라고 알고 있어야 한다.”

【註: 임금을 섬기는 도리를 통틀어 말한 것임.】

○ 「玉藻」(옥조)에 말했다.

“장차 公所(공소)에 나가려면 전날 齋戒(재계)하고 外寢(외침)에서 자야 하며 목욕을 해야 한다. 史官(사관)이 象笏(상홀)을 올리면 임금에게 고할 말과, 임금의 물음에 대답할 말과 이미 임금이 명령했던 것에 대한 보고의 말들을 기록해야 한다. 朝服(조복)을 입으면 용모와 儀觀(의관)과 佩玉(패옥)의 소리를 익힌

4) 名(명)은 埴(식), 字(자)는 器之(기지), 朱子(주자)의 門人(문인).

뒤에 조회에 나가야 한다."

○「論語」(논어)에 말했다.

"대궐의 문에 들어 갈 때는 몸을 굽히고 절을 하는 듯, 송구스러워 하는 듯하여 마치 몸이 문에 안 들어가는 듯하게 조심을 해야 한다. 설 때는 문의 중간에서 있지 말아야 하며, 다닐 때는 문지방을 밟고 다니지 말아야 한다. 임금이 서는 자리를 지나갈 때는 안색을 조심스럽게 하여 빠른 걸음으로 지나가야 하며, 그 말은 부족한 듯 과묵하여야 한다. 옷자락을 가지런히 걷어잡고 堂(당)에 오를 때도 절을 하는 것처럼 몸을 굽힌 듯해야 하며, 기운을 감추고 마치 숨을 쉬지 않는 사람처럼 조용하게 걸어야 한다. 堂(당)에서 나와 한 층을 내려와서는 얼굴빛을 유쾌하게 하여 온화한 표정을 지어야 한다. 층계를 다 내려와서는 총총걸음으로 나아가는데 나래를 편 듯 우아하게 해야 한다. 자기 위치로 다시 돌아가는 태도는 신중하고 경건해야 한다."

○ 또 말했다.

"임금이 명하여 부르면, 말에 멍에 씌우기를 기다리지 말고 즉시 가야 한다."

○「曲禮」(곡례)에 말했다.

"임금의 명으로 부른 사람이면 비록 천한 사람일지라도, 大夫(대부)나 士(사)가 반드시 자신이 직접 나가서 맞이해야 한다."

○ 晉靈公(진영공)[5]이 임금 노릇을 잘 하지 못하여 趙宣子(조선자)라는 사람이 자주 諫言(간언)을 하니, 公(공)이 그 사람 때문에 근심스러워서 鉏麑(조예)라는 사람한테 趙宣子(조선자)를 암살하여 버리라고 시켰다. 새벽에 그를 죽이러 갔는데, 침실 문은 열려 있었고, 임금을 만나러 가려고 이미 옷은

5) 春秋時代(춘추시대) 사람.

다 입고 있었으며, 장차 아침이 되려면 출발하기가 조금 일러서, 눈을 감은 채 시간을 기다리고 있었다. 鉏麑(조예)가 물러 나와 그의 충성심에 감탄하여 말했다. "공경심을 잊지 않는 것이 백성의 근본이다." 그리고는 오히려 느티나무에 자신의 머리를 박아 자기가 죽어 버렸다.

○ 胡安定(호안정)[6]은 임금이 부르면 응대해야 하는 직책을 담당하게 되었다. 그런데 그렇게 되면 준례로 볼 때, 반드시 먼저 편전에 나가서 임금에게 응대하는 의식을 익히도록 되어 있었다. 그러나 先生(선생)은 <그렇게 하지 않고> 말했다. "내가 한평생 글을 읽은 것이 임금 섬기는 禮(예)를 배우려고 한 것인데, 새 채비로 또 익힐 것이 무엇이 있으리오?" 응대하러 임금 앞에 나가서 임금의 교지에 따라서 응대를 하니, 임금이 말했다. "胡瑗(호원)은 進退(진퇴)하고 周旋(주선)하는 것이 다 옛 禮法(예법)에 맞도다."

【註: 朝謁(조알)의 禮法(예법)을 말한 것임.】

○ 論語(논어)에 말했다.

"<孔子(공자)는> 임금이 음식을 주면 반드시 자리를 바르게 하고 앉아서 맛을 보았고, 임금이 생고기를 주면 반드시 익혀서 조상의 사당에 제물로 올렸으며, 임금이 산 짐승을 주면 반드시 잡아먹지 않고 길렀다."

○ 또 말했다.

"임금을 모시고 밥을 먹을 때는 임금이 祭食(제식)[7]을 하면 임금을 위하여 먼저 맛을 보아야 한다."

【註: 만약 임금을 위하여 맛을 보는 것이라면, 마땅히 禮(예)가 아니겠는가?】

---

6) 名(명)은 瑗(원), 字(자)는 翼之(익지), 宋(송)의 大儒(대유).
7) 고수레.

○ 「曲禮」(곡례)에 말했다.

"임금의 식사 시중을 들 때에, 임금이 먹다가 남는 것을 내려 주거든, 그 그릇이 씻을 수 있는 도기나 목기이면 그것을 그대로 사용하여야 한다. 그러나 그 나머지 씻을 수 없는 그릇이면 다 다른 그릇에 옮겨 담아서 먹어야 한다."

○ 또 말했다.

"임금 앞에서 과일이 하사되면 씨가 있는 것은 그 씨를 버리지 말고 품안에 간직하고 있어야 한다."

○ 「玉藻」(옥조)에 말했다.

"임금이 수레와 말을 하사하면 그것을 타고 가서 임금에게 절을 해야 하고, 의복을 하사하면 그것을 입고 가서 임금에게 절을 해야 하며, 임금의 명이 있지 않으면 감히 타거나 입거나 해서는 안 된다."

○ 晏子(안자)[8]가 楚(초)나라에 사신으로 갔었는데, 楚王(초왕)이 껍질을 제거하고 먹는 과일을 주었다. 晏子(안자)가 껍질을 제거하지 않고 껍질째 그냥 먹고 있으니, 楚王(초왕)이 말했다. "귤은 마땅히 그 껍질을 벗겨 내고 먹는 것이오." 그러자 晏子(안자)가 말했다. "신은 임금 앞에서 임금이 주는 것을 먹는 사람은 오이나 복숭아도 깎지 않고 그냥 먹어야 하며, 귤이나 유자 같은 것이라도 껍질을 벗겨 내지 않고 그냥 먹어야 하는 것이라고 들었습니다. 그런데 지금 임금님께서 깎아 먹든지 벗겨 먹든지 하라는 하교가 없으니, 신은 감히 껍질을 벗겨서 먹지를 못하고 그냥 먹고 있는 것입니다. 신이 껍질을 벗겨서 먹어야 좋다는 것을 몰라서 그런 것은 아닙니다."

【註: 임금을 모시고 음식을 먹다가 임금이 주는 음식을 먹는 예절을 말한 것임.】

---

8) 名(명)은 嬰(영), 春秋時代(춘추시대)의 齊(제)나라 사람.

○「曲禮」(곡례)에 말했다.

“무릇, 임금의 使者(사자)가 되어 이미 명령을 받으면, 임금이 명령한 말씀을 집에다 재우지 말고, 그 날로 즉시 출발을 해야 한다. 임금이 보낸 명령의 말씀이 자기 집에 이르게 되면, 주인이 직접 나가서 임금이 고맙게도 자기에게 명령을 내린 것이니, 절을 하고 받아야 한다. 그리고 使者(사자)가 돌아 갈 때는 반드시 문 밖으로 나가서 절하고 전송을 해야 한다. 만약 임금에게 자기가 사람을 보내게 되면, 반드시 朝服(조복)을 입고, 그 심부름 보내는 사람에게 명령을 해야 한다. 심부름 보냈던 사람이 돌아오면, 반드시 마루에서 내려가서 명령을 받아야 한다.”

○ 또 말했다.

“大夫(대부)와 士(사)는 임금이 출입하는 문에서는 수레에서 내려야 하며, 임금이 타는 말을 보면 공경스럽게 대해 줘야 한다.”

○「論語」(논어)에 말했다.

“병이 들어 임금이 문병을 오면, 머리를 동쪽으로 두고 朝服(조복)을 <몸 위에> 덮은 다음 띠를 매야 할 자리에 걸쳐 <올려> 놓고 맞이해야 한다.”

○ 衛靈公(위령공)이 부인과 더불어 밤에 앉아 있었는데, 수레 소리가 삐걱삐걱 나더니, 그들이 있는 대궐에 이르러서는 수레 소리가 그쳤다. 그러다가 대궐을 지나가서는 다시 멀찍이에서 수레 소리가 들려 왔다. 그러자 부인이 말하기를. “저것은 <틀림없이> 蘧伯玉(거백옥)일 것입니다.” 라고 하니, 公(공)이 말했다. “어떻게 그가 蘧伯玉(거백옥)인 줄을 아시오?” 부인이 말했다. “蘧伯玉(거백옥)은 衛(위)나라의 가장 어진 大夫(대부)입니다. 어둡다고 해서 禮(예)를 갖추지 않을 사람이 아닙니다.” 公(공)이 사람을 시켜서 그가 누구인지 알아보게 하였는데, 과연 蘧伯玉(거백옥)이었다.

【註: 임금을 공경하는 예절을 말한 것임.】

○ 孔子(공자)가 말했다.

군자는 임금을 섬기는 데 있어서, 벼슬길에 나아가면 충성을 다할 것을 생각하며, 벼슬을 그만 두고 물러 나오면 임금의 허물을 바로 잡아 줄 것을 생각한다. 그리고 장차 그 임금의 아름다운 것은 순종을 하고, 그 악한 것은 바로 잡도록 도와준다. 그러므로 위아래 즉, 임금과 신하가 능히 서로 친하게 될 수가 있는 것이다."

○ 孟子(맹자)가 말했다.

"임금에게 어려운 일을 실행하도록 책하고 권해 주는 것을 恭(공)이라 하고, 착한 것을 개진하여 주고 간사한 것을 막아 주는 것을 敬(경)이라 하며, 임금이 능하지 못하다고 하는 것을 賊(적)이라고 한다."

○「少儀」(소의)에 말했다.

"임금을 섬기는 사람은, 그 임금을 섬길 수 있을 것인지를 헤아려 본 뒤에 섬기려 들어가야 하는 것이지, 섬기러 들어간 뒤에 그 임금을 섬길 수 있을 것인지를 헤아려서는 안 된다. 무릇, 다른 사람을 위해 무슨 일에 종사하는 사람도 또한 그와 같이 하여야 한다. 그렇게 함으로써 윗사람은 원망이 없고 아랫사람은 죄를 멀리하게 된다. 남의 신하가 된 사람은 諫(간)하는 일은 있어도 비방하는 일이 있어서는 안 된다. 그리고 자기가 그만두고 떠나면 떠났지 미워해서는 안 되며, 잘 한다고 칭송은 해도 좋으나 아첨을 해서는 안 된다. 또 諫(간)하는 일은 있어도, 교만을 부리는 일이 있어서는 안 된다."

○ 孔子(공자)가 말했다.

"임금에게 諫(간)하는 방법이 다섯 가지가 있는데, 첫째는 직언으로 간하지 말고 둘러말하여 諫(간)하는 것이요, 둘째는 어리석은 듯하게 즉 고지식하게 諫

(간)하는 것이며, 셋째는 자기를 낮춰서 諫(간)하는 것이고, 넷째는 정직하게 諫(간)하는 것이며, 다섯째는 풍자해서 諫(간)하는 것이니, 이 모두가 임금의 도량을 헤아리면서 諫(간)해야 한다."

○ 子路(자로)가 임금 섬기는 것을 물으니, 孔子(공자)가 말했다. "속이지 말고, 임금의 앞에서도 굽히지 말고 諫言(간언)을 해야 한다."

○ 呂東萊(여동래)가 말했다.

"말과 일은 바르나 말의 기운이 온화하지 않으면, 또한 유익함이 없다. 예로부터 어지럽고 망하는 나라가 용감하게 말을 하여 주는 신하가 없어서 그런 것이 아니다. 이미 그러한 충신을 죽여 버렸으니, 나라도 또한 좇아서 망하게 되는 것이다. 또한 政事(정사)도 이것 때문에 좌절되는 것이다."

○ 明道先生(명도선생)이 御史(어사)가 되었을 때, 神宗(신종)이 御史(어사)가 된 까닭을 물으니 대답하여 말했다.

"臣(신)으로 하여금 임금님께서 모르고 계신 과실을 諫(간)하게 하고, 임금님의 결점을 보충하도록 諫(간)하게 하여, 조정을 돕는 일을 주관하게 하여 주시면 좋겠습니다. 그러나 臣(신)으로 하여금 신하들의 좋고 나쁜 점을 다 캐고 조사하거나, 또 그 사람이 바르고 바르지 못하게 사는 사람임을 밝히는 일을 하게 하신다면, 그런 일은 능히 하지 못하겠습니다." 神宗(신종)이 탄복을 하고 크게 칭찬하였다.

【註: 선생은 전이나 후나 임금에게 진언하는 말의 요점은 마음을 바르게 하고, 욕심을 막고, 어진 사람을 구하고, 인재를 육성시켜야 한다는 것으로써 우선을 삼았다.】

○ 史黯(사암)[9]이 말했다.

9) 春秋時代(춘추시대)의 晉(진)나라 사람.

“악한 것을 구제하기 위하여 과실은 諫(간)하고, 좋은 것을 좇기 위하여 착한 것은 상을 주도록 하여야 하며, 옳은 사람은 천거하여 잘 못하는 사람과 대체시키도록 해야 한다. 능한 사람은 아뢰어 드리고, 어진 사람은 승진시키도록 해야 하며, 재주 있는 사람은 가려내서 천거해야 한다. 아침 저녁으로 좋은 말씀을 하여 드려서, 죽을 것을 각오하고 임금에게 알아듣도록 설명을 하여 드려야 한다. 글로써 말씀해 드려서 順(순)한 것으로써 행하도록 해 드려야 한다. 이러한 일을 힘써 수고롭게 하여서 죽을 지경에 이르기까지 극진하게 하여야 한다. 그렇게 하여서 임금이 자기 말을 들어주면 벼슬하러 나가고, 들어주지 않으면 그만 두고 물러나야 한다.”

【註: 進諫(진간)의 道(도)를 말한 것임.】

○ 伊川(이천) 선생은 매양 임금 앞에 나가서 講論(강론)을 하게 될 때는, 반드시 전날 齋戒(재계)와 預戒(예계)를 하고, 잠잠하게 생각을 하였다. 마음 속에 정성을 두고 講論(강론)을 하여서 임금의 뜻을 감동시킬 수 있게 되기를 원했다. 그 설명하는 것은 항상 文義(문의)의 밖에 있게 하였다. 그리하여 그 뜻을 반복하고 미루어 밝혀서 잘 납득이 되면, 자기가 講論(강론)을 잘해서 그렇다고 하지 않고, 임금이 총명해서 그렇다고 하며 공을 임금에게 돌렸다.

○ 尹和靖(윤화정)은 매양 經筵(경연)[10]에 다다르게 되면, 전날 저녁에 반드시 목욕을 하고 옷을 갈아입었다. 그리고 香案(향안)을 베풀어 놓고는, 내일 가서 마땅히 읽을 글을 책상 위에 올려놓고서, 朝服(조복)을 입고 再拜(재배)를 하였으며 향을 피우고 또 절을 하고 燕室(연실)로 나와서 齋戒(재계)를 하였다.

○ 晦庵(회암) 선생은 매양 講論(강론)을 할 때, 힘닿는 데까지 성의껏 하여서

10) 임금 앞에서 經書(경서)를 講論(강론)하는 자리.

임금의 마음을 깊이 느끼고 깨닫게 하는데 유의를 하였으며, 임금이 放心(방심)하지 않도록 도와주는 것을 근본으로 삼았다. 그리고 임금이 잘 모르는 것을 열어 가지고 명백하게 진술하여 주어서, 임금의 마음이 차분히 가라앉아 아무 걱정 없이 평정하고 명백하게 될 수 있도록, 숨김없이 자신이 알고 있는 것을 전부 다 톡 털어서 講論(강론)을 하여 주었다.

【註: 進講(진강)의 예절을 말한 것임.】

○ 孔子(공자)가 말했다.

"大臣(대신)은 正道(정도)로써 임금을 섬기다가, 그렇게 하지 못하게 되면 그만두고 물러나는 것이다."

○ 孟子(맹자)가 말했다.

"벼슬을 하는 사람이 그 직분을 감당해 내지 못하면 그 벼슬자리에서 물러나야 한다. 그리고 말을 해 줄 책임이 있는 사람이 임금에 의해서 그 말이 받아들여지지 않으면 그만두고 물러나야 한다."

○ 孔子(공자)가 말했다.

"군자는 세 번 揖(읍)을 하고 나아가며, 한 번 辭禮(사례)하고 물러가는 것이다."

○ 「周易」(주역)에 말했다.

"進退(진퇴)와 存亡(존망)을 알아서 그 正道(정도)를 잃지 않는 것은, 오직 聖人(성인)일 따름인저!"

○ 벼슬을 하는 관리 한 사람이 義理(의리)상으로는 마땅히 물러나야 하겠는데, 임금이 만약 굳게 가지 못하게 말리면 또한 가히 상소문을 올린 채, 명을 기다릴 것 없이 그냥 물러나 버리는 것이 옳은 일인지 아닌지를 물으니,

退溪(퇴계)선생이 대답하여 말했다. "杜範(두범)이 理宗(이종)임금 때, 叅政(참정)벼슬을 하고 있었는데, 임금이 자기의 말을 들어주지 않으므로 抗疏(항소)를 하고 자신이 벼슬에서 물러나게 하여 줄 것을 청했습니다. 그러나 임금은 간절하게 만류하기를 말지 않고, 오히려 命(명)을 하여 城門(성문)을 닫아 버리게 하고, 杜範(두범)이 나가는 것을 허락하지 않았습니다. 杜範(두범)이 명을 기다리지 않고 그냥 곧장 가버릴 것을 염려해서 그렇게 하였던 것입니다. 그리고 范純仁(범순인)은 귀양지에서 귀양이 풀려 돌아오는데, 中途(중도)에 徽宗(휘종)임금이 부르니, 늙어서 병이 들어 갈 수가 없다는 이유로 사양을 하고, 곧 바로 고향 마을로 돌아가 버렸습니다. 또 吳澄(오징)이라는 사람도 나라를 버리고 가는데, 임금한테 물러가게 하여 달라는 請(청)도 없이 그냥 가 버리니, 임금이 사람을 보내어 뒤를 쫓아갔으나 붙잡지 못하고 말았습니다. 이와 같이 옛 사람들도 명을 기다리지 않고 그냥 가 버리는 사람들이 있었습니다."

【註: 벼슬길에 나아가고 물러나는 義理(의리)를 말한 것임.】

○ 王蠋(왕촉)[11]이 말했다.

"충신은 두 임금을 섬기지 않는 것이며, 열녀는 두 남편을 고치어 맞지 않는 것이다."

○ 孔子(공자)가 말했다.

"志士(지사)와 어진 사람은 살기 위해서 어진 것을 해치는 일은 없으나, 내 몸을 죽여서 어진 일을 이룩하는 일은 있다."

○ 武王(무왕)이 이미 殷(은)나라의 난을 평정하고, 천하가 다 周(주)나라를 받

11) 戰國時代(전국시대)의 齊(제)나라 사람.

들었는데, 伯夷(백이)와 叔齊(숙제)는 그것을 부끄럽게 생각하였다. 그리고 義理(의리) 때문에 周(주)나라의 곡식을 먹을 수 없다고 하여, 수양산에 숨어서 고사리를 캐 먹고살다가 굶어서 죽어 버렸다.

○ 宋督(송독)[12]이 장차 殤公(상공)을 죽이려 하였는데, 孔父(공보)가 살아 있으면 殤公(상공)을 죽일 수가 없었다. 이에 먼저 孔父(공보)의 집부터 공격을 하였다. 孔父(공보)가 얼굴빛을 똑바르게 하고 조정에 들어가 버티고 서 있으면, 사람이 감히 孔父(공보)를 지나서 그 임금에게 재난이 이르게 할 수가 없기 때문이었다. 孔父(공보)는 가히 그 얼굴빛에 義理(의리)가 형용되어 있어서, 다른 사람이 그를 보면 꼼짝 못하게 하는 힘이 있었다.

○ 衛懿公(위의공)[13]에게 신하가 있었는데, 弘演(홍연)이라는 사람이었다. 弘演(홍연)이 멀리 使臣(사신)으로 갔다가 아직 돌아오지 않았는데, 翟(적)나라 사람들이 衛(위)나라를 치고 懿公(의공)을 죽여서, 그 고기를 다 먹어 버리고 肝(간)만 남겨서 버려 버렸다. 弘演(홍연)이 다녀와서 자기 임금의 肝(간) 앞에 앉아서, 사신으로 다녀 온 바의 업무를 보고하고, 하늘을 부르며 울었다. 다 울고 난 뒤 울음을 그치고 나서 말하기를, "신이 청컨대, 임금님 간의 껍데기가 되어 드리겠습니다." 라고 하였다. 그리고는 인하여 스스로 죽고, 먼저 그 창자를 꺼낸 다음 그 속에 자기의 임금인 懿公(의공)의 간을 집어넣게 하였다. 齊(제)나라의 桓公(환공)이 그 말을 듣고 다시 衛(위)나라를 세워 주었다.

○ 宋信國公(송신국공) 文天祥(문천상)은 字(자)는 宋瑞(송서)이고, 충효에 큰 절개가 있는 사람이었다. 宋(송)이 元(원)에 망하게 되자 죽지 못하고 3년

12) 春秋時代(춘추시대)의 宋(송)나라 사람.
13) 春秋時代(춘추시대)의 衛(위)나라 王(왕).

동안 그냥 살아 있었다. 하나의 조그마한 누각에서 앉았다 누웠다 하며, 발은 땅에다 딛지를 아니하였다. 元(원)나라 임금이, "너의 소원이 무엇이냐?"고 물으니, 대답하였다. "나는 宋(송)나라의 은혜를 입은 사람이니, 원컨대, 하나의 죽음을 달라." 元(원)나라 임금이 이에 조서를 내려 죽이려 하니, 刑(형)을 받기에 임하여 從容(종용)하게 吏卒(이졸)에게 말했다. "나의 일은 이제야 끝이 났도다." 그리고는 남쪽을 향하여 절을 하고 죽었다.

○ 麗末(여말)에 圃隱(포은) 鄭文忠公(정문충공)은 참다운 선비로서, 임금을 도와줄만한 재주가 있었고, 나와서는 세상이 쓸만한 인재였다. 쓰러져 가는 高麗(고려)의 社稷(사직)을 도우려고 하였으나 때마침 聖祖(성조)[14]께서 나라를 세우고자 하는 일이 날로 무성해지니, 公(공)은 聖祖(성조)를 제거하려고 꾀하였다. 그러자 太宗(태종)이 잔치를 베풀고 圃隱(포은)을 초청하여, 노래도 짓고 술도 권하며 그 뜻을 떠보았으나, 公(공)은 和答(화답)하였다. "이 몸이 죽고 죽어 일백 번 고쳐 죽어, 백골이 진토 되어 넋이라도 있고 없고, 님 향한 일편단심이야 가실 줄이 있으랴?" 太宗(태종)이 그가 변치 않을 것을 알고, 드디어 圃隱(포은)을 제거할 것을 의논하였다. 그리하여 判客典客寺(판객전객시)를 시켜서, 趙英珪(조영규)로 하여금 圃隱(포은)을 쳐서 죽여 버렸다.

【註: 忠義(충의)의 예절을 말한 것임.】

14) 太祖(태조) 李成桂(이성계).

治道章(치도장)[15]

<올바르게 다스리는 방법>

○ 程子(정자)가 말했다.

"배우는 사람은 세상 물정을 반드시 알아야 한다. 천하의 일을 하나의 집 안 일에 비유하여 본다면, 내가 하지 않으면 저 사람이 해야 하고, 또 갑이 하지 않으면 을이 해야 하는 것과 같은 것이다."

○ 孔子(공자)가 말했다.

"<엄한> 법으로써 백성을 바르게 이끌고 <무서운> 형벌로써 백성을 가지런하게 하고자 하면, 백성들이 형벌은 모면하고 빠져나가나 부끄러움을 느끼지는 못한다. 그러나 덕으로써 백성을 바르게 이끌고 예로써 백성을 가지런하게 하고자 하면, 백성들이 부끄러운 줄도 알고 또한 착하게 되기도 한다."

【註: 朱子(주자)가 말했다. "정치라는 것은 다스리기 위한 기구이며, 형벌이라는 것은 정치를 도와주는 법이다. 그리고 德(덕)과 禮(예)는 정치를 창출해 내는 근본이며, 德(덕)은 또 禮(예)의 근본이 되는 것이다."】

○ 또 말했다.

"제후들의 나라를 다스리는 데는, 일을 공경스럽게 하고 믿음이 있게 하여야 한다. 그리고 절약하여 쓰고 사람을 사랑해야 하며, 백성들을 때에 따라 알맞게 부려야 한다."

○ 孔子(공자)가 衛(위)나라를 갈 때 冉有(염유)가 모시고 갔다. 孔子(공자)가 말하기를, "이 나라는 백성들이 번성하구나." 라고 하였다. 그러자 冉有(염유)가 말했다. "백성들이 이 정도로 번성하게 되었으면, 또 무엇을 더 해야 합니까?" 孔子(공자)가 말했다. "백성들을 부자로 살게 하여 주는 것이다."

---

15) 천하를 다스리는 길, 또는 정치를 하는 방법을 논한 章(장).

【註: 朱子(주자)가 말했다. "정치는 어느 정도 되었으나 백성들이 부자가 아니면 민생이 완수되지는 못한 것이다. 그러므로 마을을 다스리는 데, 세금을 적게 거두어서 백성들을 부자가 되게 해 주어야 한다.】

○ 孟子(맹자)가 말했다.

"농사 때를 어기지 않고 제 때에 농사를 짓게 하면 곡식이 가히 다 먹지를 못할 만큼 많아지게 될 것이며, 눈이 썩 잔 그물로 연못의 물고기를 다 잡아내지 않으면 물고기와 자라가 가히 다 먹지를 못할 만큼 많아지게 될 것이며, 도끼를 적시에 山林(산림)에 들여 나무를 찍게 하면 재목은 다 쓸 수가 없을 만큼 많아지게 될 것이다. 곡식이나 물고기와 자라가 가히 다 먹을 수 없을 만큼 그렇게 많으며, 재목이 다 쓸 수 없을 만큼 많으면, 이는 백성을 養生(양생)하고 죽은 사람을 장사지내는데 아무 유감이 없을 것이다. 산 사람을 기르고 죽은 사람을 장사지내는데, 유감이 없게 하는 것이 王道(왕도)의 시작이다. 다섯 이랑의 택지에다가 뽕나무를 심으면, 50살 먹은 사람들이 비단옷을 입을 수가 있을 것이다. 닭, 돼지 새끼, 개, 큰 돼지 같은 가축을 기르는 데, 그 번식하는 시기를 잃어버리지 않고 기르면, 70살 먹은 사람들이 고기를 먹고 살 수가 있을 것이다. 백 이랑의 밭을 주고 농사를 짓게 하여 그 농사짓는 시기를 부역 등으로 빼앗지 않으면, 몇 식구 사는 데는 가히 굶주림 없이 살 수 있을 것이다. 근엄하게 지방의 학교 교육을 실시하여 효도와 공경의 옳은 이치를 깨우쳐 주면, 머리가 하얀 노인들이 길거리에서 무거운 짐을 지거나 이고 다니는 사람이 없게 될 것이다. 70세 된 노인들이 비단옷을 입고 고기를 먹으며, 백성들이 배고프게 지내지 않고 춥게 지내지 않게 되고서도, 왕 노릇을 제대로 하지 못한 사람은 없다."

【註: 또 말했다. "임금이 만약 백성들에게 어진 정치를 베풀어서, 형벌을 잘 살펴서 덜어 주고 세금을 조금 적게 받으며, 땅을 깊이 갈고 김을 자주 매게 하며, 장성한 사람들에게 쉬는 날이면 孝(효)·悌(제)·忠(충)·信(신)을 닦게 하여, 집에 들어오면 그 부형을 섬기고 밖에 나가서는 웃어른을 공경할 줄 알게 한다면, 몽둥이만 가지고서도 秦(진)나라와 楚(초)나라의 굳센 갑옷과 날카로운 무기를 갖춘 군병도 물리칠 수가 있을 것이다."】

○ 또 말했다.

"어진 사람을 존경하고 유능한 사람을 부려서, 智(지)와 德(덕)이 뛰어난 사람들이 벼슬자리에 있게 되면, 천하의 선비들이 다 기뻐하여 그 조정에 와서 서기를 원할 것이다. 市場(시장)에서는 가게의 세는 받으나 상품에는 세를 받지 않거나, 시장 관리에 대한 법만 정하고 가게의 세를 받지 않으면, 천하의 상인들이 다 기뻐하여 그러한 시장에 와서 상품을 저장해 두기를 원할 것이다. 관문에서는 통행인과 물품을 살피기만 하고 세금을 받지 않으면, 천하의 여행하는 사람들이 다 기뻐서 그 길에 나서기를 바랄 것이다. 농사짓는 사람들에게는 도와주고 세금을 받지 않으면, 천하의 농사짓는 사람들이 다 기뻐하여 그 나라 들판에서 농사짓기를 원할 것이다. 주택에는 인두세와 가구세가 없으면, 천하의 백성들이 다 기뻐하여 그 나라 백성이 되기를 원하게 될 것이다. 진실로 능히 이 다섯 가지를 실행할 수 있다면, 이웃 나라 백성들도 그러한 임금을 부모처럼 우러러보게 될 것이다."

○ 또 말했다.

"어진 사람을 믿지 않으면 나라가 텅 비워 버리게 되고, 禮(예)와 義(의)가 없으면 아래위가 문란하게 되며, 政事(정사)가 없으면 그 나라의 財用(재용)이 부족하게 되는 것이다."

○ 「中庸」(중용)에 말했다.

"무릇, 천하와 국가를 다스리려면 아홉 가지의 실행해야 할 大道(대도)가 있다. 즉, 몸을 닦는 것, 어진 이를 높이는 것, 친척을 친애하는 것, 대신을 공경하는 것, 여러 신하들을 자상하게 살피는 것, 여러 백성들을 자식처럼 아끼는 것, 모든 기술자들이 오게 하는 것, 먼 데 있는 사람일지라도 부드럽게 하는 것, 그리고 여러 제후들을 잘 보살펴 주는 것이다. 그런데 그러한 것들을 행하는 것은 오직 한 가지뿐이다."

【註: 朱子(주자)가 말했다. "그 한 가지라는 것은 誠實(성실)이다. 이 한 가지가 정성스럽지 못하면, 그 아홉 가지는 다 헛일이 되어 버리는 것이다."】

○ 程子(정자)가 말했다.

"천하를 다스리고 풍속을 바르게 하는 데는, 어진 인재를 얻는 것이 제일 근본이 된다. 또한 열 가지의 일을 論(논)하였는데, 첫째는 스승이요, 둘째는 六官(육관)[16]이다. 셋째는 經界(경계)[17]요, 넷째는 鄕黨(향당)[18]이다. 다섯째는 貢士(공사)[19]요, 여섯째는 兵役(병역)이다. 일곱째는 백성들이 먹는 것이요, 여덟째는 士(사)·農(농)·工(공)·商(상)의 네 가지 계층의 백성들이다. 아홉째는 山林(산림)과 川澤(천택)이요, 열 번째는 사물을 구별할 줄 아는 지혜이다."

○ 또 말했다.

"다스리는 道(도)에 세 가지가 있으니, 立志(입지)와 責任(책임)과 求賢(구현)이다."

○ 周子(주자)가 말했다.

"천하를 다스리는 데 근본이 있으니 身(신)을 이르는 것이며, 천하를 다스리는 데 법칙이 있으니 家(가)를 이르는 것이다."

○ 范內翰(범내한)이 말했다.

"政事(정사)를 하는 데 德(덕)으로써 하면, 움직이지 아니하여도 敎化(교화)되고, 말을 하지 아니하여도 믿으며, 하는 일이 없는 것 같아도 다 이루어지게 된다. 또한 지키는 것이 지극히 간략한 것 같으면서도 번거로운 것을 능히 막을 수가 있고, 處(처)하는 바가 지극히 고요한 듯하면서도 능히 움직이는 것을 단속할 수가 있으며, 힘쓰는 바가 지극히 부족한 듯하면서도 능히 많은 것을 어거할 수가 있게 되는 것이다."

16) 天官(천관), 地官(지관), 春官(춘관), 夏官(하관), 秋官(추관), 冬官(동관).
17) 是非(시비)와 善惡(선악)이 분간 되는 한계.
18) 고향 마을. 고향에 사는 사람들.
19) 제후가 중앙 정부에 천거한 사람으로 才學(재학)이 있는 선비.

○ 朱子(주자)가 말했다.

“천하의 일이란 근본이 있고 끝이 있는 것이다. 그 근본을 바르게 하면 비록 느리고 더딘 듯 할지라도 실상 힘쓰기가 쉽다. 그리고 그 끝만 두둔하는 사람은 비록 간절하고 지극하게 하는 듯 할지라도 실상은 성공하기가 어렵다. 옛적에 일을 논평하기 좋아하는 어떤 사람이, 대저 本(본)과 末(말)이 어떻게 생긴 것인지를 깊이 구명을 해 본 일이 있었다. 그 결과 본과 말의 관계는 먼저 그 근본을 바르게 해야 하며, 근본이 바르면 끝이 제대로 다스려지지 않을까봐 걱정할 필요가 없는 것으로 밝혀졌다.”

【註: 治道(치도)를 통틀어 말한 것임.】

○ 孟子(맹자)가 말했다.

“힘으로써 어진 것을 가장하는 것은 覇道(패도)이다. 패도는 반드시 큰 나라를 지닐 수가 있다. 德(덕)으로써 어진 것을 행하는 것은 王道(왕도)이다. 왕도는 영토가 큰 나라를 기대할 필요가 없다. 湯王(탕왕)은 겨우 70리 밖에 안 되는 영토를 가지고 천하를 다스렸으며, 文王(문왕)은 겨우 백리 밖에 안 되는 영토를 가지고 천하를 다스렸다.”

○ 董子(동자)가 말했다.

“어진 사람은 그 誼(의)를 바르게 하고 그 利(이)를 꾀하지 않으며, 그 道(도)만 밝히고 그 功(공)은 계산을 하지 않는 것이다. 그러기 때문에 孔子(공자)의 門下(문하)에서는 五尺童子(오척동자)도 패도를 쓴 五伯(오백)[20]을 일컫기를 부끄러워하였다. 五伯(오백)은 그 거짓과 폭력을 먼저하고 仁(인)과 義(의)를 뒤로

---

20) 다섯 명의 霸者(패자): ① 齊(제)의 桓公(환공), 晉(진)의 文公(문공), 秦(진)의 穆公(목공), 宋(송)의 襄公(양공), 楚(초)의 莊王(장왕). ② 齊(제)의 桓公(환공), 晉(진)의 文公(문공), 秦(진)의 穆公(목공), 楚(초)의 莊王(장왕), 吳王 闔閭(오왕 합려). ③齊王 桓公(제왕 환공), 晉(진)의 文公(문공), 楚(초)의 莊王(장왕), 吳王 闔閭(오왕 합려), 越王 句踐(월왕 구천).

하였기 때문에 孔子(공자)의 문하에서는 五伯(오백)에 대한 말을 하지 않았다.

【註: 王道(왕도)와 伯道(백도) 〈즉, 覇道(패도)〉의 분별을 말한 것임. ○ 살펴보건대, 정치를 하는 데는 반드시 왕도냐 패도냐를 분별한 연후에라야 가히 옛적의 道(도)에 어긋나지 않는 것 같다.】

○ 哀公(애공)[21]이 有若(유약)[22]에게 물었다.

"해가 흉년이 들어서 나라의 쓸 돈이 부족하게 되면 어떻게 해야 되는가?" 有若(유약)가 대답하였다. "徹法(철법)[23]을 쓰십시오." 哀公(애공)이 말했다. "二法(이법)을 써도 내가 오히려 부족한데, 어떻게 徹法(철법)을 쓰는가?" 有若(유약)가 대답하여 말했다. "백성이 족하게 살면 임금이 어떻게 해서 부족할 것이며, 백성이 부족하게 살면 임금이 어떻게 해서 족할 수가 있겠습니까?"

○ 文王(문왕)은 감히 사냥이나 하며 즐거이 노는 데는 유의하지 아니하였으며, 여러 나라들이 오직 바르게 받들 수 있도록 하였다.

○ 李翺(이고)[24]가 「平賦書」(평부서)를 지어 말했다.

"사람들이 다 세금을 무겁게 받으면 재물을 얻는 것으로 알고 있으나, 세금을 가볍게 받으면 오히려 더욱 많은 재물을 얻는 것이 되는 줄을 알지 못하는 것은 어째서 그런 것인가? 세금을 무겁게 받으면 사람들이 가난하여지게 되고, 사람들이 가난하여지게 되면 흩어진 사람들이 돌아오지 아니하여, 경작을 하지 않게 되므로 토지가 황폐해지게 된다. 경작을 하지 않게 되면 사람들이 날마다 더욱 빈곤해지게 되고, 재물이 날마다 더욱 없어져 버리게 된다. 그러나 세금을 가볍게 받으면 사람들이 그 생활을 하는 데 즐거워한다. 사람이 사는데 즐겁게 생각

21) 春秋時代(춘추시대)의 魯(노)나라 임금.
22) 孔子(공자)의 제자.
23) 中國 周代(중국 주대)의 田租法(전조법). 井田法(정전법). 매년의 수확을 조사하여 그 10분의 1을 징수하던 것.
24) 唐(당)나라 사람.

하면, 사는 사람들이 흩어지지를 않고 흩어졌던 사람들도 날로 모여들어 경작을 하게 되므로, 토지가 황폐해지지 않는다. 그렇게 되면 뽕나무 같은 필요한 나무가 날로 번식이 되고, 사람이 날로 더욱 부자가 되며, 군대는 날로 더욱 강해지게 된다. 그러므로 善(선)으로써 정치를 하게 되면, 백성들이 각각 스스로 보전할 수가 있고 그 임금을 친하게 생각하여, 비록 위태롭고 망하고자 할지라도 망할 수가 없는 것이다."

【註: 세금을 적게 거두어 들여야 한다는 것을 말한 것임.】

○ 「王制」(왕제)에 말했다.

"백성의 힘을 사용하는 것은 1년에 3일을 초과하지 않도록 해야 한다."

【註: 「周禮」(주례)에 말했다. "풍년에는 3일을, 中年(중년)에는 2일을, 흉년에는 1일씩만 사역을 시켜야 한다. 만약 군대를 동원하는 일이 있게 된다면, 〈국가에 난리가 났으므로〉 이와 같은 제도에 구애되지 않는다."】

○ 「周禮」(주례)에 말했다.

"기근이나 병이 유행하는 해에는 백성들에게 힘이 없는 것이니, 政事(정사)에 財物(재물)과 貢物(공물)을 받아들이지 말아야 한다."

○ 「穀梁傳」(곡량전)에 말했다.

"<백성들이란> 재물이 다 없어져도 원망하고, 힘이 다 없어져도 원망하는 것이다."

【註: 정부에서 조세 대신으로 시키는 노동을 가볍게 해야 한다는 것을 말한 것임. ○ 살펴보건대, 나라를 다스리는 道(도)는, 마땅히 백성을 평안하게 하여 주는 것으로써 우선을 삼아야 한다. 백성을 평안하게 하여 주는 道理(도리)는 부역을 가볍게 하고, 세금을 적게 받는 것보다 더 좋은 것이 없다. 그러므로 이것을 맨 앞에다 편집을 하였다.】

○ 「大學」(대학)에 말했다.

"재물을 생산하는 데는 큰 道(도)가 있다. 그것을 생산하는 사람은 많고,"

【註: 나라에는 노는 백성이 없어야 한다.】

"그것을 먹는 사람은 적으며,"

【註: 조정에서는 자격도 없는 사람에게 큰 벼슬을 주는 일이 없어야 한다.】

"생산하는 것은 빠르게 하고,"

【註: 농사를 지을 때는 〈노동력 등을〉 빼앗아 가지 말아야 한다.】

"그것을 쓰는 사람은 서서히 쓰면,"

【註: 수입을 헤아려서 지출을 해야 한다.】

"재물이 항상 족할 것이다."

【註: 朱子(주자)가 말했다. "나라를 풍족하게 하는 道(도)는, 근본인 농사에 힘쓰고 절약해서 쓰는 데 있는 것이다." 】

○ 「周易」(주역)에 말했다.

"제도로써 절제를 하면 재물도 상하지 않고 백성들도 해치지 않게 된다."

【註: 朱子(주자)가 말했다. "국가의 財用(재용)은 백성들에게서 나오는 것이니, 만약 절약하지 못함이 있어서 용도가 넓으면, 횡포하게 걷고 부과해야 되므로 반드시 백성에게 해가 미치게 된다. 비록 백성을 사랑하는 마음이 있다고 할지라도 백성은 그 덕택을 입지 못하는 것이다. 그러기 때문에 백성을 사랑하는 것은 반드시 먼저 절약해서 쓰는 것이 근본이 되는 것이다." 】

○ 孟子(맹자)가 말했다.

"백성들로 하여금 계절마다 계절에 맞는 것을 먹게 하고, 용도를 禮(예)로써 조절하게 하면, 재물이 가히 다 쓸 수 없을 만큼 넉넉하게 될 것이다."

○ 楊龜山(양구산)이 말했다.

"옛 制度(제도)에, 나라에서 쓰는 것은 들어오는 것을 헤아려서 지출을 하였다. 아홉 가지의 조세로써 걷어 들이고, 아홉 가지의 제도로써 고르게 절제하여서, 하여금 편중되거나 부족한 근심이 없도록 하였다. 옛날의 聖王(성왕)들도 이른바 재물을 관리하는 사람들을 고르게 절제를 하여서, 하여금 이치에 당연하게 썼을 따름이었다."

【註: 살펴보건대, 세금을 너무 많이 걷어 들이는 폐단은 언제나 財用(재용)이 부족한 데서 나오는 것이다. 정치를 하는 사람으로 하여금 반드시 먼저, 1년간 나라 전체에서 들어오게 될 수량을 헤아리게 해야 한다. 이를테면 그 제사를 지내는 비용은 얼마나 되고, 손님을 접대하는 비용은 얼마나 되며, 창고를 관리하는 비용은 얼마나 되는가를 헤아리게 해야 한다. 또 기타의 잡비로 그때그때 임시로 쓸 숫자는 얼마나 되며, 뜻 밖에 쓰게 될 경우의 비용은 얼마나 되는가를 반드시 미리 계산하여 조치를 하도록 해야 한다. 그리고 항상 여분을 두게 하여 흉년이 들게 되거나, 군대에서 쓰게 될 비용을 준비하도록 하면, 財用(재용)이 항상 족해서 횡포하게 세금을 거두어들이는 患(환)이 없을 것이다.】

○「大學」(대학)에 말했다.

"德(덕)이라는 것은 本(본)이고, 財物(재물)이라는 것은 末(말)이다. 本(본)은 소홀히 여기고 末(말)을 소중하게 여기면, 백성들에게 서로 빼앗도록 경쟁을 시키는 것과 같은 것이다. 그러므로 재물이 국고로 많이 모여들게 되면 백성들이 흩어지게 되는 것이며, 재물이 흩어지게 되면 백성들이 모여들게 되는 것이다."

○ 또 말했다.

"그 거두어들이기를 좋아하는 신하가 있는 것보다는 차라리 도둑질하는 신하가 있는 것이 더 낫다."

【註: 살펴보건대, 財用(재용)은 나라를 운영하는 데에 가히 없어서는 안 되는 것이며, 그것을 관리하는 법은 절약해서 쓰는 것에 불과한 것일 뿐이다. 저 세금을 거두어 들이는 신하들이 세금의 명목을 교묘하게 작성하여, 백성들을 속여 가며 자꾸 나라가 이익을 취하는 쪽으로만 가게 하여, 일시적으로 임금의 굳은 총애나 받으려고 꾀하게 되면, 마침내는 망신을 하고 나라가 재앙에 이르게 된다. 그러나 그것은 우선은 알지 못하는 것이니, 가히 경계하지 않을 수가 없는 것이다. ○ 재물 관리하는 것을 말한 것임.】

○ 朱子(주자)가 말했다.

"하늘이 백성을 내리실 때는 仁(인)·義(의)·禮(예)·智(지)의 성품을 주지 않은 사람이 없다. 그러나 그 기질의 稟(품)은 혹 가지런하지 못한 사람도 있다. 그러기 때문에 다 그 성품이 본래 어떻게 생겼는지, 그 있는 바를 알아서 온전히 함양시킬 줄을 모른다. 그러나 일단 聰明(총명)하고 睿智(예지)해서, 능히 그 성품을 극진히 함양할 줄 아는 사람이 있어 그 사이에 나오게 되면, 하늘이 반드시 命(명)하여 모든 백성을 위한 <文王(문왕)과 같이 훌륭한> 임금이나 <孔子(공자)와 같이 훌륭한> 스승을 만들어서, 그들로 하여금 다스리고 가르쳐서 그 본래의 인(인)·義(의)·禮(예)·智(지)의 성품을 회복하게 만드는 것이다."

○ 「禮記」(예기)에 말하기를, "옥도 쪼아 다듬지 않으면 그릇을 이루지 못하는 것이며, 사람도 배우지 않으면 道(도)를 알지 못하는 것이다." 라고 하였다. 그러므로 군자가 만약 백성들을 잘 교화시켜서 좋은 풍속을 이루려고 하면, 반드시 가르치기부터 해야 한다.

○ 또 말했다.

"옛적의 가르치던 것으로서는 家(가)에는 塾(숙)이 있었고, 黨(당)에는 庠(상)이 있었으며, 州(주)에는 序(서)가 있었고, 國(국)에는 學(학)이 있었다."[25)]

【註: 「王制」(왕제)에 말했다. "四術(사술)[26)]을 높이고 四教(사교)[27)]를 세워 先王(선왕)의 詩(시)·書(서)·禮(예)·樂(악)을 좇게 하여서 선비를 만들어야 한다."】

○ 舜(순)임금이 契(설)에게 命(명)하여 말했다.

"백성들이 서로 친하지를 못하고 五品(오품)[28)]이 서로 공손하지를 못하여 너

---

25) 옛날 中國(중국)에 文學(문학)이 盛(성)할 때는 25家(가)를 閭(여)라 하여 지금의 初等學校(초등학교)에 해당하는 塾(숙)을 두었고, 500家(가)를 黨(당)이라 하여 지금의 中學校(중학교)에 해당되는 庠(상)을 두었다. 그리고 2500家(가)를 州(주)라 하여 지금의 高等學校(고등학교)에 해당되는 序를(서) 두었으며, 天子都邑地(천자도읍지)와 諸侯國 中(제후국 중)에는 지금의 大學(대학)에 해당되는 國學(국학)을 두었다. 8세가 되면 다 入學(입학)하여 塾(숙)에서 庠(상)으로, 庠(상)에서 序(서)로 進學(진학)하였는데 序(서)까지는 義務的(의무적)이었다. 이와 같이 차차 進學(진학)하여 15세가 되면 그 준수한 者(자)를 가려서 國學(국학)으로 올리고 가르치지 못할 者(자)는 農(농)으로 돌렸다고 한다. 〈박성택, 「소학요초」(대전: 회상사, 1966), p.1.〉

26) 先王(선왕)이 가르친 詩(시)·書(서)·禮(예)·樂(악)의 네 가지 道(도). 術(술)은 道(도)와 같음.

27) ①詩(시)·書(서)·禮(예)·樂(악)의 네 가지 가르침. ②文(문)·行(행)·忠(충)·信(신)의 네 가지 가르침.

28) ①功勞(공로)에 대한 다섯 등급; 勳(훈)·勞(노)·功(공)·伐(벌)·閱 (열). ②사람이 지켜야 할 다

에게 司徒(사도)벼슬을 주노니, 공경스럽게 五敎(오교)[29]를 펴되, 너그럽게 하도록 하라."

○ 藍田呂氏(남전여씨)가 향약을 지었는데, 秦(진)나라 풍속이 그것을 본받아서 敎化(교화)되었다.

【註: 明敎化(명교화)를 말한 것임. ○ 살펴보건대, 백성들이 먹을 것이 족해야 敎化(교화)를 일으킬 수 있다. 「洪範」(홍범)에 말하기를, "부유하게 해 주면 더 좋아진다" 고 하였다. 그리고 管子(관자)도 말하기를, "창고가 實(실)해야 백성들이 예절을 안다" 고 하였다. 그러므로 明敎(명교)의 條(조)를 理財(이재)의 아래에 두었다. 그러나 理財(이재)하는 때에는 明敎(명교)하는 예절이 전연 없는 것은 아니다. 그때그때 그에 대한 조치를 적당하게 하는 데 있다. 지금 대략 이와 같이 이야기를 했는데, 기타의 兵刑(병형), 選擧(선거), 體國(체국), 經野(경야), 設官(설관), 分職(분직)과 같은 類(류)의 것은, 관리들이 잘 생각해서 알맞게 中(중)을 취하는 여하에 달려 있는 것이니, 능히 다 진술을 할 수가 없다.】

○ 程子(정자)가 말했다.

"정치 이야기를 잘 하는 사람은 반드시 인재를 양성시키는 것을 급선무로 삼는다. 인재가 족하지 못하면, 비록 좋은 법이 있다고 할지라도, 더불어 행할 사람이 없다."

○ 陸宣公(육선공)[30]이 말했다.

"조정에 어진 선비가 부족하면 그 환이 일곱 가지가 있다. 첫째, 근원은 맑게 하지 못하고 보잘 것 없고 쓸데없는 것만 방비한다. 둘째, 실상은 상고하지 못하고 널리 찾아 구하는 것만 힘쓴다. 셋째, 精(정)한 것을 구하는 것이 너무 지나

섯 가지 人倫(인륜); 君臣(군신)간에 義理(의리), 父子(부자)간에 親愛(친애), 夫婦(부부)간에 分別(분별), 長幼(장 유)간에 次序(차서), 朋友(붕우)간에 信義(신의).

29) ①사람이 지켜야 할 다섯 가지 道理(도리); 仁(인)・義(의)・禮(예)・智 (지)・信(신). ②君子(군자)가 사람을 가르치는 다섯 가지 방법; 비가 식물을 기르듯 가르치고, 德氣(덕기)있게 가르치고, 재능의 장점을 살려서 가르치고, 물음에는 의문을 풀어 주고, 간접적으로 군자의 감화를 받도록 가르침. ③여기서는 五倫(오륜) 즉, 君臣有義(군신유의), 父子有親(부자유친), 夫婦有別(부부유별), 長幼有序(장유유서), 朋友有信(붕우유신).

30) 名(명)은 贄(지), 字(자)는 敬輿(경여), 唐(당)나라의 名臣(명신).

치다. 넷째, 시샘하고 미워하는 것이 너무 심하다. 다섯째, 법률이 사악하다. 여섯째, 취하고 버리는 것이 이치와 멀다. 일곱째, 옛 일을 좇아서 가한 것인지 부한 것인지를 가리지 못한다."

○ 朱子(주자)가 말했다.

"나는 정치를 할 때 정밀하게 하였다. 하나의 吏部尙書(이부상서)를 선택해서, 그로 하여금 천하의 인재를 그물로 잡는 것과 같이 다 찾아내게 하였다. 모든 부서의 官長(관장)들로 하여금 그 속관들을 불러서 中書(중서)에 돌아다니게 하였다. 조정에서는 차례로 사람을 검열하였다. 그리고 侍從(시종) 이하로 하여금 각각 한 사람이나 또는 두 사람씩을 추천하도록 하였다. 그러므로 그 많은 사람 중에서 다만 한 두 사람만 뽑는다 해도, 저 추천하는 사람들이 또한 감히 전적으로 그 재목이 못 되는 사람을 추천하지를 못했다."

○ 또 말했다.

"재상은 장관을 선택하고 장관은 그 부하 관료를 선택하게 하였는데, 지금으로 말하면 銓曹(전조)에 해당되는 것이다. 小官(소관)들이 너무 번거롭고 바쁘거나, 또는 능히 어진 사람을 선택할 수가 없으면 매양 道(도)마다 감사로 하여금 천거하게 하여 벼슬을 주는 것이 좋다."

○ 또 말했다.

"조정에서는 다만 마땅히 감사와 태수를 선택하고, 그 나머지 직책에서는 縣官(현관)을 모집하게 해야 한다. 그 나머지는 각각 자기가 알만한 바를 불러서 하여야 가히 책임을 완수할 수가 있는 것이다. 천하를 반드시 개방하여서 사람을 구하는 방도가 편협하지 않으며, 넓고 여지가 있게 해야 좋은 것이다."

○ 또 말했다.

"인재가 쇠하고 적으며 풍속이 쇠퇴한 때에는, 선비가 한 가지 착한 일을 하는 사람이 있으면, 마땅히 접촉하여 오도록 만들어서, 그 사람이 소중하게 여기는 일을 할 수 있도록 해야 한다."

○ 「周易」(주역)에 말했다.

"연못 위에 바람이 있는 것이 中孚(중부)이다. 군자는 이것을 보고 獄事(옥사)를 의논함으로써 원통하게 죽는 사람이 없도록 〈죄수의〉 죽음을 늦춰 주는 것이다."

○ 「書經」(서경)에 皐陶(고요)가 말했다.

"임금의 덕에 허물이 없어서, 아랫사람에게 임해서는 간략하게 대하였고, 백성을 다스리는 데는 너그럽게 하였다. 벌을 주는 데는 자손들에게까지는 미치지 않게 하였으며, 상을 주는 데는 후대에까지 뻗쳐서 주었다. 과실을 용서하는 데는 큰 과실일지라도 용서를 하였고, 고의로 저지른 죄에 대해서는 작더라도 벌을 주었다. 의심나는 죄를 벌줄 때는 경미하게 주었고, 의심나는 공을 포상할 때는 큰 공이 있는 것으로 인정을 해 주었다. 죄 없는 사람을 죽이는 것보다는 차라리 법도를 잃어버리고서 다스리지 말아 버렸다. 생명을 아끼는 어진 마음이 백성들의 마음에까지 젖어 들게 되어, 이로써 백성들이 관리들을 犯(범)하지 않게 된 것이다."

○ 曾子(증자)가 말했다.

"위에서 그 道(도)를 잃어버려서 백성들이 흩어진 지 이미 오래 되었다. 만약에 그 실정을 파악하게 된다면 불쌍하게 여기되, 기뻐하지는 말아야 한다."

○ 「周禮」(주례)에 大司徒(대사도)[31]는 나라의 세 가지 법을 관장하고 임금을 도와서 나라를 다스리며 四方(사방)을 다스렸다. 첫째, 새로 건국한 나라의

31) 벼슬이름. 周代(주대) 六官(육관)의 하나. 교육을 맡아 보았음. 漢代(한대)에는 丞相(승상)이라 하고 大司公(대사공), 大司馬(대사마)와 함께 三公(삼공)이라 하였음.

형벌은 가벼운 법을 썼다.

【註: 新國(신국)이라는 것은 새로 열린 땅에 임금을 세운 나라이니, 가벼운 법을 쓰는 것은 그 백성이 가르치는 데에 익숙하지 못함을 염려해서이다.】

둘째, 나라가 평정된 후에는 형벌을 중간쯤 되는 법을 썼다.

【註: 平國(평국)은 이미 세워 오래 지켜온 나라이니, 가볍지도 않고 무겁지도 않은 중간의 刑(형)을 일상의 행하는 법으로 써야 한다.】

셋째, 어지러운 나라를 다스리는 데는 형벌을 무거운 법을 썼다.

【註: 亂國(난국)은 임금을 죽이고 그 자리를 빼앗는 반역이 있는 나라이니, 무거운 법을 써서 그 악한 자를 징계하고 쳐서 없애 버려야 한다.】

○ 朱子(주자)가 말했다.

"후세에 형법을 의논하는 데, 申(신)·韓(한)[32]의 각박한 것에 빠지게 된다면, 이미 그것은 이야기 거리도 안 되는 것이다. 보잘 것 없는 선비들이 당장에 편한 것만 취하려는 논리와, 異端(이단)은 그 인과에 따라 선과 악이 되갚음 되는 것이라는 설에 이르러서는, 속된 관리들이 自營(자영)하는 잔꾀를 부려서 옳지 못한 것을 합리화 시키려 한다. 또 한결같이 형벌을 가볍게 하여 그것으로써 일을 삼으면, 형벌을 더욱 가볍게 한다 해도 백성들의 풍속을 두텁게 하지는 못할 것이다. 도리어 그 모반을 조장함으로써 어지러운 마음만 짓게 할 것이다."

○ 또 말했다.

"지금의 옥사는 시비와 선악을 묻는 것이 아니라 다만 그 후한 것만 좇고 있으니, 어찌 간사한 것을 조장시키고 간사한 것에 혜택을 주어서 모든 일을 무심한 데다 부치는 것이라고 하지 않을 수 있겠는가? 만약 벌을 가볍게 주는 것을 좇는 것이 진실로 후한 것을 좇는 것이라고 할 수 없는 것이라면, 여기에 매인

32) 법을 잘 알던 사람들인데, 도덕적인 법이 아니라, 형편상 시류를 탄 법을 잘 활용하던 사람들. 申韓之法(신한지법).

바의 병폐가 또한 가볍지 않을 것이다."

○ 鄭子産(정자산)이 그 아들 大叔(대숙)에게 일러 말했다.

"내가 죽고 나면 네가 반드시 집정을 하게 될 것이다. 오직 덕이 있는 사람이라야 능히 너그럽게 백성을 복종시킬 수 있는 것이다. 그 다음으로는 차라리 사납게 하는 것만 같지 못하다. 대저 불처럼 매우 맹렬하면 백성들이 바라보고 무서워하게 되므로 위태한 일이 적을 것이다. 그러나 물처럼 의지가 굳세지 못하고 나약하면 백성들이 가볍게 여기고 싫어하여 위태한 일이 많을 것이다. 그러므로 너그럽게 한다는 것은 어려운 일인 것이다." 大叔(대숙)이 정권을 잡았는데 차마 사납게 할 수가 없어서 너그럽게 하니 나라에 도둑이 많이 생겼다. 大叔(대숙)이 그것을 뉘우쳐 말했다. "내가 일찍이 아버지의 말씀을 따랐더라면 이러한 지경에는 미치지 않았을 것이다."

○ 諸葛亮(제갈량)이 蜀(촉)나라를 다스리는데, 법을 아주 峻急(준급)한 법을 쓰니, 法正(법정)이라는 사람이 간하여 말했다. "옛적에 漢高祖(한고조)가 入關(입관)하여 법률로 세 가지의 조건을 백성들과 약속을 하니, 〈前王朝(전왕조)인〉 秦(진)나라 백성들이 그 덕을 알게 되었습니다. 지금 君(군)께서는 위력을 빌려서 무력으로 한 고을을 차지하고 있는데, 처음으로 이 나라를 차지하시었으니, 은혜로 백성을 어루만져 주는 덕택을 드리우지 않는다면, 客主(객주)의 義(의)가 서로 저하될 것입니다. 원컨대, 형벌을 너그럽게 하고 금하는 것을 늦추어서, 그 백성들의 바라는 것을 좀 위로하여 주십시오." 諸葛亮(제갈량)이 대답하여 말했다. "그대는 그 한 가지만 알고 그 두 가지는 모르는 사람이다. 秦(진)나라에는 道(도)가 없고 정치가 가혹하였다. 그래서 백성들이 원망을 하였으며, 필부가 나와서 크게 고함만 한 번 질러도 천하가 흙더미처럼 무너질 판이었다. 그러기 때문에 高祖(고조)께서 그러한 사정으로 인하여, 가히 널리 구제를 하신 것이다. 劉璋(유장)은

어리석고 약해서 德政(덕정)을 쓰기는 했으나, 그것이 제대로 들어맞지를 아니 하였고 형벌의 위엄이 엄숙하지 못하여 실패를 하였다. 현재 우리 蜀(촉)나라 人士(인사)들이 권세를 마음대로 휘두르고 제멋대로 방자하여 군신의 道(도)가 점점 짓밟혀지고 있다. 벼슬로써 그 사람들을 총애하다가 지위가 다하게 되면 그들은 천해지고, 은혜로써 따르게 하다가 은혜가 다하게 되면 그들은 거만하여지게 된다. 그러기 때문에 지금과 같은 폐단이 생기게 되었으며, 실제로 그것으로 말미암아 내가 지금 엄위한 법을 쓰고 있는 것이다. 법을 행하면 은혜를 알게 하고, 벼슬은 한계가 있게 주어야 하며, 벼슬이 더 해지면 그 사람이 영광스러움을 알게 하여야 한다. 영광과 은혜가 병행되어서 위아래가 절도가 있게 되면, 정치를 하는 요령이 여기에서 나타나게 되는 것이다."

【註: 刑法(형법)을 말한 것임.】

○ 韓昌黎(한창려)가 말했다.

"醫術(의술)을 잘 하는 사람은 사람의 살지고 야윈 것을 보는 것이 아니라, 그 脈(맥)이 병들었나 안 들었나를 먼저 살펴보는 것이다. 그리고 천하를 잘 헤아려 볼 줄 아는 사람은 천하의 시국이 편안한가 위태로운가를 보는 것이 아니라, 그 紀綱(기강)이 잘 다스려졌나 문란한가를 먼저 살펴보는 것이다."

○ 朱子(주자)가 말했다.

"하나의 가정에는 한 가정의 기강이 있는 것이며, 하나의 국가에는 한 국가의 기강이 있는 것이다. 鄕(향)은 縣(현)에 매어 있고, 縣(현)은 州(주)에 매어 있으며, 州는 路(노)에 매어 있다. 모든 路(노)는 臺省(대성)[33]에 매어 있고, 臺省(대

33) 官制(관제)의 하나. 漢代(한대)의 尙書省(상서성). 唐代(당대)의 尙書省(상서성)·門下省(문하성)의 총칭.

성)은 宰相(재상)에 매어 있다. 宰相(재상)은 여러 직책을 겸해서 통솔하며, 天子(천자)와 더불어 可(가)한가 否(부)한가를 살펴보아서 令(영)을 내리는 것이니, 이것이 곧 천하의 기강인 것이다."

【註: 紀綱을 말한 것임. ○ 살펴보건대, 나라를 다스리는 道(도)가 성립되는 것은, 나라의 기강이 修立(수립)되는 데 있다. 그러므로 끝에다 편집하였다.】

○ 孔子(공자)가 말했다.

"진실로 나를 써 주는 사람이 있다면, 1년만 하면 정치 기강을 어느 정도는 확립할 수 있을 것이며, 3년만 하게 되면 성과를 이룰 수 있을 것이다."

○ 孟子(맹자)가 말했다.

"文王(문왕)을 스승으로 삼는다면 大國(대국)은 5년, 小國(소국)은 7년만 하게 되면 반드시 천하에 德政(덕정)을 펼 수가 있을 것이다."

【註:聖人(성인)의 정치하는 효험을 말한 것임. ○ 살펴보건대, 魯(노)·衛(위)·齊(제)·梁(양)나라의 임금이 만약 聖人(성인)에게 맡겨서 1년간만 정치를 하게 했더라면, 그 청치를 시정한 규모가 반드시 가히 볼만한 것이 있었을 것이다. 그런데 그와는 반대로 실제 사정과는 관계가 먼 정치를 하면서, 功利(공리) 縱橫之說(종횡지설)에만 혹하여 단시일 내에 부강을 이루려고 하였으나, 마침내는 효과가 아무 것도 없었고 오히려 나라가 削弱(삭약)[34]함에 이르렀으니, 가히 애석한 일이다. 殷鑑(은감)[35]이 전에 있었으니, 후에 정치를 말하는 사람들이 가히 이로써 경계를 할 만 한데, 도도하게 같은 길만 그대로 답습하면서, 정치하는 법을 聖經(성경)의 밖에서 구하려고 하니, 슬픈 일이다.】

○ 程子(정자)가 말했다.

"천하를 다스리는 데 일정한 이치가 있는 것은 아니다. 때가 다하고 道(도)가 다하게 되면, 천하를 다스리는 이치도 마땅히 변화되어야 한다. 오직 聖人(성인)이라야 그 변화를 무궁하고 능통하게 하여 난시국을 극복할 수가 있는 것이다."

34) 깎아서 약하게 함. 닳아서 약함.
35) 거울삼아 경계해야 할 전례. 殷(은)나라 백성들에게 夏(하)나라가 망한 것을 거울삼아 경계하게 하였음.

○ 또 말했다.

"<夏(하) · 殷(은) · 周(주)의> 三王朝(삼왕조)에서는 <그 때 시국의 형편으로 인하여> 忠(충) · 質(질) · 文(문)을 숭상하였다."

○ 董子(동자)가 말했다.

"거문고나 비파가 음률이 제대로 맞지 않으면, 반드시 그것을 다 뜯어서 다시 고쳐야 가히 칠 수가 있는 것이다. 〈마찬가지로〉 정치를 하는 데 있어서도 실행하지 못하는 것이 심하면, 반드시 그 정치법을 뜯어 고쳐서 다시 변화를 시켜야 가히 다스릴 수가 있는 것이다."

【註: 다시 고쳐서 변화시키는 道(도)를 말한 것임. ○ 살펴보건대, 무성함이 심하여 中(중)이 쇠미하여 지고 법이 오래 되어 폐단이 생기게 되면, 반드시 마땅히 묵은 폐단을 고치고 옛 법을 들추어 새롭게 수정해야 한다. 先王(선왕)의 遺志(유지)를 계승하고, 당대의 이목을 좀 새롭게 해 주어야 한다. 만약 高見(고견)과 먼 앞일까지 헤아려 알 수 있는 식견은 없고, 망령되이 뜯어고칠 생각만 하게 된다면, 金陵之踵(금릉지종)과 같이 되지 않는 자가 거의 드물 것이다.】

居官章(거관장)[36]

<벼슬살이를 할 때 지켜야 할 도리>

「呂氏童蒙訓」(여씨동몽훈)에 말했다.

"임금을 섬기는 것은 부모를 섬기는 것과 같이 해야 하고, 官長(관장)을 섬기는 것은 형을 섬기는 것과 같이 해야 한다. 동료들과는 집안사람들과 같이 어울리고, 자기 밑에 여러 부하 아전들에게는 자기 집 노복들과 같이 너그럽게 대해줘야 한다. 백성들을 처자식과 같이 사랑하고, 관청의 일은 자기 집의 일과 같이

36) 벼슬살이 하는 것에 관하여 논한 章(장).

처리하여야 한다. 그렇게 하고 난 연후에라야 능히 내 마음을 다했다고 할 수 있다. 만약 터럭만큼이라도 지극하지 못함이 있으면, 다 내 마음이 극진하지 못함이 있기 때문인 것이다."

○ 또 말했다.

"벼슬을 하는 법에는 오직 세 가지의 일이 있으니, 淸(청)·愼(신)·勤(근)을 말한다. 이 세 가지를 알게 되면 곧 자기의 몸가짐을 알게 되는 것이다."

○ 또 말했다.

"벼슬을 하는 사람은 먼저 거칠게 성내는 것을 경계해야 한다. 옳지 못한 일이 있으면 마땅히 이를 자상하게 처리하여야 한다. 그렇게 하면 맞지 않는 일이 없다. 만약 먼저 격렬하게 노하기부터 한다면, 그것은 다만 자기 자신만 해로운 것이지 어찌 남이 해로운 것이겠는가?"

○ 朱子(주자)가 말했다.

"벼슬을 하면서 청렴하게 하고 삼가이 하는 것은, 이것이 우리가 응당히 해야 할 본분이다. 일은 여러 이야기 할 것 없이 응당 그렇게 해야 한다. 일이 細微(세미)하게 처리해야 되게 생겼으면 또한 반드시 맡아서 관리를 하되, 이모저모를 살펴보고 소홀하게 하거나, 약식으로 처리하거나, 진취의 기력이 없이 우물쭈물 하거나, 게으르게 하지 말아야 한다." 또 말했다. "스스로 내 몸 다스리기를 이미 진실하게 하지를 못하였더라도, 다시 능히 윗사람 섬기기를 禮(예)로써 하고 사물을 접하기를 정성으로써 해야 한다. 백성을 대하여 다룰 때는 너그럽게 하고, 자기 부하 아전들을 부릴 때는 법도로써 해야 한다. 그리고 관청의 장부와 문서를 쓸 기회가 있을 경우에는 또한 공경스럽게 쓰면 거의 그 과실이 적을 것이다."

○ 또 말했다.

"벼슬을 당함에, 법을 받들고 백성을 사랑하며, 출세를 구하지 않는 것은 다

내 분수 안의 일인 것이다."

○ 또 말했다.

"대저 벼슬을 하는 법이, 모름지기 자신은 항상 좀 고요하게 있어야 차분하게 생각하여 일을 시킬 수가 있는 것이며, 아전들은 항상 바빠야 제대로 되는 것이다."

○ 또 말했다.

"벼슬에 당하면, 모름지기 옆에 보좌관이 있어 가지고 날마다 하는 일을 항목별로 축조를 하여 하나씩 전부 기록을 해야 한다. 그리하여 곧 처리하도록 하고, 다 하지 못한 것은 곧 가르쳐서 처리하도록 하여야 일이 폐해지지 않는다."

○ 黃仁卿(황인경)에게 답서를 하여 말했다.

"벼슬살이를 하는 데에 분수를 따르면 得(득)과 失(실)에 대한 근심스런 마음이 일어 날 일이 없는 것이니, 그렇게 되면 어느 곳이 편안한 곳이 아닐 수 있으리오? 만약 벼슬을 하는 사람이 학문하는 것을 논한다고 하면, 자기가 벼슬을 하여 관청에 재직하고 있다고 한들, 어찌 학문을 할 수가 없다고 할 수 있으리오? 날마다 스스로 공부하려고 하는 마음을 사랑하지 않기 때문인 것이다."

○ 陳明仲(진명중)에게 답하여 말했다.

"明道先生(명도선생)의 行狀(행장) 및 그 제자들이 서술한 가운데 政事(정사)를 논평한 것을 또한 마땅히 익히 보아야 한다. 그것을 보면 사람의 意思(의사)를 개발할 수가 있다."

【註: 歐陽慶(구양경)에게도 답하여 비슷한 말을 하였다. "「呂氏童蒙訓」(여씨동몽훈) 하권에 벼슬을 지키는 법을 논의했는데 '쉬는 날에 지나간 일을 잘 생각해 보아서 참고하면, 마땅히 유익할 것이다.' 라고 말했다."】

○ 劉元城(유원성)이 말했다.

"관리는 법령으로써 스승을 삼아야 한다.

【註: 漢書(한서) 薛宣傳(설선전)에 있는 말임.】

겨를만 있으면 법령의 條貫(조관)을 자꾸 보아야 한다. 그것은 가히 그것으로써 사람을 다스리기 위한 것일 뿐만 아니라, 또한 가히 자기 몸을 보존하기 위한 것이기도 한 것이다."

○ 范文正公(범문정공)의 家書(가서)에 있는 말이다.

"네가 관공서에 처할 때에는 마음을 삼가하고 조심하며, 무슨 일이든지 속임수를 쓰지 말아야 한다. 동료 관원들과는 화목하고 禮(예)가 많아야 한다. 무슨 일이 있을 때는 다만 동료 관원들과 의논을 해야 하며, 쓸데없이 관청에 해당도 없는 하찮은 사람들과 상의하지 말아야 한다. 고향의 아는 사람들이 자기 관청의 부서에 와서, 자기의 말을 이러쿵저러쿵 제 멋대로 떠들지 못하게 하여야 한다. 또한 줄곧 마음을 맑게 하여 맡은 바 관공서의 일을 처리해 나가야 한다. 그리고 자신의 사적인 이익을 추구하려고 하지 말아야 한다. 또한 자기의 가문을 더럽히지 말고 좋게 만들어야 하며, 각각 좋은 일을 하여서 祖宗(조종)을 빛나게 해야 한다."

【註: 벼슬살이하는 것에 대하여 통틀어 말한 것임.】

○ 程子(정자)가 말했다.

"처음으로 官等(관등)을 받고 정식으로 관리가 된 선비가 진실로 물건을 아끼는 데 마음을 두면, 사람에게도 반드시 구제하는 바가 있는 것이다."

○ 楊龜山(양구산)이 말했다.

"伯淳(백순)은 현감을 지낼 때, 항상 앉은자리의 우측에 視民如傷(시민여상)[37]이라는 네 글자를 놓고 있었다고 들었다. 나는 날마다 항상 여기에 부끄러운 점이 있을까 하여 그 마음 씀을 관찰한다. 그리고 이에 응해서 착오가 없게

37) 백성을 부상당한 사람과 같이 생각하고 보살피라는 뜻.

하려고, 이 네 글자를 종아리 맞는 기분으로 명심하고 있다."

○ 朱子(주자)가 말했다.

"까다롭지 않고 쉽게 백성을 대하는 것이 정치의 근본이 되는 것이다."

○ 또 말했다.

"상관이 되어서 능히 너그럽게 하는 데는 대개 政敎(정교)와 法度(법도)가 있는 것이다. 행하기를 너그럽게 하는 것이 곧 마음이나 규율을 버리고 느즈러지게 한다는 말은 아니다."

○ 薛敬軒(설경헌)이 말했다.

"정치를 하는 데는 인민을 사랑하는 것으로써 근본을 삼아야 한다."

○ 劉安禮(유안례)가 백성을 어떻게 다스려야 하는 것이냐고 물으니, 明道(명도)선생이 대답하여 말했다. "백성을 부리는 데는, 백성들이 각각 그 實情(실정)을 마음 놓고 다 말할 수 있도록 해야 한다."

【註: 백성을 다스리는 것에 관하여 말한 것임.】

○ 孔子(공자)가 말했다.

"訟事(송사)를 듣고 재판을 하는 것이야 나도 다른 사람만큼은 할 수 있겠으나, 내가 바라는 것은 반드시 하여금 송사가 없도록 하는 것이다."

○ 「周禮」(주례)에 小司寇(소사구)는 다섯 가지의 소리로써 송사를 들었는데, 송사는 백성의 實情(실정) 즉, 민심을 구하려는 것이다. 첫째는 말을 들어보고 판단하는 것이다.

【註: 보아서 그 말하는 것이 곧지 못하면 곧 번열증이 있는 사람이다.】

둘째는 얼굴빛을 보고 판단하는 것이다.

【註: 보아서 그 안색이 곧지 못하면 얼굴이 벌겋게 된다.】

셋째는 숨 쉬는 것을 보고 판단하는 것이다.

【註: 호흡의 기운이 곧지 못하면 숨이 헐떡거린다.】

넷째는 듣는 것을 보고 판단하는 것이다.

【註: 보아서 듣는 것이 곧지 못하면 의혹이 있는 것이다.】

다섯째는 눈을 보고 판단하는 것이다.

【註: 그 눈동자가 보는 것이 곧지 못하면 눈이 흐린 사람이다.】

○ 朱子(주자)가 말했다.

"訟事(송사)를 듣는 데는 반드시 먼저 그 尊卑(존비), 上下(상하), 長幼(장유), 親疎(친소)의 분별을 논한 뒤에, 그 曲直(곡직)의 말을 들어 보아야 분별이 나오게 되는 것이다."

○ 또 말했다.

"송사를 듣는 데는 다만 다른 것과 더불어 그 道理(도리)를 연구 궁리하고, 是非(시비)와 曲直(곡직)을 분별하면 자연히 송사가 적어진다. 만약 그 사건이 많다고 하여 염증을 내어서 분별을 제대로 하지 않으면, 오히려 더욱 많은 일을 당하게 되는 것이다."

○ 또 말했다.

"狀帖(장첩)[38]이 번거로울 정도로 많으면 반드시 속관들을 모이게 하여, 한 자리에서 상의를 하고 나누어 판단을 하면 저절로 일이 막히는 것이 없을 것이다. 이는 長官(장관)된 사람이 단독으로 일을 처리하려고만 할 것이 아니라, 속관들도 또한 각각 자율적으로 일에 참여하도록 하는 것이기도 하다. 또한 겸하

38) 訟事(송사)에 관한 처리해야 할 문서.

여 새로 부임된 初官(초관)들로 하여금 송사를 결단하고 송사를 들으며 시비를 듣는 데 익숙하도록 단련을 시키는 것이기도 하다. 이렇게 하는 것은 또 下官(하관)들을 가르치는 방법이 되는 것이기도 하다."

【註: 송사 듣는 것을 말한 것임.】

○ 子游(자유)가 武城(무성) 땅의 책임자가 되었을 때 孔子(공자)가 물었다. "너는 너를 보좌해 줄 만한, 쓸 만한 사람을 구했느냐?" 子游(자유)가 대답하였다." "澹臺滅明(담대멸명)이라는 사람이 있는데, 그는 길을 가는 데는 좁은 지름길로 가지를 아니하며, 公的(공적)인 일이 아니면 제가 있는 사무실에 오는 일이 없습니다."

○ 孔子(공자)가 宓子賤(복자천)[39] 에게 말했다.

"그대가 單父(단부)를 다스리니 여러 사람들이 다 기뻐하는데, 어떻게 해서 그렇게 여러 사람의 환심을 사게 되었는가?" 子賤(자천)이 대답하였다. "이는 저보다 더 어진 사람이 다섯 사람이 있는데, 제가 그 사람들을 섬기며 법도를 묻고 있기 때문일 것입니다." 孔子(공자)가 탄식하며 말했다. "堯(요)임금과 舜(순)임금은 천하를 다스리는데 어진 사람을 구하여 휘하에 거느리고 자신들을 돕도록 하는 데 힘썼다. 그런데 애석 하도다. 不齊(불제)는 그들을 오히려 섬기고 있으니, 다스리는 바가 작도다."

○ 朱子(주자)가 말했다.

"小人(소인)을 얻는 것이 어리석은 사람을 얻는 것만 같지 못한 것이다." 司馬溫公(사마온공)이 만년에 죽 지내 오면서 이 말을 많이 하였다.

○「呂氏童蒙訓」(여씨동몽훈)에 말했다.

---

39) 名(명)은 不齊(불제), 魯(노)나라 사람.

"벼슬을 하고 있는 사람은 모든 색다른 사람들과 다 더불어 접촉을 하지 말아야 한다. 무당이나 중 같은 류의 사람은 더욱 마땅히 멀리하고 끊어 버려야 한다. 요컨대 마음을 깨끗이 하고 일을 잘 살피는 것으로 근본을 삼아야 한다."

【註: 薛敬軒(설경헌)이 말했다. "匠人(장인)이나 예술을 하는 사람들은 또한 마땅히 불러다 써야 하는 사람들이며, 때로는 집에다 오래 머물러 있게 해야 할 경우도 있으나, 그들과 더불어 흉허물없이 가깝게 지내서는 안 되는 사람들이다. 그들은 다 능히 變易(변역)하고, 聽聞(청문)하고, 簸弄(파롱)하기를 좋아하는 사람들이니, 이는 선비가 진실로 마땅히 禮(예)를 갖추어 대접할 만한 사람들이 못된다. 또는 혹 文辭(문사)나 字畫(자화) 같은 것을 매개로 하여, 한번 더불어 그들을 친절하게 접촉을 하게 되면, 곧 그 술수에 빠져 버리게 되는 것이니, 이와 같은 류의 것들은 마땅히 잘 살펴서 멀리하고 끊어 버려야 한다." ○ 사람을 가리는 것에 관하여 말한 것임.】

○ 어떤 사람이, "簿(부)는 令(영)을 돕는 자인데 簿(부)가 하고자 하는 바를 令(영)이 혹 들어주지 않으면 어떻게 해야 합니까?" 하고 물으니 伊川(이천)선생이 대답하여 말했다. "마땅히 誠意(성의)로써 윗사람을 움직여야 한다. 이제 令(영)과 簿(부)가 화목하지 못하면, 다만 이것은 私意(사의)를 다투는 것 밖에 되지 않는 것이다. 令(영)은 그 고을의 長(장)이다. 만약 능히 부형을 섬기는 도리로써 令(영)을 섬기고, 과실이 있으면 내가 잘못해서 그렇다고 책임을 내게로 돌리며, 잘한 일이 있으면 그 공이 令(영)에게 돌아가지 않게 될까를 두려워하고, 자꾸 그 분에게 공을 돌려서 이러한 誠意(성의)를 쌓는다면, 어찌 감동되지 않을 사람이 있겠는가?"

○ 朱子(주자)가 方耕道(방경도)에게 답하여 말했다.

"幕客(막객)은 정히 요컨대 언제나 자연스럽고 차근차근하게 충성스런 마음으로 이야기하여 주어야 한다. 公廳(공청)에서 笏(홀)을 뽑아 기록한 것을 드리고, 할 이야기를 읽으면서 행동거지를 조심한다. 전적으로 잘한 것은 자기에게 돌리고 잘 못된 것은 남에게 있다는 것을 밝히려고 하면, 깜짝 놀랄 일이며 그것은 主人(주인)이 천리 떨어진 곳에서 불러서 쓴 본의가 아닌 것이다."

○ 金鶴峯(김학봉)은 邑宰(읍재)가 되었을 때, 매양 상관이 오면 반드시 公服(공복)을 입고 官門(관문)의 밖에까지 마중을 나갔다."

【註: 上官(상관)을 섬기는 도리를 말한 것임.】

○ 顔氏家訓(안씨가훈)에 말했다.

"동료끼리의 契(계)라는 것은 서로 교분을 이어 나가는 분수가 되는 것이다. 그래서 형제와 같은 의리가 있으며, 예전 할아버지들 시대로부터 자손들에게까지도 대대로 그것을 강구하는 것이다."

○「書經」(서경)에 말했다.

"오직 그대들의 동료들과 무엇이든 마음이 같지 않은 것이 없어야 한다."

○ 唐(당)나라 때 萬年尉(만년위) 벼슬을 한 竇參(두삼)이라는 사람이 있었는데, 같은 직장의 동료가 그 날 저녁에 숙직을 하게 되었다. 그 동료는 어버이가 편찮으시다는 말을 듣고 집으로 가게 되어 두삼이가 대신 숙직을 해 주었다. 그런데 마침 그 날 밤 죄수 하나가 달아나 버렸다. 京兆(경조)에서 이를 알고 그날 밤 숙직 당번이었던 그 동료를 억압하며 캐묻고 그에게 죄를 주려고 하였다. 그러자 두삼이는 다투어 그 동료 대신 나서서, 자기가 그날 저녁에 숙직을 대신 해 주었다고 하고, 처벌도 대신 받아 주었다.

【註: 동료를 접대하는 것에 대하여 말한 것임.】

위의 「下學指南」(하학지남) 한 책은 本朝(본조) 〈즉, 朝鮮朝(조선조)〉 사람인 順庵(순암) 安文肅公(안문숙공) <名(명)은 鼎福(정복)>이 지어서 편찬한 것이다. 학문을 하는 방법에 차례로 단계가 있어서, 끈에다가 구슬을 꿰어 놓은 것과 같이 조리가 있다. 배움에 뜻이 있는 선비가 다 마땅히 앉아 있는 우측에 놓고서, 아침 저녁으로 깨우치고 살펴볼 만한 것이 되어서, ◎◎◎◎◎◎◎<일곱 글자 삭제 당함> 우리 黨(당)의 선비가, ◎◎◎◎◎◎<여섯 글자 삭제 당함> 無有尊閣殊非大公至正(무유존각수비대공지정)하여 사람을 취하고 착한 것을 하는 도리이다. 나도 또한 ◎◎◎<세 글자 삭제 당함>하여 유감이 능히 없을 수가 없다. ◎◎◎◎◎◎<여섯 글자 삭제 당함>하여 ◎◎◎ 〈세 글자 삭제 당함〉 에게 취함이 있다. 고심하여, 이 책을 쓴 <安鼎福(안정복)>의 공로를 빠뜨리지 않기 위해서 傳寫(전사)한다. 〈譯者註(역자주): ◎표는 원문에 삭제된 글자의 표시이다. 그래서 卷末(권말)에 黃泌秀(황필수)가 쓴 부분은 제대로 번역을 할 수가 없다. 추측컨대, 과거에도 오늘날처럼 언론을 규제하는 무슨 법이 있어서, 그것에 저촉되어 삭제 당한 것이 아닌가 싶다. 따라서 부득이 남아 있는 글자만을 위주로 하여, 譯者(역자)가 임의로 가능한 범위 내에서 번역을 해 본 것일 뿐이다.〉

己卯年(기묘년) 12月 21日 昌原(창원) 黃泌秀(황필수) 書(서)

「下學指南」(하학지남) 下卷(하권) 마침.

順菴著述書目(순암저술서목)

疑問(의문) / 內範二冊(내범이책) / 聖賢圖一丈(성현도일장) / 正變統圖一丈(정변통도일장) / 疑行家禮三冊(의행가례삼책) / 下學指南二冊(하학지남이책) / 讀史詳節二十四冊(독사상절이십사책) / 東國地理志六冊(동국지리지육책) / 洪範衍義六十冊(홍범연의육십책) / 四時養性書一冊(사시양성서일책) / 東史綱目十冊(동사강목십책) / 東國補闕三冊(동국보궐삼책) / 東國文獻通考(동국문헌통고) / 嶺南先賢傳(영남선현전) / 廣陵志二冊(광릉지이책) / 山居錄(산거록) / 東國事文類聚(동국사문유취) / 東國逸史外記(동국일사외기) / 三聖傳(삼성전), 伊尹(이윤) 伯夷(백이) 柳下惠(유하혜) / 東國近思傳(동국근사전) / 箕子通紀(기자통기) / 三賢傳(삼현전), 諸葛(제갈) 留(유) 邵(소) / 東國烈女傳(동국열녀전) / 東國高士傳(동국고사전) / 南史(남사) / 西陽記(서양기) / 臨官政要(임관정요) / 名物考辨(명물고변) / 封說(봉설) / 家禮集解(가례집해) / 希賢錄(희현록) / 八家百選(팔가백선) / 井田說(정전설) / 道統圖(도통도) / 治統圖(치통도) / 學約(학약) / 洞約(동약) / 論孟疑問(논맹의문) / 大學經說(대학경설) / 語類節要(어류절요) / 兵鑑(병감) / 僿說類編纂(사설류편찬) / 小學講義(소학강의) / 史鑑(사감) / 列朝通紀(열조통기) / 木川誌(목천지) / 百詩選(백시선) / 文章發揮(문장발휘) / 天學考(천학고)

下學指南

저자 안정복
역자 이채구
펴낸이 장석홍
첫판 1쇄 2006년 2월 7일
펴낸곳 도서출판 장서원
서울 용산구 원효로 1가 48-15
전화 703-5362 팩스 713-7436
등록 제 03-01213호
ISBN 89-91273-40-8 93370
정가 30,000원
파손된 책은 바꿔드립니다.

著者略歷(저자약력)

安鼎福(안정복 ; 1712~1791) 號 ; 順菴 본관 ; 廣州

충북 제천 출신

영조 때의 실학자 · 교육자 · 사학자 · 유학자 · 정론가 · 지방행정가

영조 48년(1772) 세자익위사익찬 · 세자익위사위솔 등을 역임하며 세손(정조)을 輔導(보도)함. 1790년에 동지중추부사가 되고 廣成君(광성군)에 봉해짐. 좌참찬에 추증

저서 : 순암집 · 상헌수필 · 하학지남 · 희현록 · 가례집해 · 동사강목 · 천학고 · 천학문답 · 홍범연의 · 열조통기 외 다수

譯者略歷(역자약력)

李采求(이채구) 號 ; 海岩 本貫 ; 韓山

1947년 충남 서천에서 출생

1970년 육군 만기전역. 월남전 참전(1968)

1975년 충남대학교 영어영문학과 졸업

1978년 충남대학교 교육대학원 외국어교육과 졸업

1984년 건국대학교 대학원 교육학과 졸업

1993년 원광대학교에서 교육학박사학위 취득(교육사 전공)

1979년 배재대학에서 교양영어 강의

1993년 대전대학교에서 교육학 강의

1975년~1980년 남대전고등학교 교사(영어 · 한문)

1981년~1990년 민주평화통일정책자문회의 자문위원(교육계대표)

1981년~1983년 우송정보대학 교수

1984년~2005년 우송공업대학 교수

論文 : 안정복의 교육사상 연구, 박사학위 논문, 외 20 여편

下學指南

順庵全集 第二冊 中

下學指南 目次

序 …… 七
目錄 …… 八

首卷
日用篇 …… 一〇
夙興章 …… 一〇
日間章 …… 一二
夜寐章 …… 一五

上卷
第一 讀書 …… 一九
讀書之義章 …… 一九
讀書之序章 …… 一九
讀書之法章 …… 二〇
讀小學四書章 …… 二二
讀諸經章 …… 二三
讀性理諸書章 …… 二四
讀史章 …… 二五
尚論章 …… 二五
附寫字章 …… 二五
附作文章 …… 二七

第二 爲學 …… 二八
總論章 …… 二八
立志章 …… 二九
變化氣質章 …… 二九
窮理章 …… 三〇
力行章 …… 三一
存養章 …… 三三
省察章 …… 三四
克治章 …… 三五
敦篤章 …… 三六
論敬章 …… 三七
論誠章 …… 三九
異端章 …… 三九

第三 心術 …… 四一
誠意章 …… 四一
正心章 …… 四二
養氣章 …… 四三
操存章 …… 四四
喜怒章 …… 四六
逸慾章 …… 四六
器量章 …… 四八
誠實章 …… 四九

下卷
第四 威儀 …… 五〇
總論章 …… 五〇
敬身章 …… 五〇

正容章 …… 五二
謹言章 …… 五四
衣服章 …… 五六
飮食章 …… 五六
第五　正家 …… 五七
總論章 …… 五七
孝敬章 …… 五八
居喪章 …… 六〇
祭祀章 …… 六一
友愛章 …… 六二
夫婦章 …… 六二
敎養章 …… 六三
冠禮章 …… 六三
婚禮章 …… 六四
敦睦章 …… 六四
禦下章 …… 六五
治產章 …… 六六
儉約章 …… 六七
第六　處己
持身章 …… 六六
處事章 …… 六九
操守章 …… 七一
義命章 …… 七二
改過章 …… 七四
辭受取與章 …… 七五
出入往來章 …… 七六
第七　接人 …… 七八
長幼章 …… 七八
師友章 …… 七九
接賓章 …… 八二
待人章 …… 八三
篤義章 …… 八五
處世章 …… 八五
居鄕章 …… 八六
第八　出處 …… 八七
總論章 …… 八七
事君章 …… 八八
治道章 …… 九〇
居官章 …… 九四

題下學指南書面

學者知行之總名而其所學學聖人也聖人生知安行而爲人倫之至學聖人之道不過求聖人之知與行而不出於日用彞倫之外也孟子贊舜曰明於庶物察於人倫言其明知庶物之理而又致察於人倫也大學論格致之義亦曰知所先後則近道矣知雖多般而所當先者實不出於日用彞倫之外孟子亦曰堯舜之知而不遍物急先務也其謂先務指何事也子曰下學而上達下者卑近之稱也卑近易知者非日用彞倫而何用工於此積累不已備盡多少辛苦境界然後心體爲一無艱難扞格之患而庶

幾覩快活灑然之境上達卽在此也聖人言行俱於論語其言皆下學卑近處無甚高難行之事矣後世論學必曰心學曰理學心理二字是無形影無摸捉都是懸空說話也子曰居處恭執事敬與人忠又曰言忠信行篤敬果能於此下工積習之久淸明在躬志氣如神心不待操而存理不待究而明且能至於上達之境矣後世學者却以下學爲卑淺而不屑焉常區區於天人性命理氣四七之說而考其行多無可稱惟以不知上達爲羞吝終身爲學而德性終不立才器終不成依然是未曾爲學者類擧是不知下學之工而然也余少而失學長無師友之助天賦之衷日就顚倒而不知檢焉悠悠汎汎醉生夢死與禽獸何別乎爲是之懼裒粹古今嘉言善行略分題目倣小學例爲此書庶爲自警之一端卽庚申歲夏也今幾五十年面目徒存而人猶舊蕪玩良久不覺慨然而書此又自警未死前或冀有一分之益而前日之以此自警者未免爲能言之歸則今此自警能不爲唐驢之迹乎三復武侯悲歎窮廬之語而徒喟耳

甲辰陽月之望越三日七十三歲翁書于椽軒南牖

庚申夏編緝于廣州靈長山德谷里之精舍

下學指南目錄

首卷

日用編

夙興章 ……一

日間章 ……二

夜寐章 ……四

上卷

讀書第一

讀書之義章 ……五

讀書之序章 ……七

讀書之法章 通言讀法 讀求實用 讀貴靜養 讀貴勤苦 讀貴致精 讀敬聖訓 ……八

讀小學四書章 小學 論語 大學 孟子 通言小大學 通言論孟 論中庸 通言四書

讀諸經章 讀詩 讀春秋 讀書 通言六經 讀禮 讀易

讀性理諸書章 附解經法

讀史章

尙論章 通言尙論 附稱號

附寫字章 通言書法 作字體格

作文章 通言作文 擧業之害 製述體格 附書札 作文之害

爲學第二

總論章 通言爲學 爲學之害

立志章

變化氣質章 附革舊習

窮理章 通言窮理 之本 窮理以敬爲本 知行相須 致知爲行 致知必先思辨

言學問思辨

力行章

存養章 存養貫動靜 附戒懼

省察章 附審幾 謹獨

克治章 附擴充

敦篤章 附勉強 敦篤之反

論敬章 敬義 附靜 貫動靜 兼內外

論誠章 兼言敬

異端章 楊墨 東萊史學 老莊 象山陽明之學 龍川功利

心術第三

誠意章 附毋自欺 審理欲 思無邪 辨義利

正心章

養氣章 專言養志氣 兼言血氣

操存章 言心有偏私 附求放心 心疾 言思慮之害

喜怒章 專言怒 附忿學之非

遏慾章 聲色之慾 玩好之慾 貨利之慾 飮食之慾 名利之慾

器量章 接物之量 容忍之量 務爲容量 重厚養量

誠實章

下卷

威儀第四

總論章 通言威儀 兼言氣質

敬身章 通言敬身 玩物之非 惰慢之非 器用必敬 戲謔之非

正容章 通言正容 正聲氣 正身體 正動作 正容色 正坐立 正視聽 正步趨 正手容 正拜揖 正頭容

謹言章 通言謹言 人過之非 謹與人言 重然諾 兼言謹言行 聽言知人 附言 酒笑

衣服章 通言衣服 衣服當儉 衣冠當整

飮食章 通言飮食 言酒 飮食當節

正家第五

總論章

孝敬章 通言孝 奉養之節 承命之節 侍側之節 服役之節 養疾之節 侍病之節 處變之節 侍下諸節

居喪章 通言居喪 執喪之節

祭祀章 祭祀之節 追感之節 齋戒之節

友愛章

夫婦章 通言夫婦之道 男女有別

九

敎養章 通言敎養 父子主恩

冠禮章

婚禮章 通言婚禮 婚姻論財之非

敦睦章

禦下章 通言禦下 禦奴僕

治産章 通言治産 制用之道

儉約章 通言儉約 安貧

處己第六

持身章 通言持身 謹儉 攝養 持身在恭謙 驕吝之害

處事章 通言處事 決疑 附論事 處事當厲廉恥 處事當別

操守章 專言操守 正終 附恐怯 兼言定力

義命章 通言義命 患難 附知足 死生壽夭 富貴貧賤 處

改過章 通言改過 受人規箴 悔悟

辭受取與章

出入往來章 通言出入往來 干謁 道路行旅之法 謁見 請召

接人第七

長幼章 事長之道 食之節 之節 撫慈幼 侍坐之節 進退之節 迓遇之節 陪隨之節 應對之節 侍行 陪行

師友章 師道 師之非 相長 交游必愼 敎誨之道 交友之道 師友相恤 事師之道 朋友講習 不能事 朋友

接賓章 通言接賓 酬答之節 送迎之節 饋客之節

待人章 通言待人 去撓 業善 親人之術 待小人之道

篤義章 附好生

處世章 通言處世之道 附求名之非 韜晦

居鄉章 通言居鄉 接隣之道 待城主

出處第八

總論章 通言出處 可出之道 可處之道 弱冠 試科出身

事君章 通言事君 侍食拜謁之節 君之節 進諫之道 進講之節 進退之義 忠義之節

治道章 通言治道 王伯之辨 薄稅斂 理財 明教化 作人才 刑法

紀綱 聖人爲治之教 更化之道

居官章 通言居官 臨民 擇人 事長官 接同僚

下學指南目錄

下學指南卷上

日用篇 摠此篇略擧處己事親處事接物日用當行之事弁具於首卷其詳列于上下卷九三章

夙興章

昧爽寅 乃興〔明曉稍覺混因此心時側床席由脈流通然後徐徐而起〕伊尹曰先王昧爽丕顯坐以待旦〇范內翰〔范祖禹字淳夫宋名臣〕曰聖人順天地之理明而動晦而休故君子修身不以有事而蚤無事而晏興居順天地之理〇小雅曰夙興夜寐無忝爾所生

遂明燈〔須備火具勿煩呼喚〕陳忠肅〔名瓘字瑩中宋名臣〕每日有定課〔雞鳴而起終日〕寫閱不離小齋每夜寘行燈於床側自提燈就案日起坐不時此非可常之道不欲以勞人也

整頓寢具〔疊以衾或屏處〕又陳氏〔名櫟宋儒〕曰古人枕席之具夜則設之曉則斂之不以私褻之用示人也〇退溪李先生〔諱滉字景浩明宣間大儒〕晨起必自斂衾筭未嘗安肆偷惰

櫛髮童子禮〔朱子所輯根之人〕曰櫛髮必先整勿令散亂

盥漱童蒙須知〔朱子撰〕曰盥面必以巾帨遮護衣領卷兩袖勿令有所濕

整衣冠童蒙須知曰爲人先要身體端正自冠巾衣服鞾襪皆須收拾愛護常令潔淨整齊男子有三緊謂頭緊腰緊脚緊三者要緊束不可寬慢寬慢則放肆不端嚴爲人所輕賤矣

詣父母之所問安內則曰雞初鳴咸盥漱櫛縰笄總以適
父母舅姑之所及所下氣怡聲問衣燠寒疾痛疴癢而敬
抑搔之○居家雜儀(司馬溫公撰)曰子事父母婦事舅姑天欲
明咸起盥漱具冠帶昧爽適父母舅姑之所省問夜來安
否何如侍者曰安乃退○馬永卿論禮雞鳴而起適父母
之所不亦太蚤乎劉元城(名安世字器之宋名臣)曰事父與君一體
朝謁必以雞鳴而不以爲勞蓋以刑驅其後也世人畏義
如刑則今人可爲古人矣○寒暄金先生(諱宏弼字大猷成宗時大儒)
每雞鳴必櫛盥整衣冠省大夫人出就書齋危坐如泥塑
人講論不怠及昏定如儀

長幼男女以次從(長先幼從男左女右)
旋詣家廟行再拜禮(家長不行子弟不可獨行若家長老病令子弟代行則拜禮時當避正位)
家禮(朱子所撰)曰主人晨謁於大門之內○家禮儀節(丘濬撰)曰
每日夙興先令子弟洗手焚香主人具衣冠至門內詣香
案前跪焚香俯伏興拜興拜興平身○朱子(諱熹字元晦宋大賢)
曰向見趙丞相日於影堂行昏定之禮或在燕集之後竊
意未安故只循舊禮晨謁而已○鄭道可問逐日晨謁或
未潔則奈何退溪曰若許此則是周澤長齋恐無是理蓋
晨謁但行庭拜非有薦獻○靜菴趙先生(諱光祖字孝直中宗朝大儒)
家廟在別所日必一往雖公務鞅掌風雪寒暑不癈

婢僕以次來謁(亦當有長幼男女先後之別)
令灑掃房室廳堂庭除(婢灑掃房室女使掃廳堂男僕掃庭除)○內則曰凡內
外雞初鳴咸起盥漱衣服斂枕簟灑掃室堂及庭布席各從
其事○居家雜儀曰凡內外僕妾雞初鳴咸起櫛總盥漱
衣服男僕灑掃廳事及庭鈴下蒼頭灑掃中庭女僕灑掃
堂室設倚卓陳盥漱櫛靧之具主父主母起則拂衣褺衾
侍立左右以備使令○曲禮曰爲長者糞之禮必加箒於
箕上以袂拘而退其塵不及長者以箕自鄕而扱之○童
子禮曰左手持盤實水右手把竹枝浥水輕灑堂中先灑
遠於尊長之所請尊長就其地然後以次灑掃畢斂塵棄

二二

他所招集家衆分付職事(謂職役交易[illegible]非事者)居家雜儀曰凡諸卑
幼事無大小無得專行必咨禀於家長
退居常處整理書冊几案退溪居處必整靜几案必明淨
圖書滿壁常秩秩不亂晨起必焚香靜坐終日觀書未嘗
見其惰容
乃危坐讀書以求爲學之方(此時事物未接心氣清明可靜坐讀書涵養本原爲日間取用之實)
徐花潭(名敬德字可久明宗時大儒)曰若不危坐思慮不一思慮
不一不能窮格○朱子曰爲學之道莫先於窮理窮理之
要必在於讀書○夙興夜寐箴(陳南塘撰)曰本旣立矣昧爽乃
興盥櫛衣冠端坐斂形提掇此心皦如出日嚴肅整齊虛

明靜一乃啓方冊對越聖賢夫子在座顔曾後先聖師所言親切敬聽弟子問辨反覆參證

日出卯

夏整衣冠進父母之所父母起拜謁朱子曰子弟欲拜亦須候父母起而衣服○童蒙須知曰凡出外及歸必於長上前作揖雖暫出亦然○徐節孝 (積字仲車宋賢) 因具公裳見貴官忽自思云見貴官尚用公裳豈有朝夕見母而不具公裳者乎遂晨夕具公裳揖其母斂衾卷席掃學室中內則曰斂席與簟縣衾篋枕斂簟而襡之○吉冶隱 (名再字再父號冶隱) 偏晨昏定省拔衾斂枕躬自爲之妻孥欲代之公曰母老

矣後日雖欲爲母爲此不可得也

供晨羞居家雜儀曰父母舅姑起子供藥物婦供晨羞○張子 (名載字子厚宋大賢) 曰事親奉祭豈可使人爲之侍坐陪話良久 (卒隨顔色敬聽言語必敬必謹勿逆勿怠) 童蒙須知曰凡侍長者之側必正立拱手有所問則必誠實對言不可妄○曲禮曰長者不及毋儳言正爾容聽必恭毋勦說毋雷同必則古昔稱先王○李永僖 (名至男字淸之宣祖朝名儒) 事母與諸子講論於前大夫人聽之亹亹忘憂若有所使致敬服役童蒙須知曰凡勞役必去上襲衣服只著短便○童子禮曰尊長有所事不必待其出命卽當趨就其傍致敬服役如將坐則爲之整

席拂塵如侍盥與授壺則爲之授矢拾矢盥洗則爲之捧槃持帨夜有所往則爲之秉燭前導如此之類不可盡擧俱當正容專志毋使怠慢差錯

退居常匠課督子弟所讀書自警編 (趙善璙撰) 曰人生至樂無如讀書至要無如敎子○訓蒙法 (王虛中撰) 曰讀書初授四句不必多遍數以識字爲上讀過一卷則一日溫此一卷讀過二卷則二日溫一遍三卷則三日溫一遍永不忘又曰訓釋只可說句義理不可言語多如說仲尼居言仲尼孔子字居坐也又曰如人不知而不慍慍怒也如不曉以方言敎之云怒是慍發也○退溪十三歲受曾論於松齋 (名堣)

(先生叔父) 嚴立課程不使悠悠一卷既畢通誦一卷二卷既畢亦通誦二卷若此之久漸與初不同

乃終朝讀書人若來見必整捲冊子與語童蒙須知曰書冊須要愛護不可損汚皺摺濟陽江祿讀書未竟雖有急遽必待卷束整齊然後起此最爲可法

自此以後人事漸多尤當謹於心術威儀之間

日間章

食時辰

夏進父母之所省視膳具 (思父母所嗜之物預爲辦置) 王延 (晉人) 事親色養夏則扇枕席冬則以身溫被隆冬盛寒體常無全衣而

親極滋味○徐節孝事母謹嚴日具大夫人所嗜或不獲
則奔走闤市若有所失人或慕其純孝損直以售親舊或
致甘毳誠禮不至弗受也所奉饌皆自調味大夫人食時
先生率家人在左右爲兒戲或謳歌以悅之故雖在窮巷
而奉養與富貴家等無須臾不樣也
遂饋饌童子禮曰凡進饌於尊長先將几案拂拭然後兩
手捧食器置於其上器皿必乾潔肴蔬必序列視尊長所
嗜好頻食者移近其前尊長命之息則退立於傍食畢進
而徹之命之侍食則揖而就席食必視尊長所向未食者
不敢食將畢則急畢之

食則退內則曰佐長者視具
長幼男女分坐而食居家雜儀曰丈夫婦人各設食於他
所依長幼而坐其飲食必均壹幼子又食於他所依長幼
席地而坐男左女右○內則曰七年男女不同席不共食
八年出入門戶及卽席飲食必後長者始敎之讓○退溪
飲食之際不得閒言語匙箸聲少頃課子弟寫書訓蒙法
曰寫字不得惜紙須令大寫若寫小字拘定手腕長後稍
大字寫不得二三日不得過兩字兩字端正方可換字若
貪字多必筆畫老草寫得不好
自此以後事應旣繁處己接物務盡誠敬求當於理

禺中巳
更勑子弟讀書或有疑難許其質問退溪諸生進前受學
和氣薰然誨諭諄諄從頭至尾洞然無疑晦
已亦堅坐讀書（事應旣已只合讀書 優遊放浪將成何事）張子曰讀書小則無
由考校得義精蓋書以維持此心一時放下則一時德性
有懈讀書則此心常在不讀書終看義理不見
博弈雜戲勿近眼前召公（名奭 周臣）曰不作無益害有益功乃成
凡百玩好勿接心術（程子嘗以讀史書札爲玩物喪志況如圖書花草一切技藝之外物乎）
召公曰玩人喪德玩物喪志
或看史程子曰讀史須見治亂之機賢人君子出處進退

便是格物
或寫字程子曰某寫字時甚敬非是要字好只此是學○
李忠定公（名沆字原言號 宋明宣間名相）守儉約絕玩好惟以讀書爲
樂倦則肆書不欲使此心放弛也
或作文退溪曰辭達而已學者不可不解文章若不解文
章雖曰粗知文字未能達意於言辭矣
務要此心不放不爲事物所勝（看史寫字作文雖儒者事若偏好則心放）
日中午
更進父母之所問安文王之爲世子朝於王季日三雞初
鳴而衣服至於寢門外問內竪之御者今日安否何如內

竪曰安文王乃喜及日中又至亦如之及暮又至亦如之
○擊蒙要訣(李栗谷)曰日間侍奉常愉色婉容應對恭敬左
右就養極其誠出入必拜辭拜謁
供點心(或思親所念之物而獻之)
父母或有所飮食之人盡心接遇張子曰若親之故舊所
喜當極力招致賓客之奉當極力營辦務以悅親爲事不
可計家之有無然又須使之不知其勉強勞苦苟使見其
爲而不易則亦不安矣○孟子曰曾子養曾晳必有酒肉
將徹必請所與問有餘必曰有曾晳死曾元養曾子必有
酒肉將徹不請所與問有餘曰亡矣將以復進也此所謂

養口體者也若曾子則可謂養志也事親若曾子者可也
視僮僕所任事雖有過失勿以聲色遽責徐以義理
諭之退溪未嘗詬詈婢僕如有失誤必教之曰此事當如
是未嘗變其辭氣
夏勑子弟無使浪遊勤讀所課

日昳未

夏招子弟講論所讀疑義(才性有鈍不可以一例槩之雖屢煩提敎不能覺悟當加矜憫許令熟讀愼勿遽施撻責)
久坐讀書神氣困乏或靜坐涵養本源劉質夫(名絢程門人)曰
每有閒時正坐端意氣卽下平居持養氣可忽乎○朱子

曰張子六有語極好(夫有見爲學章)君子終日乾乾不可食息間
斷亦不必終日讀書或靜坐存養亦是(朱子行狀云倦而休也瞑目端坐休而起也整步徐行)
或游玩陶暢性靈夙夜箴曰讀書之暇間以游泳發舒精
神休養情性○周子(諱敦頤字茂叔宋大賢)襟懷灑落有高趣尤樂
佳山水遇適意處或倘徉終日○朱子觀一水一石一草
一木稍清涼處竟日目不瞬○退溪先生若有山明水麗
瀑布倒流處無不抽身獨往玩詠而還○先生遊山賜暇
之日同僚皆放曠無檢日以觴詠爲事先生獨終日端坐
或閉戶觀書雖時與諸人遊賞而亦不至流蕩同僚皆雅

敬志操不以異已疾之
或吟古人得意作朱子經史子集之餘雖記錄雜說舉
輒成誦微醺則吟哦古文氣調清壯每愛誦楚辭出師表
歸去來辭并杜子美數詩而已
或使兒輩誦古人箴警文字胡籍溪(名憲字原仲宋大儒)教諸生於
功課餘暇以片紙錄古人能行或詩文銘贊有補於人者
粘置壁間俾往來誦之咸令精熟○退溪先生曰古人盤
盂几杖皆有銘但心無警省之實則箴書滿壁亦何益哉
爲學如橫渠六有則此心常存而不放矣
不可晝睡偃臥致失威儀宰予(孔子弟子)晝寢子曰朽木不可

雕也糞土之墻不可杇也於予與何誅（朱子曰言其志氣昏惰教無所施）
○李栗谷（名珥字叔獻皇朝朝儒臣）曰非夜眠及疾病不可偃臥跛欹
晝有瞌思當喚醒此心十分猛省眠況若重起而周步使
之惺惺○養生書曰晝不可瞌損人元氣○退溪先生燕
居終日端坐雖或氣疲神困未嘗有偏倚放肆之容或時
盤坐亦必端莊至於昏憊則乍出江臺以蘇斂之或偃几
以休息之或瞑目端坐而已
此時應接既久懈意易生常提省勿令放逸夙夜箴曰動
靜循環惟心是監靜存動察勿貳勿參
日晡申

學者序 晝卷
更進父母之所陪語良久
退而讀書或經或史更加研究楊龜山（名時字中立程門高弟子）曰學
者當有所疑乃能進德然須着力深方有疑○張子曰讀
書於不疑處有疑方是進○又曰義理有疑濯去舊見以
來新意○李延平（名侗字愿中宋大儒）曰大率有疑處須靜坐體究
○常須愛養精力慮致疾病成牛溪（名渾字浩原皇朝朝儒臣）嘗曰學
者收拾身心保惜精神專一凝志使志氣常清而義理昭
著此孔孟以來第一門法○退溪先生嘗言少時銳情爲
學終日不輟終夜不寐遂得沉痼之疾未免病療之人學
者須量其氣力當寢而寢當起而起隨時隨處每每觀省

不使此心放逸而已
夕食告其更進父母之所有祇膳品
遂饋饌
食則退
長幼男女分坐而食如朝儀養生書曰一日之忌暮無大
飽
夜寐章
日入酉
更進父母之所點檢房舍溫冷窓戶窺隙
整簟席布衾裯擊蒙要訣曰昏則詣寢所定其裯席察其

學者序 晝卷
溫冷
陪話移時長幼男女分位序坐講論古今人嘉言善行以
悅父母之心不可喧嘩喫笑不可論過
父母將寢拜辭而退居家雜儀曰父母舅姑將寢則安置
而退
或侍寢
課問家衆所付事
招集子弟講論終日所讀疑義唐柳公綽在公卿間最有
家法中門東有小齋每平朝輒至諸子皆束帶晨省於中
門之北與公權及群從弟再會食自旦至暮不離小齋燭

至命一人子弟執經史躬讀一過訖乃講議居官治家之法或論文或聽琴至人定鐘然後歸寢諸子復定於中門之北凡二十餘年

黄昏戍

課女僕備水豕火

課男僕固門扃鑰

防火警盜古詩曰時時防火出夜夜警盜來

檢視牛馬增喂乾藁

遺置器皿必令収拾以備偸竊

供奉饌品必親牢藏以備汚穢

遂明燈

夜深後令子弟退歸書室温理晝讀柳西厓(名成龍字而見宣祖朝名臣)與子書曰嘗愛退陶先生與孫兒詩最愛少年山寺樂碧窓深處一燈明平生許多事業盡自此一燈下發源願汝輩之效之○胡文定曰(名安國字康侯宋名儒)每晨昏子弟定省必問何業有務意則曰士當志於聖人見怠慢不虔必頻蹙曰流光可惜將爲小人之歸子弟或近出宴集雖夜深宿未寢必俟其歸驗其醉否問其所集何客所論何事有益無益以是爲常

若有出入必以燭行內則曰夜行以燭無燭則止○或問退溪先生曰先生寓清凉山寺雖夜深昏黑獨出寺外頗無驚懼意可見自少心定理明處先生曰此實少年妄事雖無他懼獨不念惡獸乎

或久讀以習勤苦范文正公(名仲淹字希文宋賢臣)苦學五年未嘗解衣就寢夜或昏怠輒以水沃面往往饘粥不充日昃始食同舍生或饋珍膳拒不受○靜庵先生或擇蓮社之處靜讀食頃如厠外亦無閑刻唯二更後五更前爲就寢時也○韓松齋(名忠字恕卿中宗朝名臣)取小學心經近思錄性理大全朱子語類等書沉潜玩索晝習夜誦端坐如泥塑人兩膝皆穿常曰業精在勤不宜虛擲歲月○趙重峰(名憲字汝式宣祖朝名臣)嘗學以惜寸陰家貧躬耕或牧牛田間亦嘗未釋卷日採薪執覲撲映而讀之

或靜坐以養夜氣夜氣箴曰(眞西山撰)曰夫一晝一夜者三百六旬之積故冬爲四時之夜而夜乃一日之冬天壤之間群動俱闃窈乎如未判之鴻濛雖人之身向晦宴息亦當以造物而爲宗必齊其心必肅其躬不可頹然自放於床第之上使慢易非僻得以賊吾之衷雖終日乾乾靡容一息之間斷而昏冥易忽之際尤當致戒謹之功蓋安其身所以爲晝聽朝諭之地而夜氣深厚則仁義之心亦油乎其一[illegible]立矣而尤致察於事物周旋之頃敬義夾持

動靜交養則人欲無隙之可入天理徹乎昭融然知及之而仁不能守之亦空言其奚庸爰作箴而自砭常凜凜乎

溧洄之邵子名雍字堯夫康節宋大儒百源山中季夜危坐○退溪先生平日寢處讀書之所不與人同非講學應接之時左右靜無人焉嘗言獨寢玩樂齋中夜而起推窓而坐月明星溉江山寥廓凝然寂然有未判鴻濛底意思

雖在昏夜無人之地必須戰兢自持無怠無荒易曰君子終日乾乾夕惕若厲无咎○衛靈公名元夫人南子宋女夫人曰忠臣與孝子不爲昭昭信節不爲冥冥惰行遽伯玉衛之賢大夫必不以暗昧廢禮

夜欲向闌展鋪寢具

脫衣巾整疊掛椸置篋須知曰凡脫衣服必齊整摺疊箱篋中勿散亂頓放則不爲塵埃雜穢所污仍易於尋取不致散失

人定后

徐臥安寢易曰嚮晦入宴息張南軒曰知嚮晦宴息之爲非怠情乃可論敬之理矣延平先生曰蓋怠情則欲熾情流而不宴不息惟能敬則心清氣定而可以安養調息故人能知宴息亦以敬而非以怠情則可與論敬之理矣○論語曰寢不語又曰寢不尸○童蒙須知曰夜臥必用枕勿以寢衣覆首○蔡西山名元定字季通宋大儒訓諸子曰獨行不愧影獨寢不愧衾○養生書曰燈夜默坐勿多思勿多聞多思傷心多聞傷目坐勿過二更安寢以培元氣臥必側又曰戌亥子三時陰氣生而人寂寂則氣滯百節養生家睡不厭縮覺不厭伸故陽始生則舒伸榮衛周流也以息日間行事善則加勉否則改之范文正公曰吾遇就寢卽自計一日食飮奉養之費及所爲之事相稱則鼾睡就寐不稱則終夕不能安寢明日必求所以稱之者○李栗谷曰曉起思朝所爲之事食後思晝所爲之事就寢時思明日所爲之事無事則放下有事則必思得處合宜之道

不作息惟閒目穩睡夙夜箴曰夜久斯寢齊手斂足不作思惟心神歸宿養以夜氣貞則復元念茲在茲日夕乾乾○古語曰夜讀將盡二更卽須熟睡蓋子時前後不得睡則血不歸肝次日決無精神可以讀書勉强至七日十日必得嗽疾咯血成瘵終身不可任勞事矣讀者宜戒○養生書曰先睡心後睡眼

平日工夫驗之夢寐程子曰人於夢寐間可以卜自家所學之淺深如夢寐顚倒卽是心志不定操存不固朱子曰魂與魄交而成寐心在其間依舊能思慮所以做出夢心神安定夢寐亦不顚倒矣問人心所繫著事果是善事夜夢見之莫不害否程子曰雖是善事心亦是動凡事有兆朕入夢者卻無害捨此皆是妄動朱子

一七

平生妄夢見故舊親戚次日若不接其書信及見則必有人說及看來惟此等是正夢其他皆非正夢○沈
氏(名煥字叔晦陸門人)曰晝觀諸妻子夜卜諸夢寐兩者無愧可以
言學
雖有覺時不宜起坐
夜間或有急遽之事亟告父母者必徐出聲欬以待其覺
進白
夜半子
安寢牢睡
或有覺時不作妄念程子曰君實嘗患思慮紛亂有時中
夜而作達旦不寐可謂良自苦人都來多少血氣若此則

幾何而不摧殘以盡也夜以安身睡則合眼不知苦苦思
量箇甚只是不以心爲主
此時陽氣始生當靜而養之勿撓汨
雖有急呼不卽輕起徐徐省念後起答
或值盜賊刼奪之變不與交爭潛自起出先告父母次及
妻孥後陪侍父母出避
雞鳴丑
寢睡雖覺閉眼安卧收歛精神不使昏亂夙夜箴曰雞鳴
而寤思慮漸馳盍於其閒澹以整之或省舊愆或紬新得
次第條理瞭然默識○朱子中夜而寢旣寢而寤則擁衾
而坐或至達旦
舊讀書史疑難處潛心思量雖有不透勿爲苦心力索易
致心疾且有穿鑿處司馬溫公(名光字君實宋大儒)曰書不可不成
誦或在馬上或中夜不寐時詠其文思其義所得多矣○
朱子曰李先生嘗言道理須是日中理會夜來却去靜處
思量方有得○李大成(名之棵退溪友)曰老來無寐終夜輾展奈
何退溪先生曰此老人常事莫如念古事耳○章南(宋名
字桂仲明宗朝賢儒)夜分就寢亦未嘗昏睡曰夜中工夫儘多功不
可多睡
或有新覺義理處明燈劄錄以備遺忘程子終日危坐一

室左右簡篇俯而讀仰而思有得則識之或中夜起坐以
書其志道精思未始須臾息也○趙龍門(名昱字景陽宣祖朝名儒)講
論經旨夜深燈盡則獨坐沉思至於疑義有自得處則必
召門人子弟抽出經傳以驗之一夜或二三次或達曙不
寐其究心經傳如此

下學指南首卷終

下學指南卷上

按此篇言工夫之存乎內者而爲下卷之體其用功之要則專在於存省之交致其功

讀書第一 按朱子曰爲學之道莫先於窮理窮理之要必在於讀書今揭于首以明讀書之義而其又以敎爲三凡十章

讀書之義章

易曰天在山中大畜君子以多識前言往行以畜其德○朱子曰本心陷溺之久義理浸灌未透讀書窮理常不間斷則物欲不能勝而本心之義理安且固矣○又曰天下之理要妙精微各有攸當亘古亘今不可移易唯古之聖人爲能盡之而所行所言無不可爲天下後世不易之大

法其餘則順之者爲君子而吉背之者爲小人而凶吉之大者則能保四海而可以爲法凶之甚者則不能保其身而可以爲戒是其燦然之迹必然之效莫不具於經訓史冊之中欲窮天下之理而不卽是而求之則是正墻面而立爾此窮理所以必在乎讀書也

讀書之序章

擊蒙要訣曰先讀小學於愛親敬兄忠君弟長隆師親友之道一一詳玩而力行之次讀大學及或問於窮理正心修己之道一一眞知而實踐之次讀論語於求仁爲己涵養本原之功一一精思而深體之次讀孟子於明辨義利

遏人欲存天理之說一一明察而擴充之次讀中庸於性情之德推致之功位育之妙一一玩索而有得焉次讀詩經於性情之邪正善惡之褒戒一一潛繹感發而懲創之次讀禮經於天理之節文儀則之度數一一講究而有立焉次讀書經於二帝三王治天下之大經大法一一領要而遡本焉次讀易經於吉凶存亡進退消長之幾一一觀玩而窮研焉次讀春秋於聖人賞善罰惡抑揚操縱之微辭奧義一一精研而契悟焉五書五經循環熟讀理會不已使義理日明而宋之先正所著之書如近思錄家禮心經二程全書朱子大全語類及他性理之說宜間間精

讀使義理常常浸灌吾心無時間斷而餘力亦讀史書通古今達事變以長識見若異端雜類不正之書則不可頃刻披閱也○程端禮家塾讀書分年法八歲未入學前讀性理字訓入學後讀小學正文次讀大學正文次論語正文次孟子正文次中庸正文次孝經正文次易正文次書正文次詩正文次儀禮禮記正文次周禮正文次春秋並三傳正文自八歲約用六七年之功則十五歲前小學四書諸經正文可畢又自十五歲志學之年卽當內志讀大學章句或問次讀論語集註次孟子集註次中庸章句或問次鈔讀論孟或問之合于集註者次讀易書詩禮記春秋

又四書本經既明之後日看史又溫前書次讀通鑑及發綱目次韓文次楚辭然後又二十一二三歲學作文經問經義古賦古體制詔章表四六章表○歐陽公(名脩字永叔宋名臣)讀書法附 取孝經論孟六經以字計之孝經一千九百三字論語一萬一千七百五字孟子三萬四千六百八十五字周易二萬四千一百七字尙書二萬五千七百字詩傳三九千二百三十四字禮記九萬九千二十字(幷合爲學)周禮四萬五千八百六字春秋左傳一十九萬六千八百四十五字止以中才爲準若日誦三百字不過四年半可畢或稍鈍減中人之半亦九年可畢

讀書之法章

張子曰書須成誦精思多在夜中或靜坐得之不記思不起但通貫得太原後書亦易記所以觀書者釋己之疑明己之未達每見每知新益則學進矣於不疑處有疑方是進矣○朱子讀書法六條曰循序漸進以二書言之通一書而後一書以一書言之篇章文句首尾次第亦各有序而不可亂也量力所至而謹守之字求其訓句索其志不得乎前不求乎後未通乎此不志乎彼如是則志定理明無疏易凌躐之患矣曰熟讀精思荀子說誦數而貫之見得古人誦書亦記遍數乃知橫渠教人讀書必成誦真道

學第一義遍數已足而未成誦必欲成誦遍數未足雖已成誦必滿遍數讀得正文記得註解成誦精熟註中訓釋文義事名物件件一一認得如自己做出來曰虛心涵泳看文字不必自立說只記諸家說便了今人讀書多心下先有箇意思其有不合便穿鑿之使合曰切己體察讀書將聖賢言語體之於身方有益曰著緊用力寬著期限緊著課程爲學剛毅果决悠悠不濟事如撑上水船一篙不可放緩曰居敬持志蓋心不專精純一故思慮不精明須要養得虛明專靜使道理從裏面流出方好○童蒙須知曰正身體對書冊詳緩看字仔細分明讀之不可誤一字

不可少一字不可多一字不可倒一字不可牽強暗記只要多誦遍數余嘗謂讀書三到心口眼到三到之中心到最急(朱子曰聖賢之言常要在眼頭過口頭轉心頭運)○程子曰讀書當觀聖人所以作經之意與聖人所以用心聖人之所以至於聖人吾之所以未至者所以未得者句句而求之晝誦而味之中夜而思之平其心易其氣闕其疑則聖人之意可見矣○朱子曰文字大題目痛理會三五處後當迎刃而解○薛敬軒(名瑄字德溫明大儒)曰讀書思索之久覺有倦意當斂襟正坐澄定此心少時再思則心清而義理自見矣○退溪先生曰讀書不必深求異義只就本文上求見在之意(右通)

言詩○朱子曰窮理以虛心靜慮爲本○又曰持敬讀書只是一事而表裏各用力耳○又曰人要讀書須先收拾身心令安靜然後開卷方有所益○又曰讀書遺忘此士友之通患無藥可醫只有少讀深思令其意味浹洽當自見功耳○又曰昔陳烈先生苦無記性一日讀孟子學問之道無他求其放心而已矣忽悟曰我心不曾收得如何記得遂閉門靜坐不讀書百餘日以收放心却去讀書遂一覽無遺○廖晉卿請讀何書朱子曰公心放已久可且收斂精神玉藻九容處仔細體認待有意思却好讀書○退溪先生曰延平默坐澄心體認天理之說最關於讀書

窮理之法（右讀書貴靜養）○朱子曰讀書未能有疑此初學之通患蓋緣平日貪多務得不暇仔細慣得泚迫涉獵今當深以此事爲戒洗滌淨盡別立規模擇精而最急者且看一書一日隨力且看一兩段一段已曉方換一段一書皆畢方換一書先要虛心平氣熟讀精思令一字一句皆有下落諸家註解一一通貫然後可以求聖賢立言之本意雖已得之亦更反復玩味令其義理淪肌浹髓然後乃可言學耳尹和靖門人贊其師曰丕哉聖謨六經之編耳順心得如誦己言至此地位始是讀書人耳○又曰貪多務廣意緖悤悤常若有所奔趨迫逐而無從容涵泳之樂孔子

所謂欲速不達孟子所謂進銳退速者正謂此也誠能鑑此潛心一書文意接連血脈貫通自然漸漬浹洽心與理會而善之爲勸者深惡之爲戒者切又曰耐煩專一看書爲佳日月不易得大事未明甚可懼○又曰看文字專一便是治心養性之法○又曰今人讀書務廣而不求精是以刻苦者迫切而無從容之樂平易者泛濫而無精約之功兩者之病雖殊其受病之源一而已○又曰博雜極害事范醇夫一生作此等工夫想見將聖賢之言都只做中草草看過抄節一番便了原不曾仔細玩味所以從二先生許久見處全不精明豈可不戒耶○又曰山谷帖云大

率學者喜博而常病不精泛濫百書不若精於一也有餘力然後及諸書蓋以我觀書則處處得益以書博我則釋卷而茫然矣某深喜之○門人問某質鈍全記不起朱子曰只是貪多故記不得福州陳晉之極魯鈍讀書只五十字必三百遍後能熟積累讀去後來却應賢良要之人只是不會耐苦耳（右讀書貴致精）○楊龜山曰讀書以身體之以心驗之從容默會於燕閒靜一之中超然自得於書言象意之表○朱子曰讀書以主敬爲先若平居汎然略無存養之功又無實踐之地雖盡誦諸經不錯一字亦何所益○又曰讀一句書須體察這一句我將來甚處得用○又曰

吾身日用之間無非道書則所以接湊此心耳故必先求之於身而後求之於書則讀書方有味○洪慶將歸先生召入與語曰今下工夫且須端莊存養獨觀昭曠之原如不須全費工夫鑽紙上語待存養得此中昭明洞達自覺無窒礙然時方取文字來看則自然有意味道理自然透徹遇事自然迎刃而解此等語不欲對諸人說恐他不肯去看文字又不實了且教他看文字撞來撞去將來自有撞著處凡看文字正要理會自家性分上事也○呂東萊(名祖謙字伯恭宋大儒)曰今人二三十年讀書及一朝遇事便與閭巷人無異只緣讀書不作有用看故也(右讀書要實用)○朱子

曰書只貴熟讀讀多自然曉(古語曰讀書千遍其義自見)○又曰老蘓初取論孟韓子及他聖賢書兀然端坐終日讀之七八年讀之既久胸中之言日益多不能自制試出而書之渾渾乎覺其來之易也老蘓欲學古人說話聲響其所就亦非常人所及今人學道依老蘓法以二三年爲期正襟危坐將大學論語中庸孟子詩書禮記程張諸書分明易曉處反復讀之更就身心上存養玩索著實有箇入處方好求師證其所得○鄭河東(名麟趾世祖朝相臣)曰讀書不輟雖不記自然心地虛明託以不能記廢不讀者眞自棄○胡潛庵(名[illegible])見楊龜山舉肘示之曰此肘不離案三十年然後

於道有進○張無垢(名九成字子韶宋儒)寢室有短窓每日昧爽輒抱書立窓下石上雙趺之跡隱然(右讀書貴勤苦)○顏氏(名之推北朝人)家訓曰吾每讀聖人書未嘗不肅敬對之其故紙有五經詞義及聖賢姓名不敢他用也○退溪先生尊慕聖賢臨文必諱名稱某(右讀書必敬聖訓)

讀小學四書章

朱子曰修身大法小學書備矣○許魯齋(名衡字平仲元大儒)曰小學書吾信之如神明敬之如父母○或問某自幼失學請授大學何如朱子曰先讀小學只消旬月工夫○寒暄先生就佔畢齋(金宗直字季溫)請學授以小學曰苟志於學當從此

始光風霽月都在此中先生服膺焉作詩曰小學書中悟昨非人有問及時事者必曰小學童子何知律身以是著爲繩墨年三十後始讀他書(右讀小學法)○程子曰大學初學入德之門也○朱子曰語孟隨事問答難見要領大學是古人爲學之大方玩味此書知得古人爲學所向却讀語孟便易入後面工夫雖多而大體已立矣○柳西峯(名藕字養淸寒暄高弟)曰大學乃入德規模如屋之間架自餘六經語孟中庸如以窓壁門楣塡篩焉縱讀他經傍置一部時常閱之可矣(右讀大學法)○朱子曰古之教者有小學有大學其道一而已小學是事如事君事父兄等事大學是發明此事

之理就上面講究○又曰古人於小學存養已熟根基已深厚到大學只就上點化出些精采 右通言小大學 ○程子曰論語爲書傳道立言深得聖人之學者矣○朱子曰學者須著實循序讀書以論語爲先今學者於論語二十篇中尚不耐煩看得之況所謂死而後已者又豈能辨得○李延平曰人之持身當以孔子爲法論語中記孔子言行也每讀而味之玩而繹之推而行之雖未至升堂入室亦不失爲士君子矣○朱子曰論語逐章細看不過三兩段先令盡通諸說異同然後探求聖言本意則久之自當見效○鄭新堂 名鵬字雲程寒暄高弟 曰論語吾教夷狄亦使能知大義 右讀論語 ○韓昌黎 名愈字退之唐大儒 曰求觀聖人之道者必自孟子始○楊龜山曰孟子一書只是要正人心人能正心則事無足爲者矣 右讀孟子法 ○程子曰學者先讀論語孟子如尺度權衡相似以此去量度事物自然見得長短輕重○又曰讀論孟而不知道所謂雖多亦奚以爲○又曰學者須將論語中弟子問處便作自己問聖人答處便作今日耳聞自然有得若能於語孟中深求玩味將來涵養成甚生氣質○又曰學者當以論孟爲本論孟旣治則六經可不治而明矣 右通言論孟 ○朱子曰中庸工夫密規模大○又曰讀中庸者毋跂於高毋駭於奇必沈潛乎句讀文義之間以

會其歸必戒懼乎不覩不聞之中以踐其實庶乎優游饜飫眞積力久而於博厚高明悠久之域忽不自知其至焉 右讀中庸法 ○朱子曰先讀大學以定其規模次讀論語以立其根本次讀孟子以觀其發越次讀中庸以求古人之微妙大學首尾通貫都無所疑然後可讀語孟又無所疑然後可讀中庸○又曰四書看得透徹一生受用不盡 右通言四書

讀諸經章

子曰不學詩無以言 朱子曰事理通達而心氣和平故能言 ○朱子曰詩之言善者可以感發人之善心惡者可以懲創人之逸志使人得其情性之正而已○又曰詩之爲經人事浹於下天道備於上無一理之不具○又曰讀詩之法只是熟讀涵泳自然和氣從胸中流出妙不容言不待安排措置務自立說只恁虛心平讀意思自足上蔡云學詩須先得六義體面而諷詠以得之此是讀詩要法○何北山 名基字子恭宋大儒 曰讀詩之法須掃蕩胸次淨盡然後吟哦上下諷詠從容使人感發方爲有功○程子曰不爲周南召南其猶正牆面須是未讀詩時如面墻到讀了後便不面墻方是有驗大抵讀書只此便是法 右讀詩法 ○程子曰看書須要見二帝三王之道○朱子曰讀尚書求聖人之心如堯則考其所

以治民否則考其所以事君且如湯誓曰予畏上帝不敢不正熟讀豈不見湯之心(右讀書法)○子曰不學禮無以立(朱子曰品節詳明而德性堅定故能立)○朱子曰不知禮則耳目無所加手足無所措○又曰學禮先看儀禮儀禮是全書其他皆是講說○又曰周禮 徧周密乃周公運用天理熟爛之書○又曰先儒以儀禮爲經禮儀禮中亦自有變所謂變者又自有經不可一律看也(又曰儀禮是經禮記是解如儀禮有冠昏禮禮記有冠昏義○右讀禮法)○朱子曰易之爲書文字之祖義理之宗○程子曰知時識勢學易之大方也○退溪先生曰易乃理數淵源之書誠不可不讀但不如語孟庸學之切於學者日用工夫

故先正以謂非學之急其實莫急於窮理盡性之學也(右讀易法)○程子曰五經之有春秋猶法律之有斷例也○又曰五經如藥方春秋如用藥治病聖人之用全在此書○朱子曰看春秋且須看得一部左傳首尾通貫方能略見聖人筆削與當時事之大意(右讀春秋法)○張子曰六經須循環理會義理儘無窮待自家長得一格則又見得別(右通言六經)

讀性理諸書章

朱子曰須看孔孟程張四家文字方始講究得著實其他諸子不能無過差○丘瓊山(名濬字仲深皇明大儒)曰家禮一書實萬世人家通行之典也有志欲行古禮者舍此將何據哉

○退溪先生曰許魯齋小學神明父母之喩吾於心經亦云(先生居玩樂齋鷄鳴而起必莊誦一遍乃心經附註)○朱子曰義理精微近思錄詳之又曰四子六經之階梯近思錄四子之階梯○退溪先生曰欲知入道之門却於朱子大全中求之則易得用力之地矣(先生嘗得朱子書閉戶靜觀歷夏不輟或以暑熱致傷爲戒先生曰講此書便覺胸膈生凉自不知其暑也晩年專意朱書平生得力處大抵皆此書中發也)○朱子曰集註某自三十歲便下工夫到而今改猶未了不是草草看者(黃氏曰朱子用心之苦如此而學者顧以易心讀之安能得聖賢之意哉)○又曰太極爲理之原圖書爲數之祖○又曰周子說出太極頭腦處若看得分明則天下許多道理皆自此出(退溪先生講太極圖說曰吾告人必以此先者吾初年由此入故耳)

○又曰通書近世道學之源也○退溪先生謂學者不可不先識體段多教以太極西銘啓蒙等書(金士純曰啓蒙於初學工夫似不親切先生曰若於此書熟讀詳味久久實體呈露目前事物無非這箇如何不親切)○先生又言十九歲初得性理大全首尾三卷讀之深思體認漸得門路始知義理之學(按退溪集學者之指南亦不可不讀○右讀性理諸書)○朱子曰解經當如破的○又曰經書有不可解處只得闕若一向去解便有不通而謬處○又曰解經不必做文字只合解釋文義通則理自明意自足○又曰某解經只是順聖賢語意看其血脈貫通處爲之解釋不敢自以己意說道理○又曰解經但令綱領是當即一句一義之間雖有少失

亦無甚害 右言解經

讀史章

朱子曰爲學之序爲己而後可以及人達理然後可以制事故程子教人先讀論孟次及諸經然後看史其序不可亂○又曰史書鬧熱經書冷淡後生心志未定少有不偏向外去亦當一豫防也胸 又曰未讀四書去看史中無權衡多爲所惑云 程子曰某讀史到一半便掩卷思量料其成敗然後却看有不合處又更精思其間多有幸而成不幸而敗 又曰讀史須見聖賢所存治亂之機賢人君子出處進退便是格物 ○朱子曰讀史當觀大倫理大機會大治亂得失○又曰觀史只有是不是觀其是求其不是觀其不是求其是○又曰看史先讀史記次看左傳次看通鑑有餘力則看全史○呂東萊曰觀史須如身在其中見事之利害時之禍亂必掩卷自思使我遇此事當如何處之如此爲有益 張無垢曰如看唐事若身預其中人主性情如何所命相如何在朝士大夫孰爲君子孰爲小人處事孰爲當孰爲否皆令胸次曉然可以口講而指畫則機會圜熟他日臨事必過人矣發之筆下文章不爲空言矣 ○或患讀史無記性朱子曰有士人讀周禮疏讀第一板訖則焚了讀第二板又焚了便作焚舟計若且草讀一遍準擬三四遍讀便記不牢 李果齋曰書自有熟讀者自有當玩讀者自有當看者自有當編鈔者惟經要熟非曰他書皆讀二百遍也通鑑則朱子已令只一遍便要作濟河焚舟計也

尚論章

朱子曰輕議前輩可謂不韙然亦講學之一端所不得避○邵伯溫 字子文康節子 少時讀文中子至使武侯無死禮樂其有興乎因著論以爲武侯霸者之佐恐於禮樂未能興也康節先生見之怒曰汝如武侯猶不可妄論況萬萬相遠乎以武侯之賢安知其不興禮樂也後生輒議先賢亦不韙也伯溫自此於先達不敢妄論○鄭道可問圃隱一死頗可笑 謂王辛之際出處可疑 退溪先生曰程子曰人當於有過中求無過不當於無過中求有過圃隱精忠大節可以經緯天地棟樑宇宙而世之好議論喜攻發不樂成人之美者嘵嘵不已滉每欲掩耳而不聞○朱子答或人曰諸公稱號合立一條例差等如泰山海陵徂徠濂溪明道伊川橫渠康節稱先生 如云泰山孫先生 公卿稱謚 如云王文正公 無謚稱爵 如云王荊公 無爵稱官 如云范太史 程張門人及近世前輩亦如之其無官者稱字 如云張思叔 或兼以號舉 如上蔡龜山衡麓橫浦之類 今人稱郡姓名 如東萊呂某 凡姦邪則直書姓名 如云章惇 ○又曰呂公家傳義例不明所載同時諸人或名或字非褒非貶皆不可考至如蘊公則前字後名尤無所據 右附稱號

附寫字

童蒙須知曰凡寫文字須高執墨錠端正研磨勿使墨汁汙手高執筆雙鉤端楷書字不得令手指著毫不問寫得

工拙如何且要一筆一畫嚴正分明不可老草須要仔細看令不可錯誤○朱子書字銘曰握管濡毫伸紙行墨一在其中點點畫畫放意則荒取姸則惑必有事焉神明厥德○揚雄字子雲漢儒曰書心畫也心畫形君子小人見矣○退溪先生自少時書字必楷正雖傳鈔科文雜書鮮有胡寫嘗與其孫安道書曰凡事當謹慎今見汝寄金而精書大字亂草愼勿爲顚狂之態右通言書法○書譜姜白石撰曰眞行草書閒勁古淡出於蟲篆點畫波發出於八分轉換向背出於飛白簡便痛快出於章草○又曰點者字之眉目全藉顧盼畫者字之體骨欲其堅定ノ乀者字之手足伸縮

變化挑剔者字之步履欲其沈實轉摺者方圓之法眞多用摺草多用轉懸針必欲極正自上而下端若引繩垂露者垂而復縮用筆不欲太肥太肥則形濁不欲太瘦太瘦則形枯多露鋒鋩則意不持重多用圭角則體不精神不欲上小下多不欲左低右高不欲前多後小草書數十行不斷號曰連綿遊絲不足爲奇橫畫不欲太長直畫不欲太多用筆如釵股欲其屈折圓而有力如屋漏痕欲其無起止之迹常欲鋒在畫中左右無病筆正則藏鋒筆偃則鋒出一點一畫皆有三轉一波一拂皆有三折意在筆前字居心後執之欲緊運之欲活不可以指運筆當以腕運

筆執之在手手不知運運之在腕手不知執必有執使運用之法執謂淺深長短使謂縱橫牽掣運謂鉤環盤紆用謂點畫向背○類書曰字體不能齊一如東字之長西字之短口字之小體字之大朋字之斜黨字之正千字之疏萬字之密畫多者宜瘦畫少者宜肥○又曰初學宜先筋骨筋骨未立肉何所依○又曰字形在紙筆法在手筆意在心小心布置大膽落筆○又曰凡書在心正氣和心不正筆欹斜氣不和書必顚仆右論作字體○程子曰書札於儒者事最近然一向好著亦自喪志如王虞顔柳輩誠爲好人則有之曾見有善書者知道否平生精力一用於此非

爲徒廢時日於道便有妨處足知喪志也○朱子跋韓魏公帖曰張敬夫嘗言平生所見王荊公書皆如大忙中寫不知公安得有如許忙事此雖戲言實中其病今觀韓公書迹雖與親戚卑幼亦皆端嚴謹重未嘗一筆作行草勢蓋其胸中安靜詳密雍容和豫故無頃刻忙時無纖芥忙意與荊公之躁擾急迫正相反也書札細事而於人之德性其相關有如此者○答鞏仲至曰來書在遞角中而詩卷乃有折動處不知何故以此知遠書亦難多談也○又曰近日得斯遠書附到書一角今附往中有大卷意必是詩槀年來不見斯遠一字欲發封觀之又不欲破戒或有異

幸以見示也(右附書札)

附作文

子曰辭達而已○典論(曹丕撰)曰文以氣爲主(退溪先生曰有氣然後有文章氣如水文辭浮物古文後集有氣文吾壯年讀得數百餘過援筆臨之自然胸中流出矣)○呂舍人(名本中字居仁宋名臣)曰議論文字須以董仲舒劉向爲主周禮新序說苑之類皆當貫穿熟考文章之妙在序事狀物左氏記列國戰伐次第敍事之妙也韓柳序記可見狀物之妙禮記曲禮委曲教人等事論語鄕黨記聖人言動可謂至深學文不本於此未見其能遠過人也○朱子曰要會作文讀取西漢文歐陽文南豐文韓文○蘇東坡(名軾字子瞻宋名臣)曰凡人作文須是筆頭上挽得數百鈞起○黃山谷(名庭堅字魯直宋文人)曰文章必謹布置如甲第廳堂房室不可亂也○古語曰學者當三多讀多持論多著述多(歐公又謂看多做多商量多)○類書曰作文須是靠實有條理不可架空大率七分實只二三分文歐文只是靠實有條理○歐陽公以文貼壁時加竄定有終篇不留一字者山谷亦多改定前作(右論作文)○典論曰夫文本同而末異奏議宜雅書論宜理銘誄尙實詩賦欲麗○黃山谷曰作賦須以賈宋揚馬爲師略依倣其步驟乃有古風○朱子曰古賦看屈宋韓柳所作乃有進步處○劉貢父(名攽宋文人)曰詩以意爲主文詞次之(山谷論詩亦云每作一篇先立大意長篇須曲折三致意乃成章此常山蛇勢也)○朱子曰作詩須從陶柳門庭中來乃佳不如是無以發蕭散沖澹之趣無由到古人佳處○東坡教人作詩云熟讀國風與離騷曲折盡在是(右論製述)○程子曰凡爲文不專意則不工若專意則志局於此又安能與天地同其大呂與叔詩學如元凱方成癖文似相如殆類俳獨立孔門無一事只輸顏氏得心齋此詩方好○又曰觀乎天文以察時變觀乎人文以化成天下豈詞章之文也○朴嘯皐(名承任字宣祖儒臣)中年後不喜賦詩曰詩令人浮薄(右言作文之害)○朱子曰今學者之病最是先學作文干祿使心不寧靜不暇深究義理故於古今之學義利之害不能復察其限界分別之際而無以知輕重取舍之所宜所以誦數雖博文詞雖工而秪重爲此心之害要須反此然後可以議爲學之方耳(右言爲學之害)○程子曰一月之中十日爲擧業餘日卽可爲學然人不志於此必志於彼故科業不患妨工惟患奪志○朱子曰今世固有不赴擧者然苟見富貴未免動心非是科擧累人自是人累科擧若高見遠識之士讀聖賢書據吾所見而爲文以應之則得失利害置之度外雖終身應擧亦不累人　又曰專做時文底人都是聖賢說話如說廉說義說得好待他做處不廉不義緣他許多語只是紙上說却不

閒自家些子事○李栗谷曰苟能志道科業亦日用間一事也近日士子通病怠惰自謂志慕道學不屑科擧而悠悠度日兩無所成最爲可戒○尚相國名震字起夫明宗朝名相每謂子弟曰君子所爲雖瑣中小事不可枉曲若科第一身進退係之濳相代借固不論至遇前日所製力可改則改之世有落第傷懷者安有大丈夫行事決得失於一夫之目而爲之憂樂哉其流之弊馴至於鄙夫之患失右論擧業○張子曰孰能少置意科擧相從于堯舜之域○朱子曰科擧之學誤人知見壞人心術其技愈精其害愈甚○退溪先生曰儒家意味自別工文藝非儒也取科第非儒也世間

儘多英才混汩俗學更有甚人能擺脫得此科臼耶右論擧業

爲學第二

按學問工夫只有兩途知以明善行以誠身而其所以用力者在乎敬之一字而誠又爲收功之地今言其次序條列如左 凡十二章

總論章

學記曰玉不琢不成器人不學不知道○子曰吾十有五而志于學三十而立四十而不惑五十而知天命六十而耳順七十而從心所欲不踰矩○又曰十室之邑必有忠信如丘者焉不如丘之好學也○又曰好仁不好學其蔽也愚好知不好學其蔽也蕩好信不好學其蔽也賊好直不好學其蔽也絞好勇不好學其蔽也亂好剛不好學其蔽也狂○表記小雅曰高山仰止景行行止子曰詩之好仁如此鄕道而行中道而廢忘身之老也不知年數之不足也俛焉日有孶孶斃而後已○子曰發憤忘食樂而忘憂不知老之將至○又曰假我數年卒以學易可以寡過矣○說命曰王人求多聞時惟建事學于古訓乃有獲事不師古以克永世匪說攸聞惟學遜志務時敏厥修乃來允懷于玆道積于厥躬惟斅學半念終始典于學厥德修罔覺朱子曰遜志者遜順其志猶云低心下意入事理之中細思之也旣遜其志又須時敏若高氣不伏者忽不加思悠悠度時者或作或輟則其修不來矣此二端厥修之業所以來也古來論學自傳說始工夫極爲精密

○周子曰志伊尹之所志學顏淵之所學過則聖及則賢不及則亦不失於令名○又曰聖人之道入乎耳存乎心蘊之爲德行行之爲事業彼以文辭而已者陋矣○程子曰古之學者一今之學者三異端不與焉一曰文章之學二曰訓詁之學三曰儒者之學欲趨道舍儒者之學不可○朱子曰世間萬事須臾變滅皆不足置胸中惟有窮理修身爲究竟法耳○又曰爲學工夫不在日用之外檢身則動靜語默居家則事親事長窮理則讀書講義大抵只要分別一箇是非而去彼就此耳無他玄妙之可言也論其至近至易卽今便可用力論其至急至切卽今便當用

方○又曰看來道理須是剛硬立得脚住方有所成若慈善柔弱的終不濟事況當世衰道微之時尤用硬著脊梁無所撓屈於世間禍福得喪一不足以動其心方靠得然其工夫只在自反常直仰不愧俯不怍則自然如此不在他求也(右通言爲學)○子曰古之學者爲己今之學者爲人(程子曰爲己欲得之於己爲人欲見知於人也)○程子曰古之學者優游饜飫有先後次序今之學者卻只做一場說話務高而已(右言古今學異)

立志章(按人雖欲力行此志不立則怠惰作輟無以入道故必貴立志而又先窮理矣)

朱子曰爲學在立志不干氣稟強弱○又曰陽氣發處金石可透精神一到何事不成○顔子曰舜何人也予何人也有爲者亦若是○孟子道性善言必稱堯舜又曰人皆可以爲堯舜○胡文定公曰立志以明道希文自期待○朱子曰開卷便有與聖賢不相似處豈可不自鞭策○又曰孔子只十五歲時便斷然以聖賢爲志○陸象山(名九淵字子靜宋名儒)曰宇宙內事卽己分內事○陳北溪(名淳字安卿朱門人)曰多少工夫惟當開拓心胸大作基址○薛敬軒曰吾心誠有志於學天其遂吾願○饒雙峯(名魯字仲元宋名儒)曰人而無志則趣向卑陋不足與議高明廣大之事業勉之以道義則曰難知難行期之以聖賢則曰不可企及不過汨汨爲鄕里之庸人而已○成大谷(名運字健叔南冥友)曰志先立而行隨之須將鼓舞振作四箇字常自激昂委靡偷惰者雖有美質決無有成之理○李栗谷曰志者氣之帥也志一則氣動學者終身讀書不能有成只是志不立耳志之不立其病有三一曰不信以聖賢之言爲誘人而設只玩其文不以身踐二曰不智自分資質之不美安於退託殊不知進則爲聖爲賢退則爲愚爲不肖皆所自爲也三曰不勇稍知聖賢之不我欺氣質之可變化只是恬常滯故不能奮發昨日所爲今日難革今日所好明日憚改如是因循進寸退尺此不勇之所致人有此病故君子不世出六籍爲空言嗚呼可勝歎哉

變化氣質章(按學貴立志而不能變化氣質則志之所向或不能不失其正矣)

張子曰形而後有氣質之性善反之則天地之性存焉故氣質之性君子有不性者焉○又曰學者先須變化氣質○洪範曰三德一曰正直二曰剛克三曰柔克平康正直沈潛剛克高明柔克○周子曰剛善爲義爲直爲斷爲嚴毅爲幹固惡爲猛爲強梁柔善爲慈爲順爲巽惡爲懦弱爲無斷爲邪佞惟中也者聖人之事也故聖人立教俾人自易其惡自至中而止矣○皐陶曰行有九德曰寬而栗柔而立愿而恭亂而敬擾而毅直而溫簡而廉剛而塞彊而義○王陽明(名守仁字伯安皇明名儒)曰變化氣質居常無所見當

則害經變故遭屈辱可見平時忿怒者到此能不忿怒憂惶者到此能不憂惶是乃真得着力處○朱子曰學者乃能變化氣質若不讀書窮理主敬存心而徒竊計較於寸晷是今非之間恐亦勞而無補○又曰呂伯恭少時性氣粗暴嫌飲食不如意便打破家事後日久病將論語看至躬自厚而薄責於人忽然覺意思一時平了遂終身無暴怒此可爲變化氣質法○或問變化氣質法退溪先生曰論語主忠信三字最爲切己（右言變化氣質○右下克治章）○薛敬軒曰舊習最害事吾欲進彼則止吾之進吾欲新彼則止吾之新甚可惡當刮絕之○擊蒙要訣曰人雖志學不能勇往

舊習沮之也其一惰其心志放其儀形只思暇逸深厭拘束其二常思動作不能守靜紛紜出入打話度日其三喜同惡異汨於流俗稍欲修飭恐乖於衆其四好以文辭取譽於時剽竊經傳以飾浮藻其五工於筆札業於琴酒優游卒歲自謂清致其六好聚閑人圍棋局戲飽食終日只資爭競其七歆羨富貴厭薄貧賤惡衣惡食深以爲恥其八嗜欲無節不能斷制貨利聲色其味如蔗習之害心者大槩如斯餘難悉擧此習使人志不堅固行不篤敬今日所爲明日難改朝悔其行暮已復然必須大奮勇猛之志如將一刀快斷根株淨洗心地無毫髮餘脈而時時猛省

使此心無一點舊染之汙然後可以論進學之工夫矣（右革舊習附）

窮理章

（按致知於條理事不先致知而徒務於行則所謂盲人騎瞎馬夜半臨深池也）

朱子曰儒者之學大約以窮理爲先○孟子曰萬物皆備於我矣○大學曰致知在格物（朱子曰致推極也知猶識也推極吾之知識欲其所知無不盡也格至也物猶事也窮至事物之理欲其極處無不到也）○程子曰窮理亦多端或讀書講明道理或論古今人物別其是非或應事接物求其當否皆窮理也○又曰一身之中以至萬物之理理會得多自然豁然有箇覺處○又曰欲爲孝則當知所以爲孝之道如何而爲奉養之宜如何而爲溫凊之節莫不

窮究非獨守夫孝之一字也○又曰物必有理皆所當窮若天地之所以高深鬼神之所以斷决也○又曰一草一木亦皆有理不可不察○朱子曰天下之物必各有所以然之故與其所當然之則所謂理也致知之道在乎卽事觀理以格夫物格者極至之謂如格于文祖之格言窮之而至其極也○又曰格物是夢覺關○又曰心之爲物實主於身其體則有仁義禮智之性其用則有惻隱羞惡恭敬是非之情渾然在中隨感而應各有攸主而不可亂也次而及於身之所接則有君臣父子夫婦長幼朋友之常是皆必有當然之則而自不容已所謂理也外而至於人

則人之理不異於己也遠而至於物則物之理不異於人
也極其大則天地之運古今之變不能外也盡於小則一
塵之微一息之頃不能遺也○又曰延平先生之敎以爲
爲學之初且當常存此心勿爲他事所勝凡遇一事卽就
此事反覆推尋以究其理待其融釋脫落而後已如此旣
久積累之多胸中自當有灑然處○薛敬軒曰格物所包
者廣自一身而耳目口鼻心神皆物也如耳則當格其聰
之理目則當格其明之理口鼻四肢則當格其止肅恭重
之理心神則當格其動靜性情之理推而至於天地萬物
草木昆蟲當格其理又推而至於聖賢之書歷代之治皆

所謂物也然天下之衆豈能遍格而盡識乎因其所接者
循序而格之今日格之明日格之已格者不敢以爲是而
自足未格者不以爲難而遂厭如是之久則塞者開蔽者
明理雖在物而吾心之理則與之潛會而無不通始之通
也見一物各一理通之極也見千萬物爲一理○程子曰
欲知得與不得於心氣上驗之思慮有得中心悅豫沛然
有裕者實得也思慮有得心氣勞耗者未實得也○徐花
潭年十八讀大學至致知在格物慨然歎曰爲學不先格
物讀書安用於是乃盡書天地萬物之名糊於壁上日以
窮格爲事究一物旣通然後又究一物食不辨味行不知

途不問晝夜寒暑危坐一室者六年無物不格嘗曰學者
劍行甚高見處若不灑然終爲可人而已且不免退步不
可不知也○退溪先生語及八陣圖曰此亦格致一端讀
書之暇可以究觀也 右通言窮理 ○朱子曰非存心無以致知
而存心者又不可以不致知○程子曰涵養須用敬進學
在致知又曰未有致知而不在敬者○朱子曰未知者非
敬無以知已知者非敬無以守 右言窮理以敬爲本 ○大學曰欲誠
其意者先致其知 朱子曰知則心之神明所以妙衆理而宰萬物者也人莫不有知而或不能使其表裏洞然無所不盡則眞妄錯雜雖欲勉强而誠之亦不可得以誠矣故欲誠其意者必先有以致其知致者推致之謂也如喪致乎哀之致言推而至於盡也 ○中庸曰不明乎善不誠乎身矣

右言致知爲行之本 ○程子曰君子以識爲本行次之力能行之而
識不足則內不知好惡外不知是非雖有尾生之信吾不
貴也○朱子曰知行相須論先後則知爲先論輕重則行
爲重○又曰居敬窮理互相發明能窮理則居敬工夫益
進能居敬則窮理工夫益密○又曰若於道理上看未精
便須於尊德性上用功若德性上有不足便須於講學上
著力二者并行庶互相發明可到廣大輝光之地○張南
軒曰專於考索則有遺本溺心之患騖於高遠則有躐等
憑虛之憂聖人之敎不越乎致知力行日用之間事之所
遇物之所觸思之所起以至於讀書考古苟知所用力則

莫非吾格物之妙也其爲力行也豈但見於孝弟忠信之
所發形於事而爲行乎自息養瞬存以至於三千三百之
間皆合內外之實也行之力則知愈進知之深則行愈達
○陳北溪曰致知力行必以敬爲主提撕警省此心使之
惺惺乃心之生道而聖學所以貫動靜徹始終之功也 右言知行相須
○大學曰物有本末事有終始知所先後則近道矣
○孟子曰知者無不知也當務之爲急又曰堯舜之知而
不徧物急先務也○程子曰窮理非謂盡窮天下之理又
非謂只窮得一理便到但積累多後自當脫然有悟處○
又曰格物莫若察之於身其得之尤切○朱子曰窮理且

令有切己工夫若只泛窮天下萬物之理不務切己卽遣
書所謂遊騎無歸矣 右言致知必急先務。按雖欲盡窮天下之事物亦有本末先後之不同當辨別先於身心人倫上做將去
○子曰君子博學於文約之以禮○顔
子曰夫子循循然善誘人博我以文約我以禮○子夏曰
博學而篤志切問而近思仁在其中矣○孟子曰博學而
詳說之將以反說約也 右言博學。按聖賢言博學必須言約禮 ○書曰好問
則裕自用則小○子曰舜其大知也與好問而好察邇言
○孫子曰人多恥問於人假使今日問於人明日優於人
○子入大廟每事問或曰誰謂鄹人之子知禮乎入大廟
每事問子聞之曰是禮也 右言審問 ○子曰學而不思則罔思

而不學則殆 朱子曰凡學字便兼行字意思 ○管仲曰思之思之又重思
之思之不通鬼神將通之○季文子三思而後行之子聞
之曰再斯可矣 朱子曰天下之事以義理斷之則是非當否再思而已私意揣之則利害得喪萬變而無窮思止於再者欲人之以義制事而不汨於利害之私
○朱子曰思之未得者須
著仔細思到思而得之方是一思雖見得己是又須平心
更思一遍如是則無不當 右言愼思 ○易曰學而聚之問而辨
之 右言明辨。按朱子曰學之博然後有以備事物之理故能參伍之以得所疑而有問問之審然後有以盡師友之情故反復之以發其端而可思思之謹則精而不雜故有所自得而可以施其辨辨之明然後斷而不差故無所疑惑而可以見於行行之篤則凡所學問思辨而得之者又皆必踐其實而不爲空言矣今按四條于窮理章不明言致知之必由此爲力行本

力行章

按力行於條理事也不務力行而徒事於知所謂捉却自家無盡藏沿門持鉢效貧兒雖有懸河之辨之知君子不貴焉

子曰知及之仁不能守之雖得之必失之○程子曰居之
以正行之以和○又曰言而不行是欺也君子欺乎哉不
欺也 尹和靖曰學貴力行不貴空言 ○朱子曰日用之間須是戰戰兢兢
方可若悠悠泛泛地過則不可○又曰若不船行只是說
得便了則七十子之從孔子只用一兩日說盡何用許多
年不去○又曰學問無一超直入之理直是銖積寸累做
將去甚如此喫辛苦做來○又曰務實一事觀今日學者
不能病痛全在此處但須就實做工夫自然有得未須遽

責效驗也○張南軒曰務實於踐履中求之仁之實事親
是也義之實從兄是也日用常行之際無非實用○呂氏
呂舍人本中撰童蒙訓曰今日行一難事明日行一難事久則自
然堅固右言力行○按存養省察克治皆行之事工夫有許多條理故各具章于下

存養章按存養敬字意多未發之前存而不失已發之後養而不害則本源崇固而無滲走之憂矣

朱子曰自古聖賢皆以心地爲本○胡雲峯名炳文字仲虎元儒曰
前念已過後事未來是存養時節○程子曰學之而不養
養之而不存是空言○又曰必有事焉而勿正心勿忘勿
助長乃存之之道也○又曰古之人動息皆有所養今獨

有義理之養心耳但存此涵養意久則自熟矣敬以直內
是涵養意言不莊不敬則鄙詐之心生矣貌不莊不敬則
怠慢之心生矣○又曰心之躁者不熱而煩不寒而慄無
所惡而怒無所悅而喜君子莫大於正其氣欲正其氣莫
若正其志其志既正是之謂不動心○又曰德盛者物不
能擾形不能病故善學者臨死生而色不變疾痛慘慽而
心不動由養之有素非一朝一夕之力○或問閉目靜坐
爲可以養心曰豈其然乎有心於息慮則思慮不可息矣
問喜怒哀樂未發前求中可否曰不可求之却是思也旣思卽是已發才發謂之和不可謂之中言存養於喜
怒哀樂未發之時則可若言求中於喜怒哀樂未發之前則不可○問喜怒哀樂未發之前下動字下靜字曰

三三

謂之靜則可然靜中須有物始得這裏便是難處莫若先理會敬敬則自知○朱子曰以敬爲
主則內外肅然不忘不助而心自存不知以敬爲主而欲
存心則不免將一箇心把捉一箇心外面未有一事時裡
面已是三頭兩緒不勝其擾擾矣就使實能把捉得住已
是大病況未必眞能把捉得住乎○又曰存養得熟臨事
省察不費力○又曰未發之前不可尋覓已發之後不用
安排但平日莊敬涵養之功至而無人慾之私以亂之則
其未發也鏡明水止而其發也無不中節矣此是日用本
領工夫至於隨事省察卽物推明亦必以是爲本向來講
論思索直以心爲已發而日用工夫亦只以察識端倪爲

最初下手處以故闕却平日涵養一段工夫使胸中擾擾
無深潛純一之味而發之言語事爲之間亦常急迫浮露
無復雍容深厚之風蓋所見一差其害至此不可不審也
○又曰持養之久則氣漸和氣和則溫裕婉順望之者意
消忿解而無招咈取怒之患矣體察之久則理漸明理明
則諷導詳款聽之者心諭慮移而無起爭見卻之患矣更
須參觀物理深察人情體之以身揆之以時則無偏蔽之
失矣要於事物上驗學力若有窒礙齟齬卽深求病源所
在而鉏去之○又曰今日正要淸源正本以察事變之幾
微豈可一向汨沒於故紙堆中使精神昏蔽失後忘前而

可以謂之學乎(右言存養互下持敬操存章)○孟子曰存其心養其性所以事天也(朱子曰存謂操而不舍養謂順而不害事則奉承而不違也心性皆天之所以與我者不能存養而梏亡之則非所以事天也。又曰存得父子之心盡方養得仁之性存得君臣之心盡方養得義之性)○朱子曰一動一靜無時不養○又曰容貌聲色之間正學者持養用力之地○又曰九容九思便是涵養○又曰居處恭執事敬與人忠便是存心之法如說話覺得不是便莫說做事覺得不是便莫做只此是存心之法○又曰心卽常惺惺而以規矩繩檢之此內外交相養之道也○問存養多用靜否朱子曰不必然順理而應則雖動亦靜事之來若不順理則雖塊然不交於物以求靜心亦不能

得靜惟動時能順理則無事時能靜靜時能存則動時得力動則心亦不動動亦靜靜若無工夫靜亦動也○王陽明曰求靜之心卽動惡動之心非靜也是謂動亦動靜亦動將迎起伏相尋于無窮矣故循理之謂靜從欲之謂動(右言存養通貫動靜)○中庸曰君子戒愼乎其所不覩恐懼乎其所不聞(朱子曰君子之心常存敬畏雖不見聞亦不敢忽所以存天理之本然)○朱子曰不覩不聞之時便是喜怒哀樂未發處常要提起此心在這裡防於未然(又曰戒愼恐懼不須說得太重只是收拾來便在這裏伊川所以敬字也)○胡季隨(名大時五峯子)曰戒懼者所以涵養於喜怒哀樂未發之前(右言戒懼)謂

省察章(按省察誠字意多屬知之時省其發應物之際察其眞妄則所知愈明矣)

胡雲峯曰事之方來念之方萌是省察時節○書曰惟聖罔念作狂惟狂克念作聖○朱子曰靜則察其敬與不敬動則察其義與不義敬義夾持循環無端則內外透徹○又(一念之萌則必謹而察之此爲天理耶爲人欲耶果天理則敬以擴之不使其少有壅閼果人欲則敬以克之不使其少有凝滯推以至於言語動作之間用人處事之際無不以是裁之知其爲是則行之惟恐不力知其爲非則去之惟恐不果)○又曰惻隱是善於不當惻隱處惻隱是惡剛斷是善於不當剛斷處剛斷是惡○許魯齋曰凡事一一省察不要逐物去了○薛敬軒曰思不可必得之事妄念也思悖理逆道之事惡念也凡此二者纔知之卽便遏絶必

思念念皆出乎性情之正則不正之念自消思慮皆天理矣○又曰纔舒放卽當收斂纔言語便思簡默○張南軒曰纔省了便克旣克了又省當如循環○曾子曰吾日三省吾身爲人謀而不忠乎與朋友交而不信乎傳不習乎○晦齋李先生(名彦迪字復古明宗朝大儒)曰吾日三省吾身事天有未盡歟事君親有未誠歟持心有未正歟○胡季隨曰未發之前只須涵養纔發便用省察工夫涵養熟則省察愈精矣○子曰內省不疚夫何憂何懼(右通言省察。互下誠意章)○周子曰誠無爲幾善惡(朱子曰幾者動之微善惡之所由分也)○又曰思者聖功之本而吉凶之幾也易曰君子見幾而作不俟終日又

曰知幾其神乎○朱子曰天理人欲幾微之間○又曰幾是似有未有之時在人識之爾○又曰幾動之初是非善惡於此可見一念之生不是善便是惡○又曰一念起處萬事根源尤更緊切○又曰天理人欲之分只爭這些子故周子只管說幾字然辨之不可不早故橫渠每說豫字(張子曰精義入神事豫吾內求利吾外也)○宋趙槩名嘗置黃黑豆於几案間自旦數之每興一善念則投一黃豆興一惡念則投一黑豆暮視之初黑豆多於黃豆漸久反之後二念不興遂徹豆(右言幾微○以下誠意章)○中庸曰莫見乎隱莫顯乎微故君子愼其獨也(朱子曰獨者人所不知而己所獨知之地也言幽暗之中細微之事迹雖未形而幾則已動人雖不知而己獨知之則是天下之事無有著見明顯而過於此者○鄭志完曰愼獨最爲入道之要所謂獨者非獨閑居靜處而已蓋於心之萌動能於此著力焉由有過學故爲中庸篇首)○大學曰小人閒居爲不善無所不至見君子而後厭然揜其不善而著其善人之視己如見其肺肝然則何益矣此謂誠於中形於外故君子必愼其獨也○邵子曰思慮一萌鬼神得而知之矣故君子不可不愼獨○張南軒曰不可以蒼蒼者便爲天當求諸視聽言動之間一念纔是便是上帝監觀一念纔不是便是上帝震怒○程子曰尸居却龍見淵默却雷聲○又曰不愧屋漏則心安而體舒○又曰有天德(正心修身)便可語王道(齊家治國平天下)其要只在謹獨(誠意)○朱子曰謹獨是就中有一念萌動處雖微隱人所不知而己所獨知尤當致謹如一片止水中間有一點動處此最緊要著工夫○胡季隨曰愼獨者所以省察於喜怒哀樂已發之後○李栗谷曰萬惡皆從不謹獨生○又曰謹獨然後可知浴沂詠歸意味○洪耻齋(名仁祐字應吉宣祖朝名儒)每於幽獨中儼然上服益加矜持內子曰何爲致敬如是曰上則天臨有赫下則地載吾身幽則鬼神洋洋明則妻子在傍如何不敬(右言謹獨附誠意章毋自欺條)

克治章(按說省察必當克治)

顏淵問仁子曰克己復禮爲仁非禮勿視非禮勿聽非禮勿言非禮勿動○書曰以禮制心○謝上蔡(名良佐字顯道程門高弟)曰克己須從性偏難克處克將去(尹和靖曰克己隨其所好如好財卽於財上克好酒卽於酒上克 朱子曰氣稟剛底人見剛處多而處事必失之太剛柔底人見柔處多而處事必失之太柔須就氣稟偏處克治)○朱子曰言語多便用簡默意味踈濶便加細密覺得輕浮淺易便深沈重厚(王陽明曰凡人言語正到快意時便截然能忍得意思正到發揚時便翕然能收斂得忿怒正到沸騰時便廓然能消化得非天下之大勇不能也)○又曰克己別無巧法譬如孤軍猝遇強敵只是盡力舍死○又曰靜中私意橫生能自省察當以敬爲主而深察私意之萌就其重處嚴加懲窒久之純熟自當見效○曹南冥曰沈潛底人須用剛克做事天地之氣剛故不論甚事皆透過

○成大谷曰克己一段爲學第一工夫所謂己者吾心所好不合天理之謂也須於日用仔細檢察纔覺己私一萌兩便洗淨心地不留苗脈則自然天理昭著人欲退聽○靜庵先生曰學者先務莫切於義利之辨私欲之萌皆出於利從念頭拔去根本然後可安於學矣嘗聞許相衡世祖時名對策兀坐夜半偸兒入室公不寐寘然若泥塑人盜去家人覺之恨焉公曰賊之有甚於此者來戰於心何暇嘗止外賊乎先輩克己如此○克齋銘曰張南軒撰惟人之生父乾母坤允受其中天命則存血氣之萌物欲斯誘日剝月朘隱鮮能久越其云爲非我之自營營四驅擾擾萬事

聖有謨訓克己是宜其克伊何本乎致知其致伊何格物是期動靜以察晨夕以思良知固有匪禦事物卓然獨見我心徹日物格知至萬理可窮請事克己日新其功莫險於人欲我其平之莫危於人心我其安之我視我聽勿蔽勿流我言我動是出是由涵濡泳游不競不絿允蹈彛則靡息厥修逮夫既克曰人而天悠久無疆匪然而然爲仁之功於斯其至我稽古人其惟顔氏於穆聖學具有始終循循不舍與天同功請先致知以事克己仁遠乎哉勉旃吾子○勿齋箴眞西山撰曰天命之性得之者人人之有心其靈不仁人而不仁曰爲物役耳蕩於聲目眩於色以言則肆以動則輕人欲放奔天理晦冥於焉有道禮以爲準惟禮是由匪禮勿循曰禮伊何理之當然不雜以人一循乎天勿之爲言如防止水孰其尸之曰心而已聖言十六一字其機機牙既幹鈞石必隨我乘我車駟馬交騁孰範其驅維轡在手是以君子必正其心翼翼兢兢不顯亦臨萬夫之屯一將之令霆鎚殿驅孰敢干命衆形役之統于心官外止不流內守愈安其道伊何所主者敬表裏相維動靜俱正莠盡苗長醨化醴醇方寸盎然無物不春惟勿一言萬善自出念茲在茲其永無斁右言克治○玄上變化氣質章○孟子曰人能克無欲害人之心而仁不可勝用也人能克無穿

窬之心而義不可勝用也○張南軒曰人之良心豈無發見之時引而伸之涵養而擴充之○呂東萊曰良心起處須要接續右摘克附

敦篤章按雜克己必當敦篤

易曰天行健君子以自彊不息○子曰朝聞道夕死可矣○又曰篤信好學守死善道○又曰君子無終食之間違仁造次必於是顚沛必於是○曾子曰士不可以不弘毅任重而道遠仁而爲己任不亦重乎死而後已不亦遠乎○子路有聞未之能行惟恐有聞○張子曰言有教動有法晝有爲宵有得息有養瞬有存○朱子曰爲學正如撑

上水船一篙亦不可放緩○何北山師勉齋勉齋告以有實心地刻苦工夫而後可北山悚惕受命嘗曰爲學立志貴堅規模貴大充踐服行死而後已○金敬叔名謹恭明宗朝大儒曰頃刻之力不繼悠久之功俱廢自號惕庵嘗曰地皆薄氷動如恐陷右言敬篤○中庸曰博學之審問之愼思之明辨之篤行之有弗學學之弗能弗措也有弗問問之弗知弗措也有弗思思之弗得弗措也有弗辨辨之弗明弗措也有弗行行之弗篤弗措也人一能之己百之人十能之己千之果能此道矣雖愚必明雖柔必剛○董子名仲舒西漢大儒曰強勉學問則聞見博而知益明強勉行道則德日起而

大有功又曰曾子曰尊其所聞則高明矣行其所知則光大矣高明光大不在乎他在乎加之意而已○朱子曰學者須是耐煩耐辛苦右勉勵○子曰飽食終日無所用心難矣哉○孟子曰自暴者不可與有言也自棄者不可與有爲也言非禮義謂之自暴吾身不能居仁由義謂之自棄也○程子曰懈意一生便是自棄○又曰學不進只是不勇○朱子曰學者悠悠是大病○又曰學者最怕因循右戒怠

篇之

反

論敬章 按敬者貫通知行學者始終之一大工夫

程子曰涵養須用敬進學在致知未有能致知而不在敬者○朱子曰二先拈出敬之一字眞聖學之綱領存養之之要法一主乎此更無內外精粗之間又曰敬者一心之主宰萬事之根本○又曰人之爲學千頭萬緒豈可無本領此程先生所以有持敬之語只是提撕此心教他光明則於事無不見久之自然有力○又曰敬者聖學始終之要未知則敬以知之已知則敬以守之若不敬其心顚倒眩瞀豈能有主又曰敬者萬善根本涵養者察格物致知種種工夫皆從此出方有據依○又曰敬只是內無妄思外無妄動○又曰敬只是此心自做主宰處○敬齋箴朱子撰曰正其衣冠尊其瞻視潛心以居對越上帝足容必重手容必恭擇地而蹈折旋蟻封出門如賓承事如祭戰

戰兢兢罔敢或易守口如甁防意如城洞洞屬屬罔敢或輕不東以西不南以北當事而存靡他其適弗貳以二弗參以三惟精惟一萬變是監從事於斯是曰持敬動靜弗違表裏交正須臾有間私欲萬端不火而熱不氷而寒毫釐有差天壤易處三綱旣淪九法亦斁於乎小子念哉敬哉墨卿司戒敢告靈臺右通言敬○並下諸條互上存養章○程子曰主一之謂敬無適之謂一朱子曰主一兼動靜而言○又曰如讀書時只讀書著衣時只著衣即主一無適○薛敬軒曰行第一步心在第一步上行第二步心在第二步上所謂敬也至若寫字處事無不皆然右言主一無適之謂敬○程子曰整齊嚴肅則心便一一則無非僻之間○又

日嚴威儼恪非敬之道但致敬須自此入○又曰正衣冠尊瞻視其中自有箇敬○又曰未有箕踞而心不慢者○朱子曰平居須是儼若思(又曰儼若思敬者之貌安定辭敬者之言)○退溪先生曰敬之爲說雖多而莫切於程謝尹朱之說爲初學計莫若就整齊嚴肅上做工夫不容尋覓不容安排只是立脚於規矩繩墨之上戒愼恐懼於須臾隱微之際不使此心有所放逸則久而後自然惺惺自然不容一物無少忘助之病矣伊川嘗曰非著意非不著意朱子曰以敬爲主則內外齋然不忘不助而心自存(右言整齊嚴肅之謂敬)○謝上蔡曰敬是常惺惺法(朱子曰惺惺心不昏昧之謂)○朱子曰人心聳然在

此尚無惰慢之氣況心惺惺者乎故心常惺惺自無客慮○又曰學者須是警省瑞巖僧日間常自問主人翁惺惺否答曰惺惺今時學者不能如此○曹南冥常佩金鈴號惺惺子時振以喚惺(右言惺惺法)○尹和靖曰敬者其心收斂不容一物之謂○朱子曰這心都不著一物便收斂今人入神祠只有箇恭敬此最親切(右言其心收斂)○朱子曰敬只是一箇畏字○蔡覺軒(名模字朱門人)曰先師敬字之義惟畏爲近之苟能惕然悚然常若鬼神父師之臨其上深淵薄冰之處其下則虛靈知覺者自不容於昏且亂矣其說尤精切不可易也○古詩曰念念有如臨戰日心心常似過橋

時(右言敬近畏)○易曰君子敬以直內義以方外敬義立而德不孤○朱子曰本領當以敬爲主更得集義之功以祛利欲之蔽則於敬益有助只是一介提撕警策通貫動靜但無事時一直持養有事處便有是非取舍所以爲直內方外之別非以動靜爲判然二物也○程子曰敬義夾持直上達天德自此○敬義齋記(朱子)曰嘗讀易敬以直內義以方外以爲爲學之要無以易此而未知所以用力之方也及讀中庸見所論修道之教而必以戒謹恐懼爲始然後得所以持敬之本又讀大學見所論明德之序而必以格物致知爲先然後得所以明義之端旣而觀夫二者之

功一動一靜交相爲用又有合乎周子太極之論然後知天下之理幽明鉅細遠近淺深無不貫乎一者樂而玩之足以終吾身而不厭又何暇夫外慕哉○丹書曰敬勝怠者吉怠勝敬者滅義勝欲者從欲勝義者凶(右言敬義)○朱子曰持敬以靜爲本○又曰靜者養動之根○又曰始學工夫須是靜坐則本原定(又曰明道教人靜坐李先生亦教人靜坐蓋精神不定則道理無湊泊處須是靜坐方能收斂)○又曰靜坐非要如坐禪入定斷絕思慮只收斂此心莫令走作閑思慮則此心湛然無事自然專一及其有事隨事應事已復湛然也○李延平曰曩從羅先生學終日相對靜坐先生令靜中看喜怒哀樂未發時作

何氣象(朱子曰李先生意只是要得學者靜中有箇主宰存養處敎人大抵令於靜中體認大本未發時氣象分明卽處事應物自然中節此乃龜山門下相傳旨訣)○程子曰敬則自虛靜○又曰性靜者可以爲學(伊川每見人靜坐歎其善學)○周子曰無欲故靜(朱子曰欲動情勝則不能靜。右言靜)○程子曰才說靜便入於釋氏不用靜字只用敬字○朱子曰存養之功不專在靜坐時須於日用動靜之間無處不下工夫乃無間斷爾○又曰不必特地將靜坐做一件工夫但著一敬字通貫動靜則於二者之間自無間斷處○又曰以敬爲主則內外肅然不忘不助而心自存(右言敬貫動靜兼內外)

論誠章(按敬是徹上下貫始終之工夫其實然用力而成就之者誠之功也學問之至功聖人之能事至此而畢矣)

周子曰誠者聖人之本○又曰誠五常之本百行之源知易而行難果而確無難焉○程子曰無妄之謂誠不欺其次也○又曰誠之爲言實而已○朱子曰眞實無妄之謂誠○又曰誠之爲言實也然經傳用之各有所指不可一槩論如周子謂誠者聖人之本蓋指實理而言者也如所謂聖誠而已卽中庸所謂天下至誠者指人之實有此理者而言也溫公所謂誠(答劉忠定語)卽大學所謂誠其意指人之實其心而不自欺者也(右通言誠)○程子曰誠者天之道敬者人事之本○朱子曰誠在道則爲實有之理在人則爲

實然之心而其維持主宰全在敬字今但實然用力於敬則日用功夫自然有總會處(右兼言敬)○

異端章(按學之不進異端害之也故錄之篇末以見其道之不正)

子曰攻乎異端斯害也已○退溪先生於異端猶恐絕之之不嚴嘗曰欲觀佛經以覈邪遁而恐如涉水者初欲試其深淺而竟有沒溺之虞耳如異端文字蔑然不知不妨也○又答南時甫曰吾道自足何必甸甸於異學而援引求合乎公欲看莊子吾意謂泛觀以資博今覺己中其毒如此異學移人之易深可畏千萬切戒(右通言異端之害)○孟子曰楊氏爲我是無君也墨氏兼愛是無父也無父無君是禽獸也能言距楊墨者聖人之徒也○朱子曰楊墨之學出於老子孟子闢楊墨便是闢莊老了(朱子曰今釋子有兩般禪學楊朱也苦行布施墨翟也)○又曰老子之學謙冲儉嗇全不肯役精神自家占得十分穩便方肯做才有一毫不便不肯做大抵虛靜無爲冲退自守爲事○又曰莊子只是楊朱之學(右通言楊朱老莊之學)○程子曰神仙天地間一賊使聖人肯爲周孔爲之矣○人有語導氣者問程子曰君亦有術乎曰吾夏葛而冬裘飢食而渴飮節嗜慾定心氣如斯而已。(右言道家。按道家之說愈下而愈卑蓋淸淨煉養服食符籙經典科敎之類各一說)○程子曰佛氏之言比之楊墨尤爲近理其害尤甚當如淫聲美色以遠之○朱

子曰老莊於義理絶滅猶未盡佛則人倫已壞禪則又從頭將許多義理掃滅無餘以此言之禪最爲害之深者然要其實則一耳害未有不由淺而深者○李栗谷曰佛氏說有精有粗粗者不過以輪廻報應之說廣張罪福誘脅愚迷使之奔走供奉而已其精者極論心性而認理爲心以心爲萬法之本認心爲性以性爲見聞作用以寂滅爲宗以天地萬物爲幻妄以出世爲道以秉彜人倫爲桎梏其用功之要則不立文字直指人心見性成佛頓悟之後方加漸修若上根之人則或有頓悟者達磨於梁武時入中國始傳其道所謂禪學是也大槩以無意爲得道不論

善惡若以意思而得則皆以爲妄見必也任情直行不用意思然後乃以爲眞自程朱廓淸之後其勢始衰○朱子答陳同父(名亮號龍川宋名儒)曰大字甚荷不鄙但尋常不欲爲寺觀寫文字不欲破例此拘儒常態想必發一笑也○退溪先生僧來請詩雖或不距但寫烟霞水石之勝無一字及於僧家者晩年亦鮮有作(右言禪佛)○朱子曰近年以來乃有假佛釋之似以亂孔孟之實者其法以讀書窮理爲大禁常欲學者注心於茫昧不可知之地以僥倖一旦恍然獨見然後爲得蓋亦自謂得之者矣而察其容貌辭氣之間修己治人之際乃與聖人之學有大不相似者(又曰子靜兄弟氣象

甚好其病却在盡廢講學而務踐履却於踐履中要人提撕省察悟得本心此爲病之大者)○李栗谷曰佛氏之害如外寇之侵突陸氏之害如姦臣之國○退溪先生曰陳白沙(名獻章字公甫皇明名儒)王陽明之學皆出於象山然白沙猶未純爲禪學而有近於吾儒故自言爲學之初聖賢之書無所不講杜門累年而此心與此理未湊泊脗合於是舍繁求約靜坐久之然後心體呈露日用應酬各有頭緖渙然自信云此其不盡廢書訓但其悟入處終是禪家伎倆至於陽明學術頗忒賊仁義亂天下未必非此人也詳其所以至此者其初亦只爲厭事物之爲心害而欲去之顧不欲滅倫絶物如釋氏所爲於是創爲心卽

理也之說謂天下之理只在於吾內而不在於事物學者但當務存此心而不當一毫求理於外之事物然則所謂事物者雖如五倫之重有亦可無亦可剗而去之亦可也是庸有異於釋氏之敎乎哉欲排窮理之學則斥朱說於洪水猛獸之災欲除繁文之弊則如始皇焚書爲得孔子刪述之意其言若是而自謂非狂惑喪心之人吾不信也(右言象山陽明之學)○朱子還自浙東見其士習馳鶩於外每語學者且觀孟子道性善求放心兩章務收斂凝定以致克己求仁之方而深斥其所學之說以爲舍六經語孟而尊史遷舍窮理盡性而窮世變舍治心修身而喜事功大爲學

者心術之害極力爲呂祖儉葦言之 右言東萊史學之非 ○朱子答陳同父書箴其義利雙行王霸並用之說○又曰同父落在假之以下規模裡出身不得熹嘗語孟子一生忍窮受餓費盡心力只破得枉尺直尋四字今日諸賢苦心勞力費盡言語只成就枉尺直尋四字只得仰屋浩歎也○又曰海內學術之弊不過兩說江西頓悟永康事功若不盡力爭辨此道無由得明 右言龍川事功之非

心術第三

按爲學條目既具于上而其要莫過於心術之得其正也故今則別爲一篇詳論誠意正心養氣之法當合上存養省察論敬章而觀之也

誠意章

按此即上省察之功其用功之要則周子所謂思字程子所謂敬字朱子所謂審字念念

大學曰欲正其心先誠其意 朱子曰誠實也意者心之所發也實其心之所發欲其必自慊而無自欺也○又曰心發而爲意有善不善不可不誠之從念頭說 ○朱子曰經曰欲誠其意先致其知又曰知至而後意誠蓋心體之明有所未盡則其所發必有不能實用其力而苟焉以自欺者 此言知不至則意不誠 然或已明而不謹乎此則其所明又非己有而無以爲進德之基○又曰誠意是人鬼關○又曰誠意以敬爲先○又曰意誠使全然在天理上行意未誠以前尚汨在人欲裏 右言誠意 ○大學曰誠其意者毋自欺也如惡臭如好好色此之謂自慊故君子必愼其獨也 朱子曰惡惡如惡惡臭好善如好好色皆務決去而求必得之以自快足於己不可徒苟且以循外而爲人也然其實與不實蓋有他人所不及知而己獨知之者故必謹之於此以審其幾焉 ○朱子曰自欺是半知半不知底人知道善我所當爲却又不十分去爲善知道惡不可爲却又自家舍他不得這便是自欺○又曰如有九分義理雜了一分私意便是自欺○程子曰學始於不欺暗室○古語曰人間私語天聽若雷暗室欺心神目如電○朱子曰心無愧怍 按毋自欺故其心快足而無愧怍言 則廣大寬平而體常舒泰 右言毋自欺○互上省察章詳之 ○魯頌曰思無邪 程子曰思無邪者誠也 ○易曰閑邪存其誠 程子曰敬是閑邪之道 ○子曰視思明聽思聰色思溫貌思恭言思忠事思敬疑思問忿思難見得思義 朱子曰視不爲惡色所蔽爲明不爲姦人所欺爲聰若視聽糊塗是非不卞下而諸事於當思處皆不知所以思也 ○吳臨川 名澄字幼清元名儒 曰思無邪誠意之事也閑邪存其誠正心之事也凡人昧於理欲善惡之分從欲作惡如病狂之人蹈水入火安然不以爲非蚩蚩蠢蠢冥頑不靈殆與禽獸無異其次頗知此之爲理爲善彼之爲欲爲惡而志不勝氣閑居獨處之際邪思興焉一有邪思即遏去之乃不自欺之誠也夫既無邪思則所思皆理皆善矣然一念才起而一念復萌一念未息而諸念相續是二也是雜也匪欲匪惡亦謂之邪此所謂閑邪之邪非無邪之邪也蓋必先屛私欲惡念之邪而後可與治療二雜之邪誠意而正心其

等豈可躐哉（右言思無邪○按思意同無邪誠也）○書曰人心惟危道心惟微惟精惟一允執厥中（朱子曰心之虛靈知覺一而已矣而以爲有人心道心之異者則以其或生於形氣之私或原於性命之正而所以爲知覺者不同是以危殆而不安或微妙而難見爾然人莫不有是形故雖上智不能無人心亦莫不有是性故雖下愚不能無道心二者雜於方寸之間而不知所以治之則危者愈危微者愈微而天理之公卒無以勝夫人欲之私矣精則察夫二者之間而不雜也一則守其本心之正而不離也從事於斯無少間斷必使道心常爲一身之主而人心每聽命焉則危者安微者著而動靜云爲自無過不及之差矣）○胡五峯（名宏字仁仲宋大儒）曰天理人欲同行異情（陳潛室曰如飮食男女之欲堯舜與桀紂同而中理中節爲天理無理無節爲人欲）○程子曰人只有一箇天理不能存得更做甚人也○又曰視聽思慮動作皆天也要識眞與妄耳○謝上蔡曰天理人欲相對有一分人欲

滅一分天理存一分天理勝一分人欲○朱子曰聖賢千言萬語只是明天理滅人欲○又曰飮食天理也要求美味人欲也（按推之諸事莫不皆然）○問尋常遇事時也知此爲天理彼爲人欲及到做時乃爲人欲引去事已却悔如何曰此便是無克己工夫這樣處極要與他力疊方得○薛敬軒曰一念之欲不能制禍流于滔天○張南軒臨終時一友求敎公曰蟬脫人欲之私春融天理之妙（右言審理慾之分）○朱子曰義利二字乃儒者第一義○孟子曰鷄鳴而起孳孳爲善者舜之徒也鷄鳴而起孳孳爲利者蹠之徒也欲知舜與蹠之分無他利與善之間也（或問鷄鳴而起若未接物如何爲善程子曰只

主於敬便是爲善）○程子曰聖人以義爲利義安處便爲利○又曰利不獨財利凡有利心便不可如作一事尋自家穩便處皆利心也○又曰雖公天下事若用私意爲之便是私○尹和靖曰君子之心不係利惟其是而已○朱子曰學無淺深別義利○又曰所爲皆善但有一毫歆慕外物之心便是利了○又曰天下只有一理此是彼非此非彼是不容並立故古聖賢心存目見只見有義理都不見有利害可計較日用之間應事接物直是判斷得直截分明○張南軒曰學莫先於義利之辨蓋聖人無所爲而然也凡有所爲而然者皆人欲之私非天理之所存此義利之分

也（朱子曰此言廣前聖之未發同於性善養氣之功）○又曰未接物時主敬爲善一段工夫更須精進乃佳不爾無以審夫義利之分也○金鶴峯（名誠一字士純宣祖朝儒臣）以鉤分贈子弟曰汝等須以此斷斷義利之關以別其取舍（右言辨義利之別○按審辨利欲勇下克去之工不可使有一毫之因循一刻之趦趄不然則野火燒不盡春風吹又生）

正心章（按正心自有存養省察工夫其靜也敬以存之其動也敬以應之自然心得其正無昏昧游走偏擊之患矣）

大學曰欲修其身先正其心（方蛟峯曰守虛而有主宰其正心之藥方）○又曰心有所忿懥則不得其正有所恐懼則不得其正有所好樂則不得其正有所憂患則不得其正（朱子曰四者心之用而人所不能無

否然一有之而不能察則欲動情勝而其用之所行或不能不失其正矣○眞西山曰平居無事時不要先有此四者在胷中如有則是私意便不得其正須是涵養此心未應物時湛然虛靜如鑑之明衡之平到得應物之時方不差錯當喜而喜當怒而怒當憂而憂當懼而懼恰好則止更無過當如此方得本心之正○朱子曰蓋意誠則眞無惡而實有善矣所以能存是心以檢其身此誠意誠而後心可得正然或但知誠意而不能密察此心之存否則又無以直內敬字工夫而修身也○又曰心纔繫於物便爲所動所以繫於物者有三事未來先有期待之心或事已應過又留在心下不能忘或正應事時意有偏重都是爲物所繫縛便是有這箇物事到別事來到面前應之便差了如何心得其正聖人之心瑩然虛明看事物來若大若小四方八面莫不隨物隨應此心元不曾有這物事○心箴范蘭溪浚曰茫茫堪輿俯仰無垠人於其間眇然有身是身之微太倉稊米參爲三才曰惟心爾往古來今孰無此心心爲形役乃獸乃禽惟口耳目手足動靜投間抵隙爲厥心病一心之微衆欲攻之其與存者嗚呼幾希君子存誠克念克敬胡雲峯曰一誠足以消萬僞一敬足以敵千邪天君泰然百體從令按意苟誠矣而更若不加工則心不能自正必也日用應接之間兢兢自持念念密察務令此心不放然後誠意之工無所間斷而心得其正爲修身之基本矣

養氣章按心雖得正而保養正氣不可不密故必也事皆合義自反常直

孟子曰養心莫善於寡欲胡雲峯曰孟子一書言養字皆切要語養氣養性養心合而觀之氣生於理善養氣者在養性性具於心善養性者在養心心汨於欲善養心者在寡欲寡之又寡至於無則心存而性存氣不必言○又曰雖存乎人者豈無仁義之心哉其所以放其良心者亦猶斧斤之於木也旦旦而伐之可以爲美乎其日夜之所息平旦之氣未與物接其氣清明良心易見其好惡與人相近也者幾希則其旦晝之所爲有梏亡之矣梏之反覆則其夜氣不足以存夜氣不足以存則其違禽獸不遠矣人見其禽獸也而以爲未嘗有才焉者是豈人之情也哉故苟得其養無物不長苟失其養無物不消○又曰我善養吾浩然之氣其爲氣也至大至剛以直養自反而縮得其所養而無害則塞乎天地之間其爲氣也配義與道義者人心之裁制道者天理之自然無是餒也是集義所生者集義猶言積善欲事事合於義非義襲而取之也行有不慊於心則餒矣朱子曰氣雖配乎道義而其養之之始乃由事皆合義自反常直是以無所愧怍而此氣自然發生於中非由一事偶合於義便可掩襲於外而得之也所行一有不合於義而自反不直則不足於心而體不充○謝上蔡曰浩然之氣須於心得其正時識取○程子曰持其志無暴其氣孟子語內外交相養也葉平巖曰持其志有所守于中無暴其氣無所縱於外然中有所守則氣自完外無所縱則志愈固故曰交養○薛敬軒曰志固難持氣亦難養主敬可以持志少慾可以養氣○又曰人能於言動事爲之間不敢輕忽而事事處置合宜則浩然之氣自生矣○胡文定詩曰靜養中和氣開消忿慾心○朱子曰持志比存心字較密只持其志

便內外肅然○又曰凡人多動作多笑語做力所不及底事皆是暴其氣 俱事事節約莫教過當便是養氣之道○又曰浩然之氣孔子有兩句說盡了曰內省不疚何憂何懼○又曰人須是有蓋世之氣○靜菴先生曰古人云希顏亦顏要在用心剛剛則爲善不難矣如某者亦於淸閒游寂之中或有志氣淸明之時矣苟能養之不失則古人可希而用心不剛故明日還有紛擾之患矣 右專言養志氣 ○子曰君子有三戒少之時血氣未定戒之在色及其壯也血氣方剛戒之在鬪及其老也血氣既衰戒之在得 朱子曰隨時知戒以理勝之則不爲血氣所使也 ○程子曰義理與客氣常相勝只看消

長分數多少爲君子小人之別○張子曰學者先須去其客氣爲人強行終不肯進○張子韶曰以血氣爲義者方其壯也立名節似若可觀及其衰也喪名敗節無所不至血氣之不足恃甚矣惟學問克己轉血氣爲理義則窮而益堅老而益壯矣 右兼言養血氣○按攝養亦養血氣之一端而別具于處己章

操存章 按此章卽上存養之異名當附于正心章而其所論說許多故別爲一章其要不出敬字

子曰操則存舍則亡出入無時莫知其鄕惟心之謂與○程子曰心豈有出入亦以操舍而言耳操之之道敬以直內而已 金仁山曰養之得失在操舍之間程子又發敬以直內一句指示操存之方可謂切要 ○朱子曰心體本固靜然不能不動其用固本善亦能流而入

於不善夫其動而流於不善者固不可謂心體之本然然亦不可不謂之心也但其誘於物而然耳故先聖只說操則存 存則靜而其動也無不善 舍則亡 於是乎有動而流於不善者 出入無時莫知其鄕 出者亡也入者存也本無一定之處特係於人之操舍如何耳 亦只此四句說得心之體用始終眞妄邪正無所不備又見得此心不操卽舍不出卽入別無閒處可安頓之意○胡文定公曰不起不滅心之體方起方滅心之用能常操而存則雖一日之間百起百滅而心固自若 朱子曰不起不滅非是塊然不動無所知覺也又非百起百滅之中別有一物不起不滅也但此心瑩然全無私意是則寂然不動之本體其順理而起順理而滅斯乃所以感而遂通天下之故 ○張子曰正心之始當以己心爲嚴師凡有動

作知所戒懼如此一二年間守得牢固則自然心正矣○朱子曰存心只是知有此身謂如對客但知道我此身在此對客 許魯齋曰鋪在千萬人中常知有己此特敎大略也 ○又曰人若於日用間言語省得一兩句閑人客省見得一兩人也濟事若渾身都在鬧場中如何讀得書若用半日靜坐半日讀書如此一二年何患不進○又曰心若不存一身便無主宰○呂東萊曰操存則血氣順軌而不亂收斂則精神內守而不浮○退溪先生曰人之持志最自驗之一步之間心在一步難 先生嘗曰往琴蘭秀家山踐顚險去時接營警懼心未弛及還微醉頓忘來路之險縱然安行如履坦道心之於操舍甚可懼也○右通言操存○并下諸章互上存養章 ○論語曰子絶四毋意

意(私意)毋必(期必)毋固(執滯)毋我(私己○朱子曰絶四是徹上徹下)○孟子曰必有事焉而勿正(期)心勿忘勿助長也(胡雲峯曰正忘助三字相因皆是害助之害愈甚)○程子曰人心常要活(心存則常活蓋隨事應酬心常在我)則周流無窮而不滯於一隅(右言心有偏私之害○按人心常有偏私之害故操存之工不得其正今撮三條于此)○程子曰學者患心慮紛亂不能寧靜此則天下公病學者只要立箇心此上頭儘有商量○又曰人多思慮不能自靜只是作心主不定惟是止於事爲人君止於仁之類如舜之誅四凶四凶已作惡舜從而誅之舜何與焉有物必有則須是止於事○張子曰心淸時少亂時多其淸視明聽聰四體不待羈束而自然恭謹其亂時反是何也

蓋用心未熟客慮(泛泛思慮)多而常心少也習俗之心(習熟偏勝)未去而實心(義理底心)未完也○朱子曰學者不長進只是心不在焉少年時在同安夜聞鐘聲聽其一聲未絶此心已自走作因是警省乃知爲學須是致志○又曰李先生(延平)說惡念却易制伏最是那不大段計利害乍往乍來底念慮相續不斷難爲驅除今看得來是如此○又曰不可全無思慮只是無邪思(佳)又曰人有一正念自是分曉又從(傍別生一小念漸漸放濶去不可不察○右言思慮之害互上思無邪○按心不操而多出於思慮紛擾但當靜而養之敬而持之)○孟子曰學問之道無他求其放心而已矣○程子曰聖賢千言萬語只是欲人將已放之心約之使反復入身來自能尋

向上(理天)去下學而上達也○朱子曰至貴在我而自失之是可哀已○又曰爲學未問眞知與力行且要收拾此心都在義理上安頓無許多胡思亂想則久久自於物欲上輕於義理上重○又曰人心纔覺便在更不待求(右求心○按此操存之異名)○程子曰學者當敬守此心不可急迫當栽培深厚涵泳於其間然後可以自得但急迫求之只是私己終不足以達道○又曰有人胸中常若有兩人焉欲爲善如有惡爲之間欲爲不善又若有羞惡之心此正交戰之驗也持其志使氣不能亂此大驗要之聖賢必不害心疾(又人之血氣固有虛實疾病之來聖賢所不免然未聞自古聖賢因學而致心疾者)○退溪先生曰

心氣之患正緣察理未透而鑿空以強探操心昧方而揠苗以助長不覺勞心極力以至于此此初學之通患不能遽改其患遂成治藥之方第一須先將世間窮通得失榮辱利害一切置之度外不以累於靈臺如是而凡日用之間少(酬)酢節嗜欲虛閒恬愉以消遣至於圖書花草之玩溪山魚鳥之樂苟可以娛意適情者不厭其常接使心氣常在順境中無咈亂以生嗔恚是爲要法看書勿至勞心切忌多看但隨意而悅其味窮理須就日用平易明白處看破教熟優游涵泳於其所已知非著意非不著意之間照管勿忘積之之久自然融會而有得尤不可執捉制縛

以取遠驗也 右言治心疾法附

喜怒章 按喜怒之過當心不得正而然也此亦正心章之附條而別具爲章者以明七情中惟此爲難而進欲章亦同其義之所動則當加省察之功矣

程子曰聖人之喜以物之當喜聖人之怒以物之當怒是聖人之喜怒不繫於心而繫於物夫人之情易發而難制者惟怒爲甚第能於怒時遽忘其怒而觀理之是非○古語曰怒則悅之以和喜則收之以正○趙清獻公 名抃字悅道宋臣 曰甚喜中勿與人物盛怒中勿答人簡 右言喜怒 ○朱子曰血氣之怒不可有義理之怒不可無○許魯齋曰忿氣劇炎火焚如徒自傷觸來勿與競事過心清涼○顏淵不遷

怒 朱子曰可怒在物顏子未嘗爲血氣所動而移於人 ○張思叔 名繹程門人 詬罵僕夫伊川曰何不動心忍性 寒暄先生在熙川謫所得一雉將送大夫人適被猫兒偸食先生盛責守雉時靜庵先生年十七受業在門下進曰奉養之誠雖切君子辭氣不可不省察也小子竊有疑於心故敢請先生起前握手曰吾方自悔汝言又如此不覺愧服也 ○陳白沙夜來因家僮失物怒詈不覺氣動乃惕然作忍箴 箴曰七情之發惟怒爲遽衆怒之加惟忍爲是當怒火炎以忍水除 右單言怒 ○金人銘曰強梁者不得其死好勝者必遇其敵○或問呂滎公曰爲小人所詈辱何如處之曰上焉者知人與己本一何者爲詈何者爲辱自然無忿怒心也下焉者且自思曰我是何等人彼是何等人若是答他却與此等如此自處忿心亦自消也○唐婁師德寬厚清

愼犯而不較嘗戒其弟曰人唾汝面不拭自乾當笑受之○呂申公 名公著宋名相 平生未嘗較曲直 右兼言忿爭之非附

逸欲章 按說同喜怒章

周子曰孟子曰養心莫先於寡欲其爲人也寡欲雖有不存焉者寡矣其爲人也多欲雖有存焉者寡矣予謂養心不止於寡而存耳蓋寡焉以至於無無則誠立明通○子曰棖 孔子弟子 也慾焉得剛 程子曰人有慾則無剛剛則不屈於慾 ○程子曰甚矣慾之害人也人之爲不善慾誘之也誘之而弗知則至於滅天理而不反故目欲色耳欲聲以至鼻之於臭口之於味四肢之於安逸皆然此皆有以使之也然則何以窒

其慾曰思而已惟思而能窒慾曾子三省窒慾之道也 朱子曰思而不正是亦慾而已矣思其涯之是非可否則無不正矣 ○又曰不必沈溺然後爲慾但有所向則爲慾 王陽明曰慾非聲色貨利外誘也有心之私皆慾也 ○樂記曰以道制慾則樂而不亂以慾忘道則惑而不樂 程子曰人雖不能無欲當有以制之無以制之而惟欲之從則人道廢而入於禽獸 ○易曰山下有澤損君子以懲忿窒慾 朱子曰窒慾如塡壑懲忿如摧山 ○子曰居無求安○孟子曰死於安樂生於憂患 朱子曰惟宴樂最可畏所謂宴安酖毒也 ○朱子曰樂驕樂則佚肆而不知節樂佚遊則惰慢而惡聞善樂宴樂則淫溺而狎小人君子之好惡不可不謹○又曰纔有順適底意思便是人欲○楊龜山謂羅仲素 名從彦號豫章宋大儒 曰

但於心害上一著猛省留意則可以入道仲素一生服膺凡世之嗜好一切禁止故學問日新（右通言逸慾○好樂）○書曰不邇聲色 湯 ○張子曰鄭衛音悲哀令人意思留連又生怠惰之意從而致驕淫之心雖珍玩奇貨其始感人也亦不如是切從而生無限嗜欲故孔子必放之○胡文公曰治心修身以飮食男女爲切要○朱子曰吾輩於貨色兩關打不透更無話可說○曹南冥曰天下第一鐵門關是花柳關也○李土亭（名之菡字馨伯 宣祖朝逸士）戒子弟以女色爲先曰此而不嚴餘無足觀也（公受業於花潭所寓家婦慕公夜就之嬌媚百態公正色拒之謗諭百端婦泣而去花潭覘知之曰吾師也 役入濟州州官擇美妓薦枕公竟不被汚）○退溪先生

曰紛華波蕩之中最易移○嘗用力於此爲舍人聲妓滿前便覺有一端喜悅之心雖痛加窒慾僅免坑塹其幾生死路頭也（先生以事留義州一月絶不近色行過平壤監司餙名妓以薦枕竟不顧）○周恭叔（宋人）嘗於宴席有所觸目伊川曰以父母之遺體偶倡賤可乎此禽獸不若也（右言聲色之慾）○書曰不殖貨利 湯 ○曲禮曰臨財毋苟得○朱子門人有與人交訟者先生責之云欲之甚則昏蔽而忘義理求之極則爭奪而至怨仇○宋大史（名濂字景濂明儒臣）銘于楹曰積高山之善尚未爲君子貪絲毫之利便陷於小人○退溪先生曰買田詐直約濫從平理所不免但一有利己克人之心便是舜跖所由分須緊著

精采剖判義利才免爲君子卽是爲小人（金富弼問書院請儲穀殖利先生曰殖利二字便不是儒者所道○右言貨利之欲）○程子曰古之士者十五入學四十方仕中間自有二十五年學又無利不趨則所志可知須去趨善便自此成德後之人自童稚間已有汲汲趨利之意何由得向善故古人必四十而仕然後志定只營衣食却無害惟利祿之誘最害人○程子曰學須務實不要近名有意近名是僞也爲名爲利清濁雖不同其利心一也○謝上蔡曰透得名利關方是少歇處今之士大夫何足道能言眞如鸚鵡也（朱子曰須是此處立得脚定然後博約之功有所施）○胡文定公曰人於一切世味淡薄方好不要有富貴相孟子

謂堂高數仞食前方丈我得志不爲學者須先除去此等常自激仰便不到得墜墮○李栗谷曰爲善而近名亦利心也君子視之甚於穿窬況爲不善而征利乎（右言名利之欲）○程子曰凡百玩好皆奪志至於書札於儒者事最近然一向好著亦自喪志○又曰人於外物奉身者事事要好只有自家一箇身與心却不要好苟得外物好時却不知道自家身與心已自不好了也○伯淳與君實嘗同觀史畫（洛中有史畫）伯淳問君實能與他畫否君實曰自家一箇身猶不能持更有甚工夫到此○有一朝士家蔵古鑑自言能照二百里欲獻呂蒙正（宋名相）公笑曰吾面不過楪子大安

用照二百里(有償玉帶於王文正弟以呈文正公曰自頁重而使觀者稱好無乃勞乎我腰間不稱此物亟還之)○呂申公自少講學以治心養性爲本寡嗜慾薄滋味於世利紛華聲妓遊宴以至於博奕奇玩淡然無所好(右言玩好之慾)○禮記曰飲食男女之間大欲存焉○陳才卿侍食先生(朱子)曰只易中節飲食三字人不曾行得○范魯公(名質宋名臣)詩曰戒爾勿嗜酒狂藥非佳味能移謹厚性化爲凶險類○程子曰飲酒不可使醉不及亂者不獨不可亂志只血氣亦不可使亂但使浹洽而已○崔守愚(名永慶字孝元宣廟朝逸士)嘗論食欲曰吾偏嗜蘿葍方昇致獄時(公己丑被禍)見市廛無鬚軟滑者不覺流涎人慾之可懼如此(右言飲食之慾)○互(見下威儀飲食條)

器量章(按意之所以不誠心之所以不正皆由於識量偏窄好惡失中而然也故程子曰學進則識進識進則量進學者平居當交致存養之功深加恢拓之方不可使有一毫之偏曲)

易曰地勢坤君子以厚德載物○又曰含弘光大品物流亨○張子曰心大則百物皆通心小則百物皆病○朱子曰學者須養教房宇使開濶○問量可學否伊川曰可學學進則識進識進則量進○或問夏忠靖原吉曰量可學否曰某幼時人有犯者未嘗不怒始忍於思中忍於心久則自然○薛敬軒曰識量大則毀譽欣戚不足以動其心○凡人語及所不平氣必動色必變辭必厲惟韓魏公(名琦字稚圭宋名相)說到小人忘恩背義欲傾己處辭和氣平如道尋常事○魏公置玉盞酌酒勸客俄爲一吏誤觸碎坐客愕然吏伏罪公神色不動笑曰凡物之成毀亦自有時汝誤也非故也何罪之有○黃翼成公(名喜號厖村字懼夫世宗朝名相)務從寬大平生不念舊惡兒孫僮僕列啼呼略不呵禁嘗引僚佐議事方濡筆書牘有童僕溺其上公但以手拭之而已○權忠定公(名橃字仲虛號冲齋中廟朝名臣)鄉人爲本府(安東)教官者來謁公道攝吏人府使聞而面數之官遑遽給應曰非我也乃權令公也府使曰擅吏濟私權相亦爾乎恚言不置公終不辨(又有女拜奉盤而仆羹汚公衣不形嗔怒○右通言器量)○子曰善則稱人過

則稱己則民不爭是故君子不以其所能者病人不以人之所不能者愧人○易曰君子莅衆用晦而明○書曰無忿疾于頑無求備于一人○衛玠(晉人)曰人有不及可以情恕非意相干可以理遣故終身不見喜慍之色(右言接物之量)○書曰必有忍其乃有濟有容德乃大○子曰小不忍則亂大謀(尹和靖曰莫大之禍起於須臾之不忍)○伍奢(春秋楚人)曰子胥剛戾忍詬能成大事○晉謝安王坦之詣郗超超方爲桓溫謀主有權勢日旰未得前坦之欲去安曰不能爲性命忍俄頃邪(吳步騭與衛旌種瓜自給奉瓜謁郡豪族焦征羌駐之旌欲去騭止之曰本所以來畏其強也而今捨去欲以爲高祗結怨耳良久征羌開牖見之身隱几坐帳中坐騭旌於牖外旌愈恥之騭辭色自若征羌作食身享大案殽膳重

者以小鹽飯之蔣莊雜菜茹而已莊不能食蔣極飯致飽乃辭出莊怒蔣曰何能忍此乎蔣答曰吾等貧賤以是主人以貧賤遇之固其宜也當何所恥○右言容忍之量○按忍雖美德而若專學忍事則其弊至於苟賤而不廉矣以朱子日恥有當忍有不當忍者惟省察功深後可以別矣○書曰有其善喪厥善矜其能喪厥功○呂東萊曰道理無窮學者先要不得有自足心○謝子上蔡與伊川別一年往見之伊川曰相別一年做得甚工夫謝曰也只去箇矜字子細檢點得來病痛盡在這裡若按伏得這箇罪過方有向進處伊川點頭胡文定公問上蔡矜字罪過何故恁地大謝曰今人做事只管要夸耀別人耳目渾不自家受用事有底人食前方丈便向人夸前與只蔬食菜羹却去房裏喫爲甚恁地○右言矜爲害量之原○按量小之病有二曰褊隘曰好勝而其原皆出於矜矜之原則只是私而已學者當讀書窮理克去己私則處心應事自然寬平而量日進○子曰君子不重則不威學則不固○程子曰人安重則學堅固朱子曰輕最害事飛揚浮躁所學安能堅固○薛敬軒曰聞事不喜不驚者可以當大事○古語曰泰山崩於前而色不變麋鹿興於左而目不瞬右言重厚養量之本

誠實章按誠者知行之摠括也己上工夫○盡其道而或無誠實之意則虛假矯僞而無進德之地矣

子曰主忠信朱子曰盡己之謂忠以實之謂信忠爲實心信爲實事○又曰言忠信行篤敬雖蠻貊之邦行矣言不忠信行不篤敬雖州里行乎哉○程子曰欲當大任須是篤實○薛敬軒曰人於實之一字當念念不忘隨事隨處省察於言動居處應事接物之間必使一念一事皆出於實斯有進德之地○司馬溫公嘗言吾無過人者但平生所爲未嘗有不可對人言者耳本朝任貞憲公權嘗語子弟曰吾豈有過人者但獨處無自欺對人無諱事○陳忠肅公名瓘字瑩仲號了翁宋名臣嘗與家人語家人戲問是實否公退自責者累日曰豈吾嘗有欺於人邪何爲有此問也○鄭寒岡曰行貴於敦厚志貴於勇往學貴於醇正當以忠信篤實爲主按上篇論爲學而論誠章以尾之此篇言心術而誠實章以結之蓋人之所以爲學學之所以明善善之所以察乎心體乎行只是一箇誠而已學者當着念焉下卷諸工夫亦自此而推之矣

下學指南卷下

按此卷言工夫之見乎外者而爲上卷之用其用功之要專在於省察之必審其道

威儀第四

按雖正心術以治其內而不能攝威儀以整其外則內之所存者或不能固矣故程子曰未有箕踞而心不慢者可不謹哉 凡六章

總論章

詩曰抑抑密也威儀維德之隅廉也敬慎威儀維民之則○北宮文子名佗春秋衛人曰有威而可畏謂之威有儀而可象謂之儀真西山曰威者正衣冠尊瞻視儼然人望而畏之非徒事嚴猛而已儀者動容周旋中禮非徒事容飾而已君有君之威儀臣有臣之威儀順是以下皆如是是以上下能相固也故君子在位可畏施舍可愛進退可度周旋

可則容止可觀作事可法德行可象聲氣可樂動作有文言語有章以臨其下謂之有儀也○李栗谷曰心爲身主身爲心器主正則器當正但不可任其自正不爲之檢攝故大學之序修身在正心後其用功之方不過容貌視聽言語威儀一循天則而已格致所以明此則也誠正修所以踐此則也二者備矣然後可臻踐形之域矣○朱子威儀容止之則自少至老祁寒暑雨造次顚沛未嘗須臾離也右通言威儀○按聖人敎人必曰居處恭執事敬言忠信行篤敬非禮勿視聽言動出門如見大賓使民如承大祭皆就外面有形象處加工則自然心不放而仁在中其旨微矣

呂榮公曰後生初學且須理會氣像氣像者辭令容止輕

重疾徐足以見之矣不惟君子小人於此焉分亦貴賤壽夭之所由定也○薛敬軒曰廣大虛明氣像無欲則見之又曰平旦虛明氣像難以語人○又曰觀人氣像便知涵養之淺深○又曰要有渾厚包含從容氣像又曰促迫褊窄淺率浮躁非有德者氣像○程子曰仲尼元氣也又曰天地也又曰儘是明快人顏子春生也又曰和風慶雲也又曰儘豈弟孟子并秋殺盡見又曰泰山巖巖氣像也又曰儘雄辯○周茂叔胷中灑落如光風霽月○明道先生端坐如泥塑人接人渾是一團和氣朱公掞見明道歸語人曰光庭春風中坐了一月○伊川初年嚴毅晚年濟以寬平○康節襟懷放曠如空中樓閣四通八達○李延平氷壺秋月瑩澈無瑕○朱子

心虛澄朗瑩無查滓右衆言氣像○按程子曰凡看論語要須識得聖賢氣像今條列如右以爲想像興感之地

敬身章

子曰君子無不敬也敬身爲大身也者親之枝也敢不敬與○樂記曰君子姦聲亂色不留聰明淫樂慝禮不接心術惰慢邪辟之氣不設於身體使耳目鼻口心知百體皆由順正以行其義真西山曰君子之所以養無德內外交致其功而已○又曰禮樂不可斯須去身中心不可斯須不和不樂而鄙詐之心入之矣外貌斯須不莊不敬而易慢之心入之矣○張子曰學者捨禮義則飽食終日無所猷爲與下民一致所事不

蹈衣食之間燕遊之樂爾○伊川先生甚愛表記莊敬日强安肆日偷之語蓋常人之情纔放肆則日就曠蕩自檢束則日就規矩有人勞正叔曰先生謹於禮四五十年應甚勞苦先生曰吾日履安地何勞何苦他人日踐危地此乃勞苦也○張南軒銘葵軒之石出入觀省曰正爾衣冠毋惰爾容謹爾視聽毋越爾躬爾之語言式循爾衷爾之起居式蹈爾庸敬爾所動毋窒其通貞爾所存毋失其宗外之云肅伋保于中中之克固外斯牽從天命可畏戒懼難終勒銘于石用警爾慵右通言敬身

張子曰矯輕警惰薛敬軒曰此當於心志上用力○朱子曰某平生不會懶雖甚病一心只要向前做事自是懶不得今人所以懶

未必是眞箇怯弱自是先有畏縮之心才見一事便料其難而不爲所以習成怯弱而不能有爲也○朱子病中應接不倦左右請少節之先生厲聲曰儞懶惰敎我也懶惰又曰某平生不會懶故雖甚病欲一心向前做事○有侍坐而困睡者先生責之右言惰慢之非

張子曰戲謔不惟害事志亦爲氣所流不戲謔亦是持氣之一端○朱子曰橫渠學力絶人尤勇於改過獨以戲爲無傷一日忽曰凡人之過猶有出於不知而爲之者至戲則皆有心爲之也其爲害尤甚遂作東銘○伊川直是謹嚴坐無謔語坐間無問尊卑長幼莫不肅然右言戲謔之非

書曰不役耳目百度惟貞玩人喪德玩物喪志○又曰不作無益害有益功乃成○童蒙須知曰凡喧閧鬪爭之處不可近無益之事不可爲謂如賭博籠養打毬放風禽等事○博弈論吳韋曜作曰今人不務經術好玩博弈廢事棄業忘寢與食人事曠而不修賓旅闕而不接至或賭衣物徙碁易行廉耻之意弛而忿戾之色發然其所志不出一枰之上所務不過方罫之間勝敵無封爵之賞獲地無兼土之實伎非六藝用非經國空妨日廢業終無補益假令世士移博弈之力用之於詩書是有顔閔之志也黃山谷云放逐黔中無所用心頗喜博碁偶觀此論喟然歎曰眞無益於事因誓不復自今以後不信斯言有如黔江云○陶侃

字士行晉名臣諸參佐或以談戲廢事乃取蒱博之具投之江曰樗蒱者牧豬奴戲耳君子當正衣冠攝威儀何有亂頭養望自謂弘達耶○朱子答劉平甫書曰家務冗幹不可已者其餘又以不急雜務虛費光陰則是終無時讀書也愚意講學幹蠱之外挽弓鳴琴抄書讎校之類皆可且罷此等不惟廢讀書亦妨幹蠱也試思此等於吾身計果孰親且急哉○趙文節公名元紀字肅庵叔父九歲嘗着象戲父見之私語其婦曰吾兒已學無益之事何以成立公聞之泣告曰偶然學之非知無益若害于身豈敢學之以貽父母之憂乎遂平生不着物右言玩物之非

朱子訓子弟帖曰居處須是恭敬不得倨肆惰慢○李延平居處有常不作費力事所居狹隘屋宇卑小子弟漸長逐間接起亦有小書室甚整齊瀟灑安物皆有常處○退溪先生自少至老不喜羣居獨處一室涵養本原(右言居處必嚴)

童蒙須知曰爲人子弟當灑掃居處拂拭几案常令潔淨文字筆硯凡百器用嚴肅整齊頓放有常處取用旣畢復置元所凡借人文字皆置簿鈔錄主名及時取還窓壁几案文字間不可書字前輩云壞筆汚墨瘝子弟職書几書硯自黥其面此爲最不雅潔切宜深戒○尹和靖在平江時累年用一扇用畢置架上凡百嚴整有常○朱子書室

凡案必正書籍器用必整其飲食也羹食行列有定位匙筯舉措有定所(右言器用必敬)

正容章

玉藻曰足容重(舉欲遲○趨于尊長之前則不然)手容恭(高且正○手無慢弛無事則端拱不動)目容端(不睇視○定其眼視聽當正)口容止(不妄動○非言語飲食時不動)聲容靜(不噦咳○靜攝形氣不出噦聲)頭容直(不傾顧○正頭直身不可偏倚)氣容肅(似不息○調和鼻息不可有聲)立容德(似有所得○中正不倚儼然有德之氣像)色容莊(勃如戰色○顏色整齊無怠慢氣)○曲禮曰毋側聽(聽必恭側耳以聽非恭也)毋噭應(應答必和平高急者乖戾)毋淫視(流動邪眄)毋怠荒(容止怠慢)遊毋倨(敖慢)立毋跛(當兩足整齊不可偏任一足)坐毋箕(長足如箕)寢毋伏斂髮毋髢(不使垂也)冠毋免勞毋袒暑毋

褰裳○孟子曰動容周旋中禮者盛德之至也○朱子曰容貌辭氣乃德之符(右通言正容)

禹聲爲律身爲度左準繩右規矩○劉元城見賓客談論踰時體無欹側肩背竦直身不少動○尹和靖持守甚確凡遇飲手足在一處醉後亦然赴樂會聽曲子皆歎然但拱手安足未嘗動也(右言正身體)

周禮保氏教國子六儀一曰祭祀之容(穆穆皇皇)二曰賓客之容(嚴恪矜莊)三曰朝廷之容(濟濟蹌蹌)四曰喪紀之容(涕涕翔翔)五曰軍旅之容(闞闞仰仰)六曰車馬之容(顛顛堂堂○少儀曰優游喜樂者鍾鼓之色愀然清淨者)衰絰之色勃然充滿者兵革之色○又曰言語之美穆穆皇皇朝廷之美濟濟翔翔祭祀之美齊齊皇皇車馬之美

(匪匪翼翼鸞和之美肅肅雍雍)○玉藻曰君子之容舒遲(閑雅貌)見所尊者齊遬○子夏曰君子有三變望之儼然卽之也溫聽其言也厲○子曰色厲而內荏譬諸小人穿窬之盜也○子溫而厲威而不猛恭而安○子之燕居申申(其容舒也)如也夭夭(其色愉也)如也(程子曰今人燕居時不怠惰放肆必太嚴厲)○見齊衰者雖狎必變見冕者與瞽者雖褻必以貌○有盛饌必變色而作迅雷風烈必變○退溪先生待人之際雖不立崖岸自有難犯之色(右言正容色)

視箴(程子作)曰心兮本虛應物無迹操之有要視爲之則蔽交於前其中則遷制之於外以安其內克己復禮久而誠

矣○曲禮曰凡視上於面則傲(驕其氣)下於帶則憂(奪其神)傾則姦(視流則心不正)○張子曰己之敬傲必見於視所以欲下其視者欲柔其心也柔其心則聽言敬且信○朱子曰如坐壁間有字某常亦須起顧一看李先生則不然方其坐時固不看若欲看則必起就壁下視之其不爲事物所勝如此○勝齋先生大有定力雖倉卒未嘗疾言遽色靜正自持其在全州過節日張俗戱監司金公正國正人也往往顧笑先生超然如無見也(金鶴峯嘗會宰臣之葬滿朝盛集方相呈戱滿座莫不注目抵掌公凝然若無睹諸宰愧服)○聽箴(程子作)曰人有秉彛本乎天性知誘物化遂亡其正卓彼先覺知止有定閑邪存誠非禮勿聽

○童子禮曰收斂精神常使耳目專一毋看書則一意在書不可雜聽他言亦當凝視收聽毋使心慮外馳○孟子曰伯夷目不視惡色耳不聽淫聲(右言正視聽)

中庸曰詩云予懷明德不大聲以色子曰聲色之於化民末也○朱子曰尋常人吁人吁之一二聲不至則聲必厲李先生吁之不至聲不加於前也○調息箴(朱子作)曰鼻端有白我其觀之隨時隨處容與猗移靜極而噓如春沼魚動極而翕如百蟲蟄氤氳開闔其妙無窮(右言正聲氣)

動箴(程子作)曰哲人知幾誠之於思(養其內)志士勵行守之於爲(制其外)順理則裕從欲惟危(朱子曰兩句是生死路頭)造次克念(指心)戰

兢自持(指身)習與性成聖賢同歸○薛敬軒曰一念之非卽遏之一動之妄卽改之○李一齋登道峯山望月庵收心危坐會緇流閙堂且起視旋自訟曰心爲形役烏乎做工(右言正動作)

曲禮曰坐如尸立如齊○又曰并坐不橫肱授立不跪授坐不立○論語曰席不正不坐○童子禮曰坐正身端坐斂身莊肅毋得橫臂致有妨礙立拱手正身兩足齊并必順所立方位不得歪斜雖倦不倚靠墻壁○朱子曰兩膝着地伸腰及股而勢危者爲跪兩膝着地以尻着蹠而稍安者爲坐(坐亦跪也而少異)○明道先生終日端坐如泥塑人○退溪先生終日靜坐或時盤坐亦必端莊不少欹側有時體倦瞑目端坐而已○朱子曰小南和尚少從師參禪一日偶靠倚坐師見之叱曰得恁地無脊梁骨小南悚然自此終身不靠倚坐(右言正坐立○附跪)

玉藻曰趨以采齊行以肆夏周還中規(直去却回來其圓轉處欲其圓)折旋中矩(直去了復橫去其橫轉處欲其方)進則揖之(其身略俯如揖)退則揚之(其身微仰)然後玉鏘鳴也故君子在車則聞鸞和之聲行則鳴佩玉是以非僻之心無自入也○少儀曰毋拔來(拔急走倒從這邊來)毋赴往(赴急再還倒向那邊去)○童蒙須知曰凡行步趨蹌須是端正

不可疾走跳擲○朱子曰延平先生養成徐緩雖行二三里路常委蛇緩步如從容室中也尋常人去近處必徐行出遠處稍急先生出近處也如此出遠處亦如此○朱子每徒行步速而還專不左右顧及無事領諸生游賞則徘徊顧瞻緩步微吟○金鶴峯見門人有信步入者責之曰古語云行第一步心在第一步行第二步心在第二步不可不知也右言正步趨

童子禮曰揖時稍濶其足直其脚曲其身低其手眼看鞋頭兩手圓拱而下與尊者揖舉手至眼而下與長者揖至口而下皆令過膝與平交揖當心而下不必過膝○又曰

凡拜一揖少退先跪左足次跪右足俯首至地而起先起右足以兩手齊按右膝次起左足再一揖而後拜儀度務爲詳緩○朱子曰古人之坐者兩膝着地因反其蹠而坐於其上如今胡跪其爲肅拜則又拱兩手而下之至地也其爲頓首則又以頭頓于手上也其爲稽首則又郤其手而以頭着地亦如今禮拜皆因跪而益致其恭也右言正拜揖

徐節孝見胡安定退頭容少偏安定忽厲聲云頭容直節孝自思不獨頭容要直心亦要直自此更無邪心右言正頭容

匽隱先生終日危坐手在兩膝穆然不動○陳才卿說九容次早以右手捉凉衫左袖口偏於一邊朱子曰公昨夜說手容恭今郤如此才卿赧然急叉手鞠躬曰忘了朱子曰爲己之學有忘耶有學者每相揖畢輒縮左手袖中先生曰公常常縮着一隻手何也似不是舉止模樣○右言正手容

謹言章

言箴程子曰人心之動因言以宣發禁躁妄內斯靜專矧是樞機興戎出好吉凶榮辱惟其所召傷易則誕傷煩則支己肆物忤出悖來違非法不道欽哉訓辭○曲禮曰在官言官在府言府在庫言庫在朝言朝朝言不及犬馬公庭不言婦女公事不私議○大雅曰愼爾出話敬爾威儀無不柔嘉白圭之玷尚可磨也斯言之玷不可爲也又曰

無易由言無曰苟矣莫捫朕舌言不可逝矣南容三復白圭孔子以其兄之子妻之○周后稷廟有金人三緘其口而銘其背曰古之愼言人也戒之哉無多言無多事多言多敗多事多患○子曰羣居終日言不及義好行小慧難矣哉○范益謙名沖宋人座右戒曰一不言朝廷利害邊報差除二不言州縣官員長短得失三不言衆人所作過惡四不言仕進官職趨時附勢五不言財利多少厭貧求富六不言淫媟戲慢評論女色七不言求覓人物干索酒食○子所雅言詩書執禮○子罕言利與命與仁○子不語怪力亂神○易曰修辭立其誠朱子曰無一辭之不實也○劉忠定見溫公問盡心行己之

晏公曰其誠乎曰行之何先曰自不妄語始㊀晦齋先生
在玉堂與同僚相對終日無言蓋持敬功深矯而爲之也
右通言謹言
士相見禮曰與君言言使臣與大夫言言事君與老者言
言使弟子與幼者言言孝弟于父兄與衆言言忠信慈祥
與居官者言言忠信○論語曰朝與下大夫言侃侃(剛直)如
也與上大夫言誾誾(和悅)如也○又曰公叔文子時然後言
人不厭其言○孟子曰說大人則藐之勿視其巍巍焉㊁
程子論口將言而囁嚅云若合開口時要他頭也須開口
須是聽其言也厲㊂朱子曰夫子云不學詩無以言先儒

以爲心平氣和則能言係辭曰易其心然後語謂平易其
心而後語明道先生曰凡爲人言者理勝則明氣忿則招
拂告子云不得於言勿求於心孟子以爲不可○邵子與
人言必依於孝弟忠信樂道人之善未嘗及其惡故賢者
悅其德不賢者服其化○羅稼章終日相對而說文字未
嘗一及雜語(李果齋對客一語不妄發只戲於日言未嘗不及於義也)○張御○文潞公
(宋名相名彦博)與故舊款接未嘗犯其祖父諱㊁韓魏公與歐曾
同事兩府每議事厲聲相攻公俟其氣定徐以一言可否
之二公皆伏○退溪先生論卞之際氣和辭暢理明義定
雖羣言競起而不爲紛錯說話必待彼言之定然後徐以

一言條折之然亦不必其爲是第曰己見如是以爲何如
(先生與衆人言和說與大夫言未嘗不正色極言卞之○有不當言而言者先生必正色不答)○徐花潭
平生惡崖異之行與鄉人處終日言笑不見其有異也㊂
趙月川(名穆字士敬退溪高弟)朝廷利害時政得失雖有言者不與
酬酢有一朝士來談時事公曰山中當作山中語其人愧
服(芝峯類說曰南冥詩惆悵何須談山事談山談水亦多談成大谷詩逢人不喜談山事山事談來亦忤人左高)
○右言謹與人言
子曰不知言無以知人也㊀易大傳曰將畔者其辭慚中
心疑者其辭枝吉人之辭寡躁人之辭多誣善之人其辭
游失其守者其辭屈㊁孟子曰詖(偏陂)辭知其所蔽淫(放蕩)

辭知其所陷(沈溺)邪(邪僻)辭知其所離(叛去)遁(逃避)辭知其所窮(困屈)
(○朱子曰人之有言皆出於心其心明乎正理而無蔽然後其言平正通達而無病)○程子曰心定
者其言重以徐不定者其言輕以疾○子路曰未同而言
觀其色赧赧然非由之所知也(右言聽言知人)
子曰惡稱人之惡者惡居下流而訕上者㊂馬援(漢名臣)戒
兄子曰吾欲汝曹聞人過失如聞父母之名耳可得聞口
不可言○古語曰言人之惡如含血噴人先汚其口○黃
翼成公少時見田夫以黃黑兩牛耕問曰何者爲勝田夫
不答追至家語曰黃牛善公曰何不即言曰彼雖畜物五
臟與人同故能解人語不忍長短於牛之所聞也公平生

服膺不妄語人之是非◯退溪先生見人有道故舊之過
則正色不答 右言人過之非
子路無宿諾◯楚人諺曰得黃金百斤不如得季布一諾
◯安公處誠 名己卿賢 少與諸友語曰三十後監試四十後東
堂決不可赴至戊寅三十一也父翁 貞敏公 聽命赴司馬對曰
君子一言千年不改少與友言今不可改然 右言諾重
子曰先行其言而後從之◯又曰言寡尤行寡悔祿在其
中矣◯又曰古者言不出耻躬之不逮也◯又曰君子欲
訥於言而敏於行◯孝經曰非先王之法言不敢道非先
王之德行不敢行言滿天下無口過行滿天下無怨惡◯

易大傳曰言行君子之樞機樞機之發榮辱之主也言行
君子之所以動天地也可不愼乎 右謹言行
韓昭侯 戰國賢君 曰明主愛一嚬一笑◯子聞子路率爾而對
哂之聞武城絃歌之聲莞爾而笑◯論語曰公叔文子樂
然後笑人不厭其笑◯包孝肅 名拯字希仁宋名臣 性峭嚴未嘗有
笑容人謂包希仁笑黃河淸◯薛敬軒曰一笑不可輕假
右言笑附

衣服章

孝經曰非先王之法服不敢服◯學則 程端禮作宋儒 曰勿爲
詭異華靡毋致垢弊簡率穢處不得披裡露頂盛暑不得

撤去鞋襪◯童蒙須知曰飮食照管勿令汚壞行路看顧
勿令泥漬◯靜菴先生曰衣章一身儀表不可不潔◯禹
惡衣服而致美乎黻冕◯論語曰君子不以紺緅飾紅
紫不以爲褻服當暑袗絺綌必表而出之◯文仲子 姓王通字仲淹隋大儒 之服儉而潔無長物焉綺羅錦繡不入于室曰君
子非黃白不御婦人則有靑碧 右通言衣服
子曰君子正其衣冠尊其瞻視儼然人望而畏之◯中庸
曰齊明盛服所以修身也◯趙月川見子弟有不整冠者
厲聲曰昔管寧遇風波仰天呼曰吾平生無他罪但三晨
不科頭不冠甚是惡事愼勿如是 右言衣冠當整

子曰士志於道而耻惡衣惡食者未足與議也◯又曰衣
弊縕袍與衣狐貉者立而不耻者其由也與◯溫公曰平
生衣取蔽寒食取充腹亦不敢服垢弊以矯俗干名但順
吾性而已◯成聽松 名守琛字仲玉中宗朝名儒 衣服只取周身常服
狗皮裘綃紬之屬不以掛體◯呂申公詩曰好衣不近節
士體粱穀似怕腹中書 右言衣服當儉

飮食章

曲禮曰共食不飽共飯不澤手毋摶飯毋放飯毋流歠毋
咤食毋嚙骨毋反魚肉毋投與狗骨毋固獲毋揚飯飯黍
毋以箸毋嚃羹毋絮羹毋刺齒毋歠醢濡肉齒決乾肉不

齒決毋嘬炙○論語曰食不厭精膾不厭細食饐而餲魚餒而肉敗不食色惡不食臭惡不食失飪不食不時不食割不正不食不得其醬不食肉雖多不使勝食氣唯酒無量不及亂沽酒市脯不食不撤薑食不多食○子曰食無求飽○童蒙須知曰飲食不可爭校多少美惡有則食之無則不可思索但粥飯充飢不可闕○養生書曰飲食之節當飢即滿未飽留其虛 右通言飲食

蘇子瞻曰口腹之欲何窮之有每加節儉亦是惜福延壽之道也○汪信民宋人常言人若咬得菜根百事可做胡康侯聞之擊節嘆賞○靜庵先生讀書蓮社糲飯菜羹安之

若性○退溪先生每食不過數三器只有茄菜菁根海藿雖壯者有所不堪而若啜膏粱飲食以朝夕非有賓客雖飢渴切逼而未嘗設不時之饌○安相國玹本朝名臣布衣惡食以守平生一日有客候公進飯唯黃藿以鹿醬爲湯公不嘗而和飯客曰羹若不好奈何不嘗先和乎公曰羹若不好客得已乎○孟子曰飲食之人則人賤之爲其養小失大也 右言飲食當節

樂記曰一獻之禮賓主百拜終日飲酒而不得醉焉此先王之所以備酒禍也○學則曰非節暇及尊命不得飲飲不過三爵勿至醉○書曰德將無醉○小雅曰人之齊 齊也

聖飲酒溫克 溫恭自持 彼昏不知一醉日富各敬爾儀天命不又○鄭愚伏答人曰酒乃殺人之酖毒今幸因病止酒此是保養精神安享壽考之徵千萬痛絶如麴蘗杯樽等物一切不留家中如破釜甑燒廬舍濟河焚舟底勇決不然恐或駸駸爲嗜欲所牽一到口頭忍不得舊滋味矣千萬戒之○邵子晡時飲酒微醺即止不使至醉也 養生書曰申未之間時飲一盃止饑代食酒能淘蕩陰滓行氣易通然不可多 ○一蠹鄭先生 名汝昌字伯勗成宗朝大儒 與人飲過度醉迷不省大夫人憂甚不食遂終身不飲○退溪先生曰少從叔父松齋公與人遊獵于野醉而墜馬醒來痛自克責警省之心未嘗暫忘到今思之惕然若

前日事 右言酒○按酒之爲物先亂人氣血次易人心志誠戕人之酖毒也然其味甚甘且有補益之道故飲之多者未免踰節之患以鄭李大賢初年猶有此失況下此者乎當服膺于德將溫克之訓至微醺即止不可放情貪戀以致悔恨也

正家第五 按心既正身既修則施之家而家可正矣故次心術威儀之下 凡十三章

總論章

易曰父父子子兄兄弟弟夫夫婦婦而家道正正家而天下正矣○大學曰其家不可教而能教人者無之故君子不出家而成教於國孝者所以事君也弟者所以事長也慈者所以使衆也○程子曰家內之道父子之親夫婦之義尊卑長幼之序正倫理篤恩義家人之道也○又曰入

之處家在骨肉父子之間大率以情勝禮以恩奪義唯剛立之人則能不以私愛失其正理故家人卦大要以剛爲善○又曰威如之吉反身之謂也家人上九爻辭謂治家當有威嚴而當先嚴其身也威嚴不先行於己則人怨而不服孟子所謂身不行道不行於妻子也○居家雜儀曰吾家同居宗族衆多冬至朔望聚於堂上丈夫處左西上婦人處右東上左右謂家長皆北向共爲一列各以長幼爲序共拜家長畢長兄立於門之左長姊立於門之右皆南向諸弟妹以次拜訖各就列丈夫西上婦人東上共受卑幼拜受拜訖先退後輩立受拜於門東西如前輩之儀

家衆拜家長圖

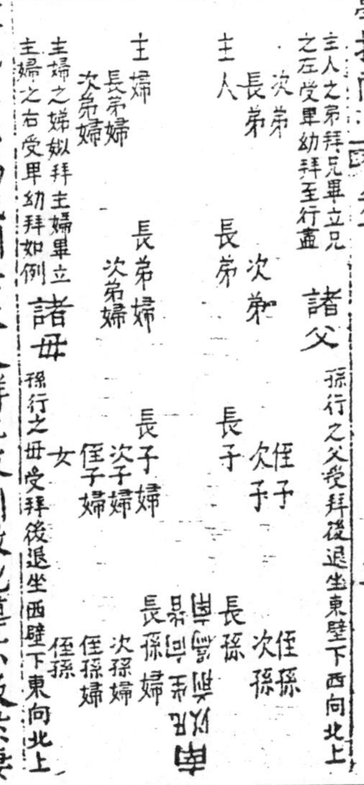

寒暄先生以爲我國士大夫鮮立家訓故化導不及於妻孥敎澤不下於臧獲仍倣內則制爲儀節至於內外僕妾亦皆分男女序長幼視職勤惰以爲升降勸懲之規吉凶有賞節豐約紓縮之差每以朔望讀法整頓此其家範也

孝敬章 首卷敬見

子曰天地之性人爲貴人之行莫大於孝○又曰孝子之事親居則致其敬養則致其樂病則致其憂喪則致其哀祭則致其嚴五者備矣然後能事親○又曰五刑之屬三千而罪莫大於不孝○禮記曰事親有隱而無犯左右就養無方服勤至死致喪三年 諸孝通 曲禮曰凡爲人子之禮冬溫而夏凊昏定而晨省○內則 禮記 曰問所欲而敬進之柔色而溫之父母舅姑必嘗之而後退○曾子曰孝子之養老也樂其心不違其志 苟不大咈 樂其耳目 順之 不惟聲色之末常使善言入耳善行入眼 安其寢處以其飮食忠養之是故父母之所愛亦愛之父母之所敬亦敬之至於犬馬盡然而況於人乎○又曰椎牛而葬不如雞豚之逮親存也○王安石詩曰古人一日養不以三公換○子曰至於犬馬皆能有養不敬何以別乎 坊記曰小人皆能養其親不敬何以辨 ○退溪先生曰爲親之心雖切若少有非義苟得之物不可 越月則雖甘旨不繼而未嘗以非義干人○右言奉養之節 玉藻曰父命呼唯而不諾手執業則投之食在口則吐之走而不趨○內則曰子婦孝者父母舅姑之命勿逆勿怠若飮食之雖不嗜必嘗而待加之衣服雖不欲必服而待加之事人代之己雖不欲姑與之而姑使之而後復之○

居家雜儀曰凡子受父母之命必籍記而佩之時省而速行之事畢則返命焉（右言承命之節）

禮記曰孝子之有深愛者必有和氣有和氣者必有愉色有愉色者必有婉容孝子如執玉如奉盈洞洞屬屬然如弗勝如將失之嚴威儼恪非所以事親也○內則曰在父母舅姑之所有命之應唯敬對進退周旋愼齊出入揖遊不敢噦噫嚏欬欠伸跛倚睇視不敢唾涕○又曰寒不敢襲癢不敢搔不有敬事不敢袒裼不涉不撅衣衾不見裏○居家雜儀曰居閒無事則侍於父母舅姑之所容貌必恭執事必謹言語應對必下氣怡聲出入起居必謹扶衛

之不敢涕唾諠呼於父母舅姑之側不命之坐不敢坐不命之退不敢退○老萊子（春秋楚逸士）孝奉二親行年七十作嬰兒戲身著五色斑斕之衣嘗取水上堂詐跌仆臥地爲小兒啼弄雛於親側欲親之喜○呂滎公甫十歲祁寒暑雨侍立終日不命之坐不敢坐也日必冠帶以見長者平居雖甚熱在父母長者之側不得去巾襪縛袴衣服唯謹（右言侍側之節）

內則曰進盥少者奉盤長者奉水請沃盥盥卒授巾○又曰父母舅姑將坐奉席請何鄉將衽長者奉席請何趾少者執床與坐御者舉几斂席與簟縣衾篋枕斂簟而襡之○又曰父母唾涕不見冠帶垢和灰請漱衣裳垢和灰請澣衣裳綻裂紉箴請補綴○漢石建爲郞中令老白首萬石君（名奮建父）尚無恙每五日洗沐歸謁親入子舍竊問侍者取親中帬廁牏身自浣滌不敢令萬石君知之以爲常（右言服役之節）

子曰事父母幾諫見志不從又敬不違勞而不怨（內則曰父母有過下氣怡色柔聲以諫諫若不入起敬起孝說則復諫不說與其得罪於鄕黨州閭寧熟諫父母怒不悅而撻之流血不敢疾怨起敬起孝）○曾子曰父母愛之喜而不忘父母惡之懼而無怨父母有過諫而不逆君子之所謂孝者先意承志諭父母於道○孝經曰父有爭子則身不陷於不義故當

不義則子不可以弗爭於父○居家雜儀曰或所命有不可行者則和色柔聲具是非利害而白之待父母之許然後改之若不許苟於事無大害亦當曲從若以父母之命爲非而直行己志雖所執皆是猶爲不順之子（右言幾諫之節）

曲禮曰父母有疾冠者不櫛行不翔言不惰琴瑟不御食肉不至變味飲酒不至變貌笑不至矧怒不至詈疾止復故○居家雜儀曰父母舅姑有疾子婦無故不離側親調嘗藥餌而供之色不滿容不戲笑不可遊舍置餘事專以迎醫檢方合藥爲務疾已復初○程子曰病臥於床委之庸醫比之不慈不孝事親者亦不可不知醫○王季有不

安節文王色憂行不能正履文王有疾武王不脫冠帶而養文王一飯亦一飯文王再飯亦再飯（右言侍病之節）

虞舜父頑母嚚象傲克諧以孝烝烝乂不格姦○孟子曰舜盡事親之道而瞽瞍底豫瞽瞍底豫而天下之爲父子者定羅仲素語此云只爲天下無不是底父母了翁聞而善之曰唯如此而後天下之爲父子者定彼臣弑其君子弑其父者常始於見其有不是處耳○揚雄曰事父母自知不足者其舜乎○范內翰曰子能以父母之心爲心則孝矣○薛包（字孟嘗漢人）好學篤行父娶後妻而憎包分出之包日夜號泣不能去至被毆杖不得已廬于舍外旦入而

灑掃父怒又逐之乃廬於里門晨昏不廢積歲餘父母慚而還之後服喪過哀（右言處變之節）

禮記曰爲人子者居不主奧坐不中席行不中道立不中門（曲禮）出必告反必面所遊必有常（子曰父母在不遠遊遊必有方玉藻曰親老出不易方復不過時）所習必有業恒言不稱老（上同）言孝不言慈閨門之內戱而不歎（坊記）無私貨無私畜無私器不敢私假不敢私與（內則）不敢有其身不敢私其財示民有上下也饋獻不及車馬示民不敢專也（坊記）未仕者不敢稅人如稅人則以父兄之命（曲禮）人或賜之則稱父拜之（玉藻）善則稱親過則稱己（坊記）父母在不許友以死（曲禮）○右言侍下諸節

居喪章

孟子曰三年之喪齊疏之服飦粥之食自天子達於庶人○子羔（孔子弟子高柴）執親之喪泣血三年未嘗見齒（右言執喪之節）

司馬溫公曰古者父母之喪既殯食粥齊衰疏食水飲不食菜果父母之喪既虞卒哭疏食水飲不食菜果期而小祥食菜果又期而大祥食醯醬中月而禫禫而飲醴酒始飲酒者先飲醴酒始食肉者先食乾肉古人居喪無敢公然食肉飲酒者若有疾暫須食飮疾止復初若素食不能下咽久而羸憊恐成疾者可以肉汁及脯醢或少許助其滋味不可恣食珍羞盛饌及與人燕樂是則雖被衰麻其

實不行喪也唯五十以上血氣既衰必資酒肉扶養者則不必然耳○又曰父母之喪中門外擇樸陋之室爲丈夫喪次斬衰寢苫枕塊不脫絰帶不與人坐焉婦人次於中門之內別室撤去帷帳衾褥華麗之物男子無故不入中門婦人不得輒至男子喪次○檀弓曰始死充充如有窮既殯瞿瞿如有求而不得既葬皇皇如有望而不至練而慨然祥而廓然○曲禮曰居喪未葬讀喪禮既葬讀祭禮喪復常讀樂章○朱子曰喪禮須從儀禮爲正○子曰喪與其易也寧戚○曾子曰愼終追遠民德歸厚矣○顏丁善居喪始死皇皇如有求而不得及殯望望焉如有從而

不及旣葬慨然如不及其反而息○少連大連善居喪三
日不怠三月不解期悲哀三年憂（右通言居喪）

祭祀章

祭義曰霜露旣降君子履之必有悽愴之心非其寒之謂
也雨露旣濡君子履之必有怵惕之心如將見之○朱子
曰君子將營宮室先立祠堂於正寢之東爲四龕以奉先
世神主旁親無後者以其班祔置祭田具祭器主人晨謁
於大門之內出入必告至正朔望則參俗節則獻以時食
有事則告○又曰時祭用仲月冬至祭始祖立春祭先祖
季秋祭禰忌日如祭禰之儀墓祭三月上旬擇日如家祭

之儀○又曰祭祀須用宗子法○又曰凡祭主於愛敬之
誠而已貧則稱家之有無疾則量筋力而行之財力可及
者則當如儀○子曰吾不與祭如不祭○朱子祭祀也事
無纖巨必誠必敬小不如儀則終日不樂已祭無違禮則
油然而喜○成聽松以墓祭輪祀或不誠潔乃立墓祭法
置墓田藏穫搆屋墓下藏器有間收穀有庫具饌有廳致
齊有房凡百皆備以至床席器用之細皆規畫精固爲之
立籍以爲經遠之圖○退溪先生曰忌日設酒食會鄕曲
非禮也○曺芝山（名好益字士友退溪弟子）祭祀尤致謹凡百器用別
所以藏家衆執事皆令前期沐浴以布掩口鼻然後滌器

具饌井泉預爲淘淨不使他人混汲醯醬亦別置不爲他
用（右言祭祀之節）

程子曰祭無大小其所以交神明接鬼神之義則一也不
齊則何以交神明○祭義曰致齊於內散齊於外齊之日
思其居處思其笑語思其志意思其所樂思其所嗜齊三
日乃見其所爲齊者祭之日入室僾然必有見乎其位周
旋出戶肅然必有聞乎其容聲出戶而聽愾然必有聞乎
其歎息之聲○朱子曰湛然純一之謂齊肅然警惕之謂
戒（又曰齊者所以愼其心也戒者所以防其物也○又曰齊以齊其內志之動戒以防其外物之侵）○又
曰忌日是日不飮酒不食肉不聽樂黲巾素帶以居夕寢

于外○子齋必有明衣長一身有半○子之所愼齊戰疾
（右言齊戒之節）

孟子曰大孝終身慕父母五十而慕者予於大舜見之矣
○小雅曰蓼蓼者莪匪莪伊蒿哀哀父母生我劬勞又曰
無父何怙無母何恃出則銜恤入則靡至又曰父兮生我
母兮鞠我拊我畜我長我育我顧我復我出入腹我欲報
之德昊天罔極○皐魚（春秋賢人）曰樹欲靜而風不止子欲養
而親不待往而不可反者年也逝而不可追者親也○程
子曰人無父母生日當倍悲痛更安忍置酒張樂以爲樂
若具慶者可矣○吉治隱每値親忌一粒不下口垂淚終

日○許文敬公裀遇父母忌服毋夫人手縫圑領流涕以致齊（右言追感之節）

友愛章

子曰兄弟怡怡○孟子曰仁人之於弟也不藏怒焉不宿怨焉親愛之而已矣○顔氏家訓曰兄弟者分形連氣之人也方其幼也父母左提右挈前襟後裾食則同案衣則傳服學則同業遊則共方雖有悖亂之人不能不相愛也及其壯也各妻其妻各子其子雖有篤厚之人不能不少衰也娣姒之比兄弟則踈薄矣今使踈薄之人而節量親厚之恩猶方底而圓蓋必不合矣唯友悌深至不爲傍人

所移者免夫（柳開曰兄弟無不義者盡因娶婦入門異姓相聚爭長競短漸漬日聞偏愛私藏以致背戾分門割户患若賊讐皆汝婦人所作男子剛腸者幾人能不爲婦人言所惑）○薛包弟子求分財異居包不能止乃中分其財奴婢引其老者曰與我共事久若不能使也田廬取其荒頓者曰吾少時所理意所戀也器物取其朽敗者曰我素所服食身口所安弟子數破其產輒復賑給○楊椿（楊津北朝人）恭謙兄弟旦則聚於廳堂終日相對未嘗入內有一美味不集不食椿年老會他處醉歸津扶持還室假寢閤前承候安否○司馬溫公與其兄伯康友愛甚篤伯康年將八十公奉之如嚴父保之如嬰兒每食少頃則問曰得無饑乎天少冷則拊其背曰衣得無薄乎

夫婦章

中庸曰君子之道造端乎夫婦○內則曰禮始於謹夫婦○退溪先生曰夫婦人倫之始萬福之原雖至親至密而亦至正至謹之地世人都忘禮敬遽相狎昵遂致侮慢凌蔑無所不至者皆生於不相賓敬之故是以欲其當謹始○曹南冥曰恒居不宜與妻孥混處雖有資質之美因循汨沒終不做人矣○冀缺（春秋晉人）耨其妻饁之敬相對如賓臼季與之歸言諸文公曰敬德之聚也能敬必有德文公以爲下軍大夫○呂滎公夫婦相處六十年未嘗一日有

面赤雖袵席之上未嘗戲笑○成大谷與夫人白首相敬如賓（右通言夫婦之道）

易曰女正位乎內男正位乎外男女正天地之大義也○禮記曰男女無別禽獸之道也○內則曰爲宮室辨外內男子居外女子居內深宮固門閽寺守之男不入女不出男不言內女不言外其相受則女受以篚無篚則皆坐奠而後取之外內不共井不共湢浴不通寢席不通乞假不通衣裳內言不出外言不入○公父文伯（春秋魯人）之母敬康者季康子之從祖叔母也康子往焉闔門而與之言皆不踰閾孔子聞之曰男女之別禮之大經公父氏之婦動中

禮起度於禮矣○李文忠公名恒福字子常號白沙本朝名相曰聖人制禮年過七歲男女不同席嫂叔不通問其別嫌愼微之意至密且詳不如是無以防後世之嬈而有以起淫佚之端後世之人不知此義親戚接遇有別則曰短於睦族指無倫無法之家曰親戚相愛至於接膝而生同席而食謔浪笑傲駸駸淪入於禽獸之域而自不能覺或謗與於情外變生於帷薄亡身滅族而後悔可不戒哉○退溪先生家書曰聞蒙兒先生孫安道尙居宿於內禮云男子十年出就外傳居宿於外今此兒已十三四尙未出外可乎○先生見兒婦雖一日累見必拜致敬右言男女有別

敎養章

易曰蒙以養正聖功也○曲禮曰幼子常視毋誑○石碏衛人春秋曰愛子敎之以義方弗納於邪驕奢淫佚所自邪也○自警編曰敎子有五導其性廣其志養其才鼓其氣攻其病廢一不可○又曰人家子弟惟可使覩德不可使覩利○程子曰古人生子能食能言而敎之是故小學之法以豫爲先人之幼也智慮有所主當以格言至論日進於前盈耳充腹久自安習若爲之不豫意慮偏好生於內衆口辯言鑠於外欲其純全不可得也○又曰憂子弟之輕俊者只敎以經學念書不得令作文字○張子曰敎小兒先要安詳恭敬今世學不講男子從幼便驕惰壞了到長益凶狠只爲未嘗爲子弟之事則於其親已有物我不肯屈下病根常在隨所居而長至死只依舊○朱子答黃直卿曰鉅鈞二孫先生煩直卿鈐束之勿令私自出入及請謁知舊有合去處亦須令隨行不可令自去早晩在齋隨衆讀書供課之外更煩時與提撕痛加鐫戒勿令怠惰放逸乃幸之甚右言敎養

孟子曰父子責善賊恩之大者○退溪先生子孫有過則不爲峻責警誨諄復俾自感悟或曰雖我在切近子弟不能嚴敎者實由世衰俗薄人心不古也先生曰言亦如此非但世衰而然我且德薄不能使自畏敬矣古人雖疎遠子弟行必有號令撿勅者

不知有何盛德而然耶○右言父子主恩

冠禮章

冠義曰冠者禮之始也嘉事之重者也是故古者重冠重冠故行之於廟○朱子曰男子年十五至二十皆可冠必父母無期以上喪始可行之女子許嫁笄年十五雖未許嫁亦笄○又曰古禮惟冠禮最易行又曰冠禮比他禮却易行○又曰三加之辭出門之戒只以今之俗語告之使之易曉乃佳○司馬溫公曰古者二十而冠皆所以責成人之禮蓋將責爲人子爲人弟爲人臣爲人少者之行於其人故其禮不可以不重也近世以來人情輕薄過十歲

而總角者少矣彼責以四者之行豈知之哉往往自幼至長愚騃若一不知成人之道故也今雖未能遽革且自十五以上俟其能通孝經論語粗知禮義然後冠之斯可也

婚禮章

王吉曰夫婦人倫之大綱夭壽之萌也世俗嫁娶太蚤未知爲人父母之道而有子是以教化不明而民多夭○朱子曰男子年十六至三十女子年十四至二十身及主昏者無期以上喪乃可成昏納采納幣親迎明日婦見于舅姑三日主人以婦見于祠堂明日壻往見婦之父母次見

婦黨諸親○司馬溫公曰凡議婚姻當先察其壻與婦之性行及家法何如勿苟慕其富貴壻苟賢矣今雖貧賤安知異時不富貴乎苟爲不肖今雖富盛安知異時不貧賤乎婦者家之所由盛衰也苟慕一時之富貴而娶之彼挾其富貴鮮有不輕其夫而傲其舅姑養成驕妬之性異日爲患庸有極乎借使因婦財以致富依婦勢以取貴苟有丈夫之志氣者能無愧乎又世俗好於童幼之時輕許爲昏亦有指腹爲昏者及其旣長或不肖無賴或身有惡疾或家貧凍餒或喪服相仍或從宦遠方遂至棄信負約速獄致訟者多矣是以先祖太尉嘗曰吾家男女必俟旣長

然後議昏旣通書不數月必成昏故終身無此悔乃子孫所當法也○胡安定曰嫁女必須勝吾家者勝吾家則女之事人必欽必戒娶婦必須不若吾家者不若吾家則婦事舅姑必執婦道 右通言婚禮

文中子曰昏姻而論財夷虜之道也古者男女之族各擇德焉不以財爲禮○司馬溫公曰夫昏姻者所以合二姓之好上以事宗廟下以繼後世也今世俗之貪鄙者將娶婦先問資裝之厚薄將嫁女先問聘財之多少是乃驅賣婢鬻奴之法豈得謂之士大夫昏姻哉議昏姻有及於財者勿與爲昏姻可也○唐柳公綽在公卿間最有家法

姑姊妹侄有孤嫠者必擇壻嫁之皆用刻木粧奩纈文絹爲資裝常言必待資裝豐備何如嫁不失時○宋范文正公娶婦將歸或傳婦以羅爲帷幔公聞之不悅曰羅綺豈帷幔之物耶吾家素淸儉安得亂吾家法敢持來吾當火於庭 右言婚姻論財之非

敦睦章

詩曰豈無他人不如我同姓○范文正公曰宗族固有親踈吾祖宗視之均是子孫吾安得不恤也公旣貴於姑蘇買良田數千畝爲義庄養羣從之貧者擇族人長而賢者主其出納人日米一升歲縑一匹嫁娶喪葬皆有贍給焉

○程子曰凡人家法須月爲一會以合族古人有花樹韋家宗會法可取也每有族人遠来亦一爲之吉凶嫁娶相與爲禮使骨肉之意常相通骨肉日疎者只爲不相見情不相接爾○司馬温公曰近世故家惟晁氏因以道之字說申戒子弟皆有法度羣居相呼外姓尊長必曰某姓第幾叔若兄諸姑尊姑之夫必曰某姓姑夫某姓尊姑夫未嘗敢呼字也其言父黨交游必曰某姓幾長亦未嘗敢呼字也當時故家舊族皆不能若是○唐韋貞外同姓兄弟每會花下飲酒夲參爲作花樹歌○宋劉宰字平子號漫堂每月旦必治湯餅會族曰今日之集非以酒食爲禮也尋

常宗族不睦多起于情意不相通間言入焉今月必會飲有善相告有過相規有故相抵牾者彼此一見亦相忘杯酒從容間豈小補哉有不至者必再三招之曰寧適不來徵我不顧○陸象山家于撫州金谿累世義居一人最長者爲家長一家聽命焉逐年選差子弟分主家事或田疇或租稅或出納或廚爨或賓客公堂之田僅給一歲之食家人計口打飯自辦蔬肉不合食私房婢僕各自供給許以米附炊每清曉附炊之米交至掌廚爨者置曆交收飯熟按曆給散賓至則掌賓者先見後白家長出見款以五酌每晨興家長率衆子弟致恭于祖禰祠堂聚揖于廳婦

女道萬福于堂暮安置亦如之子弟有過家長會衆子弟責而訓之不改則撻之終不改度不可容則告于官屛之遠方晨揖擊皷三疊子弟一人唱云聽聽聽勞我以生天理定若還懶惰必饑寒莫到饑寒方怨命虛空自有神明聽又唱云聽聽聽衣食生身天附定酒肉貪多折人壽經營太甚違天命定定定○唐張公藝九世同居高宗召問能睦族之道公藝書忍字百餘以進其意以爲宗族所以不協由尊長衣食或有不均卑幼禮節或有不備更相責望遂爲乖爭苟能相忍則家道雍睦矣○劉珙字共父宋名臣內外功總之戚必素服而終月若在官又罷宴樂

御下章

書曰臨下以簡御衆以寬○伊尹曰接下思恭○子曰寛則得衆信則人任焉○又曰其身正不令而行其身不正雖令不行○又曰擇可勞而勞之又誰怨○薛敬軒曰待左右當嚴而惠○又曰接下言貴簡不可一語冗長又曰張文忠公曰左右非公故勿與言○又曰心不可有一毫之偏向有則人必窺而知之余嘗使一走卒見其頗敏捷使之稍勤下人即有趨重之意余遂逐去之以此知當官者當正大明白不可有一毫之偏向○謝上蔡嘗宰德安之應城胡文定以典學使者行部過之入門見吏卒植立

庭中如土木偶人肅然起敬遂稟學焉〇趙公遴號隱隱堂居官處事未嘗有疾言遽色有犯罪者必先教誨而後桁楊曰以口舌代斧鉞方好槩下右通言[illegible]爲遜春童蒙須知曰凡待婢僕必端嚴勿與嬉笑〇陶淵明名潛諡靖節晋處士爲彭澤令送一力給其子曰汝旦夕之費自給爲難今遣此力助汝薪水之勞此亦人子也可善遇之〇居家雜儀曰其有鬪爭者即訶禁之不止即杖之理曲者杖多按嘗聞之曰理曲者杖多則理不曲者亦杖也蓋雖不曲與之鬪者爲過耳若以不曲而不責則人將各自爲直而很爭無已時一止一不止獨杖不止者又按必欲辨其曲直則終致紛爭其於小小鬪閧不必覈發其輕重以兩罰是爲息爭之要術至若大段則亦不可不別〇又曰凡男僕有忠信可任者重其祿能幹家事次之其專務欺詐背公徇私屢爲盜竊弄權犯上者逐之女僕年滿不願留者縱之兩面二舌飾虛造讒離間骨肉者屢爲盜竊者放蕩不謹者有離叛之志者逐之〇明道先生平生與人交無隱情雖僮僕必託以忠信故人不忍欺之先生嘗自澶淵遣奴持金詣京師貿物奴無父母妻子同列駭且誚旣而奴持物如期而歸蓋誠心素於中類此右言御奴僕〇按禦家衆主嚴而行恕當軫其飢寒均其勞逸律己而行令先教而後罰勿使愛惡之心偏有所向以寬簡爲主

治産章

孝經曰用天之道因地之利謹身節用以養父母此庶人之孝也〇許魯齋曰學者治生最爲先務苟生理不足則於爲學之道有所妨使旁求妄進及作官嗜利者殆亦窘於生理之所致也士君子當以農務爲主商賈雖爲逐末亦有可爲者果處之不失義理或以姑濟一時亦無不可〇退溪先生書曰營産等事人所不能不爲者乃翁平生雖疎拙亦豈全不爲乎但內專文雅外或應務則不墜士風爲無害若全忘雅尚沒頭經營則是農夫之事鄉里俗人之爲耳又曰大抵士君子當以風素文雅恬淡寡慾自處而餘事及於生業則無害又曰若牽俗務而廢志業終爲鄉里之陳人可不戒哉右通言治産居家雜儀曰凡爲家長必謹守禮法以御羣子弟及家衆分之以職授之以事而責其成功制財用之節量入以爲出稱家之有無以給上下之衣食及吉凶之費皆有品節而莫不均壹裁省冗費禁止奢華常須稍存贏餘以備不虞按嘗聞之曰凡人情大抵上較於勝己者故常覺不足若使下較於不如己者雖貧亦可以稍存贏餘〇朱子答陳膚仲曰聞有用度不足之憂何故如此豈非意氣太豪日用間著言撙節計量之事而又多徇人情應副求假不免有虛內事外之弊耶此雖與吝嗇鄙細者相去懸隔然其爲失中則均〇陸德原元人號楓山曰古之爲國者冢宰制國用在于歲之杪五穀皆入然後制國用用於小

大視年之豐耗三年耕必有一年之食九年耕必有三年之食雖有凶旱水溢民無菜色國既若是家亦宜然故凡家之田疇足以贍給者亦當量入以爲出然後用度有準豐儉得中今田疇所收除租稅及種蓋糞治之外所有若干以十分約之留三分爲水旱不測之費（此爲豐餘者之制也不能三分則存二分亦可不能二分則存一分亦可不能一分則宜節啬用度以存羸餘然後家可長久不然一旦有意外之事家必破矣凡留存者當以米不可變易銀鈔）其六分作十二月之用（閏月則分作十三月之用）取一月合用之數約爲三十分日用其一（茶飯魚肉賓客酒醬子孫紙筆先生束脩幹事奴僕等皆取諸其間）可餘而不可盡用至七分爲得中不及五分爲太啬其所餘別置簿收管以爲伏臘裘葛修葺墻屋醫藥賓客弔死問疾時節饋送又有餘則以周給其鄰里之貧窮者賢士之窮困者佃人之饑寒者過往之無聊者毋以妄施僧道其田疇不多日用不能有餘則當一味節啬裘葛取諸蠶績墻屋取諸畜養雜種蔬菜皆以助用不可侵過次日之物若一日侵過無時可補則便有廢家漸當謹戒之其有田少而用廣者但當淸心儉素經營足食之路於接待賓客弔喪問疾時節饋送會合飲食之事一切不講（此非謂絶其事也謂不能以貨財爲禮耳如弔喪則以先往後罷爲助賓客則樵蘓不爨淸談而已奉親至急也啜菽飲水盡其懽斯之爲孝祭祀宜嚴也蔬食菜羹足以致其敬凡事皆然則人固不我責而我亦何慊哉如此則禮可不廢而財不匱矣）不致干求親舊以滋過失責望故

素有所懇左負諱逋借以招恥辱家居如此方爲稱宜而遠吝侈之咎積是成俗豈惟一家不憂水旱天菑雖一郡一縣皆無憂矣其利豈不博哉○又曰居家之病有七曰呼曰遊曰飲食曰土木曰爭訟曰玩好曰惰慢有一於此皆能破家其次貧薄而務周旋豐餘而尚鄙猥（此謂失大之情故也）事雖不同其終之害或無以異但在遲速之間耳○倪思（宋人）曰人家用度皆可預計惟橫用不可預計若昏嫁之事是閒暇時子弟自能主張若乃喪葬倉卒之際往往爲浮言所動多至妄用以此爲孝世俗之見切不可徇當隨家豐儉也（右言制用之道）

儉約章

朱子曰儉德極好凡事儉則不失○子曰禮與其奢也寧儉○曲禮曰貧者不以貨財爲禮○自警編曰與其貪饕以招辱不若儉而守廉干請以犯義不若儉而全節侵牟以聚仇不若儉而養福放肆以逐欲不若儉而安性○張文節公（名知白宋名相）爲相自奉如河陽書記時曰人情由儉入奢易由奢入儉難吾今日之俸豈能常有身豈能常存一旦異於今日家人習奢已久不能頓儉必至失所豈若居位去位身存身亡如一日乎○退溪先生雅尚儉素盥用陶器坐以蒲席布衣條帶葛屨竹杖泊如也溪上之宅僅

十餘架祁寒暑雨人所不堪處之裕如也（右通言儉約）
子曰君子固窮小人窮斯濫矣○又曰賢哉回也一簞食
一瓢飮人不堪其憂回也不改其樂賢哉回也○黃魯直
曰人生歲衣十匹日飯兩盂而終歲荒然疲役此何理也
男女昏嫁縁渠墮地自有衣食分齊所謂誕置之隘巷牛
羊腓字之其不能凍餓窮埜者天不能殺也今蹙眉終日
正爲百草憂春雨耳○朱子曰窮須是忍忍到熟處自無
戚戚之念矣○又曰生計逼迫非常但義命如此只得堅
忍耳○舒氏（名璘字元賢宋陸門人）曰弊床踈席摠是佳趣櫛風沐
雨無非美景○胡文定公家世至貧轉徙流離遂至空乏

然貧之一字口所不道嘗戒子弟曰對人言貧其意將何
求○柳西厓與人書曰古人於窮字上下一固字固乃固
守之意守之旣固則漸見意味何足歎也又曰知其無可
奈何而安之若命者乃所自勉處也又曰貧雖士之常分
然到極則亦自難堪惟當思古人善處此者以自遣亦足
以少安而不至於傷損若中庸所謂素貧賤行乎貧賤無
入而不自得又是別般地位未易言然使吾胸中常存此
意思則亦一服淸凉散也○古詩曰心安茅屋穩性定菜
羹香○羅一峯（名倫字應魁明名儒）家甚貧不受饋遺客晨至留飰
其妻曰鉼粟罄矣乞傍舍擧火日已近午亦曠然不以爲

意講學十年而終（右言安貧○按稟賦有厚薄貧富有定分命之所在難容人力若不安其分而圖所以免則吮癰舐痔而不知其爲恥樂利趨貨而不知其害義終至於莫可收拾之境可不懼哉古人於窮曰固於貧曰安不幸而處窮貧者當誦念固安二字而不失之）

處己第六（按士生斯世當審處己之道故處己次于正家之下非理明義精者無以得所處之宜矣）

凡七章

持身章

呂東萊曰凡人資質各有利鈍規模各有大小難以一律
齊要須常不失故家氣味所向者正所存者實信其所當
信耻其所當耻持身謙遜而不敢虛驕遇事審細而不敢
容易如此則雖所到或遠或近要是君子路上人也○朱

子與魏應仲書曰起居坐立務要端莊不可傾倚恐至昏
怠出入步趨務要凝重不可剽輕以害德性以謙遜自牧
以和敬待人凡事切須謹飭無故不須出入少說閑話恐
廢光陰勿觀雜書恐分精力早晚頻自點檢所習之業每
旬休日將一旬內書溫習數過勿令心少有放佚則自然
漸近道理講習易明矣○又曰士君子立身一敗萬事瓦
裂豈可不戒○許魯齋曰世人懷詐挾智而欲事之善豈
有此理必盡去人僞忠厚純一然後可善○又曰毁不可
遽譽亦不可遽喜不可遽怒亦不可遽處己須要重厚待
人須要久遠顧歲晏如何耳一時一暫便搖動便難收拾

右通言持身之道

張子曰學者先須溫柔溫柔則可以進學詩曰溫溫恭人惟德之基蓋其所益之多○易曰天道虧盈而益謙地道變盈而流謙鬼神害盈而福謙人道惡盈而好謙謙尊而光卑而不可踰君子之終也○有子曰恭近於禮遠恥辱也○子曰恭而無禮則勞○金人銘曰君子知天下之不可上也故下之知衆人之不可先也故後之○揚子曰自下者人高之○朱仁軌誨子弟曰終身讓路不枉百步終身讓畔不失一段○邵子曰人患乎自滿滿則止也故禹不自滿假○趙月川曰保身莫如謙易六十四卦惟謙卦無凶

右言持身之道在恭謙

子曰如有周公之才之美使驕且吝其餘不足觀也已○程子曰驕氣盈吝氣歉朱子曰驕吝雖有盈歉之殊然其勢常相因蓋驕者吝之枝葉吝者驕之本根故嘗驗之天下之人未有驕而不吝吝而不驕者也○又曰富貴驕人固不善學問驕人害亦不細右言驕吝之害

樂正子春曾子弟子曰君子壹舉足而不敢忘父母是故道而不徑舟而不游不敢以先父母之遺體行殆壹出言而不敢忘父母是故惡言不出於口忿言不返於身○國語曰君子能勤小物故無大患○童蒙須知曰凡危險不可近○古詩曰逢橋須下馬有路莫登船○朱子曰果老謫衡陽有以詩送曰逢人深閉口無事學梳頭此語有味右言謹疾

子之所慎齋戰疾○朱子曰病中不宜思慮凡百一切放下專以存心養氣爲務○邢恕曰吾曹常須愛養精力精力稍不足則倦所臨事皆勉強而無誠意接賓客語言尚可見況臨大事乎○黃曾直曰人生血氣未定時不知早服仲尼之戒故其壯也血氣當剛而不剛所以寒暑易侵耳學道以身爲本不可不留意斯事○程子謂張思叔曰吾受氣甚薄三十而浸盛四十五十而後完今生七十二年校其筋骨於盛年無損也思叔請曰先生豈以受氣之薄而厚爲保生耶程子默然曰吾以忘生循慾爲深恥○張南軒曰若他人養生要康強只是利伊川說出來純是天理○劉元城曰某謫嶺表到嶺上北望中原慨然自念奉父母遺體投炎荒恐不生還忽憶老先生溫公語云北人在瘴地惟絕嗜欲可以不死是日遂絕于今○朱子曰無事時不妨將藥方看欲知得養生之理也右言攝養

處事章

朱子曰天生一箇人便須管天下事○書曰以義制事○董子曰仁人者正其誼不謀其利明其道不計其功○呂滎公曰前輩作事多周詳後輩作事多闊略○程子曰事以急而敗者十常八九按急則義利不暇審是非不暇擇惟事之欲速不敗而何縱有所成

非君子之所貴也〇朱子曰學者要親細務莫令心麁〇又曰做了這一事却這一事令人做一事未了又要做一事心下千頭萬緒〇又曰無事時只得無事有事時也如無事時模樣按古之大臣不動聲色措國家於泰山盤石之安者用此法也只要此心常在所謂動亦定靜亦定也按嘗見三國志曹操與虜對陣意思安閑如不欲戰此雖姦雄鎭物之術而亦可爲處事之一段〇又曰繫辭乾以易知坤以簡能易則易知簡則易從人之所爲如乾之易則其心明白而人易知如坤之簡則其事要約而人易從又曰夫易知底人自然去親他若其中險深不可測則誰親之做事不煩碎人易從若是頭項多做得事來艱難底必無人從之〇又曰爲血氣所使者只是客氣惟於性理說話涵泳自然臨事有別處按處事失當皆由於血氣爲主故也常令此心涵泳於義理之中不爲事物所勝則心常有主應接不錯

〇李伯誠曰打坐時意味也好朱子曰坐時固是好須是臨事接物時長如坐時方可〇或勞先生人事之繁先生曰凡事只得耐煩做將去才起厭心便不得〇又曰無事靜坐有事應酬隨時隨處無非自己身心運用但常自提撕不與俱往便是工夫事之來豈以漠然不應爲是耶〇許魯齋曰汲汲焉毋欲速也循循焉毋敢惰也按凡人處事不急迫則廢墜之當在忘助之間也〇薛敬軒曰處事先宜心平氣和〇又曰處事了不形之於言尤妙〇又曰人多於快意之事却忘道按常謂處事有三不可時喜怒氣辭之時〇又曰處事最當熟思緩處熟思則得其當〇又曰雖至微至易者當愼重處之〇又曰不能謹始慮終乘快作事後難收拾〇夏忠靖原吉曰處有事當如無事處大事當如小事若先自張皇則中便無主矣右通言處事

子曰其言之不怍則爲之也難〇孟子曰人不可以無恥無恥之恥無恥矣〇又曰恥之於人大矣爲機變之巧者無所用恥焉不恥不若人何若人有〇程子曰恥其不能而爲之可也恥其不能而掩蔽之不可也〇朱子曰學者須要有廉隅墻壁便可擔負得大事去〇又曰事有當耐者豈可全學耐事其弊至於苟賤不廉右言處事當屬廉恥云云

坊記曰君不與同姓同車篡弑之禍常在同姓與異姓不同服示民有嫌也〇又曰寡婦之子不有見焉則不友也君子以避遠也故朋友之交主人不在不有大故則不入其門〇又曰姑姊妹女子子已嫁而反不與同席而坐寡婦不夜哭婦人疾問之不問其疾〇問避嫌是否朱子曰合避處豈可不避〇古詩曰瓜田不納履李下不整冠所以古君子不處嫌疑間〇退溪先生曰昔人嘗畏得病令女僕供藥仍得不謹之名別嫌不可不嚴也按嘗聞康舟川惟善吊或人之喪女僕盛服前導公遂不吊而歸云〇權公磌退溪舅也其宅在京城西小門內嘗欲與之先生辭不取後入都常僑寓他處未嘗居之又陶山精

合下有漁梁官禁甚嚴先生亦嘗一到于此盖避嫌也南寘爾之笑曰何太屑屑也先生曰在南寘則當如彼在我則亦嘗究是以吾之不可學柳下惠之可不亦宜乎○按昔魯柳下惠遠行歸遇夜宿郭門外有女子来同宿時天寒甚恐女子凍死乃生女子於懷中以衣覆之至曉不亂曾男子獨處一室隣之嫠婦亦獨處一室夜暴風雨至婦室壞趨而託焉男子閉户不納婦曰子何不仁而不納我男子曰吾聞男女不六十不同居子幼我幼是以不納婦曰子何不若柳下惠男子曰柳下惠則可吾固不可吾將以吾之不可學柳下惠之可孔子曰善哉欲學柳下惠者未有似於此也○右言處事當別嫌疑

朱子曰論事只當言其理之是非不當計其事之是非㊂又曰論事者當以事理之長短曲直不當以其年之先後若直以年長者爲勝則是生後於人者理雖長而終不可以自伸也 右附論事

操守章

子曰三軍可奪帥也匹夫不可奪志也○又曰志士不忘在溝壑勇士不忘喪其元 朱子曰學者常以此爲念則道義重而計較生死之心輕矣

○孟子曰居天下之廣居仁立天下之大道義得志與民由之不得志獨行其道富貴不能淫貧賤不能移威武不能屈此之謂大丈夫○又曰柳下惠不以三公易其介○賈文元公戒子孫云士人所貴節行爲大軒冕失之有時而復來節行失之終身不可得○王公存踈名平居恂恂不爲詭激至有所守確不可奪議論無所向背溫公曰並驅萬馬中能駐足者其惟王存乎○謝上蔡曰胡康侯正

如大冬嚴雪百草萎死而挺然獨秀者也㊂晦翁方與諸生講論有以小報来言者晦翁畧起視之復坐講論如初翌朝諸生乃知有捐擇言時有僞學禁㊂有微諷云先生有天生德於予底意思却無微服過宋之意先生曰某又不曾上書自辨又不曾作詩謗訕只是與朋友講習古書說這道理更不教做却做何事因曰論語首章言人不知而不慍不亦君子乎斷章言不知命無以爲君子今人開口亦解說一飮一啄自有定分及遇小小利害便生趨避計較之心古人刀鋸在前鼎鑊在後視之如無物者盖緣只見得這道理都不見那刀鋸鼎鑊當諸公攻僞學之時先生處之雍容只似平時㊂蔡

西山以僞學謫道州州縣捕甚急公聞命不辭家即就道從遊者餞別蕭寺容有泣下晦翁微視公不異平時喟然曰友朋相愛之情季通不挫之志兩得矣公賦詩曰執手笑相別無爲兒女悲又云蔡舟過寧安先生接之寒暄外無嗟勞語以參同契所疑叩蔡蔡應答如酒○權忠定公擢爲鄭順朋所啓罷都下洶懼女婿洪仁壽奔走来謁公對書言色如平日後加罪配泰川鄉黨来訣進士琴元貞執手哭失聲公笑曰吾以子爲丈夫何至是死生禍福天也怡然就道有禁府郎驅来一行驚倒公正色叱之至則移配朔州矣○鄭文翼公名光弼中廟朝名相忤金安老被謫安老伏罪召還僮僕持朝報来倍道而往

中夜至誦所僵仆不能言子弟惶恐探囊中消息乃吉語
也卽白之公曰然乎雷息甜寢明朝見其書 右專言操守
舜納于大麓烈風雷雨弗迷 蔡氏曰其度量有絶人者 ○禹濟江黃龍
負舟舟中人懼禹歎曰吾受命於天竭力以勞萬民生寄
也死歸也視龍猶蝘蜓龍俛首低尾而逝○伊川貶涪渡
漢江中流船幾覆舟人皆號哭伊川安坐如常同舟有父
老問曰獨無怖色何伊川曰心存誠敬父老曰固善不若
無心 國隱先生嘗藏淳朝天郎赴日本每當波濤危惡思愈壁暇精神愈清明斂襟高拱如在室中周旋意
○呂榮公晩年習靜雖驚恐顚沛未嘗少動渡橋橋壞轎
夫墜水公安坐轎上神色不動 右謙言定力

家禮曰凡疾病遷居正寢內外安靜以俟氣絶男子不絶
於婦人之手婦人不絶於男子之手 本出士喪記文 ○曾子有疾
召門弟子曰啓予足啓予手詩云戰戰兢兢如臨深淵如
履薄氷而今而後吾知免夫小子○曾子寢疾病樂正子
春坐於床下曾元曾申坐於足童子隅坐而執燭童子曰
華而睆 華板明貌 反 大夫之簀與子春曰止曾子聞之瞿然曰
呼曰華而睆大夫之簀與曾子曰然斯季孫之賜也我未
之能易也曾元曰夫子之病革矣不可以變幸而至於旦
請敬易之曾子曰爾之愛我也不如彼君子之愛人也以
德細人之愛人也以姑息吾何求乎哉吾得正而斃焉斯

已矣舉扶而易之反席未安而歿○子張病召申祥而語
之曰君子曰終小人曰死吾今日其庶幾乎○衛太子蒯
聵迫孔悝季子曰食焉不辟其亂乃入太子下石乞盂黶
敵子路以戈擊之斷纓子路曰君子死冠不免結纓而死
○許白雲 名謙字益之元大儒 病革正衣冠而坐戒其子元而孝於
毋友於弟門人朱震亨進曰先生視稍偏矣更肅容端視
頃之視徹瞑遂卒 右言正終
程子曰治怒爲難治懼亦難克己可以治怒明理可以治
懼○問獨處一室或行暗中多有驚懼何也程子曰只是
燭理不明若能燭理則知所懼者妄何懼焉有人雖知此

不免有懼心者只是氣不充須是涵養久則氣充自然物
動不得然有懼心亦是敬不足○又曰怒驚皆是主心不
定 右恐怖

義命章

孟子曰莫非命也順受其正○孔子曰不知命無以爲君
子也 程子曰不知命則見害必避見利必趨何以爲君子 ○中庸曰素富貴行乎富
貴素貧賤行乎貧賤素夷狄行乎夷狄素患難行乎患難
君子無入而不自得焉○又曰君子居易以俟命小人行
險以徼幸○子夏曰死生有命富貴在天○胡五峯曰處
富貴與天地同其通處貧賤與天地同其否安死順生與

天地同其變化又何宮室妻妾衣服存亡得喪而易其介乎○韓魏公曰窮達禍福有定分枉道以求之徒喪所守謹勿爲也○張子曰當生則生當死則死今日萬鍾明日棄之今日富貴明日飢餓亦不恤惟義所在○李弘齋(名爟字敬子)曰分之所定一毫躋攀不上善處者退一步耳(右通論義命)

子曰志士仁人無求生以害仁有殺身以成仁○孟子曰殀壽不貳脩身以俟之所以立命也○程子曰德盛者物不能擾而形不能病形不能病以物不能擾也故善學者臨死生而色不變疾痛慘慼而心不動由養之有素也非

一朝一夕之力也(右言死生壽夭)

子曰富與貴是人之所欲也不以其道得之不處也貧與賤是人之所惡也不以其道得之不去也○又曰富而可求雖執鞭之士吾亦爲之如不可求從吾所好○又曰飯疏食飲水曲肱而枕之樂在其中矣不義而富且貴於我如浮雲(按人於富貴貧賤上脚跟常差故聖人言之重複如此人當服膺)○周子曰君子以道充爲貴身安爲富故銖視軒冕塵視金玉○朱子曰不於富貴貧賤上立得定則是入門便差了○又曰不仁之人久約必濫久樂必淫(右言富貴貧賤)

自警編曰患難卽理也隨患難之中而爲之計何有不可

文王囚羑里而演易若無羑里也孔子圍陳蔡而弦歌若無陳蔡也○孟子曰天將降大任於是人也必先苦其心志勞其筋骨餓其體膚空乏其身行拂亂其所爲所以動心忍性增益其所不能○程子歸自涪州氣貌容色髭髮皆勝平昔門人問何以得此曰學之力也○劉元城在貶所七年未嘗一日病年幾八十堅悍不衰或問何以至此曰誠而已○范忠宣(名純仁字堯夫文正子)安置永州三年怡然自得或加以橫逆人莫能堪而公不爲動亦未嘗含怒於後也每對賓客惟論聖賢修身而已○一蠹先生謫居鍾城見充庭燎之役每使星入府必躬自燃火七年夔夔不懈

(趙吉峯宦被謫每使行到境必羽笠前導輩止之不許日俟官門擁篲灑掃不撤)○寒暄先生移配順天禍機叵測先生處之泰然不改常操甲子加罪先生聞命沐浴冠帶而神色不變乃就刑(朱圭庵彝壽爲李芑所忤遂賜死使者到門適公生日族親門生多聚擧家號哭公神色不變沐浴冠帶擧止如平日書付其子曰勿以我爲戒勤讀書戒酒色以慰九泉之魂負愧而生不如無愧而死從容就死)○李灘叟(名延慶字長吉我朝儒臣)燕山時被竄每聞急傳自北輒端潔以俟曰死不可顚倒失常○崔守愚繫獄答人書曰萬事莫非命也但當順受其正吾輩平生讀書正在此時○蔡西山貶遠近學者衆或謂宜謝生徒公曰彼以學来何忍棄之若有禍患非閉門塞竇所能避也○進士郭永華知有士林之禍沈冥鄉曲

不自表異於人寒暄戲云如此避禍豈合道理 右言處患難

易曰日中則昃月盈則食天地盈虛與時消息而況於人乎況於鬼神乎○國語曰德福之基也無德而福猶無基而厚墉也其壞也無日矣○子路曰敢問持滿有道乎子曰聰明睿知守之以愚功被天下守之以讓勇力振世守之以怯富有四海守之以謙此所謂損之又損之之道也○老子曰知足不辱知止不殆○馬少游 馬援從弟 曰士生一世但取衣食僅足乘下澤車御款段馬爲郡掾吏守墳墓鄉里稱善人足矣致求贏餘但自苦耳○陳希夷戒康節曰快意事不可做得便宜處不可再往得意處早須回頭

康節嘗怡處其盛者花當以花蓄未開爲好 ○趙清獻公曰良田萬頃日食二升廣廈千間夜臥八尺○倪思曰人之一身每日所食不過米一升終年所衣不過一兩匹若酒食雖費計不百千此切身誠不可闕其餘盡爲他人若時時以此提省庶幾不爲他人造業自己受報也 右言知足附

改過章

易曰風雷益君子以見善則遷有過則改 朱子曰遷善當如風之速改過當如雷之猛 ○子曰過則勿憚改○又曰過而不改是謂過矣○書曰無恥過作非○子夏曰小人之過也必文 孟子曰古之君子過則改之今之君子過則順之 ○子貢曰君子之過也如日月之食焉過也人皆見之更也人皆仰之 左傳曰人誰無過過而能改善莫大焉 ○易大傳曰无咎者善補過也 胡雲峯曰不貴无過而貴改過聖人許人自新之意切矣 ○朱子曰改過貴勇防患貴怯○又曰苟欲聞過但當一一容受不當復計其虛實則事無大小人皆樂告而無隱情矣若切切計較必與辨爭非告以有過則喜之意也○又曰知得如此是病即便不如此是藥○湯改過不吝○顏子不貳過 徐花潭曰吾二十便欲不貳過 ○子曰顏氏之子其殆庶幾乎有不善未嘗不知知之未嘗復行也○程子曰格趣卑下之人其改最難 右通言改過

易曰不遠復无祗悔元吉 程子曰學問之道無他惟知其不善則速改而從善而已○劉

病翁謂朱子曰吾於易得入道之門不遠復者吾三字符也 ○易大傳曰憂悔吝者存乎介 朱子曰介辨別之端善惡已動而未形之時於此憂之則不至於悔吝矣 ○程子曰未知道者如醉人方其醉時無所不至及其醒也莫不愧恥人之未知學者自視以爲無缺及既知學反思前日所爲則駭且懼矣 按人不可以不學不學則不知善之當爲與惡之當去日見自己所爲皆以爲是而不知其駸駸然入於禽獸之域可不懼哉 ○胡雲峯曰悔者天理萌動之機不悔則人欲沉痼而不自知也 程子曰有過當改之而已常有悔恨之心反有害 又曰罪己責躬不可無亦不當長留心胸 ○張旅軒 名顯光字德晦我朝名臣 曰人非聖賢誰能無過過而能悔即當圖所以改之者乃終至於無過之道也若但熬熬煎煎徒傷恨於

既往之失而不有以修積將来之善則必成心恙悔恡
易曰山上有澤咸君子以虛受人○伊尹曰有言逆于汝
心必求諸道有言遜于汝志必求諸非道○子曰法語之
言能無從乎改之爲貴巽與之言能無悅乎繹之爲貴說
而不繹從而不改吾末如之何也已矣○孟子曰子路人
告之以有過則喜禹聞善言則拜舜舍己從人樂取於人
以爲善○漢諸葛亮字孔明漢名臣爲丞相教與羣下曰夫參署
者集衆思廣忠益也若遠小嫌難相違覆曠闕損矣違覆
而得中猶棄弊蹻而獲珠玉然人心苦不能盡惟徐元
直處玆不惑又董幼宰參署七年事有不至至于十反來

相啓告苟能慕元直之十一幼宰之勤渠有忠於國則亮
可少過矣又曰昔交州平屢聞得失後交元直勤見啓誨
幼宰每言則盡偉度數有諫止雖資性鄙暗不能悉納與
此四子終始好合亦足以明其不疑於直言也又曰諸有
忠慮於國但勤攻吾之闕則事可定賊可死功可蹻足而
待矣右言受人規箴

辭受取與章

陳臻問曰前日於齊王餽兼金一百而不受於宋餽七十
鎰而受於薛餽五十鎰而受前日之不受是則今日之受
非也今日之受是則前日之不受非也夫子必居一於此

矣孟子曰皆是也當在宋也予將有遠行行者必以贐辭
曰餽贐予何爲不受當在薛也予有戒心辭曰聞戒故爲
兵餽之予何爲不受若於齊則未有處也無處而餽之是
貨之也焉有君子而可以貨取乎尹和靖曰言君子之辭受取與惟當於理而已
○萬章問曰卻之卻之爲不恭何哉曰尊者賜之曰其所取
之者義乎不義乎而後受之以是爲不恭故弗卻也曰請
無以辭卻之以心卻之曰其取諸民之不義也而以他辭
無受不可乎曰其交也以道如餽贐聞戒周其饑餓之類其接也以禮
辭命恭敬之節斯孔子受矣如受陽貨烝豚之類萬章曰今有禦人於國門
之外者其交也以道其餽也以禮斯可受禦與曰不可康

誥曰殺越人于貨閔不畏死凡民罔不譈是不待教而誅
者也如之何其受之曰今之諸侯取之於民猶禦也苟善
其禮際矣斯君子受之敢問何說也曰子以爲有王者作
將比今之諸侯而誅之乎其教之不改而後誅之乎夫謂
非其有而取之者盜也充類至義之盡也孔子之仕於魯
也魯人獵較孔子亦獵較所以小同於俗也獵較猶可而況受其
賜乎尹和靖曰不聞孟子之義則自好者爲於陵仲子而已聖賢辭受進退惟義所在○子曰猶
之與人也出納之吝謂之有司朱子曰所與雖多人不懷其惠項羽刻印刓忍不能
與卒以取敗○孟子曰可以取可以無取取傷廉可以與可以
無與與傷惠○又曰伊尹非其義也非其道也祿之以天

下弗顧也繫馬千駟弗視也非其義也非其道也一介不
以與人一介不以取諸人○司馬溫公曰劉道原名恕宋人
家貧無以給甘旨一毫不妄取於人十月無寒具光以衣
襪褥之固辭強與之悉封而返之於光不受於他人可知
矣○羅景倫名大經宋人曰陳后山名師道字無己宋人爲館職當侍祠
郊丘非重裘不能禦寒后山止有其一其內子與趙挺之
妻之內親姊妹也乃爲趙假一裘以衣之后山問從來內
以實告后山曰汝豈不知我不着他衣裳耶却之止衣一
裘竟感寒疾而死嗚呼可謂志士不忘在溝壑者矣寧甘
凍死而不肯少枉其道皜皜乎不可尚也陸龜蒙唐人曰我

豈不知屠沽兒有酒食耶亦有風味○退溪先生嚴於辭
受之際苟非其義一介不以取與於人先生所親守令或有饋者必度義或
受或辭要不爲迫切○忌日不受魚肉之饋○金就礪獻謹先生曰古人父母在饋獻不及車馬不受○客有求而
饋魚者先生不受曰我副君求而受饋則近於貨受君饋而不副求則有甚義理矧吾平日不欲撓人之政其可受
饋乎○有僧獻生薑先生不受曰汝須此生理而吾無可償故辭○任茂叔名叔英號疎庵我朝名臣
家至貧鄭甚按節關東過公見飯粟曰君若以數束紙送
我當推移填薄收送價米此營門紙價也公正色曰輕納
估而宜受案防納也故人久別相見可喜奈何以此相勸
鄭大慚○張旅軒曰朋友相資古人所篤但須稱其有而
資之量其力而濟之要以相盡其心而已然後與之者不

傷於惠受之者得保其恥也若徒執資之之誠而不度其
資之之道強其力之所不能而以必濟爲心非其財之所
得有而以必施爲意則受之者固傷於義而施之亦害於
理

出入往来章

子曰父母在不遠遊遊必有方○曲禮曰出必告反必面
○退溪先生曰士大夫相與之際一往一来乃禮之當然
也但如微士等人不可行此禮中朝吳與弼字子傳號康齋皇明名儒
以處士名在都下凡於士大夫之往来無不往答賀醫閭名欽字克恭皇明名儒
深以爲非○邵子性畏寒暑常以春秋時行

有詩云時有四不出大風大雨大暑大寒○朱子嘗立北
橋忽市井游手數人悍然突過先生斂袵橋側避之每閑
行道間左右者或避人先生厲聲止之俗管他作甚○退
溪先生常守靜端居未嘗出入而若斯文雅飲里社宴集
則亦時往焉親戚若有吉凶慶弔則近必親往遠必使人
致禮至老不廢○先生嘗言吾初出身在京師無爲人所
牽援逐日燕飲少有暇日輒生無聊之心而夜来思之未
嘗不有愧於心右通言出入往来之節
呂氏名大臨字與叔程子高弟鄉約曰凡見尊者長者門外下馬俟於
外次乃通名主人使將命者迎客客趨入主人出降階客

趨進主人揖之升堂禮見四拜而後坐燕見不拜退辭以
不更端告退或有倦色或幹事皆告退 主人送于廡下若命之上馬則三辭
許則揖而退出大門乃上馬不許則從其命凡見敵者門
外下馬使人通名俟于廡下禮見則再拜退則主人請就
階上馬徒行主人送于門外 凡少者以下則先遣人通名主人具衣
冠以俟客入門下馬則趨出迎揖外堂梁報禮則再拜謝
客止之止 退則就階上馬客徒行迎于大門外送亦如之因隨其行數步揖之則止望其行遠乃入
〇曲禮曰將上堂聲必揚戶外有二屨言聞則入不聞則
不入將入戶視必下入戶奉扃視瞻毋回戶開亦開戶闔
亦闔有後入者闔而勿遂右言謁見

呂氏鄉約曰凡遇尊長於道皆徒行則趨進揖尊長與之
言則對不則立於道側俟過乃揖而行或皆乘馬於尊者
回避之於長者則立馬道側揖之俟過乃揖而行若己徒
行而尊長乘馬回避之凡徒行遇所識乘馬皆倣此若己
乘馬而尊長徒行望見則下馬前揖己避亦然過既遠乃
上馬若尊長令上馬固辭遇敵者皆乘馬分道相揖而過
彼徒行而不及避揖之而過則上馬遇少者以下皆乘
馬彼不及避揖之而過彼徒行不及避下馬揖之於幼者
不必下 右言遭遇之節互長幼章中逢遇
呂氏鄉約曰凡請尊長飲食親往投書既來赴明日親往

謝之召敵者以書簡明日交使相謝召少者用客目明日
客往謝 右言請召之節
退溪答鄭子中曰方今文象如聘而未行之處子時鄭新及第
何可輕自往見人耶蓋不論他可見與否只是在我時不
當故耳古人雖云事其大夫之賢者令日使此說不得正
須內植其志壁立萬仞而所以行於世者則毋以退人
步低人一頭爲第一義閉門自守聽天所命如是而或有
險難可謂之命以其非自召也後進登先進之門主人雖
是可信其在門賓客皆可信耶故於一投足一開口之間
不得譽則必得毀得毀固可畏得譽更可憂古人或後進

之言曰今日人主前得一獎明日宰相處得一譽因而自
失者多矣此誠切至之論右言謁
朱子訓子帖曰途中凡事不得縱恣如在父母之側逐日
三兩次下轎徐行以寬僕夫之力登高歷險皆須出轎以
防不測遇津渡切勿爭先舟中人已多寧少隨後或勅僕
從勿與人爭尋店不可太迫巖險及浸水際晚間少食夜
間早睡留親僕在房內以防寇盜過州縣市井擇曠僻清
淨店舍安泊閉門靜坐不得出入雖店中亦不必行勿妄
與人接有一種閑人來相問勞但正色待之勿與親接可
也若與之飲食或同行出入未有不爲所誤者可戒可戒

博戲之場酒食之肆皆不可輒入推此類則其餘可知不
得妄費錢物買飲食雜物 右言道路行旅之法 [illegible]

接人第七 按既審處己之道當察接人之術故接人次于處己之下而在我之權度不能精切則無以應物矣 凡八章 [illegible]

長幼章 [illegible]

孟子曰老吾老以及人之老○曲禮曰年長以倍則父事
之十年以長則兄事之五年以長則肩隨之羣居五人則
長者必異席○退溪先生曰年長於我有父事兄事之差
等是大槩言之其間復有賢愚貴賤分義隆殺之不同無
分別者各隨所遇有萬不同難以硬作一說斷定也 右通論事長之道

曲禮曰將即席容毋怍兩手摳衣去齊尺衣毋撥足毋蹶
先生書策琴瑟在前坐而遷之戒勿越坐必安執爾顏○
又曰侍坐於所尊敬見同等不起燭至起食至起上客起
○又曰尊客之前不叱狗○又曰侍坐於君子君子欠伸
撰杖屨視日蚤莫侍坐者請出矣○又曰侍坐於君子若
有告者曰少間願有復也則左右屏而待○少儀曰尊長
於己踰等不敢問其年侍坐不使不執琴瑟不畫地手無
容不翣也寢則坐而將命 右言侍坐之節 ○又見首卷
士相見禮曰凡與大人言始視面 謂觀其顏色可傳言未也 中視抱 其容
思之且為敬也 卒視面 察其納否 毋改 謂傳言答應之間當正容體以待毋變動 衆皆若
是若父則遊目 言所視廣也 觀其安否 毋上於面毋下於帶若不言
立則視足 同其行也 坐則視膝 伺其起也 ○曲禮曰長者問不辭讓
而對非禮也 ○又曰侍坐於君子不顧望而對非禮也 ○又曰侍坐於先生先
生問焉終則對請業則起請益則起○又曰君子問更端
則起而對○子曰侍於君子有三愆言未及之而言謂之
躁言及之而不言謂之隱未見顏色而言謂之瞽 右言問答之節
○又見首卷 [illegible]
少儀曰侍食於君子先飯而後已毋放飯毋流歠小飯而
亟之數噍毋為口容○曲禮曰侍飲於長者酒進則起拜

受於尊所長者辭少者反席而飲長者舉未釂少者不敢
飲○又曰凡御同於長者雖貳不辭偶坐不辭○又曰讓
食不唾○童蒙須知曰飲食於長者之前必輕嚼緩嚥不
可聞飲食之聲 右言侍食之節
曲禮曰見父之執不謂之進不敢進不謂之退不敢退不
問不敢對○內則曰在父母之所進退周旋慎齊○童子
禮曰與同列進退以齒為序進則魚貫而上毋得越次紊
亂退則席卷而下毋得先出偷安○曲禮曰進則揖之退
則揚之 右言進退之節
內則曰在父母舅姑之所應唯敬對○曲禮曰父召無諾

先生召無諾唯而起○童蒙須知曰凡對父母長上必稱名 右言應對之節○互陪話

孟子曰徐行後長者謂之弟疾行先長者謂之不弟○曲禮曰謀於長者必操几杖以從之○又曰從長者而上丘陵則必鄉長者所視○又曰奉席如橋衡請席何鄉請衽何趾○又曰從於先生不越路而與人言○伊川暇日與韓持國遊西湖持國諸子侍行有言貌不莊敬者伊川回首厲聲叱之曰汝輩從長者敢笑語如此 右言陪行之節 [illegible]

曲禮曰遭先生於道趨而進正立拱手先生與之言則對不與之言則趨而退○少儀曰遇於道見則面不請所之

○童子禮曰若尊長乘車馬則避若等級相懸不爲己下馬者拱立道傍以俟其過 右言逢遇之節○又互出入往來章

少儀曰侍射則約矢侍投則擁矢勝則洗而以請○又曰洗盥執食飲者勿氣有問焉則辟咡而對○ 右言服役之節○又見首卷十

孟子曰幼吾幼以及人之幼○退溪先生與其孫安道書曰今聞乳婢棄三四朔兒上京云此無異殺之也近思錄論此事云殺人子以活己子甚不可今正類此若必欲送則寧使挈其兒而上去兼伺兩兒可也直令棄去仁人所不忍至爲未安 右言慈幼附

師友章

學記曰凡學之道嚴師爲難師嚴然後道尊道尊然後民知敬○又曰記問之學不足以爲人師○子曰溫故而知新可以爲師矣○孟子曰人之患在好爲人師○游定夫楊中立見伊川一日先生坐而瞑目二子立侍不敢去久之先生顧曰猶在此乎日莫矣姑就舍二子退門外雪深尺餘其嚴厲如此晩年乃更平易蓋學已到至處 右言師道

孟子曰得天下英才而敎育之三樂也○子以四敎文行忠信○子曰不憤不啓不悱不發舉一隅不以三隅反則不復也○又曰自行束脩以上吾未嘗無誨焉○又曰有鄙夫問於我空空如也我叩其兩端而竭焉○曲禮曰禮

聞來學不聞往敎○書曰惟斆學半○張子曰敎小童亦可取益絆己不出入一益也授人數次己亦了此文義二益也對之必正衣冠尊瞻視三益也嘗以因己而壞人之才爲憂則不敢惰四益也○明道先生敎人自致知至於知止誠意至於平天下灑掃應對至於窮理盡性循循有序○謝上蔡曰橫渠敎人以禮爲先大要欲正容謹節其門人下梢溺於刑名度數之間其學無傳明道使學者各從敬入○朱子敎人以大學語孟中庸爲入道之序而後諸經○朱子曰南軒敎人必使先察義利之間而後明理居敬以造其極剖析精明傾倒切至必竭兩端而後已○

程子曰君子教人有序先傳以小者近者後教以大者遠
者○呂東萊曰衣服飲食字畫以至音聲笑語之高下行
步進趨之遲速當一一以古人爲法古之教人以此爲本㊂
許魯齋曰善少惡多則長其善而不敢攻其惡善多惡少
然後敢攻其惡㊀又曰稱人之善宜就迹上言識人之失
宜就心上言○又曰教人必先使有耻無耻則無所不爲
旣知此又須養護其知耻之心督責之使有所畏榮耀之
使有所慕○孟子曰教亦多術矣予不屑之教誨也者是
亦教誨之而已矣（孔子之於孺悲孟子之於滕更是也○尹和靖曰或抑或揚或與或不與各
因其材而篤之無非教也）○朱子曰教道後進須是嚴毅然亦須有興

起開發之時徒拘束之亦不濟事（右言教誨之道）
欒共子（春秋晉人）曰民生於三事之如一父生之師教之君食
之○禮記曰事師無犯無隱左右就養無方服勤至死心
喪三年○朱子使長子塾從學于呂東萊與訓帖曰到婺
州先討店權歇泊定即盥櫛具刺去見呂正字初見便稟
某以大人之命遠來親依先生講席之下禮合展拜儻蒙
收留伏乞端受便拜再拜如未受即再致懇云未蒙納拜
不勝惶恐更望先生尊慈特賜容納又再拜起問寒暄畢
又進言某晩學小生久聞先生德義道學之盛今日幸得
瞻拜不勝慰幸坐定茶畢再起叙晩學無知大人遣來從

學之意竊聞先生至誠樂育願賜開允使某得早晩親炙
不勝幸甚（大抵禮數務要恭謹詳緩不要張皇顚錯）㊂黃勉齋受業朱子時夫
雪朱子他出公因留客邸臥起一榻不解衣者二月而朱
子歸公夜不設榻不解帶少倦微坐一椅或至達曙朱子
曰直卿志堅業苦與之處甚有益○趙重峯每得師門筆
札必盥手上服焚香再拜而讀之其將命奴婢亦以賓禮
待之○鄭道可問少時一字師皆可拜否退溪先生曰古
人爲師無服以其輕重難齊不可預立法也拜亦然（右言尊師
之道）
公都子曰滕更（滕君之弟）之在門也若在所禮而不答何也孟

子曰挾貴而問挾賢而問挾長而問挾有勳勞而問挾故
而問皆所不答也滕更有二焉○曹交（曹君之弟）曰交得見於
鄒君可以假館願留而受業於門孟子曰道若大路然豈
難知哉人病不求耳子歸而求之有餘師（朱子曰曹交事長之禮不至求
道之心不篤故孟子教之以孝弟而不容其受業○右言不能事師之非）
曲禮曰自天子至於庶人未有不須友以成者○子曰益
者三友損者三友友直友諒友多聞益矣友便辟友善柔
友便佞損矣○又曰居是邦事其大夫之賢者友其士之
仁者○又曰無友不如己者○孟子曰不挾長不挾貴不
挾兄弟而友友也者友其德也不可以有挾也○子夏曰

與朋友交言而信○表記曰君子之交淡如水小人之交
交甘如醴○又曰輕交易絶君子所耻○曲禮曰君子不
盡人之歡不竭人之忠以全交也○子曰晏平仲善與人
交久而敬之○又曰匿怨而交其人左丘明耻之丘亦耻
之○張子曰今之朋友擇其善柔以相與拍肩執袂以爲
氣合一言不合怒氣相加故朋友主其敬（右言交友之道）
易曰麗澤兌君子以朋友講習○曾子曰以文會友以友
輔仁○學記曰獨學而無友則孤陋而寡聞○程子曰朋
友講習莫如相勸以善○尹和靖曰師是開其大端又體
貌嚴重若於從容閒暇之際委曲論難須是朋友便蔟明

得仔細○張子曰一日間朋友論著則一日間意思自別
（鄭寒岡與人書曰與朋友来棲川谷似覺氣象與獨時不同此亦莫非羣居之助也）○退溪先生曰
不能舍己從人學者之大病天下之義理無窮豈可是己
而非人（先生與人論卞未契處亦不遽曰不是但曰義理恐不如是）○一蠹先生以金
先生大猷許爲知己論道講學未嘗相離○韓松齋與趙
靜庵金冲庵（名淨字元冲己卯名賢）爲道義交公退必會設大衾長
枕同宿焉嘗曰在朝與諸賢戮力王事在野與遺逸討論
經史無非行道濟世之心也（右言朋友講習○按天下道理皆由朋友講論而明彼羣居終日言不及義謔浪笑敖者亦獨何哉）
子曰朋友切切偲偲○孟子曰責善朋友之道也○謝上

蔡曰申頗自謂不可一日無侯無可或問故曰無可能攻
人之過一日不見不得聞吾過矣（按宗室[illegible]守善藏辭章過失及[illegible]靜庵歎惜之）
之○吳呂岱（三國時人）薦拔徐原官至侍御史原性忠壯好直
言岱時有得失原輒諫諍又公論之人或以告岱岱歎曰
是我所以貴德淵者也及原卒岱哭甚哀曰德淵呂岱之
益友今不幸岱復於何聞過談者美之○上蔡辭歸和靖
送焉問曰何以敎我上蔡曰吾徒朝夕從先生（程子）見行則
學聞言則識譬如人服烏頭方其服也顔色悅豫筋力強
盛一（宣）烏頭力去將如之何○朱子答劉子澄曰前時得
敬夫貽茶蒔惠規益得以警省二友云亡耳中絶不聞此

等今乃深有望於吾子自此惠書痛加鐫誨乃君子愛人
之意（右言朋友相長）
論語曰朋友死無所歸曰於我殯朋友之饋雖車馬非祭
肉不拜○子路曰願車馬衣輕裘與朋友共敝之而無憾
○柳相國寬曰朋友固有通財之義然愼勿干索也○唐
嚴挺之重交嫁故人孤女數十人當時重之○顧德玉（字潤
之宋人）嘗從俞長孺（字毅光）先生學先生無子嘗寢疾潤之侍
湯藥若父子後疾革歸潤之而卒潤之奉斂於家衰絰就
位來弔者拜之葬近顧氏先塋歲時祭享或問師斂於家
禮歟潤之曰吾聞師死哭諸寢又曰生於我養死於我殯

非家故之則將屍諸草葬生服其訓死而委諸草葬仁者不爲也○退溪先生於朋友死雖遠必遣子弟齎文致祭

右言師友相恤

子曰忠告而善道之不可則止毋自辱焉○子游曰朋友數斯踈矣○子曰不知其人視其友○又曰與善人居如入芝蘭之室久而不聞其香卽與之化矣與不善人居如入鮑魚之肆久而不聞其臭亦與之化矣是以君子謹其所與處○朱子訓子帖曰交游之間尤當審擇雖是同學亦不可無親踈之辨大凡敦厚忠信能攻吾過者益友也諂諛輕薄傲慢褻狎導人爲惡者損友也但恐志趣卑凡

不能克己從善則益者不期踈而日遠損者不期近而日親須痛加點檢而矯革之不可荏苒漸習自損小人之域○又與劉平甫書曰比來游從稍雜與此曹處最易親狎而驕慢之心日滋有國家者猶以近習傷德害政況吾徒乎然非必絶之但吾清心省事接之以時遇之以禮彼將自踈平甫亦嘗見衙門之下有雜賓乎亦嘗見留連酒炙把臂並游對床夜話者乎○李永膺戒子曰士以忠信不欺爲本今之學者專事遊遨隨朋逐伴論人是非至於失身者多切宜痛戒游必愼

右言交

接賓章

曲禮曰大夫士相見雖貴賤不敵主人敬客則先拜客客敬主人則先拜主人○子曰君子無衆寡無小大無敢慢斯不亦泰而不驕乎○退溪先生曰待人之道各在當人之身豈可不論老少貴賤而一切以敬乎當先有忽慢之心不可也○朱子賓客往來無不延遇稱家有無常盡其歡

右通言接賓之道

曲禮曰與客入者每門讓於客客至寢門主人請爲席然後出迎客客固辭主人肅客入主人入門而右客入門而左主人就東階客就西階客若降等則就主人之階主人固辭然後客復就西階主人與客讓登主人先登客從之

拾級聚足連步而上上於東階則先右足上於西階則先左足○朱子客至必見見必降階肅之去必送至階下○退溪先生於客退必立視其車行不復顧然後退而解衣○問家長使出迎客我出不拜客客入坐定後拜否退溪先生曰不然我代尊長迎之而不拜於義未安若長者親迎則姑避不拜可○先生雖門人小子若遠行必設酒下堂以送若常往來者秖離席以拜若尊客具堂上冠服但不着帽索帶迎送于大門外升降揖遜動中規矩不失尺寸

右言迎送之節○接人有來見迎送以禮父行門外迎送上下馬時恭恪致敬兄行下堂迎送敵者下床迎送幼少但起立而已平常之人當視其人而品節之

曲禮曰主人不問客不先擧○退溪先生待門弟子如朋友雖少者未嘗斥名迎送致敬坐定必先問父兄安否訪

酬答之節○互上謹言章與人言條

曲禮曰客絮羹主人辭不能亨客歠醢主人辭以窶○退溪先生客来嘗有酒食而必預教家人以供之未嘗對客言之稱家有無雖貴客至亦不盛饌卑幼来亦不忽焉飲酒隨量勸之稱其情款右言饋客之節

待人章

子曰躬自厚而薄責於人則遠怨矣○又曰己所不欲勿施於人○大學曰所惡於上毋以使下所惡於下毋以事

三〇七

上所惡於前毋以先後所惡於後毋以從前所惡於右毋以交於左所惡於左毋以交於右此之謂絜矩之道○中庸曰忠恕違道不遠施諸己而不願亦勿施於人所求乎子以事父所求乎臣以事君所求乎弟以事兄所求乎朋友先施之○孟子曰愛人不親反其仁治人不治反其智禮人不答反其敬行有不得反求諸己其身正而天下歸之○又曰愛人者人恒愛之敬人者人恒敬之○范忠宣公曰人雖至愚責人則明雖有聰明恕己則昏但常以責人之心責己恕己之心恕人朱子曰恕於己不當下當曰以愛己之心愛人不患不到聖賢地位也又曰我平生所學忠恕二字一生用不盡以至立朝事君接待僚友親睦宗族

三〇八

未嘗須史離也○呂滎公曰攻其惡無攻人之惡○朱子曰自家猶不能快自家意如何要他人盡快我意○又曰大丈夫當容人勿爲人所容○薛敬軒曰寧人負我毋我負人此言當留心○又曰自修則人不得以非理相加○又曰心誠色温氣和辭婉必能動人○又曰不可以色辭悅人取悅人便失本心○又曰覺人詐而不形於言有餘味○胡文定曰善人君子吾信重之不輕慢之惡人小夫吾矜悶之不憎惡之右通言待人之道

子曰視其所以觀其所由察其所安人焉廋哉人焉廋哉○又曰聽其言而觀其行○又曰衆惡之必察焉衆好之

下學指南 第七 接人

三〇九

必察焉○又曰巧言令色鮮矣仁○又曰剛毅木訥近乎仁○孟子曰存乎人者莫良於眸子眸子不能掩其惡胸中正則眸子瞭焉胸中不正則眸子眊焉聽其言也觀其眸子人焉廋哉○李克戰國魏人曰居視其所親富視其所與達視其所擧窮視其所不爲貧視其所不取○眞西山曰苟我之心未能至公而無私至明而不惑其於人之情僞焉能有見乎右言觀人之術○互上謹言章聽言知人條

子曰君子周而不比小人比而不周○又曰君子懷德小人懷土君子懷刑小人懷惠○又曰君子坦蕩蕩小人長戚戚○又曰君子成人之美不成人之惡小人反是○又

三一〇

曰君子和而不同小人同而不和○又曰君子易事而難說也說之不以道不說也及其使人也器之小人難事而易說也說之雖不以道說也及其使人也求備焉○又曰君子泰而不驕小人驕而不泰○又曰君子不可小知而可大受也小人不可大受而可小知也○又曰君子喻於義小人喻於利 按聖人於君子小人之別言之重辭之複而不已者蓋欲使學者審夫取舍之幾其幾之所以別者不越於公私義利之間 ○朱子曰天地間自然之理凡陽必剛剛必明明則易知凡陰必柔柔必闇闇則難測故聖人作易以陽爲君子以陰爲小人雖百世不能易也嘗推易說以觀天下之人凡其光明正大踈暢洞達如青天白日

如高山大川如雷霆之爲威而雨露之爲澤如龍虎之爲猛而麟鳳之爲祥磊磊落落無纖芥可疑者必君子也其依阿淟涊回互隱伏糾結如蛇蚓瑣細如蟣虱如鬼蜮狐蠱如盜賊詛祝閃倏狡獪不可方物者必小人也君子小人之極旣定於內則其形於外者雖言談擧止之微無不發見而況於事業文章之際尤所謂粲然者哉 右言君子小人之別 易曰天下有山遯君子以遠小人不惡而嚴○子曰人之不仁疾之已甚亂也○又曰惟女子與小人爲難養也近之則不孫遠之則怨○程子曰防小人之道正己爲先○韓魏公曰君子小人之際但當以誠待之但知其小人則

淺與之接 公務容小人善惡黑白不太分別故小人忌之亦少 ○朱子曰劉元城言子弟寧可終歲不讀書不可一日近小人此語極有味○又曰到唐石待野叟樵夫如接賓客畧無分毫畦町曰此一等人若勢分相絶如何使他得以盡其情○榮川守李銘來謁退溪踞傲無禮咳唾自若指點屏簇評論書畫先生隨而答之畧無幾微見於色 右言待小人之道 [illegible] 詩曰亂之初生譖始旣涵亂之又生君子信讒君子如怒亂庶遄沮君子如祉亂庶遄已○劉向 漢儒 曰懷狐疑之心者來讒賊之口持不斷之意者開羣枉之門○薛敬軒曰左右之言不可輕信必審其實○古詩曰讒言謹莫聽聽

之禍殃結君聽臣當誅父聽子當訣夫婦聽之離兄弟聽之別朋友聽之踈骨肉聽之缺堂堂八尺軀莫聽三寸舌舌上有龍泉殺人不見血 右言去讒 書曰若有一介臣斷斷兮無他技其心休休焉其如有容焉人之有技若己有之人之彥聖其心好之不啻若自其口出寔能容之以能保我子孫黎民尚亦有利哉○子曰見賢思齊焉見不賢而內自省也○孟子曰舜舍己從人樂取於人爲善自耕稼陶漁以至爲帝無非取於人者○韓魏公元勳盛德如此聞人一小善則曰琦不及也○司馬溫公對賓客無問賢愚長幼悉以疑事問之有草簿數

枚常置生間苟有可取隨手記錄○石子重孫弟子朱聞人
之善必手記而心慕之○鄭公澆字新之名賢己遇旌閭必鞠
躬改容○洪耻齋聞名賢之死必素食累日爲世道歎右
樂善

篤義章

韓魏公曰人能扶人之危賙人之急固是美事能勿自談
則益善矣○北魏李士謙躬處節儉每以賑施爲務或曰
公之陰德多矣士謙曰陰德猶耳鳴人無得知惟己獨知
今吾子己知何謂陰德○孔子遇舊館人之喪脫驂賻之
原壤之父死助之沐槨○范文正公守邠州帥僚屬登樓

置酒見衰絰數人營理喪具公亟令詢之乃寄居士人卒
於邠將出殯近郊賵斂棺槨皆未具公憮然撤宴厚賙給
之使畢其事生客感歎有泣下者公嘗遣其子堯夫到姑蘇搬麥五百斛既還問
曰東吳見故舊乎曰石曼卿爲三喪未擧方留滯丹陽公曰何不以麥舟付之答曰己付之矣○劉庭式
宋人未第時議娶鄉人女既約而未納幣庭式及第其女以
病兩目皆盲女家貧甚不敢復言或勸納其幼女庭式笑
曰吾己許之雖盲豈負吾初心卒娶盲女與之偕老○韓
魏公重恩義周人之急視財物如尾礫糠粃不以恩其意
既之則捐己服用玩好與之○曹南冥聞人遭喪痛若在
己狂奔盡己如救水火輕出貨力猶棄粃粺○朱子曰俚

俗相傳疫能傳染人有病此者鄰里斷絶不通訊問甚者
雖骨肉至親亦或委之而去傷俗害理莫此爲甚抑染與
不染似亦係乎人心之邪正氣體之虛實不可一槩論也
按觀小學晉庾衮事亦可以知疫癘之不必殺人也使殺人義之所在猶不可避況不必死乎朱子此論可以敦
末俗之偷薄矣○右言篤義
張子曰民吾同胞物吾與也○孟子曰君子之於禽獸也
見其生不忍見其死聞其聲不忍食其肉是以君子遠庖
廚也○子釣而不綱弋不射宿○高柴啓蟄不殺方長不
折○徐積自少戒殺見聚蟻惕然惟恐踐之○伊川進講
曰嘗聞上在宮中起行漱水必避螻蟻有是事乎願推此

心以及四海伊川講罷上忽起憑檻戲折柳枝先生曰方春發生不可無故摧折○曹彬宋名
臣嘗曰吾爲將未嘗以私喜怒輒戮一人其所居堂屋弊
子弟請加修葺公曰時方大冬墻壁間百蟲所蟄不可傷
其生其仁心愛物如此○呂滎公爲郡處令公帑多蓄鰒
魚諸乾物及筍簟以待賓客減雞鴨等生物○尚相國震
凡蟲鼓可爲庭玩者必放之曰飮啄自如物我同情滋味
可供者必求生道曰豈忍對生而思食乎右言好生附

處世章

子曰邦有道危言危行邦無道危行言遜○又曰甯武子
邦有道則知邦無道則愚其知可及也其愚不可及也○

程子曰君子處世事之無害於義者從俗可也害於義則
不可從也(輔慶源曰君子之於世俗或從或違無適無莫一於義而已以是而爲俗則人亦不得以爲異)
也○楊龜山曰物有圭角多刺人眼目亦易玷缺故君子
處世當渾然天成則人不厭棄矣○邴原(字根矩漢名儒)李避亂
往遼東依公孫度原性剛直清議以格物管寧(字幼安)戒之
曰潛龍以不見成德言非其時招禍之道也○趙文節元
紀戒庵書曰凡羣居天地間不可高飛遠走必須少同於
俗庶免爲衆所嫉(右通言處世之道)
韓魏公曰內剛不可屈而外能處之以和者所濟多矣以
之遇則可以成不遇則可以免禍者其唯晦乎○李延平

曰韜晦一事常驗之極難自非大段涵養深潛定不能如
此遇事諷蔟美亦不可輕看也(右答朱子書)○司馬徽(字德操號水鏡季漢逸士)
在荊州知劉表性暗必害善人乃括囊不談議時人有
以人物問徽者初不辨其高下每輒言佳其婦曰人質所
疑君宜辨論而一皆言佳豈人所以咨君之意乎徽曰如
君言亦復佳其婉約遜遁如此(右言韜晦)
子曰人不知而不慍不亦君子乎○又曰不患人之不己
知患不知人也○又曰不患人之莫己知求爲可知也○
又曰君子病無能焉不病人之不己知也(按聖人於二十篇中隨問即答
隨物即誨而至若好名求知之事自不覺辭之複)○孟子
(言之重而申申至此學者敢不務實而爲己哉)

曰聲聞過情君子恥之○陳希夷(名摶字圖南宋逸士)戒种放曰名
者古今之美器造物者深忌之天地間無完名子名將起
必有物敗之可戒之(右言求名之非)附

居鄉章

呂氏鄉約一曰德業相勸二曰過失相規三曰禮俗相交
四曰患難相恤○孔子於鄉黨恂恂如也似不能言者鄉
人飲酒杖者出斯出矣○孟子曰鄉黨莫如齒○又曰今
有同室之人鬪者雖被髮纓冠而救之可也鄉鄰有鬪者
雖閉戶可也○子貢問曰鄉人皆好之何如子曰未可也
鄉人皆惡之何如子曰未可也不如鄉人之善者好之其

不善者惡之○孟子曰孔子曰鄉愿德之賊也非之無擧
也刺之無刺也同乎流俗合乎汙世居之似忠信行之似
廉潔衆皆悅之自以爲是而不可與入堯舜之道故曰德
之賊也○朱子曰鄉隣親舊之間有以大事商量吾乃明
知其事之利害而不盡情以告之人必以爲不忠不信之
人○朱子於鄉閭雖微賤必致其恭○內史慶(漢石奮子)醉歸
入外門不下車萬石君聞之不食慶曰內史貴人入閭里
里中長老皆走匿而內史坐車中自如固當乃謝罷慶慶
及諸子入里門趨至家○張湛(漢人)爲左馮翊告歸平陵望
寺門而步主簿進曰明府位尊德重不宜自輕湛曰禮下

公門式路馬孔子於鄉黨恂恂如也父母之國所宜盡禮何謂輕哉○退溪鄉人志學者恥隨品官之列先生曰鄉黨父兄宗族之所在所貴者齒雖居下於禮於義有何不可○胡文定公凡財利假貸劑約必明期日必信無少差忒○朱子於父母墳墓所托之鄉人必加禮○退溪先生居鄉賦役必先下户而輸之吏胥不知爲達官家嘗坐溪邊嗇夫來告曰今年柏林之禁進賜户當之先生笑而不答（蓋柏林在溪東令先生户守之）○金鶴峯遇鄉中執綱者雖年少亦必加禮（右通言居鄉之道）

齊沈麟士行路隣人認其所着屐麟士曰是卿屐耶即跣而返隣人得屐送前者麟士曰非卿屐耶笑而還（又曹蒴以仁厚稱隣有亡豕者與蒴家豕相類詣門認之蒴不與爭後所亡豕自還其主大慙還蒴笑而受之）○陳囂與民紀伯爲隣伯夜竊藩囂地自益囂客拔其藩一丈以地益伯伯慚懼既還所侵又却一丈號曰義里○退溪先生嘗在漢城隣家栗子落于庭中令拾而還之○吉冶隱隣有喪雖微者啜粥未嘗飽也（右言接隣之道）

錄司梁成義爲本縣（禮安）縣監退溪先生盡民主禮久而愈敬成義反挾地主之尊辭甚倨聞者怫怒而先生終不言其失（右言待城主）

出處第八（按既審處己之道又知接人之術則可以壯夫然去就取舍惟義之從學者所當審處之）

[illegible]也凡四章[illegible]

總論章

孟子曰士窮不失義達不離道窮不失義故士得己焉達不離道故民不失望焉古之人得志澤加於民不得志修身見於世窮則獨善其身達則兼善天下○又曰可以速而速可以久而久可以處而處可以仕而仕孔子也○陳代曰不見諸侯宜若小然今一見之大則以王小則以霸且志曰枉尺而直尋宜若可爲也孟子曰昔齊景公招虞人以旌不至將殺之志士不忘在溝壑勇士不忘喪其元孔子奚取焉取非其招不往也如不待其招而往何哉且

夫枉尺而直尋者以利言也如以利則枉尋直尺而利亦可爲歟○又曰枉己者未有能直人者也○程子曰賢者惟知義而已命在中中人以下乃以命處義（又曰求之以道得之以義不必言命）○胡文定公曰講學論政則當切切詢究若夫去就語默之幾如人飲食飢飽寒溫必自斟酌不決諸人亦非人所能決也（公仕止久速由道據義行心之所安其出非由勸勉其去不可挽留○右通言出處）

陳子曰古之君子何如則仕孟子曰所就三所去三迎之致敬以有禮言將行其言也則就之禮貌未衰言不行也則去之其次雖未行其言也迎之致敬以有禮則就之禮貌衰則去之其下朝不食夕不食飢餓不能出門户君聞

之曰吾大者不能行其道又不能從其言也使飢餓於我
土地吾恥之周之亦可受也免死而已矣○又曰孔子有
見行可之仕有際可之仕有公養之仕於季桓子見行可
之仕也於衛靈公際可之仕也於衛孝公公養之仕也○又
又曰仕非爲貧也有時乎爲貧爲貧者辭尊居卑辭富居
貧惡乎宜乎抱關擊柝○程子曰古之人必待人君致敬
盡禮而後往者非欲自爲尊大蓋其尊德樂道之心不如
是不足與有爲也右言可出之道
易曰不易乎世不成乎名遯世无悶不見是而无悶樂則
行之憂則違之見可而動知難而避確乎其不可拔潛龍也○又曰

天地不交否君子以儉德辟難不可榮以祿○又曰天地
閉賢人隱易曰括囊无咎无譽蓋言謹也○又曰不事王
侯高尚其事○程子曰士之高尚亦非一道有懷抱道德
不遇於時而高潔自守者伊尹耕莘太公釣渭之時有知止足之道退
而自保者張良疏廣之類有量能度分安於不求知者徐孺子申屠蟠之類
有淸介自守不屑天下之事獨潔其身者嚴陵周黨之類所處雖
有得失小大之殊皆自高尚其事者也右言可處之道
張南軒曰廷對須是直言蓋士人初見君父此時可欺則
是無往而非欺也宋寇萊公準年十九擧進士時太宗取人年少者往往罷遣或敎公增年公曰
吾初進取可欺君耶○右言決科出身附

事君章
子曰君使臣以禮臣事君以忠陳新安曰君雖不禮臣豈可以不忠○又曰
事君敬其事而後其食○孟子曰不以舜之所以事堯事
君不敬其君者也○坊記曰善則稱君過則稱己民作忠
書君陳曰爾有嘉謀嘉猷入告爾后于內女乃順之于外曰此謀此猷惟我后之德○表記曰事君
愼始而敬終○禮記曰事君有犯而無隱左右就養有方
服勤至死方喪三年○子曰鄙夫可與事君也與哉其未
得之也患得之既得之患失之苟患失之無所不至矣朱
子曰小則吮癰舐痔大則弑父與君皆生於患失○新曰志於道德則功名不足以累其心志於功名則富貴不
足累其心志於富貴則亦無所不至矣○陳潛室名埴字器之朱子門人曰忠臣孝子

當以知天下無不是底君父右通言事君之道
玉藻曰將適公所宿齊戒居外寢沐浴史進象笏書思對
命既服習容觀玉聲乃出○論語曰入公門鞠躬如也如
不容立不中門行不履閾過位色勃如也足躩如也其言
似不足者攝齊升堂鞠躬如也屛氣似不息者出降一等
逞顏色怡怡如也沒階趨進翼如也復其位踧踖如也○
又曰君命召不俟駕行矣○曲禮曰君命召雖賤人大夫
士必自御之○晉靈公春秋不君趙宣子驟諫公患之
使鉏麑賊之晨往寢門闢矣盛服將朝尚早坐而假寐麑
退歎曰不忘恭敬民之主也觸槐而死○胡安定名瑗字翼之宋

對當召對例須先就閤門習儀先生曰平生讀書事君之禮也何以習爲及登對稱旨上曰胡瑗進退周旋舉合古禮 右言朝謁

論語曰君賜食必正席先嘗之君賜腥必熟而薦之君賜生必畜之○又曰侍食於君君祭先飯 若爲君嘗食不敢當客禮 ○曲禮曰御食於君君賜餘器之漑者不寫其餘皆寫○又曰賜果於君前其有核者懷其核○玉藻曰君賜車馬乘以拜賜衣服服以拜賜君未有命不敢即乘服也○晏子 嬰名 春秋齊人 聘於楚楚王置削晏子不削而并食之王曰橘當去剖晏子曰臣聞之賜人主前者瓜桃不削橘柚不剖今王無敎臣不敢剖臣非不知也 右言侍食拜賜之節

曲禮曰凡爲君使者已受命君言不宿於家君主至則主人出拜君言之辱使者歸則必拜送于門外若使人於君所則必朝服而命之使者反則必下堂而受命○又曰大夫士下公門式路馬○論語曰疾君視之東首加朝服拖紳○衛靈公與夫人夜坐聞車聲轔轔至闕而止過闕復有聲夫人曰此蘧伯玉也公曰何以知之夫人曰蘧伯玉衛之賢大夫也必不以暗昧廢禮公使人視之果伯玉也 右言敬君之節

子曰君子之事上也進思盡忠退思補過將順其美匡救其惡故上下能相親○孟子曰責難於君謂之恭陳善閉邪謂之敬吾君不能謂之賊○少儀曰事君者量而后入不入而后量凡乞假於人爲人從事者亦然故上無怨而下遠罪也爲人臣者有諫而無訕有亡而無疾頌而無諂諫而無驕○子曰諫君有五一曰譎諫二曰戇諫三曰降諫四曰直諫五曰諷諫唯度主以行之○子路問事君子曰勿欺也而犯之○呂東萊曰言事雖正辭氣不和亦無益自古亂亡之國非無敢言之臣旣殺其身國亦從之政坐此耳○明道先生爲御史神宗問所以爲御史對曰使臣拾遺補闕俾贊朝廷則可使臣掇拾臣下長短以沽直

下學指南 第八 出處

名則不能神宗歎賞 先生前後進說要以正心窒慾求賢育才爲先 ○史黯 春秋晉人 曰諫過 惡救 而賞善 美順 薦可以替否獻能而進賢擇才以薦之朝夕誦善敗而納之道之以文行之以順勤之以力致之以死聽則進否則退 右言進諫之道

伊川先生每當進講必宿齋豫戒潛思存誠冀以感動上意而其爲說常於文義之外反覆推明歸之人主○尹和靖每赴經筵前夕必沐浴更衣設香案以來日所當讀書置案上朝服再拜焚香又再拜齊于燕室○晦庵先生每講務積誠意以感悟上心勸上以求放心爲本敷陳開析坦然明白罄竭無隱 右言進講之節

子曰大臣以道事君不可則止○孟子曰有官守者不得其職則去有言責者不得其言則去○子曰君子三揖而進一辭而退○易曰知進退存亡而不失其正者其惟聖人乎○問仕宦者義有當退而君若固留之亦可拜疏不待命徑去否退溪先生曰杜範理宗時爲叅政以言不用抗疏請退帝懇留不已命閉城門不許出範盖欲不待命而徑去故也范純仁自謫所放歸中途徽宗招之辭以老病直還田里吳澄去國不請徑去帝追之不及古人亦有不待命而去者(右言進退之義)

王蠋(戰國齊人)曰忠臣不事二君烈女不更二夫○子曰志士仁人無求生以害仁有殺身以成仁○武王已平殷亂天下宗周而伯夷叔齊恥之義不食周粟隱於首陽山採薇而食之遂餓而死○宋督(春秋宋人)將弑殤公孔父生而存則殤公不可得而弑也於是先攻孔父之家孔父正色而立於朝則人莫敢過而致難於其君者孔父可謂義形於色矣○衛懿公(春秋時)有臣曰弘演遠使未還翟人攻衛殺懿公盡食其肉獨舍其肝弘演至報使於肝畢呼天而啼盡哀而止曰臣請爲襮因自殺先出其腸內懿公之肝桓公(齊)聞之復立衛○宋信國公文天祥字宋瑞有忠孝大節宋亡元留燕三年坐卧一小樓足不履地元主問曰汝何

願對曰吾受宋恩願賜一死元主乃詔殺之臨刑從容謂吏卒曰吾事畢矣南向拜而死○麗末圃隱鄭文忠公以眞儒王佐之才出爲世用欲扶社稷時我聖祖功業日盛公謀傾之太宗設宴請之作歌侑酒以覲其意公和曰此身死了死了一百番更死了白骨爲塵土魂魄有也無向主一片丹心寧有改理也歟太宗知其不變遂議除之使判客典客寺使趙英珪擊殺之(右言忠節)

治道章

程子曰學者不可不通世務天下事譬如一家非我爲則彼爲非甲爲則乙爲○子曰道之以政齊之以刑民免而無恥道之以德齊之以禮有恥且格(朱子曰政者爲治之具刑者輔治之法德禮則所以出治之本而德又禮之本)○又曰道千乘之國敬事而信節用而愛人使民以時○子適衛冉有御子曰庶矣哉冉有曰既庶矣又何加焉曰富之(朱子曰庶而不富則民生不遂故制田里薄稅斂以富之)○孟子曰不違農時穀不可勝食也數罟不入洿池魚鼈不可勝食也斧斤以時入山林材木不可勝用也穀與魚鼈不可勝食材木不可勝用是使民養生喪死無憾也養生喪死無憾王道之始也五畝之宅樹之以桑五十者可以衣帛矣雞豚狗彘之畜無失其時七十者可以食肉矣百畝之田勿奪其時數口之家可以無飢矣謹庠序之教申之以

孝悌之義頒白者不負戴於道路矣七十者衣帛食肉黎民不飢不寒然而不王者未之有也又曰王如施仁政於民省刑罰薄稅斂深耕易耨壯者以暇日修其孝悌忠信入以事其父兄出以事其長上可使制梃以撻秦楚之堅甲利兵矣㊀又曰尊賢使能俊傑在位則天下之士皆悅而願立於其朝矣市廛而不征法而不廛則天下之商皆悅而願藏於其市矣關譏而不征則天下之旅皆悅而願出於其路矣耕者助而不稅則天下之農皆悅而願耕於其野矣廛無夫里之布則天下之民皆悅而願爲之氓矣信能行此五者則鄰國之民仰之若父母矣○又曰不信仁賢則國空虛無禮義則上下亂無政事則財用不足㊁中庸曰凡爲天下國家有九經曰修身也尊賢也親親也敬大臣也體羣臣也子庶民也來百工也柔遠人也懷諸侯也所以行之者一也朱子曰一者誠也一有不誠則九者皆爲虛文矣○程子曰治天下以正風俗得賢材爲本又論十事一曰師傅二曰六官三曰經界四曰鄉黨五曰貢士六曰兵役七曰民食八曰四民九曰山澤十曰分數○又曰治道有三立志責任求賢○周子曰治天下有本身之謂也治天下有則家之謂也○范內翰曰爲政以德則不動而化不言而信無爲而成所守者至簡而能御煩所處者至靜而能制動所務者至寡而能御衆○朱子曰天下之事有本有末正其本者雖若迂緩而實易爲力捄其末者雖若切至而實難爲功昔之善論事者必深明夫本末之所在而先正其本本正則末之不治非所憂也右通言治道

孟子曰以力假仁者霸霸必有大國以德行仁者王王不待大湯以七十里文王以百里㊂董子曰仁人者正其誼不謀其利明其道不計其功是以仲尼之門五尺童子羞稱五伯爲其先詐力而後仁義也右言王伯之辨○按爲治必正王伯之別然後可以不畔於古道矣

哀公魯君春秋問於有若孔子弟子曰年饑用不足如之何有若對曰盍徹乎曰二吾猶不足如之何其徹也對曰百姓足君孰與不足百姓不足君孰與足○文王不敢盤于遊田以庶邦惟正之供○李翺唐人作平賦書曰人皆知重斂之爲可以得財不知輕斂之得財愈多何也重斂則人貧人貧則流者不歸土地荒而不耕人日益困財日益匱輕斂則人樂其生人樂其生則居者不流流者日來土地無荒桑柘日繁人日益富兵日益強故善爲政者百姓各自保而親其上雖欲危亡不得也右言薄稅斂

王制曰用民之力歲不過三日周禮豐年三日中年二日無年則一日若師旅之事不拘此制○周禮曰凶札則無力政無財賦㊃穀梁傳曰財盡則怨力盡則懟右言輕徭役○按治道當以安民爲先而安民之道莫過於輕徭薄賦故今編之于

首

大學曰生財有大道生之者衆(國無游民)食之者寡(朝無幸位)爲之者疾(不奪農時)用之者舒(量入爲出)則財恒足矣(朱子曰足國之道在乎務本而節用)○易曰節以制度不傷財不害民(朱子曰國家財用出於民如有不節而用度濶則橫斂暴賦必及於民雖有愛人之心民不被其澤矣是以愛人必先節用)○孟子曰食之以時用之以禮財不可勝用也○楊龜山曰古之制國用者量入以爲出以九賦斂之以九式均節之使無偏重不足之患先王所謂理財者均節之使當理而已(按厚斂之弊常出於財用不足使爲治者必先量一年邦域所入之數計其祭祀之用幾何賓客之用幾何廩祿之用幾何其他雜費應用之數及意外之用又須預度而措置之常存贏餘以備凶荒軍旅之用則財用常足而無橫斂之患矣)○大學曰德者本也財者末也外本內末爭民施奪是故財聚則民散財散則民聚○又曰與其有聚斂之臣寧有盜臣(按財用有國之所不可無者而其理之之道不過節用而已彼聚斂之臣巧作名目罔民以徵利欲爲一時要君固寵之計終至於亡身禍國而不知爲可不戒哉○右言理財)

朱子曰天降生民莫不與之以仁義禮智之性矣然其氣質之稟或不能齊是以不能皆有以知其性之所有而全之也一有聰明睿智能盡其性者出於其間則天必命之以爲億兆之君師使之治而教之以復其性○禮記曰玉不琢不成器人不學不知道君子如欲化民成俗其必由學乎○又曰古之教者家有塾黨有庠術有序國有學(王制)曰樂正崇四術立四教順先王詩書禮樂以造士○舜命契曰百姓不親五品不遜汝作司徒敬敷五教在寬○藍田呂氏著鄉約秦俗化之(右言明教化○按民食既足教化可興洪範曰既富方穀管子曰倉廩實而知禮節也故明教之條次于理財之下然非謂理財之時全無明教之節也在時措之宜耳今言大槩如右其他如兵刑選擧體國經野設官分職之類在有司考制取中之如何爾不能盡述云)

程子曰善言治者必以成就人材爲急務人材不足雖有良法無與行之者矣○陸宣公(名贄字敬輿唐名臣)曰朝之乏士其患有七不澄源而防末流也不考實而務博訪也求精太過也嫉惡太甚也章程乖方也取舍違理也循古事而不擇可否也○朱子曰某做時且精選一箇吏部尚書使盡搜羅天下人材諸部官長得自辟屬官却要過中書 朝次第閱人却令侍從以下各擧一人二人只擧一二人彼亦不敢以大段非才者進○又曰宰相擇長官長官却擇其寮今銓曹注擬小官煩劇而又不能擇賢每道只令監司差除亦好○又曰朝廷只當擇監司太守自餘職募縣官客他各辟所知方可責成天下須是放開做使恢恢有餘地方可○又曰人才衰少風俗頹壞之時士有一善即當扶接導誘以就其器業(右言人才)

易曰澤上有風中孚君子以議獄緩死○書皐陶曰帝德罔愆臨下以簡御衆以寬罰不及嗣賞延于世宥過無大

刑故無小罪疑惟輕功疑惟重與其殺不辜寧失不經好生之德洽于民心玆用不犯于有司㊀曾子曰上失其道民散久矣如得其情則哀矜而勿喜○周禮大司徒掌邦之三典以佐王刑邦國詰四方一曰刑新國用輕典新國者新辟地立君之國用輕法者爲其民未習於教二曰刑平國用中典平國承平守成之國用中典者常行之法三曰刑亂國用重典亂國簒弑叛逆之國用重典者以其化惡伐滅之○朱子曰後世論刑陷於申韓之刻薄者既無足論至於鄙儒姑息之論異端報應之說俗吏便文自營之計則又一以輕刑爲事然則愈輕而愈不足以厚民之俗反以長其悖逆作亂之心○又曰今人獄事不問是非善惡只務從

厚豈不長姦惠慝凡事付之無心若從薄者固不是只云從厚此病所係亦不輕○鄭子産謂子大叔曰我死子必爲政唯有德者能以寬服民其次莫如猛夫火烈民望而畏之故鮮死焉水懦弱民狎而翫之則多死焉故寬難大叔爲政不忍猛而寬鄭國多盜大叔悔之曰吾早從夫子不及此○諸葛亮治蜀用法峻急法正諫曰昔高祖入關約法三章秦民知德今君假借威力跨據一州初有其國未垂惠撫且客主之義宜相降下願緩刑弛禁以慰其望亮答曰君知其一未知其二秦以無道政苛民怨匹夫大呼天下土崩高祖因之可以弘濟劉璋闇弱德政不擧威

刑不肅蜀土人士專權自恣君臣之道漸以陵替寵之以位位極則賤順之以恩恩竭則慢所以致弊實由於此吾今威之以法法行則知恩限之以爵爵加則知榮榮恩並濟上下有節爲治之要於斯而著右言刑法[illegible]韓昌黎曰善醫者不視人之肥瘠察其脉之病否善計天下者不視天下之安危察其紀綱之理亂○朱子曰一家有一家之綱紀一國有一國之綱紀若乃鄉摠於縣縣摠於州州摠於路諸路摠於臺省臺省摠於宰相宰相兼統衆職與天子相可否而出令此則天下之綱紀也右言紀綱○按治道之所以成在於紀綱之修立故編之于末焉[illegible]

子曰苟有用我者朞月而已可也三年有成○孟子曰師文王大國五年小國七年必爲政於天下矣右言聖人爲治之效○按曾衛齊梁之君若能任聖人以朞月之政則布置規畫必有可觀而反以爲迂闊惑於功利縱横之說若爲致富強於月日之內而終無所效旋致削弱可勝惜哉殷鑑在前後之言治者可以爲戒而滔滔一轍欲求治法於聖經之外悲夫程子曰天下無一定之理時極道窮理當必變惟聖人爲能通其變於未窮○又曰三代忠質文因時之尚然也○董子曰琴瑟不調甚者必解而更張之乃可鼓也爲政而不行甚者必變而更化之乃可理也右言更化之道○按盛甚中微法久弊生則必當矯革宿弊修擧舊典繼先王之遺志新一代之耳目而苦無高見遠識妄有更張之意則其不爲商於金陵

之謹者幾希

居官章

吕氏童蒙訓曰事君如事親事官長如事兄與同僚如家人待羣吏如奴僕愛百姓如妻子處官事如家事然後能盡吾之心如有毫末不至皆吾心有所未盡也○又曰當官之法唯有三事曰清曰愼曰勤知此三者則知所以持身矣○又曰當官者先以暴怒爲戒事有不可當詳處之必無不中若先暴怒只能自害豈能害人○朱子曰當官廉謹是吾輩本分事不待多說然細微處亦須照管不可忽略因循怠惰又云自治旣不苟更能事上以禮接物以

誠臨民以寬馭吏以法而簿書期會之間亦無所不用其敬焉則庶乎少過矣○又曰當官奉法愛民不求聞達皆吾分內事耳○又曰大抵做官須令自家常閑吏胥常忙方得○又曰當官須旁有通曆逐日開項逐一記錄了即勾之未了即教了方不廢事○答黃仁卿曰隨分仕官不起患得失之心何處不是安地若論爲學在官何嘗不可爲學直患自不愛日用功耳○答陳明仲曰明道行狀及門人叙述中所論政事叙指亦宜熟看殊開發人意思也（答歐陽慶似曰呂氏童蒙訓下卷論守官之法亦頗明備暇日更試攷之當有益也）○劉元城曰吏以法令爲師（漢書薛宣傳語）有暇可看條貫不獨可以治人亦可以保身○范文正公家書曰汝守官處小心不得欺事與同官和睦多禮有事只與同官議莫與公人商量莫縱鄉親來部下興販自家且一向淸心做官莫私利自家好家門各爲好事以光祖宗（右通言居官）

程子曰一命之士苟存心於愛物於人必有所濟○楊龜山曰伯淳作縣常於座右書視民如傷四字云某每日常有愧於此觀其用心應是不錯決撻了人○朱子曰平易近民爲治之本○又曰居上克寬蓋有政教法度而行之以寬非廢弛之謂也○薛敬軒曰爲政以愛人爲本○劉安禮問臨民明道先生曰使民各得輸其情（右言臨民）

子曰聽訟吾猶人也必也使無訟乎○周禮小司寇以五聲聽獄訟求民情一曰辭聽（觀其出言不直則煩）二曰色聽（觀其顏色不直則赧）三曰氣聽（觀其氣息不直則喘）四曰耳聽（觀其聽聆不直則惑）五曰目聽（觀其眸子視不直則眊然）○朱子曰聽訟必先論其尊卑上下長幼親疎之分而後聽其曲直之詞○又曰聽訟只與他硏窮道理分別是非曲直自然訟少若厭其多不與分別愈見事多○又曰狀帖煩多須集屬官同堂商量分判自無壅滯此非獨爲長官者省事而屬官亦各得自效兼是簿尉等初官使之決獄聽訟得熟是非亦教誨之道也（右言聽訟）

子游爲武城宰子曰女得人焉爾乎曰有澹臺滅明者行

不由徑非公事未嘗至於偃之室也○子謂宓子賤曰子
治單父衆悅何施而得之也對曰此有賢於不齊者五人
不齊事之而稟度焉子歎曰堯舜聽天下務求賢以自輔
惜乎不齊之所治者小也○朱子曰與其得小人不若得
愚人溫公晚年更歷之多爲此言○呂氏童蒙訓曰當官
者凡異色人皆不宜與之相接巫祝尼媼之類尤宜疎絶
要以清心省事爲本 薛敬軒曰至於匠藝之人亦當用之以時不宜久留於家與之親狎皆能
變易聽聞歆弄是非儒士固當禮接亦有或假文辭字畫以媒進一與之款洽卽墮術中若此之類能審察疎絶○
右言擇人

或問簿佐令者也簿所欲爲令或不從奈何伊川先生曰
當以誠意動之今令與簿不和只是爭私意令是邑之長
若能以事父兄之道事之過則歸己善則惟恐不歸於令
積此誠意豈有不動得人○朱子答方耕道曰幕客正要
早晩從容密贊忠益來喩乃欲公廳揖笏納刺誦言殊不
成舉措聞之駭然如是乃是專欲引善歸己明曲在人非
主人所以千里相招之意也○金鶴峯爲邑宰每上官來
到必公服候于官門之外 右言事長官
顏氏家訓曰同僚之契交承之分有兄弟之義前輩至子
孫世講之○書曰惟暨乃僚罔不同心○唐萬年尉竇參
同舍當夕直者聞親疾去參代直會失囚京兆按直劾其

人參爭之代貶 右言接同僚
右下學指南一書卽 本朝人順庵安文肅公名鼎福編
所纂次者也於爲學之方循序有階如繩貫珠有志
之士皆當置之座右以爲朝夕警省而■■■■■
■■吾黨之士■■■■■無有尊閣殊非大公
至正取人爲善之道也余亦■■■不能無憾■■
■■■■而竊有取於■■■苦心是爲傳寫不沒
人善時己卯十二月二十有一日也昌原黃泌秀書

下學指南卷下終

順庵著述書目

擬問 內範二冊、聖賢圖一丈 正變統圖一丈
擬行家禮三冊 下學指南二冊 讀史詳節二十四
冊 東國地理志六冊 洪範行義六十冊 四時養
性書一冊 東史綱目十冊 東史補闕三冊 東國
文獻通考 嶺南先賢傳 廣陵志二冊 山居錄
東國事文類聚 東國遺史外記 三聖傳 撫伊鄭夷
東國近思傳 箕子通紀 三賢傳 麟磵 東國烈
女傳 東國高士傳 南史 西陽記 臨官政要
名物考辨 封說 家禮集解 希賢錄 八家百選
井田說 一道統圖 治統圖 二學約 洞約 論孟
擬問 大學經說 語類節要 兵鑑 僿說類編纂
小學講義 史鑑 列朝通紀 木川誌 百詩選
文章菽稗 天學考